**시민의
한국사**

시민의 한국사 1
— 전근대편

한국역사연구회 지음

2022년 6월 24일
초판 1쇄 발행
2024년 8월 10일
초판 11쇄 발행

| | |
|---|---|
| 펴낸이 | 한철희 |
| 펴낸곳 | 돌베개 |
| 등록 | 1979년 8월 25일 제406-2003-000018호 |
| 주소 | (10881) 경기도 파주시 회동길 77-20 (문발동) |
| 전화 | (031) 955-5020 |
| 팩스 | (031) 955-5050 |
| 홈페이지 | www.dolbegae.co.kr |
| 전자우편 | book@dolbegae.co.kr |
| 블로그 | blog.naver.com/imdol79 |
| 트위터 | @dolbegae79 |
| 페이스북 | /dolbegae |

| | |
|---|---|
| 편집 | 윤현아 |
| 표지 디자인 | 김민해 |
| 본문 디자인 | 민진기·이은정·김민해·이연경 |
| 지도 | 임근선 |
| 마케팅 | 심찬식·고운성·김영수·한광재 |
| 제작·관리 | 윤국중·이수민·한누리 |
| 인쇄·제본 | 영신사 |

ISBN    979-11-91438-64-2  04910
        979-11-91438-63-5  04910 (세트)

# 시민의 한국사 1

한국역사연구회 지음

전근대편

돌베개

학계의 최신 연구 성과를 토대로
전문 연구자 70여 명이 집필한
시민을 위한 한국사

**일러두기**

1. 맞춤법과 외래어 표기법은 국립국어원의 용례를 따랐다. 다만 국내에서 이미 굳어진 인명과 지명의 경우에는 익숙한 표기를 썼다.

2. 단행본·정기간행물·신문·박사논문에는 겹낫표(『』)를, 시·소설·석사논문·소논문·신문기사·법률명에는 홑낫표(「」)를, 방송프로그램·영화·음악·그림·비석에는 홑화살괄호(〈 〉)를 표기했다.

3. 인용문 내 (…)는 중략을, ( )는 이해를 돕기 위해 인용자가 첨언한 경우를 뜻한다.

4. 인물의 원어와 생몰연대, 원제 등은 문맥을 파악하는 데 도움이 된다고 판단한 경우 병기했다. 다만 필요에 따라 중복 표기했으며, 정보가 불명확한 경우 기입하지 못했다.

한국역사연구회는 1992년에 『한국역사』(역사비평사)를 펴냈다. 지금으로부터 30년 전이다. 이 책은 오래된 학설에서 벗어나 최신 연구를 반영하며 한국사 전체를 논리적·체계적으로 서술하는 데 역점을 뒀다. 이후 많은 시간이 흐르고 새로운 연구성과가 쌓이며 더러 낡은 내용이 됐다. 특히 논리적·체계적 서술에 비중을 둔 결과, 추상적 내용이 많아 이해하기 어렵다는 지적도 있었다. 그러나 새로운 책을 시도하기는 어려웠다. 사회 상황도 빠르게 바뀌고 있었기 때문이다.

인터넷이 발달하면서 역사 정보의 유통과 확산이 과거와 많이 달라졌다. 이런 상황에서 새 책을 출판한다면 얼마나 효용성이 있을까? 부정적 의견이 많았다. 더구나 연구회 내부에는 과거 집단작업을 수행한 어려움에 대한 기억이 남아 있는 터였다. 그런데도 개설서를 다시 구상하게 된 계기는 외부로부터, 사회 상황의 변화로부터 주어졌다. 2015년에 '국정 교과서 파동'이 벌어졌고, 거슬러 올라가면 2013년에 '교학사 책 파동'도 있었다. 이념만 앞세운 부실 교과서를 비호하려다 여의치 않자, 권력이 정한 역사 해석을 학생에게 획일적으로 주입하려고 시도한 것이 국정 교과서였다. 전체주의가 꿈틀거리는 상황이었다.

이 무렵 한국역사연구회 회원들 사이에서 "전문 연구자들이 객관성을 담보한 개설서를 만들 필요성"이 새삼 거론됐다. 한국사 전체의 기본 사실을 담으면서 해석보다 사실 설명에 비중을 둔 책, 일반 시민이 쉽게 읽을 수 있는 책이 필요하다는 점에 공감대가 생겨났다. 그리하여 편찬위원회를 구성하고 필진을 선정해 새 개설서를 편찬하는 데 착수했다.

독자가 한국사 개설서를 처음부터 끝까지 읽어내는 일이 어렵다는 것을 알고 있다. 필요할 때마다 관련 서술을 찾아 확인하거나, 앞뒤의 사건 흐름을 이해하려고 뒤적여 보는 게 보통이다. 개설서는 책장에 꽂아두고 필요한 때 찾아보는 책에 가깝다. 책을 만드는 일도 무척 어렵다. 연구자 개인이 여러 시대의 정확한 사실과 연구 동향을 파악하기는 불가능하다. 그래서 여러 명의 필자가 참여하게 되면 사후 작업이 반드시 따라야 한다. 연구자 개인의 판단과 해석, 개성 있는 문장까지 손질해 객관성과 일관성을 확보해야 한다. 개인이 자신의 저서를 저술하는 것보다 몇 배의 품이 들 수밖에 없는 것이다.

이 책을 만들면서 50여 명의 필자들이 시대별·주제별로 초고를 집필했다. 각 대학의 교수와 박사급 이상의 연구자들이 필진으로 참여했다. 그리고 20여 명이 넘는 교열위원들이 용어와 표현을 다듬고, 새로운 연구성과를 어느 수준까지 반영할 것인가 고심하여 결정했다. 이 과정에 여러 사람의 많은 노력과 긴 시간이 필요했다.

또한 이 책은 기획할 때부터 독자의 편의를 위한 여러 요소들을 구상했다. 정확한 사실을 중점에 두고 서술하면서 수월한 문장을 추구하는 한편 학계의 연구 동향이나 논쟁을 소개하는 박스를 뒀다. 그리고 용어·개념을 간단히 설명하는 주석도 만들었고, 꼭 필요하다고 판단된 지도나 도표도 넣었다. 단순히 서가에 꽂아놓기보다는, 필요할 때마다 꺼내 보며 실용적으로 활용될 책이 되기를 기대하며 만들었다. 여러 측면을 고려하여 만들다보니 분량이 많아져 2권으로 나눴다. 각 권의 내용은 다음과 같다.

제1권(전근대): 제1편 선사, 제2편 고대, 제3편 통일신라·발해, 제4편 고려, 제5편 조선
제2권(근현대): 제6편 개항기, 제7편 식민지기, 제8편 현대

각 편은 대체로 정치·경제·사회·문화 4개 정도의 장으로 구성했다. 각 편마다 정치를 앞세운 이유는 여러 사건을 시간의 흐름에 따라 파악하는 것이 역사 이해의 기본이기 때문이다. 이어서 각 시기별로 경제·사회·문화의 특징을 서술했다.

한국역사연구회는 이 책을 만들면서 이념이나 해석에 치중하지 않은 내용을 담으려 했다. '해석'보다는 '서술'과 '설명'에 분량을 할애했다. 어떤 시대

나 사건에 대한 해석을 바로 제시하기보다는, 사실 자체를 드러냄으로써 독자 스스로 해석하도록 내용을 담아 서술하려 했다. 특히 낡은 용어와 개념을 과감히 버렸다. 그러나 새로운 용어와 개념의 도입에는 신중하려 했고, 되도록 서술 문장 속에 풀어서 설명하는 방식을 선택했다. 새로운 연구성과를 반영하는 데서도 절제된 기준을 지키려 했지만, 과감하게 옛 학설을 버리고 새 연구성과를 채택한 경우도 많다. 전근대보다는 근현대에서 이런 비중이 상대적으로 높은 편이다.

이 책을 집필하는 과정에서 대통령 탄핵이 이뤄졌고, 국정 교과서는 곧바로 폐기됐다. 교열하는 시간이 또 많이 흘렀다. 책 출간의 필요성 자체를 회의적으로 생각한 적도 있으나, 학계 전문가의 지식과 안목을 결집한 개설서는 사회 상황에 영향받지 않고 여전히 필요하다고 판단했다.

돌베개의 한철희 사장님 이하 편집·디자인팀에서 때로는 채근하고, 오래 기다리며 문장을 고치고 지도와 이미지를 다듬어 보기 좋은 책으로 만들었다. 이 책을 만드는 데 참여한 많은 필진과 교열진, 돌베개 편집진에게 말로 표현하기 어려운 고마운 마음을 전한다.

2022년 6월
한국역사연구회

# 차례

제3편

# 통일신라·발해

제4편

# 고려

제5편

# 조선

# 제1편

제1편은

# 선사

**문자 기록이 없는 선사시대인
구석기시대와 신석기시대를 다룬다.**

인류의 기원은 대략 700~600만 년 전으로 소급된다. 현생 인류의 조상인 호모사피엔스는 약 20만 년 전 아프리카에서 나타났다. 그리고 7만 년 전 무렵 아프리카에서 유럽·아시아·아메리카 등으로 퍼져나갔다.

　두 발로 엉거주춤 설 수 있었던 고인류는 아득히 오랜 기간 생물학적 진화를 거듭하며 오늘날의 인간과 닮아갔다. 두 발로 걷기 시작하면서 손이 자유로워졌고, 여러 가지 일을 할 수 있게 됐다. 점차 정교해진 손가락 움직임은 두뇌 발달에도 영향을 미쳤다. 손으로 도구를 만들어 사용하는 것과 불을 사용하는 것은 인간을 다른 동물과 구별 짓는 특징으로 자리 잡았다.

　사냥과 채집은 집단으로 이뤄졌고, 일의 효율을 높이기 위해 소통하는 과정에서 언어가 발달했다. 인간은 석기로 동물을 사냥해 고기를 먹고 가죽을 이용했으며, 견과류를 부수거나 동물 뼈를 깨어 골수를 꺼내 먹기도 했다. 도구를 사용하면서 먹거리의 종류가 늘었고, 영양 섭취도 골고루 할 수 있게 됐다.

　농경은 획기적 변화를 가져왔다. 인간이 오랜 기간 한곳에 머물러 살 수 있고, 식량을 확보할 수 있게 되면서 인구가 늘고 마을이 생겼다. 토기는 식량의 보관과 저장, 조리를 가능하게 했다. 음식물을 익혀 먹으며 인간은 소화력이 높아졌고 영양소를 더 잘 흡수했다.

그러나 거친 자연환경 속에서 인간 개인은 여전히 나약한 존재였다. 무리 지어 이동생활을 하던 단계나, 정착해 농사짓는 단계에도 삶을 이어가려면 집단을 이뤄야 했다. 노동과 분배가 공동으로 이뤄졌고, 개인이 무언가를 소유하는 것도 불가능했다. 선사시대는 계급이 분화하지 않은 평등한 사회였다. 다만 그 평등은 목가적(牧歌的) 이상이 아니라 굶주림과 결핍에 늘 노출되어 있는 불안정한 것이었다.

# 1. 도 구 사 용 과 무 리 생 활

### 한반도 최초의 인류

구석기시대는 인류가 등장해 도구를 만들어 쓰던 수백만 년 전부터 대략 1만 년 전 무렵까지를 말한다. 한반도와 그 주변 지역에 인류가 살던 흔적은 수십만 년 전으로 소급해 찾을 수 있지만, 이 시기에 살던 호모에렉투스의 화석은 아직 한반도에서 나오지 않았다. 현생 인류인 호모사피엔스의 화석은 북한 지역에서 발견됐다. 평양 역포구역 대현동 동굴의 역포인, 평남 덕천시 승리산 동굴의 덕천인 등이 그것이다. 이것들이 발견된 유적들은 알칼리성 토양인 석회암 지대의 동굴로, 뼈화석이 상대적으로 잘 보존될 수 있는 곳이다.

### 직립보행과 도구 사용

인류는 두 발로 곧추서서 걷기 시작하면서 다른 동물과 구별되는 존재로 진화하기 시작했다. 아주 오랜 기간에 걸쳐 일어난 일이지만, 손이 자유로워지자 다양한 일을 하는 게 가능해졌다. 손가락 놀림이 정교해지면서 두뇌 발달에 영향을 미쳤고, 도구도 만들어 쓸 수 있게 됐다. 당연히 지능도 더욱 높아졌다.

불의 사용과 도구 제작은 인간을 다른 동물과 구별 짓는 가장 큰 특징이다. 불을 사용하면서 인간은 다른 포식자의 위협으로부터 벗어날 수 있었고, 사냥한 짐승의 고기를 구워 소화가 잘 되도록 할 수 있었다. 도구의 제작과 사용이 갖는 의의는 컸다. 침팬지도 나무나 돌을 써서 먹을 것을 얻기도 한다. 그러나 목적에 맞는 다양한 도구를 만들지는 못한다. 도구 제작은 인간 특유의 능력으로, 신체의 한계를 넘어서는 힘과 기능을 쓸 수 있도록 했다.

돌을 깨어내면 조각들이 떨어져 나가는데 이를 '격지[剝片]'라 하고, 남은 것을 '몸돌'이라 한다. 격지는 얇고 날카로운 날을 가지므로 짐승 가죽을 벗기거나 고기를 자르는 도구로 쓸 수 있다. 나무나 풀을 자르는 데도 쓸 수 있다. 돌을 깨어 도구를 만들면서 이전에는 불가능하던 여러 일이 가능해졌다.

구석기시대에도 인간의 지혜와 기술은 매우 더디지만 오랜 시간에 걸쳐 꾸준히 나아졌다. 석기를 만드는 방식과 기술도 조금씩 발전했다. 초기에는

**직립보행의 명암**

인류의 진화 과정에서 두 발로 서서 걷게 된 의의는 크다. 그러나 직립보행의 결과, 내장기관이 아래로 처지는 위하수(胃下垂)와 치질에 걸릴 확률이 높아졌다.

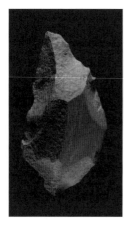
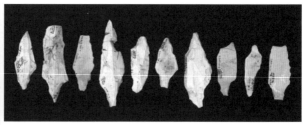

도판1, 2 주먹도끼(좌)와 슴베찌르개(우)
주먹도끼는 맨손으로 쥐고 쓰는 것이고, 슴베찌르개는 나무자루 등에 끼워
쓰도록 촉을 만든 것이다.

돌을 간단하게 깨뜨려서 날카롭게 만들어 짐승을 사냥했다. 그러다 격지를
다듬어 가죽을 분리하고 고기를 자르는 등 정교한 작업에 사용했다. 잔손질
방식도 더 세밀해졌다. 후기 구석기시대에 들어서면서 여러 쓰임새에 맞춰
찍개·주먹도끼·긁개·자르개 등으로 다양한 석기를 만들어 썼다. 돌날의 아
랫부분을 손질한 슴베도 만들었다. 이것을 나무자루에 꿰어 창이나 작살로
쓰거나, 더 작게 만들어서 화살촉으로 사용했다. 슴베찌르개는 한반도에서
만들어져 일본 열도로 전해졌다.


### 구석기인의 생활과 문화

구석기 유적은 1,000여 곳이 넘는다. 대표 유적으로 함북 웅기군 굴포리, 평
남 상원 검은모루 동굴, 경기 연천 전곡리, 충북 청원 만수리, 충북 단양 수양
개, 충남 공주 석장리 등이 있다.

구석기시대는 빙하기와 간빙기가 반복되면서 기후도 그에 따라 변화했
다. 긴 기간을 거치며 동물상과 식물상도 크게 달라졌다. 기온이 떨어진 빙하
기에 살았던 털코끼리 화석이 발견되는가 하면, 기온이 올라간 간빙기에 살
았지만 지금은 한반도에 없는 물소·하이에나·털코뿔소 등의 동물 화석도 발
견된다. 구석기인은 이러한 변화에 적응하면서 삶을 이어갔다.

구석기 사람들의 흔적은 비바람을 피하기 좋은 동굴이나 바위그늘 또는
강가의 완만한 경사지에서 많이 발견된다. 다만 사람들이 이런 장소에서만
살았던 것은 아니다. 다른 여러 장소에서 잠시 살다가 다른 곳으로 옮겨갔지
만, 그 흔적이 현재 쉽게 발견되는 유적지가 강가나 비스듬한 곳이다.

구석기인은 무리 지어 이리저리 옮겨 다니며 막집을 짓고 살았다. 사냥과 채집을 위주로 삶을 이어가는 상황에 어울리는 생활방식이었다. 자연발생적이고 혈연에 바탕을 둔 무리가 대부분으로, 대개가 수십 명을 넘지 않는 규모였다. 아이를 낳아 기르고, 사냥하고 채집한 먹거리를 나누는 행위도 이 무리 안에서 이뤄졌다. 돌을 깨거나 떼어내 만든 석기를 사용해 거친 자연환경 속에서 생존하기란 쉽지 않았다. 인간은 다른 동물 포식자처럼 날카로운 발톱과 이빨, 날랜 몸을 갖추지 못했다. 피부를 보호할 두터운 털도 사라졌고 가죽도 약해 자칫하면 다른 포식자의 먹잇감이 되기 쉬웠다. 사냥은 여럿이 힘을 합쳐야 가능한 일이었다. 따라서 사냥한 짐승 고기를 분배하는 것은 공동의 일이었다. 채집도 마찬가지였다.

전 세계적으로 1만 3,000년 전 무렵에는 빙하가 서서히 물러나고 기온이 올라가기 시작했다. 털코끼리나 순록 등의 큰 동물이 북쪽으로 이동했다. 대신 한반도에는 노루나 사슴, 멧돼지 등의 작은 동물이 늘어났다. 구석기인은 이러한 환경의 변화에 적응하면서 사냥이나 고기잡이에 필요한 작은 도구를 만들었다. 중석기시대가 시작된 것이다.

**중석기시대 설정 논란**

구석기인이 기후 변화에 적응하면서 작은 도구를 만들던 시기가 중석기시대다. 중석기는 구석기와 신석기의 중간이라는 뜻으로, 돌을 깨뜨려 나온 얇은 격지를 다듬어 '잔석기[細石器]'를 많이 만들어 썼다. 강원 양구 상무룡리, 홍천 하화계리, 양양 오산리, 경남 통영 상노대도 등에서 잔석기가 많이 나왔다. 다만 한국에서 중석기시대를 설정할 수 있는가에 대해서는 여전히 학계의 논의가 진행 중이다.

# 2.

## 농 사 짓 기 와
## 정 착 생 활

### 신석기의 시작

신석기시대를 특징짓는 것은 농경의 시작, 간석기의 사용, 토기의 발명이다. 그러나 이 세 가지 요소는 지역에 따라 각기 시작 연도가 다르다. 따라서 어느 한 가지를 기준으로 신석기시대의 시작 연대를 정하기는 어렵다.

한반도와 그 주변의 신석기문화는 대략 기원전 8,000년 전부터 시작됐다. 1만 년 전 무렵부터 기온이 올라가고 해수면이 상승하면서 해안선과 강줄기가 오늘날과 비슷해졌다. 자연환경의 변화로 기후 조건과 동식물상도 오늘날에 가까워졌다. 한반도의 신석기시대는 이러한 변화 과정에서 시작됐다. 신석기시대 초기에는 사냥과 채집이 여전히 높은 비중을 차지했다. 그리고 깬석기와 뗀석기가 여전히 많이 사용됐으나, 조금씩 간석기의 제작과 사용이 많아졌다. 농경이 일반화되고 가축 사육이 중요하게 자리 잡는 데도 긴 시간이 걸렸다.

### 농경의 시작과 마을의 형성

구석기시대에는 열매가 맺힌 곡물을 채집하는 것이 전부였다. 곡물은 가을에 야생식물이 열매를 맺을 때 얻을 수 있었다. 그러다 이듬해 야생식물 주변의 땅에 떨어진 씨앗에서 싹이 트고 자라서 열매가 열린 것을 보았다. 씨앗을 간직했다가 심어서 기르면 더 많은 곡물을 얻을 수 있다는 점도 알게 됐다. 우연한 발견으로 깨달음을 얻어 씨앗을 심고 가꿔 열매를 얻기까지, 여러 세대에 걸쳐 매우 오랜 시간이 걸렸을 것이다.

농사짓기는 인간이 계획적이고 목적의식적으로 성과를 기대하며 수행한 생산활동이었다. 이후 여러 면에서 삶의 형태가 달라지기 시작했다. 씨앗을 뿌리고 작물을 돌보며 수확하기까지는 짧으면 몇 달, 대개는 1년의 시간이 걸렸다. 농사짓기를 하기 위해 이동생활 대신 점차 한곳에 머물러 사는 정착생활을 하기 시작했다.

늦어도 기원전 4,000년 무렵에는 한반도 중서부 지역을 중심으로 조를 경작하는 초기 농경이 시작됐다. 기원전 3,500년 무렵에 농사짓기는 남부 지역으로 확산됐다. 황해도 봉산군 지탑리 유적에서는 조가 나왔다. 부산 동삼동 유적에서 조·기장, 충북 옥천 대천리 유적에서는 쌀·보리·조·밀이 출토됐다. 기장·수수 등도 신석기시대의 주요 곡물이었다. 농사짓는 도구로 돌로 만든 괭이·삽·보습·낫 등을 썼고, 곡물의 껍질을 벗기거나 가루를 내어 가공할 때는 갈판과 갈돌을 이용했다. 경남 창녕 비봉리 유적에서는 도토리 저장 구덩이가 발견됐으며, 화석화된 동물 배설물과 동물 뼈도 많이 나와서 가축을 사육했음을 짐작할 수 있게 한다. 이곳에서 발견된 통나무배는 늪지나 강에서 어로 작업이 행해졌음을 알려준다. 바닷가나 강가의 유적에서는 물고기를 잡을 때 사용한 그물추·낚싯바늘·작살 등도 출토됐다.

신석기시대에 농사짓기를 시작하면서 생존에 필수적인 곡물을 확보하게 되자 인구도 조금씩 늘었다. 농사를 짓기 위해 한곳에 머물러 사는 사람들이 늘어나 자연스레 마을이 형성되면서 사회 규모가 이전보다 커졌다. 농사짓기는 몇 사람의 노동만으로는 벅찼고, 집단이 함께 일해야 했다. 초기 농경은 나무를 베어내고 그루터기를 불태워 경작지를 마련하는 방식이었다. 이러한 개간 작업에는 여럿이 힘을 합친 노동력이 필요했다.

사냥은 여전히 중요한 비중을 차지했지만 신석기시대 후기가 되면서부터 가축 사육도 시작됐다. 성과가 불확실한 채로 산과 들을 돌아다니며 사냥하는 것보다 가축을 기르는 것이 더 효과적이었다. 가축 사육은 사람들에게 동물성 단백질을 안정적으로 공급할 수 있게 해줬다.

### 토기 제작과 생활 변화

신석기인은 돌을 갈아서 만든 간석기를 썼다. 돌을 거칠게 떼어낸 뒤에 날 부분만 갈아서 쓰임새에 따라 다양한 석기를 만들었다. 물론 신석기시대에는 뗀석기도 여전히 함께 사용했다. 간석기로 농사를 비롯한 여러 용도의 나무 도구를 이전보다 더 정교하게 만들었다.

토기의 발명은 인간생활에 흥미로운 변화를 가져왔다. 토기는 곡물 등의 식량을 저장하고 음식을 조리하는 데 사용했다. 이에 고기나 식물을 삶아서 더 부드러운 형태로 먹는 게 가능해졌다. 곡물을 가루로 만들어 죽을 쑤어

---

**토기 발명이 가져온 변화**

토기 발명은 획기적 일이었다. 토기는 곡물을 비롯한 음식물을 담는 용도로 사용됐을 뿐만 아니라 식재료를 익히는 도구였다. 추운 날씨에 더운 국물을 먹을 수 있고, 곡식이나 고기를 삶아 먹게 된 것도 토기 덕분이었다.

신석기시대와 고대에는 곡물을 찌거나 죽을 쑤어 먹는 경우가 많았다. 날것으로 먹을 때보다 잘 씹히고 소화도 잘 됐다. 그러나 익힌 곡물의 끈적임 때문에 음식 찌꺼기가 이 사이에 오래 끼어서 충치가 생길 위험이 아주 높아졌다.

도판3, 4 신석기의 유물
양양 오산리에서 출토된 사
람 얼굴 조각과 울산 울주군
신암리에서 출토된 여인상
이다.

먹거나, 시루에 쪄서 부드럽게 만들어 먹게 된 것도 토기가 발명된 이후였다.

원시 민무늬토기, 눌러찍은 무늬를 가진 토기, 덧무늬토기, 빗살무늬토
기 등이 신석기시대에 만들어졌다. 한반도의 대표적 신석기 토기인 빗살무
늬토기는 기원전 5,000년 무렵에 중서부 지역에서 나타나기 시작해 차츰 전
지역으로 퍼져나갔다. 바닥이 뾰족한 것과 편평한 것이 있는데 주로 곡물을
보관하는 용도로 사용됐다. 평양 남경, 서울 암사동, 김해 수가리 등이 빗살
무늬토기가 나온 대표 유적이다.

신석기인은 이전처럼 막집도 지었지만, 조금 발전된 움집을 짓고 사는
경우가 많았다. 구덩이를 둥글거나 네모나게 파서 바닥을 다진 뒤에 기둥을
세우고 띠풀로 지붕을 덮었다. 집 안의 바닥 중앙에는 화덕을 놓았는데, 화덕
은 실내 난방과 습기를 조절하는 기능을 했다. 화덕 주변이나 출입구 쪽에 저
장시설도 마련했다. 움집은 후기로 가면서 네모꼴이나 긴네모꼴로 바뀌었
다. 또한 신석기인은 식물 섬유를 이용해 실을 뽑고 베를 짜서 옷을 만들어
입었다. 신석기 유적에서 발견되는 유물 중 실을 뽑을 때 쓰는 가락바퀴, 옷
을 지을 때 쓰는 뼈바늘 등은 이런 활동을 짐작하게 한다.

농사짓기를 통해 생활이 안정됐지만, 농사 자체는 자연환경에 전적으로
의존할 수밖에 없었다. 그래서 자연에 대한 두려움과 관심이 매우 높아졌다.
하늘과 땅, 산과 강, 바람과 구름이 모두 경외의 대상이었다. 바위나 나무 등
의 자연물에 정령이 있다고 믿고 신앙의 대상으로 삼았다. 신앙활동의 증거
로 풍요를 비는 뜻을 담은 여성 모습의 흙인형이 발견된다. 사람 얼굴 형상을
표현한 조개껍질이나 예술품도 출토된다.

신석기시대는 도구가 발달하고 농경이 시작됐으며, 정착생활로 인해 사
회의 규모도 확대됐지만 자연환경 속에서 인간 개인은 여전히 나약한 존재

였다. 개간과 경작은 개인이 감당할 수 없으므로 공동노동에 의존했다. 노동은 집단적으로 행해졌고, 생산물도 공동 차원에서 분배됐다. 아직 사적 소유는 발생하지 않았다. 이런 과정에서 나이 많고 경험 많은 사람이 공동체의 지도자 역할을 맡았다. 구성원 사이에서 빈부 격차를 토대로 한 계급 분화는 아직 일어나지 않았다. 다만, 마을 전체를 지도하는 영향력 있는 사람이 자신의 지위를 이용해 구성원 위에 군림할 여지는 점차 늘어나는 중이었다.

구석기시대와 신석기시대를 지나는 긴 기간 동안 인간사회는 원시 공동체였다. 거친 자연환경 속에서 인간 개인은 나약하고 위태로운 존재였기에 집단 속에서 생존해야 했다. 생존을 위한 노동을 공동으로 수행했고, 수확물의 분배도 공동체의 규범에 따라 이뤄졌다. 당연히 사적 소유는 존재하지 않았다. 소유의 불균등에 따른 계급 분화와 지배자의 출현은 금속기를 사용하면서 급속히 진행됐으나, 이런 움직임은 신석기시대 말기부터 싹을 틔웠다.

### 선사시대의 원거리 네트워크

작고 날카로운 흑요석 석기는 섬세한 작업에 효과적으로 사용된 도구다. 2만 년 전 무렵, 한반도 중부 지역 구석기 유적에서 흑요석이 발견되기 시작한다. 그리고 경남 해안 지역의 신석기 유적에서도 출토된다.

원산지가 밝혀진 구석기시대 흑요석의 원산지는 대부분 백두산이다. 그리고 남해안 신석기시대 흑요석의 원산지는 일본열도로 확인되는 경우가 많다. 남해안 신석기 유적에서는 일본 죠몬 토기도 더러 나온다.

이것이 인간 집단이 이동한 결과물인지, 교류와 교환의 산물인지는 단정하기 어렵다. 다만 현대인의 선입견을 뛰어넘어, 선사시대 사람들의 활동이 원거리 네트워크를 통해 이뤄지기도 했음을 알려주는 것은 분명하다.

도판5 흑요석 석기

# 제2편

제2편은

제2편은

# 고대

고조선이 성립하는 청동기시대부터
고구려·백제·신라 등이 자웅을 겨루는
삼국시대까지를 다룬다.

만주와 한반도 지역은 기원전 15~12세기에 청동기시대로 진입했다. 금속기의 사용으로 농경이 발달하면서 인구가 늘어났고, 각지에 스스로 '하늘의 자손'이라 일컫는 정치 세력이 등장했다. 씨족을 중심으로 하는 원시사회가 무너지고, 계급관계에 바탕을 둔 고대사회가 시작된 것이다.

고조선은 이러한 청동기 문화를 바탕으로 성립해 요동-서북한 지역을 아우르며 중국의 전국시대 연나라와 대결할 정도로 성장했다. 기원전 3세기 초에 연의 공격을 받아 서방 영토를 크게 잃었다가 위만이 정권을 잡은 다음 세력을 회복했지만, 기원전 108년에 한나라의 공격을 받아 멸망했다.

고조선 옛 땅은 한의 군현으로 편입되고, 그 외곽에서 부여·고구려·옥저·동예·삼한 등이 성장했다. 이 가운데 부여·고구려는 기원을 전후한 시기에 고대 국가로 발돋움했지만, 옥저·동예는 한의 군현이나 고구려에 예속됐고, 삼한은 3세기 중반까지도 수십 개의 소국으로 나뉘어 있었다.

4세기 이후 동아시아 국제질서가 급변하는 가운데 만주와 한반도 정세도 바뀌었다. 고구려가 낙랑군·대방군을 점령하는 등 영역을 크게 확장했고, 마한 백제국과 진한 사로국이 주변 소국을 병합하며 백제와 신라로 각각 성장했다. 고구려·백제·신라가 국경을 맞대며 자웅을 겨루는 삼국시대가 열린 것이다.

고조선에서 삼국시대에 이르는 한국 고대사의 가장 중요한 특징은 한반도뿐 아니라 유라시아 대륙과 맞닿은 만주를 무대로 역사를 전개했다는 점이다. 이로 인해 고대 국가들은 중원 지역과 일본열도뿐 아니라 멀리 몽골초원이나 중앙아시아 나라와도 교섭하며 국제적인 문화를 꽃피웠다.

한국 고대사의 또 다른 특징은 각국의 정치적 발전 시기가 동일하지 않았다는 점이다. 고대 정치체제는 연맹체나 부체제에서 국왕 중심의 중앙집권체제로 전개됐다. 고구려와 백제는 4~5세기에 중앙집권체제를 정비했지만, 신라는 부체제 단계에 머물다가 6세기 이후 비로소 중앙집권체제를 갖췄다.

# 1. 금속기 문화와 고조선

# 1 계급 분화와 국가 성립

### 금속기의 사용

인류는 오랫동안 도구를 사용하면서 얻은 지혜를 바탕으로 청동을 발견했다. 청동은 구리에 주석과 아연 등을 섞어서 합금한 금속인데, 금속의 녹는 성질을 이용해 이전에 사용하던 돌보다 훨씬 더 정교하고 다양한 도구를 만들 수 있었다.

청동기 문화는 기원전 3,500년경 서아시아에서 처음 출현했으며, 세계 각지에서 이를 바탕으로 여러 문명이 발생하고 국가가 성립했다. 중국 대륙에서는 기원전 20세기경부터 청동기를 사용했고, 만주와 한반도 일대는 기원전 15~12세기경에 청동기시대로 진입했다. 일본열도는 기원전 5세기경 한반도에서 건너간 사람들에 의해 청동기가 보급됐다.

만주와 한반도에서는 청동으로 주로 무기와 의기(儀器)[1]를 만들었다. 비파처럼 매끄러운 곡선을 가진 비파형동검(요령식 동검)은 우리나라 청동기 문화를 대표하는 유물로 만주에서 한반도, 일본 규슈에 걸쳐 널리 분포한다. 제의에 사용한 의기로는 청동거울과 청동방울이 있다. 청동거울은 뒷면에 거친 기하학 줄무늬와 여러 개의 꼭지가 있다고 해서 '거친무늬거울'이나 '다뉴조문경'이라 부른다. 청동기가 보급된 이후에도 농기구는 주로 돌이나 나무로 만들었는데, 반달돌칼·돌보습·나무 쟁기 등이 대표적이다. 기술도 발달해 돌로 만든 농기구가 다양해졌고, 청동 도끼·자귀(끌)·칼 등과 같은 날카로운 연장을 사용해 용도에 맞도록 정교한 나무 농기구를 제작하기도 했다.

### 농경의 발달과 국가의 성립

도구의 발달에 힘입어 농경과 가축 사육이 비약적으로 발전했다. 조·피·수수·보리·팥·기장 등을 재배하고 벼농사도 지었다. 식량 생산이 크게 늘어나자 인구가 증가하고 마을 규모도 커졌다. 생활에 소비되고 남는 물품이 쌓이고 사유재산이 생기며 빈부 격차가 발생했다. 결국 씨족을 단위로 하던 원시 공동체 사회가 해체되고, 가부장이 중심을 이루는 가족이 생산과 소비의 주체로 떠올랐다. 각 사회 내부에서는 계층 분화가 조금씩 진행되고, 집단 사이

---

1    의기 일상생활이 아닌 의례에 사용하는 장식물이나 장신구를 말한다.

도판1 화순 대곡리 청동유물
기원전 4~3세기의 무덤에서 나온 것으로, 동검·새김용 칼·의례용 방울·도끼·거울 등이다.

에 잉여 식량을 둘러싼 다툼이 잦아졌다.

　무력 다툼에서 승리한다면 생산활동 못지않은 성과를 올릴 수 있었다. 당시 마을 유적에서는 주위를 감싼 목책(木柵)과 환호(環濠)²가 곧잘 발견된다. 집단 사이의 다툼은 대부분 우세한 경제력과 청동무기를 가진 집단의 승리로 끝났다. 이 과정에서 만주와 한반도 곳곳에 유력한 정치 세력이 등장했다. 정치 세력의 우두머리는 스스로를 '하늘의 자손'이라 내세우며, 제법 넓은 지역의 마을과 집단을 지배했다. 이들은 청동단추나 띠고리로 장식한 화려한 옷을 입고, 태양과 같이 빛나는 청동거울을 목에 단 채 청동방울을 흔들며, 자신이 신의 뜻을 대신하는 존재임을 과시했다.

　정치권력과 종교적 권위를 모두 가진 제정일치의 지배자가 등장한 것이다. 지배자들은 많은 사람을 다스리는 동시에 자신의 권력과 재산을 지키기 위해 법을 만들고, 그 법을 지키게 할 관리와 군대 등을 이끌며 국가를 이뤘다. 고대 국가로 성장한 집단들은 주변의 다른 집단과 전쟁을 벌여 이기면 그 주민들을 붙잡아 노예로 삼았고, 식량과 여러 가지 물건들을 빼앗아 점점 더욱 크고 강한 나라로 발전해갔다.

### 한반도 청동기 문화의 원류

만주와 한반도에서 언제 청동기 문화가 시작됐는지에 대해서는 여러 견해가 있다. 최근에는 청동기시대를 대표하는 민무늬토기의 등장 시점을 근거 삼

---

2　목책과 환호 '목책'은 방어를 위해 마을 주변을 두른 나무 울타리다. '환호'는 마을을 둘러싸고 판 방어용 도랑이다. 깊지 않은 도랑은 신성 구역을 표시한 것으로 보기도 한다.

도판2 울산 무거동 유적
청동기시대의 마을 유적을 보여
주는 대표 사례로 목책과 환호, 논
의 흔적이 확인됐다.

아 기원전 15세기로 보기도 한다. 다만 만주와 한반도의 청동기 문화를 대표하는 비파형동검이나 청동거울은 기원전 12세기 무렵에 등장했고, 한반도 지역에 청동기 문화가 널리 보급된 것은 기원전 10세기 무렵이다.

만주와 한반도의 청동기 문화는 신석기시대 이래 만주 랴오닝성(遼寧省) 지역에 살던 주민에 의해 먼저 성립했고, 이후 중부 만주와 한반도 등으로 퍼져 나갔다. 이 과정에서 만주의 주민집단이 한반도로 이주해와서 선주민과 결합하기도 했다. 이 무렵 만주 남부에서 한반도 북부에 걸쳐 살았던 청동기시대의 주민이 바로 문헌에 등장하는 예맥족(濊貊族)이다.

만주 남부 지역의 청동기 문화는 지역에 따라 차이가 나타난다. 랴오허(遼河)강을 기준으로 랴오닝성 서쪽에서는 반농·반목적 청동기 문화가 발전했다. 이는 '산융(山戎)'이나 '동호(東胡)'라 불리던 족속의 문화다. 이들은 유목을 했기 때문에 동물 장식을 한 청동무기를 많이 사용했다. 이에 비해 랴오허강 동쪽의 요동 지역과 한반도에서는 비파형동검, 미송리형 토기와 팽이형 토기 등이 특징적으로 사용됐다.

요동 지역과 한반도의 청동기 문화는 황하 유역의 중국 계통 청동기 문화나 내몽골 지역의 북방식(오르도스식) 청동기 문화와 구별되는 독자적 개성을 지녔다. 가령 이 지역의 비파형동검은 검의 날이 곡선을 이루며 날과 손잡이가 별도로 만들어졌는데, 이러한 전통은 이후 세형동검으로 이어졌다. 반면 중국식 동검이나 북방식 동검은 검의 날이 직선이거나 한쪽으로 휘었고, 날과 손잡이를 연결해 만들었다. 또한 북방식 동검은 동물 문양을 장식한 경우가 많다.

요동 지역과 한반도 북부에 살던 예맥족 계통의 주민은 주변 지역과 구

도판3, 4 미송리형 토기(좌)
와 팽이형 토기(우)
미송리형 토기는 평안북도 의
주 미송리 유적에서 나온 토기
의 생김새가 일반적이라는 점
에서 붙여진 이름이다. 팽이형
토기는 생긴 모양에 따라 붙인
이름이다.

별되는 독자적 청동기 문화를 발달시켰다. 우리 역사에서 첫 국가인 고조선
은 이러한 청동기 문화를 바탕으로 성립했다. 다만 고조선이 성장했던 요동
지역과 한반도 서북부의 청동기 문화는 전반적으로 비슷하면서도 세부적으
로는 차이가 있기도 하다.

　가령 훈허(渾河)강에서 압록강 일대에 걸친 지역에는 돌널무덤과 미송
리형 토기가 분포하는 반면, 한반도 서북부에는 고인돌과 팽이형 토기가 널
리 분포한다. 그리고 요동반도 지역에서는 고인돌과 돌무지무덤을 많이 조
영했다. 각 지역마다 독자적 문화권이 형성됐던 것이다. 이 지역들에서 전체
적으로 고인돌과 돌널무덤이라는 같은 계열의 묘제를 사용한 것으로 보아
비슷한 계통의 주민집단이 살고 있었지만, 지역별 차이로 인해 문화 유형에
차이가 발생했다고 보인다.

**북방식(오르도스식) 청동기 문화**
내몽골 자치구 남쪽 끝 오르도스(Ordos) 지역의 청동검으로 대표되는 문화를 말한다.
비파형동검과 달리 칼날과 손잡이를 하나로 주조하고, 손잡이 끝이 안테나처럼 생긴
점이 특징이다.

　도판5 오르도스식 동검

## 2  단군과 고조선

### 고조선의 성립

고조선은 우리 역사의 출발 단계와 이후의 역사 발전과정을 복원하는 작업에서 중요한 의미를 갖는다. 실제로 고조선은 부여·동옥저·삼한을 비롯해 삼국에 이르기까지 여러 국가가 형성되고 정치적으로 성장하는 데 큰 영향을 미쳤다. 고조선의 역사는 한국 고대사, 나아가 한국사를 체계화할 때 중요한 자리를 차지하는 것이다.

고조선은 남만주의 요동 일대와 한반도의 서북 지역을 중심으로 성립했다. 이 지역은 기후가 온화하고 곳곳에 들판이 넓게 펼쳐져 있어 농사짓기에 좋은 환경을 갖췄으며, 중국 대륙이나 몽골초원과 인접해 각종 선진문물을 받아들이기에도 유리했다. 이러한 이점을 바탕으로 예맥족 계통의 주민이 하천이나 해안가의 들판을 터전으로 농사짓고 주변 지역과 활발하게 교섭하며 정치적으로 성장했다. 처음에는 소규모 정치집단이 곳곳에 등장했는데, 점차 우세한 세력이 다른 집단을 정복하거나 통합해 국가를 이뤘다.

『삼국유사』의 단군신화에는 단군왕검(檀君王儉)이 중국의 요임금이 즉위한 지 50년 되던 해에 나라를 세웠다고 기록되어 있다. 조선 초기에 편찬된 『동국통감』 등의 내용을 종합하면 이때는 기원전 2333년이다. 그러나 이 연대를 그대로 믿기는 어렵다. 일반적으로 국가는 청동기 문화가 널리 보급되어 계급관계가 형성된 이후에 출현하는데, 당시 남만주와 한반도 일대는 아직 신석기시대였기 때문이다. 건국 연대도 우리 역사의 독자성과 유구성을 강조하기 위해 중국 전설상의 시조인 요임금 시기에 대응시킨 것이다.

'조선(朝鮮)'이라는 이름은 『관자』에 처음 나오는데, 중국의 춘추시대인 기원전 8~7세기에 고조선이 산둥(山東)반도의 제(齊)나라와 교역했다고 전

---

**왕검조선·기자조선·위만조선**

일연은 『삼국유사』에서 '고조선 왕검조선', '위만조선'이라는 제목을 붙였다. 이때 '고(古)'를 붙인 '고조선'은 '위만' 이전이라는 뜻이다. 그러나 우리는 단군신화부터 위만이 왕이 된 뒤 멸망할 때까지를 '고조선'이라고 부른다. '왕검조선'을 '단군조선'이라 부르기도 한다. 학계에서는 '기자조선'을 훗날 중국인이 꾸며낸 전설로 간주해 인정하지 않고, 위만의 집권을 고조선이 이어진 것으로 이해한다. 그리고 이성계가 세운 조선 왕조와 구분하기 위해 '고'를 붙인다.

도판6, 7 황해도의 은율 관산리 고인돌
(위)과 요령성 해성 석목성 고인돌(아래)
랴오닝성과 한반도 서북부의 탁자식 고인
돌은 돌을 다듬어 만든 모양이 매우 닮았
다.

한다. 제에서는 고조선의 특산물을 무늬 있는 짐승 가죽(문피(文皮))과 털옷
으로 널리 여기고 있었다. 제가 고조선을 사방의 주요 조공국으로 인식할 정
도로 뚜렷한 정치집단으로 성장해 있었던 것이다. 다만『관자』는 전국시대
에 서술됐을 가능성이 높아서 이것만으로 고조선 성립 시기를 단정 짓기는
어렵다. 고조선에 대한 더 명확한 언급은『전국책』과『사기』에 나온다. 여기
서는 기원전 4세기에 연(燕)나라 동쪽에 요동과 조선이 있고, 북쪽에는 임호
와 누번이 있었다고 했다. 이러한 기록들을 참고하면, 고조선이 이미 기원전
8~7세기 무렵부터 존재했을 가능성이 높다.

　　고조선은 청동기 문화를 바탕으로 국가로 성장했지만, 기원전 4세기에
철기가 보급되면서 크게 변화했다. 그래서 고조선사의 전개 과정을 청동기
를 주로 사용하던 ‘전기 고조선’과 철기를 주로 사용하던 ‘후기 고조선’으로
구분하기도 한다.

### 널리 세상을 이롭게 한다

세계 모든 나라에는 그 나라의 성립에 관한 신화가 전해진다. 우리나라에도
최초 국가인 고조선의 성립에 관한 내용이 담긴 단군신화가 있다. 다만 신화
를 통해 구체적 실상까지 파악하기에는 한계가 있다.

『삼국유사』 고조선조의 단군신화에는 왕검조선의 역사가 담겨 있다. 단군신화는 고조선이 성립된 다음 그 지배자들이 나라를 꾸린 과정을 신들의 이야기로 꾸민 것이다. 신화는 단순한 신들의 이야기가 아니라 건국 당시의 자연환경과 인간 집단의 움직임을 반영한다. 그래서 단군신화에 반영된 역사적 상황을 분석해 고조선이 성립할 무렵의 역사를 살펴볼 수 있다.

단군신화는 하늘에서 내려온 환웅(桓雄)을 주인공으로 하는 부분 그리고 환웅과 웅녀가 결합해 낳은 단군을 주인공으로 삼은 부분 등 2개의 이야기로 구성된다. 이에 따르면 하늘에서 내려온 환웅이 신시(神市)를 열어 세상을 다스리다가 곰에서 변한 웅녀와 혼인해 단군왕검을 낳았고, 그가 고조선을 세워 1,500년간 다스렸다고 한다. 여기에 나오는 비·구름·바람·곡식·쑥·마늘 등은 농경이 발달한 청동기시대의 사회 모습을 반영한다.

단군은 하늘을 상징하는 환웅과 땅을 상징하는 웅녀가 결합해 태어났다. 고조선 지배자가 탄생한 배경에 하늘과 땅이 신비롭게 합쳐져 있다는 의미로, 단군신화는 "널리 인간 세상을 이롭게 한다"는 홍익인간(弘益人間) 사상으로 이를 표현했다. 고조선 지배자들은 자신이 하늘로부터 선택받은 존재이기에 백성들을 잘 다스릴 수 있다고 내세웠다.

단군왕검은 특정 인물의 이름이 아니라, 당시 지배자를 가리키던 일반적 호칭이다. 환인(桓因)은 천신·태양신 곧 하느님을 뜻하며, 그 아들 환웅이 지상으로 내려와 단군을 낳았다. 단군왕검은 제사장(祭司長)을 뜻하는 '단군'과 정치적 지배자를 뜻하는 '왕검'이 합쳐진 호칭으로 제정일치 사회의 우두머리를 가리킨다. 단군신화는 청동기 문화를 바탕으로 지배자가 처음 등장하던 과정을 반영한 것이다.

### 고조선의 성장과 영역 변천

고조선도 처음에는 작은 집단으로 출발했다. '조선'이라는 이름은 이들이 살던 지역의 산과 강 이름에서 비롯된 것으로, 중국 사람들이 그곳을 '조선'이라고 불렀다. 이후 정치권력을 키워 국가의 틀을 갖추자 '조선'은 나라 이름으로 자리 잡았다. 고조선 사람들은 요동 지역과 한반도 서북부에서 청동기를 사용하며 농경을 발전시켜 점차 경제적 부를 쌓고 정치적으로 성장했다.

고조선의 특산품인, 호랑이를 비롯해 무늬 있는 짐승의 가죽이나 털옷은 중국 대륙에서는 진귀한 물품이었다. 이에 고조선 사람들은 이웃 나라와 특산품을 교역하며 활발하게 교류하고 경제적 이득을 얻었다. 특히 중국의 산둥반도·요동 지역·한반도 서북부 지역 사이에는 일찍부터 바닷길을 통한 교류가 활발했는데, 고조선 사람들도 이러한 바닷길을 이용해 산둥반도의 제와 문피 등의 특산품을 교역했다.

기원전 4세기 무렵, 중국 대륙은 전국시대라는 혼란기였다. 많은 사람이 전쟁과 혼란을 피해 주변 지역으로 피난했는데, 이때 고조선으로도 많이 이주했다. 유이민의 이주와 더불어 철기 문화 등 선진 문화가 고조선에 널리 보급됐다. 이에 고조선은 철기 문화를 바탕으로 더욱 강력한 국가로 성장할 수 있었다.

사마천의 『사기』는 중국의 전국시대 말기에 지금의 베이징(北京) 일대에 수도를 둔 연나라의 동쪽에 유력한 세력으로 고조선이 있었다고 언급했다. 또 『삼국지』가 인용한 『위략』에는 기원전 4세기경 중국 연의 세력이 커져 '제후(諸侯)'라는 칭호 대신 '왕'이라는 칭호를 쓰자, 고조선도 제후 대신 왕을 칭했다고 한다. 그리고 고조선 왕은 연과 전쟁을 벌이려다가 대부(大夫) 예(禮)의 만류로 그만뒀다. 고조선이 중국 연과 맞설 만큼 강성해졌던 것이다.

그러나 고조선은 기원전 3세기 초에 연의 침공을 받아 서쪽 영토를 크게 잃었다. 이로 인해 고조선의 영역은 한반도 서북 지역으로 줄어들었다. 비파형동검의 전통을 이은 세형동검이 주로 청천강 남쪽 지역에 분포한다는 사실은 이를 뒷받침한다.

**고조선의 중심지 논쟁**

『산해경』, 『전국책』, 『사기』 등에 고조선의 위치에 관한 언급이 있지만, 구체적으로 확정하기는 쉽지 않다. 더욱이 313년 서북한의 낙랑군이 소멸된 다음 낙랑군의 교군(僑郡)이 요서 지역에 설치되면서 고조선의 위치와 관련한 기록에 혼란이 생겼다. 이에 고조선의 중심 위치는 요령설·평양설·이동설 등 여러 가지로 나뉜다.

'요령설'은 고조선의 중심지가 시종 중국의 랴오닝성 지역에 있었다고 주장한다. 고대의 요수(요하)는 지금의 롼허(灤河)강(또는 다링허(大凌河)강)이며 비파형동검이 랴오닝성 지역에 집중적으로 분포하는 점을 근거로 든다. '평양설'은 고조선의 중심지가 시종 평양 지역에 있었다는 견해다. 단군왕검이 평양(아사달)에 도읍했다는 『삼국유사』 기록 및 요동과 고조선을 분리해 기술한 『전국책』의 기사 등을 근거로 든다.

# 3  고조선의 변천과 멸망

## 위만조선의 성립과 통치체제

진(秦)나라가 중국 대륙을 통합하자, 고조선은 진에 사신을 보내 유화적 자세를 보이면서도 왕이 직접 조공하지는 않는 등 거리를 뒀다. 진이 대내적 통일정책을 추진하면서 북방의 흉노 방어와 남방의 남월 정복에 주력했기에 양국 간에 별다른 마찰은 일어나지 않았다. 기원전 210년 진시황이 사망해 진의 지배질서가 무너지자 중국 사람들이 대거 고조선으로 이주했는데, 고조선은 이들을 서쪽 변경에 안치해 국경을 방어하면서 영역도 넓혀나갔다.

한편 한은 중국 대륙을 재통합한 초창기에는 유화적 대외정책을 추진했다. 한은 노관(盧綰)을 연왕으로 삼아 동북방 지역을 맡기고, 패수를 경계로 삼아 고조선에 별다른 간섭을 하지 않았다. 그런데 노관이 흉노로 망명하자, 그의 부관이었던 위만(衛滿)이 무리를 거느리고 고조선에 투항했다. 이에 고조선의 준왕(準王)은 위만에게 서쪽 땅 100리를 주고 다스리도록 했다. 위만은 고조선의 서쪽 변경에서 중국계 유이민을 모아 점차 세력을 키워나갔다.

기원전 194년, 위만은 한 군대가 침공하니 왕궁을 지켜주겠다는 거짓 보고를 해 준왕을 몰아내고 왕위를 차지했다. 위만은 준왕을 몰아내고 왕에 올랐지만 조선이라는 국호를 그대로 사용했으므로, 그 이전과 구별해 '위만조선'이라고 부른다. 한편 쫓겨난 준왕은 자신을 따르는 신하와 백성을 데리고 남쪽으로 가서 정착했다.

위만은 정치적 안정을 도모하면서 한과 화친을 맺어 주변 종족들이 한의 변경을 침범하지 못하도록 하는 한편, 한과 통교를 막지 않겠다고 약속했다. 그리고 철기 문화를 비롯한 한의 선진문물을 독점적으로 수용하면서 군사력을 더욱 강화해갔고, 한반도 중남부의 여러 나라가 한과 교역하는 것을 통제하면서 중개 무역을 통한 이익도 확보했다. 이를 바탕으로 위만조선은 이웃한 임둔과 진번 등 주변 지역을 복속시키며 세력을 더욱 키웠다.

위만조선에서 중앙의 대신들은 상(相)으로, 군사 지휘관은 장군(將軍)으로 칭했다. 상의 직함을 가진 인물에는 니계상(尼谿相) 참(參), 조선상 역계경(歷谿卿) 등이 있었다. 국가의 중대사는 상과 장군들이 모여 논의했다. 상은 중앙 정치에 참여하는 동시에 자신의 출신 지역에서는 자치력을 행사했다.

### 고조선의 8조법

고조선에는 기존의 관습법에 바탕을 둔 8개 조항으로 된 법이 있었는데, 이를 범금8조(犯禁八條)[3]라 한다. 『한서』에는 이 가운데 3개 조항이 전해진다. "첫째, 사람을 죽인 자는 사형에 처한다. 둘째, 남에게 상해를 입힌 자는 곡식으로 갚는다. 셋째, 도둑질한 자는 노비로 삼으며, 속죄하고자 할 때는 1인당 50만(전)을 내게 한다." 등이다.

위의 조항에서 볼 수 있듯이, 고조선은 사회질서를 위협하는 행위를 엄격히 규제하고 있었다. 개인 간 다툼으로 발생한 살인은 형벌로 다스렸다. 상해를 입히면 곡식으로 갚게 했는데, 이는 노동력 손상에 따르는 보상에 해당한다. 그리고 사유재산을 엄격히 보호했음을 보여주는데, 다만 '50만(전)'은 구체적 내용을 알 수 없는 표현이다.

그런데 『한서』에는 도둑질한 사람이 대가를 치르고 풀려났다 해도, 사람들이 수치스럽게 여겨 혼인할 상대를 구할 수 없었다는 구절이 있다. 노비가 가장 천한 계층으로 자리 잡았던 것이다. 또한 『한서』에는 한 군현이 설치된 이후에 사회가 더욱 분화되고 풍속도 나빠져 법령이 60여 조항으로 늘어났다고 덧붙여 써놓았다.

### 고조선과 한의 전쟁

고조선은 몽골초원에 거대한 유목제국을 건설한 흉노와 연계해 한으로부터 벗어나 독자적 세력권을 형성하려는 움직임을 보였다. 이 무렵 한의 무제(武帝, 기원전 141~기원전 87)는 흉노를 제압하기 위해 강경한 대외정책으로 전환했다. 한 무제는 고조선과 흉노가 연계하는 것을 막고 고조선을 회유하고자 섭하를 사신으로 보냈으나 고조선은 이를 거부했다. 성과 없이 귀국길에 오른 섭하는 배웅 나온 고조선 장수를 살해하고 패수를 건너 도주했다. 한의 무제가 섭하를 고조선과 이웃한 요동군의 동부도위에 임명하자, 고조선이 군사를 보내 섭하를 살해함으로써 양국의 대립은 더욱 거세졌다.

한 무제는 기원전 112~110년 남월(南越)과 서남이(西南夷)[4]의 정복을 마

---

3　범금8조 『한서』에서 범금8조라고 했는데, "범(犯, 위반)하는 것이 금지된 8개 항목"이라는 뜻이다.
4　남월과 서남이 중국 남부에서 베트남 북부에 걸쳐 있던 나라가 '남월', 귀주성과 그 주변에 살던 종족이 '서남이'였다.

무리한 다음, 기원전 109년 가을 마침내 육지와 바다 두 방면으로 고조선을 대대적으로 침공했다. 그러나 첫 전투에서 고조선이 한의 5만 육군과 7,000 수군을 모두 물리쳤다. 전황이 불리해지자 한은 고조선과 협상을 시도하다가 여의치 않자, 정면 대결을 피하고 고조선의 지배층을 매수해 분열시키는 방법을 택했다.

전쟁이 장기화되면서 고조선의 지배 세력은 두 진영으로 갈라져 화친과 전쟁을 주장하며 대립했다. 조선상 역계경은 우거왕(右渠王, ?~기원전 108)이 자신의 건의를 받아들이지 않자, 2,000여 호를 이끌고 남쪽으로 망명해버렸다. 조선상 노인(路人)·상 한음(韓陰)·니계상 참·장군 왕겹(王唊) 등은 한에 항복했는데, 니계상 참이 사람을 보내 우거왕을 살해했다. 고조선의 대신인 성기(成己)가 주민들을 이끌고 끝까지 항전했지만, 기원전 108년에 끝내 도성인 왕검성이 함락됐다. 이로써 고조선은 멸망했다.

## 4 한 군현과 토착 세력

### 한사군의 설치와 변천

한은 고조선 옛 땅과 주변 지역에 군현을 설치해 직접 지배하려 했다. 군현제는 지배 지역을 군과 현으로 나누고, 중앙에서 관리를 파견해 통치하는 방식이다. 한은 낙랑군·진번군·임둔군·현도군 등을 설치했는데, '한이 설치한 4개의 군'이라는 뜻으로 '한사군(漢四郡)'이라 부른다. 고조선을 멸망시킨 기원전 108년에 중심지였던 평양 일대에 낙랑군을, 진번·임둔 지역에 진번군과 임둔군을 설치했다. 이듬해인 기원전 107년에는 고조선의 직접 지배를 받지 않던 고구려 지역에 현도군을 설치했다.

한의 군현 지배는 고조선 유민을 비롯한 토착민이 반발하면서 순탄하게 진행되지 못했다. 더욱이 한은 오랜 정복전쟁으로 국가 재정이 고갈되자, 변경정책을 점차 유화적으로 전환할 수밖에 없었다. 결국 기원전 82년에 진번군·임둔군을 폐지해 낙랑군과 현도군에 합쳤다. 이후 기원전 75년에는 압록강 중상류의 주민집단이 현도군을 고구려의 서북쪽으로 쫓아냈다. 이로써 한반도에는 낙랑군만 남게 됐다.

『한서』에 의하면 기원전 1세기 말 낙랑군의 현(縣) 수는 25개고, 가호와

43

인구는 6만 2,812호에 40만 6,748명이었다. 다만 낙랑군은 중국 왕조가 설치한 만큼, 중국 대륙의 정세가 변화하면 그 영향을 받을 수밖에 없었다. 가령 왕위를 찬탈한 왕망이 집권하고 있던 전한·후한 교체기인 서기 25년, 낙랑군에서 토착 세력가 왕조(王調)가 '대장군 낙랑태수'라 칭하면서 반란을 일으켰다. 왕조는 후한을 세운 광무제(光武帝)가 군대를 보내 진압하기까지 5년여 동안 독립 상태를 유지했다. 왕조의 반란은 중국 왕조의 통제력이 약해지면 낙랑군이 이탈할 수도 있었음을 보여준다.

후한은 건국 직후 지방통치제도를 개편해 각지의 현을 줄이고 변경의 군사기구를 대폭 폐지했다. 낙랑군에서도 동해안의 원산만 일대를 관할하던 동부도위와 7개의 현이 폐지됐는데, 이로 인해 현의 수는 18개, 가호와 인구는 6만 1,492호, 25만 7,050명으로 줄었다. 낙랑군의 지배 지역이 평양을 중심에 둔 서북한 일대로 크게 축소된 것이다. 고구려가 1세기 중반 이후 동옥저와 동예(東濊) 지역으로 진출하는 등 낙랑군의 외곽을 압박하기 시작한 것도 주요 요인이었다.

### 낙랑군의 지배구조

한은 고조선의 옛 땅에 군현을 설치하면서 기존의 통치질서와 지배 세력을 활용해 지배체제를 구축했다. 먼저 고조선의 연맹체적 결합을 해체하고 각 지역의 독자 정치체를 단위로 군을 설치했다. 군 아래의 현은 이전부터 독자성을 띠고 있던 토착 지배 세력을 단위로 설치했다.

한은 현의 치소(治所)에 평지 토성을 쌓아 거점으로 활용했는데, 평양 낙랑토성, 온천 성현리토성, 은율 운성리토성, 봉산 지탑리토성, 신천 청산리토성, 영흥 소리리토성 등이 대표적이다. 대부분의 토성은 세형동검 유적의 중심지에 분포하며, 주변에는 주로 토착 지배 세력이 묻힌 무덤이 다수 분포한다. 한은 고조선 이래 토착 세력가들의 기존 사회질서를 바탕으로 군현 지배

**평양의 낙랑토성**

낙랑군의 치소가 있던 평양시 낙랑 구역에는 낙랑토성과 고분군이 남아 있다. 낙랑토성은 그 크기가 동서 700m, 남북 600m이며, 흙으로 쌓은 성벽이 일부 남아 있다. 토성 주변에는 3,000여 기가 넘는 고분이 확인됐는데, 대부분 나무곽무덤과 벽돌무덤이다. 여기서 다양한 유물과 『논어』가 기록된 죽간 등이 출토되어 낙랑군의 역사와 문화를 이해하는 데 도움을 준다.

도판8 평남 대동군 도제리 50호 전축분
전축분은 중국의 무덤 양식이다. 이 무덤은 전실과 후실 2칸의 무덤에 1개의 곁칸이 딸린 구조다. 낙랑 전축분(벽돌무덤)은 2세기 후반부터 낙랑군이 소멸한 4세기 중반까지 만들어졌다.

체제를 구축했던 것이다.

한은 낙랑군 지역을 원활하게 지배하기 위해 다양한 방식을 동원했다. 먼저 정치·경제적 지배를 원활하게 수행하려는 목적으로 많은 한인(漢人)을 파견했는데, 여기에는 관리나 군인뿐 아니라 상인도 포함됐다. 또한 고조선의 토착 지배층을 속리(屬吏)로 활용하거나 읍군(邑君)[5] 등의 벼슬을 주며 포섭했다. 이에 따라 한의 군현 지배에 협조한 토착 지배 세력은 종전의 정치·경제적 기반을 이어갔다. 기원전 1세기에 만들어진 낙랑 목곽묘는 고조선 이래의 세형동검 문화를 많이 간직하고 있는데, 이는 무덤 주인의 다수가 고조선의 유민이기 때문이다.

군현 지배가 이어지면서 토착사회도 변화했다. 토착 주민도 한의 제도에 따라 호적에 등재됐다. 중국 대륙과 요동군 등으로부터 한인 관리나 상인이 많이 이주하면서 기존의 사회질서에도 변화가 생겼다. 앞서 언급했던 고조선 시기의 범금8조가 이후 60조로 늘어났다는 『한서』의 기록이 이를 반영한다.

군현 지배가 오래 지속되면서 고조선계 주민과 한계(漢系) 주민이 점차 뒤섞였다. 고조선계 주민은 중국 문화를 자연스럽게 흡수했고, 한계 주민도

---

5    속리와 읍군 '속리'는 군현의 하급 관리를 말한다. '읍군'은 군현 지배를 위해 토착인에게 준 관리명칭으로, '후(侯)·삼로(三老)·읍군' 등이 있었다.

> **낙랑군의 역사적 위상**
>
> 낙랑군은 고조선을 기반으로 성립됐고, 삼한과 삼국의 발전에 밀접한 관련이 있다. 이는 한국사 초기에 중요한 의미를 갖는다. 낙랑군과 교류하며 받아들인 중국문화는 한반도뿐 아니라 일본열도에까지 많은 영향을 끼쳤다. 다만 20세기 이후 낙랑군 연구가 일제 식민사학과 결부되면서 식민사관에서는 낙랑군을 중국의 식민지라고 강조해 한국사의 주체적 발전을 부정하는 근거로 활용하기도 했다. 이에 대한 반발로 낙랑군이 한반도에 설치됐던 사실 자체를 부정하는 극단적 입장이 제시되기도 했다.
>
> 그렇지만 여러 문헌 기록과 고고자료를 종합하면, 낙랑군이 평양 지역을 중심으로 한반도 서북 지역에 존속한 사실을 부정하기 어렵다. 낙랑군은 한이 설치한 것이지만, 한국사의 일부이기도 하다. 영국 역사가들이 로마의 영향권에 들어 있던 시기를 영국사로 다루는 것처럼 낙랑군을 한국사의 일부로 간주해야 한다는 견해도 나오고 있다.

서북한의 토착 문화에 적응했다. 1세기 후반에 이르면 서북한 지역에 '낙랑인'이라는 새로운 주민집단이 형성됐으며, 중국 문화의 영향을 받으면서도 토착 문화의 요소를 간직한 독특한 낙랑 문화가 만들어졌다.

### 낙랑군의 변천과 대방군 설치

중국 왕조의 성쇠에 따라 낙랑군의 지배력도 크게 바뀌었다. 2세기 중후반에 후한의 지배력이 크게 약화되자, 많은 낙랑 주민이 주변 지역으로 이탈했다. 2세기 말 후한의 지배질서가 무너지면서, 공손씨(公孫氏) 정권이 요동과 요서 지역을 중심으로 독자 세력을 형성한 다음 낙랑군까지 장악했다.

공손씨 정권은 204~207년경에 낙랑군 남부인 둔유현 이남의 버려진 땅에 대방군을 설치했다. 이를 통해 공손씨 정권은 기존의 낙랑군 지배 세력을 견제하며 새로운 지배 거점을 마련하는 한편, 한반도 중남부의 한(韓) 세력에 영향력을 강화하려고 시도했다. 대방군이 설치되면서 중국 왕조가 종전보다 더 강하게 한반도의 여러 세력을 통제할 수 있게 된 것이다.

다만 3세기 후반에 서진(西晉)이 요동 지역에 동이교위(東夷校尉)[6]를 설치하면서 낙랑군과 대방군의 기능은 크게 약화됐다. 더욱이 3세기 말경에 서진이 붕괴하자, 낙랑군과 대방군의 주민집단은 사실상 중국 왕조의 통제를

---

6  동이교위 중국 왕조에서 동북 변경 지역의 이민족을 관리하기 위해 설치한 관직. 6세기 이후에는 고구려 왕과 신라 왕을 책봉하는 호칭으로도 쓰였다.

거의 받지 않는 독립 집단처럼 변모했다. 그리고 낙랑군은 6현, 3,700호, 대방군은 7현, 4,900호로 규모가 급격하게 줄어들었다. 결국 313년에 낙랑군, 314년에 대방군이 고구려에 흡수됐는데, 그 일부 주민은 고구려의 지배를 피해 랴오닝성 지역으로 옮겨가서 소규모로 이름을 유지하는 교군으로 존속했다.

# 2.

# 초기 국가의
# 성립과 발전

# 1 부여의 성립과 역사 전개

## 부여의 기원과 국가 성립

부여는 오늘날 중국 지린성(吉林省) 지린시(吉林市) 일대를 중심으로 성장해, 만주 지역을 남북으로 길게 가로질러 흐르는 북류 쑹화(松花)강 중류 유역을 터전 삼아 발전했다. 부여는 기원전 2세기 무렵 역사상에 등장해 서기 494년 고구려에 완전히 흡수되기까지 대략 700여 년간 이어졌다.

부여의 건국신화인 동명신화에서는 시조 동명이 북방의 탁리국(槀離國, 高離國, 索離國)으로부터 지금의 지린시 일대로 남하해 부여를 세웠다고 전한다. 지린시 펑만구(豐滿區)와 룽탄구(龍潭區)에 걸쳐 있는 부여 왕성터는 쑹화강이 완만하게 돌아 흐르는 넓고 평탄한 지대에 자리한다. 이보다 서북쪽에 있는 쑹넌(松嫩) 평원에서 이른 시기에 형성된 것으로 확인되는 청동기 문화인 한수(漢書)·바이진바오(白金寶) 문화[1]가 탁리국의 흔적으로 추정된다.

지린시와 그 주변 지역에는 부여가 건국되기 전부터 시퇀산(西團山) 문화[2]라는 청동기 문화를 영위하던 주민집단이 거주하고 있었는데, 그 종족 계통은 예족(濊族)이었다. 부여는 북방으로부터 남하해온 이주민과 시퇀산 문화를 영위하던 선주민이 결합해 건국된 것이다.

부여가 문헌 기록에 처음 모습을 드러낸 기원전 2세기를 전후한 무렵에는 그 주변 지역에 2차례의 격변이 있었다. 기원전 3세기경 북방 초원 지역에서는 흉노가 동쪽으로 동호(東胡)를 격파하고 세력을 확대해갔다. 이때 흉노의 공세에 밀려난 동호가 다시 동쪽으로 대이동을 감행했다. 즉, 부여가 등장하기에 앞서 북방 초원 민족이 동쪽으로 세력을 확대하는 변동이 있었다. 부여의 건국 세력이 북방으로부터 지린시 일대로 남하한 것은 이런 변동 속에서 이뤄졌다.

기원전 194년에 이르면 부여의 남쪽에서도 정세가 크게 바뀌었다. 바로 중국계 유이민이었던 위만이 준왕을 몰아내고 왕위를 차지한 것이다. 이로 인해 본래 고조선의 영향력 아래에 있던 예맥사회에도 변동이 생겼다. 예맥

---

1   한수·바이진바오 문화 한수와 바이진바오 유적 조사를 통해 드러난, 기원전 8세기 무렵의 청동기 문화부터 기원전 시기의 철기 문화다.

2   시퇀산 문화 지린시 서남쪽의 시퇀산에서 조사된 돌널무덤과 주거지 등에서 나온 유물들로 대표되는 청동기 문화다.

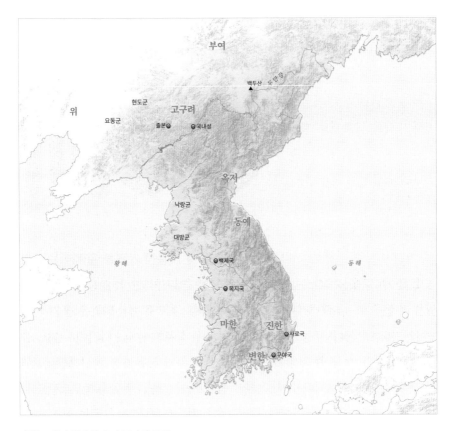

지도1 3세기 중반의 초기 국가와 종족
초기 국가의 영역은 선으로 나타낼 수 없다. 여러 지역 집단이 결집해 초기 국가를 이뤘고, 이 중 일부는 때때로 이탈해 다른 쪽으로 쏠리기도 했다. 부여·고구려가 상대적으로 강한 구심력을 지닌 반면, 3세기 중반까지도 80여 개의 소국이 병존했다.

족 국가였던 고조선 지배층의 일부가 중국계 유이민으로 교체되면서 예맥족 세력을 위축시켰고, 북방의 부여 지역에도 그 영향이 미쳤다. 이 무렵 지린시와 그 주변 지역에서는 시퇀산 문화가 소멸하고 새로운 부여 문화가 형성되기 시작했다. 기원전 3~2세기에 펼쳐진 이러한 국제 환경의 변화 속에서 부여가 등장했던 것이다.

### 부여사의 전개와 북부여·동부여

기원전 108년 고조선이 멸망하면서 그 북쪽의 부여와 예맥 사회가 다시 크게 변화했다. 부여는 당시의 급변하는 환경 속에서 적극적으로 한과 외교에 나섰다. 『삼국지』 동이전에는 부여에 '예왕지인(濊王之印)'이라는 글자가 새겨진 도장이 있었다고 기록한다. 이는 한으로부터 받은 것인데, 기원전부터 부여와 한이 관계를 맺었음을 알려준다.

부여는 1세기 중엽부터 후한 수도에 직접 사신을 보냈고, 한의 요동군·현도군과 적극적으로 교류했다. 서기 49년 부여가 후한의 광무제에게 사신을 보냈을 때 스스로를 '부여 왕'이라고 내세웠다. 이때 부여 왕은 후한 황제로부터 조복(朝服)과 의책(衣幘)을 받았다. 상징적 차원에서 부여와 부근의 여러 세력을 대표하는 지배자로 인정받았던 것이다.

부여는 1~2세기에 전성기를 맞았는데, 오늘날 지린시 일대의 부여 유적에서 발견되는 다양한 유물은 당시 융성했던 모습을 짐작하게 한다. 그러나 번성하던 부여에 강력한 경쟁자인 고구려가 남쪽에서 등장했다. 고구려는 1세기 후반부터 부여가 영향력을 미치던 두만강 유역의 북옥저 일대에 세력을 뻗치기 시작하는 한편, 요동 지역과 한반도 북부의 중국 군현을 공격·잠식하며 부여를 위협했다.

부여는 고구려를 견제하기 위해 중국 군현과 긴밀한 공조관계를 맺으려 노력했다. 2세기 후반 무렵에는 요동 일대에서 강력한 세력을 떨치던 공손씨 정권과 부여 왕 위구태(尉仇台)가 혼인으로 맺어지기도 했다. 당시 급성장하던 고구려를 견제하려던 양자의 이해관계가 일치했던 것이다.

이후 부여는 3세기 전반기까지 별다른 위기 없이 국력을 유지했다. 『위략』은 부여가 "풍요롭고, 선대 이래로 일찍이 파괴된 적이 없다."라고 했고, 『삼국지』는 3세기 무렵 부여의 영역이 사방 2,000리에 이르고, 가호(家戶)는 8만 호(戶)에 달한다고 기록했다. 당시 대략 40~50만 명의 인구 규모를 갖췄

---

**주몽신화의 원형, 부여의 동명신화**

중국 후한의 왕충(王充, 서기 27~97?)이 찬술한 『논형(論衡)』의 길험편(吉驗篇)에 부여의 동명신화가 실려 있는데, 다음과 같다.

북쪽 탁리국 왕의 시비(侍婢)가 하늘의 기운을 받아 사내아이를 낳자 왕은 내다 버려 죽이려 했지만, 돼지와 말이 아이를 보호했기에 거둬 키우도록 하고 이름을 동명이라 했다. 동명은 활을 잘 쏘았는데 왕은 동명에게 나라를 빼앗길까 두려워 그를 죽이려 했다. 동명은 추격하는 병사들을 피해 남쪽으로 달아났다. 도중에 엄호수(掩㴲水)라는 강을 만나자 활로 강물을 내리치니 물고기와 자라가 떠올라 다리를 만들어주어 추격병을 따돌렸다. 그리고 새 땅에서 부여를 세웠다고 한다. 동명신화의 이런 줄거리와 설화적 모티프는 훗날 고구려의 건국신화인 주몽신화에 그대로 차용될 정도로 예맥사회에 널리 퍼져 있었다.

을 것으로 추정된다. 3세기 초에 부여는 읍루(挹婁)를 예속시켰을 정도로 넓은 지역에 영향력을 미치고 있었다.

### 부여의 지배구조와 풍속

부여의 영역은 왕도와 그 주변 지역으로 이뤄진 중심부와, 그 바깥을 둘러싼 지역으로 구성됐다. 중심부는 부여 국왕이 직접 지배했던 반면, 지방의 각 읍락(邑落)은 제가(諸加)로 불렸던 여러 귀족이 지배했다. 이러한 지방 관할 구획을 사출도(四出道)라고 했다. 또한 부여의 지배층은 마가(馬加)·우가(牛加)·저가(豬加)·구가(狗加)·대사(大使)·대사자(大使者)·사자(使者) 등으로 서열화된 호칭을 갖고 있었다. 그리고 각 읍락에는 호민(豪民)이라 불리는 지배층과 하호(下戶)라 불리는 피지배층이 존재했다.

왕과 함께 부여의 각 지역을 다스렸던 가(加)들은 왕위 계승에도 영향력을 행사하는 최상위 권력층이었다. 『삼국지』는 "옛 부여 풍속에 홍수와 가뭄 등으로 곡식이 익지 않으면 그 허물을 왕에게 돌려 왕을 바꾸거나 죽이자고 했다"고 전한다. 3세기 중엽의 상황을 보여주는 『삼국지』가 '옛 부여 풍습'이라고 했으므로 그 이전의 상황이다. 그런데 3세기 중엽에도 제가는 전쟁이 발발하면 스스로 군사를 거느리고 적을 맞아 싸울 정도로 독자성이 강했다.

부여에는 형벌을 집행하는 감옥이 있었다. 살인자를 처형하고 그 가족을 노비로 삼았으며, 도둑질하면 12배를 배상하도록 했다. 또 투기하는 부인을 죽여서 시신을 왕도 남쪽 산 위에 버려뒀고, 친정집에서 시신을 가져가려면 소와 말을 바쳐야만 했다. 형이 죽으면 아우가 형수를 아내로 삼는 취수혼

(娶嫂婚) 풍습이 있었는데, 이는 흉노를 비롯한 북방 유목민족에서도 보인다.

　　부여는 가을걷이가 끝난 뒤에 영고(迎鼓)라는 제천행사를 치렀다. 이때 형벌을 단행하고, 사면을 실시했다. 제천행사 기간에 형벌을 시행한 이유는 최고 권력자인 국왕이 하늘의 뜻을 받아 지상에서 대행한다는 관념 때문이었다.

　　부여의 쇠퇴와 멸망

1~2세기에 안정과 번영을 누리던 부여는 3세기 전반에 접어들면서 조금씩 흔들리기 시작했다. 부여의 영향력 아래 놓여 있던 동쪽의 읍루 집단이 3세기 전반 무렵에 부여 세력권에서 벗어났다. 또 남쪽에서는 고구려가 발전하며 부여를 압박해왔다. 이에 부여는 중국 왕조와 긴밀히 연계하면서 고구려의 팽창을 견제하고자 했다. 마침 244년 고구려와 위(魏)나라 사이에 전쟁이 발발했다. 이때 고구려 공격에 나선 위의 장수 왕기(王頎)가 이끄는 부대가 부여에 이르자, 부여는 군량을 제공하며 협력했다. 이 전쟁에서 고구려는 수도가 함락되는 피해를 겪었지만 곧 국력을 회복했고 부여는 더욱 압박을 받게 됐다.

　　3세기 후반에 부여는 큰 위기를 맞았다. 요서 지역에서 급격히 세력을

---

**부여·북부여·동부여**

기록상 부여는 단일한 정치체로 전하지 않는다. 5세기 전반 고구려인의 인식이 반영된 「광개토왕릉비문」에는 부여·북부여·동부여 3개의 명칭이 보인다.

이들의 실체와 상호관계에 대해 학계에서 오랫동안 논쟁 중이다. 현재는 대체로 북부여는 지린시 일대를 중심으로 발전한 원(原) 부여와 동일한 것으로 이해한다. 그리고 동부여는 두만강 하류 일대에 존재했던 '동쪽의 부여' 세력으로 간주한다. 특히 동부여에 대해서는 여러 견해가 있다. 첫째는 285년 선비족 모용부의 공격을 받고 북옥저(北沃沮)로 피해갔던 부여인의 잔류 세력이 세운 나라로 파악하는 견해다. 둘째는 오늘날 지린시 일대의 부여와 동부여를 동일한 세력으로 파악하는 견해다. 셋째는 『삼국사기』, 『삼국유사』 등 문헌에 보이는 설화 속 동부여의 연장선에서 파악하는 견해다.

한편 『삼국사기』는 고구려 시조인 주몽의 출신지이며 초기 고구려와 충돌하던 부여 세력을 동부여로 기록했다. 반면, 「광개토왕릉비문」·〈모두루묘지(牟頭婁墓誌)〉 등 5세기 고구려인이 남긴 금석문에서는 주몽의 출신지를 모두 북부여라고 기록해 차이가 있다. 문헌과 금석문에 보이는 동부여라는 나라가 부여와 별개로 존재했는지, 위치가 어디였는지 등은 명확히 알 수 없다.

확장하던 선비족 모용부(慕容部)가 부여를 급습한 것이다. 285년 이들의 공격으로 부여는 수도가 함락되고, 국왕 의려(依慮, ?~285)가 자살했으며 지배층 일부는 북옥저 지방으로 피신했다. 왕족 의라(依羅)가 서진에 구원을 요청해 이듬해인 286년 서진의 동이교위가 보낸 병력을 지원받아 겨우 나라를 회복했다.

이후에도 선비족 모용부의 침입이 계속되면서 많은 부여인이 포로로 잡혀 중국에 노비로 팔려갔다. 서진이 북방 민족의 발호로 남중국으로 쫓겨나자(316~317), 부여는 더욱 고립무원의 처지에 놓였다. 부여는 서쪽으로부터 선비족 모용부의 위협에 시달리면서, 남쪽으로부터는 이미 부여의 국력을 압도하게 된 고구려의 압박을 받았다. 결국 4세기 전반에 이르러 부여는 왕성이 있던 지린시 일대를 고구려에 빼앗기고 서쪽으로 중심지를 옮겼다. 이어 346년 모용선비가 건국한 전연(前燕)[3]이 1만 7,000의 병력으로 부여를 공격했다. 이때 부여는 국왕 현(玄)과 백성 5만여 명이 포로로 잡혀가면서 독립국의 위상을 사실상 잃어버렸다. 이후 부여는 때로는 모용선비에 의지하고 때로는 고구려의 보호를 받으며 명맥을 이어갔지만, 끝내 독립국으로서의 면모를 회복하지는 못했다. 북옥저 방면에 남아 있던 부여의 후예도 동부여라는 이름으로 명맥을 잇다가 410년 고구려에 복속됐다.

5세기 이후 부여는 고구려의 보호 속에 겨우 왕실을 유지하면서, 457년에는 북위(北魏)에 조공 사절을 보내 국제무대에 존재를 드러내기도 했다. 그러나 5세기 중후반부터 동만주 일대에서 급성장한 물길(勿吉)의 침략으로 더 이상 나라를 유지하기 어려워졌다. 494년 부여의 왕과 왕족이 고구려로 망명하면서 700여 년을 이어온 부여 왕국은 소멸했다.

## 2 고구려의 성립과 발전

### 고구려의 기원과 자연환경

고구려는 고조선의 중심지에서 멀리 떨어진 압록강 중상류 유역, 지린성 환

---

3    전연 337년 선비족 모용황(慕容皝)이 세운 나라로, 한때 넓은 영토를 지배했으나 370년 전진(前秦)의 부견(苻堅, 338~385)에게 멸망했다.

런(桓仁)·지안(集安) 지역을 중심으로 성장했다. 이곳은 요동평원에서 한반도 동해안에 이르는 동서 교통로의 요충지였다. 또한 서남쪽으로는 서북한의 평야지대로, 북쪽으로는 쑹화강 유역의 대평원과 몽골초원으로 나아갈 수 있다. 이러한 지리적 위치는 고구려가 만주 중남부와 한반도 중북부에 걸쳐 넓은 영토의 대국을 이루는 데 중요한 요소였다. 이 지역은 험준한 산간지대였지만, 압록강과 그 지류를 따라 크고 작은 평지들이 곳곳에 펼쳐져 있다. 만주 지역에서 가장 따뜻하며 강수량도 풍부한 기후가 나타난다. 이 지역의 청동기 문화는 쑹화강 유역의 시퇀산 문화나, 요동에서 서북한에 걸친 고조선 문화와 비슷하다. 이곳 주민들이 같은 예맥족 계통인 고조선이나 부여를 이룬 주민들과 일찍부터 활발히 교류했기 때문이다.

기원전 300년경 이 지역을 둘러싼 국제 정세가 급변했다. 고조선이 연의 공격을 받아 요동 지역을 잃고, 세력이 서북한 지역으로 크게 위축됐다. 이로 인해 청동기 문화가 비파형동검에서 세형동검 문화로 바뀌는 변화가 생겼고, 중국의 철기 문화가 요동과 서북한 일대로 전파되기 시작했다. 이러한 정세 변화는 압록강 중상류까지 영향을 미쳤다.

이 지역 주민은 기원전 3세기 말경부터 철기 문화를 받아들여 농경을 크게 발달시켰다. 이와 함께 돌로 쌓은 적석묘라는 독특한 무덤을 만들기도 하는 등 주변 지역과 구별되는 독자적 문화를 형성했다. 고구려를 건국한 주민집단의 모태가 형성된 것이다. 고조선이나 부여가 예맥족에서 갈라져 별도의 주민집단을 이룬 것처럼, 압록강 중상류의 주민집단도 이제 '구려(句麗)'

### 고구려의 종족 기원

고구려의 종족 기원과 관련해 『삼국지』 동이전에는 '부여의 지파(별종(別種))'라는 설명과 '맥족(貊族)'이라는 서로 다른 설명이 함께 언급된다. 이에 따라 고구려의 종족 기원을 두고 부여족과 맥족으로 보는 견해가 갈려 있다.

그런데 본래 랴오허강 동쪽의 주민집단은 예족으로 불렸으며, 고조선이나 부여도 여기에서 갈라져 나왔다. 맥족은 본래 중국 북방의 주민집단을 부르던 명칭인데, 이들이 동쪽으로 터전을 옮긴 흔적은 없다. 원고구려 사람들도 부여·동옥저·동예 등과 같이 본래 예족의 일원이었으나 이후 분화해 '구려'로 불렸다. 다만 '맥'이라는 명칭이 확산되면서 예족은 점차 '예맥족'으로 불렸고, 고구려가 강성해지면서 '맥족'이라고 불리기 시작했다. 고구려 사람은 본래 고조선이나 부여와 동일한 예족(예맥족) 계통이며, '맥족'은 후대에 붙여진 명칭으로 추정된다.

라는 이름으로 불렸다.

'고구려'라는 국호는 '구려'에서 유래했는데, 고을이나 성(城)을 뜻하는 '구루(溝婁)'나 '홀(忽)'을 한자로 표기한 것이다. 이 지역 주민들이 골짜기를 따라 마을을 이루고 성을 쌓고 사는 모습에서 '고구려' 국호가 유래한 것이다. 시조 주몽이 부여를 떠나 남쪽으로 이동하기 훨씬 이전에 고구려 건국의 모태가 되는 문화와 정치사회가 이미 형성됐다고 볼 수 있다.

### 나집단의 성장과 국가 형성

철기 문화가 널리 보급되면서 각 지역별로 작은 '나집단(那集團)'[4]이 성장했다. 철제 농공구를 많이 확보한 나집단의 유력자들은 집단적 유대관계를 바탕으로 읍락민을 조직화하는 한편, 주변집단을 통합해 지역 정치집단으로 성장했다. 이때 고조선이 주변 소국을 복속해 큰 세력을 형성한 다음, 한과 교류하는 것을 통제하며 압박해왔다. 이 지역의 나집단은 동해안 등 이웃 집단과 힘을 합쳐 고조선의 움직임에 대항했다. '예군남려(濊君南閭)'를 중심으로 결집해, 기원전 128년 한(漢)에 복속하겠다는 뜻을 전했다. 이에 한은 압록강부터 동해안 일대에 창해군(滄海郡)을 설치했는데, 도로 개설 등에 너무 많은 비용이 들자 2년 만에 폐지했다. 창해군 설치는 일시적 사건으로 마무리됐다. 그로부터 얼마 후, 한의 침공을 받은 고조선이 1년 가까이 싸우다가 기원전 108년에 멸망했다. 한은 고조선 세력권뿐 아니라 그 주변에도 군현을 설치해 지배하려 했다. 기원전 107년 현도군(玄菟郡)을 설치했는데, 압록강 중상류를 포함해 여러 지역의 토착민들이 이에 강하게 저항했다.

이 무렵 한은 오랜 정복전쟁으로 국가 재정이 고갈되자, 대외정책을 온건하게 바꿔갔다. 토착민의 저항과 한의 대외정책 변화가 맞물리면서 군현 지배는 약화될 수밖에 없었다. 기원전 82년 한은 진번군과 임둔군을 폐지해 낙랑군과 현도군에 합쳤다가, 기원전 75년경에는 현도군을 압록강 서북의 쑤쯔허(蘇子河)강 유역으로 옮겼다(제2현도군). 압록강 중상류 지역 주민들이 현도군의 지배에서 벗어나게 된 것이다.

이 과정에서 우세한 나집단들은 다른 나집단을 통합해 소국(나국(那國))

---

4    나집단 내(川) 또는 냇가의 평지를 고구려 말로 '나(那)·노(奴)'라 했다. 나집단은 이를 터전으로 성립한 정치집단이나 소국을 가리킨다.

으로 성장했고, 다시 이들이 결집해 규모가 더 큰 고구려를 이뤘다. 처음에는 소노(消奴) 집단(송양국(松壤國), 비류나국(沸流那國))이 맹주가 됐는데, 세력이 미약해 다른 나국을 강력하게 통제하지 못했다. 이에 쑤쯔허강 유역의 제2현도군이 선진문물을 앞세워 각 나국과 개별적으로 관계를 맺으며 분리 통제를 시도했다.

이 무렵 주몽이 부여에서 남하했다. 주몽 집단을 구심으로 한 계루부(桂婁部) 세력은 우월한 무력과 농업기술을 바탕으로 여러 토착집단과 연합해 세력을 넓힌 다음, 소노부 세력을 제압해 주도권을 장악했다. 그리고 기원후 12년에 흉노 정벌을 위해 고구려군을 동원하려던 왕망(王莽)의 시도를 물리치고, 이어서 제2현도군을 공격해 토착 주민에 대한 간섭을 저지했다.

이로써 계루부가 여러 나국·나집단의 대외 교섭을 통제하며 이 지역 전체를 아우르기 시작했다. 『삼국사기』는 1세기 중반에 즉위한 태조왕(太祖王, 47~165)을 '국조왕(國祖王)'이라고 했다. 이는 고구려인의 인식이다. 즉 기원전 3세기 말 철기 문화가 보급된 이래 300여 년에 걸쳐 정치적 성장을 거듭해, 태조왕대에 와서 넓은 지역을 아우르는 국가로 발돋움했다는 것이다.

### 초기의 정치와 사회

고구려는 계루부 왕실이 압록강 중상류의 여러 정치 세력을 비류나부(沸流那部), 관나부(貫那部), 연나부(橡那部), 환나부(桓那部) 등 4개의 '나부(那部)'로 편제하는 형태로 초기 국가체제를 확립했다. 그리고 계루부와 4나부가 국가권력의 주축이면서 함께 통치력을 행사하는 방향으로 정치체제를 정비했다. 계루부는 각 나부를 통해 통치력을 관철했고, 각 나부도 계루부의 통제를 받으며 자치권을 행사했다(나부체제).

이에 따라 계루부 출신 왕은 국가 중대사를 각 나부와 함께 제가회의(諸

---

**『삼국지』 동이전의 편찬 배경과 성격**

위(魏)는 244~245년에 동방 지역을 원정하면서 많은 정보를 수집했다. 특히 중국인으로는 처음 읍루의 남쪽 경계까지 이르렀는데, 이를 선진(先秦) 시기의 숙신(肅愼)에 비정하면서 동쪽의 아주 먼 곳(극원(極遠))까지 정복했다고 자부했다.

위가 수집한 정보는 『위략』과 『삼국지』 동이전 편찬의 바탕이 됐으며, 『삼국지』 동이전에는 1~3세기 동이 지역의 정치·사회·풍속 등에 관한 풍부한 내용이 담겼다. 따라서 『삼국지』 동이전은 한국 고대사회를 이해하는 데 중요한 사료다.

加會議)를 열어 결정했다. 각 나부에는 다양한 유력자가 존재했는데, 이는 대가(大加)와 소가(小加)로 구분됐다. 국왕은 각 나부의 유력자를 패자(沛者)나 우태(于台) 등의 관등을 수여해 편제했다. 각 나부의 유력자들은 왕으로부터 관등을 받아 제가회의 등과 같은 중앙정치에 참여하면서 자신의 나부에서 자치권을 행사했다.

계루부가 각 나부와 함께 국가를 운영하던 모습은 제의(祭儀)체계에 잘 반영되어 있다. 당시 계루부뿐 아니라 소노부도 독자적 시조 전승을 간직하며 종묘를 세우고 사직에 제사했다. 이에 계루부는 도성에서 동맹(東盟)이라는 대규모 제천행사를 열어 각 나부의 제의를 국가 차원에서 통합했다. 계루부 왕들은 국가 차원의 제의를 주관해 권위를 과시했다. 제의용 물품을 바치게 해 세금을 징수하고, 인구 등 각 나부의 현황도 파악했다. 제천행사는 국왕을 구심점으로 나부의 결속력을 다지며 국가를 운영하는 핵심 수단으로 기능했다.

초기 정치체제는 계루부 왕권이 강화되고 공동체적 관계가 약화되면서 점차 바뀌었다. 2세기 후반에 행정 실무를 총괄하는 국상(國相)이 설치됐고, 3세기 이후 왕위는 부자계승으로 전환됐다. 또한 사회 문화에 따라 공동체적 관계가 해체되며 나부 지배 세력의 자치권도 약화됐다. 이윽고 3세기 후반에 자치권을 행사하던 나부가 해체되고, 초기 정치체제는 중앙집권체제로 전환되어갔다.

### 영역 확장과 대외관계

정복전쟁이나 복속 지역 지배도 위와 같은 정치체제를 바탕으로 이뤄졌다. 영토 전체에 적용되는 징병제가 확립되지 않아, 계루부 왕이 각 나부의 군사력을 통솔해 전쟁을 치렀다. 복속지에 지방관을 파견할 만큼 지배체제가 발전하지 못해 해당 지역의 세력가를 매개로 그 지역을 간접 지배했다. 동옥저

---

**고구려 초기의 혼인 풍습**

『삼국지』 동이전에 따르면 고구려에서는 '서옥제'라는 일종의 데릴사위제가 행해졌다. 신랑이 혼인한 다음 신부의 집에 지은 '사위집(서옥(壻屋))'에 오래 머물다가 아이가 장성하면 본가로 돌아왔다. 또한 부여처럼 형이 죽으면 아우가 형수를 아내로 맞이하는 형사취수혼(兄死娶嫂婚)도 행해졌는데, 이는 강하게 남아 있던 공동체적 관계를 유지하기 위한 수단으로 이해할 수 있다.

(東沃沮)의 경우에는 그 지역 대인(大人)을 사자로 삼아 내부의 일을 다스리도록 하고, 고구려의 대가로 하여금 조세 수취를 관할하도록 했다.

고구려는 일찍부터 정복활동을 전개했다. 기원 전후에 선비족(鮮卑族)의 일부, 타이쯔허(太子河)강 상류의 양맥(梁貊), 함경도 산간지대의 여러 소국, 두만강 하류의 북옥저(北沃沮) 등을 정복했다. 그리고 1세기 중후반에는 낙랑군 동부도위의 폐지로 후한의 지배력이 약화된 틈을 타서 동옥저를 복속시켰다. 이로써 고구려는 동해안 방면에 풍부한 물적·인적 자원을 가진 배후지를 확보했다.

현도군을 요동 방면으로 몰아내며 후한과의 관계도 재정립했다. 1세기 말경 후한의 지배체제가 흔들리고, 강족(羌族)과 선비족 등이 흥기하는 틈을 타서 제2현도군을 훈허강 연안으로 몰아냈다. 그리고 요동 동부 산간지대로 세력을 더욱 넓히는 한편, 선비족과 함께 요동평원 일대를 공략했다. 또한 압록강 하류와 동예 방면으로도 진출해 낙랑군을 포위해갔다.

2세기 후반 후한이 붕괴되면서 군현의 지배력이 크게 약화되어 고구려가 요동이나 서북한 지역으로 진출할 좋은 조건이 마련됐다. 그러나 이때 요동에서 세력을 키운 공손씨 정권이 서북한 일대까지 장악하고 고구려 세력권을 압박했다. 이에 고구려는 233년 남중국의 오(吳)와 통교하다가, 북중국의 위(魏)를 도와 238년 공손씨 정권을 멸망시켰다. 고구려가 한의 군현과 교섭하던 단계에서 벗어나 여러 중국 왕조와 직접 다양한 관계를 맺기 시작한 것이다.

얼마 뒤 고구려는 동방으로 세력을 확장하던 위와 충돌했다. 242년 고구려는 서안평을 선제 공격했다. 그러나 244년 위의 장수 관구검(毌丘儉)의 공격을 받아 도성을 함락당하고, 동천왕(東川王, 209~248)은 북옥저까지 피난했다. 이듬해인 245년에도 현도태수 왕기(王頎)가 침공해 와 큰 피해를 입으면서 고구려의 대외활동은 크게 위축됐다. 고구려는 피해를 복구하는 한편 내부적으로 체제 정비에 힘을 쏟았다. 그리고 위와 서진의 대외정책이 완화되는 틈을 타서 주변 지역에 대한 영향력을 회복해갔다.

## 3　옥저와 동예 그리고 삼한 소국

### 옥저와 동예

동해안의 옥저와 동예는 예족이라는 동일한 종족이다. 기원전 4~3세기부터 이 지역은 세형동검 문화를 받아들여 성장의 기틀을 잡았다. 옥저는 고구려의 동쪽에 자리 잡았다는 의미에서 '동옥저'라고도 불렸으며, 함흥 부근의 남옥저와 두만강 유역의 북옥저로 나뉘었다. 동예는 단단대령(單單大嶺)[5] 동쪽, 함경도 남부와 강원도 북부 동해안 지역에 분포했다.

옥저와 동예에는 왕이 없었으며, 스스로 읍군(邑君)이나 삼로(三老)[6]라고 칭하는 거수(渠首)가 읍락을 다스렸다. 해안평야가 있고 해산물이 풍부한 지역적 특성으로 인해 일찍이 한 군현과 고구려에 복속됐다. 이후 새로운 문화가 점차 유입됐으나, 통합된 큰 정치 세력이 성장하지는 못했다. 공동체 사회의 유습이 있어 사회 분화도 더딘 편이었다.

옥저는 초기에 고조선에 예속되어 있었다가, 고조선이 멸망한 후 현도군에 소속됐다. 얼마 지나지 않아 현도군이 요동으로 옮기면서 옥저는 낙랑군으로 소속이 바뀌었다. 기원전 1세기 후반 낙랑군은 옥저 지역에 부조현을 설치하고 관리를 보내 다스렸다. 그리고 기원후 1~2세기 무렵부터는 고구려에 통합되어 쌀·소금·해산물을 조세로 바치고 미녀를 보내기도 했다. 서기 3세기 중반 무렵 옥저의 가호는 5,000여 호 정도였다.

동예 지역의 주민은 일찍이 고조선의 청동기 문화를 수용해 크고 작은 정치집단을 이뤘는데, 기원전 2세기 무렵의 '임둔'은 그들의 집합체였다. 고조선이 멸망한 후 이 지역에 임둔군이 설치됐다가 얼마 뒤에 폐지되고, 한사군이 재편되는 과정에서 낙랑군으로 편입됐다. 이때부터 단단대령 동쪽의 동예는 옥저와 함께 낙랑군 동부도위의 관할 아래 들어갔다.

한은 서기 30년 무렵 동부도위를 폐지하고 지역에 설치됐던 현들을 후국(侯國)으로 삼았다. 옥저와 마찬가지로 동예의 토착 지배층도 한으로부터 후·읍군·삼로 등의 벼슬을 받고, 각 읍락을 직접 다스렸다. 2세기 후반 동예

---

5　단단대령 한반도 서북 지역과 원산만 일대 사이에 있는 산맥으로 지금의 낭림산맥과 태백산맥 북부 구간으로 추정된다.

6　읍군과 삼로 한 군현이 토착인에게 준 관리 명칭이지만, 군현 지배를 벗어난 뒤에 토착인이 자칭했다.

60

는 고구려에 복속되어 공물을 바쳐야 했다. 고구려는 옥저와 동예를 복속한 후에도 3세기 중반까지 지방관을 파견하지 않고, 토착사회의 자치를 허용하고 공납을 수취하는 방법으로 간접 지배했다. 3세기 중반 동예의 가호는 2만 호에 달했으나, 전체를 아우르는 정치적 통합을 이루지는 못했다.

한편, 244년 위의 관구검이 고구려를 공격해 수도를 함락하고, 옥저와 동예까지 공격했다. 이때 옥저는 큰 피해를 입었고, 동예는 일시적으로 위에 복속됐다. 동예는 잠시 중국 군현의 주민처럼 세금을 바치고 군사를 제공하기도 했으나, 고구려가 낙랑군과 대방군을 몰아내면서 다시 고구려의 지배 아래로 들어갔다.

### 사회구조와 풍습

옥저와 동예의 언어·풍습은 대체로 고구려와 비슷했으나, 고유한 특징도 있었다. 동해안에 자리 잡은 옥저는 산을 등지고 바다를 향해 있어 농사짓기에 적합했고 해산물도 풍부했다. 또한 옥저 사람들은 창을 잘 다루고, 보병전(步兵戰)에 능숙했다.

옥저에는 10살 안팎의 여자아이를 데려다 키워서 성인이 되면 본가로 돌려보내고, 돈을 지불한 뒤에 며느리로 맞이하는 혼인 풍습이 있었다. 장례 풍습도 독특했다. 사람이 죽으면 임시로 얕게 묻어 두었다가 육신이 썩은 뒤에 뼈를 추려서 긴 나무 덧널에 넣었다. 온 가족의 뼈를 모두 하나의 덧널 속에 넣었고, 겉에다 사람 수만큼 생전의 모습을 조각했다. 덧널 입구에는 쌀을 담은 질그릇을 매달았다.

동예에서는 삼베가 났으며, 누에를 쳐서 옷감을 만들었다. 하늘의 별을 보고 농사의 풍흉을 점치기도 했다. 성(姓)이 같은 사람끼리는 혼인하지 않았고, 산과 강으로 구분된 각 집단의 생활 구역을 중요하게 여겨 함부로 침범하지 않았다. 집단끼리 서로 침범할 경우 노비나 소·말로 배상하도록 했는데 이를 책화(責禍)라고 했다. 특별히 음력 10월에는 무천(舞天)이라는 제천행사를 열어 하늘에 제사를 지냈다. 호랑이를 신으로 여겨 제사 지내는 풍습도 있었다. 특산물로는 단궁이라는 활, 바다표범 가죽, 과하마(果下馬)[7] 등이 있었다. 동예의 단궁과 과하마는 낙랑군과 고구려에 전해질 정도로 유명했다.

---

7    과하마 키가 작은 말로, 과일나무 아래를 지나갈 수 있다고 해서 붙여진 이름이다.

## 삼한의 문화

마한·진한·변한의 삼한은 기원전 2세기부터 서기 3세기까지 이어졌던 한반도 중남부 지역의 정치사회다. 80여 개의 소국이 있었는데, 청동기 문화를 바탕으로 발전했던 토착사회가 철기 문화를 받아들이면서 성장했다. 여기에다 고조선의 유민이 한반도 남부 지역으로 내려와 토착 세력과 결합했다.

위만에게 왕위를 뺏긴 고조선 준왕이 무리를 이끌고 한으로 가서 한왕(韓王)이라 일컬었고, 우거왕과 뜻이 맞지 않았던 조선상 역계경이 2,000여 호를 거느리고 진국(辰國)[8]으로 가서 정착하기도 했다. 사로국을 이룬 6촌의 지배층도 자신의 기원을 멸망 후에 흩어진 고조선 유민과 연관 지었다.

삼한사회에서는 농기구·무기 등 다양한 철기가 대량으로 생산됐다. 용인 기안리나 경주 황성동 제철 유적에서 보듯이 대규모로 철기를 생산하는 마을도 등장했다. 처음에 따비·삽날·쇠스랑·낫 등 농기구를 철기로 만들어 나무나 돌로 만든 농기구를 대체했다. 이후 고리자루칼·창·화살촉 등의 철제무기와 말재갈·말방울 등의 철제 말갖춤도 제작됐다.

철제무기가 발달하면서 소국 간에 전쟁도 자주 일어났다. 비교적 높은 구릉 지대에 있는 삼한의 마을 유적은 주위를 목책이나 도랑으로 둘러쳐서 방어책을 마련한 경우가 많다. 이 시기에는 널무덤이나 2개의 항아리를 옆으로 이은 독무덤 등이 만들어졌다. 집 안에는 ㄱ자형 구들을 깔았는데, 이는 입구에 아궁이가 있어 취사와 난방을 동시에 할 수 있는 시설이었다.

## 삼한 소국의 존재 양상

삼한 가운데 가장 큰 세력은 지금의 경기도·충청도·전라도 지역에 걸쳐 있던 마한이었다. 마한에는 54개의 소국이 있었는데, 초기에는 목지국이 중심 세력이었으나 백제가 성장하면서 그 역할을 가져갔다. 진한은 경상북도 일대의 12개 소국으로 나뉘었는데, 경주의 사로국을 중심으로 통합됐다.

경상남도 해안과 낙동강 중하류에 있던 변한에도 12개 소국이 있었다. 김해의 구야국이 대표 세력으로, 철을 많이 생산했으며 바닷길을 이용해 낙랑군·마한·왜와 교역했다. 그러나 구야국은 변한 지역을 통합하는 주체로

---

8 　진국 고조선 말기부터 기록에 보인다. 대체로 한반도 남부를 포괄하는 정치집단으로 이해하지만, 충청도·전라도 일대의 구심체로 보기도 하고, 진한과 연결 짓거나 목지국과 동일시하는 견해도 있다.

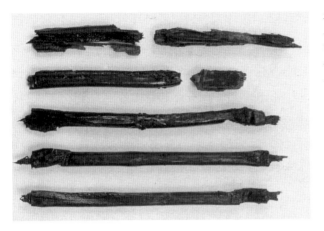

도판10　창원 다호리 1호 무덤에서 출토된 붓
다호리 1호 무덤은 기원전 1세기 무렵에 만들어진 것으로 추정된다.

성장하지는 못했고, 함안의 안야국 등 여러 가야 세력으로 나뉜 상태가 오래 지속됐다.

　　삼한사회에서는 소국의 크기에 따라 지배자는 위상에 차이가 있었고, 위상에 따라 신지(臣智)·읍차(邑借) 등으로 다양하게 불렸다. 소국은 여러 읍락으로 이뤄졌으며, 중심되는 읍락은 국읍(國邑)이라고 불렸다. 읍락의 지배자는 거수라 했으며, 국읍에는 소국의 지배자인 주수(主帥)가 거주했다. 읍락에 거주하는 일반 민은 하호(下戶)라고 불렸으며 거수의 지배를 받았다. 삼한에서는 세형동검이 계속 사용됐으나, 소국의 지배자는 점차 철제 단검과 고리자루칼을 권위의 상징으로 여겼다. 당시 조성된 고분에서는 이런 유물이 곧잘 출토된다. 권위를 드러내는 장신구로 청동기시대의 잔무늬거울을 대신한 한경(漢鏡)이나 방제경(倣製鏡)[9], 옥으로 만든 다양한 치레거리도 사용했다.

　　소국은 국읍의 주수 외에 별읍에 천군(天君)이 있어 농경과 종교에 대한 의례를 주관했다. 이렇듯 삼한사회는 정치와 종교가 분리된 단계에 있었다. 소도(蘇塗)라는 독립 영역도 존재했다. 소도에는 큰 나무를 세우고 북을 달아 신성 구역임을 표시했으며, 도망자가 들어오더라도 잡아갈 수 없었다.

　　삼한의 교역과 풍습

변한에서는 철이 많이 생산되어 왜·낙랑군·동예 등에 수출했을 뿐 아니라

9　　방제경 삼한의 지배자들이 중국식 한경을 본떠서 투박하게 자체 제작한 거울이다.

화폐처럼 사용했다. 창원 다호리의 무덤에서는 주조괭이가 2매씩 끈으로 묶여 나왔으며, 경주 사라리 무덤에서는 납작도끼 70매가 바닥에 깔려 나왔다. 이는 철기를 화폐처럼 사용했다는 추정을 뒷받침한다. 이와 함께 한의 오수전(五銖錢)[10]이나 신(新)의 화천(貨泉)[11] 등 중국의 동전도 사용했다. 사천 늑도, 여수 거문도, 제주 산지항 유적에서 오수전과 화천이 발견됐다.

삼한의 지배층이 한자를 받아들이고 문서를 작성했던 흔적이 유적과 유물을 통해 드러나기도 했다. 창원 다호리의 무덤에서는 붓이 손칼과 함께 출토됐다. 손칼은 목간을 재활용할 때 표면의 글자를 도려내는 용도로 쓰인 것이다. 무게를 재는 데 사용한 청동제 저울추도 발견됐는데, 이는 변한의 지배자가 한 군현이나 이웃 집단과 교역할 때 사용한 것으로 추정된다.

삼한 지역은 벼농사를 짓는 데 좋은 환경을 갖추고 있었으며, 씨를 뿌리는 5월과 추수를 마친 10월에는 하늘에 제사를 지냈다. 뽕나무를 기르고 누에치기를 해 비단을 만들기도 했다. 마한에서는 장례를 지낼 때 소나 말을 죽여 함께 묻었고, 진한·변한에서는 큰 새의 깃을 함께 묻어 죽은 사람의 영혼이 하늘로 오르기를 기원했다. 삼한의 유적에서 많이 발견되는 오리 모양 토기, 새 모양 토기, 새 문양 청동기 등은 제사에 쓰였던 의례 용기로 추정된다.

---

10　오수전 둥근 모양에 네모난 구멍을 가진 동전으로 한 무제 때부터 수나라 시기까지 오래 사용됐다. '수'는 무게 단위로, 5수는 약 3.19g이다. 구멍 좌우에 오(五)·수(銖) 글자가 새겨져 있다.

11　화천 신의 왕망 때 제작한 것으로, 오수전과 비슷하지만 크기가 조금 작다. 구멍 좌우에 화(貨)·천(泉) 글자가 새겨져 있다.

# 3.　　　　삼국의　발전과　가야

# 1 고구려의 영역 확장과 지배체제 정비

### 낙랑군과 대방군 점령

4세기에 접어들면서 동북아의 국제 정세가 급변했다. 서진이 정치적 혼란을 거듭하다가 무너지자, 흉노와 선비 등 주변 족속들이 북중국 각지에서 여러 왕조를 세우며 흥망을 거듭하는 5호[1] 16국 시대가 304년에 시작됐다. 이때 요동 지역에서는 선비족 모용부(慕容部)가 전연(前燕, 337~370)을 세웠다.

 고구려도 3세기 후반 이래 강화한 군사력을 바탕으로 국제 정세 변화에 적극적으로 대처했다. 미천왕(美川王, ?~331)대인 302년 현도군을 공격하는 것을 시작으로 311년에는 요동군과 낙랑군을 잇는 요충지인 압록강 하구의 서안평을 차지했고, 313~314년에는 낙랑군과 대방군을 차례로 점령했다. 이로써 고조선 멸망 이후 400여 년간 지속된 중국 군현은 한반도에서 완전히 사라졌다. 고구려는 비옥한 농경지대인 한반도 서북 지역을 차지해 경제 기반이 크게 확충됐다. 아울러 고조선 이래 이 지역에 축적된 선진문화와 이 지역에 살고 있던 엘리트층을 확보하면서 국가 발전의 기틀을 다졌다. 더욱이 낙랑군과 대방군은 오랫동안 삼한 및 왜와 교역하는 데 중심 역할을 맡았는데, 고구려는 이 지역을 차지함으로써 한반도 중남부에 관심을 기울일 수 있게 됐다. 고구려와 한반도 중남부 국가가 직접 경계를 맞대고 각축을 벌이거나 교섭하기 시작했던 것이다.

### 전연과 대결

고구려는 서북한을 장악한 다음, 다시 요동 지역으로 눈을 돌렸다. 315년에 현도군을 공격하면서 요동 진출을 본격화했고, 이 지역의 지배권을 놓고 전연과 치열한 공방전을 벌였다. 그러나 고구려가 서북한으로 진출하는 사이에 전연이 요동 지역에 영향력을 확대했다. 고구려가 여러 차례 요동 지역을 공략했지만 결국 전연에게 패권을 내줬다.

 고구려는 전연을 견제하기 위해 북중국의 후조(後趙, 319~351)나 선비족

---

1  5호 흉노(匈奴)·갈(羯)·선비(鮮卑)·저(氐)·강(羌)을 말한다. 4세기 초~5세기 전반의 중국 분열기에 5개 이민족이 왕조를 세웠다. 5호가 세운 13나라와 한족이 세운 3나라를 통틀어 16국이 흥망을 반복한 시기를 '5호 16국 시대'라 부른다.

**평양 동황성의 위치**

고구려는 동천왕 때인 247년 위의 관구검에게 환도성을 함락당한 뒤 평양성으로 천도했다. 고국원왕 때인 343년에도 전연의 모용황에게 도성을 함락당한 다음 평양 동황성으로 천도했다. 이때의 평양 위치에 대해서는 논란이 분분하다. 247년에는 아직 낙랑군이 존재했으므로 이때의 평양을 지금의 평양 지역으로 보기는 어렵다. 반면 343년은 고구려가 낙랑군을 점령한 이후이므로 평양 동황성은 지금의 평양 지역이었을 수도 있다. 다만 이때 평양 지역으로 천도했더라도 일시적 조치였을 가능성이 높은데, 당시 왕릉급 무덤인 초대형 적석묘가 국내성 지역에서만 확인되기 때문이다.

우문부(宇文部)와 손을 잡았다. 이 무렵 고구려는 북쪽으로 부여의 중심지를 장악했음에도 전연과의 대결에서는 열세를 벗어나지 못했다. 전연의 모용황은 용성(龍城, 랴오닝성 차오양)을 도읍으로 삼고 중원 진출을 도모했는데, 342년 중원 공략에 앞서 고구려를 대대적으로 공격했다. 이때 고구려는 모용황의 전략을 간파하지 못해 도성인 국내성이 함락됐다. 전연군은 고국원왕(故國原王, ?~371)의 부왕인 미천왕릉을 파헤쳐 시신을 탈취하고, 왕모와 왕비 등 주민 5만여 명을 포로로 잡아 철군했다. 도성이 큰 피해를 입자 고국원왕은 수도를 평양 동황성으로 잠시 옮겼다.

더욱이 전연은 344년과 346년에 우문부와 부여를 차례로 제압한 다음, 352년에는 북중국의 동반부를 장악했다. 고구려가 더 이상 전연과 대결을 벌이기 힘들어진 것이다. 고국원왕의 왕모도 여전히 전연에 인질로 잡혀 있는 상황이었다. 전연의 입장에서도 고구려라는 배후의 위협 요소를 안은 채 남중국의 동진(東晉)이나 북중국 서반부의 전진(前秦)과 패권을 다투기가 쉽지 않았다. 이에 양국은 355년에 사신이 오가며 화친을 맺었고, 이윽고 전연은 고국원왕의 어머니를 돌려보냈다.

이로써 고구려는 요동 진출을 잠시 미뤄야 했지만, 서쪽 국경 지대를 안정시키고 한반도 중남부 등 다른 방면으로 세력을 확장할 계기를 마련했다. 고국원왕은 미천왕대에 점령한 낙랑군과 대방군 지역을 본격적으로 경영하며 남진정책을 추진할 기반을 다졌는데, 이때 중국계 망명인을 적극 활용했다. 이는 안악 3호분[2]의 무덤 주인인 동수(冬壽)가 중국계 망명인이라는 점에

---

2   안악 3호분 논쟁 '안악 3호분'은 황해도 안악군의 고구려 벽화고분이다. 남한 학계는 묵서(墨書)의 동수를 무덤 주인으로 본다. 북한은 무덤 주인을 미천왕이라고 하다가 최근 고국원왕이라고 주장을 바꿨다.

서 알 수 있다.

### 백제와 전쟁

369년 9월 고구려 고국원왕은 직접 백제를 공격했다. 삼국의 각축전이 시작된 것이다. 이때 고구려는 백제의 역공을 받아 치양(황해도 배천)전투에서 크게 패했다. 고구려가 성급하게 정예병 일부만 동원해 백제를 공격하다가 그런 결과가 초래된 것이다. 당시 백제는 마한 소국을 병합하며 국력을 크게 키웠을 뿐 아니라, 가야, 왜 등과 교섭하면서 한반도 서남해안을 거쳐 일본열도에 이르는 해상교역망을 주도했다. 이를 바탕으로 백제 근초고왕(近肖古王, ?~375)은 북방 진출을 노리고 있었는데, 마침 고구려가 선제공격을 해오자 이를 물리친 것이다.

이 무렵 북중국의 정세도 급변했다. 고구려와 백제가 공방전을 벌이던 370년에 전진(前秦)[3]이 전연을 멸망시키고 요동 지역까지 점령한 것이다. 고구려는 북중국 대륙을 장악한 전진과 우호관계를 맺고 계속 남진정책을 추진했다. 그렇지만 고구려는 371년 백제를 공격했다가 예성강 유역에서 크게 패했다. 같은 해 10월에는 근초고왕이 3만 대군을 이끌고 평양성까지 진격했는데, 고국원왕이 이를 막다가 전사했다. 고구려는 충분히 준비되지 않은 상태에서 성급하게 남진정책을 추진해 성과를 거두지 못했던 것이다.

### 소수림왕의 개혁정책

고구려는 백제 공격에 실패하고 고국원왕마저 전사하는 위기를 맞자, 국가 체제를 재정비하는 데 힘을 쏟았다. 소수림왕(小獸林王, ?~384)대에 불교 수용, 태학(太學) 설립, 율령(律令) 반포 등 일련의 개혁정책을 추진한 것이다. 이는 북중국에서 흥기한 5호의 여러 나라가 시행하던 정책이기도 했다.

불교 수용은 372년(소수림왕 2)에 이뤄졌다. 이때 전진으로부터 승려·불상·불경을 받아들이고, 375년 도성에 초문사와 이불란사를 세워 외국 승려인 순도(順道)와 아도(阿道)를 머무르게 했다. 이를 통해 고구려는 보편적 세계관에 바탕을 두고 다양한 사상과 전통신앙을 통합할 기반을 마련했다. 불

---

3 전진 350년 저족(氐族)이 장안에 도읍하면서 출발했다. 5호 16국 중 가장 융성한 왕조였으나 383년 동진(東晉)을 공격하다가 패하여 여러 나라로 분열되었다가, 394년에 멸망했다.

교 수용과 함께 종교의례나 생활양식도 바뀌었고, 대규모 사찰을 지어 도성 경관이 크게 달라졌으며, 새로운 건축기술이나 공예기술도 많이 적용됐다.

태학도 372년에 설립됐다. 고구려는 3세기 말 이래 관등제와 지방제도 등을 정비하며 중앙집권적 지배체제를 갖춰갔는데, 국가 행정조직이 확대됨에 따라 실무 관원의 수요도 크게 늘어났다. 이에 태학을 통해 유교적 소양과 행정 실무 능력을 겸비한 관원을 대거 양성하기 시작했다.

율령은 373년(소수림왕 3)에 반포했다. 율령은 국가체제 운영의 기본 틀로서 율(律)은 죄를 정하는 형법, 영(令)은 일반 행정규정인 교령법(敎令法)을 가리킨다. 물론 그 전에도 고구려에 법령이 없었던 것은 아니다. 율령 반포는 국가 전체에 적용되는 일원적이고 통일된 법을 재정비해 널리 공포한 조치였다. 고구려는 중국 왕조의 율령을 자국 현실에 맞게 받아들여 새로운 국가 운영 시스템을 구축했다. 소수림왕대의 개혁정책은 단순히 대외적 위기 때문에 추진한 것이 아니었다. 고구려는 3세기 이래 중앙집권화가 진전되면서 국가 운영체제를 체계적으로 가다듬을 필요가 있었다. 그리고 소수림왕대의 개혁정책을 통해 국제 수준의 제도·문화·사상을 갖췄던 것이다.

## 대외전쟁의 재개

고구려는 소수림왕대 초반의 개혁정책을 통해 국력을 회복한 다음, 다시 대외 진출에 나섰다. 고구려와 백제의 각축전이 종전보다 더욱 치열하게 전개됐다. 375년 고구려가 예성강 상류까지 넘보는 듯하다가, 377년 백제가 평양성으로 진공하며 반격했다. 이로 인해 양국은 390년까지 멸악산맥 일대를 경계로 팽팽한 공방전을 벌였다.

고구려는 한반도 중남부에서 백제를 견제할 상대를 찾았다. 마침 백제가 가야 및 왜와 관계를 강화하면서, 이들과 적대적이던 신라는 외교적으로 고립될 수밖에 없었다. 이에 고구려는 신라를 끌어들여 백제를 견제했고, 377년과 382년에는 신라 사신을 대동해 전진에 외교사절을 파견하며 우호관계를 과시했다. 이로써 만주와 한반도 일대에는 각각 고구려와 백제를 중심으로 하는 외교망이 형성됐다.

이 무렵 북중국의 정세가 다시 급변했다. 북중국을 잠시 통일했던 전진이 383년 동진을 정벌하려다가 비수(淝水)전투에서 대패하고 여러 나라로 분열됐다. 이에 전연의 후예인 모용수(慕容垂, 326~396)가 384년 북중국의 동쪽에서 후연(後燕)을 세웠지만, 여러 지역을 제대로 장악하지는 못했다. 이런 상황은 고구려가 요동 지역으로 진출하기에 좋은 조건이 됐다.

고구려 고국양왕(故國壤王, ?~391)은 385년 6월에 군사 4만을 동원해 후연의 군대를 격파한 다음, 현도군과 요동군 등을 함락하고 요동 지역으로 진출했다. 고구려의 요동 지역 점령은 후연의 반격으로 5개월 만에 끝났지만, 국제 정세를 잘 활용하면 언제든지 요동평원을 장악할 수 있다는 가능성을 확인했다.

## 2 백제의 성장과 마한 통합

### 백제국의 성립

백제 건국설화에 따르면 건국시조 온조(溫祚)는 부여에서 졸본으로 남하한 주몽의 고구려 건국을 도운 소서노의 아들이었다. 그런데 주몽이 부여에 있을 때 낳은 유리가 찾아오자, 온조는 형 비류(沸流)와 함께 한강 유역으로 옮겨왔다. 온조는 기원전 18년에 하남 위례성(서울)에 자리 잡은 후 백제를 세웠고, 비류의 세력은 미추홀(인천)에 정착했다가 곧 온조에게 통합됐다.

건국설화는 부여나 고구려 등 북방에서 남하한 세력이 각기 인천과 서울 지역에 소국을 형성했다가, 서울 지역의 소국이 인천 지역의 소국을 병합하며 세력을 확장하던 양상을 반영한다. 서울 지역의 소국은 『삼국지』 동이전에 나오는 마한 소국의 하나인 백제국에 해당한다. 마한 백제국이 점차 세력을 확대해 주변의 소국들을 병합하며 백제로 성장한 것이다.

『삼국사기』에 따르면 백제국은 초창기에 낙랑·말갈(靺鞨)[4]·마한 등 주변 세력과 충돌하거나 교섭하며 성장했다. 낙랑은 낙랑군과 관련된 소국 집단, 말갈은 강원도 산간지대에 분포한 예족계 주민집단으로 이해된다. 이 가운데 백제는 임진강 유역이나 한강 중상류 일대에서 말갈과 자주 충돌했다.

마한 지역에서는 목지국이 중심 역할을 하면서 정치·종교적 권위를 바탕으로 여러 소국을 이끌고 있었다. 『삼국사기』에 따르면 마한은 백제국이

---

4    말갈 본래 동만주 지역에 거주하던 종족으로 읍루·물길의 후예를 일컫는다. 『삼국사기』에 백제와 자주 충돌한 것으로 서술되는 말갈은 이들이 아니라 강원도 지역의 예족으로 추정된다.

처음 형성될 때 도움을 주고 변경 지역을 맡겼다고 한다. 이에 백제국은 처음에는 마한의 도움을 받으며 우호관계를 유지했지만, 점차 그들의 군사적 취약성을 간파하고 공격적 자세로 전환했다.

### 백제국에서 백제로

246년에 벌어진 기리영전투는 백제국이 성장하는 데 결정적 계기를 제공했다. 당시 위(魏)는 적극적 동방정책의 일환으로 삼한 소국의 분열을 시도해, 대방군이 통할하던 진한 일부의 관할권을 낙랑군에 넘기려 했다. 이에 반발한 마한 세력이 대방군의 기리영을 공격했다가, 중국 군현의 역공을 받아 큰 타격을 입었다.

이때 백제국도 군현 공격에 참여했지만 큰 타격을 입지 않고, 오히려 다른 마한 소국이 약화되는 것을 틈타 이 지역의 맹주로 발돋움했다. 고이왕(古爾王, ?~286)은 대방과 혼인관계를 맺었는데, 이는 백제국이 중국 군현과의 관계에서 이 지역 대표로 인정받았음을 의미한다. 이로써 백제국은 대외적으로 목지국을 압도하며 점차 마한의 중심 국가로 올라섰다.

『삼국사기』에 따르면 260년(고이왕 27)에 6좌평제, 16관등제, 관복제 등을 시행했다. 고이왕대에 이러한 제도를 완비했다고 보기는 어렵지만, 국가 운영의 기본 틀을 마련했음을 알려준다. 최고 관등인 좌평과 그 아래에 달솔 등의 관등을 두었고, 그에 따라 왕이 좌평이나 '-솔' 등과 회의체를 구성해 국가 중대사를 의결했을 것이다.

한편 위를 이은 서진은 274년 요동 지역에 동이교위부를 설치해 동방 지

---

**6좌평제, 16관등제의 성립 시기**

6좌평은 내신좌평(왕명)·내두좌평(재정)·내법좌평(의례)·위사좌평(호위)·조정좌평(형벌)·병관좌평(군사)을 말한다. 이들이 22개 관청을 어떻게 분담하고 통솔했는지는 기록에 드러나지 않는다. 『삼국사기』 백제본기에는 260년에 6좌평과 16관등을 설치했다고 하지만, 이는 후대의 일을 소급한 기록으로 추정된다. 6좌평의 설치 시기에 대한 견해는 고이왕대, 무왕대, 단계적 성립설 등 다양하다.

고이왕대 설은 『삼국사기』의 내용을 그대로 받아들인 것으로 학계의 공감을 얻지 못한다. 무왕대 설은 이때 관등이었던 5좌평을 당의 6전(典)조직에 준하는 6좌평으로 개편했다는 견해다. 단계설은 고이왕대부터 6세기까지 특정 업무를 담당하는 6좌평이 단계적으로 설치됐다는 견해다. 한편 백제 16관등제는 538년 사비천도 이후에 완비됐다고 이해하는 것이 일반적이다.

3. 삼국의 발전과 가야

역을 통합하도록 했다. 이에 따라 마한 소국들은 서진과 교섭하기 위해 멀리 동이교위부까지 가야 했는데, 백제국이 이에 앞장서며 주도권을 더욱 강화했다. 이에 백제국(伯濟國)은 강화된 주도권을 바탕으로 주변 소국을 흡수·병합했다. 마한 소국의 하나에서 영역을 넓혀 백제(百濟)로 성장한 것이다.

이 무렵 서진의 지배질서가 붕괴되자 낙랑군·대방군은 주변 지역을 침공하며 자구책을 도모했고, 백제도 낙랑군·대방군과 자주 충돌했다. 그런데 책계왕(責稽王, ?~298)과 분서왕(汾西王, ?~304)이 잇따라 죽으면서 왕위 계승을 둘러싸고 내분이 일어났다. 이런 분위기에서 백제는 국제정세 변화에 능동적으로 대응하기 힘들었고, 실제 고구려가 낙랑군·대방군을 점령하는 동안 아무런 조치도 취하지 못했다.

다만 백제가 주도권을 행사하며 영역 국가로 발전하고 있었으므로, 다른 마한 소국들이 백제의 지위를 넘보기는 힘들었다. 오히려 마한 소국들은 서진의 붕괴와 낙랑군·대방군의 소멸로 선진문물을 공급받기 어려워졌기 때문에 백제에 더욱 의존할 수밖에 없었다. 이에 백제는 남쪽으로 세력을 더 확장해 그 영역이 차령산맥 일대까지 이르렀다. 다만 백제는 복속지역에 지방관을 직접 파견하지는 못하고, 토착 세력에 통치를 위임하는 간접지배를 시행했다.

---

**백제의 율령 반포와 태학 설립 시기**

고구려는 373년, 신라는 520년에 율령을 반포했지만, 백제는 관련 기록이 없다. 백제의 율령 반포 시기는 고이왕대, 근초고왕대, 5세기 전반, 5세기 후반 등 여러 주장이 있다. 고이왕대 설은 『삼국사기』 고이왕조에 법률 조항으로 보이는 내용이 있다는 것이 근거이다. 그러나 해당 기록은 사비 시대의 사실이 소급됐을 가능성이 커서 설득력이 약하다. 근초고왕대 설은 역사서 편찬과 담로제(擔魯制) 시행, 5세기 전반설은 상좌평 설치와 성 중심 지방제도 정비, 5세기 후반설은 왕후제 실시 등이 주된 근거이다. 이렇게 백제 율령 반포 시기는 정설이 없다.

국가 교육기관으로 고구려는 태학, 신라는 국학이 있었다. 그러나 백제는 관련 기록이 없었다. 그런데 최근 「진법자(陳法子)묘지명」이 발견되면서, 백제 멸망 후 당에서 활동한 진법자의 증조부 제3등 은솔(恩率) 관등에 태학(太學)의 정(正)을 지낸 것이 알려졌다.

다만, 태학 설치 시기에 대해서는 근초고왕대 설과 무령왕대 설이 맞선다. 근초고왕대 설은 『서기』를 편찬한 박사 고흥을 태학 교수로 보지만, 무령왕대 설은 근초고왕대의 박사는 왕의 자문관이며 무령왕대의 오경박사를 태학 교수로 이해한다.

**근초고왕의 영토 확장**

근초고왕대 확장된 영토를 두고 학계에서 다소 논란이 있는데, 크게 세 가지 견해로 나눌 수 있다.

첫째, 마한의 남은 세력을 통합해 전라도 전역을 직접 지배했다는 견해. 둘째, 전북 지역까지만 직접 지배하고, 전남 지역은 간접 지배했다는 견해. 셋째, 전남 지역은 일시적인 복속에 그쳤고, 전북 지역까지만 간접 지배했다는 견해. 그러나 여러 논란에도 불구하고, 근초고왕대에 적어도 충남 지역까지 직접 지배했고, 마한의 남은 세력에 영향력을 강하게 행사한 점은 대체로 인정된다.

### 근초고왕의 집권력 강화와 정복활동

345년에 즉위한 근초고왕은 오랫동안 이어졌던 왕실 내분을 종식하고, 집권력을 더욱 강화했다. 근초고왕은 대표 귀족인 진씨(眞氏) 세력과 혼인해 왕실의 권력 기반을 확대하는 한편, 375년 『서기』라는 역사서를 편찬해 여러 지배 세력의 전승을 왕실 중심으로 통합하고 왕권을 정당화했다.

백제는 근초고왕대에 활발한 정복활동을 통해 영토를 크게 넓혔다. 그리고 이를 바탕으로 가야, 왜 등과 교섭하기 시작했다. 이로써 백제는 한반도 서남해안에서 일본열도에 이르는 해상교역망을 새롭게 구축하며, 이 지역을 대표하는 국가가 됐다. 근초고왕은 북쪽으로도 진출했다. 369년과 371년 고구려의 침공을 잇따라 물리친 다음, 평양성까지 진공해 고국원왕을 전사시켰다. 근초고왕은 이에 힘입어 동진에 사신을 보내 372년 '진동장군 영낙랑태수'라는 책봉호를 받았다. 백제가 마한 전체를 아우르는 대표 국가이며, 낙랑군·대방군 중심의 종전 해상교역망을 복원한 사실을 인정받은 것이다.

근초고왕 이후에도 백제는 동진과 빈번하게 교섭하며 선진문물을 수용하는 한편, 가야·왜와 관계를 강화했다. 특히 384년(침류왕 1)에 서역 승려 마라난타가 동진을 거쳐 백제에 들어오자 궁중에서 후하게 대접했고, 이듬해에는 수도 한성에 사찰을 지어 승려를 출가시켰다. 새로운 통치이념으로 수용된 불교는 이후 널리 확산되어 백제문화의 근간이 됐다.

**백제 요서 진출설**

근초고왕대 적극적으로 대외 진출에 나서서 요서 지역까지 진출했다는 견해가 일찍부터 나왔다. 그런데 관련 기록이 『송서』, 『양서』 등 중국 남조의 역사서에만 확인될 뿐 직접 연관된 북조의 역사서나 국내 역사서에는 보이지 않는다. 그래서 4세기 후반 백제의 요서 진출을 부정하는 견해도 있다.

한편, 요서 진출의 주체를 달리 설정하기도 한다. 즉 부여 유민인 여암(餘巖)이 전진·후연 교체기인 385년 7~11월에 롼허(灤河)강 일대를 잠시 점유한 사건이 백제의 요서 진출처럼 기록됐다거나, 낙랑군의 교군(僑郡)을 요서 지역에 둔 일을 가리킨다는 주장이다. 또 백제가 여암이나 낙랑군의 후예 등과 연계해 요서 지역에 교역 거점을 구축했다거나 신라방과 같은 백제인의 집단 거주지를 형성했다는 추정도 있다.

# 3  진한 사로국에서 신라로

### 박·석·김의 시조설화

신라 건국설화에 따르면, 시조 박혁거세는 나정(蘿井)이라는 우물가에서 발견된 붉은 알에서 태어났다. 경주 지역의 6촌장이 아이를 길러서 장성하자 기원전 57년에 임금으로 추대했다. 이때 나라 이름을 '서라벌(사로)', 왕의 호칭을 '거서간(거슬한)'으로 불렀다. 6촌 집단은 고조선 유민이라는 기억을 가졌는데, 이는 북방 이주민이 토착민과 결합해 사로국이 성립한 과정을 반영한다.

경주 지역에서는 고조선에서 유행하던 널무덤(목관묘)이 많이 분포하며 철제 부장품도 다량 출토된다. 서라벌(쇠벌)은 한자로는 금성(金城)을 이르며, '철의 나라'를 뜻한다. 또한 붉은 알에서 태어날 때 몸에서 광채가 나며, 해와 달이 빛났다는 이야기는 박혁거세가 태양을 숭배하는 천손이라는 점과 통한다.

석씨의 시조 석탈해(昔脫解, ?~80)의 설화도 전한다. 석탈해는 본래 동해 용성국의 왕자였지만 알에서 태어나 불길하다는 이유로 큰 궤짝에 넣어진 채 바다에 버려졌다. 배에 실려 떠돌다가 금관가야를 거쳐 사로국 동해안에 도착했다. 그리고 장성한 이후 대장장이의 후손이라 내세우며 박씨 왕의 사위가 됐다. 김씨의 시조 김알지(金閼智) 설화도 있다. 계림숲 나뭇가지 아래 흰 닭이 우는 소리를 듣고 살펴보니, 금궤 안에 사내아이가 들어 있었다. 이 아이를 석탈해가 거둬 길렀다고 한다. 그러나 김알지는 곧바로 왕이 되지 못했고, 3세기 후반 이후부터 김씨가 왕위에 오르기 시작했다.

시조 박혁거세는 거서간으로 불렸는데, 그 뜻은 분명치 않다. 그 호칭에서 간(干)은 우두머리를 뜻하는 신라 고유의 칭호다. 제2대 남해왕(南解王, 24~?)은 거서간 또는 차차웅으로 불렸다. 차차웅은 자충이라고도 했는데 무(巫) 곧 제사장을 뜻한다. 사로국이 경주 지역을 중심으로 제의를 통해 집단을 결속하던 양상을 반영한다.

## 이사금 시기의 소국 병합

제3대 유리왕(儒理王, ?~57)부터 국왕의 칭호가 이사금(尼師今)으로 바뀌었다. 이사금은 혁거세가 죽은 뒤 그 아들 유리와 탈해가 서로 왕위를 양보하면서 '잇금', 즉 치아의 개수로 연장자를 가린 데서 유래한 것이다. 이는 여러 집단이 함께 사로국을 운영한 상황을 반영한다. 이사금 시기에는 박·석·김 3성씨 집단이 서로 혼인을 맺는 등 협력하거나 견제하고 갈등하면서 교대로 왕위를 이었다. 이사금은 사로국을 대표하는 존재였지만 독단적으로 권력을 행사하지 못했다. 사로국을 구성하는 6부(部) 세력가들이 자신의 집단에서 자치력을 갖고 있었고, 대외전쟁도 각 부에 소속된 6부병을 동원해 치렀다. 그러나 이사금은 지휘관을 선임하고 군사력을 운용하는 과정에서 사로국 대표자의 권한을 강화했다. 이사금이 군사권과 외교권을 강화하며 정치적 위상을 높여갔던 것이다.

한편, 사로국은 우세한 철기 문화를 바탕으로 주변의 음즙벌국(안강)·우시산국(울산)·거칠산국(부산 동래)·골벌국(영천) 등을 복속했다. 골벌국의 경우는 그 왕이 항복해오자 집과 땅을 주어 서라벌로 이주시켰다. 그 다음 압독국(경산)·달구벌(대구)·조문국(의성)·감문국(김천)·사벌국(상주) 등 멀리 떨어진 소국을 복속했다. 복속한 소국에게 자치를 허용했으나, 사로국이 주

---

**사로 6촌, 신라 6부**

6부는 양부(梁部)·사량부·모량부·본피부·한기부(漢岐部)·습비부(習比部)를 말한다. 6세기 초 금석문들에는 한자 표기를 달리한 여러 부들이 보이는데, 국정의 중대사를 여러 부의 유력자들이 모여 논의·결정하던 모습을 알려준다. 6부는 건국설화에 나오는 6촌이 발전한 것으로 여겨지기도 하지만, 설화에 나오는 6촌의 실체를 부정하면서 사로국의 발전 과정에서 새로 성립했다고 보기도 한다. 후자의 경우에도 6부가 동시에 성립했다는 견해와 하나씩 추가되면서 단계적으로 성립했다는 견해로 나뉜다.

도하는 질서에 저항하거나 이탈하면 군사를 보내 응징하고, 그 지배층을 멀리 떨어진 곳으로 강제 이주시키기도 했다.

낙랑군·대방군이 소멸한 4세기 초 이후, 사로국은 진한 소국에 대한 통제와 병합을 더욱 적극 추진했다. 가까운 소국에 대한 통제를 강화하는 한편, 멀리 떨어진 전략 요충지에 성곽을 축조하고 군대를 보내 지배거점을 확보했다.

### 이사금에서 마립간으로

4세기 후반에 내물왕(奈勿王, ?~402)이 즉위하면서 신라의 왕호는 이사금에서 마립간[5]으로 바뀌었다. 마립간은 '여러 간(干) 가운데 으뜸인 간' 곧 대군장을 뜻하며 〈광개토왕릉비〉·〈충주 고구려비〉·〈울진 봉평리 신라비〉 등에는 '매금(寐錦)'이나 '매금왕(寐錦王)'으로 표기되어 있다.

김씨 집단의 시조 김알지는 이사금이 되지 못했다. 김씨로서 처음 이사금이 된 것은 13대 미추왕(味鄒王, ?~284)이었다. 이후 3명의 석씨 왕이 뒤를 이은 다음에 17대 내물왕이 즉위했다. 김씨 집단은 경주에 가장 늦게 등장했고, 사로국 대표자를 배출하는 과정도 오래 걸렸던 것이다. 그러나 내물왕이 즉위한 뒤부터 김씨가 왕위를 줄곧 독점하면서 확고한 우위를 차지했다.

마립간 시기부터 경주에 거대한 돌무지덧널무덤이 만들어지기 시작했다. 돌무지덧널무덤은 널에 시신을 넣고 그 위에 껴묻거리를 넣은 덧널을 덧세운 다음, 그 주위에 돌을 쌓고 흙을 덮어 봉분을 만든 것이다. 여기서 금관·금허리띠·금반지·금팔찌 등의 황금 장신구, 갑옷·고리자루칼·창·화살촉·말갑옷·재갈 등 철제 무기와 무구 등이 다량 출토됐다. 이 유물들은 신라의 황금 문화와 철기 문화를 잘 보여준다. 또 서역에서 제작된 것으로 보이는 유리그릇도 출토됐는데, 당시 신라의 문화 교류가 멀리 떨어진 곳까지 미치고 있었음을 알려준다.

권위를 과시하는 거대한 무덤을 만들면서 서라벌 바깥 지역의 주민까지 동원했다. 마립간 시기에 신라는 복속지에 대한 통제를 강화하면서 지방민의 노동력을 체계적으로 활용했던 것이다. 이 시기에 진한 소국들에 대한 정

---

5   마립간 『삼국유사』는 17대 내물왕부터, 『삼국사기』는 19대 눌지왕부터 마립간이라 했다. 『삼국유사』가 실상을 더 잘 반영한다고 보고 내물왕부터 마립간시기로 부른다.

도판11, 12  봉황모양 유리병
(좌)과 유리잔(우)
황남대총의 출토품이다. 신라
고분에서 나오는 유리 제품은
대부분 동지중해 연안이나 중
앙아시아 등에서 만들어졌다.

복과 복속을 대부분 마무리한 결과였다. 이렇게 사로국에서 신라로 발돋움
하고 있던 자부심은 대외관계에서도 나타났다.

신라는 마립간 시기에 국제무대에 처음 존재를 드러냈다. 377년(내물왕
22), 382년(내물왕 27)에 고구려의 안내를 받아 전진에 사신을 파견했다. 특히
내물왕대인 382년 전진에 사신으로 간 위두(衛頭)는 전진 왕 부견(符堅)에게
신라의 사정을 이야기했는데, 여기에는 주변 소국 통합을 마무리한 자부심
이 반영되어 있다.

## 4  가야의 여러 나라

### 금관가야의 건국설화

변한 12국에는 중심 역할을 하는 소국이 있었으나, 12국은 백제나 신라처럼
강력한 나라로 통합되지 못했다. 4세기를 전후해 변한의 구야국에서 발전한
김해의 금관가야가 주도적 역할을 했으나 차츰 약화됐다. 5세기 이후부터는
고령의 대가야가 중심 역할을 했고, 아라가야 등도 두드러졌다.

**부견과 위두의 대화**
위두를 전진에 보내 토산물을 바쳤다. 부견이 위두에게 "경이 말하는 해동의 일이 옛날
과 다르니 왜 그러한가?" 물었다. 위두가 대답하기를 "중국에서도 시대가 변혁하고 〔나
라〕 이름을 고치거나 바꾸는 것과 같으니, 〔우리도〕 같을 수가 있겠습니까" 했다.

『태평어람』

금관가야의 시조는 수로왕(首露王, ?~199)이다. 『삼국유사』 가락국기에 실린 설화에 따르면, 서기 42년 김해 지역의 9촌장이 구지봉에서 "하늘이 나에게 나라를 세우고 임금이 되라고 했다"는 말을 듣고, 구지가를 부르며 춤을 추니 하늘에서 황금알 6개가 담긴 황금 상자가 내려왔다. 그 속에서 여섯 동자가 나와 6가야⁶의 지배자가 됐는데, 가장 먼저 나온 수로(首露)가 금관가야의 왕이 됐으며 인도에서 왔다는 허황옥(許黃玉)을 왕후로 맞았다. 이 설화는 금관가야가 가야 소국 중 대표적 위상을 갖고 있었음을 알려준다. 하늘에서 내려왔다는 수로왕이 토착 세력인 9촌장의 도움을 받아 금관가야를 건국하고, 바닷길로 찾아온 허왕후 세력을 받아들여 나라를 발전시켰다는 것이다. 그 뒤 수로왕은 해상교역의 이권을 놓고 석탈해의 도전을 받았으나, 이를 물리치고 해상교역망을 계속 유지했다. 금관가야는 해상교역을 통해 경제 기반을 넓히고 정치적으로 성장해갔다.

김해 지역의 고고 유적은 금관가야의 성립과 발전 양상을 알려준다. 대성동 고분군에서는 변한의 나무널무덤과 금관가야의 나무덧널무덤이 모두 발굴됐는데, 이는 변한의 구야국이 금관가야로 발전하던 양상을 보여준다. 또한 현재와 달리 본래 바닷가였던 야산에 자리 잡은 김해 봉황동 유적은 주거지와 방어시설로 이뤄진 대규모 취락으로 금관가야의 정치적 중심지였다.

금관가야는 한반도 서남해안에서 일본열도로 이어지는 해로와 낙동강 수로가 만나는 교통의 요지에 자리 잡았다. 이 지역은 변한 시기 이래 철이 풍부하게 생산됐다. 이를 바탕으로 금관가야는 주변 지역과 활발하게 교역하면서 가야 소국 가운데 중심 역할을 했다.

4세기 후반에 고구려와 백제의 각축전이 치열해지는 가운데 가야 지역의 국제관계도 새롭게 재편됐다. 가야는 점차 왜와 함께 백제 중심의 외교망에 들어갔고, 이는 금관가야의 해상교역망을 위축시키는 결과를 낳았다. 특히 금관가야는 백제와 함께 한반도에서 활동하던 왜병에게 중간 기착지를 제공했다가, 400년에 신라를 지원하기 위해 나섰던 고구려군의 공격을 받고 큰 타격을 입었다. 금관가야는 낙동강 동쪽 지역에 대한 영향력을 상실하고 여러 가야 소국 사이에서 중심 역할도 하지 못하게 됐다.

---

6    6가야 금관가야의 수로왕 설화 속에는 6개의 가야가 나온다. 그러나 '6'이라는 숫자는 설화 속 설정일 뿐 역사적 사실은 아니다.

### 2부

> **가야연맹**
>
> 그동안 교과서뿐 아니라 오래된 연구서는 가야를 '연맹체'로 설명해 전기 가야연맹, 후기 가야연맹으로 표현했다. 그러나 가야 소국 사이의 네트워크는 있었으나 통합하는 구심이 없었고, 개별적으로 신라에 흡수됐다. 이에 최근 학계에서는 '연맹'을 인정하지 않는 경향이 주된 흐름이다. 왜 통합되지 못했는가, 소국 간 네트워크의 실상이 어떠했는가를 둘러싸고 고고학과 역사학에서 진지한 연구와 논쟁이 이어지고 있다.

### 대가야의 세력 확대

금관가야가 약화된 뒤에, 고령의 대가야가 내륙 지역의 가야 소국 가운데 주도적 역할을 하기 시작했다. 대가야는 천신과 지신이 결합해 시조가 탄생했다는 건국설화를 갖고 있다. 이 설화는 대가야가 가야 소국의 중심이던 시기에 만들어졌다.

대가야는 철광 개발과 농업 발전을 바탕으로 성장했다. 특히 따비·호미·낫 등 철제 농기구를 이용해 밭농사를 크게 발전시켰다. 경제적 성장을 기반 삼아 475년 백제가 고구려에게 한성을 함락당하고 약화된 상황에서 소백산맥을 넘어 호남 동부 지역과 섬진강 하류의 남해안 지역까지 진출했다. 이때 대가야는 479년 남중국의 제에 사신을 보내 '보국장군본국왕(輔國將軍本國王)[7]'이라는 책봉호를 받았다. 481년에는 백제와 함께 신라를 지원해 고구려 군대를 물리치기도 했다. 대가야는 5세기 말~6세기 초에 가장 번성했다. 고령 지산동고분군에는 직경이 49m나 되는 거대한 고분이 만들어졌으며, 한 봉분 안에 22명을 순장한 무덤도 있다. 그리고 중심지와 변경 지역에 성곽을 축조해 지배력을 강화하는 한편, 주변 소국에 용봉문대도(龍鳳紋大刀) 등의 위세품을 주기도 했다. 대가야 왕의 위상이 크게 높아졌을 뿐 아니라, 초기 중심국이었던 금관가야보다 더 강력하게 가야의 여러 나라와 정치적 관계망을 형성하고, 주도력을 발휘했던 것이다.

그러나 대가야는 6세기 이후 호남 동부 지역과 섬진강 하류 일대를 백제에게 빼앗기면서 점차 약화됐다. 여기에다 동쪽으로부터 신라의 압박이 더해졌다. 대가야는 위기를 타개하기 위해 신라와 522년 결혼동맹을 맺었지만,

---

7    보국장군본국왕 『남제서(南齊書)』에 "가라국왕 하지(荷知)가 사신을 보내서 보국장군본국왕에 책봉했다"는 기록이 있다. 이 하지를 금관가야 왕으로 보기도 하지만, 대가야 왕으로 보는 견해가 많다.

**대가야 건국설화**

최치원의 『석이정전(釋利貞傳)』에는 "가야산신 정견모주가 천신(天神) 이비가에 감응되어 대가야 왕 뇌질주일과 금관국 왕 뇌질청예 두 사람을 낳았는데, 뇌질주일은 이진아시왕의 별칭이고 청예는 수로왕의 별칭"이라고 되어 있다. 그러나 가락국 옛 기록의 '여섯 알 이야기'와 함께 모두 황탄해 믿을 수 없다.

『신증동국여지승람』 경상도 고령현

주변 여러 소국과 갈등을 빚었고, 529년 일부 소국이 신라에 병합됐다. 이에 따라 가야의 소국들이 대가야에 불만을 품으면서 대가야가 갖던 주도적 위상도 서서히 무너졌다. 그러던 중 532년(법흥왕 19) 금관가야가 신라에 항복했고, 가야 남부 지역의 여러 나라는 함안의 아라가야를 새로운 구심으로 삼아 독립을 유지하려 했다. 대가야를 중심으로 하는 지역과 아라가야를 중심으로 하는 지역으로 분열된 것이다. 백제와 신라는 이런 상황을 이용해 가야 지역을 분할·흡수했다. 가야의 여러 나라는 백제에 기대어 신라의 진출을 막으려 했다. 그러나 562년 결국 대가야마저 신라에 흡수됐다.

해상교역의 전개와 대외관계

서기 3세기 무렵에는 서북한 지역의 낙랑군·대방군에서 시작해 한반도 서남해안을 거쳐 일본열도에 이르는 해상교역망이 활발하게 이용됐다. 이때 변한 구야국은 일본열도로 이어지는 해로상의 중간 기착지라는 지리적 이점을 바탕으로 고김해만(古金海灣)[8]을 항구로 사용하면서 해상교역의 중심지로 성장했다. 당시 해상교역을 보여주는 물품으로는 중국제 거울, 청동 솥, 칠기 부채, 화천·오수전과 같은 화폐, 낙랑토기 등이 있다. 변한에서는 한, 예, 왜, 낙랑군·대방군 등에 철을 수출했다. 3세기에는 낙랑군·대방군이 해상교역망을 장악했으나, 4세기 초에 낙랑군·대방군이 사라진 이후에는 고구려·백제·금관가야 등이 해상무역을 주도했다.

4세기 이후 금관가야의 교역 양상은 김해 대성동고분 출토품에서 드러난다. 이곳에서 나온 거울·청동솥·진나라식 허리띠 등은 중국계 물품이다.

[8] 고김해만 현재의 낙동강 삼각주는 조선시대에 형성됐고, 가야시대 김해 지역 해안선은 지금보다 훨씬 내륙으로 들어와 있었다. 고김해만이라고 부른다.

도판13, 14, 15 세발솥(양동리 고분)(위 좌), 동복(銅鍑, 대성동 고분)(위 우), 용무늬 금동허리띠(대성동 고분)(아래) 중국 중원지역과 북방 유목민족 계통으로서, 가야의 국제 교류 양상을 드러내는 유물들이다.

금동관·동복·말갖춤 등은 북방계 물품이다. 짧은목항아리·두귀항아리 등은 마한이나 백제계 물품이며, 방제경·청동 화살촉·바람개비동기 등은 왜계 물품이다. 대성동고분에서는 서역계 유리제품 등도 출토됐다. 이 물품들은 금관가야가 중국 동부 해안에서 한반도 서남해안을 거쳐 일본열도에 이르는 당시 해상교역망을 통해 활발하게 교역한 흔적이다. 4세기 후반에는 이 지역의 국제관계가 새롭게 재편되는 가운데 가야는 왜와 함께 백제 중심의 해상교역권에 편입됐다. 특히 400년에는 신라 구원에 나선 고구려의 공격을 받아 금관가야는 크게 약해졌다. 이로 인해 금관가야의 해상교역은 위축됐고, 대성동고분에 더 이상 외래 물품이 부장되지 않는다.

내륙에 자리 잡은 대가야는 후기에 가야 여러 나라의 중심이 됐다. 대가야는 해상교역을 위한 항구를 찾기 시작했고 5세기 후반에 섬진강 하구까지 진출해 바닷길을 확보했다. 백제의 도움을 받아 남원-임실-부안으로 이어지는 육로를 확보해 서해안을 통해 중국 남조와도 교류했다. 남원 월산리에서는 중국 청자인 닭머리 모양의 주전자 계수호(鷄首壺)와 쇠자루솥 등의 남조계 물품이 나왔고, 항구인 부안 죽막동에서는 의례용 물품으로 사용된 대가야의 철기가 나왔다.

# 4. 삼국의 항쟁과 지배체제 정비

# 1 고구려의 영토 확장과 평양 천도

## 광개토왕의 정복활동

4세기 말부터 고구려는 적극적으로 대외 정벌에 나서 남쪽으로 백제, 북서쪽으로 선비족 모용부의 후연 등과 경쟁하며 영토를 넓혀갔다. 고구려는 광개토왕(廣開土王, 374~412)이 즉위한 뒤부터 백제에 대해 줄곧 군사적 우위를 지켰다. 396년(광개토왕 6)[1]에는 백제의 58성(城) 700촌(村)을 공략하고, 백제의 수도 한성을 포위해 아신왕(阿莘王, ?~405)에게 항복을 받아냈다. 당시 고구려가 백제로부터 확보한 영역은 임진강 유역에서 한강 상류에 걸치는 지역이었다.

백제전에서 거듭 승리한 광개토왕은 가야와 왜를 포함한 백제의 동맹세력을 제압해 한반도 정세의 주도권을 장악하고자 했다. 가야와 왜의 연합군에 시달리던 신라를 지원하기 위해 400년(광개토왕 10) 보병과 기병을 합쳐 5만에 이르는 대군을 한반도 남부로 출정시켰다. 이 전쟁으로 가야 소국을 이끌던 금관가야가 큰 타격을 입었다. 이후 고구려는 신라에 더 큰 정치적 영향력을 행사하게 됐다.

고구려는 한반도 남부에 관심을 기울이던 시기에 서북쪽의 후연과 본격적으로 대결하기 시작했다. 광개토왕은 395년(광개토왕 5)에 패려(稗麗)[2]를 정벌했다. 패려 정벌은 거란에 대한 통제력을 확보하는 동시에 후연을 공략할 수 있는 새로운 진출로를 개척한 것이었다. 고구려와 후연의 본격적 공방전은 400년부터 시작됐다. 400년에 후연이 고구려를 공격해 700여 리의 영역을 빼앗았다. 광개토왕은 곧바로 반격에 나서 402년(광개토왕 12) 랴오허강을 건너 요서의 숙군성(宿軍城)을 함락했으며, 404년(광개토왕 14)에도 요서를 공격했다. 후연도 반격을 시도했지만, 고구려가 요동의 주요 거점을 대부분 차지한 상황이어서 성과가 없었다.

그런데 407년(광개토왕 17) 후연에서 풍발(馮跋, ?~430)이 쿠데타를 일으켜 모용씨 왕실을 내쫓고, 고구려 지배층의 한 갈래인 고운(高雲, ?~409)[3]이

---

1 　광개토왕의 백제 공격 『삼국사기』에는 즉위 초부터 관미성(關彌城) 공략을 시작으로 여러 해에 걸쳐 백제를 공격한 것으로 나오지만 광개토왕릉비에는 396년의 일로 기록되어 있다.

2 　패려 랴오허강 상류의 시라무렌(西拉木倫)강 유역의 거란으로 추정된다.

3 　고운 342년(고국원왕 12)에 전연에 포로로 끌려간 고구려 왕족의 후손으로, 407년 풍발의 추대로 왕이

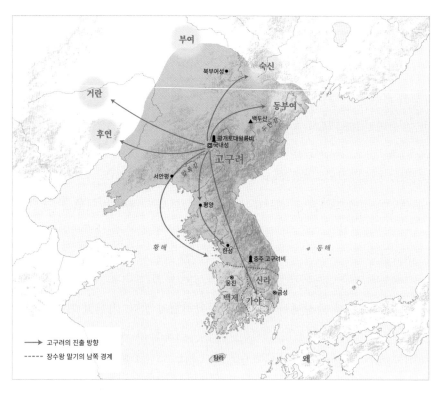

지도2 광개토왕의 군사활동과 고구려의 영역(5세기)
고구려는 광개토왕의 정복활동을 거쳐 장수왕대에 최대 영역을 확보했다. 〈충주 고구려비〉도 이 무렵 세운 것
으로 추정한다. 다만 소백산맥 이남과 동해안 남부는 일시 공략인가 영역화인가를 두고 논란이 되고 있다.

즉위해 북연(北燕)을 세웠다. 광개토왕이 북연왕 고운에게 종족의 예를 베풀
고 고운이 화답하면서 양국은 우호관계를 맺었다. 고운이 죽은 후 풍씨(馮氏)
가 왕위를 이었으나, 화북 지역으로부터 북위가 팽창해오면서 풍씨 정권은
북위를 막는 데 급급했다.

광개토왕의 마지막 출정은 동부여 정벌이었다. 동부여는 부여의 일부
세력이 모용씨의 공격을 피해 동쪽으로 이동해 세운 국가였다. 그 위치는 대
략 중국 지린성 둔화(敦化) 지역에서 두만강 하류 일대에 이르는 지역으로 추
정된다. 동부여가 고구려에 정벌된 후 그 지배 세력 중 일부가 고구려 수도로
옮겨가기도 했다. 이렇게 하여 광개토왕대 고구려의 영역은 동쪽으로 두만
강 하류 유역, 북쪽으로 본래 부여의 중심지였던 북류 쑹화강 중류의 지린 일
대, 서쪽으로는 랴오허강 서쪽 일부에 이르렀다. 랴오허강 상류 시라무렌 지

됐으나 2년 만에 살해당했다.

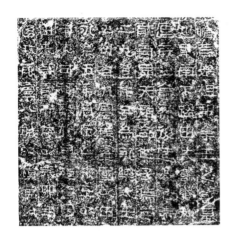

도판16 〈광개토왕릉비〉 탁본
높이 6.39m의 비석 4면에 1,775자의 글자를 새겼다. 고구려 건국신화, 광개토왕의 정복활동, 왕릉을 지키고 관리하는 수묘인 규정 등을 기록했다. 가운데 부분에 "18세에 즉위하여 영락태왕이라 불렸다"는 구절이 보인다.

역의 거란도 고구려 세력권에 편입됐다. 남쪽으로는 한강 중상류 지역을 차지했으며, 신라에 대해 종주국(宗主國)처럼 강한 영향력을 행사했다. 광개토왕대에 동북아시아 패자로서 영토적 기반과 세력권이 마련된 것이다.

### 장수왕의 평양 천도와 남진

광개토왕의 뒤를 이어 즉위한 장수왕은 427년(장수왕 15)에 평양으로 천도했다. 평양은 광개토왕이 이미 여러 차례 순수해 남진의 거점으로 삼고, 사찰 9개를 창건하는 등 천도를 준비하던 곳이었다. 장수왕의 평양 천도는 부왕의 정책을 이어받아 실행에 옮긴 것이었다. 고구려의 평양 천도가 곧바로 남진정책으로 이어지지는 않았다. 그러나 압박을 느낀 백제와 신라가 433년에 화친을 맺으면서 나제동맹[4]이 시작됐다. 광개토왕 때 고구려에 상당한 영토를 빼앗겼던 백제는 고구려의 남진에 큰 위협을 느꼈고, 신라도 5세기 중반 무렵부터 고구려의 영향력에서 벗어나려는 움직임을 보이고 있었다.

고구려는 나제동맹을 경계하면서 백제의 동향을 특히 주목했다. 그런데 472년 백제 개로왕이 북위에 사신을 보내 고구려 정벌을 요청했다. 이 요청은 실현되지 않았지만, 이에 자극받은 고구려의 장수왕은 475년(장수왕 63) 3만의 군대를 직접 거느리고 백제를 공격했다. 고구려군은 백제 수도 한성을

---

4    나제동맹 고구려의 남진에 맞서 백제와 신라가 맺은 공수동맹(攻守同盟)이다. 433년에 시작됐다고 알려졌으나 5세기 후반을 시작으로 보는 학설도 있다. 신라가 한강 유역을 차지하고, 관산성전투에서 백제 성왕(聖王, ?~554)이 전사한 554년 직전까지 이어졌다고 추정된다.

도판17 〈충주 고구려비〉
고구려가 남한강 유역까지 영토를 넓혔음을 확인시켜준다. 현재는 비석이 발견된 자리에 전시관이 세워져 충
주 고구려비는 실내에 전시되어 있다.

함락하고 개로왕을 사로잡아 살해했다. 고구려는 한강 유역을 완전히 차지했으며, 계속 백제를 압박하면서 남양만 일대까지 남하했다.

고구려는 신라 방면으로도 남진했다. 468년(장수왕 56)에 신라의 실직성(삼척)을 공격했고, 481년(장수왕 69)에는 신라의 북쪽 변경을 공격하며 미질부(포항 흥해)까지 진공했다. 남진정책이 실효를 거두면서 고구려의 남쪽 경계선은 지금의 남양만에서 죽령 일대를 거쳐 동해안의 울진·영덕 일대를 잇는 선까지 내려왔다. 이로써 고구려는 한반도에서 삼국관계의 주도권을 장악했고, 백제와 신라는 군사동맹을 맺어 고구려군의 남하를 저지하는 데 힘을 모았다.

### 5세기 동북아시아 형세와 고구려

4세기 이후 동아시아에서는 여러 왕조와 다양한 민족이 흥망성쇠를 거듭했다. 북중국은 이민족 국가들이 각축을 벌이는 5호 16국 시대가 이어지다가 439년 북위에 의해 통일됐다. 양쯔강 남쪽에는 한족 왕조인 동진의 뒤를 이어 송이 등장했다. 5세기 중엽은 중국 대륙이 남북으로 양분되는 남북조시대였던 것이다. 북위의 북쪽에는 유목민족인 유연(柔然)이 세력을 떨치고 있었다. 당시 가장 세력이 큰 나라는 북위로, 남조의 송과 북쪽의 유연이 손을 잡고 북위를 견제했다.

고구려는 남북조와 유연 등이 대립하는 정세를 적극적으로 이용하는 외교 전략을 구사했다. 장수왕은 413년(장수왕 1) 동진에 사절을 파견하며 70년 만에 중국 남조 국가와 교섭을 재개했다. 이후 송과도 우호적 외교관계를 유지했는데, 이는 북위와 백제를 견제하기 위해서였다. 그러나 국경을 접하고 있는 북위를 적대국으로 여긴 것은 아니어서 양국 사이에 사신이 오가기도

---

**고구려의 한강 유역 지배**

『삼국사기』 지리지는 한주·우수주·명주를 옛 고구려 땅이라 하고 옛 고구려 군현명을 기록했다. 그런데 이 지역에서 출토된 유적과 유물 등의 고고자료만으로는 한강 이남에서 직접 지배가 온전히 이뤄졌다고 보기 어렵다.

임진강 유역의 소형 성곽, 서울 아차산의 보루성, 용인·화성·충주 일대의 몇몇 고분 유적 등은 주요 교통로상의 군사 유적이다. 고구려 세력이 미쳤으나, 군현으로 편제했다고 판단하기 어려운 것이다. 문헌 기록과 고고자료를 종합해 고구려의 지배 방식을 파악하는 것이 과제로 남아 있다.

했다.

고구려가 북위와 송에 우호적이었던 것만은 아니다. 때로는 그들과 갈등과 충돌이 있었다. 435~438년 북연과 그 국왕 풍홍(馮弘, ?~438)의 거취를 둘러싸고 고구려가 북위 및 송과 각각 대립하며 군사적 충돌을 벌인 일이 대표적이다. 그러나 북위와 송이 대립하는 국제정세 속에서 장수왕은 자신의 뜻대로 사태를 수습할 수 있었다. 장수왕은 북위와 적대하던 유연과는 우호관계를 맺었다. 479년(장수왕 67)에는 유연과 손잡고 대흥안령(大興安嶺) 산맥 일대에 거주하던 지두우(地豆于)에 대해 분할 점령을 꾀하기도 했다.

이렇게 장수왕대 고구려는 남북조, 북방 유목세력 등과 등거리 외교를 펴면서 동아시아 국제관계에서 세력 균형을 유지하는 한 축을 담당했다. 당시 『남제서』는 "북위에서 사신의 관저를 두었는데, 남제의 관저가 제일 크고 고구려의 관저가 그 다음이었다."라고 고구려의 위상을 기록했다. 또 489년(장수왕 77)에 북위를 방문한 외국 사신들이 모인 자리에서 남제 사신을 고구려 사신과 나란히 앉게 하자 남제 사신이 북위 조정에 항의한 일도 있었다.

당시 고구려의 국제적 위상은 고구려 중심의 독자 세력권으로 뒷받침됐다. 고구려 주변에는 백제·신라·왜를 비롯해 거란·말갈 등 다수 국가와 민족이 있었다. 그러나 국제무대에서 행사하는 영향력 면에서는 고구려와 견줄 곳이 없었다. 오히려 고구려는 말갈·거란 등을 영역 내 혹은 영역 외곽의 세력권에 편입시키고, 백제와 신라를 제압해 동북아시아에서 고구려가 중심에 서는 역학관계를 구성했다. 이렇듯 5세기 동북아시아 국제관계는 중원이나 유목세계와는 거리를 둔 채 고구려를 중심으로 운영됐다.

**풍홍의 망명과 외교 갈등**

북위에 쫓기던 북연왕 풍홍이 고구려에 망명을 요청하자, 436년 장수왕은 그의 망명을 받아들였다. 북위는 고구려에 풍홍의 송환을 요구했지만, 고구려는 이를 거절했다. 그런데 풍홍이 고구려에서 황제 행세를 하며 거만하게 굴자, 장수왕은 그의 시종을 빼앗고 아들을 볼모로 삼았다.

풍홍은 남조의 송에 재망명을 타진했고, 송은 사신 왕백구(王白駒)를 보내 풍홍을 데려가려 했다. 그러자 장수왕은 장수를 보내 풍홍과 그 가족을 살해했고, 그 과정에서 왕백구가 데려온 군사들과 충돌했다. 이때 고구려 장수가 죽자 장수왕은 왕백구를 살인죄로 붙잡아 송으로 압송하여 처벌을 요구했다. 송 문제는 고구려의 뜻을 거스르기 어려워 왕백구를 투옥시켰다가 얼마 후에 풀어줬다.

## 6세기 고구려의 정국 혼란

고구려는 494년(문자왕 3)에 부여를 완전히 병합해 최전성기를 맞이했다. 그러나 이후 귀족 간의 내분이 이어지면서 국력이 서서히 기울기 시작했다. 문자왕의 뒤를 이은 안장왕(安臧王, ?~531)은 피살된 것으로 짐작된다. 안장왕에 이어 그 동생인 안원왕(安原王, ?~545)이 즉위했으나, 544년(안원왕 14) 그가 위독해지자 중부인과 소부인이 서로 자신의 아들을 왕위에 앉히려고 다툼을 벌였다. 이때 중부인을 지원하던 세력을 추군(麤群), 소부인을 지원하던 세력을 세군(細群)이라고 불렀다. 결국 같은 해 12월 평양성에서 추군과 세군이 시가전을 벌여 추군이 승리했다.

545년 1월 안원왕이 죽자, 중부인의 어린 아들인 양원왕(陽原王, ?~559)이 즉위했다. 그 뒤로도 중앙 귀족들 사이에는 내분이 이어졌다고 짐작된다. 551년 고구려의 혜량법사(惠亮法師)는 죽령 이북의 고구려 영토를 공략하던 거칠부에게 "고구려의 정치가 어지러워 언제 멸망할지 모르겠다"며 신라로 망명했다. 결국 고구려는 내분을 겪으며 신라·백제 연합군에게 한강 유역을 빼앗겼다.

한편, 이 무렵 몽골고원에서 돌궐이 흥기했다. 돌궐은 유연을 멸망시킨 후, 거란 등 유목민족의 지배권을 둘러싸고 고구려와 갈등했을 뿐 아니라 군사적으로 위협을 가했다. 대외적 위기에 직면한 고구려는 귀족끼리 서로 힘을 겨뤄 대대로를 선출하던 방식을 지양하고, 대대로를 교대로 역임하는 방향으로 내부 갈등을 수습했다. 그리고 군사력을 서북쪽 국경 지역에 집중해 돌궐의 위협에 대비했다.

---

**추군과 세군의 싸움**

"고려가 크게 어지러워 싸우다 죽은 자가 2,000여 명이었다. 『백제본기』는 이렇게 썼다. 고구려가 정월 병오에 중부인의 아들을 왕으로 세웠는데, 나이 8살이었다. 고구려 왕(안원왕)에게 세 부인이 있었는데, 정부인은 아들이 없었다. 중부인이 세자를 낳았는데 그 외할아버지가 추군이었다. 소부인도 아들을 낳았는데 그 외할아버지는 세군이었다. 고구려 왕의 병이 심해지자 세군과 추군이 각기 중부인과 소부인의 아들을 즉위시키려 했다. 그래서 세군의 죽은 자가 2,000여 명이다." 『일본서기』 **91**

## 2 백제의 천도와 지배체제 정비

### 한성 말기의 백제

백제는 384년 즉위한 침류왕(枕流王, ?~385)이 이듬해 죽게 되자, 동생 진사왕(辰斯王, ?~392)이 뒤를 이어 즉위했다. 진사왕 때는 관미성(關彌城)이 함락되는 등 고구려의 압박이 본격화됐다. 그러던 중 진사왕이 재위 8년 만에 사냥에 나섰다가 행궁에서 갑자기 죽게 되면서 침류왕의 아들인 아신왕(阿莘王, ?~405)이 즉위했다.

백제는 여러 번 관미성을 탈환하려 시도했으나 실패했다. 395년(아신왕 4)에는 장수를 보내 고구려를 공격했으나 패배했고, 아신왕이 직접 군사를 이끌고 출전했지만 역시 성과를 거두지 못했다. 고구려와 공방전을 벌이던 중 396년(아신왕 5)에 광개토왕이 직접 이끈 대군이 수도 한성을 포위했다. 「광개토왕릉비문」에는 아신왕이 광개토왕에게 항복해 "영원히 노객(奴客)이 되겠다"고 다짐하고, 포로 1,000명과 세포(細布)[5] 1,000필을 바쳤다고 기록되어 있다. 광개토왕은 아신왕의 동생과 신하 10명을 볼모로 데리고 철수했다. 이때 백제는 58성 700촌을 고구려에 빼앗기는 큰 타격을 입었다.

아신왕이 죽은 뒤에 태자였던 전지왕(腆支王, ?~420)이 왜국에서 돌아와 즉위했다. 전지왕은 408년(전지왕 4)에 상좌평(上佐平)을 두어 귀족회의를 주재하게 했다. 기존에 왕과 좌평, 그리고 고위 관등 소지자들의 회의를 통해 국정을 운영하다가, 국왕이 빠지면서 상좌평이 의장 역할을 하게 된 것이다. 상좌평은 초기에 귀족의 이익을 대변했으나 후대로 갈수록 국왕 아래서 관료집단을 통솔하는 최고 재상의 역할을 했다.

고구려가 평양으로 천도하고 남진을 계속하자, 백제는 신라와 보조를 맞춰 압박에 대비하려 했다. 비유왕(毗有王, ?~455)은 433년 신라에 사신을 보내 화친을 청했고, 신라 눌지왕이 이에 호응하면서 나제동맹이 맺어졌다. 이후 양국은 상대국이 고구려의 공격을 받으면 지원군을 보내는 등 몇 차례 공동 대응을 이어갔다.

---

5    노객과 세포 '노객'은 예속된 천민을 뜻하는데, 이때는 스스로를 낮춘 표현으로 쓰였다. '세포'는 가는 실로 짠 삼베를 말한다.

한성 함락과 웅진 천도

백제는 4세기 말에서 5세기 전반기에 왕위 계승이 순탄치 않았고, 왕실의 권위도 약화되어 있었다. 이에 개로왕(蓋鹵王, ?~475)은 적극적으로 왕실과 국왕의 권위를 회복하려 했다. 개로왕은 여러 왕족에게 장군호를 수여하고, 왕족인 문주(文周)를 상좌평으로 임명하는 한편 동생 곤지(琨支)도 중용했다. 그리고 궁궐과 누각을 화려하게 짓고, 성곽과 제방을 쌓았으며, 왕릉을 보수하는 등 토목공사를 크게 벌였다. 왕실의 위엄을 높이고 국왕의 권위를 과시하려는 의도였다. 그러나 왕실 중심의 정치 운영은 여타 귀족을 소외시켜 반발을 불러일으켰고, 지나친 토목공사로 인해 민심도 잃었다.

472년(개로왕 18) 개로왕이 북위에 국서를 보내 고구려 정벌을 요청했으나 당시 북위는 고구려에 우호적이어서 뜻을 이루지 못했다. 거꾸로 이 일은 고구려를 자극해 475년(개로왕 21)에 장수왕이 3만 군사를 이끌고 한성을 포위하는 결과를 초래했다. 개로왕은 성을 빠져나와 몸을 피하려다가 사로잡혀 죽임을 당했다. 문주가 신라에 가서 지원병을 얻어 돌아왔을 때는 수도가 함락된 뒤였다. 문주는 왕위에 오른 뒤, 파괴된 한성을 포기하고 웅진(공주)으로 수도를 옮겼다. 웅진은 사방이 작은 산들과 강으로 둘러싸인 좁은 지역이었지만 방어에 유리한 곳이었다. 그러나 웅진 천도 후에도 왕실의 권위를 회복하지 못한 채 함께 옮겨온 귀족 세력에 의존했다. 그 과정에서 대표적 귀족 가문인 해씨 출신의 해구(解仇)가 권력을 휘두르다가 결국 479년에 문주왕을 살해했다. 해구는 어린 삼근왕(三斤王, 465~479)을 즉위시키고 이듬해에 다시 반란을 일으켰다가 붙잡혀 처형당했다.

백제가 조금씩 안정을 찾기 시작한 것은 동성왕이 즉위하면서부터였다. 동성왕은 한성시대부터 대표 귀족이던 해씨·진씨 이외에 새로운 귀족들을 등용해 국왕의 정치 기반을 강화하려 했다. 한성시대부터 시행되던 왕후제[6] (王侯制)를 운영하는 데도 동성왕대에는 왕족 이외의 귀족들이 왕·후 칭호를

**고구려 첩자 도림과 바둑**

『삼국사기』에 고구려 승려 도림(道琳)과 개로왕 이야기가 있는데, 대략 다음과 같다. 장수왕이 백제를 치려고 마음먹고 도림을 첩자로 보냈다. 도림은 바둑을 잘 두어서 개로왕을 상대하며 신임을 얻었다. 그리고 개로왕을 부추겨 왕릉을 보수하고 성을 쌓으며 궁궐과 누각을 짓는 등 토목공사를 크게 일으켰다. 재정을 고갈시키고 민심을 잃고 난 후 고구려가 백제를 공격했다.

받는 경우가 늘었다. 동성왕은 고구려의 남진에 대처하며 신라와 공조관계도 유지해 493년(동성왕 15)에 신라 소지왕의 왕녀와 혼인을 맺기도 했다.

498년(동성왕 20) 탐라(제주도)가 공납을 바치지 않자 동성왕은 직접 군사를 이끌고 무진주(광주)까지 내려갔다. 탐라가 사람을 보내 사과해 중단했으나, 이를 계기로 옛 마한 지역을 더 강하게 통제했다. 그러나 동성왕은 말기에 귀족과 갈등하면서 좌평 백가(苩加)에 의해 살해당했다. 백가의 반란을 진압하고 즉위한 왕이 무령왕(武寧王, 462~523)이다. 무령왕은 앞 시기보다 통치력을 강화하고 고구려와의 항쟁에서도 우세한 상황을 이어갔다. 521년(무령왕 21) 중국 남조의 양(梁)에 보낸 국서에는 고구려를 여러 차례 격파해 다시 강국이 됐다는 자신감을 드러내기도 했다. 대가야를 견제하면서 섬진강 유역으로 세력을 확대한 것도 이때였다.

무령왕대에는 제방을 쌓아 농사에 필요한 수리시설을 확충하고 떠도는 백성들을 농토에 정착시키는 등 경제적 안정에 힘썼다. 대외적으로는 양에 자주 사신을 보내 선진문물을 적극적으로 받아들이기도 했다. 무령왕릉을 비롯한 백제의 벽돌무덤들과 무령왕릉에서 나온 진묘수(鎭墓獸) 등도 중국 남조 문화를 받아들인 것이다. 무령왕릉의 관(棺)은 일본산 금송으로 제작됐다. 이것들은 백제문화의 개방성과 함께 국제 교류 양상을 보여준다.

### 사비 천도와 제도 정비

백제는 538년(성왕 16) 웅진에서 사비(부여)로 수도를 다시 옮기고, 한때 국호를 남부여라고 했다. 사비로 천도한 배경은 산지 사이의 좁은 지역을 벗어나 넓은 평야지대의 생산력을 이용하고, 금강을 이용한 수로교통이 주는 이점을 활용하려는 데 있었다.

백제의 정치제도와 중앙관청들이 거의 완비된 시기가 성왕대였다. 16관등제와 22부의 중앙관청, 그리고 수도와 지방의 행정제도가 완비된 것도 사비시대였다. 성왕대 백제는 고구려의 공격을 때로는 격퇴하고 때로는 고구려에 패배하는 등 굴곡을 겪었다. 그러는 한편 중국 남조의 여러 국가와 활발

---

6    왕후제 5세기 후반 백제왕이 중국 남조에 왕족과 귀족들에게 왕·후의 관작(官爵)을 추인해달라고 몇 차례 요청한 기록이 있다. 왕·후 앞에는 지명이 붙었다. 대체로 지명이 붙은 왕·후를 지방관으로 파견된 중앙 귀족으로 이해하지만, 단순히 조세 수취를 한시적으로 위임받은 귀족으로 보기도 한다. 또한 왕·후를 22담로와 동일시하기도 하고, 별개로 파악하기도 한다.

도판18 백제 창왕(위덕왕) 사리감
부여 능산리 절터에서 발견됐다. 567년(위덕왕 13)에 성왕
의 딸이자 창왕의 누이인 공주가 사리를 공양했다는 내용이
새겨져 있다.

히 교류했다. 신라와는 우호관계를 유지하면서 548년(성왕 26)에 고구려군이 독산성을 공격해왔을 때 신라군의 지원을 받았다. 그러나 두 나라의 공조는 오래가지 않았다.

551년(성왕 29)에 백제와 신라는 보조를 맞춰 고구려를 대대적으로 공격했다. 신라는 죽령 이북의 고구려 10개 군을 점령했고, 백제는 한강 하류 6개 군을 되찾았다. 그러나 553년(성왕 31)에 신라가 기습적으로 한강 하류 지역을 차지하고 신주(新州)를 설치했다. 백제는 신라에 반격하기 위해 이듬해인 554년(성왕 32)에 위덕태자가 군사를 이끌고 신라 영토 공격에 나섰다. 이 공격에는 대가야군도 일부 참여했다. 성왕은 소수의 군사를 이끌고 뒤따랐는데, 관산성(충북 옥천)에서 벌어진 전투에서 신라 복병에 사로잡혀 죽임을 당했다. 당시 백제는 좌평 4명과 3만에 가까운 병사가 전사할 정도로 크게 패배했다. 이로써 오랫동안 이어지던 백제와 신라의 동맹이 깨졌고, 뒤이어 즉위한 위덕왕(威德王, 525~598)은 그 충격으로 출가할 마음을 먹기도 했다.

위덕왕대의 백제는 중국 남북조의 여러 나라와 외교관계를 맺으며 자국의 국제적 위상을 높이려 했다. 북제(北齊)·북주(北周) 등의 북조 왕조들에 자주 사신을 보냈다. 그리고 수(隋)가 남북조시대를 마감하고 통일 왕조로 등장하자 축하 사절을 보내 빈번히 교섭했다. 그리고 신라의 국경 지역을 자주 공격하는 등 열세를 만회하려 했다.

## 3 신라의 지배체제 정비와 영토 확대

### 정치 안정과 체제 정비

내물왕부터 김씨가 왕위를 독점했지만 정치 상황은 순조롭지 않았다. 김씨 집단이 박씨·석씨 집단을 압도할 만큼 우세해졌지만, 김씨 집단 안에서 새롭게 경쟁과 갈등이 나타나기 시작했다. 김씨 집단이 분화하면서 그 내부에 작은 혈연집단들이 등장했고, 이들이 왕위를 둘러싸고 서로 견제하거나 충돌했기 때문이다

광개토왕이 즉위한 뒤에 고구려가 강성해지자, 내물왕은 경쟁자인 실성을 고구려에 볼모로 보냈다. 402년 내물왕이 죽은 후에는 그의 장남인 눌지가 어리다는 이유로 왕이 되지 못하고 고구려에서 돌아온 실성이 즉위했다. 실성왕(實聖王, ?~417)은 자신을 고구려에 볼모로 보낸 내물왕을 원망했다. 그래서 왕이 되자 내물왕의 아들 미사흔과 복호를 각각 왜와 고구려에 볼모로 보냈다. 나아가 내물왕의 장남 눌지까지 고구려에 보내 정치적 경쟁자를 완전히 제거하려 했다. 당시 신라에는 고구려군이 주둔하고 있었다. 실성왕은 자신이 고구려에 있을 때부터 알고 지내던 고구려 군관에게 눌지를 죽이라고 일렀다. 그러나 고구려 군관은 눌지와 함께 고구려로 가던 중에 이 사실을 눌지에게 밝혔고, 눌지는 되돌아와서 실성왕을 죽이고 스스로 왕위에 올랐다.

눌지왕(訥祗王, ?~458)의 동생 미사흔과 복호는 박제상이 고구려와 왜국을 오가며 활약한 덕분에 돌아올 수 있었다. 이후 신라의 왕위는 부자상속으로 안정적으로 계승됐다. 눌지의 장남 자비왕(慈悲王, ?~479)이 뒤를 이었고, 자비왕 사후에는 그의 장남 소지왕(炤智王, ?~500)이 즉위했다.

마립간 시기에 주변 소국들을 복속시키는 과정이 거의 마무리됐다. 비록 옛 소국들이 정치적·군사적 독자성은 잃었지만 어느 정도 자율성을 지니고 있었다. 신라가 옛 소국 지배층의 기득권을 인정했기 때문이다. 이 시기에 경산 임당·대구·의성·안동·상주 등 옛 소국 중심지에는 큰 돌덧널무덤이 만들어졌다. 이들 무덤에서 출토된 출자형(出字形) 금동관·금은 세공품 등 위세품은 중앙정부에서 하사했거나 그 영향을 받은 것들이다.

정치적 안정을 찾은 5세기 중엽부터는 신라가 중앙집권 국가로 발전할 바탕이 하나씩 마련됐다. 469년(자비왕 12)에는 왕경의 방리(坊里) 이름을 정했다. 마립간 시기에 들면서 서라벌의 인구가 늘고 주거지가 밀집되는 자연

도판19, 20 금관총 금관(좌)과 양산 부부총 금동관(우)
경주 고분의 금관과 같은 디자인의 금동관을 비롯한 장신구 등의 위세품은 신라 중앙에서 만들어 하사한 것들이다.

스러운 과정을 거치다가, 이때 와서 왕경에 체계성을 더해 반듯한 면모를 갖추기 시작했던 것이다.

487년(소지왕 9)에는 우역(郵驛)을 설치하고 관도(官道)를 수리했다. 우역과 도로는 중앙의 명령을 지방에 전달해 통제력을 강화하고, 지방에서 걷은 세금을 중앙으로 운송하는 밑바탕이었다. 475년(자비왕 18)에 국왕의 거처를 명활산성으로 옮겼다가 488년(소지왕 10)에 월성으로 다시 옮겼는데, 궁궐이 있는 월성의 면모를 대대적으로 정비하기 위해서였다.

조세를 비롯해 지방 각지에서 생산된 특산물과, 교역을 통해 얻은 사치품이 왕경으로 모였다. 국왕과 지배층이 모여 사는 왕경은 큰 소비도시였기 때문이다. 그래서 490년(소지왕 12) 왕경에 시장을 개설해 사방의 물자가 유통되도록 했다. 이렇게 하여 월성과 그 주변은 고대 도시로 발전해갔다.

### 마립간 시기의 대외관계

마립간 시기에 신라는 강성한 고구려의 영향 아래 놓여 있었는데, 고구려의 영향력을 더욱 강화시킨 사건이 발생했다. 백제·가야·왜 연합군의 공격을 받은 신라는 399년(내물왕 44) 고구려에 도움을 요청했다. 그리고 이듬해인 400년(내물왕 45) 광개토왕이 보낸 고구려군 5만의 지원을 받아 위기를 벗어났다. 신라는 고구려에 볼모를 보냈고, 고구려는 실성왕과 눌지왕이 즉위하

도판21, 22  호우총 출토 호우

청동그릇 바닥에 "을묘년 국강상 광개토지호태왕 호우십(乙卯年國崗上廣開土地好太王壺杅十)"이라는 글자가 새겨져 있다. 을묘년(415)에 광개토왕을 제사할 때 제작되어 신라에 전해진 것이다.

는 과정에 개입하기도 했다.

427년 고구려가 평양으로 천도하고 남진정책을 추진하자 한반도 중남부의 정세가 변하기 시작했다. 이미 여러 번 고구려의 공격을 받았던 백제는 압박을 심하게 느끼고 신라와 협력해 대응하려고 했다. 백제는 그동안 신라와 공방전을 벌이고 있었으나 433년(눌지왕 17)에 먼저 신라에 화친을 청했다. 신라도 고구려의 압력에서 벗어나려 했기 때문에 백제의 제안에 호응하면서 나제동맹이 성립했다.

이후 신라와 백제는 상대방이 고구려의 공격을 받으면 군사를 보내 서로 지원하는 등 여러 차례 공조했다. 450년(눌지왕 34)에 신라 실직(삼척) 성주가 사냥 나온 고구려의 변방 장수를 살해하는 사건이 발생했다. 양국 사이에 긴장이 높아졌지만, 신라가 사신을 보내 사과함으로써 마무리됐다. 그러나 이후에도 신라는 고구려의 영향력에서 벗어나려는 노력을 이어갔다.

475년(자비왕 18) 고구려군이 백제 수도 한성을 공격했을 때, 백제 태자 문주가 지원을 요청하자 신라는 이에 응했다. 그러나 지원군이 도착했을 때 개로왕은 이미 죽임을 당하고 수도가 파괴된 뒤였다. 웅진으로 천도한 백제는 신라와 공조를 유지했다. 481년(소지왕 3) 고구려가 동해안에 있는 신라의 여러 성을 공략하면서 미질부(포항 흥해)까지 진공한 적이 있었다. 이때 백제와 가야가 신라를 지원했고, 신라는 철수하는 고구려군을 공격해 크게 이겼다. 493년(소지왕 15)에는 신라 왕녀를 백제 동성왕(東城王, ?~501)과 혼인시

도판23 충북 보은 삼년산성
470년(자비왕 13)에 쌓은 것
으로 남은 성벽 높이가 10m
가 넘는다. 신라가 소백산맥
을 넘어 서북쪽을 넘보기 위
해 세운 거점이자 방어기지
였다.

켜 양국의 공조를 더욱 강화했다.

이런 과정을 거치며 신라는 고구려의 영향력에서 점차 벗어났다. 그런
데 5세기 신라와 백제는 고구려의 남진에 공동 대응하면서도 늘 우호적인 관
계를 유지하지는 않았다. 신라가 때때로 백제를 공격하기도 했고, 백제가 신
라를 공격하는 경우도 있었다. 신라는 고구려의 남진에 대비해 전략적 요충
지에 산성을 쌓았다. 이 과정에서 지방의 옛 소국과 읍락을 촌과 성으로 편제
하고 현지의 유력자를 촌주(村主)로 임명해 지방 지배의 매개 역할을 맡겼다.
그리고 중앙에서 도사(道使)를 파견해 그들을 감독하기 시작했다.

### 국호 확정과 율령 반포

6세기에 들면서 신라는 사회·정치·군사 등 여러 방면에서 비약적으로 발전
하기 시작했다. 502년(지증왕 3)에는 순장을 금지하고 국가 차원에서 우경을
장려했는데, 이는 사회 안정과 경제 발전을 꾀하는 조치였다.

503년(지증왕 4)에는 이전까지 사로·신라 등으로 부르던 국호를 신라로
확정 짓고, 동시에 마립간 대신 '왕'이라는 칭호를 공식적으로 사용했다. 그
리고 동북 지역에 집중적으로 축성을 하는 한편, 505년(지증왕 6)에는 영토를
주(州)와 군(郡)으로 구획해 지방관을 파견하는 주군제(州郡制)[7]를 시행했다.
광역 행정구역인 주는 군사령관인 군주(軍主)가 파견되어 행정과 군정을 아

---

7    주군제 6세기에는 몇 개의 촌(성)을 묶어 군으로, 그 위에 광역의 주를 뒀으므로 주군제라 부른다. 현
     (縣)은 통일 이후에 됐다.

우르는 군관구(軍管區)이기도 했다. 그리고 지방 지배의 거점이 되는 성·촌에는 나두(邏頭)·도사(道使) 등을 파견했다.

이로써 과거 정복지·복속지는 명실공히 신라 국가의 '지방'이 됐고, 옛 사로국의 6부는 '왕경'이 됐다. 중앙집권 국가로서 면모를 갖춰가면서 왕경은 전국의 물산이 모여드는 중심지가 됐다. 전국에서 모여드는 물류를 유통시키기 위해 509년(지증왕 10) 왕경에 동시(東市)를 설치했다. 지증왕대에는 아시촌(阿尸村)에 소경을 설치하기도 했는데, 왕경 인구를 분산시키고 물류 거점을 다원화하려는 시도였다.

512년(지증왕 13)에는 이사부를 보내 우산국(울릉도)을 정벌했다. 우산국에는 지방관을 보내는 대신 매년 특산물을 공납으로 바치게 했다. 이런 추세를 이어받아 영토를 더 넓히고, 중앙집권 국가로서 제도적 틀을 갖추기 시작한 시기가 법흥왕(法興王, ?~540) 때였다. 517년(법흥왕 4)에는 병부(兵部)를 설치했다. 이는 신라에서 공식 설치된 최초의 중앙 관청으로, 그만큼 군사활동이 중요해지고 관련 업무가 복잡해지기 시작했음을 의미한다. 520년(법흥왕 7)에는 율령도 반포했다. 이는 이전부터 필요할 때마다 정리한 법령들을 종합하면서, 국가 운영에 요구되는 여러 가지 규정들을 망라해 체계화한 것이었다. 이때 관료제 운영의 기준이 되는 관등제, 그리고 관리들이 입는 공복(公服)의 등급별 색깔도 규정했으며, 골품제에 관한 여러 규정도 율령에 포함했다.

527년(법흥왕 14)에는 불교를 공인했다. 불교는 일찍이 고구려로부터 소백산맥 남쪽의 교통로를 통해 민간에 알려져서 수용되기 시작했다. 그러나 불교는 생소한 교리와 승려의 모습에 거부감을 느낀 귀족들의 반대에 부딪혀 인정받지 못하다가 이차돈의 순교를 계기로 공인됐다. 이후 불교는 왕실을 비롯한 지배층의 후원 아래 빠르게 확산됐다. 지역별로 분산·고립됐던 재래신앙을 대체하면서 전국을 하나의 신앙으로 통합했고, 국왕과 왕실은 불교사상을 끌어들여 위상을 강화했다.

531년(법흥왕 18)에는 상대등(上大等)을 설치했다. 이는 국왕이 귀족회의를 주재하던 전통에서 벗어나 그 역할을 상대등에 맡김으로써 여러 귀족세력 위에 군림하는 위상을 제도적으로 확보한 계기였다. 그리고 이듬해인 532년(법흥왕 19)에는 금관가야가 항복해왔다. 신라는 금관가야 왕족을 진골신분으로 편입해 우대했고, 그 후손들은 장수로 활약하며 영토 확대와 통일전쟁에 기여했다.

이런 분위기 속에서 국왕의 위상은 크게 높아졌다. 〈울진 봉평리 신라비〉(524)에는 법흥왕을 마립간을 뜻하는 매금왕(寐錦王)으로 표현했으나, 〈울주 천전리 서석〉의 두 명문(535, 539)에서는 '태왕(太王)'·'성법흥대왕(聖法興大王)'으로 표기했다. 율령 반포를 포함한 제도 정비와, 불교사상을 활용해 국왕의 위상을 한껏 드높인 결과였다. '법흥'이라는 이름 자체가 '불법(佛法)'을 일으킨다는 뜻이었는데, 536년(법흥왕 23)에 '건원(建元)'이라는 독자 연호를 선포한 것은 그러한 자신감에서 나온 행동이었다.

### 영토 확대와 왕족 신성화

법흥왕이 아들 없이 죽자 조카 진흥왕이 즉위했는데, 7살의 어린 나이였으므로 일정 기간 태후가 섭정했다. 진흥왕대는 신라가 유례없이 군사적으로 활발히 활동하면서 영토를 확대해 삼국 항쟁에서 주도적 위상을 차지하는 기간이었다. 이는 법흥왕대 이래로 국력이 신장됐기 때문에 가능했다. 태후가 섭정하는 동안 신라는 백제의 화친 요청을 받아들여 충돌을 피하고, 백제가 고구려의 공격을 받으면 군사를 보내 지원하기도 했다. 그러나 곧 적극적 군사활동에 나섰는데, 백제와 고구려의 군사들이 도살성·금현성을 뺏고 뺏기는 공방전을 벌이며 피로해진 틈을 타 두 성을 점령한 것이다.

551년(진흥왕 12)에는 연호를 개국(開國)으로 바꿨는데, 이때 섭정을 끝

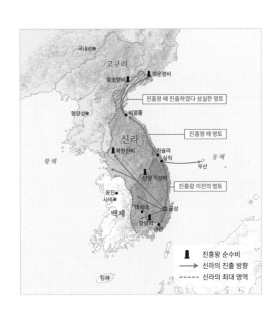

**진흥왕 순수비와 적성비**

568년에 세운 황초령비와 마운령비는 순수비이고, 561년의 창녕비는 순수비가 아니라 주요 군 지휘관과 귀족 관료가 모여 대내외 정책을 천명한 내용을 담았다. 적성비는 단양 지역을 점령하는 과정에서 신라에 협조한 현지인과 후손을 배려한 내용을 담았다.

지도3 진흥왕대의 영토 확대

도판24 북한산 순수비(복제)
아소카왕이 인도 여러 곳을 돌며 석주를 남겼듯이 진흥왕도 정복지를 돌아보며 새로 편입된 주민을 회유하고 제왕의 위엄을 과시하는 비석을 세웠다. 북한산 순수비는 한강 유역을 한눈에 내려다보는 자리에 위치한다. 실물은 국립중앙박물관에 있다. 건립 연도에 대해 555년과 560년 이후로 견해가 나뉜다.

내고 진흥왕의 친정이 시작된 것으로 짐작된다. 이해에 백제와 보조를 맞추어 고구려를 대대적으로 공격해 죽령 이북의 고구려 10개 군을 점령했다. 그리고 553년(진흥왕 14)에는 백제가 차지했던 한강 하류 지역을 점령한 뒤에 신주(新州)를 설치했다. 이후 신라는 서해안을 통해 중국과 직접 교류할 수 있게 됐다. 554년(진흥왕 15)에 백제가 대가야와 연합해 반격해왔으나 관산성(옥천)전투에서 크게 이기고 성왕을 사로잡아 죽인 뒤에 군사적 우위를 유지했다. 진흥왕은 새로 확보한 영토의 여러 곳을 순수하고 비석을 세웠다. 이렇게 군사적 우위를 지키면서 562년(진흥왕 23)에는 대가야를 멸망시켰다. 이로써 가야는 대부분 신라에 흡수되어 사라졌다.

진흥왕대는 사회·문화적으로도 중요한 일들이 많았다. 545년(진흥왕 6)에 "국사(國史)는 임금과 신하의 선악을 기록해서 잘잘못을 드러내는 것이니, 국사를 편찬하지 않으면 후대 사람이 무엇을 보겠습니까?"라는 이사부의 건의를 받아 국사를 편찬했다. 거칠부가 문사(文士)를 모아 편찬 작업을 맡았다. 역사 편찬은 중앙집권체제를 정비한 후에 유교 정치 이념에 따라 왕실의 정통성과 국왕의 권위를 내세우는 일이었다.

진흥왕은 553년(진흥왕 14)에 왕경의 중심부에 황룡사를 짓기 시작해 17년 만인 569년(진흥왕 30)에 완성했다. 여기에 거대한 장육존상을 안치했는데, 인도의 아소카왕이 만들다 실패한 것을 진흥왕이 완성했다는 설화가 있다. 이는 진흥왕이 위대한 군주임을 상징적으로 내세우던 분위기에서 비롯된 것인데, 진흥왕은 전륜성왕으로 자처하기도 했다. 전통적 청년집단을 국가 차원에서 조직화해 화랑제도를 정비한 것도 진흥왕대였다. 최고위급 귀

도판25 황룡사 금당의 석
불대좌
경주 황룡사 금당지의 불
상이 놓였던 자리다. 거대
한 규모의 장육존상과 여
러 불상이 배치되어 있었
으리라 추정된다.

족의 자제가 화랑이 되어 많은 낭도를 거느리고 활동한 것이 화랑제도였다.
이는 청년집단을 국가와 국왕에 충성하는 단체로 조직해 군사력을 비롯한
여러 역량을 기르는 데 활용했을 뿐 아니라 인재 선발에도 활용함으로써 국
가가 발전하는 데 큰 역할을 했다.

　진흥왕에 이어 진지왕(眞智王, ?~579)이 즉위했으나 4년 만에 귀족회의
에서 폐위가 결정됐다. "정치가 어지럽고 음란하다"는 이유였으나, 귀족 세
력과 정치적 갈등을 벌인 것이 배경이었다. 그리고 귀족들의 추대를 받아 진
흥왕의 맏아들인 동륜(銅輪)의 아들 진평왕(眞平王, ?~632)이 즉위했다. 진평
왕은 신라사에서 유례없이 긴 재위 기간을 누리면서 정치적 안정과 함께 제
도 정비를 이뤘다.

　진평왕대에는 관리의 인사를 맡은 위화부(位和府, 581), 선박 건조와 관
리를 맡은 선부(船府, 583), 품주에서 분화한 조부(調府, 584), 수레 등의 운송
수단을 관리하는 승부(乘府, 584), 의례와 외교를 맡은 예부(禮部, 586), 왜국
사신을 관리하는 영객부(領客府, 591), 왕실 재산과 운영을 담당한 내성(內省,
622) 등 많은 관청이 설치됐다. 그리고 중앙관청의 중하급 실무직이 대대적
으로 보완됐다.

　진평왕대는 왕족의식도 한껏 높아졌다. 진평왕은 신라 왕실을 인도 카
빌라국 왕실에 빗대어 석가족을 자처했다. 자신과 왕비, 남자 형제의 이름도
석가의 부모와 숙부 이름으로 불렀다. 그러면서 진평왕의 직계 혈통에 한정
해 성골(聖骨)을 표방했다.

　진흥왕대에 대대적으로 영토를 확장한 결과, 진평왕대에 들어서면서 신

라는 고구려·백제의 대대적 반격에 부딪혔다. 신라는 총력전으로 이를 막아
내는 한편, 중국과 외교하며 어려움에서 벗어나려 했다. 마침 중국은 남북조
의 긴 분열기를 끝내고 수·당의 통일 제국이 등장해 고구려를 압박했고, 신
라는 이를 이용해 고구려와 백제의 공격에 대비했다.

# 5.

# 삼 국 의
# 정 치 · 사 회 · 경 제

# 1 지배구조와 정치제도

## 초기 지배구조와 부

고구려·백제·신라 삼국은 한 집단이 강한 지배력을 행사하며 주변의 다른 집단을 단기간에 정복·흡수하는 방식으로 성립되지 않았다. 우세한 대표 집단이 주변의 여러 집단을 아우르며 결집하고, 이 결집체가 중심이 되어 정복활동을 이어가면서 국가로 발전했다. 일정한 규모로 국가의 면모를 갖췄을 때, 초기에 결집한 핵심 집단들이 부(部)라는 명칭으로 중앙정부를 구성했다.

삼국은 초기에 5부나 6부로 이뤄진 지배구조를 갖추고 부를 단위로 정치를 운영했다. 고구려에는 계루부·비류나부(소노부)·연나부(절노부)·관나부(관노부)·환나부(순노부) 등 5부가 있었다. 신라에는 양부·사량부·모량부·본피부·습비부·한기부 등 6부가 있었다. 백제는 초기에 결집한 부는 알 수 없고, 동서남북과 중부 등 방위부만 전해진다. 부는 건국의 중심지나 그와 가까운 곳에 자리 잡았고, 가장 우세한 부의 지배자가 국가 전체를 대표하는 왕이 됐다. 고구려는 처음에 소노부에서 왕위를 이었으나 계루부가 힘을 키워 소노부를 누르고 왕위를 차지했다. 신라는 초기에 박·석·김씨가 교대로 왕위를 잇다가 4세기 후반 마립간 시기부터 김씨가 왕위를 독점했다. 백제에서는 부여씨(扶餘氏)가 왕위를 계승했다.

왕은 자신의 부를 다스리는 한편, 외교와 전쟁 등 대외활동을 주도하며 국가를 대표했다. 각 부의 지배자는 독자적으로 대외활동을 할 수 없었지만, 각기 별도의 실무조직을 갖추고 자신의 부에 대한 자치권을 행사했다. 본래 고구려 국왕을 배출했던 소노부는 계루부로 왕위를 넘긴 이후 종묘를 세워 조상신을 모시고, 농업신인 사직과 영성(靈星)에 제사를 지냈다. 고구려 왕과 각 부의 대가(大加)들은 각기 사자·조의·선인이라는 같은 명칭의 관리를 두었는데, 함께 모이는 자리에서는 서열에 차등이 있었다.

---

**화백회의**

"〔국가에〕 일이 있으면, 반드시 여러 사람과 의논해 결정하는데, 이를 화백(和白)이라 한다. 한 사람의 반대가 있어도 중지됐다."

『신당서』 신라전

이 기록 자체는 통일기의 것이지만, 귀족 합의제의 전통은 훨씬 이전의 6부 대표자 회의로부터 내려왔다.

도판26 포항 냉수리 신라비
503년 지증왕이 여러 부의 귀족들과 함께 논의해 지방인
사이의 분쟁을 판정한 내용을 담은 비석이다.

삼국 초기에는 각 부의 지배 세력이 함께 회의체를 구성해 전쟁이나 외교 등 국가 중대사를 의결했는데, 고구려의 제가회의나 신라의 화백회의 등이 이에 해당한다. 뚜렷한 기록은 없지만, 백제에도 이러한 회의체가 존재했을 것으로 추정된다.

### 관등제와 중앙관청 정비

대부분 지역에서 사회 분화가 진전되는 한편, 정복활동으로 영토가 넓어지면서 국가의 역할과 기능이 복잡해졌다. 국왕은 늘어난 인구와 영토를 관리하는 행정조직과 군사력을 운영하고 행사하는 과정에서 권한을 강화하며 여러 부를 넘어서는 초월적 위치를 확보했다.

고구려에서는 2세기 후반부터 왕도(王都)에 동서남북·중부 등 방위별 행정구역이 설치됐고, 3세기 후반에는 종래의 5부가 자치적 성격을 잃고 사라졌다. 왕도 주변의 여러 부에 거주하던 지배 세력은 왕도로 이주해 중앙귀족이 됐다. 신라에서는 간지(干支)로 불리던 각 부의 대표자가 사라지면서, 6세기 전반부터 국왕이 대왕(大王)으로 불리기 시작했다. 기존의 6부가 왕경의 행정구역으로 바뀌면서 중앙집권체제가 성립한 것이다. 백제도 4세기 후반 무렵에 중앙집권체제로 전환했다.

각 부의 지배 세력은 독립성이 약화되어 국왕 아래의 귀족 관료로 자리 잡으면서 국왕이 수여하는 관등(官等)[1]에 따라 정치적 서열이 정해졌다. 관등

---

1    관등과 관직 현재의 공무원 직급인 '7급 서기'·'5급 사무관' 등이 관등, 계장·과장이나 신라의 병부령·집사부 시중 등이 관직(官職)에 해당한다. 관등을 지녀야 관직에 임명될 수 있었다.

---

**백제의 정사암회의·좌평회의**

"호암사(충남 부여)에 정사암(政事嵒)이 있다. 나라에서 재상을 논의할 때 뽑을 사람 서넛의 이름을 써서 상자에 넣고 봉해 바위 위에 두고 얼마 뒤에 가져와서 보면 이름 위에 도장 자국이 있는 사람을 재상으로 삼아서 부르는 이름이다."                    『삼국유사』

백제의 귀족회의는 기록으로 직접 확인되지 않는다. 『삼국유사』의 기록을 참고해 '정사암회의'를 상정하거나, 최고 관등인 좌평들의 협의체로 '좌평회의'가 있었으리라 추정한다.

---

은 관료 개인의 정치적 등급을 나타냈으며, 혈연으로 세습되는 신분의 규제를 받았다.

고구려에서는 4세기를 전후해 사자계(使者系)와 형계(兄系) 관등을 중심으로 하는 일원적 관등제가 정비됐다. 다만 기록에 따라 12등 또는 14등으로 나타난다. 백제도 5세기를 전후해 좌평과 솔계(率系), 덕계(德系) 관등을 중심으로 16등 관등제를 정비했다. 신라는 율령을 반포한 520년경에 17등의 경위(京位)를 정비하고, 지방 세력에게는 별도로 외위(外位)[2]를 수여했다.

중앙집권체제가 정비된 뒤에도 귀족합의제의 전통이 이어졌지만, 운영 양상은 이전과 달라졌다. 신라는 531년(법흥왕 18)에 상대등(上大等)을 설치해 대등으로 구성된 귀족회의를 주재하게 했다. 이후 국왕은 회의를 주재하는 역할에서 벗어나 귀족회의에서 모인 의견을 보고받아 공표했다. 고구려는 대대로가 주재하는 회의에 위두대형(5등) 이상의 상위 관등을 지닌 자들이 모여 국가 중대사를 의논했다. 백제도 상좌평이 주재하는 회의에 좌평의 관등을 지닌 자들이 참석하는 회의체가 있었으리라 추정된다.

삼국은 중앙집권체제를 정비하면서 행정 업무를 나눠 효율적으로 집행할 중앙관직과 관청을 갖췄다. 고구려는 중앙관청에 관한 기록이 거의 없고, 고추가가 외국 사절의 접대를 맡았다는 것이 알려진다. 국정을 총괄하는 최고 관직이 대대로였고, 귀족 합의로 대대로를 추대했는데 그 과정에서 무력 다툼이 벌어지기도 했다는 사실이 전해진다.

---

2     경위와 외위 신라는 골품을 지닌 왕경인과 골품이 없는 지방인을 차별했다. 그래서 관등제를 정비할 때도 왕경인에게는 '경위'를, 지방인에게는 '외위'를 주는 이원적 관등제를 운영했다. 그러나 7세기에 들어서면서 지방인에게도 경위를 주어 적극적으로 포용하기 시작했고, 외위는 서서히 사라졌다.

| 고구려 | 백제 | 백제 복색 | 신라 경위 | 신라 경위 복색 | 신라 외위 |
|---|---|---|---|---|---|
| 1 대대로 | 1 좌평 | 자색 | 1 이벌찬 | 자색 | |
| 2 태대형 | 2 달솔 | | 2 이찬 | | |
| 3 울절(주부) | 3 은솔 | | 3 잡찬 | | |
| 4 태대사자 | 4 덕솔 | | 4 파진찬 | | |
| 5 위두대형 | 5 한솔 | | 5 대아찬 | | |
| 6 대사자 | 6 나솔 | | 6 아찬 | 비색 | |
| 7 대형 | 7 장덕 | 비색 | 7 일길찬 | | 1 악간 |
| 8 발위사자 | 8 시덕 | | 8 사찬 | | 2 술간 |
| 9 상위사자 | 9 고덕 | | 9 급찬 | | 3 고간 |
| 10 소형 | 10 계덕 | | 10 대나마 | 청색 | 4 귀간 |
| 11 제형 | 11 대덕 | 청색 | 11 나마 | | 5 찬간 |
| 12 과절 | 12 문독 | | 12 대사 | 황색 | 6 상간 |
| 13 부절 | 13 무독 | | 13 소사 | | 7 간 |
| 14 선인 | 14 좌군 | | 14 길사 | | 8 일벌 |
| | 15 진무 | | 15 대오 | | 9 일척 |
| | 16 극우 | | 16 소오 | | 10 피일 |
| | | | 17 조위 | | 11 아척 |

도표1 삼국의 관등과 복색

　　백제는 최고 관직인 상좌평이 국가의 주요 업무를 나눠 맡은 6좌평을 통솔했다. 중앙정부의 실무관청으로 22부를 운영했는데 왕실과 궁중 업무를 맡은 내관이 12개, 국가 차원의 일반 행정을 처리하는 외관이 10개였다.

　　신라는 531년(법흥왕 18)에 생긴 최고 관직인 상대등이 귀족회의를 주재하며 국사를 총괄했다. 이보다 앞선 517년(법흥왕 4)에 가장 먼저 군사 업무를 맡은 병부를 설치했다. 진평왕대에 위화부, 조부를 비롯한 중앙관청을 설치했고, 7세기 중반 진덕왕(眞德王, ?~654) 때에 집사부·창부를 비롯한 중앙 행정관서를 정비했다. 신라의 중앙관청은 점진적으로 추가 설치되어 통일 이후에 대폭 정비됐다.

### 지방제도 정비, 소경 설치

고구려는 초기부터 동해안 방면의 동옥저나 동예를 정복해 영토를 넓혔다.

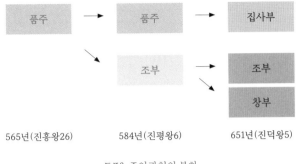

| 품주 | → | 품주 | → | 집사부 |

565년(진흥왕26)　　　　　584년(진평왕6)　　　　651년(진덕왕5)

도표2 중앙관청의 분화

백제와 신라는 각각 마한과 진한의 여러 소국들을 병합하며 발전했다. 그러나 삼국 초기에는 5부나 6부가 결집한 중앙에서도 각 부를 단위로 자치력이 유지되고 있었고, 복속지·정복지에 지방관을 보내 직접 관리하는 제도를 갖추지 못했다. 현지의 토착 세력이 보내는 공납[3]을 거두거나, 그들을 매개로 노동력을 징발했다.

중앙집권체제가 성립한 뒤, 삼국은 정복전쟁을 통해 영역을 더욱 확장하는 한편, 전 영역을 직접 지배하기 위해 지방제도를 정비했다. 고구려는 3세기 후반 이래 각지에 성곽을 축조하고 지방관을 파견하면서 성곽을 중심으로 한 지방제도를 갖췄다. 후기에는 대성(大城)에 욕살(褥薩), 그 다음 성곽에 처려근지(處閭近支), 작은 성에 가라달(可邏達)이나 누초(婁肖) 등을 파견해 지방지배와 함께 군사방어를 꾀했다.

백제는 한성 시기와 웅진 시기에 22담로(檐魯)를 설치해, 왕의 자제와 종족을 파견해 다스렸다. 사비 시기에는 담로제를 방-군-성체제로 개편했다. 전국을 5방으로 나누고, 각 방의 행정 중심지인 방성(方城)에 방령(方領)을 파견했다. 방령은 달솔 관등으로 임명되어 700~1,200명의 군사를 통솔했다. 방 아래에는 6~10개의 군을 뒀는데, 각 군마다 군장(郡將) 3인을 파견해 다스리게 했다. 군 밑에는 성이 있었고, 성주(城主)나 도사(道使)를 파견했다.

신라는 6세기에 들어 지방제도를 정비하면서 주요 촌락이나 성에 당주(幢主)·나두(邏頭)·도사(道使) 등을 파견했다. 몇 개의 성·촌을 군(郡)으로 묶고, 다시 그 위에는 광역 행정구역으로 상주·하주 등의 주를 설정해 행정과

---

3　공납 복속지 토착 세력이 정기적·부정기적으로 중앙에 바치는 곡식과 물품이다. 지방관이 파견되면 토지와 인구를 헤아려 조세 수취를 직접 관리했다. 중앙집권체제가 정비되면서 공납에서 '조세'로 바뀌었다.

군정을 총괄하는 군주(軍主)를 파견했다. 한강 유역을 차지한 다음에는 신주(新州)를 두었다.

삼국의 지방제도는 군사적 성격이 강했다. 지방관은 토지와 주민을 파악해 조세를 걷는 행정 업무를 수행하고, 적군을 방어하는 군사 지휘관 역할도 했다. 지방관이 파견된 성곽은 행정 중심이면서 방어 거점이었고, 신라의 광역 행정구역인 주(州)는 군관구(軍管區)이기도 했다.

삼국은 영토를 넓힌 이후에 교통로상의 요충지에 수도에 버금가는 소경(小京)이나 별도(別都)를 건설해 수도 중심의 물류망을 보완했다. 신라는 514년(지증왕 15)에 아시촌소경을 설치한 이래 557년에 국원소경(충주), 639년에 북소경(강릉)을 두었는데, 이것들이 통일기 5소경을 갖추는 바탕이 됐다. 고구려도 후기에 수도인 평양성과 함께 국내성과 한성(황해도 재령)을 별도(別都)로 경영하면서 삼경(三京)을 갖췄다. 소경과 별도는 왕도와 같은 계획도시로 건설됐고, 이곳 주민들은 왕경인에 준하는 대우를 받았다.

## 2 사회계층과 신분제

### 대가·호민·하호

3세기 무렵까지 읍락에는 공동체적 유대가 남아 있었다. 읍락 내부는 호민·하호·노비로 구분됐지만 읍락 전체가 하나의 공동체처럼 동질성을 간직하

---

**고구려와 백제의 지방통치조직**

"대성에는 욕살을 두었는데, 당의 도독에 해당한다. 여러 성에는 처려구(處閭區: 처려근지)를 두었는데, 자사(刺史)에 해당한다. 도사(道使)라고도 한다. 도사가 있는 곳을 비(備)라 한다. 여러 소성에는 가라달(可邏達)을 두었는데, 당의 장사(長史)에 비할 수 있다. 또 성에 누초(婁肖)를 두었는데, 당의 현령에 해당한다."  『한원』

"도읍은 고마성이다. 지방에는 5방이 있는데, 중방은 고사성, 동방은 득안성, 남방은 구지하성, 서방은 도선성, 북방은 웅진성이다. (…) 도성에는 1만 호가 살며 5부로 나뉘었는데, 상부·전부·중부·하부·후부로서 거느린 군사는 500명이다. 5방에는 각기 방령 1인을 두어 달솔로 임명한다. 〔군에는〕 군장 3인을 두고 덕솔로 임명한다. 방에는 거느린 군사가 1,200명 이하 700명 이상이었다. 도성 내외의 백성들과 기타 작은 성들이 여기에 모두 속했다."  『주서』

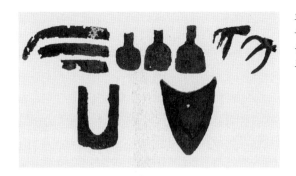

도판27 서울시 광진구 구의동의 고구려 보루에서 출토된 철제 농기구 윗줄 왼쪽부터 시계 방향으로 낫, 살포, 쇠스랑, 삽날, 보습이다.

고 있었다. 동예의 경우 각 읍락이 산천을 경계로 엄격히 나뉘어 다른 읍락의 영역을 침범하면 노비나 소·말로 변상하는 책화(責禍)라는 풍습이 있었다.

철제 농기구가 널리 사용되고 우경이 보급되는 등 농업생산력이 증대되면서 공동체적 동질성은 점차 엷어졌다. 4세기 무렵부터 농업기술이 발달하기 시작했는데 만주 중남부와 한반도 북부 지역이 앞섰고, 중남부 지역은 조금 늦은 편이었다. 신라는 502년(지증왕 3)에 국가 차원에서 적극적으로 우경을 장려하고 보급했다. 수리시설의 확충도 국가 주도로 이뤄졌다.

호민층은 우세한 지위를 이용해 경제력을 더욱 확장했고, 하호층도 분화되어 호민층의 노비가 되는 경우도 생겨났다. 이렇게 전통적 공동체가 해체되는 한편, 국가권력이 기존의 읍락을 성·촌 등의 행정구역으로 재편했다. 그리고 지방관을 파견해 직접 지배하기 시작했다.

### 귀족의 출현과 골품제도

중앙집권체제가 정비되면서 각 지역 집단의 우두머리들은 국왕 아래에 귀족 관료로 자리 잡았다. 초기부터 중앙에 결집해 있던 각 부의 지배층도 세력의 크기에 따라 국왕 아래에 편제됐다. 이들의 정치적 서열은 국왕이 수여한 관등으로 표시됐다. 그러나 귀족신분은 전통적 지위를 이어가면서 관등제 운영에서도 특권을 누렸다.

고구려 천남생(泉男生, 634~679)[4]은 9살에 선인(14등)의 관등을 받았다. 어린 나이에 이미 관등을 받은 것은 가문이 누리던 특권과 지위가 대를 이어

---

4    천남생 연개소문의 장남으로 당에 투항한 인물이다. 묘지명에 성씨를 천(泉)이라 한 것은 당 고조 이연(李淵)의 이름 글자를 피해 쓰기 위함이었다.

### 불교식 왕명시대와 성골

불교 공인 이후 신라 왕실은 종교적 권위를 배경으로 국왕을 신성화했다. 법흥, 진흥 등의 왕명도 '불교를 일으킨다'는 뜻이다. 진흥왕은 불법(佛法)을 수호하는 전륜성왕(轉輪聖王)을 자처하며 아들 이름을 동륜(銅輪), 사륜(舍輪)이라 했다. 진평왕은 자신을 백정(白淨), 왕비를 마야부인(摩耶夫人)이라 했는데, 이는 석가의 부모 이름이다. 진평왕의 두 동생 이름인 백반(伯飯), 국반(國飯)은 석가모니의 숙부 이름이었다.

왕실의 신성화를 배경으로 진평왕 왕실은 기존의 골족(骨族)과 차별화해 성골을 표방했다. 진평왕의 아버지 동륜태자의 직계 후손이 성골에 해당하며, 나머지 골족은 진골(眞骨)이 됐다. 그러나 진평왕은 아들이 없어 딸인 선덕, 여자 조카인 진덕이 왕위를 이었다. 그리고 성골은 사라지고 태종 무열왕대부터 진골이 즉위했다.

전해지고 있었음을 잘 보여준다. 그리고 백제의 흑치상지(黑齒常之, ?~689)[5]는 증조부대부터 대대로 달솔(2등) 관등이었다. 백제에는 달솔까지만 승진할 수 있는 가문이 있었고, 좌평(1등) 관등에 오를 수 있는 가문이 정해져 있었던 것으로 추정된다. 이렇게 중앙집권체제가 정비되면서 귀족이 출현하고 신분제가 확립됐는데, 그중 신라의 골품제는 대표적인 폐쇄적 신분제였다.

골품제는 신라가 발전하는 과정에서 정복의 주체였던 사로국 지배층의 지위와 특권을 배타적으로 유지하기 위한 것으로, 520년(법흥왕 7)에 율령을 반포하면서 법제화됐다. 왕경의 지배층을 성골·진골, 그리고 6두품~1두품으로 구분했는데 성골·진골 신분이 왕족이자 최고의 특권층이었다. 그러나 진평왕(眞平王, ?~632)을 끝으로 성골 남자가 사라졌고, 선덕여왕(善德女王, ?~647)과 진덕여왕(眞德女王, ?~654) 등 여왕이 즉위했다. 이후 무열왕 김춘추(金春秋, 603~661)가 진골 신분의 첫 왕이 됐다.

골품제는 관료제 운영을 규정했다. 진골 신분만 대아찬(5등) 이상의 관등에 오르고 중앙관청의 장관에 임명될 수 있었다. 6두품 신분은 아찬(6등)까지가 승진의 상한이었고, 중앙관청의 차관까지밖에 오르지 못했다. 한편 골품을 갖지 못한 지방 세력가들은 별도의 관등인 외위를 받는 데 그쳤고, 중앙관직에 임명되지 못했다. 7세기에 들면서 지방인에게도 경위가 주어졌으나 중앙관직이 개방되지는 않았다.

---

5　흑치상지 백제 부흥운동을 이끌다 당에 투항해 장군으로 활약했다. 이후 무고로 투옥되어 자결했다.

### 평민과 노비

평민은 국가를 유지하는 데 가장 중심이 되는 계층이었다. 평민은 가장 많은 비중을 차지하고 농업·어업·가내수공업 등 각종 생산활동에 종사하면서 세금을 납부하고 노동력을 제공하며 군역을 졌다. 그래서 국가는 평민을 보호하고 자연재해나 흉년 등으로 어려움을 겪을 때 몰락하지 않도록 여러 정책을 폈다.

2세기 말 고구려 고국천왕(故國川王, ?~197)이 진대법(賑貸法)을 시행한 것도 그 일환이었다. 가난한 사람이 품을 팔아 생계를 잇고 있었는데 마침 흉년이 들어 이마저 어렵게 됐다. 이들은 대개 신분상 자유민이지만, 노비와 같은 처지로 전락하기 직전에 처해 있었다. 이를 방치하면 호민의 세력은 커지지만 국가의 수취 기반은 축소된다. 진대법을 시행한 것도 호민층을 견제하면서 국가의 주된 수취 대상을 보호하기 위해서였다.

피지배층 가운데 최하층 신분이 노비였다. 초기 고대사회에서 지역 집단 간의 복속과 통합이 진행되는 과정에서 포로노비가 발생했다. 삼국이 영토를 넓히면서 오랜 기간 전쟁을 치르는 과정에서도 포로노비가 많이 생겼다. 노비가 낳은 자식은 당연히 노비신분에 속했고, 형벌을 받아 노비가 되는 경우도 있었다. 평민이 자연재해나 흉년을 맞아 부자의 곡식을 빌렸다가 제대로 갚지 못해 노비가 되기도 했다. 노비는 주인의 소유물이었으므로 정상적 사회구성원으로 인정받지 못했고, 소유주가 노비의 신체를 처분할 수 있었다. 노비의 처지는 다양했는데 대부분 주인집의 농사일이나 잡일에 종사했고, 때로는 귀족 주인이 출전하는 전쟁터까지 수행하며 뒷바라지하는 경우도 있었다. 다만 생산활동에서 큰 비중을 차지할 만큼 노비 수가 많지는 않았다.

고대사회에는 집단예민이 있었다. 삼국은 정복활동 과정에서 동질성이 상대적으로 약한 집단을 예속시켜 차별적으로 지배했다. 고구려는 일찍이 주변의 여러 소국을 흡수하고 지방제도를 시행했다. 그러나 선비족이나 말갈족은 유목문화와 함께 고유 전통이 강해 말기까지 예민으로 지배했다. 종족 특성을 인정하면서 지역 특산물을 공납으로 받거나 군사력을 징발했다. 백제도 마한 잔여 세력의 일부 등을 집단예민으로 지배했을 가능성이 있지만 구체적으로 확인되지 않는다.

6세기에 세워진 신라 〈울진 봉평리 신라비〉에는 '노인(奴人)'이라는 특

> **〈울진 봉평리 신라비〉와 노인**
>
> 〈울진 봉평리 신라비〉는 524년(법흥왕 11)에 세워진 비석으로 "남미지촌은 본래 노인
> 이다. 비록 노인일지라도 이전에 왕이 크게 법을 교시해"라는 구절이 있다. 여기서 '노
> 인'을 집단예민으로 보거나, 새로 편입된 주민 또는 특수 촌락민으로 이해하기도 한다.
> 이 구절은, 법흥왕의 율령 반포를 계기로 노인의 지위 또는 조세 부담 등에서 변화가 일
> 어났음을 알려준다.

수 촌락민이 보인다. 신라가 동해안으로 영토를 넓히는 과정에서 새로 확보
한 주민의 일부를 '노인'으로 설정해 조세 수취와 사회적 대우를 달리한 것으
로 추정된다. 이들은 율령 반포 이후부터 변화를 겪으며 일반 촌락에 가까운
지위를 얻어가는 추세였다.

## 3  수취제도와 경제생활

### 공납에서 조세로

고대 국가는 백성으로부터 각종 물품과 노동력을 수취해 국가 재정을 운영
했다. 수취 항목은 크게 조세와 역역(力役)으로 구분할 수 있다. 조세는 물품
을 걷는 것인데, 다시 조(租)와 조(調)[6]로 나뉜다. 역역은 노동력을 징발해 부
리는 것으로 요역(徭役)과 군역으로 나뉜다.

삼국 초기에는 복속지에서 읍락을 단위로 물자와 노동력을 공급받았다.
고구려는 옥저를 복속시킨 뒤에 현지의 우두머리를 통해 쌀·소금·해산물 등
을 바치게 하고, 이를 고구려의 대가(大加)가 감독하는 방식으로 지배했다.
옥저의 하호는 공납물을 압록강 중류의 국내성까지 운송해야 했다. 백제와
신라도 마찬가지여서 탐라는 백제에, 우산국은 신라에 공납을 바쳤다.

삼국은 4세기 이후 중앙집권체제를 정비해 지방관을 통해 직접 조세를
걷었다. 중앙정부는 과세 대상을 가호, 나아가서 사람 단위로 파악했다. 노동
력도 성별·연령별로 파악했다. 『수서(隋書)』 고려전에는 고구려에서 1인당

---

6   조와 조 조(租)는 주로 곡물로 걷는 토지세를 말한다. 조(調)는 명주, 삼베 또는 특산물로 이 품목들을
    생산하는 노동력까지 포함해 부담했다.

베 5필과 곡식 5석을 걷었다고 기록되어 있다. 국가가 백성들을 개별적으로 파악해 조세를 직접 수취한 것이다. 고구려는 이러한 인두세에 호조(戶租)를 추가해 수취했다. 호조는 가호를 단위로 해 부유한 집은 1석을 내지만 그보다 형편이 좋지 않은 가호는 차등을 두어 7두(斗), 5두씩 바치게 했다. 사회 분화가 진전되면서 가호를 3등으로 구분한 호등제(戶等制)를 실시한 것이다. 그런데 세액을 비교해보면 인두세가 호조보다 월등히 많다. 백제나 신라도 인두세를 중심으로 한 조세제를 실시했다. 조(租)로 걷은 물품은 좁쌀·콩·보리·피(稗)·쌀 등의 곡물이었고, 조(調)로 걷은 물품은 삼베·비단·실 등의 섬유 제품이었다. 소금·해산물·광물·모피·약재·과실 등 지방 특산품이 조(調)에 속했는지, 아니면 필요에 따라 따로 수취했는지는 분명하지 않다.

요역에는 정남(丁男)[7]이나 정부(丁夫)로 불린 성인 남성이 동원됐다. 귀족 관료는 이런 부담을 지지 않았다. 일반 농민은 파종기와 수확기를 피해서 주로 2월과 7월에 동원되어 성을 쌓거나 제방을 만들고, 도로 건설과 보수, 공공 건물을 짓는 일에 종사했다.

평민이 지는 부담 가운데 중요한 것이 군역이었다. 고대사회 초기에는

---

7    정남 삼국의 정(丁)에 해당하는 연령층은 알 수 없지만, 고려시대에 16~59세까지였음을 참고해 이와 비슷했으리라 짐작한다.

군역이 제도화되지 못했다. 무기와 갑옷을 갖추고 전투에 참여하는 일은 지배층의 권리이자 의무였으며, 전리품의 배분도 그들의 몫이었다. 『삼국지』는 부여에서 "적이 있으면 여러 가(加)가 스스로 싸우고 하호는 식량을 운반한다"고 했다. 또 『삼국지』에서는 고구려에 "좌식자(坐食者)가 1만여 명"이라고 했는데, 이는 생산활동에 종사하지 않는 전사 집단을 가리킨다.

중앙집권체제가 정비되면서 군역제도도 정비됐다. 신라는 6세기 이후 중앙과 지방의 평민이 병사로 동원되기 시작했고, 병부 등의 관청이 설치되어 관련 업무를 체계적으로 수행했다. 수공업을 관리하는 관청을 두면서부터는 무기와 갑옷 등을 체계적으로 생산했다. 군역은 성인 남자, 즉 정남이졌다. 귀족과 관료는 왕명을 받아 직무의 일환으로 출전했고, 군공을 세울 경우 토지와 포로 등을 하사받았다. 노비는 군역에서 제외됐다. 군역의 복무기간은 3년이 원칙이었다. 그러나 『삼국사기』의 설씨녀 이야기에서 보듯이, 삼국 간 전쟁이 치열해지면서 잘 지켜지지 않는 경우도 많았다.

한편, 일반적 요역 이외에 왕릉이나 귀족의 무덤을 지키는 수묘역이 있었다. 〈광개토왕릉비〉에도 전국 각지에 할당된 수묘인 330가(家)가 기록되어 있는데, 수묘인의 역할은 왕릉을 정결하게 수호하고 제사를 지내는 것이었다. 신라도 역대 왕릉과, 김유신처럼 특별한 인물의 무덤에 수묘인을 배정하기도 했다. 왕릉 관리는 조상 숭배 관념을 바탕으로 왕실의 정통성을 지키는 일로서 국가적 관심사였다.

## 상공업과 대외교역

고대인은 자신이 사는 지역 내에서 물물교환을 통해 필요한 물품을 조달했다. 국가가 발전하면서 덩이쇠를 교역의 주요한 매개물로 사용했고, 곡물·베 등도 교환수단으로 사용했다. 중앙집권체제를 갖출 무렵에는 수도 안팎 곳곳에서 상업활동이 이뤄졌고, 거래하는 때와 장소가 고정됐다. 수도와 그 주

---

**설씨와 가실 이야기**

진평왕 때, 가실이라는 청년이 설씨녀의 나이 많은 아버지를 대신해 군역을 지고 변방으로 갔다. 3년 뒤에 다녀오면 혼인하기로 약속했으나 6년이 지나도 돌아오지 않았다. 설씨녀의 집안에서는 다른 사람과 혼인하기를 권했으나 설씨녀는 거부했다. 그러던 중에 가실이 야위고 남루한 옷차림으로 돌아와서 날을 정해 혼인했다는 이야기로 『삼국사기』에 실려 있다.

변에서는 여러 곳에서 생산된 물품들이 활발히 유통되고 대량으로 소비됐다. 국가는 수도에 시장을 설치해 국가 운영에 필수적 물자나 지배층에 필요한 고급 물품을 조달하는 한편, 민간 거래의 질서를 감독하고 세금을 걷었다. 국가에서 설치한 시장은 단순히 상거래의 장소라는 차원을 넘어 국가가 관리·감독하는 관청을 갖춘 관시(官市)였다. 국가는 상인의 거래와 도량형을 감독하고, 분쟁을 조정했다.

온달설화에서 알 수 있듯이, 고구려에는 일찍이 국마(國馬)를 민간에 내다 팔던 시장이 있었다. 그리고 신라에는 490년(소지왕 12) 수도에 설치된 시장, 509년(지증왕 10)에 두어진 동시(東市)가 있었다. 백제도 국가가 관리하는 시장이 있었고, 백제 후기의 외관 10부의 하나인 도시부(都市部)가 시장 관리를 맡은 관청으로 짐작된다.

민간 상인에는 조직과 규모를 갖춘 경우도 있고 행상도 있었다. 고구려의 미천왕(美川王, ?~331)은 왕이 되기 전 소금을 싣고 압록강을 오르내리는 상단에 들어가 소금 판매에 종사하기도 했다. 백제의 경우, 행상을 나간 지아비를 그리워한 여성이 지은 「정읍사(井邑詞)」라는 노래가 전해온다. 이는 『고려사』 악지와 『악학궤범』에 실려 있다.

수공업 생산품으로는 토기·직물·의류·무기와 함께 각종 공구를 들 수 있다. 일상의 생활용품은 물론, 생산 과정에 쓰이는 도구를 만든다는 점에서 수공업은 고대 경제에서 큰 비중을 차지했다. 이 때문에 삼국은 국가나 왕실 차원에서 수공업을 경영했다.

백제는 근초고왕이 왜의 사신에게 덩이쇠를 하사했고, 396년(아신왕 5)

---

「정읍사」

"달아 높이 높이 돋으시어
어기야차 멀리멀리 비치게 하시라.
어기야차 아강됴리 아으 다롱디리
시장에 가 계신가요?
어기야차 진 곳을 디딜세라.
어기야차 아강됴리
어느 것에다 놓고 계시는가.
어기야차 나의 가는 곳에 저물세라.
어기야차 어강됴리 아으 다롱디리"

도판29 무령왕릉에서 출토된 왕비 팔찌
"경자년에 다리(多利)가 만들었는데 대부인의 것으로 230주(主)가 사용됐다"는 글자가 안쪽에 새겨져 있다. 주는 무게 단위인 수(銖)를 가리킨다.

광개토왕에게 아신왕이 항복할 때 고운 베(앞에서는 세포로 표현) 1,000필을 바쳤다. 5세기 초에는 왜에 옷 짓는 장인을 보내기도 했다. 특히 왜로 건너간 백제 기술자 집단은 경질토기(硬質土器)[8]나 마구의 제작, 비단 직조, 봉제, 육류 조리 등을 맡아 전문 기술을 전해줬다. 백제의 관영 또는 왕실 수공업장은 숙련자인 박사(博士)를 중심으로 경영됐다. 백제 22관청 중에서 목부·사공부(司空部)·주부(綢部)는 수공업을 관리하는 관청이었다.

신라는 초기에 지금의 경주 황성동에 '제철 산업단지'라고 불릴 정도로 대규모인 제철 수공업장을 운영했다. 손곡동에서는 숯·토기·기와를 굽던 가마터가 발견됐다. 왕경의 부유층에게 공급할 숯·기와 등을 제작하기 위한 공방이었다. 청동기·철제품 등 고급 물품은 전문 장인이 생산했다. 이들은 국왕의 지원을 받으며 무기·공구·선박 등 전략 물품을 생산하고, 성 쌓기, 도로 건설, 수리시설 축조 등 각종 토목공사를 담당했다. 신라 초기에 제철과 야철(冶鐵)은 국력을 뒷받침하는 주요 산업이었다. 돌무지덧널무덤에서 출토된 금제 허리띠에는 숫돌과 집게 모양의 드리개가 달려 있다. 이것은 철기를 생산할 때 사용하는 도구를 상징적으로 표현한 것으로, 금속을 다루는 일이 매우 중요했음을 보여준다.

간단한 목기 제작, 가죽이나 천을 사용한 의복과 신발 제작, 조릿대를 사용한 바구니, 소쿠리 등의 생활용품 제작은 가내수공업으로 진행됐다. 원료 산지가 제한되어 있고 몇 차례의 공정을 거쳐 제작하는 물품은 마을 구성원들이 협업을 통해 생산했다. 예를 들어, 삼은 재배 단계부터 공동으로 작업을

---

8 경질토기 900도 이상의 고온에서 구운 얇고 딱딱한 토기를 말한다. 상대되는 용어로 '연질토기', '와질토기'가 있다.

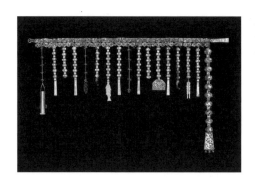

해야 했다. 675년(문무왕 15)에 아달성(阿達城)의 주민들은 기일을 정해 단체로 삼을 심었다. 삼 수확, 삼을 삶고 실을 낳는 작업, 삼베를 짜는 일도 공동으로 했다. 신라의 가배(嘉俳)에서 6부의 여자들이 둘로 편을 나눠 한 달 동안 삼베 짜기를 겨룬 것은 그러한 전통에서 나온 습속이다.

삼국은 대외교역도 활발하게 전개했다. 상업이 국내에서 이뤄진 거래였다면, 대외교역은 외국 혹은 권역 밖에 거주하는 종족 집단과 물품을 거래하는 것이었다. 고구려인은 철제 공구나 무기를 갖고 읍루 지역에 가서 담비 가죽과 바꾸고, 다시 이를 남조에 되팔아 중국제 사치품과 교환했다. 고구려 국내성에서 출토된 동진(東晉) 청자는 중국 남조와 교역한 흔적이다.

백제는 근초고왕대에 동진, 마한 소국, 예족 세력, 가야, 왜 등을 포괄하는 광역 교역망을 구축했다. 특히 백제를 방문한 왜의 사절에게 중국산 섬유제품·철 소재·무기 등을 선물했는데, 이는 교역을 위한 일종의 샘플을 보여준 것이라 할 수 있다. 왜 조정은 백제를 통해 외래의 선진문물을 입수할 수 있게 된 것을 기뻐하며, 신라에서 보내온 물자와 비교하기도 했다. 백제는 자국에서 생산한 물품뿐 아니라 다른 지역에서 수입한 것까지 왜에 되팔아서 외교를 하면서도 경제적 이익을 취했다.

# 6. 삼국의 문화와 예술

# 1 한자문화의 수용과 역사서 편찬

## 한자문화와 유학사상의 수용

삼국은 중국의 한자와 한문을 수용해 문자생활을 했다. 그리고 문서행정을 비롯해 국정운영에 활용했다. 한자와 한문은 고조선 때부터 전래했는데, 고조선 멸망 후에는 한 군현을 통해 꾸준히 이어져 오면서 지배층 사이에서 문자생활이 더욱 보편화됐다.

삼국은 중국과 교류하고 한 군현과 충돌하는 과정에서 지배체제를 갖춰 갔다. 초기에는 한자와 한문이 교류의 수단이었지만, 점차 삼국사회 내부에서 통치를 위한 행정실무를 처리하는 과정에서 필수 요소로 자리 잡았다. 그리고 기록문화가 발달하면서 한자와 한문의 사용은 지배층과 관료의 필수 소양이 됐다.

지배층과 행정 실무자들은 유학 경전을 중심으로 중국 고전을 학습하면서 문자를 습득하고 유학 경전에 담긴 사상을 배웠다. 공자의 가르침을 모은 『논어』는 가장 기본적 학습서였고, 6세기 이후에는 중국 남조의 양나라에서 편찬된 『천자문』이 초보자의 한자 입문서로 사용됐다. 그 밖에도 여러 유학 경전과 중국 역사서, 문장 교본, 한자사전 등을 통해 한자문화를 습득했다. 이 과정에서 유학사상은 지배층과 관료의 기본 소양이 됐고, 국가 운영에서도 중요한 가치관으로 자리 잡았다.

고구려는 372년(소수림왕 2)에 태학(太學)을 두었다. 여기서 박사들이 학생들에게 유학 경전 등을 강의했는데, 구체적 내용은 알려지지 않는다. 이와 별도로 경당(扃堂)[1]이 있었는데, 여기서 청년들이 활쏘기를 익히고 중국 고전을 공부했다. 『시경』·『서경』·『역경』·『예기』·『춘추』 등의 유학 경전과 『사기』·『한서』·『후한서』 등의 중국 역사서, 『옥편(玉篇)』·『자통(字統)』·『자림(字林)』 등 남북조시대에 편찬된 한자사전, 문장 교본인 『문선(文選)』[2]등을 특히 중요하게 여겼다.

백제에도 유학 경전을 가르치는 5경 박사가 있었고, 6세기 무렵에는 태

---

1 　경당 『신당서』 고구려전에 "사람들이 학문을 좋아해 구석진 마을이나 미천한 집안도 힘써 배운다. 길가에 큰 집을 지어 경당이라 부르는데, 결혼하지 않은 자제들이 결혼할 때까지 여기서 경전을 읽고 활쏘기를 익힌다"고 했다.

2 　『문선』 남조 양 문제의 맏아들 소통(蕭統)이 춘추시대부터 당시까지의 시문을 분류해 엮은 문학서다.

학도 있었다. 백제 유민인 진법자(陳法子)의 묘지명에는 그의 증조부가 태학의 정(正)을 지낸 것으로 나온다. 또한 백제 멸망기의 인물인 흑치상지가 어려서 『춘추』·『사기』·『한서』 등을 배웠다는 내용이 그의 묘지명에 실려 있다. 이로 보아 백제에서도 고구려와 비슷한 내용의 교육이 이뤄졌던 것으로 여겨진다. 유학을 수용하고 전해주는 활동은 백제의 대외 교류에서 중요한 역할을 했다. 백제는 남조의 양에서 유학자를 초청해오기도 했고, 왕인(王仁)이 왜국에 파견될 때 『논어』와 『천자문』을 가져갔다고 전한다.

통일 이전의 신라에서 국가가 운영한 교육기관은 확인되지 않는다. 그러나 강수(强首)가 『효경(孝經)』·『곡례(曲禮)』·『이아(爾雅)』·『문선(文選)』을 배웠고, 〈임신서기석〉에도 두 청년이 『시경(詩經)』·『상서(尚書)』[3]·『예기(禮記)』·『춘추전(春秋傳)』[4] 등을 공부했다는 내용이 있다. 『논어』와 함께 『효경』·『곡례』·『이아』 등이 기본 학습서였으며, 『역경(易經)』(주역)을 포함한 5경 전체가 언급된 기록은 발견되지 않는다.

### 문자 기록과 역사 편찬

삼국시대에 만들어진 서적이나 문서는 전하지 않지만, 몇 개의 금석문을 통해 당시의 기록문화와 한자 사용 수준을 알 수 있다. 고구려의 대표적 금석문으로는 광개토왕대로 추정되는 〈집안고구려비〉, 414년(장수왕 2)에 세워진 〈광개토왕릉비〉, 5세기 후반의 것으로 추정되는 〈충주고구려비〉, 그리고 5세기 전반기의 〈모두루묘지〉 등이 있다.

〈집안고구려비〉는 광개토왕대에 역대 왕릉에 세운 비 중 하나로 왕릉을 지키고 관리하는 수묘인 제도를 서술했다. 광개토왕릉 비문은 1,775자에 이르는 긴 문장으로 고구려 건국신화와 광개토왕의 업적, 왕릉의 수묘인(守墓人)을 지역별로 배정한 내역에 관해 자세하게 서술했다. 글자 하나의 크기가 14~16cm 정도이며, 서체는 웅장한 예서체를 사용해 중국과 다른 독창적 면모를 드러내므로 고구려의 한자문화를 대표하는 비문이다. 〈충주 고구려비〉는 형태와 서체 등에서 〈광개토왕릉비〉를 본뜬 것이다. 비문은 장수왕(長壽王, 394~491) 때 고구려가 신라 왕과 신하들에게 의복을 하사하는 등의 내용

---

3  『상서』 송 이후에 『서경』으로 불린 책으로 중국 고대 정치를 기록한 내용이다.

4  『춘추전』 공자가 지은 춘추시대 역사서인 『춘추』에 관한 여러 주석서다.

도판31 〈임신서기석〉
신라의 두 청년이 유학 경전을 익힐 것을 약속하며, 앞으로도 유학의 가르침을 지키고 세상이 어지러우면 실천할 것을 서약한 내용이다. 비석이 만들어진 시기를 대체로 552년(진흥왕 13)으로 추정하지만, 612년(진평왕 34)으로 보기도 한다.

을 담고 있다. 그러나 마멸이 심해 구체적 내용은 알아내기 어렵다.

〈모두루묘지〉는 5세기 전반기에 중급 귀족으로서 북부여 지역의 지방관을 역임한 모두루의 무덤에 기록된 묵서(墨書)다. 모두루의 조상이 주몽 때부터 고구려 왕실과 밀접한 관계를 맺고 북부여에서 외침을 막는 공로를 세우고, 북부여 지역을 다스렸다는 내용을 담고 있다. 그 밖에 4세기 중반의 안악 3호분과 5세기 초의 덕흥리 고분에도 무덤 주인의 생애를 기록한 묘지가 있다. 『삼국사기』에는 유리왕(琉璃王, ?~18)이 지었다는 「황조가」와 을지문덕(乙支文德)이 수나라 장수에게 보낸 한시가 실려 있다. 을지문덕의 시는 고구려 지배층이 높은 수준의 한문 구사력과 문학적 소양을 갖추고 있었음을 짐작하게 한다.

백제의 대표적 금석문으로는 4세기 후반 일본에 보낸 것으로 추정되는 칠지도, 부여 왕흥사지와 익산 미륵사지 석탑에서 나온 사리장엄구, 그리고 무령왕릉에서 나온 국왕과 왕비의 묘지석, 부여에서 발견된 사택지적비 등을 들 수 있다. 여기에 쓰인 글들은 수십 자 정도의 문장에 지나지 않지만 간결하며 세련된 표현을 쓰고 있고 서체도 뛰어나다. 특히 사택지적비는 사륙변려체(四六駢儷體)[5]의 유려한 문장을 단정한 해서체로 새긴 것으로 백제 말기의 높은 한자문화 수준을 보여준다. 또 중국과 일본의 역사서에는 개로왕이 북위에 보낸 국서, 성왕이 일본에 보낸 국서가 수록되어 백제 외교문서의

**125**

격식과 내용을 알 수 있다.

신라 금석문은 6세기 이후부터 다양하게 남아 있다. 〈포항 중성리 신라비〉(501)와 〈포항 냉수리 신라비〉(503)는 분쟁의 판정 내용을 담은 비석이다. 〈울진 봉평리 신라비〉(524)는 현지에서 발생한 사건을 수습하고 관계자를 처벌한 뒤에 재발 방지를 다짐한 내용을 담았다. 〈영천 청제비〉 병진명(536)과 〈대구 무술명 오작비〉(578)는 저수지를 축조하고 만든 것이고, 〈명활산성 작성비〉(551)와 〈남산신성비〉(591)는 성곽을 축조할 때 만든 것이다.

울산의 천전리 각석에는 6세기 무렵부터 통일 이후까지 장기간에 걸쳐 여러 사람이 남긴 다양한 글이 새겨져 있다. 〈단양 신라 적성비〉(550 이전?)는 영토 편입 과정에서 신라에 협력한 인물의 유족을 배려하는 내용을 담았다. 진흥왕(眞興王, 534~576)은 영토를 개척하고 사방을 순수하며 〈창녕비〉(561), 〈마운령비〉(568)와 〈황초령비〉(568), 〈북한산비〉(555 또는 568 이후)를 남겼다. 이른 시기 금석문은 한자를 우리말 어순으로 작성한 것이 많다. 그러나 6세기 중엽 이후의 비문들에는 순한문투의 문장이 일반화되고 있다. 이런 경향은 신라사회에서 한자와 한문에 대한 이해가 심화되고 있었음을 알려준다.

한자문화가 발전하고 지배체제가 정비되면서 각국의 국가 형성 및 발전 과정을 정리하는 역사서의 편찬이 이뤄졌다. 고구려에서는 처음에 『유기(留記)』 100권을 편찬했는데, 600년(영양왕 11)에 태학박사 이문진(李文眞)이 이를 간추려 『신집(新集)』 5권을 편찬했다. 책이 전하지 않아 구체적 내용은 알

---

5 사륙변려체 6조시대에서 당대까지 유행한 문체로, 4자 6자의 대구를 사용한 화려한 수사가 특징이다. 신라 이후 주요 비문에 널리 사용됐다.

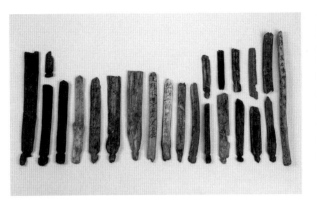

도판33 삼국시대의 목간
목간의 내용은 간단한 문서 기록과 장부, 그리고 발송 화물에 붙이는 짐표, 짧은 편지, 주술과 의례용 문구 등 다양하다. 일부 목간에는 당시 한문 교육의 기본 교재였던 『논어』와 구구단도 있고, 실무자가 글씨와 문장을 연습한 것도 있다.

수 없지만 고구려 건국 이후의 역사를 담았으리라 짐작된다.

　백제는 근초고왕대 박사 고흥이 처음으로 『서기(書記)』를 정리했고, 신라는 545년(진흥왕 6)에 거칠부 등의 문인들에게 『국사(國史)』를 편찬하게 했다. 백제는 근초고왕대, 그리고 신라는 진흥왕대 영토를 크게 확장하고 지배체제를 정비했다. 이러한 자신감을 바탕으로 역사서를 편찬해 왕실의 정통성과 국왕 통치의 정당성을 뒷받침하려 했던 것이다. 또 역사서 편찬 이후에 삼국은 각 왕대별로 중요한 사실들을 정례적으로 정리하기 시작했을 것으로 짐작된다.

## 2　신앙과 종교

### 제천의례와 국조 숭배

고대 국가의 통치자들은 연맹 단계부터 거행하던 여러 제사들을 국왕이 주관하는 하늘과 땅, 그리고 산천에 대한 제사체계로 정비했다. 전체 구성원 간에 단합을 꾀하고 국왕을 중심으로 권력을 강화하기 위해서였다. 또 건국 시조에 대한 제사를 정비해 왕조의 신성성과 정통성을 확립하고자 했다.

> **백제의 부여 계승의식**
> 백제 건국은 부여-고구려 계통의 유이민 집단 또는 그 후손을 중심으로 이뤄졌다. 백제 왕실의 성씨가 부여씨였으며, 개로왕이 북위에 보낸 국서에서 고구려와 함께 부여로부터 나왔다고 언급했다. 사비로 천도한 성왕이 국호를 남부여로 고친 사실에서도 백제의 부여 계승의식이 드러난다.

도판34 경주 나정
나정(蘿井)은 신라 시조 박혁거세의 탄생지로 전해진다. 발굴 조사로 대형 팔각 건물지가 확인되어 신궁이 있던 곳으로 추정한다.

부여는 12월에 영고(迎鼓)라는 제천의례를 열었다. 이때 하늘에 제사하고 날마다 마시고 가무를 즐겼다. 이 기간에 형벌을 단행하거나 죄수를 석방하기도 했다. 고구려는 10월에 동맹(東盟)이라는 제천의례를 거행했다. 이는 국중대회(國中大會), 즉 나라 안의 가장 큰 행사였다.

고구려가 중앙집권체제를 갖춰 평양에 도읍한 시기에는 매년 3월 낙랑 언덕에서 국왕과 여러 신하, 군사가 모두 참여하는 사냥 행사가 열렸다. 이때 잡은 돼지와 사슴으로 하늘과 산천에 제사했다. 평강공주와 결혼한 온달이 국왕의 눈길을 끌어 발탁된 것도 이 행사 때였다. 고구려는 시조 주몽과 그의 어머니인 유화의 사당을 세우고 제사했는데, 이 사당들은 수도 이외에 지방에도 세워졌다. 그리고 수도에는 종묘와 사직을 설치하고 왕실 조상과 토지신·곡식신에 제사했다.

백제는 수도 남쪽에 단(壇)을 설치해 하늘과 땅의 신에 제사했으며, 동명의 사당(동명묘)과 시조의 사당(시조묘)을 짓고 역대 국왕이 제사했다. 동명은 부여족 공동의 시조로서, 백제가 동명묘를 짓고 제사한 것은 부여의 정통성을 잇고 있음을 드러낸다. 시조묘는 실제 백제 왕실 시조의 사당으로, 중국 기록에 '구태의 사당'이라고 나온다. 구태는 온조왕 또는 고이왕을 가리키는 것으로 추정한다.

신라도 하늘과 산천에 대한 제사를 중시했다. 초기 국왕들은 북쪽으로 순행해 태백산에서 하늘에 제사했고, 영역 내의 명산과 대천에 대한 제사제도를 정비했다. 박혁거세에 제사 지내는 시조묘를 세우고 왕실 여성이 제관을 맡아 제사했다. 한편 소지왕대에는 시조가 탄생한 지역에 신궁(神宮)을 지었다. 신궁은 시조와 함께 하늘에 제사한 곳으로 짐작되는데, 신라의 역대 국왕들은 즉위 이후 시조묘나 신궁에 참배해 제사했다.

### 불교의 수용과 발전

서역을 통해 중국에 전해진 불교는 시간이 지나며 조금씩 사회 전체로 확산됐다. 특히 북중국 대륙에서 이민족 왕조가 출현하고 한족 왕조가 남쪽으로 피난하던 4세기 무렵에는 지배층과 지식인의 후원을 바탕으로 사회적 영향력이 크게 높아졌다. 이민족 군주들은 불교를 통해 왕실의 신성성을 확립하려 했고, 남쪽 왕조의 한족 지식인들은 불교의 철학적 사유(思惟)를 바탕으로 초월적 지혜를 얻고자 했다. 이러한 가운데 중국의 남북조 왕조들과 활발히 교류한 삼국에도 불교가 전래됐다.

고구려 불교사상에 대해 알 수 있는 구체적 기록은 많지 않고, 주로 외국에서 활동한 승려들의 행적이 확인된다. 불교를 공식 수용하기 전인 4세기 중반에 이미 고구려 출신 승려가 동진(東晉) 고승들과 교유하고 있었다. 5세기 후반 중국에 유학하며 여러 곳에서 삼론학을 배웠던 승랑(僧朗)은 북인도 출신 구마라집(鳩摩羅什, 344~413)이 중국에 소개한 불교사상을 연구해 삼론종(三論宗)의 이론체계를 확립했다. 6세기 후반 이후에도 중국에서 활동한 고구려 승려들이 있었고, 6세기 말 이후 혜자(惠慈)·담징(曇徵)·혜관(慧灌) 등이 일본으로 건너가 불교 발전에 기여했다.

백제는 384년(침류왕 1)에 불교를 공식 수용했다. 동진에 파견한 사신을 따라 서역 승려 마라난타(摩羅難陀)가 찾아오자 침류왕은 궁궐에 머물게 하고 우대했다. 그리고 이듬해에는 수도 한성에 사찰을 짓고 10명의 승려를 출가시켰다.

475년(문주왕 21) 웅진으로 천도한 뒤에 백제 왕실은 더욱 적극적으로 불교를 장려했다. 백제는 중국 남조 양과 긴밀한 협력을 추구하면서 양 무제의 숭불정책을 본받으려 했다. 그 과정에서 양의 선진문물을 적극적으로 수용했고, 성왕(聖王, ?~554)대에 건설된 사비도성은 양의 수도처럼 큰 사원들을 배치한 도시로 계획됐다. 또 6세기 후반에 사비도성 밖에 왕흥사를 세우고, 641년(무왕 25) 익산에 미륵사를 건설해 새로운 불교 도시 건설을 추진하기도 했다.

백제 승려 중에는 중국에서 유학하고 돌아온 경우가 더러 있었다. 또 왜국으로 건너가 쇼도쿠[聖德] 태자에게 불교를 가르친 혜총(惠聰), 7세기에 일본에서 첫 승정(僧正)이 된 관륵(觀勒)이 알려져 있다. 수덕사에 머물며『법화경』을 가르치다가 월출산으로 은거한 혜현(慧顯, 573~630)은 삼론학(三論學)에 능통했다. 또 6세기에 인도에 다녀온 겸익(謙益)은 계율을 강조하며 백제 불교를 발전시켰다.

중국과 교류한 시기가 늦었던 신라는 6세기에 들어와 비로소 불교를 공식 수용했다. 그 이전부터 고구려와 백제를 통해 불교가 전해져서 신앙하는 사람들이 생겼지만, 국가 차원에서 사찰을 세우고 지원하기 시작한 것은 527년(법흥왕 14)이었다. 백제를 매개로 남조 양의 문화를 접하고 있던 신라 왕실은 일부 귀족의 반대를 물리치고 대규모 사찰을 창건한 후 불교를 공식적으로 지원하기 시작했다.

불교를 공인한 초기에는 중국에서 유학한 승려들이 신라 불교계를 이끌었다. 진흥왕대에는 각덕(覺德)과 명관(明觀)이 부처의 사리와 경전을 가져왔으며, 진평왕대에는 지명(知命)이 승려의 수계(受戒)와 관련된 문헌을 전했다. 남조의 진과 수에서 공부하고 돌아온 원광(圓光, 555~638)은 일반인을 대상으로 잘못을 참회하고 보살계[6]의 준수를 다짐하는 점찰법회를 개최했다.

또 당에서 계율학을 공부하고 돌아온 자장(慈藏, 590~658)은 승려들의 청정한 수행을 권하면서, 국왕을 비롯한 재가 신자도 보살계를 받고 적극적으로 실천하는 불교적 이상사회 건설을 추구했다. 중국에서 불교와 함께 유학사상을 공부했던 원광은 진평왕과 선덕여왕대에 외교문서를 작성하는 한편, 재가 신자들이 지킬 세속오계[7]를 제시하기도 했다. 불교가 확산되면서 고

---

6 　보살계 구족계(具足戒)를 받으면 정식 승려가 되고, 예비 승려는 사미계(沙彌戒)를 받는다. 보살계는 대승불교에서 일반인까지 널리 지켜야 할 계율을 말한다.

7 　세속오계 사군이충(事君以忠), 사친이효(事親以孝), 교우이신(交友以信), 임전무퇴(臨戰無退), 살생유택(殺生有擇)를 말한다. 신라 청년 귀산과 추항이 가르침을 구하자 원광이 일러준 5가지 수칙이다.

대인은 죽음 이후에 대해 새롭게 사유하기 시작했다. 죽은 뒤에도 현재와 같은 삶이 이어진다는 생각에서 벗어나 현세의 업보에 따라 인간·동물 등으로 다시 태어난다는 윤회사상을 접하게 된 것이다. 불교가 궁극으로 추구하는 바는 깨달음을 얻어 윤회에서 벗어나는 것이다. 그러지 못할 경우에는 가장 좋은 천상세계, 특히 다음 세상에서 부처가 되어 찾아올 미륵보살이 있는 도솔천에 태어나기를 기원했다.

도솔천에 태어나지 못하더라도 윤회를 거듭하다가 미륵이 지상에 내려왔을 때 그의 설법을 듣고 깨달음을 얻게 되기를 바라는 신앙도 널리 퍼져 있었다. 진흥왕이 스스로 전륜성왕이라 내세운 배경에는, 전륜성왕이 이상세계를 건설한 뒤에 미륵이 지상에 출현한다는 믿음이 자리했다.

신라인은 미륵이 화랑의 모습으로 나타날 것이라고 기대하기도 했다. 삼국시대에 불상을 만들면서 새긴 글귀에는 사후에 도솔천에 태어나 미륵의 설법을 듣거나, 도솔천에 태어나지 못하더라도 먼 미래에는 이 세상에서 미륵을 만나 깨달음을 얻기를 기원하는 내용이 담겨 있다. 한편 현실의 고통으로부터 구원의 손길을 내민다는 관음보살에 대한 신앙도 확대됐다.

### 도교와 신선사상

도교는 장생불사를 추구하는 중국의 신선사상이 노장사상과 불교의 영향을 받아 성립했다. 후한 말기에 오두미도(五斗米道)[8]가 등장한 이후 다양한 집단이 번성했고, 남북조시대에는 불교에 버금가는 세력을 떨치며 정치적으로도 큰 영향력을 행사했다. 그러나 도교는 한국에 건너와서 독자 교단을 이루며 발전하지는 못했다.

고구려 말기에 집권자 연개소문이 도교를 중시하던 당의 황실과 우호적 분위기를 조성하려고 사신을 보내 도사 8명을 초빙했다. 이들을 위해 사찰을 도관(道觀)으로 바꾸자 이에 항의해 승려 보덕(普德)이 백제로 망명했다. 이런 상황에서 도교가 고구려사회에 제대로 뿌리내리기는 어려웠다.

도교와 달리 신선사상은 전통적 천신 및 산신신앙과 결합해 삼국 모두에서 유행했다. 고구려 고분벽화에는 다양한 신선과 천상세계의 동물이 그려져 있으며, 백제 금동대향로와 산수무늬 벽돌 등에도 신선세계가 묘사되

---

8    오두미도 도교의 일파로 신자들에게 쌀 5두를 바치게 해 붙은 이름이다.

어 있다. 신라에서도 각 지역 주요 산의 신들을 신선으로 간주했는데, 불교를 널리 신앙하면서 산의 신선들을 미륵 등의 보살과 동일시하기도 했다. 또 화랑도를 풍류도·선도(仙道)라고 부르기도 했다.

## 천문사상

고대의 지배자는 자신이 하늘로부터 권력을 위임받아 지상을 통치한다고 여겼다. 일식이나 혜성의 출현 등 하늘에 이상 현상이 나타나면 하늘이 땅에 보내는 경고나 예고로 받아들였다. 그래서 해와 달, 밤하늘의 별을 관측하는 데 관심이 높았다.

고구려 고분벽화에는 해와 달을 비롯해 북두칠성과 남두육성 등의 별자리를 사실적으로 그린 것들이 있다. 고구려의 천문 지식은 일본 다카마쓰 고분과 기토라 고분의 별자리 그림에도 영향을 미쳤다. 그리고 조선 초에 만들어진 천문도인 「천상열차분야지도」가 평양에서 발견된 고구려 천문도를 바탕으로 제작됐을 만큼 높은 수준을 갖췄다.

백제의 천문 관측에 관한 자료는 남아 있지 않지만, 상당히 높은 수준이었으리라 짐작된다. 위덕왕(威德王, 525~598)대에 천문 지식을 가르치는 역박사를 일본에 보냈고, 무왕대는 승려 관륵이 천문서와 역서를 가지고 일본에 갔다. 7세기 후반에 일본에서 만들어진 물시계와 천문대 등도 백제 망명인에 의해 제작됐다고 추정된다. 신라는 선덕여왕대에 첨성대(瞻星臺)를 세운 것으로 보아 천문 관측 수준이 높았음을 알 수 있다. 태종 무열왕대에는 왕궁에 고루를 세우고 북과 종을 쳐서 시간을 알렸다.

---

**경주 첨성대 논쟁**

첨성대의 성격과 관련해서는 몇 가지 추정이 있다. 일반적으로 알려진 것처럼 천문 관측 시설이라는 견해, 관측하기에는 꼭대기가 너무 좁으므로 천문대에 세워진 상징물이라는 견해, 그리고 여왕을 신성화하면서 석가가 어머니 옆구리로 탄생했다는 이야기를 상징으로 표현했다는 견해 등이다.

## 3   건축과 예술

### 건축

삼국시대 건축으로는 궁궐·사찰·성곽·고분 등이 있다. 궁궐은 현재 대부분 남아 있지 않으나, 구조가 확인된 것으로 고구려의 평양 안학궁, 백제의 익산 왕궁리 유적이 있다. 안학궁은 한 변이 약 610m인 마름모꼴로 남궁·중궁·북궁 등 3개의 구역으로 구성된다. 남궁은 국왕의 공식 업무 공간, 중궁과 북궁은 왕실의 사적 공간으로 추정된다. 익산은 무왕대에 별도(別都)로 경영된 곳인데, 왕궁지를 발굴 조사해 남북 약 500m, 동서 235m의 장방형 구획을 확인했다. 남쪽에 국왕이 업무를 보고 왕족들이 생활하는 구역, 북쪽에 정원과 공방 등이 자리 잡은 것으로 추정된다.

삼국시대의 사찰은 실물은 남아 있지 않으며 대부분 건물지와 탑을 통해 확인된다. 고구려 사찰 유적으로는 정릉사(定陵寺)지, 금강사지(청암리사지), 토성리사지(이상 평양), 상오리사지(대동군), 원오리사지(평원군) 등이 있다. 백제는 정림사지·군수리사지·능산리사지·왕흥사지(이상 부여), 미륵사지(익산) 등이 있다. 통일 이전 신라에서 지어진 사찰의 유적으로는 황룡사지·분황사지(이상 경주) 등이 있다.

고구려 사찰은 탑을 중심에 두고 그 북동서 3면에 금당이 자리 잡은 1탑 3금당 구조다. 백제 사찰은 사찰의 남북 중심축에 탑·금당·강당이 일직선으로 서 있는 1탑 1금당의 구조가 일반적인데, 미륵사지는 탑과 금당이 3개씩 있는 3원 구조다. 신라 황룡사는 처음 지을 때는 1탑 1금당의 구조였지만 중건하면서 탑의 북쪽에 3개의 금당을 나란히 배치한 1탑 3금당의 구조로 바뀌었다. 분황사는 탑의 북쪽에 3개의 금당이 품(品)자 형태로 배치된 1탑 3금당 구조다.

고구려의 불탑은 팔각형의 목탑이 대표적이다. 백제는 초기에 사각형의 목탑이었다가 말기가 되면 목탑을 본뜬 석탑으로 바뀌었다. 미륵사지의 경우 중원은 목탑, 동원과 서원은 석탑이다. 신라는 황룡사에 사각형 목탑이 건립됐지만, 분황사에는 중국의 전탑을 본뜬 석탑을 세웠다.

고구려의 고분은 초기에 냇돌을 쌓아 봉분을 만든 돌무지무덤(적석총)이었지만 점차 돌방무덤(석실분)으로 바뀌었다. 돌무지무덤은 초기 중심지인 중국 환런(桓仁)과 지안(集安) 지역에 집중 분포하고, 돌방무덤은 지안과

도판35 정릉사
평양 력포구역에 있는 전동명왕릉 앞에 있는 절터. 발굴 조사 당시 '정릉'·'능사'라는 글자가 있는 기와가 출토됐다. 위 사진은 북한 당국이 복원한 모습을 보여준다.

평양 지역에 모두 나타난다. 돌방무덤에는 벽화가 그려진 것이 많고, 묻힌 사람의 행적을 적은 묘지가 쓰여 있는 것들도 있다.

　백제 지역의 고분은 처음에는 토광묘와 토축묘였다가 3~4세기에 적석총이 출현했다. 웅진으로 천도한 후에는 중국 남조 양의 영향을 받은 벽돌무덤(전축분)과 그것을 본뜬 돌방무덤이 만들어졌고, 사비 천도 이후에는 돌방무덤이 일반적인 무덤 양식으로 자리 잡았다.

　신라 지역은 초기에는 토광묘를 만들었고, 석곽묘도 많이 축조됐다. 신라의 대표적 무덤은 3세기 무렵부터 축조된 돌무지덧널무덤(적석목곽분)이다. 돌무지덧널무덤은 6세기 이후에 사라지고 새롭게 돌방무덤이 주된 형식으로 자리 잡았다.

　삼국시대의 건축으로 규모가 두드러진 것이 성곽이다. 삼국은 국가 성립기부터 중국 군현과 충돌하거나 인접 나라와 전쟁을 치르며 발전해갔다. 그 과정에서 요충지마다 성곽을 축조해 군사와 행정의 거점으로 활용했다. 산지가 많은 지형적 특성상 높은 산 위에 쌓은 산성이 많은데, 흙으로 쌓은 경우도 있지만 석축이 대부분이다.

　미술과 음악

삼국시대의 미술로는 고분벽화와 불상 등이 대표적이다. 고구려에서 초기에 만들어진 안악 3호분과 덕흥리 고분, 각저총과 무용총 등의 고분벽화에는 무

도판36 부여 외리 절터 출토 산수무늬 벽돌
이 절터에서 발견된 벽돌은 산수무늬·연화문·도깨비 등의 무늬가 다양하게 나타난다.

덤 주인공의 초상과 생전의 생활 모습이 그려져 있다. 5세기 중반부터 6세기 초의 고분인 장천 1호분, 쌍영총에는 생활 모습과 함께 동심원, 연꽃 등의 장식무늬와 사신(四神)[9], 비천, 별자리 등이 담겨 있다. 6세기 중반 이후의 강서대묘·강서중묘·사신총 등 후기 고분에는 사신이 가장 중요한 소재로 벽면 사방을 가득 채웠고, 일부 고분의 천정에는 신선을 그리기도 했다.

백제와 신라 고분에는 벽화가 많지 않다. 백제의 고분벽화로는 대형 사신도를 그린 공주 송산리 6호분과 부여 능산리 1호분(동하총)이 있다. 신라의 수도 경주에서는 벽화고분이 확인되지 않지만, 고구려의 영향을 받은 접경지역인 영주에는 순흥 벽화고분과 순흥 어숙묘 등이 있다. 한편 경주 천마총에서 나온 말다래에는 천마도(天馬圖)[10]가 그려져 있는데 예술성이 높다고 평가받는다. 한편 가야 고분으로 6세기 중엽에 만들어진 고령 고아리 벽화고분에는 연꽃과 구름무늬가 그려졌는데, 백제의 영향을 받은 것으로 보인다.

삼국시대 주요 사찰에는 여러 종류의 불상이 모셔졌고, 개인도 신앙을 위해 작은 불상을 지녔다. 사찰에 모셨던 불상 중에는 석가모니가 출가하기 전 명상에 잠긴 모습 혹은 미륵보살이 성불하기 직전의 모습을 형상화한 보살반가사유상이 여러 점 남아 있다. 그 밖의 대표 불상으로는 충남 태안과 서산에 있는 마애삼존불과 경주의 배동 삼존불, 삼화령 삼존불 등의 석조 불상

---

9    사신 상상의 동물인 청룡(동)·백호(서)·주작(남)·현무(북)가 사악한 기운을 막고 무덤 주인을 수호한다고 믿었다.

10   천마도 자작나무 껍질로 만든 말다래에 그린 것인데, 말이 아니라 기린이라는 설도 있다.

도판37 토우 장식 항아리
가야금을 연주하는 사람·오리·개구리·뱀 등의 토우로 장
식되어 있다. 남녀의 성행위를 묘사한 토우도 붙어 있다.
계림로 30호분에서 출토됐다.

이 있다. 한편 평원군 원오리사지와 부여 정림사지, 익산 제석사지, 경주 황
룡사지 등에서는 목탑 내부를 장식했던 소조 불상들이 발굴됐다

　삼국의 대표 공예품으로는 천마총·금관총 등 신라의 돌무지덧널무덤들
에서 출토된 금관과 장신구, 공주 무령왕릉에서 출토된 국왕 부부의 왕관 장
식과 장신구 등을 들 수 있다. 부여 능산리사지에서 나온 금동대향로와 왕흥
사지 및 미륵사지 석탑에서 출토된 사리기들은 뛰어난 금속공예 기술로 만
들어졌다. 청양군 본의리 가마터에서 발견된 대형 도제불상대좌와 부여군
외리사지에서 출토된 산·계곡·연꽃·도깨비·용·봉황·구름·연꽃 등의 무늬
를 장식한 화려한 벽돌 등도 수준 높은 도예 기술로 제작된 것이다.

　삼국시대의 음악은 악기와 노래, 춤이 함께 어우러졌다. 대규모 연주에
는 거문고와 가야금을 비롯해 비파·공후 등의 현악기와 여러 종류의 피리·
북 등이 사용됐고, 그에 따라 무용수들이 노래하며 춤췄다. 고구려의 왕산악
은 중국에서 전해온 7현금을 개조해 거문고를 만들고 악곡 100여 곡을 지었
으며, 대가야 출신의 우륵은 나라가 망한 후 신라에 들어와 가야금과 악곡을
전했다. 고구려의 고분벽화와 백제의 금동대향로 등에는 여러 악기를 연주
하는 악사의 모습이 표현되어 있다. 신라 토우 중에도 악기를 연주하거나 춤
추는 형상이 있다.

# 제3편

제3편은

# 통일신라·발해

신라의 삼국통일과 통일신라시대,
발해의 건국과 멸망까지를 다룬다.

7세기에 들어서면서 삼국 사이의 대결이 총력전으로 치닫는 한편, 고구려는 중국을 통일한 수·당 제국과 여러 차례 큰 전쟁을 치렀다. 위기를 벗어나려던 신라가 당과 연합해 백제와 고구려를 차례로 멸망시켰다. 그러나 당이 한반도 전체를 지배하려 들자, 신라는 7년간 전쟁을 치른 끝에 당군을 몰아내고 대동강 이남을 차지했다.

통일 이후 무열왕의 직계 자손이 왕위를 계승한 1세기 남짓한 기간에는 정치적 안정과 경제적 번영이 이어졌다. 석굴암·불국사로 대표되는 높은 수준의 문화와 예술도 꽃피웠다. 그러나 8세기 말 이후 진골 귀족 사이에서 왕위 다툼이 잦아지며 신라의 지배체제가 흔들리기 시작했다. 9세기 들면서 자연재해가 거듭되자 농민의 생활이 악화됐고, 중앙정부의 관리·통제 능력에 한계가 드러났다.

신라사회를 서서히 무너뜨린 구조적 모순도 있었다. 골품제사회에서 진골이 정치권력과 경제적 특권을 독점하면서 두품 신분과 뚜렷이 구분됐다. 6두품 이하는 관직 승진에 신분별 상한이 있었고 사회생활에도 제약이 따랐다. 또 지방인의 관직 진출이 막혀 있었으므로 왕경인과 지방인의 반목은 깊어졌다.

　　지방인의 불만이 쌓여가던 상황에서 9세기 말에 일어난 농민 봉기는 전국을 약탈로 인한 혼란과 전란으로 이끌었다. 각지에서 등장한 호족들이 중앙정부로부터 이탈해 자립했고, 이들을 아우르며 힘을 키운 견훤·궁예가 새 왕조를 선언하면서 후삼국 시대가 열렸다.

　　한편 7세기 말에는 만주 지역에서 고구려 유민이 발해를 세웠다. 발해왕은 스스로를 '고려국왕'이라 일컬으며 계승의식을 드러냈고, 당·일본과 활발히 교류하며 2세기 가량 번성했다. 발해와 신라의 공식관계는 우호적이지 않아서 때로는 경쟁하기도 했지만, 동해안 육로로 교역과 왕래가 이어졌다.

　　신라가 쇠퇴해 후삼국으로 분열된 시기에 중국도 당이 멸망하고 5대 10국이 교대하는 격동을 겪었다. 이 무렵에 북방에서 일어난 거란족의 공격을 받아 발해는 멸망했다. 그 이전부터 발해인의 고려 망명이 이어졌는데, 멸망 이후에 더 많은 유민이 고려로 집단으로 이주했다.

# 1.    동아시아 정세와
   통 일 전 쟁

# 1  동아시아 정세 변화와 삼국의 대응

## 수의 중국 재통일과 삼국의 대응

6세기 후반에 접어들면서 동아시아 국제 정세는 더욱 긴박하게 펼쳐졌다. 북중국에서는 동위와 서위가 북제(北齊)와 북주(北周)로 바뀌며 치열한 공방전을 벌였다. 577년 북주가 북제를 멸망시켜 북중국을 통합했으나, 얼마 지나지 않은 581년 수(隋)로 바뀌었다.

한편 몽골초원의 신흥 강국 돌궐(突闕)은 중국 대륙이 혼란스러운 틈을 활용해 강력한 유목제국을 건설하고, 동쪽으로 진출해 고구려 서북방의 거란을 복속시킨 후 말갈에까지 손길을 뻗쳤다. 돌궐이 동쪽으로 진출하자 고구려는 서북방에 대한 영향력을 크게 상실했다. 이에 고구려는 수와 긴밀한 관계를 유지하며 돌궐을 견제하는 정책을 폈다. 특히 583년 이후 수의 공격을 받아 돌궐의 지배력이 약화됐을 때 고구려는 말갈을 다시 예속시키며 거란에 대한 영향력도 확대했다. 또한 멀리 실위(室韋)에 철을 수출하며 대흥안령(大興安嶺) 산맥 방면으로도 진출했다. 수의 돌궐 공략을 틈타 고구려가 서북방에 대한 영향력을 회복했던 것이다.

589년 수가 남쪽의 진(陳)을 멸망시키고 중국 대륙을 재통일하면서 동아시아 국제질서가 근본적으로 바뀌기 시작했다. 통일제국 수는 종전의 다원적 국제질서 대신 중국 중심의 일원적 국제질서를 구축하려 했다. 다만 통일 직후에는 주변 국가에 적극적으로 압력을 가하지는 않았다. 고구려에 대해서도 제3국을 침범하지 않는다면 종전의 세력권을 인정하겠다는 태도를 취했다. 백제가 사신을 보내 대륙의 통일을 축하했지만, 매년 사신을 보낼 필요가 없다고 했다. 신라도 자주 사신을 보냈으나 신라와의 교류에 큰 비중을 두지 않았다.

수가 동방정책을 포기한 것은 아니었다. 수는 거란 등 요서 북방의 여러 세력을 포섭하고, 고구려 휘하의 말갈에까지 손길을 뻗쳤다. 요서 일대에 대한 지배력을 강화하며 고구려를 봉쇄하는 정책을 폈던 것이다. 이에 고구려는 말갈의 이탈을 방지하기 위해 수와 교류를 차단했다. 또한 배후에 우호 세력을 만들기 위해 승려 혜자(惠慈, ?~622)[1]를 595년 왜국에 보내 선진문물을 전수했다. 혜자는 쇼토쿠[聖德] 태자의 정치 자문 역할을 했다.

그렇지만 이것만으로 수의 압박을 무력화시킬 수는 없었다. 고구려는

**143**

수의 의도를 파악하기 위해 598년 말갈병 1만 명을 동원해 요서 지역을 선제 공격했다. 수는 마치 기다렸다는 듯이 30만 대군을 동원해 반격에 나섰다. 수군이 장마와 전염병을 만나 대부분 사망하고 퇴각했지만, 언제든 고구려를 공격하겠다는 수의 의도는 명확해졌다.

7세기에 접어들며 국제 정세는 고구려에 더욱 불리해졌다. 599년 동돌궐이 수에 항복하고, 603년 서돌궐마저 괴멸됐다. 고구려는 서북 방면에서 세력을 확장하거나 동맹 세력을 구하기가 어려워졌다. 이에 고구려는 종전의 세력권을 회복해 수에 맞서기 위해 신라와 백제를 공격하며 603년 한강 유역 수복에 나섰다. 이로 인해 잠시 주춤했던 삼국의 각축전이 다시 치열해지고, 삼국 간 전쟁이 수의 고구려 원정과 맞물리면서 동아시아 전체의 국제전이 시작됐다.

### 고구려와 수의 전쟁

수 문제(隋文帝, 541~604)를 이어 즉위한 양제(煬帝, 569~618)는 곧바로 대외 팽창에 나섰다. 605년에 베트남 지역인 임읍(林邑)과 요서의 거란을 정복한 다음, 607년에는 북방 순행에 나서 돌궐과 주변 족속에게 군사적 위세를 과시했다. 609년에는 서방의 토욕혼(吐谷渾)을 정벌했다. 이로써 수는 독자 세력권을 유지하던 주변국을 대부분 멸망시켰다. 이제 수의 고구려 원정도 가까워졌다.

국제 정세를 예의주시하던 백제와 신라도 607~608년에 수에 고구려 공격을 요청해 고구려의 남진을 약화시키려 했다. 이 무렵 왜국이 수에 사신을 파견하자, 수도 사신을 보내 왜를 포섭하려 했다. 왜의 전략적 가치가 부상하자, 고구려도 황금과 선진문물을 전달했고(605, 610) 신라는 사신을 보내 적대 관계를 개선하려 했다(610, 611). 수의 고구려 원정이 임박함에 따라 각국의 외교적 대응이 더욱 활발해졌던 것이다.

수는 고구려 원정에 앞서 611년 백제와 신라에 사신을 보내 고구려 협공 방안을 모의했다. 그렇지만 백제나 신라는 수에 적극적으로 협조하지는 않았다. 오히려 백제는 말로만 수를 돕고 고구려와 내통하는 이중적 태도를 보

---

1    혜자 595년(영양왕 6)에 왜국에 가서 호코사(法興寺)에 머물며 쇼토쿠 태자를 가르쳤고, 615년(영양왕 26)에 귀국했다.

**113만 대군**

『수서』에 따르면, 고구려 원정에 동원된 군사는 좌익 12군, 우익 12군으로 총 113만 3,800명이었다. 군사가 너무 많아서 매일 1군씩 보내어 40리 간격을 뒀는데, 군영의 깃발이 960리에 뻗쳤다. 그리고 보급병은 이보다 2배나 됐다고 한다.

당시 수의 군사 편제를 보면 113만 대군의 동원이 크게 과장된 것은 아니었다. 다만 동원된 모든 군사가 최전선에서 고구려와 전투를 치른 것은 아니었다. 우문술이 이끈 별동대는 30만이었다고 하지만, 평양성 가까이에 온 군사는 4만 명이었다.

였다. 수가 백제나 신라를 끌어들여 유리한 정세를 조성하려 했지만, 구체적인 전략이 없어 성과를 거두지 못했던 것이다.

마침내 수가 대운하를 통해 각종 물자와 병력을 탁군(涿郡, 베이징)으로 집결시킨 다음, 612년 1월 113만 대군을 동원해 고구려 공격에 나섰다. 수군이 랴오허강을 건넌 다음 요동성을 여러 달 공격했으나, 쉽게 함락시킬 수 없었다. 당시 고구려는 성곽 중심의 방어체계를 바탕으로 청야수성전(淸野守城戰)[2]을 폈는데, 수가 이를 돌파하지 못했던 것이다.

조바심이 난 양제는 별동대 30만을 편성해 평양성으로 진격했다. 이에 고구려는 유인작전을 구사해 수의 별동대를 살수(薩水, 청천강)에서 대파했다. 수의 고구려 원정이 실패로 끝난 것이다. 양제는 고구려 정벌에 대한 야망을 포기하지 않고, 613년과 614년에 잇따라 공격에 나섰다. 그때마다 수는 비슷한 전술을 구사했고, 덕분에 고구려는 쉽게 방어할 수 있었다.

결국 수는 고구려 침공의 후유증을 극복하지 못해 전국으로 농민반란이 퍼져나가면서 618년 멸망했다. 고구려도 수의 연이은 침공을 물리쳤지만, 국력 손실이 매우 컸다. 수의 침공을 막느라 남진정책을 펼치는 것은 물론이고, 외교 교섭도 여의치 않았다. 이에 고구려는 왜국에 전리품을 보내 승리를 과시하며 618년 외교 교섭을 재개했다. 이 무렵 백제와 신라도 국경 지대에서 치열한 공방전을 벌이며, 왜를 자신의 편으로 끌어들이기 위해 노력했다.

수의 붕괴와 더불어 중국 대륙의 북방과 서방에서는 돌궐과 토욕혼이 다시 흥기했다. 특히 중국 대륙의 혼란을 피해 많은 중국인이 돌궐로 피신했고, 각지의 할거 세력이 다투며 돌궐에 도움을 요청했다. 당을 건국한 이연

---

2    청야수성전 적의 공격을 받으면 들판을 비우고 성곽으로 들어가 방어하는 것으로, 삼국시대 이래의 전통적 방어 전술이었다.

(李淵)도 돌궐의 도움을 받아 수의 도성인 장안으로 진격할 수 있었다. 토욕혼도 수에 보냈던 볼모를 돌려받고 종전의 세력권을 회복했다.

### 당의 동방정책과 삼국의 정치 변동

중국 대륙이 혼란에 휩싸이고, 주변국이 부흥하는 가운데 618년 당이 건국됐다. 당도 중국 중심의 일원적 국제질서를 추구했지만, 건국 초기에는 중국 대륙의 재통일과 안정이 급선무였다. 이에 당은 주변국의 독립을 존중하며 병존하겠다는 유화책을 폈다. 삼국도 당에 사신을 파견해 정세 변화를 살피는 한편, 자국에 유리한 방향으로 국제 정세를 조성하려 했다.

고구려는 당에 대한 유화책으로 624년 당의 국교인 도교를 받아들이면서 625년 왜와 교섭도 이어갔다. 또한 백제나 신라가 당과 교섭하는 것을 방해하며 신라를 공격하기도 했다. 이에 백제는 당에 고구려의 방해를 호소하는 동시에 신라를 거세게 공격했다. 이로 인해 신라가 고구려와 백제의 협공을 받으며 위기감을 크게 느꼈다. 신라는 당에 고구려와 백제의 침공을 호소하고 왜와 교섭하며 외교적 고립에서 벗어나려 했다. 당이 유화책을 펴는 가운데 삼국의 각축전과 왜를 둘러싼 외교전이 더 치열해진 것이다.

당은 628년 중국 대륙을 재통일하고, 630년 동돌궐을 붕괴시킨 다음 주변국에 대한 정책을 점차 강경책으로 전환했다. 당 태종은 귀부하는 세력을 후하게 대했지만, 적대 세력에 대해서는 강력한 정벌을 단행했다. 동돌궐을 붕괴시킨 후에는 고구려 서북방의 여러 종족을 포섭하고 고구려가 수를 물리친 것을 기념해 쌓은 경관(京觀)[3]을 파괴하며 631년 당에 맞서지 말라고 경고했다.

이에 고구려는 당의 동돌궐 정벌을 축하하는 한편, 631년부터 646년까지 천리장성을 축조해 방어체계를 강화했다. 유화책과 군사 방어책을 동시에 추진한 것이다. 그런데 당은 635년 토욕혼에 이어 640년 고창국까지 멸망시킨 후 다음 해 고구려에 사신을 보내 내부 정세를 염탐하며 강하게 압박했다. 고구려 침공 의사를 드러내는 당의 압박은 대당정책을 둘러싼 고구려 내부의 갈등을 심화시켰고, 백제와 신라 나아가 왜의 정국에까지 영향을 미쳤

---

**146**    3    경관 요동에서 전사한 수의 병사들 시신을 쌓아올려 흙을 덮은 것이다.

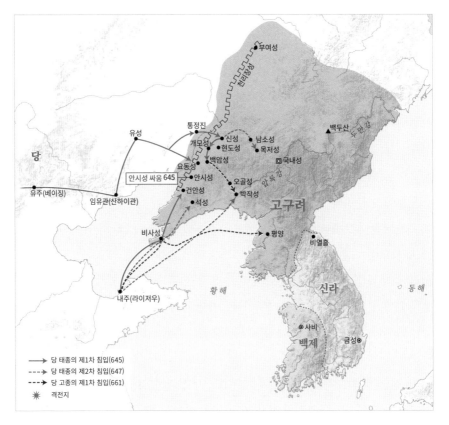

지도1 고구려와 당의 전쟁
고구려는 645년 이래 여러 차례 당군과 격전을 벌였다. 고구려는 당군을 막기 위해 631~646년 부여성에서 서남쪽 바다에 이르는 구간에 천리장성을 축조했다. 장성의 경로에 대해서는 랴오허강 연안의 대평원에 새로운 토벽을 쌓았다는 견해와 기존의 산성을 연결했다고 보는 견해가 있다.

다. 당시 고구려는 왕권이 매우 약화된 귀족연립체제[4] 상태였다. 백제도 무왕 대에 왕권이 많이 강화됐지만, 여전히 대성(大姓) 8족 등 귀족 세력의 권한이 막강했다. 신라도 선덕여왕의 측근 세력과 반대파 진골 귀족의 대립이 깊어지고 있었다. 삼국 모두 정국이 불안정했던 것이다. 이에 따라 당의 압박은 삼국 내부의 정치적 갈등을 더욱 증폭시키는 요인이 됐다.

정치 변동은 백제에서 먼저 일어났다. 641년 의자왕이 친위 쿠데타를 통해 친정체제를 확립한 것이다. 고구려에서도 연개소문이 대당 강경책을 내세우며 영류왕과 반대파 귀족 세력을 제거하고 642년 권력을 장악했다. 백제

---

4    귀족연립체제 국왕 권력이 약화된 상태에서 귀족들이 갈등·타협하면서 최고 관직인 대대로(大對盧)를 선임해 국정을 주도하던 상태를 '귀족연립'이라고 부른다.

와 고구려의 정치 변동은 신라에도 영향을 미쳤다. 의자왕이 642년 여름 신라의 40여 성을 빼앗고 대야성(합천)을 함락시킨 것이다. 위기에 몰린 신라가 김춘추를 고구려에 보내 구원을 요청했지만, 이제 막 집권한 연개소문은 한강 유역을 반환하라며 사실상 거절했다. 신라는 다시 당에 구원을 요청했다. 그러나 당 태종은 신라의 전략적 가치를 파악하지 못한 채, "여왕이 나라를 다스려 이웃나라의 업신여김을 받는다"며 신라 사신을 조롱했다. 당의 태도는 선덕여왕을 둘러싼 진골 귀족의 대립을 더욱 심화시키며 신라의 정국을 소용돌이로 몰아넣었다.

이해관계가 일치하게 된 고구려와 백제는 643년 신라의 당항성을 협공해 대당교통로를 봉쇄하려 했다. 신라가 당에 이 사실을 알리자, 당은 고구려와 백제에 신라 공격을 중단하라고 요구했다. 특히 고구려에게는 침공하겠다고 위협했다. 당의 고구려 원정이 임박하면서 삼국의 정국이 급변했고, 신라는 더욱 고립됐다. 이러한 정세 변화는 왜국에도 영향을 미쳤다. 당의 고구려 원정이 전개되는 가운데 친백제계인 소가씨(蘇我氏) 정권이 무너지고, 왕실 중심의 신정권이 수립된 것이다. 신정권은 각종 개혁정책을 추진하며 백제 일변도의 대외정책에서 벗어나 645년 신라나 당과 관계 개선을 모색했다.

### 당의 고구려 원정과 백제, 신라의 대응

마침내 645년 당이 "연개소문을 응징한다"는 명분을 내세우며 고구려 공격에 나섰다. 당군은 여러 갈래로 랴오허강을 건넌 다음, 요동 일대의 성곽을 하나씩 함락시키는 전략을 폈다. 당은 641년에 정탐을 통해 고구려의 방어체계를 파악하고, 수군의 전철을 밟지 않기 위해 평양성으로 향하는 진공로의 성곽을 차례로 공격하는 전략을 폈던 것이다.

이를 통해 당군은 개모성·요동성·백암성 등을 함락시킬 수 있었다. 또한 연개소문이 파견한 고구려·말갈 연합군 15만도 대파했다. 이제 안시성만 함락시키면 평양성으로 진공할 수 있을 것처럼 보였다. 그렇지만 안시성은 난공불락의 요새였다. 태종이 직접 지휘하면서 3개월 동안 안시성을 포위 공격했지만 함락시키지 못했다. 당의 치밀한 준비도 고구려의 방어체계를 뚫기에는 역부족이었다.

당은 고구려 원정에 앞서 신라·백제·해·거란 등에 고구려를 공격하라고 요청했다. 이에 신라는 당군과 연락하며 3만 대군을 동원해 고구려를 공격했지만, 백제는 오히려 신라의 서쪽 국경 지역을 공격했다. 이로 인해 신라군은 더 이상 고구려를 공격하지 못하고 되돌아가 백제의 침공을 방어했다. 신라가 당에 협조하며 고구려와 백제의 협공에서 벗어날 방안을 모색한 반면, 백제는 이를 틈타 신라를 공격하며 세력 확장을 도모했던 것이다. 당은 고구려를 공격하면서 백제나 신라의 협조를 충분히 얻지 못했다. 643년 신라가 지원을 요청하자 여왕의 존재를 조롱한 데서 알 수 있듯이, 당은 신라나 백제의 전략적 가치를 정확하게 파악하지 못했다. 이로 인해 이들을 파트너로 삼을 구체적인 전략도 수립할 수 없었다. 고구려의 강한 방어력에 막혀 안시성에서 철수하고 돌아간 당으로서는 새로운 전략을 모색할 수밖에 없었다.

고구려와 백제의 협공으로 더욱 궁지에 몰린 신라도 위기를 타개할 근본 대책을 수립해야 했다. 고구려와 백제의 이해관계가 합치하면 할수록, 당과 신라가 공동 대응을 모색할 상황이 점차 조성돼갔다. 삼국을 둘러싼 국제정세가 또다시 변화할 계기가 마련되고 있었던 것이다.

## 2  나당 연합과 백제의 멸망

### 김춘추의 집권과 나당 연합의 성립

고구려와 당의 전쟁이 끝난 다음, 연개소문이 당에 화해를 요청했으나 당은 냉정하게 거절했다. 당 중심의 국제질서를 확립하려던 당 태종은 고구려 정벌을 포기하지 않았다. 당은 단기간에 고구려를 정벌하기 힘들다고 판단하고, 소규모 부대를 자주 보내 요동 지역의 방어력을 약화시키는 전략을 구사했다.

고구려는 당군의 연이은 침공을 잘 막아냈지만, 요동 지역 대부분이 전쟁터로 변하면서 막대한 피해를 입었다. 이에 고구려는 당을 견제하기 위해 다양한 군사·외교정책을 추진했다. 고구려는 당의 공격이 지속되던 기간에 몽골초원의 설연타(薛延陀)[5]와 연계하려 했고, 설연타는 645년 당을 공격하

---

5    설연타 몽골초원에 살던 철륵(鐵勒)의 한 부족으로, 당 초기에 크게 흥기해 당과 대립하다가 646년에    **149**

**삼국통일론과 백제통합론**

671년 문무왕이 당의 설인귀에 보낸 편지에는 당 태종이 김춘추에게 "두 나라(백제와 고구려)를 평정하면 평양 이남 백제 토지는 모두 너희 신라에게 주겠다"고 말했다고 나온다. 삼국통일론은 '평양 이남과 백제 토지'로 보고, 신라가 평양 남쪽의 고구려 영역과 백제를 차지해 삼국통일을 이뤘다고 해석한다. 불완전하지만 통일했다는 것이다. 반면 백제통합론은 '평양 이남의 백제 토지'로 해석해 신라가 백제 영토만 통합한 것으로 이해한다. 신라가 처음부터 백제와 고구려 모두를 통합할 의지를 가지지 않았다는 주장을 덧붙인다.

기도 했다. 고구려는 왜국과 관계를 긴밀히 하는 한편, 백제와 연합해 신라를 더욱 거세게 공격했다.

백제는 645년 이후 집요하게 신라를 공격했다. 백제가 당과의 관계 파탄을 원하지 않으면서도 당의 고구려 침공을 틈타 신라 방면으로 세력 확장을 도모했던 것이다. 백제와 고구려의 협공이 더욱 거세지면서 신라인 사이에 위기감은 고조되고, 진골 귀족 사이의 갈등도 더욱 거세졌다. 결국 구귀족 세력을 대표하는 상대등 비담(毗曇)이 "여왕이 정치를 잘못한다"고 주장하며 647년 반란을 일으켰다. 처음에 반란군은 기세가 높았으나, 김춘추와 김유신을 주축으로 하는 선덕여왕 측근 세력에게 10여 일만에 진압됐다. 반란 중에 선덕여왕이 죽자, 김춘추 일파는 진덕여왕을 추대했다. 김춘추 일파로 대표되는 신귀족 집권시대가 열린 것이다.

신귀족 세력은 고구려와 백제의 협공을 벗어날 방책을 마련하는 것이 시급했다. 김춘추는 먼저 왜국으로 가서 다이카개신을 추진하던 신정권과 협력을 모색했지만 성과가 없었다. 왜국이 백제와 이어오던 오랜 관계를 바꿀 수 없었기 때문이다. 김춘추는 다시 당으로 건너가 태종에게 "신라와 힘을 합쳐 백제를 멸망시킨 뒤에 고구려를 공격하자"고 제안했다. 이 제안은 고구려 침공을 위한 새로운 전략을 찾던 당 태종에게 받아들여졌다. 이로써 당의 군사력과 신라의 병참 보급을 결합한 나당 연합이 이뤄졌는데, 백제와 고구려를 멸망시킨 다음 648년 대동강을 경계로 분할 점령하기로 밀약을 맺었다.

고구려는 642년 김춘추의 지원 요청을 거절함으로써 남쪽 국경 지대를

---

당의 공격으로 멸망했다. 645년 당이 고구려를 공격할 때, 연개소문은 말갈을 통해 설연타와 연계하려 했다.

**아프라시압 궁전 벽화**

우즈베키스탄의 아프라시압 궁전 벽화에는 고구려 사신으로 짐작되는 조우관(鳥羽冠)을 쓴 인물이 있다. 벽화는 650년대 당으로부터 강거도독(康居都督)에 책봉된 강국(康國)의 와르흐만 왕 시기의 사실을 그린 것이다. 고구려가 650년대 전반에 강대해진 서돌궐을 통해 강국과 교섭한 것으로 짐작한다. 그러나 와르흐만 왕의 위세를 과시

도판1  아프라시압 궁전 벽화

하려고 고구려 사람의 이미지를 그렸다고 보기도 한다.

안정시킬 기회를 놓쳤다. 그리고 서북쪽에서 계속되는 당의 공격을 막아내는 한편, 남쪽으로 신라와 충돌을 이어갔다. 백제도 당과 관계를 소홀히 하면서 신라를 계속 공격하던 중에 나당 연합이라는 새로운 국면을 맞았다. 삼국 사이의 갈등과 충돌을 넘어서 동북아시아 전체를 뒤흔드는 상황이 조성된 것이다.

### 나당 연합군에 의한 백제 멸망

나당 연합 성립 이후, 신라는 당의 제도와 문물을 적극 받아들였다. 당의 관복(官服)을 채용하고 법흥왕대부터 사용하던 고유 연호를 버렸으며, 당의 연호를 사용했고 하정례(賀正禮)[6]를 시행했다. 이는 당 중심의 국제질서를 스스로 받아들이겠다고 표방하면서, 내부적으로는 군신관계를 뚜렷이 해 국왕권을 안정시키려는 노력이었다. 당의 협력을 얻어내 여왕 통치의 불안정을 보완하는 방향이었다.

그런데 649년에 당 태종이 사망하면서 나당 연합군은 곧바로 행동을 개시하지는 못했다. 새로 즉위한 당 고종은 요서 일대에 대한 지배력을 강화하면서 고구려에 대한 포위망을 더욱 좁혀나갔다. 이에 고구려는 요서 북방의 거란을 공격해 당에 맞설 교두보를 마련했다. 그리고 멀리 중앙아시아에 사

---

6    하정례 『삼국사기』는 651년(진덕왕 5)에 처음으로 조원전에서 백관에게 새해 인사를 받았다고 했다. 새해 축하 행사는 이전에도 있었겠지만, 이때부터 당의 하정례를 참고해 군신관계를 더 분명히 했으리라 추정한다.

신을 보내 당을 견제할 외교적 방안을 모색했는데, 우즈베키스탄 아프라시압 궁전 벽화에는 이때 보낸 것으로 짐작되는 고구려 사신 그림이 있다. 당은 651년 백제에게 신라로부터 뺏은 성을 되돌려준 후에 화해하라고 백제를 압박하면서, 그렇지 않으면 당군이 개입할 것이라고 경고했다. 654년에는 왜에도 신라를 지원하라고 요구했다. 당이 백제와 왜에 나당 연합과 고구려 중 하나를 택일하라고 강요한 것이다.

백제는 652년 이후 당에 사신 파견을 중단하고, 왜국에는 매년 사절단을 파견했다. 나당 연합보다 고구려나 왜와 연계하겠다는 입장을 고수한 것이다. 백제는 나당 연합이 가져올 큰 파장을 예상하지 못한 채, 신라의 변경을 공격해 영역을 조금씩 넓히면서 군사적 우위를 유지하는 데 머물렀다.

왜는 신라와 당뿐 아니라 백제와 고구려 등과도 교류하며 국익을 극대화하려 했다. 그렇지만 백제 공략이 임박해지자 신라나 당은 어정쩡한 입장을 보이는 왜와 교류를 지속하는 게 힘들었다. 결국 신라는 657년 왜와 교섭을 단절했고, 당도 659년 기밀 누설을 염려해 왜국 사절을 장안에 억류했다. 당은 백제 공격에 앞서 새롭게 흥기한 서돌궐을 여러 차례 공격해 멸망시켰다(657~659). 또한 고구려 서방을 공격해 대백제전에 개입할 수 없도록 만들었다(658~659). 660년 3월, 모든 준비가 끝나자 소정방이 이끄는 당의 13만 대군이 백제를 향했고, 6월에는 김유신이 이끄는 신라의 5만 대군이 출정했다. 나당 연합군의 공격에 아무런 대비도 하지 않았던 백제 신료들은 당황한 가운데 방어책을 놓고 의견이 나뉘었다.

그 사이 신라군은 탄현을 지나 황산벌로 향했다. 신라군은 치열한 접전 끝에 계백의 5,000 결사대를 격파하고 사비성으로 진군했다. 당군도 백강(금강) 하구의 기벌포에서 백제군을 제압하고 사비성으로 나아갔다. 660년 7월 18일 사비성이 포위되자, 의자왕은 웅진성으로 달아났다가 항복했다. 당군이 상륙한 지 겨우 10일 만이었다.

### 백제 부흥군과 나당 연합군

백제 멸망 이후, 당은 의자왕을 비롯한 핵심 지배층을 포로로 끌고 가는 한편, 백제고지에는 웅진도독부 등 5도독부를 설치했다. 당이 당초 약속과 달리 백제고지를 신라에게 넘겨주지 않고, 기미지배(羈縻支配)[7]를 시행한 것이다. 당은 이미 돌궐이나 설연타를 격파한 다음, 기존 질서를 인정하면서 군사

도판2 임존성
충남 예산군 대흥면에 있다. 흑치
상지가 이곳을 거점으로 백제 부
흥군을 일으키니 200여 성이 호응
했다.

를 주둔시켜 다스리는 기미지배를 시행하고 있었다. 신라로서는 불만이었지
만, 고구려 공격을 앞두고 당과 대립할 수도 없었다. 더욱이 나당 연합군은
사비성 등 백제 중심부만 점령한 상태였기 때문에 백제고지 곳곳에서 부흥
운동이 일어나는 중이었다. 특히 복신이 도침, 흑치상지 등과 함께 임존성을
거점으로 큰 세력을 형성했다. 신라로서는 부흥운동을 진압하는 것이 급선
무여서 당군과 함께 임존성을 공격했지만 실패했다.

당과 신라로서는 백제 부흥군을 진압하느라 고구려 공격을 그르칠 수도
있는 상황이었다. 이에 양국은 주력 부대를 철수해 고구려 공격을 준비하면
서 사비성에는 당군 1만, 신라군 7,000명을 주둔시켰다. 나당 연합군 주력이
철수하자 부흥군의 움직임이 더욱 활기를 띠면서 사비성을 포위하기도 했
다. 무열왕이 직접 부흥군을 공격해 포위를 풀었지만, 부흥운동은 좀체 수그
러들지 않았다. 특히 복신은 도침과 힘을 합쳐 세력을 확장하며, 660년 10월
왜국과 연계를 도모했다. 이에 나당 연합군의 침공을 걱정하던 왜가 적극 호
응하며 원병을 보낼 계획을 세우는 한편 660년 12월 신라 공격을 준비했다.

그렇지만 나당 연합군으로서는 고구려 공격을 더 늦출 수 없었다. 나당
연합군은 661년 여름부터 고구려 공격에 착수했다. 당군은 평양성을 장기간
포위했지만 함락시키지 못하고, 매서운 추위와 굶주림에 시달리다가 신라의
군량 보급을 받고 662년 1월 겨우 퇴각할 수 있었다. 종전과 달리 당군이 신
라의 병참 보급을 받으며 겨울에도 군사작전을 수행했지만, 여전히 고구려

7    기미지배 당의 정복지 지배정책으로 640년대 후반에 확립됐다. 정복지에 군대를 주둔시켜 군사적으로
지배하면서, 당에 협조하는 현지인을 지방 장관으로 임명해 기존 질서를 인정했다.

의 방어체계를 격파하기란 쉽지 않았다. 나당 연합군이 고구려를 공격하는 사이, 거란·해·철륵 등의 반당(反唐) 움직임도 당군의 퇴각을 재촉했다.

나당 연합군이 고구려를 공격하는 사이, 백제 부흥군은 거점을 임존성에서 주류성으로 옮기고 전열을 더욱 정비했다. 복신이 왜에서 왕자 부여풍을 맞이해 왕으로 옹립하고, 661년 9월에는 왜의 원병도 지원받은 것이다. 이에 각지의 부흥군이 복신을 중심으로 결집해 웅진성으로 옮긴 당군을 포위하고, 신라와의 연결로도 차단했다. 그런데 부흥군의 규모가 커지면서 주도권 다툼이 심해졌다. 마침내 복신이 도침을 죽이고 전권을 장악했다. 이를 틈타 당군이 부흥군의 포위망을 뚫고 662년 7월 신라와 연결로를 확보했다. 신라도 백제고지 외곽의 성들을 점령하며 부흥군을 압박했다. 이에 부흥군은 왜의 대규모 원병을 지원받기로 하는 한편, 663년 3월부터 5월까지는 왜를 통해 고구려와 군사협의도 진행했다.

이러한 긴박한 상황에서 663년 6월 부여풍이 복신을 제거하는 사건이 일어났다. 군사 지휘를 총괄하던 복신의 죽음으로 부흥군은 크게 동요했다. 결국 왜의 대규모 지원군이 백강 하구에 도착했으나 663년 8월 당의 해군에게 괴멸당했다. 곧이어 주류성과 임존성이 차례로 나당 연합군에게 함락당하며 663년 11월 부흥운동은 종말을 고했다. 많은 백제 유민이 바다 건너 왜로 건너갔으며, 일부는 고구려로 망명하기도 했다.

당은 다시 웅진도독부를 중심으로 백제고지에 대한 지배를 강화하려 했다. 웅진에 군대를 주둔시켜 거점으로 삼는 한편, 당으로 끌려갔던 왕자 부여융을 웅진도독으로 삼아 백제고지의 유민을 회유하도록 했다. 그리고 665년 8월 신라 문무왕으로 하여금 부여융과 모여 맹세해 웅진도독부와 경계를 확정하고 침공하지 않을 것을 요구했다. 당이 백제고지를 직접 관할하겠다는

**백강전투**

663년 8월 백제·왜 연합군과 당의 수군이 금강 하구의 백강(백촌강)에서 벌인 공방전이다. 왜는 백제 부흥군을 이끌던 부여풍의 요청을 받아들여 2만 7,000명의 지원군을 보냈다. 당도 7,000명의 군사를 더 보내는 한편, 전함 170척을 동원했다. 네 차례 공방전 끝에 왜의 전함 400척이 불타고 백제·왜 연합군이 패배했다. 이어서 백제 부흥군의 근거지인 주류성마저 함락됐다. 부여풍은 고구려로 피신했다고 전하며, 많은 백제 유민이 왜군과 함께 일본열도로 건너갔다. 이후 왜는 나당 연합군의 침공을 우려해 서일본 지역의 군사방어를 강화하고, 율령체제를 갖춰 내부체제를 정비했다.

의지를 표명하는 동시에 문무왕과 부여융을 동등한 위상으로 대우한 것이다. 이는 신라도 언제든 기미지배의 대상이 될 수 있다는 의미였다. 신라로서는 받아들일 수 없는 상황이었지만, 고구려나 왜와 대치하는 상황에서 당에 적극 대항할 수도 없었다. 일단 당과 연합을 유지하며 당의 야욕을 저지할 방안을 모색할 수밖에 없었다.

## 3    고구려의 멸망과 나당전쟁

### 연개소문의 죽음과 고구려 멸망

백제 부흥운동이 소멸하자 고구려와 왜의 위기감은 더욱 높아졌다. 고구려는 언제 나당 연합군의 전면 공격을 받을지 모르는 상황에 직면했다. 왜도 나당 연합군의 공격을 걱정해 곳곳에 방어시설을 구축했다. 당이 웅진도독부를 통해 교섭을 제의했지만, 왜는 안전을 보장받을 수 없다고 판단해 거절했다. 당과 신라가 한쪽이 되고 고구려와 왜가 다른 한쪽이 되어 대립하는 형세가 지속된 것이다.

이 무렵인 665년 고구려 연개소문이 사망했다. 연개소문은 집권 이후 귀족연립체제의 모순을 개혁하기보다는 혈육이나 측근을 중용하며 사적 권력 기반을 강화해 장기 집권체제를 꾀했다. 반대파 귀족을 완전히 제거하지 못할 경우에 이들과 타협하기도 했다. 이로 인해 연개소문이 장기간 집권하며 당의 침공과 나당 연합군의 공격까지 물리쳤지만, 귀족 세력의 갈등이 안으로 심화되면서 정치적 불안이 더욱 커졌다.

연개소문이 죽어 권력 공백이 생기자, 귀족 세력은 연개소문의 아들들을 앞세워 치열한 권력 다툼을 벌였다. 결국 다툼에서 밀려난 맏아들 남생(男生)은 국내성으로 피신했다가 당에 투항했다. 연개소문의 동생 연정토는 원산만 일대의 영토를 바치며 666년 신라에 투항했다. 그 밖의 많은 귀족이 제 살길을 찾아 당이나 신라로 투항했다. 고구려는 나당 연합군의 최후 공격을 받기 이전부터 서서히 무너져갔던 것이다.

당과 신라는 남생과 연정토로부터 최고급 군사 정보를 얻어낸 다음, 고구려를 공격할 마지막 전략을 새롭게 짰다. 마침 백제의 부흥운동은 소멸됐고, 당의 주변에서도 별다른 군사적 움직임이 없었다. 나당 연합군이 고구려를 공격하기에 최적의 상황이었다. 이에 이적(李勣)을 총사령관으로 하는 당군은 667년 2월 랴오허강을 건넌 다음, 새로운 전략에 따라 신성(新城, 요령성)을 집중 공격해 요동 지역과 쑹화강 유역의 연결을 차단하려 했다. 신라도 667년 8월 도성을 출발해 북상했다. 나당 연합군이 대대적 공격을 개시한 것이다. 그렇지만 고구려 신성을 함락시키기는 쉽지 않았다. 당군은 내부 투항자의 도움을 받아 9월에야 겨우 신성을 함락했다. 이후 당군은 북쪽으로 부여성을 함락해 쑹화강 유역을 석권하는 한편, 국내성 방면으로도 나아가 고구려 초기 중심지를 장악했다. 당군이 고구려 외곽부터 점령해 평양성을 고립시키는 전략을 구사한 것이다. 그리고는 압록강을 건너 평양성으로 향했다. 신라군도 다시 평양성을 향해 북진했다.

나당 연합군이 평양성을 에워싸자 보장왕을 비롯한 고구려 지배층은 전의를 상실한 채 투항했다. 연개소문의 둘째 아들 남건(男建)은 끝까지 저항했지만 사태를 돌이키기는 어려웠다. 고구려는 급변하는 국제 정세를 제대로 파악하지 못한 채 나당 연합군의 공격을 맞았고, 귀족 세력의 분열로 막강한 군사력을 제대로 활용하지 못한 채 668년 9월 멸망했다.

### 고구려 부흥운동과 나당전쟁

고구려 멸망 이후, 당은 보장왕 등을 장안으로 끌고 가서 성대한 전승의식을 거행했다. 그리고는 평양성에 안동도호부를 설치해 2만 병력을 주둔시키고, 고구려 고지를 9도독부, 42주, 100현으로 재편해 기미지배를 시행하려 했다. 당이 백제 고지에 이어 고구려 고지까지 기미지배를 확립한다면, 그 다음은 신라 차례가 될 수도 있는 상황이었다. 당이 백제 고지에 웅진도독부를 설치할 때부터 신라는 이런 상황을 예견하고 있었다. 이에 신라는 당과 연합을 유지한 채 차분히 고구려 멸망 이후를 대비했다. 668년 9월 왜와 교섭을 재개해 배후의 위험 요소를 없애고 친당 세력을 숙청하며 백제 고지로 진격할 전략을 짰다.

한편 당은 고구려 멸망 직후 기미지배정책을 수립했지만, 고구려 유민의 비협조와 저항으로 제대로 시행할 수 없었다. 이에 당은 고구려 유민들을 선별해 자신들에게 비협조적인 유력자 2만 8,200호를 당으로 강제 이주시키고 협조적인 유력자를 669년 기미주의 장관에 임명해 지배기반을 확충했다. 이와 함께 각 기미주에 당의 관인을 배치해 실권을 장악하도록 했다. 당이 기미지배를 본격 시행하면서 670년 고구려 유민 출신 기미주 장관의 권한은 당초 기대와 달리 축소됐다. 이에 각지의 고구려 유민들이 당에 저항하며 부흥운동을 펼쳤다. 평양 지역에서 검모잠(劍牟岑)이 보장왕의 외손자인 안승(安勝)을 왕으로 옹립했다. 요동 일대를 비롯해 변경인 쑹화강과 두만강 유역에서도 부흥운동이 일어났다. 이에 신라는 고구려 부흥운동을 지원해 당군의 남하를 막아내면서, 669년 백제 고지를 공략하는 양면전술을 폈다. 신라의 선제공격으로 나당전쟁이 개시된 것이다. 신라는 670년 고구려 고연무를 지원해 압록강을 넘어 오골성으로 진격하고 이듬해 7월까지 요동 일대의 고구려 부흥운동을 지원했다. 또한 안승이 검모잠을 죽이고 투항하자, 금마저(익산)에 자리 잡게 하고 보덕국[8]을 세워 고구려 유민을 포섭해 왜국과 교섭할 때 활용했다.

　　당은 고구려 유민의 부흥운동과 신라의 백제 고지 공격을 동시에 맞딱뜨리게 됐다. 이 무렵인 670년 4월 티벳 고원의 토번[9]이 당을 공격해 도성 일대를 위협했다. 여러 방면에서 동시에 위기를 맞은 당은 안동도호였던 설인귀를 가장 시급한 토번 방어에 투입하고 670년 4월 고간과 이근행으로 하여금 고구려 부흥운동을 진압하도록 했다. 다만 군사적 여력이 없어 백제 고지로 진격하는 신라군에 대해서는 별다른 조치를 하지 못했다. 더욱이 당군은 1년 만인 671년 7월에야 요동 일대의 고구려 부흥운동을 진압하고, 672년 7월 비로소 평양성으로 진군했다. 당군이 고구려 부흥군에 발목 잡혀 남진하지 못하는 사이 신라는 백제 고지를 차례로 장악해갔다. 또 당이 토번 방어에 활약하던 설인귀를 계림도총관에 임명해 백제 고지로 보내자 신라는 671년 6월 사비성 남쪽에서 당군을 크게 무찔렀다. 곧이어 10월 신라는 당의 군량 운반선마저 격침해 당군을 백제 고지에서 완전히 몰아냈다. 신라는 백제 고지를 완전히 장악한 다음, 672년 사비성에 소부리주를 설치해 신라 영토임을 공식 선언했다. 이는 신라까지 지배하려던 방침을 갖고 있던 당으로서는 용납할 수 없는 상황이었다. 이에 따라 고구려 부흥군과 웅진도독부를 매개로 전개되던 나당전쟁은 점차 전면전으로 확대됐다.

---

8　　보덕국 신라는 안승을 받아들여 '고구려 왕'으로 책봉했다가 곧 '보덕국 왕'으로 고쳤다. 신라의 "은덕을 갚는다"는 뜻을 담은 명칭이다.

9　　토번 7세기 전반에 티베트 고원에서 건국해 842년까지 존속했다. 세력을 떨치며 당을 공격해 동아시아 국제 정세에 영향을 끼쳤다.

### 신라의 당군 축출과 국제 정세 변동

당은 서북한 일대에서 고구려 부흥운동을 진압하며 신라 방면으로 진격하려 했다. 이에 신라도 황해도 방면으로 북진했다. 당군은 초기에는 전투에서 패배했지만 672년 12월 고구려 부흥군과 신라군을 대파한 다음, 673년 5월 임진강 유역까지 진격해 고구려 부흥군을 진압했다. 이로써 고구려 부흥운동은 소멸하고, 신라와 당이 임진강 일대에서 직접 충돌하게 됐다.

당은 유인궤를 계림도대총관으로 삼아 대규모 원정군을 재편성해 신라와 전면전을 시작했다. 이때 당은 문무왕의 책봉까지 취소하며 전면전을 선포했다. 신라도 각지의 방어체계를 재정비해 당과의 전면전에 대비했다. 그리고 군사력으로 당군을 격퇴하면서 곧이어 당에 사죄사를 파견하는 양면전술을 폈다. 왜국에도 사신을 보내 우호관계를 유지하려 했다. 그렇지만 토번의 위협 때문에 당은 곧바로 신라를 공격하지 못했다. 유인궤는 675년 2월 비로소 신라의 칠중성을 공략했지만, 얼마 지나지 않아 당으로 귀국했다. 말갈족 출신 이근행이 당군의 총지휘를 맡아 한강 방면으로 내려오려 하자, 신라군이 매소성에서 여러 차례 격전을 치르며 675년 9월 당의 육군을 대파했다. 그리고 676년 11월 금강 하구의 기벌포에서 당의 수군을 물리쳤다.

이후 당군은 신라를 공격하지 못했다. 신라가 당군을 한반도에서 완전히 쫓아낸 것이다. 당은 토번의 위협이 이어지고 있었기에 더 이상 신라를 공격하기도 어려웠다. 신라가 치밀한 준비와 토번의 흥기라는 국제 정세에 힘입어 나당전쟁을 승리로 이끌었던 것이다. 이로써 한반도에서 수백 년 동안 이어지던 삼국의 각축전이 끝나고 한반도 중남부 전체를 신라가 차지했다.

나당전쟁의 패배로 당의 동방정책도 크게 흔들렸다. 무엇보다 고구려 고지에 대한 기미지배를 제대로 시행할 수 없었다. 이에 당은 677년 안동도호부의 치소를 요동성을 거쳐 신성으로 옮기는 한편, 보장왕을 요동으로 돌려 보내 고구려 유민을 위무하도록 했다. 이때 남생을 함께 보내서 보장왕을 견제했지만, 보장왕은 말갈과 연대해 고구려 부흥운동을 도모했다. 고구려 고지에서 여전히 가라앉지 않던 유민의 반발을 완전히 없애기 어려웠던 것이다. 나당전쟁의 패배는 동방 지역에 대한 당의 통제력 약화로 이어졌다. 당은 신라 정벌에 대한 미련을 완전히 버리지 못했지만, 이를 실행할 여건은 좀처럼 조성되지 않았다. 오히려 679년에는 돌궐과 거란까지 당에 저항했다. 이에 당은 고구려 고지에 대한 통제를 강화하고, 돌궐과 거란의 저항을 군사력으로 제압했지만, 약화된 통제력을 재확립하기는 쉽지 않았다.

687년 돌궐이 부흥하고 696년 경 거란이 반기를 드는 가운데 당의 기미 지배체제는 약화됐다. 그리고 당 중심의 국제질서가 유지되는 범위도 좁아 졌다. 이에 고구려 유민들도 말갈족과 연합해 힘의 공백 지대인 동만주에서 698년 발해를 건국했다. 결국 신라의 당군 축출은 당의 동방정책을 뒤흔들었 을 뿐 아니라, 돌궐의 부흥과 발해 건국으로 이어지는 국제 정세 변동의 단초 를 열었던 것이다.

# 2. 신라의 지배체제 재정비와 정치 변동

# 1   평화 속 체제 안정

무열왕의 뒤를 이은 문무왕(文武王, ?~681)대에 삼국통일이 실질적으로 완수됐다. 문무왕은 660년(무열왕 7) 백제 공격에 직접 참여해 의자왕의 항복을 받았고, 668년(문무왕 8) 고구려 공격전을 지휘했다. 수십 년간 총력전이 이어지는 긴장 상황에서 국왕은 정치와 군사를 아우르는 총사령관이었다.

문무왕은 백제와 고구려가 멸망한 이후, 7년간 전쟁을 치르며 당군을 한반도에서 몰아냈다. 이 기간을 거치며 국왕의 위상이 크게 높아지면서 유례없이 강력한 권력을 행사했다. 나당전쟁 기간에 당에 붙으려 했던 대토(大吐)를 처형하고 처자식을 천민으로 만들었던 것이다. 그리고 장기간의 전시체제에서 피폐해진 민생을 보살피기 위해 669년(문무왕 9)에 민간의 부채와 이자를 탕감했다. 문무왕대는 통일신라의 중앙관청이 더 체계적으로 갖춰졌다. 문무왕대에 선부(船府), 우이방부(右理方府), 좌사록관(左司錄官), 우사록관(右司祿館) 등이 설치됐다. 한편 681년(문무왕 21)에는 왕경의 면모를 새롭게 하려고 성곽 축조를 준비했으나 의상이 만류해 중지됐다.

문무왕의 뒤를 이은 신문왕(神文王, ?~692)은 귀족 세력을 억누르며 더욱 강력하게 권력을 행사했다. 즉위한 지 한 달을 갓 넘긴 681년(신문왕 1) 8월에 왕의 장인 김흠돌(金欽突)의 모반사건이 일어나자, 모반의 주동자는 물론 가담한 모든 사람을 처형했다. 그리고 문무왕대에 상대등을 지냈던 병부령 김군관(金軍官)까지 "모반을 알고도 일찍 고하지 않았다"는 이유로 아들과 함께

---

**문무왕의 유조**

"과인은 어지러운 전란의 시기를 맞아, 서쪽을 정벌하고 북쪽을 토벌해 능히 영토를 안정시켰고 배반하는 자들을 치고 협조하는 자들을 불러 마침내 멀고 가까운 곳을 평안하게 했다. (…)

무기를 녹여 농기구를 만들었고 백성을 편히 오래 살도록 이끌었다. 세금을 가볍게 하고 요역을 줄여주니, 집집마다 넉넉하고 풍족하며 민간은 안정되고 나라 안에 걱정이 없게 됐다. 곳간에는 물건이 언덕과 산처럼 쌓였고 감옥에는 풀이 무성하게 되니 (…) 지난날 모든 일을 처리하던 영웅도 마침내 한 무더기의 흙이 되면, 나무꾼과 목동은 그 위에서 노래를 부르고 여우와 토끼는 그 옆에 굴을 판다. (…) 헛되이 재물을 쓰면 서책(書冊)에 허물만 남길 뿐이요, 헛되이 사람을 수고롭게 하는 것은 죽은 사람의 넋을 구원하지 못한다. (…) 죽고 나서 10일 뒤에 곧 고문(庫門) 밖 뜰에서 인도의 의식에 따라 화장하라."

『삼국사기』 문무왕 21년, 681년   **161**

스스로 목숨을 끊게 했다. 신문왕은 귀족 세력을 숙청하고 국왕 권력을 확고히 한 뒤인 682년(신문왕 2)에 국학을 설치했다. 유학적 소양을 갖춘 관료를 양성해 국왕에 충성하는 관료조직을 꾸리고 지배체제를 안정시키기 위해서였다. 태평성대를 상징하는 만파식적을 동해안에서 얻었다는 설화도 이 무렵에 생겨났다. 신문왕대에는 통일신라의 지배체제 전반이 정비되어 안정된 기반을 갖췄다.

금마저(익산)의 보덕국 안승을 왕경으로 옮겨 살게 해 반독립적 세력을 없애려 했고, 이듬해 684년(신문왕 4) 금마저에서 반란이 일어나자 군사를 보내 진압했다. 그리고 685년(신문왕 5) 전국을 9주 5소경으로 구획하는 지방제도를 완비했고, 687년(신문왕 7) 중앙의 군사조직인 9서당을 완성했다. 이해에 신하들에게 문무 관료전을 지급해 보수체계 정비에 착수했고, 689년(신문왕 9)에는 녹읍을 폐지하고 1년 단위로 조(租)를 차등을 두어 지급했다. 그동안 귀족들이 누리던 경제 기반을 제한하고, 중앙집권국가의 관료로 활동하는 보수로 대체하려는 조치였다. 이렇게 한껏 강화된 권력을 지닌 국왕을 중심으로 국가체제를 정비하려는 노력은 왕경을 옮기려는 시도로 이어졌다. 689년 신문왕은 달구벌로 천도하려 했다. 그러나 이 시도는 실현되지 못했다. 여러 사정이 있었겠지만, 자신의 오랜 세력 기반으로부터 떠나기를 원치 않았던 귀족들의 반발 또는 비협조 때문이었을 것으로 추정한다.

신문왕대에 당의 사신이 와서 '태종'이라는 무열왕 김춘추의 묘호(廟號)가 당 태종과 같으니 고칠 것을 요구했다. 이에 신라는 무열왕이 김유신의 도움으로 삼국을 통일한 공이 있어서 올린 것이라는 이유로 완곡히 거절했고, 당도 더 문제 삼지 않았다. 이렇게 신문왕대는 통일신라의 지배체제가 안정되고 국제관계도 원만했다. 신문왕은 장인 김흠돌의 모반사건을 진압한 뒤에 왕비를 궁궐에서 내보냈다. 그리고 두 번째 왕비가 낳은 아들이 태자로 책봉되어, 신문왕이 죽은 후 뒤를 이어 효소왕(孝昭王, ?~702)이 됐다. 신문왕대의 귀족 숙청으로 마련된 강력한 왕권 시기에 효소왕은 이찬 경영의 반란을 진압하며 번영을 이어갔다. 695년(효소왕 4)에는 왕경에 서시(西市)와 남시(南市)를 두어 지증왕대에 설치한 동시(東市)와 함께 3대 시장을 갖췄다.

### 평화 속의 번영

효소왕의 뒤를 이어 성덕왕(聖德王, ?~737)이 즉위했다. 무열왕 직계의 왕위

계승 원칙이 확립된 상황이었지만, 효소왕이 아들 없이 죽었기 때문에 전통적 관행대로 귀족들의 추대를 받았다. 성덕왕 재위 기간에는 대외 관계와 국내 상황이 모두 안정되어 있었다. 711년(성덕왕 10)에 '백관잠(百官箴)'을 지어 관료가 지켜야 할 덕목을 강조했고, 722년(성덕왕 21)에는 백성에게 정전(丁田)을 지급해 생활 안정을 꾀했다. 성덕왕이 36년 재위하는 동안 당에 사신을 파견한 것이 46회였는데, 이때 종종 유학생을 함께 보내 당의 국학에서 수학하게 했다.

반면 일본과는 충돌과 긴장이 이어졌다. 722년 일본의 침입에 대비해 경주와 울산 사이에 긴 장성을 쌓았다. 또 731년 일본 병선 300척이 동해안을 습격하자 장수를 시켜 크게 격파하는 등 강경하게 대응했다. 732년 발해가 당의 등주를 공격해 등주자사를 살해하는 사건이 발생했다. 당은 반격에 나서면서 남쪽으로부터 발해를 협공할 것을 신라에 요청했다. 성덕왕은 이에 응해 발해의 남쪽 지방을 공격하러 군사를 보냈으나 폭설을 만나 피해를 입고 성과 없이 돌아왔다. 이를 계기로 735년에 당으로부터 패강(대동강) 이남의 영유를 공식적으로 인정받았다.

성덕왕의 뒤를 이어 둘째 아들이 즉위해 효성왕(孝成王, ?~742)이 됐다. 효성왕대에도 정국은 비교적 안정됐으나 반란이 일어나는 등 귀족들의 불만이 조금씩 표출되기 시작했다. 그 가운데 무열왕 왕계를 유지하려는 노력도 이어졌다. 효성왕이 아들 없이 죽자 성덕왕의 셋째 아들이 즉위해 경덕왕(景德王, ?~765)이 됐다. 경덕왕은 조금씩 흔들리는 국왕의 위상을 강화하려 했다. 748년(경덕왕 7)에는 정찰(貞察)[1] 1인을 두어 백관을 규찰하게 했다. 그리고 당에 빈번히 사신을 파견해 우호관계를 이어갔다. 다만 일본과의 관계는 원만하지 못해 2차례 찾아온 일본 사신을 오만하고 무례하다고 접견하지 않고 돌려보냈다. 일찍이 성덕왕대부터 패강진을 두어 지배하기 시작한 황해도 지역에 군현을 설치한 것이 경덕왕대였다. 예성강 일대에 4개 군현을 먼저 설치했고, 수년 뒤에 그 북쪽에 6개 군현을 추가 설치했다.

757년(경덕왕 16)에 9주의 명칭을 비롯한 여러 군현의 고유한 명칭들을 중국식으로 고쳤다. 그리고 759년(경덕왕 18)에는 중앙관청의 명칭도 중국식

---

1    정찰 공직자의 기강을 살피는 직책으로 주로 왕실 업무를 맡은 관리를 대상으로 활동했다. 뒤에 2인으로 늘었다.

으로 고쳤다. '한화정책(漢化政策)'을 통해 중국처럼 국왕을 정점으로 하는 지배질서를 지향하려는 시도였다. 그러나 이때 고친 명칭들이 혜공왕대에 와서 대부분 환원됨으로써 국왕의 지배 강화는 실패로 끝났다. 군현 명칭을 중국식으로 개정한 해인 757년에 귀족들의 요구를 수용해 곡식으로 주던 관리들의 월봉을 없애고 녹읍을 부활시킨 것도 같은 맥락이었다. 경덕왕대는 가까스로 권역의 안정을 유지한 때였고, 수준 높은 문화적 성취를 이룬 시기이기도 했다. 751년(경덕왕 10) 김대성에 의해 석굴암이 창건됐고, 불국사를 대대적으로 중창한 것도 이 무렵이었다. 불국사는 김대성의 발원으로 시작했으나 경덕왕대를 지나서 국가 차원에서 공사를 마무리한 경우였다.

　무열왕계의 왕위 계승에 반발하는 귀족들의 움직임이 나타나던 상황에서, 경덕왕은 직계 후손을 얻으려고 집착했다. 자손이 없다는 이유로 첫째 왕비를 내보내고, 새로 만월부인을 맞아 아들을 얻었다. 이 아들이 제36대 혜공왕(惠恭王, 758~780)으로 8세의 어린 나이로 즉위해 태후가 섭정했다.

　섭정 기간에 왕실의 권위를 높이려는 여러 노력이 있었다. 경덕왕이 아버지 성덕왕을 위해 주조하려다 완성하지 못한 성덕대왕 신종을 771년(신라 혜공왕 7)에 완성했다. 당으로부터 왕과 태후의 책봉을 받아낸다거나, 서원경에 행차하거나 임해전에서 신하들을 모아 연회를 베푼 것 등은 국왕의 위엄을 보여주기 위한 것이었다. 그러나 귀족들의 반발은 더욱 거세졌다. 768년(혜공왕 4)에 일길찬 대공(大恭)과 그 동생 아찬 대렴(大廉)이 반란을 일으켰다. 이 반란은 왕경을 포함해 지방에 거주하던 귀족들까지 가담해 여러 달을 끌다가 진압됐다. 이후 귀족의 모반 사건이 여러 차례 일어나자 상대등 김양상(金良相)이 정치를 비판하는 상소를 올리기도 했다.

　결국 780년(혜공왕 16)에 이찬 김지정(金志貞)이 군사를 일으켜 궁궐을 에워쌌고, 상대등 김양상과 이찬 김경신(金敬信) 등이 이에 대항했다. 두 세력이 전투를 벌이는 과정에서 혜공왕과 왕비는 살해됐고, 김양상이 왕위에 올라 제37대 선덕왕(宣德王, ?~785)이 됐다.

## 2 왕위 다툼과 정국 혼란

### 거듭되는 왕위 다툼

785년(선덕왕 6) 선덕왕이 아들 없이 죽자, 귀족들 사이에 암투가 다시 생겨났다. 여러 귀족이 정치적 서열이 앞선 김주원(金周元)을 추대하려고 했다. 그런데 마침 큰 비가 내렸고 북천 북쪽에 살고 있던 김주원이 불어난 물 때문에 건너오지 못하고 시간이 지체됐다. 이때 김경신을 받드는 세력이 그를 궁궐로 맞아 즉위시켰다. 제38대 원성왕(元聖王, ?~798)이다.

이때의 갈등은 비교적 빠르고 평온하게 수습됐다. 김주원은 왕경을 떠나 명주(강릉)로 물러났고, 원성왕은 그를 '명주군왕(溟州君王)'으로 봉하고 인근 고을을 식읍으로 줬다. 그리고 김주원의 자손들은 시중이나 도독(都督) 등 중앙과 지방의 관직을 역임하며 계속 활동했다. 원성왕은 당에 사신을 보내 자신의 왕위 계승을 인정받으려 했고, 당 덕종은 그를 신라 왕으로 책봉하며 신하들에게도 물품을 내려줬다.

788년(원성왕 4)에 독서삼품과(讀書三品科)를 시행했는데, 유교경전을 이해하는 수준에 따라 국학 학생을 상중하 3품(등급)으로 나눠 관리로 발탁하는 제도였다. 3품 위에 특품이 있었으므로 사실상 4품이었다. 이는 골품제에 바탕을 둔 관료제 운영에 융통성을 주어 유교적 소양을 기준으로 관리를 임용하려 한 시도였다. 다만 이는 중하급 관리의 등용에 비중을 둔 것으로, 골품제가 유지되는 상태에서 관료제 운영을 혁신하는 쪽으로 이어지지는 않았다.

한편 790년(원성왕 6)에 일길찬 백어(伯魚)를 북국(北國)[2]에 사신으로 보냈다는 기록이 있다. 신라가 발해에 사신을 보낸 첫 기록인데, 구체적으로 어떤 교섭을 했는지는 알 수 없다.

원성왕은 권력의 안정을 꾀해 즉위와 동시에 맏아들 김인겸(金仁謙)을 태자로 세웠다. 그런데 김인겸은 일찍 죽었고, 이어서 둘째 아들 김의영(金義英)을 태자로 세웠으나 그 역시 2년 만에 죽었다. 결국 김인겸의 아들 김준옹(金俊邕)을 태자로 책봉했다. 798년에 원성왕이 죽은 뒤에 김준옹이 소성왕(昭聖王, ?~800)으로 즉위했다. 그러나 김준옹도 2년 만에 죽었고, 13세의 아들이 즉위해 애장왕(哀莊王, 788~809)이 됐다. 나이가 어렸으므로 숙부 김언

---

2   북국 『삼국사기』의 이 기록에서 북국은 발해이다. '남북국시대'라는 용어가 여기서 나왔다.

| 특품 | 오경(『주역』·『시경』·『서경』·『예기』·『춘추』)<br>삼사(『사기』·『한서』·『후한서』)<br>제자백가(諸子百家)의 서적에 통달한 자 |
|------|---|
| 상품 | 『춘추좌씨전』·『예기』·『문선』에 통하고 『논어』·『효경』을 읽은 자 |
| 중품 | 『논어』·『곡례』·『효경』을 읽은 자 |
| 하품 | 『곡례』·『효경』을 읽은 자 |

도표1 독서삼품과

승(金彦昇)이 섭정했는데, 김언승은 어룡성 사신, 병부령, 상대등 등을 역임하면서 권력을 장악했다.

애장왕은 친정을 시작하던 805년(애장왕 6)에 율령의 세부 항목인 공식 20여 조를 반포하고, 이듬해에는 새로운 사원의 창건을 금지하며 수리하는 것만 허용했다. 사원의 난립을 막고 사회경제적 폐단을 억제하려는 조치였다. 그러나 809년(애장왕 10)에 김언승이 궁궐에 쳐들어가 애장왕을 죽이고 스스로 즉위했다. 이렇게 조카를 죽이고 스스로 왕이 된 사람이 헌덕왕(憲德王, ?~826)이다.

### 김헌창의 반란

9세기에 들어서면서 잦아지던 자연재해는 헌덕왕대에 더욱 심해졌다. 가뭄이나 홍수 피해를 입은 지역에서 도적떼가 일어나자 중앙정부는 군사를 보내 토벌하거나, 해당 지역의 도독·태수에게 단속하게 했다. 기근으로 굶주린 사람이 늘어나 관청의 곡식을 내어주기도 했지만, 식량을 구하기 위해 중국 해안 지역으로 가는 사람도 있었다.

국내에서 어려운 상황이 계속되는 가운데, 819년(헌덕왕 11) 당에서 이사도(李師道)[3]의 반란이 일어나자 당은 신라에 지원군을 요청했다. 신라는 힘겹게 3만의 군사를 동원했으나 반란이 곧 진압되어 실제 군사활동으로 이어지지는 않았다. 이렇게 나라 안팎이 어수선한 가운데 신라의 지배체제를 크게 흔드는 사건이 일어났다.

---

3  이사도 고구려 유민으로 산동반도 일대에서 소왕국처럼 세력을 누리던 평로치청절도관찰사(平盧淄靑節度觀察使) 이정기(李正己, 732~781)의 손자다. 운주절도사(鄆州節度使)로 임명됐다가 당 헌종의 지시를 따르지 않아 토벌됐다.

822년(헌덕왕 14)에 웅천주(공주) 도독 김헌창(金憲昌)이 반란을 일으켰다. 그는 집사부 시중과 무진주(광주)·청주(진주) 도독 등 중앙과 지방의 관직을 두루 거친 인물이었다. 그러나 아버지 김주원이 왕이 되지 못해 불만을 품고 있다가 웅천주에서 장안(長安)이라는 새 나라를 선포하고 연호를 경운(慶雲)이라 했다. 이 반란은 그동안 왕경에서 자주 일어났던 왕위 다툼이나 모반과 달리 새 국호를 내세우며 많은 지방의 호응을 받았다.

헌덕왕은 장수들에게 왕경 주변의 8방면을 먼저 지키도록 한 다음 군대를 보냈다. 관군은 도동현(경상북도 영천)의 첫 전투에서 반란군을 격퇴한 뒤에 삼년산성(충청북도 보은)을 공격해 이겼다. 그리고 웅진(공주)에서 큰 전투를 벌여 승리했다. 김헌창은 웅진성으로 들어가 농성하던 중에 성이 함락되려 하자 스스로 목숨을 끊었다. 관군은 반란에 가담한 무리 239명을 처형하고 백성들은 놓아줬다. 김헌창의 난은 단기간에 진압됐지만 이후 신라의 지방 통치력을 크게 약화시켰다. 그런데 3년 뒤인 825년(헌덕왕 17) 김헌창의 아들 김범문이 다시 반란을 일으켰다. 그는 고달산적 수신(壽神) 등 100여 명과 함께 평양에 도읍하려고 이동하면서 한산주를 공격하다가 패해 죽임을 당했다.

헌덕왕대에 신라는 발해와 두 번째로 접촉했다. 812년(헌덕왕 4)에 "급찬 숭정을 북국(北國)에 사신으로 보냈다"는 기록이 있는데, 790년(원성왕 6) 이후 두 번째이자 마지막 교섭이었지만 구체적 내용은 알려지지 않는다. 신라는 발해를 줄곧 경계하고 견제했는데, 826년(헌덕왕 18)에는 한산주 북쪽의 고을 주민 1만 명을 동원해 300리의 패강장성을 쌓았다. 발해를 견제하는 한편, 대동강 이남의 군현 지배를 강화하기 위해서였다.

---

**김헌창에 대한 지방의 호응**

"3월에 웅천주(공주) 도독 헌창이 아버지 김주원이 왕이 되지 못했다고 반란을 일으켜 국호를 장안, 연호를 경운 원년이라 했다. 무진주(광주)·완산주(전주)·청주(진주)·사벌주(상주) 4주 도독과 국원(충주)·서원(청주)·금관(김해) 소경의 사신(仕臣) 및 여러 군현의 수령을 협박해 자기 소속으로 했다.

청주 도독 향영은 빠져나와서 추화군(밀양)으로 도망쳤고, 한산(서울)·우두(춘천)·삽량(양산)·패강(평산)·북원(원주) 등은 헌창의 역모를 미리 알고 군사를 일으켜 스스로 수비했다."

『삼국사기』 헌덕왕 14년, 822년    **167**

## 청해진과 장보고

헌덕왕이 죽은 뒤에 동생인 김수종(金秀宗)이 흥덕왕(興德王, ?~836)으로 즉위했다. 흥덕왕은 일찍이 시중과 상대등을 거쳐 부군(副君)[4]이 됐고, 즉위할 때까지 권력의 중심에서 수년간 활동했다. 흥덕왕이 재위하던 11년간은 국내에 반란 없이 정치가 안정됐고, 당에 자주 사신을 파견해 대외관계도 원만하게 유지했다.

828년(흥덕왕 3) 완도에 청해진을 설치했다. 당시 중앙정부의 통제력이 약화되어 서해안에 해적이 출몰하면서 교역선을 약탈하거나 신라인을 잡아 당에 노비로 파는 일이 자주 있었다. 신라는 당에 단속을 요청했고, 당 조정은 신라인 노비를 풀어주어 돌려보내도록 조치하기도 했다. 이런 상황에서 장보고(張保皐, ?~846)가 진(鎭) 설치를 건의하자 흥덕왕은 그를 청해진 대사(大使)로 임명하고 주변 지역에서 군사 1만을 징발할 권한을 맡겼다. 장보고의 청해진이 군사력을 갖추고 중국과 신라, 일본을 잇는 해상무역의 중심 역할을 하면서 해적들의 활동도 사라졌다.

흥덕왕은 834년(흥덕왕 9)에 골품 규정을 재확인하고 사치를 금지하는 명령을 반포했다. 당시 신라에는 활발한 국제 무역으로 당은 물론 동남아·아라비아산 사치품이 유입되고 있었다. 흥덕왕의 명령은 집·의복·수레·깔개 등 일상생활 전반에 걸쳐 골품의 한계를 넘지 않도록 기존의 규정을 다시 강조한 것이었다.

그런데 836년 흥덕왕이 죽자 진골 귀족들 사이에서 왕위 다툼이 다시 일어났다. 흥덕왕의 사촌 동생 김균정(金均貞)과, 김균정의 조카 김제륭(金悌隆)이 서로 왕위를 차지하려고 무리를 이끌고 궁궐에 들어가서 싸웠다. 김균정은 살해당했고 그에게 가담했던 세력은 청해진의 장보고에게 가서 의탁했다. 그리고 김제륭이 즉위해 희강왕(僖康王, ?~838)이 됐다. 왕위 다툼은 그 뒤에도 이어졌는데, 희강왕의 즉위를 도왔던 김명(金明)이 3년 뒤에 반란을 일으키자 희강왕은 자살했고, 김명이 즉위해 민애왕(閔哀王, ?~839)이 됐다. 정변이 이어지는 가운데 청해진으로 몸을 피했던 귀족 세력이 장보고의 힘을 빌어 군사를 일으켰다.

---

4  부군 헌덕왕은 후사가 없었으므로 동생에게 태자와 같은 지위를 부여하며 부군이라 칭했다. 김수종은 부군이 되면서 동궁(東宮)인 월지궁(月池宮)에 들어갔다.

　　김균정의 아들 김우징(金祐徵), 김양(金陽, 808~857) 등은 838년(민애왕 1) 봄에 장보고의 군사 5,000을 빌어 무주(광주)를 공략하고 민애왕이 보낸 군사를 남원에서 격파했다. 이듬해인 839년(민애왕 2) 달구벌(대구)에서 민애왕이 보낸 군사를 섬멸하고 왕경으로 진격해 민애왕을 죽였다. 그리고 김우징이 즉위해 신무왕(神武王, ?~839)이 됐다.

　　신무왕은 즉위한 지 채 1년도 못 되어 죽었고, 뒤이어 그 아들이 즉위해 문성왕(文聖王, ?~857)이 됐다. 신무왕과 문성왕에게 큰 도움을 줬던 장보고는 자신의 딸을 문성왕의 차비(次妃)로 들여 중앙 정계 진출을 꾀했다. 그러나 진골 귀족의 반대에 부딪혀 실패하자 중앙정부에 등을 돌렸고, 문성왕은 청해진의 군사력이 두려워 진압하지 못했다. 결국 846년(문성왕 8) 염장(閻長)을 자객으로 보내 암살했다. 장보고가 죽은 뒤에도 그 부하들이 해상무역을 이어갔다. 그러나 문성왕은 851년(문성 13)에 청해진을 없애고 그곳 백성들을 벽골군(김제)으로 옮겨 살게 했다. 이로써 청해진을 중심으로 활발히 이뤄지던 해상무역은 쇠퇴했다. 문성왕은 신무왕의 이복동생 김의정(金誼靖)에게 왕위를 이양할 것을 유언으로 남겼고, 김의정이 즉위해 헌안왕(憲安王, ?~861)이 됐다.

---

### 회역사·신라방·신라소

장보고는 신무왕 즉위 후에 '감의군사(感義軍使)'라는 칭호와 함께 식읍 2,000호를 받았다. 그리고 문성왕 즉위 후 '진해장군(鎭海將軍)' 칭호를 받았다. 신라의 장군직은 진골 귀족만 받을 수 있는 것으로, 그런 점에서 비록 정식 직제에 없는 칭호일지라도 파격이었다. 그는 일본에 회역사(廻易使), 당에 견당매물사(遣唐買物使)라 칭한 무역 사절단을 보내 신라 정부의 공식 사절단처럼 행세했다.

중국 동해안 여러 도시의 특정 구역에서 신라인이 집단 거주하던 일종의 자치구역을 '신라방(新羅坊)'이라 했다. 여러 지방 촌락에 집단 거주하는 신라인을 관장하는 자치 행정기관이 '신라소(新羅所)'였다. 산동반도 문등현(文登縣)의 신라소가 유명했는데, 문등현 적산촌(赤山村)의 법화원은 장보고가 창건한 것으로 재당 신라인의 정신적 구심이었다.

## 3 지방 세력의 등장과 후삼국 분열

경문왕 가문의 독재

아들 없이 딸만 둘 있었던 헌안왕은 화랑 김응렴(金膺廉)을 미덥게 여겨 맏사위로 삼았다. 그리고 죽음을 앞두고 "선덕왕·진덕왕의 전례가 있지만 본받을 수 없다"며 딸이 아니라 사위에게 왕위를 물려준다고 유언했다. 이렇게 왕위에 오른 김응렴이 제48대 경문왕(景文王, ?~875)이다.

9세기 내내 간헐적으로 이어진 자연재해는 경문왕대에도 자주 발생했다. 여러 차례 지진이 발생하고 전염병이 돌았으며, 홍수와 가뭄도 이어졌다. 중앙정부는 지방에 사람을 보내 위로하거나 때로는 곡식을 풀어 구제했다. 이런 상황에서도 경문왕은 임해전·조원전·월상루를 비롯한 궁궐의 여러 전각(殿閣)을 수리하는 등 궁궐의 면모를 새롭게 해 왕실의 권위를 높이려고 했다. 특히 벼락을 맞아 손상된 황룡사 구층탑을 868년(경문왕 8)에 전면적으로 수리했는데, 수년간 공사를 거쳐 873년(경문왕 13)에 마무리했다.

경문왕은 재위 기간에 3차례의 반란을 진압하고 권력을 안정되게 유지했다. 그리하여 아들과 딸이 모두 왕위에 오르며 일가가 권력을 독점할 수 있었다. 경문왕의 맏아들이 제49대 헌강왕(憲康王, ?~886)이고, 둘째 아들이 제50대 정강왕(定康王, ?~887)이다. 헌강왕대에는 귀족의 모반 사건이 한 차례 있었지만 실패했고, 자연재해도 잦아들어 중앙정치가 비교적 안정됐다.

정강왕은 1년 만에 죽었다. 대를 이을 아들이 없었던 정강왕은 "누이동생이 총명하고 장부 기질이 있으니, 선덕왕·진덕왕의 사례를 본받아 왕으로 세우라"고 유언했다. 아버지 경문왕이 사위로서 왕위를 물려받을 때와 정반

---

**기와집이 즐비하고 숯으로 밥을 짓다**

"왕이 신하들과 월상루에 올라 사방을 보니 서울에 민가가 즐비하고 노랫소리가 이어졌다. 왕이 시중 민공을 돌아보며 '듣자니 지금 민간에서 기와로 지붕을 이고 띠풀을 쓰지 않으며, 숯으로 밥을 짓고 장작을 쓰지 않는다니 그러한가?' 물었다. 민공이 '신 또한 그리 들었습니다.'고 답했다."　　　　　　　　　　　『삼국사기』 헌강왕 6년, 880년

이어진 대화에서 민공이 "왕께서 즉위한 뒤에 해마다 풍년이 들고 변방이 잠잠하니 성덕 덕분"이라고 하자, 헌강왕은 "그대들의 보좌 덕분이지 내가 무슨 덕이 있겠느냐"며 겸손하게 맞받았다. 이는 신라 전성기의 번영처럼 보이지만 전국적 농민반란이 터지기 직전 왕경에 국한된 모습이었다.

대 이유를 들어 가족 내부에서 권력을 독점했던 것이다. 이렇게 해 887년에 진성왕(眞聖王, ?~897)이 즉위했다.

진성왕대에 들면서 그동안 조금씩 약화되던 중앙정부의 기능이 완전히 무너졌다. 진성왕은 각간 위홍(魏弘, ?~888)[5]에게 크게 의지하다가, 그가 세상을 떠난 후 미소년을 끌어들여 정사를 맡겼다. 어지러운 정치를 비방하는 글이 길가에 나붙자 범인을 색출한다면서 대야주(합천)에 숨어 살던 왕거인(王巨仁)을 투옥했고, 갑자기 날이 어두워지며 벼락이 치고 우박이 내리자 두려워서 다시 풀어주기도 했다.

889년(진성왕 3)에 지방에서 조세를 거둬 보내지 않아 재정이 궁핍해졌다. 왕이 사신을 보내 독촉하자 전국 곳곳에서 도적이 벌떼처럼 일어났다. 사벌주(상주)에서 원종(元宗)·애노(哀奴) 등이 반기를 들어 관군을 보냈으나 진압하지 못했다. 이후 중앙정부는 지방에 대한 통제력을 거의 상실했다.

### 초적 봉기와 지방 세력의 등장

9세기 내내 자연재해가 간헐적으로 이어졌고, 그로 인해 흉년과 기근이 되풀이됐으며 때때로 전염병까지 유행했다. 귀족 간 권력 다툼으로 인한 중앙정치의 혼란은 지방사회에 대한 통제력을 약화시켰다. 그런 가운데 대토지를 소유한 귀족들은 경작 농민에게 여전한 부담을 지웠고, 중앙정부의 조세 독촉은 궁핍한 농민을 위태로운 상황으로 내몰았다.

이런 상황에서 무리 지어 약탈을 자행하는 초적(草賊)이 생겨났다. 초적의 활동은 9세기 전반부터 지방에서 산발적으로 나타났으나 889년(진성왕 3)을 전후해 전국으로 확산됐다. 이들이 지방의 사원이나 부호들을 무차별 습격하면서 혼란은 극도에 달했다. 붉은 바지를 입은 무리로 여러 지역을 휩쓸던 적고적(赤袴賊)은 왕경에 가까운 모량(경주 건천)까지 진출하기도 했다. 해인사는 890년을 전후한 수년 동안 승려와 지역 주민을 무장시켜 초적의 습격에 맞섰다. 그리고 여러 차례 초적을 막아내면서 50여 명의 승려와 민간인이 전사하는 피해를 입었다.

한편 중앙정부가 초적을 단속할 능력을 상실하자, 지방의 여러 지역에

---

5    위홍 진성왕의 숙부로 황룡사 구층탑 중수의 총책임자였고, 병부령과 상대등을 역임한 권력자였다. 사후 혜성대왕(惠成大王)으로 추존됐다.

도판3 해인사 길상탑지(吉祥塔誌)

해인사 길상탑에서 도굴됐다가 압수된 4개의 벽돌판 중 하나로 최치원이 지은 문장이 있다. 초적의 습격이 잦아들 무렵, 해인사에서 그동안 희생된 원혼을 위로하는 의식을 치를 때 만들었는데 내용은 이렇다.

"병란과 흉년이라는 두 재앙이 서쪽에서 다해 동쪽으로 오니, 악(惡) 중의 악이 없는 곳이 없고, 굶어 죽은 주검과 전사한 해골이 들판에 별처럼 흩어져 있다."

다른 벽돌판에는 "하늘과 땅이 어지럽고 들판은 전쟁터가 됐다" "사람들이 향배를 잊고 행동하는 것이 사나운 짐승과 같다"는 내용도 있다. 9세기 말 해인사가 초적의 습격을 막는 과정에서 많은 희생을 치렀음을 알려준다.

서도 촌주를 비롯한 유력자들이 스스로를 지키려고 주민을 동원해 무장조직을 꾸렸다. 이들은 스스로 성주(城主)·장군(將軍)이라 일컬으며 독자적 행정 조직을 운영하면서 신라로부터 독립했다. 대표적 지방 세력으로 북원(원주)의 양길(梁吉), 죽주(안성)의 기훤(箕萱) 등이 있었다.

자신의 출신 지역을 근거지로 삼지는 않았지만, 사회적 혼란 속에서 군사 지휘 능력을 발휘해 여러 세력을 거느리는 인물도 나타났다. 승려 출신인 궁예(弓裔, ?~918)는 신라 왕족 출신으로 죽주의 지방 세력 기훤의 부하였다가 북원의 양길에게 가서 능력을 인정받았다. 견훤(甄萱, 867~936)은 가은현(문경) 출신으로 군대에 들어가 경주를 거쳐 서남해안에서 복무했다. 그 과정에서 군사들의 신망을 얻었고, 혼란을 틈타 서남쪽 고을을 공략하면서 세력을 크게 키웠다.

### 후삼국의 대립

891년(진성왕 5) 궁예는 군사를 이끌고 영동·영서 지역을 성공적으로 공략했다. 이를 계기로 자신이 이끄는 군사의 규모가 매우 커지자 양길로부터 자립했다. 궁예가 한산주를 공략해 세력을 확대하자 황해도 지역의 지방 세력들

**벽진군의 지방 세력 이총언**

이총언의 집안 내력은 역사서에 전하지 않는다. 신라 말에 벽진군(碧珍郡)〔경북 성주〕을 지킬 때 도적떼가 가득 찼으나 이총언이 성을 단단히 하고 굳게 지켜서 백성이 편안히 의지했다. 태조가 사람을 보내 "함께 힘써 재난을 진정시키자"고 설득했다. 이총언이 글을 받들고 매우 기뻐하며 아들 이영을 보내 군사를 이끌고 태조를 따라 정벌에 나서게 했다.

『고려사』 열전 이총언

이 대거 궁예에게 귀부했고, 896년에는 송악(개성)의 지방 세력인 왕건 가문도 궁예에게 귀부했다. 남한강 유역에서 세력을 유지하던 양길이 궁예를 공격했다가 패전하면서 궁예는 중부 지방의 실질적 지배자가 됐다.

궁예는 896년 철원을 근거지로 삼았다가 898년에 송악으로 옮겼다. 이때까지는 아직 새 국가를 표방하지는 않았지만, 901년에 국호를 고려[6]로 내세웠다. 그리고 후삼국이 대결하는 상황에서 우위를 차지하려고 적극 나섰다. 왕건에게 수군을 이끌고 후백제의 금성(錦城, 전남 나주)을 공략하게 해 성공했다. 견훤은 금성을 되찾으려고 여러 번 공격했으나 실패했다.

궁예는 904년 국호를 마진(摩震), 연호를 무태(武泰)로 고쳤고, 이듬해인 905년 철원으로 다시 천도했다. 그리고 911년 국호를 태봉(泰封), 연호를 수덕만세(水德萬歲)라고 했다. 이 무렵 궁예는 스스로 미륵불이라 내세우면서 불경(佛經)을 짓고 큰아들을 청광(靑光)보살, 막내아들을 신광(神光)보살이라고 불렀다. 그러나 비정상적 행위를 거듭하면서 왕비와 아들들을 죽이기까지 하는 등 정치가 혼란스러워졌다. 마침내 918년 홍유(洪儒)·배현경(裵玄慶)·신숭겸(申崇謙)·복지겸(卜智謙) 등의 장군이 궁예를 내쫓고 왕건을 추대했다. 궁예는 궁궐을 나와 북쪽으로 도망치다가 농민들에게 죽임을 당했다.

견훤은 892년(진성왕 6)에 무진주(광주)를 점령하고 스스로 왕위에 올랐으나 아직 외부에는 새 나라의 왕이라 내세우지 않았다. 그러다 900년에 완산주(전주)를 도읍으로 정하고 '백제왕'[7]을 칭하면서 관청과 관직을 정비했다.

이렇게 지방에서 새 나라가 속속 등장하자 진성왕은 897년(진성왕 11)에 조카에게 왕위를 물려줬다. 신라 역사를 통틀어 생전에 스스로 왕위에서 물러난 유일한 경우였다. 이렇게 즉위한 효공왕(孝恭王, ?~912)이 아들 없이 죽자 귀족들의 추대로 박씨인 신덕왕(神德王, ?~917)이 즉위했다. 이후 신덕왕의 아들 경명왕(景明王, ?~924), 신덕왕의 동생 경애왕(景哀王, ?~927)이 뒤를 이었다. 이 기간에 신라의 지배력이 미치는 지역은 경주 일대로 줄어들었다.

---

6   고려 '후고구려'는 왕건의 고려와 구분하기 위해 후대에 붙인 명칭으로, 궁예도 한때 국호를 '고려'라고 했었다.
7   백제 '후백제'는 후대의 명칭이며 견훤 당시에는 '백제'로 불렸다.

견훤은 신라를 집요하게 공격해 920년(경명왕 4) 대야성(합천)을 함락했다. 927년(경애왕 4)에는 상주·영천을 거쳐 경주로 들어가서 경애왕을 죽이고 김부(金傅, ?~979)를 왕으로 세운 뒤에 철군했다. 이때 견훤은 신라를 지원하려고 고려 태조 왕건이 이끌고 온 군대와 공산(대구 팔공산) 근처에서 전투를 벌여 크게 승리했다.

견훤은 국제무대에서 자신의 존재를 알리려고 노력했다. 후당(後唐)으로부터 '백제왕'으로 인정받고 925년에도 사신을 보냈으며, 이듬해에는 오월(吳越)과도 교류했다. 발해를 멸망시킨 거란의 사신이 찾아오기도 했고, 일본에 2차례 사신을 보내기도 했다. 서남해안에서 중국·일본과 왕래하던 세력들을 통해 국제적 안목을 갖추고 있었기 때문이다. 견훤은 넷째 아들 금강(金剛)에게 왕위를 물려주려 했으나 금강의 형인 신검(神劍) 등이 반발했다. 이들은 935년 견훤을 금산사에 유폐하고 스스로 왕이 됐다. 견훤은 틈을 타서 금산사를 나와 고려가 점령하고 있던 나주로 도피해 왕건에게 의탁했다. 935년에 신라 경순왕(김부)도 개성으로 가서 고려에 항복했다.

**신라의 최후**

태조가 경순왕의 항복 글을 받고 대상(大相) 왕철(王鐵) 등으로 맞이하게 했다. 경순왕은 신하들을 이끌고 왕경을 떠나 태조에게 귀순했다. 향기로운 수레와 보배로 장식한 말들이 30여 리에 뻗히고 도로를 꽉매운 인파가 담장처럼 늘어섰다. 태조가 교외에서 맞이하여 위로하며, 궁궐 동쪽의 좋은 저택을 하사하고 장녀 낙랑공주를 처로 삼게 했다.

『삼국사기』 경순왕 9년, 935년

# 3.

# 신 라 의
# 정치·사회·경제

# 1 통치기구와 지배조직

## 중앙관청의 분화와 정비

신라는 6세기부터 중앙집권적 지배체제를 본격적으로 갖추기 시작했다. 지배기구를 단계적으로 정비하면서, 삼국통일을 이룬 7세기 후반에 중앙과 지방의 통치조직·군사조직을 완비했다. 장관이나 차관이 먼저 임명된 뒤에 업무를 처리하면서 관청은 뒤에 설치되거나, 한 관청의 업무가 복잡해지면 여러 개의 관청으로 분화·독립했다. 영토 확대에 적극 나서던 시기에 군사 업무가 중요했던 만큼, 중앙관청 중에서 병부(兵部)가 가장 먼저 설치됐다. 장관(령)이 먼저 임명되고 1년 뒤인 517년(법흥왕 4)에 병부가 설치됐다. 그리고 국가 차원에서 비중이 큰 업무를 맡은 몇 관청은 단계적으로 분화·독립하면서 정비됐다.

6세기에 품주(稟主)로부터 조세와 공물을 담당하는 조부(調府)가 분화했다. 그리고 651년(진덕왕 5)에 재정을 맡은 창부(倉部)가 다시 분화·독립했다. 이런 과정을 거치면서 국왕을 보좌하며 국정 일반을 관장하는 집사부가 독립했고, 조세 수취와 재정 지출을 맡아보는 중앙관청들이 갖춰졌다. 이외에도 6세기 말에서 7세기 초에 걸쳐 여러 관청을 차례로 설치하고 짜임새를 갖춰 통일 이후까지 이어졌다. 659년(무열왕 6)에는 관료를 감찰하는 사정부(司正府)가 설치됐다. 이미 진흥왕대부터 해당 업무를 수행하던 관리를 사정부에 배속했는데, 장관(令)을 임명하며 성격이 격상됐다.

중앙관청에서 실무를 처리하는 관직체계를 보완하는 조치도 뒤따랐다.

| 명칭 | 업무 | 명칭 | 업무 |
|---|---|---|---|
| 집사부(執事部) | 왕명 출납·기밀 | 예작부(例作府) | 관청 건물·도로 |
| 병부(兵部) | 군사 | 선부(船府) | 선박 건조·관리 |
| 조부(調府) | 공물·부역 | 영객부(領客府) | 사신 접대 |
| 창부(倉部) | 조세·재정 | 위화부(位和府) | 관리 선발 |
| 예부(禮部) | 교육·의례 | 좌우 이방부 (左右 理方府) | 율령·규정 |
| 승부(乘府) | 수레·말 | | |
| 사정부(司正府) | 관리 감찰 | 공장부(工匠府) | 국영 수공업 |

도표2 신라의 중앙관청과 업무

| 소경 | 설치 연도 | 위치 |
|------|-----------|------|
| 중원소경 | 557년(진흥왕 18) | 충북 충주 |
| 북원소경 | 678년(문무왕 18) | 강원 원주 |
| 김해소경 | 680년(문무왕 20) | 경남 김해 |
| 서원소경 | 685년(신문왕 5) | 충북 청주 |
| 남원소경 | 685년(신문왕 5) | 전북 남원 |

도표3 신라 소경의 설치 연도와 위치

문무왕대에 여러 관청에 말단 실무직인 사(史)를 뒀고, 뒤이어 신문왕대에는 그보다 한 등급 높은 관직인 사지(舍知)를 배치해 보완했다. 이로써 중앙관청의 관직으로 '영(令)-경(卿)-대사(大舍)-사지(舍知)-사(史)'의 5단계 체계를 갖췄다. 국왕과 왕실에 관련된 업무를 전담하는 궁정관청도 여럿 있었다. 대표적 관청이 내성(內省)인데, 최고위급 진골 귀족이 장관인 사신(私臣)에 임명됐고 정해진 임기가 없었다. 내성에는 여러 곳의 궁궐을 관리하거나 궁중 수공업, 천문 관측, 의약(醫藥) 등을 담당하는 다수의 작은 관청들이 속해 있었다. 이런 관청은 5단계 체계 없이 실무 관원과 일꾼들만 배정되어 있었다.

통일 이후 중앙관청은 6세기 이래로 정비된 기본 체계를 유지했다. 8세기 중반 경덕왕대에 중앙관청과 관직의 명칭을 중국식으로 바꾸는 시도가 있었으나 혜공왕대에 곧 되돌아갔다. 그리고 9세기 중반 이후에는 국왕 직속으로 한림대(翰林臺)·서서원(瑞書院) 등의 문한(文翰)관청을 설치했고, 당의 유학 출신이 중심이 되어 외교 문서 작성과 문필활동에 종사했다.

### 지방제도와 군사조직

신라는 6세기 중반 한강 유역을 차지하며 신주(新州)를 추가했고, 삼국통일을 이룬 뒤에 9주(州) 5소경(小京)을 갖췄다. 전국을 9개의 광역 주로 구획하고 각 주에 도독(都督)을 파견했으며, 그 아래 117개의 군(郡)에는 태수, 293개의 현(縣)에는 현령을 파견했다. 그리고 673년(문무왕 13)에 주와 군에는 외사정(外司正)을 파견해 지방관을 감찰했다.

소경은 6세기부터 설치되기 시작해 폐지되거나 새로 추가되는 과정을 거쳤다. 그리고 삼국통일 이후, 금마저(전북 익산)의 보덕국이 완전히 흡수된 뒤인 685년(신문왕 5)에 5소경으로 완비됐다. 소경은 지배층을 분산시켜 왕

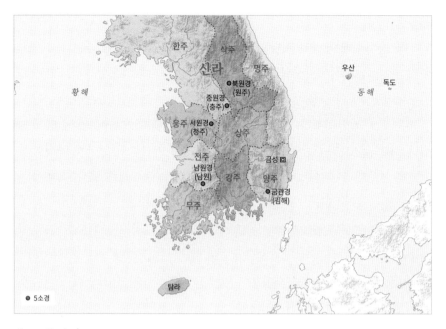

지도2 9주 5소경

한주·삭주의 절반 이상과 명주의 대부분은 6세기 중반에 이미 확보한 지역이었지만, 통일 이후 신라인은 삼국의 영토에 3개씩 주를 설치했다고 표방했다. 전국을 9개로 크게 구획한 것은, 이 공간이 고유하고 독자적인 세계라는 관념에 바탕을 둔 것이다.

경 인구의 과밀을 완화하고, 국토 동남쪽 경주에만 집중되던 재화를 분산시키는 역할을 했다. 그리고 지방에 자리 잡은 '작은 왕경'으로서 지방문화의 중심지로 기능했다. 소경은 신라가 주변 국가를 정복하고 삼국통일을 이루는 과정에서 지배층으로 편입한 사람들을 정착시킨 곳이기도 했다. 중원소경은 대가야 지배층이 정착해 우륵이 태어나 자란 곳이었고, 금관소경은 옛 금관가야 지역이었다. 그리고 남원소경에는 보덕국이 소멸한 뒤에 고구려

**9주와 9서당의 상징성**

『삼국사기』는 9주가 삼국 영토에 각각 3개씩 설정됐다고 기록했다. 그래서 9주를 신라가 삼국통일 후에 모든 주민과 영토를 아우르려는 의지의 표방으로 이해한다. 그러나 한주·삭주·명주 등은 6세기 중반에 이미 신라 영토가 되어 있었으므로, 『삼국사기』를 편찬한 고려시대의 표현으로 해석하기도 한다.

어쨌든 신라의 9주는 천하가 9주로 나뉜다는 중국 전통사상에 바탕을 두고, 통일 이후의 신라인이 자기 영토를 '독자적이고 고유한 하나의 세계'로 표방한 결과다. 통일 이후 옛 백제와 고구려, 보덕국은 물론 말갈인까지 포괄한 중앙군으로 9서당을 조직한 것도 마찬가지 이유다.

유민들이 이주해 정착했다.

통일 이후에 중앙과 지방의 군사조직도 크게 정비됐다. 궁궐과 그 주변에서 국왕을 호위하는 시위부(侍衛府)는 통일 이전에 설치했는데, 681년(신문왕 1)에는 6명의 장군이 임명됐다. 군대의 규모는 크지 않았지만 국왕 권력을 무력으로 뒷받침했다. 또한 통일 이후에 중앙 군단으로 9서당(誓幢)을 갖췄다. 9서당은 583년(진평왕 5)에 서당을 창설하면서부터 하나씩 차례로 조직됐다. 672년(문무왕 12)에 백제민을 백금서당(白衿誓幢)으로 조직한 이후 말갈인을 포용해 흑금서당(黑衿誓幢)을 만들고, 보덕국이 소멸한 뒤에는 고구려의 마지막 유민을 2개의 서당으로 조직했다. 그리고 693년(효소왕 2)에 비금서당(緋衿誓幢)을 두면서 9개 군단을 완성했다. 지방 군단으로는 10정(停)이 있었다. 9주의 치소 가까운 지역에 1개 정을 배치했고, 관할 구역이 넓고 국방상 중요성이 큰 한주(漢州)에는 2개 정을 배치했다.

### 관료제 운영과 골품제

폐쇄적 골품제를 유지한 신라에서는 최고 신분층인 진골이 정치권력을 독점했다. 통일 이후에도 화백회의를 열어 국가 중대사를 논의하고 결정하는 경우가 있었다. 효소왕(孝昭王, ?~702)이 아들 없이 죽자, 화백회의에서 그 동생 성덕왕(聖德王, ?~737)을 국왕으로 추대했다.

신라 관직 중에서 최고직은 6세기에 설치된 상대등이었다. 상대등은 관할 관청이 없었지만 귀족회의를 주재하며 관리 인사를 포함한 국정 일반을 관장했다. 통일 이후 국왕권이 강했던 시기에 상대등의 활동은 두드러지지

---

**상대등과 집사부 그리고 전제왕권**

삼국통일 이후, 귀족 대표 상대등의 권한이 약화되고 국왕권이 강해지면서 국왕에 직속한 집사부가 실권을 행사했다는 해석이 있었다. 무열왕 직계가 왕위를 잇던 기간이 전제정치·전제왕권으로 규정됐고, 그 내용이 여러 개설서와 교과서에 실려서 오래 유지됐다.

그러나 이 해석은 현재 학계의 공감을 얻지 못하고 있다. 골품제하에서 진골 귀족의 권력 지분이 사라지지 않았기에 귀족회의의 권한은 유지됐다. 그리고 상대등이나 병부령의 관등이 집사부 시중보다 높았다. 통일 이후의 강력한 왕권 행사는 지배구조에서 나왔다기보다 단기적 상황에서 나타난 현상이다. 이에 최근에는 교과서에서도 '전제왕권'이라는 표현을 거의 사용하지 않는다.

| 등급 | 관등 | 복색 | 골품별 상한 | | | | 취임 가능한 관등 범위 | | | | | | | | | | | |
|---|---|---|---|---|---|---|---|---|---|---|---|---|---|---|---|---|---|---|
| | | | | | | | 중앙관직 | | | | | 지방관직 | | | | | | |
| | | | 진골 | 6두품 | 5두품 | 4두품 | 영 | 경 | 대사 | 사지 | 사 | 도독 | 사신 | 주조 | 태수 | 장사 | 소수 | 현령 |
| 1 | 이벌찬 | 자색 | | | | | | | | | | | | | | | | |
| 2 | 이찬 | | | | | | | | | | | | | | | | | |
| 3 | 잡찬 | | | | | | | | | | | | | | | | | |
| 4 | 파진찬 | | | | | | | | | | | | | | | | | |
| 5 | 대아찬 | | | | | | | | | | | | | | | | | |
| 6 | 아찬 | 비색 | | | | | | | | | | | | | | | | |
| 7 | 일길찬 | | | | | | | | | | | | | | | | | |
| 8 | 사찬 | | | | | | | | | | | | | | | | | |
| 9 | 급찬 | | | | | | | | | | | | | | | | | |
| 10 | 대나마 | 청색 | | | | | | | | | | | | | | | | |
| 11 | 나마 | | | | | | | | | | | | | | | | | |
| 12 | 대사 | 황색 | | | | | | | | | | | | | | | | |
| 13 | 사지 | | | | | | | | | | | | | | | | | |
| 14 | 길사 | | | | | | | | | | | | | | | | | |
| 15 | 대오 | | | | | | | | | | | | | | | | | |
| 16 | 소오 | | | | | | | | | | | | | | | | | |
| 17 | 조위 | | | | | | | | | | | | | | | | | |

도표4 신라 골품과 관등·관직의 대응

못했다. 그러나 귀족 사이에서 왕위 다툼이 심해지고 국왕의 권력이 약화되자 상대등이 권력의 핵심으로 활동하거나 왕위에 오르기도 했다.

관료제 운영에는 골품제의 원리가 엄격히 적용됐다. 골품을 지니지 못한 지방인은 중앙관직을 맡지 못했고, 촌주(村主) 등의 직책을 띠고 지방관의 통솔 아래 국가의 촌락 지배를 매개하는 실무에 종사했다. 중앙의 특정 관직에 임명될 수 있는 관등에는 범위가 정해져 있었다. 골품에 따라 승진할 수 있는 관등의 상한도 존재했다. 17등 관등 중 제1등 이벌찬에서 제5등 대아찬까지는 진골만 오를 수 있었다. 따라서 대아찬 이상이라야 임명되는 중앙관청의 장관직은 진골 독점이었다. 6두품 출신은 능력이 뛰어나도 중앙관청의 차관까지밖에 오르지 못했다.

지방관도 마찬가지였다. 주에 파견되는 도독이나 소경에 파견되는 사신

(仕臣)의 관등은 6두품도 임명될 수 있었으나 거의 대부분 진골 신분이 임명됐다. 제9등 급찬부터 임명 가능하도록 규정한 것은, 진골 출신 중 경륜이 짧아 높은 관등이 아닐지라도 부임할 여지를 뒀기 때문이었다. 신분제의 원리는 군 지휘관에도 적용됐다. 여러 군단(軍團)의 최고 지휘관인 장군은 오로지 진골 귀족만 임명되도록 규정되어 있었다.

국왕권을 한층 강화해가던 682년(신문왕 2)에 예부 산하에 국학(國學)을 설치했다. 최고 책임자는 경(卿)으로 6두품이 임명될 수 있는 직책이었다. 국가 차원에서 유학 교육을 강화한 이유는, 예비 관료에게 유학적 소양을 강화함으로써 국왕에 충성하는 관료를 양성하기 위함이었다. 다만 골품제 아래에서 국왕의 관료 임명권은 제한받았고, 당에 가서 유학하고 돌아오는 사람이 늘어나면서 국학이 갖는 위상이 높아지지는 못했다.

788년에는 국학에서 수학한 자들을 평가해 등용하는 시험제도로 독서삼품과(讀書三品科)를 시행했다. 유학의 실천윤리 교육을 강화하고 문학적 소양을 높이고 국왕의 임용 권한을 강화하려는 시도였다. 다만 국학 학생이 주로 중하급 신분층이었던 만큼, 독서삼품과를 통해 임용되는 관리도 중하급 실무직이었다. 따라서 골품제하에서 관료제 운영에 큰 영향을 미치지는 못했다.

## 2 토지제도와 경제생활

### 수취제도와 농민의 부담

국가 업무를 수행하는 귀족관료에게는 수조권(收租權)[1]을 지급했다. 녹읍·관료전·식읍 등의 토지를 국가제도로서 운영했다. 국가를 유지하고 운영하는 데 봉사하는 왕족, 귀족 관료에게 지급했다.

녹읍은 '관료에게 녹(祿)으로 주는 지역'을 뜻한다. 중앙집권적 지배체제를 정비하기 시작하던 시기부터 시행됐다고 추정하며, 왕족과 진골 귀족에게 지급됐다. 녹읍을 받은 귀족관료는 자신의 보수로 국가를 대신해 녹읍에서 세금을 걷었다. 단순히 수확물의 일정액을 걷는 것에 그치지 않고, 그 과정에서 경작자의 노동력을 사적으로 부릴 수 있는 여지가 있었다. 수취액도

---

　　1　수조권 국가가 개인이나 기관에 위임한 조세 수취권을 말한다.

| 관료전 지급(687년) | …? |  |
|---|---|---|

?… 녹읍 폐지(689년) ⟶ 녹읍 부활(757년)

정전 지급(722년)

도표5 신라 토지 관련 정책 변화

국가가 정한 규정을 벗어나는 경우가 많아 통일 이후 강력한 중앙집권체제를 지향하는 과정에서 녹읍은 폐지와 부활을 반복했다.

687년(신문왕 7)에 문무 관료에게 토지를 하사했다. 관료전은 녹읍과 달리 토지지배를 수조권에 한정함으로써 자의적 수취가 이루어질 여지를 없애려고 나온 조치였다. 백제와 고구려가 멸망한 이후 수조권을 지급할 토지가 확대됐기에 이런 제도를 실행할 수 있었다. 「신라촌락문서」에는 내시령답(內視令畓) 4결(結)이 기록되어 있다. 이는 내시령[2]이라는 관리에게 논 4결의 수조권을 지급한 것으로 관료전의 사례다.

관료전을 하사한 2년 뒤인 689년(신문왕 9)에 녹읍을 폐지했다.[3] 그리고 국가에서 세금을 걷은 뒤에 관료의 등급에 따라 매년 곡식을 차등 있게 지급했다. 이는 오랫동안 녹읍제를 운영하며 누적된 녹읍주의 횡포를 막고 농민의 과도한 부담을 바로잡고 조세를 국가가 직접 수취해 재정을 충실히 하려는 시도였다. 국왕권력이 안정적으로 행사되고 귀족 세력이 약화된 동안에는 이 조치가 유지됐다. 그러나 귀족의 불만은 사라지지 않았다. 결국 757년(경덕왕 16)에 녹봉을 없애고 다시 녹읍을 지급하기 시작했다. 귀족의 불만을 완전히 억누를 수 없었기 때문이다.

고위 귀족이나 특별한 공훈이 있는 관료에게는 식읍(食邑)[4]이 주어졌다. 식읍제는 통일 이전부터 있었으며, 532년(법흥왕 19)에 금관가야의 구형왕(仇衡王)이 항복해오자 그 지역을 식읍으로 준 사례가 있다. 식읍은 원칙상

---

2    내시령 신라 궁정관청의 내성 장관이라는 추정이 있지만 공감을 얻지는 못하고 어떤 관직인지 불분명하다.

3    녹읍 폐지 687년의 조치를 녹읍을 폐지하기 위한 준비 단계로, 엄밀하게 수조권에 한정된 관료전을 지급한 것으로 이해한다. 그러나 이를 녹읍 폐지와 무관한 소유권의 지급으로 보는 학설도 있다.

4    식읍 중국 고대 왕조는 제후에게 봉지(封地)를 주다가, 진한 이후 규모를 줄여 식읍을 주어 경제 기반으로 삼게 했다. 신라를 비롯한 삼국 모두 식읍제를 실시했다.

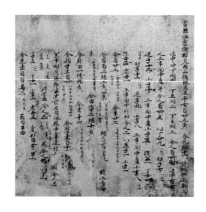

단대에 한정된 권리였으나 간혹 세습되기도 했다. 신라의 식읍제는 7세기 중엽에 변화를 맞는다. 종래 지역 단위로 지급하던 것을 당의 영향을 받아 호수(戶數) 단위로 바꿨다. 668년(문무왕 8) 김유신은 태대서발한의 관등과 함께 식읍 500호를 받았고, 김인문은 무열왕대에 식읍 300호를 받았다가 나중에 500호까지 호수가 늘었다. 이처럼 식읍은 왕족과 공훈자에게 지급됐다. 김인문의 식읍이 웅천주 지역에 있었으며 김유신의 식읍도 옛 백제 지역에 있었을 가능성이 높다. 군공을 세운 자에게 전승지를 식읍으로 주던 전통은 고구려에서도 확인된다. 새로 획득한 영토에 식읍을 설정해주는 것이 국가 재정이나 왕실의 수입에 손실을 덜 끼치는 방법이었다.

7세기 전반까지 지역을 단위로 해 지급된 식읍은 포괄적 지배가 가능했다. 조세의 수취와 노동력 징발은 물론 광산의 채굴, 수공업품의 생산과 취득, 각종 해산물의 채취를 상정할 수 있다. 식읍이 호 단위로 지급된 뒤에는 해당 가호가 국가에 부담해야 하는 조세와 요역만 수취하는 것으로 바뀌었을 것이다. 신문왕대 이후 토지제도를 정비하면서 신라 영역 내의 모든 토지에 대한 국가의 통제가 강화된 것과 같은 맥락의 조치였다. 그런데 하대가 되면서 다시 지역 단위의 지급 방식으로 환원됐다. 원성왕은 정적이었던 김주원을 지금의 강릉 지방으로 축출했다. 하지만 회유책으로서 명주의 일부 지역을 그의 식읍으로 설정해줬다. 이곳은 김양·김흔과 같은 김주원의 후손에게 대대로 이어져 신라 말·고려 초에 강릉 김씨가 지방 세력으로 성립하는 경제 기반이 됐다.

한편 722년(성덕왕 21)에 "처음 백성에게 정전(丁田)을 지급했다"는 기록이 있다. 국가가 백성에게 지급했으므로 정전의 원 소유자는 국가이고 백성은 그것을 점유하고 이용하는 권리만 갖고 있었다고 해 이것이 토지국유제라고 주장하거나 통일신라에서 당처럼 균전제를 실시했다고 본 적이 있었다. 그러나 성덕왕대의 정전이 중국의 균전제처럼 오랫동안 넓은 범위에 걸쳐서 실시됐다면 이후 그 지급과 환수에 관한 기록과 흔적이 보여야 하는데 그렇지 못하다. 정전 지급은 그 몇 년 전부터 연달아 일어난 기상 이변 때문에 일부 지역에 한정해 시행된 것이다. 민심의 동요를 막기 위한 임시방편으로서 국유지의 일부나 자연재해로 황폐화된 토지를 지급한 것이다.

국가가 농민에게 부과하는 조세는 곡물·특산물·노동력이었다. 토목공사나 군역에 동원하는 대상은 정(丁)이었는데 대략 16세에서 59세까지에 해당한다. 「신라촌락문서」에는 '소(小)-추(追)-조(助)-정(丁)-제(除)-노(老)'의 6등급이 보인다. 이렇게 연령 단위로 인구를 파악하면서 3년마다 변동 내용을 기록했다.

세금은 가호별로 부과됐는데, 가호의 경제력에 따라 9등호로 등급을 나눠 파악했다. 서원경(청주) 부근의 상황을 알려주는 「신라촌락문서」에는 6등급인 중하연(仲下烟)도 있지만, 대부분은 최하위인 하하연으로 전체의 62%를 차지했다. 밭과 논 중에서 논의 비중이 제법 높은 촌락인데도 주민 대부분은 영세한 상태였던 것이다. 고위 귀족은 정치사회적 특권으로 조세와 역역의 부담으로부터 벗어났을 가능성이 있겠지만, 원칙적으로는 상등호로 등록되어 국가의 수취 대상이었다. 수취 대상으로서 토지가 차지하는 비중이 높았다. 가호의 등급에 토지 보유 현황이 반영됐는지는 불분명하지만, 국가는 전국의 토지 규모를 촌락별로 정밀하게 파악했다. 농업이 기간산업이었고 녹읍·관료전·식읍과 같은 토지제도를 운영하면서 전국의 토지 상황에 대한 파악이 필수적이었다.

「신라촌락문서」에 기록된 토지 중 연수유전답(烟受有田畓)이 가장 큰 비중을 차지했다. 연(烟)은 생산 단위로서의 가호인데, 우세한 가족이 하나의 연을 구성하는 경우, 몇 개의 소가족이 모인 경우, 노비 혹은 용작인(傭作人)처럼 예속 노동력을 포함한 경우 등이 있었다. 연수유전답은 각 가호가 국가로부터 받아서 가진 토지라는 뜻이다. 그러나 국유지가 아니라 각 가호가 조상 대대로 물려받은 사유지였다. 신라는 전 국토를 왕의 토지로 간주하는 왕토사상(王土思想)[5]을 갖고 있었다. 국왕의 토지를 백성들이 빌려 경작하므로 지대(地代), 즉 토지 임대료의 명목으로 조세를 받는다는 관념에서 붙여진 명

> **효녀 지은 이야기**
>
> 효녀 지은은 (…) 어려서 아버지를 잃고 홀로 그 어머니를 봉양했다. 나이 32세가 되도록 오히려 시집가지 않고 아침과 저녁으로 문안드리며 곁을 떠나지 않았다. 봉양할 것이 없으면 때로는 품을 팔고 때로는 돌아다니며 구걸해 먹을 것을 얻어 드시도록 했다. 그러기를 오래 해 고달픔을 이기지 못해 부잣집에 가서 몸을 팔아 종이 되기로 하고 쌀 10여 섬을 마련했다. 온종일 그 주인집에 가서 일을 해주고 저녁에는 밥을 지어 가지고 와서 봉양했다. 　　　　　　　　　　　　　　　　　　　　『삼국사기』 열전 효녀 지은

칭이었다.

　일반 촌락민은 생계가 어려우면 노동력을 파는 용작(傭作)을 하거나 노비가 되기도 했다. 불국사와 석굴암을 짓는 데 앞장선 김대성 설화는 이를 잘 보여준다. 그는 전생에 가난하게 살면서 부잣집에 고용되어 여러 잡역을 하며 생계를 꾸렸다. 생산기반을 잃은 빈곤층이 지주에게 의탁해 노동력을 제공하고 그 대가로 토지 혹은 식량을 받았던 것이다. 효녀 지은(知恩) 이야기도 그런 경우이다.

　촌락민이 용작인이나 노비가 되어 국가 수취 대상에서 벗어나면서 국가 재정이 부실해졌다. 국가는 이를 만회하기 위해 백성에 대한 수취를 강화했고, 다시 파산하거나 몰락하는 사람이 증가하는 악순환이 일어났다. 용작인과 노비를 흡수한 것은 진골 귀족과 사찰이었으며 이들을 활용해 전장(田莊)이라는 대토지를 경영했다. 전장은 경작지와 장사(莊舍)라고 불린 부속 건물로 구성됐다. 장사는 관리자가 거주하거나 수확물, 농기구 등을 보관하는 창고로 사용됐다. 경작지에 이러한 시설이 부속됐던 이유는 그 토지가 그만큼 대규모이거나 여러 곳에 흩어져 있었기 때문이다. 전장에는 시지(柴地)·과수원·염전 등이 포함된 경우도 있었다. 규모는 소유자에 따라 달랐고 시간이 흐를수록 점차 확대됐는데 대략 300~600결 정도였다. 대토지임에는 틀림이 없으나 고려 말에 "산천을 경계로 하고 몇 개의 주와 군에 걸치는" 정도로 발달한 농장(農莊)에는 미치지 못했다. 집사부의 차관을 역임한 김지전(金志全)은 720년(성덕왕 19) 경주 인근의 감산 지역에 있던 전장을 기진해 사찰을 지

---

5 　· 　왕토사상 "천하에 왕의 땅이 아닌 곳이 없고, 왕의 신하가 아닌 자가 없다"는 『시경』 구절에서 비롯된 관념이다.

었다. 지증대사는 879년(헌강왕 5) 자신의 전장을 안락사에 기진했는데, 토지 500결에 장사는 12채나 됐다.

　사원은 자체 재력으로 토지를 매입해 전장을 형성·경영하기도 했다. 그러나 귀족·고위 관료·왕실이 원찰(願刹)을 세우거나 시주가 되어 각종 재물과 토지를 기진하면서 사찰은 자연스럽게 대토지를 소유했다. 신라 말기에 이르면 사찰이 전장을 확대해갔고, 지방에 자리 잡은 봉암사나 해인사는 도적의 습격 대상이 될 정도였다.

### 생산과 교역

왕경 안에는 동서남쪽에 각각 하나씩 모두 3개의 시장이 있었다. 지증왕대에 동시가 설치됐고, 효소왕대에 서시·남시가 더해졌다. 모두 관설(官設) 시장으로 국가가 관리했다. 왕실과 중앙관청은 시장에서 필요한 물품을 구입하고 불용품을 처분할 수 있었다. 시장에는 관리관청으로 시전(市典)을 두어 상품의 품질·물가·도량형에 대한 관리·치안 등을 맡게 했다.

　왕실은 직속 수공업장을 갖고 있었다. 왕실 업무를 담당한 내성(內省) 산하에는 수공업과 관련한 30여 개의 작은 관청이 있었다. 철물, 직물, 피혁, 금·은 세공품, 염색, 기타 생활용품 생산을 관리했다. 조하방(朝霞房)과 소방전(蘇芳典)은 고운 비단과 염료를, 와기전(瓦器典)은 궁궐 건축용의 고급 자재와 물품들을 생산하는 일을 맡았다. 왕실에서 외국에 보내는 선물과 교역품, 공로자에 대한 하사품도 이곳에서 제작했다.

　경주 손곡동 유적은 6세기 이래로 운영된 대규모 관영 가마터였다. 여기서 생산된 고급 토기와 기와는 주로 중앙관청에 공급됐다. 이 밖에 무기·선박·수레·건축 부재·염료·각종 공구를 제작하는 관영 공방이 운영됐다. 진골 귀족도 공방(工房)을 운영했다. 황룡사 종과 725년(성덕왕 24)에 만든 오대산 상원사의 동종은 귀족 가문의 공방에 소속된 장인이 만들었다. 큰 사찰도 자체 공방을 운영하고 승려가 장인을 겸했다. 양지(良志)는 승장(僧匠), 즉 승려이면서 장인을 겸한 이로서 유명하다. 왕경 여러 사찰의 불상과 천왕·신중상이 그의 작품이었고, 벽돌과 기와를 제작하고 현판 글씨를 쓰는 등 다재다능한 인물이었다.

　장인의 사회적 지위는 시간이 지나면서 낮아졌다. 일례로 7세기 중반 중원경에 살던 강수(强首)의 부모는 아들이 대장장이의 딸과 혼인하는 것을 '천

| 신라 → 당 | 금은 세공품, 직물, 인삼 우황 등 약재 |
|---|---|
| 당 → 신라 | 고급 비단, 서적, 회화, 차 |
| 신라에 들어온 동남아, 서역 물품 | 에메랄드, 대모(玳瑁), 향료, 모직물 |

도표6 통일신라의 국제 교역품

하다'며 반대했다. 제철 장인의 사회적 지위는 삼국 초기 이후로 계속 낮아졌는데, 이는 기술과 지식이 확산되면서 장인의 전문성과 희소성이 줄어들었기 때문이다. 그래서 장인의 직업은 대부분 세습됐다.

나당전쟁이 끝나고 양국 간 국교가 정상화되면서 교역이 활발해졌고, 서역과 아라비아를 비롯한 다양한 곳의 물품이 신라로 유입됐다. 신라는 이를 다시 자국 생산품과 합해 일본의 왕실·귀족과 교역했다. 752년(경덕왕 11)에 김태렴 일행은 외교 사절로 일본에 가서 교역을 병행했는데, 이때 일본 귀족이 사려는 물품 목록을 적어 정부에 제출한 문서가 남아 있다.

통일신라 후기가 되면서 중앙정부의 공식 교역 이외에 민간 상업과 국제 교역도 증가했다. 신라 상인이 당에 건너가 백거이(白居易, 772~846)의 문집을 구해오기도 했다. 9세기 들면서 일본과 교역도 민간 상인의 활동이 활기를 띠었다. 814년(헌덕왕 6)에 신라 상인 31명이 서일본에 표착한 적이 있었고, 840년까지 신라 상인들이 일본을 빈번하게 왕래했다. 9세기 전반의 대표 상단(商團)이 청해진의 장보고(張保皐) 세력이었다.

타슈켄트 지방에서 산출되는 에메랄드 보석, 페르시아와 캄보디아에서 생산된 모직물, 자바·수마트라 등지에서 생산되는 좋은 목재 등이 수입되어 귀족들 사이에서 많이 사용됐다. 당과 신라를 잇는 바닷길은 울산항에서 흑산도를 거쳐 산둥반도로 이어지는 항로, 당항성(경기 화성)에서 산둥반도로 이어지는 항로가 주로 이용됐다. 그리고 통일신라 말기에는 서남해안 항구와 중국 강남 지역을 잇는 직항로도 이용됐다. 서역산 또는 동남아산 물품은 아라비아 상인이 직접 왕래하며 교역했을 가능성도 있다.

# 3 사회구조와 생활상

## 골품제의 변화

골품제는 왕경 지배층을 대상으로 한 신분제였다. 지방인은 골품을 지니지 못했으므로 정치·사회적으로 왕경 지배층과 구분됐다. 관직을 맡을 수 있는 자격인 관등도 골품제의 원리를 따랐다. 6세기에는 왕경인에게 경위(京位)를 주고 지방인에게 외위(外位)를 주어 구별했으나 7세기에 들면서 지방인에게도 경위를 주기 시작했다. 지방인을 포용하는 방향이었지만, 이후에도 지방인이 실제 중앙 관직을 맡지는 못했다.

폐쇄적 신분제를 유지하면서도 시대별로 조금씩 변화가 나타났으며 새로 골품제에 편입되는 경우도 없지 않았다. 6세기 전반에 금관국이 항복해왔을 때는 그 왕족을 진골 신분에 편입했다. 김유신을 비롯한 금관국 왕족의 후손은 진골 신분으로 통일전쟁에서 활약했다. 백제와 고구려가 멸망했을 때도 소수의 지배층이 신라 지배층으로 편입됐다. 7세기 후반에 보덕국의 안승을 경주로 이주시킬 때도 진골 신분을 부여했다. 골품제의 등급 구분에서도 변화가 있었다. 성골, 진골, 6두품~1두품까지 모두 8등급이었으나 7세기 중반에 성골이 소멸했다. 그리고 진골에서 강등됐으나 6두품과는 구별되어 '득난(得難)'[6]으로 불리는 신분도 생겨났다.

한편 통일 이후의 사회 변화에 따라 하위 신분 사이에 실질적 구분이 흐려졌다. 834년(흥덕왕 9)에 흥덕왕이 사치 풍조를 지적하며 신분별 금지 규정을 강조할 때 왕실과 진골·6두품·5두품의 구분은 엄격했다. 그러나 4두품 이하는 백성과 함께 묶어서 취급했다. 지방의 유력자도 5두품, 4두품에 준하는 규제를 받았다. 신분에 따른 규제는 집·수레·의복·그릇 등 일상생활에 폭넓게 이루어졌다.

## 생활상과 풍속

진골 귀족은 지방 여러 곳에 대토지를 소유하고 많은 재산을 축적해 금입택

---

6    득난 최치원이 지은 성주사 낭혜화상(朗慧和尙, 800~888) 비문에 낭혜의 부 김범청이 "진골에서 강등되어 득난이 됐다"고 기록된다. 진골과 6두품 사이에 나타난 과도적 신분으로 이해하며, 강등된 원인 등에 대해서는 여러 학설이 있다.

도판5 용강동 6호분 바둑돌
바둑돌은 통일 이전의 황남대총 남분, 천마총, 금관총, 서봉총, 그리고 통일 이후의 용강동 6호분에서도 나왔다. 특히 2020년 삼국시대 여성의 무덤으로 추정되는 쪽샘 지구 44호분에서도 출토되어, 신라에서 여성들도 바둑을 즐겼으리라 추정하고 있다.

(金入宅)이라 불린 왕경의 저택에 살았다. 그들은 왕경 근처에 계절별로 풍치를 자랑하며 사절유택(四節遊宅)으로 불린 호화로운 별장도 갖고 있었다. 이들은 많은 노비를 부렸으며, 권세 있는 자들은 다수의 사병(私兵)을 거느렸다. 귀족들은 가난한 백성에게 곡식을 꿔주고 기한 안에 갚지 못하면 노비로 삼기도 했다. 귀족 중에는 노비를 부리거나 장인들을 고용해 고급 수공업품을 생산하는 공방(工房)을 운영하고, 생산품을 팔거나 수출해 수익을 올리는 경우도 있었다.

삼국시대부터 통일신라 때까지 줄곧 왕족·귀족 사이에는 근친혼이 성행했다. 신분을 유지하려면 통혼권을 지켜야 했고, 지배층 사이에서 오랫동안 유지된 자연스러운 풍습이기도 했다. 한편 왕비와 이혼하고 궁궐 밖으로 내보낸 국왕도 있었다. 신문왕은 장인 김흠돌이 반란을 일으키자 그를 처형한 후 왕비를 내쫓았고, 경덕왕도 아들을 낳지 못한 삼모부인(三毛夫人)을 내보내고 재혼했다.

가부장제를 바탕에 둔 사회이지만 여성의 재혼이나 사회 활동은 비교적 자유로웠다. 무열왕의 딸 요석공주는 홀로 된 뒤에 원효와 재혼했다. 그리고 궁궐에서 나온 삼모부인은 거대한 황룡사 종을 주조하는 사업에 대시주자로 참여했다. 경문왕과 왕비, 뒷날 진성왕이 된 공주는 무진주 사찰의 석등 건립

---

**신라 귀족들의 생활**

"재상가에는 녹(祿)이 끊이지 않고, 노동(奴僮)〔노비처럼 부리는 사람〕이 3,000명이다. 갑병(甲兵)과 소, 말, 돼지도 이와 맞먹는 수였다. 가축을 바다 가운데 섬에 놓아 기르다가 필요할 때에 활을 쏘아 잡는다."

『신당서』 신라전

에 시주했다. 또 경문왕의 다른 딸로 미망인이었던 단의장옹주(端儀長翁主)는 지증대사(824~882)를 현계산 안락사(安樂寺)에 머물게 하고 토지와 노비를 희사했다. 이렇게 여성이 불사(佛事)에 참여하며 재산을 자신의 뜻대로 처분할 수 있었다.

신라 상류층은 바둑을 즐겼다. 경주의 삼국시대 돌무지덧널무덤, 그리고 통일신라의 굴식돌방무덤에서도 바둑돌이 출토된다. 당의 현종이 신라에 사신을 보낼 때, 신라인이 바둑을 잘 둔다는 말을 듣고 바둑에 능한 사람을 사절단의 부사(副使)로 딸려 보낸 적도 있었다. 경주 월지에서 출토된 14면 주령구(酒令具)는 귀족들이 술자리에서 즐기던 놀이의 모습을 알려준다. 각 면에 "노래 없이 춤추기", "술 석 잔 한 번에 마시기", "시 한 수 읊기" 등의 문구가 새겨져 있다.

---

**신라 지배층의 혼인**

"그 나라의 관제(官制)는 〔왕의〕친척에게 높은 벼슬을 주며, 제1골과 제2골로 스스로 구분한다.

형제의 딸이나 고모, 이모, 종자매(從姉妹)를 다 아내로 맞는다. 왕족은 제1골이며 처 역시 그 족으로, 아들을 낳으면 모두 제1골이 된다〔제1골은〕제2골 여자를 아내로 맞지 않으며, 맞이해도 보통 첩으로 삼는다."

『신당서』 신라전    **191**

# 4. 신라 통일기의 사상과 문화

# 1 사상과 종교

### 유학과 도교

7세기 중엽 이후 신라 지배층 사이에서 유학에 대한 관심이 높아져갔다. 640년 (선덕왕 9)에 당의 국학에 학생을 유학 보냈고, 648년(진덕왕 2)에 사신으로 파견된 김춘추는 국학에 나아가 강의를 듣기도 했다. 통일 이후에는 더욱 적극적으로 유학 장려정책을 추진했다. 682년(신문왕 2)에 국학을 설립해 유교 경전을 체계적으로 교육하기 시작했고, 중국에 학생을 파견해 당의 국학에서 공부하고 오게 했다.

국학에는 15세에서 30세까지의 하급 관리와 지배층 자제들 가운데 관직이 없는 자가 입학해 9년 동안 공부했다. 박사와 조교 등의 교사가 『논어』·『효경』 등의 기초 문헌과 『주역』·『시경』·『서경』·『예기』·『춘추좌전』·『문선』 등을 가르쳤다. 717년(성덕왕 16)에는 당에서 공자와 제자들의 초상화를 구해와 국학에 봉안하기도 했다. 국학의 교육과 관직 진출은 본래 관계가 없었지만, 788년(원성왕 4)에 이르러 국학에서 일정 수준 이상의 학업을 닦은 학생을 관료로 선발하는 독서삼품과를 시행했다. 국학에는 유학 이외에도 산학박사와 조교를 두어 수학을 가르쳤다.

당의 국학에 입학하는 학생들은 한 번에 3~5명에서 10명 정도였으며, 10년간 공부한 후에 돌아오는 것이 일반적이었다. 그중에는 당에서 빈공과 (賓貢科)[1]에 합격해 당의 관료에 임용된 사람들도 적지 않았다. 율수현(溧水縣)[2] 현위(縣衛)를 지낸 최치원이 대표적이다. 빈공과의 합격자 수와 석차를 두고 발해나 일본의 학생들과 경쟁하기도 했다. 빈공과 출신의 승진과 활동에는 제약이 적지 않았으므로 당에서 짧은 관료생활을 경험한 후 귀국해 관직생활을 하는 사람들이 많았다. 귀국한 유학생들은 주로 지방관이나 문한직(文翰職)[3]에 임명되어 활동했다.

유학 장려정책에 따라 많은 유학자가 배출됐는데, 실력을 통해 신분의 한계를 넘어서려 한 6두품 출신이 많았다. 통일전쟁기에 활동한 강수는 외교

---

1    빈공과 당에서 외국인 학생들을 대상으로 실시한 과거시험이다.
2    율수현 지금의 강소성(江蘇省) 남경시(南京市) 율수현을 말한다.
3    문한직 문필을 담당하는 직책으로 유학과 문장에 밝은 사람이 임명됐다.

**신라 말 3최(崔)**

신분의 한계를 안고 있던 6두품 출신 유학자들은 신라 말기에 다양하게 처신했는데, '3최'라 불린 최치원, 최승우, 최언위는 각기 다른 선택을 했다.

최치원(崔致遠, 857~?): 귀국 후 문필을 담당하고 지방관을 역임했다. 혼란기를 맞아 진성왕에게 시무십여조(時務十餘條)를 건의했다. 말년에 해인사에 은거했으나 신라에 등을 돌리지는 않았다.

최승우(崔承祐): 최치원보다 늦게 유학하고 돌아온 뒤에 견훤에게 가서 문필을 담당했다.

최언위(崔彦撝, 868~944): 귀국 후 집사시랑을 지냈고, 고려에 항복하는 경순왕을 따라 개성으로 가서 문한직에 종사했다. 고려 지식인들의 존경을 받으며 선종 승려들의 비문을 도맡아 지었다.


문서를 잘 지어 무열왕과 문무왕의 존중을 받았으며, 원효의 아들인 설총은 유교경전을 우리말로 해설해 후학을 지도했다.

당의 유학생 중에는 도교를 접하고 심취하는 사람들도 있었다. 김유신의 후손인 김암(金巖)은 중국 유학 중 도교의 방술(方術)과 둔갑술(遁甲術)을 배우고 귀국해 8세기 후반에 활약했다. 9세기 전반에 유학한 김가기(金可紀, ?~859)는 빈공과에 합격해 지방관을 역임하다 도교에 심취해 벼슬을 그만두고 도사가 되어 당에서 활동했다. 최치원도 신라의 화랑도를 도교와 비슷한 풍류도로 파악하고 신라 화랑들의 활동을 신선사상과 연관 지어 언급할 만큼 도교에 대한 이해가 깊었다.

### 불교사상과 신앙

통일 이전 신라 왕실은 국가체제를 정비하고 왕실의 권위를 높이기 위해 불교를 지원했다. 반면 통일 이후의 왕실은 통치의 정당성을 유교 정치 이념에서 찾고자 했다. 종교적 신성성이 아닌 군주의 도덕적 자질과 백성들에게 실제적 혜택을 줄 수 있는 능력을 강조했던 것이다. 이에 따라 불교의 정치적 기능이 축소되는 대신 철학적·종교적 측면이 강화되고, 동시에 불교신앙을 통한 대중들의 삶의 위안이 중시됐다.

통일신라 시기에는 다양한 불교 철학이 발전했다. 7세기 중엽 당에서는 인도에 유학하고 돌아온 삼장법사 현장(玄奘, 602~664)[4]이 유식학(唯識學)[5]을 크게 퍼뜨렸는데, 그의 문하에서 공부한 신라 승려들을 통해 신라 불교계에

**화엄학·화엄종**

화엄학은 현장과 비슷한 시기에 활동한 당의 지엄(智儼, 602~668)에 의해 기초가 다져졌다. 이 세상의 참된 모습은 모든 존재들이 서로 긴밀하게 연결되어 있고, 부처와 중생이 동질적 존재라는 주장이다.

지엄의 제자 법장(法藏, 643~712)은 유식학의 내용을 수용해 화엄학의 이론을 더욱 체계화했다. 당시 황제의 자리에 오른 측천무후(則天武后, 624~705)의 후원 속에 화엄학은 7세기 말 이후 당 불교계의 주요한 흐름으로 자리 잡았다. 사유(思惟) 체계를 일컬을 때는 화엄학, 교단을 가리킬 때는 화엄종이라고 표현하는 것이 일반적이다.

도 유식학이 전해졌다.

신라 유식학을 대표하는 승려가 원측(圓測, 613~696)이다. 그는 어려서 당으로 떠나서, 현장이 인도에서 돌아온 뒤에 함께 불경을 번역했다. 유식학을 깊이 있게 공부하며 그 내용을 소개하는 『해심밀경소』 등의 많은 저술을 남겼다. 이들 저술은 후대에 돈황 지역을 거쳐 티베트까지 전해졌다. 원측은 줄곧 당에서 활동했으나 그의 가르침을 받고 돌아온 유학승들을 통해 학문적 업적이 신라 불교계로 전해져서 유식학이 크게 발전했다.

유식학이 전해진 시기와 비슷한 시기에 화엄학도 신라에 전해졌다. 의상(義湘, 625~702)이 그 중심 인물이었다. 의상은 당의 지엄 문하에서 수학했고 지엄 사후에 당에서 수행하고 있었다. 그러던 중에 당이 신라를 침공할 기미를 보이자 670년(문무왕 10)에 급히 귀국해 이를 알렸다. 이후 부석사에서 화엄학을 강의하며 제자들과 함께 수행에 힘썼다. 문무왕이 의상에게 토지와 노비를 하사하며 크게 지원하려 했다. 그러나 의상은 승려는 무소유를 지향하며 불교의 가르침에는 모두가 평등하다는 이유로 거절했다. 의상은 「화엄일승법계도」를 지어 화엄학의 내용을 정리했다. 그의 제자들과 중국에서 법장에게 배우고 돌아온 승려들을 통해 화엄학은 신라 불교계에 점차 널리 퍼져갔다.

유식학과 화엄학이 널리 연구되는 가운데 원효(元曉, 617~686)는 기존 불교사상의 토대 위에서 이들을 종합하는 독자적인 불교사상을 제시했다.

---

4   현장 인도에 가서 10여 년 공부한 뒤에 많은 경전을 갖고 돌아와 한문으로 번역했다. 『서역기』를 지었다. 유식학에 관심을 갖고 관련 문헌을 많이 번역해 중국에서 유식학이 크게 성행했다.

5   유식학 눈에 보이는 세계는 인식(생각) 속에만 존재하는 허구이고, 참된 실제세계는 그 허구를 넘어설 때 비로소 드러난다고 말하는 사상이다.

의상과 함께 당나라 유학을 시도했다가 단념한 원효는 책을 통해 현장이 전한 인도의 유식학을 연구하는 한편, 의상이 귀국한 뒤에 화엄학도 공부했다.

원효는 삼국시대에 전해진 불교사상과 새로 수용된 유식학·화엄학 등을 두루 공부하고 이들을 종합하기 위해 노력했다. 그리하여 이론적 차이에도 불구하고 모든 대승불교 사상이 '중생의 마음이 부처'라는 동일한 진리에 입각해 중생 구제를 위한 다양한 가르침을 제시하고 있다는 화쟁사상(和諍思想)을 주창했다. 그는 『대승기신론』이 이런 입장을 잘 담고 있다고 생각하고, 이 책에 대한 다양한 주석서를 지었다. 아울러 『십문화쟁론(十門和諍論)』을 통해 화쟁사상의 이론을 구체적으로 제시했다.

원효는 중생의 본래 마음은 모든 차별을 초월한 절대 평등의 모습이며, 불교의 근본 목적은 이러한 절대 평등의 마음을 깨닫고 실천하는 것이라고 했다. 그는 이러한 절대 평등을 실천하기 위해 사찰에서 나와 세속의 거리를 다니며 일반 민중들을 대상으로 불교의 가르침을 적극적으로 전했다. 만년에는 출가자와 세속인의 구별까지도 넘어서는 삶을 살기 위해 환속했다. 원효와 비슷한 시기에 활동한 혜숙(惠宿)·혜공(惠空)·대안(大安) 등의 승려도 원효처럼 사찰에서 나와서 일반 민중들을 대상으로 불교의 가르침을 펼치며 생활했다. 민중 포교자들의 활동으로 불교 신앙은 귀족뿐 아니라 일반인들 속에 널리 퍼져갔다.

불교가 일반인들에게까지 확대되는 가운데 사후의 이상세계에 대한 신앙도 확대됐다. 도솔천 등의 천상세계 외에 아미타불의 극락세계가 사후의 이상세계로 제시됐다. 죽은 후에 극락세계에 태어나 아미타불의 가르침을 들으며 수행에만 정진하다 깨달음을 이루겠다는 정토신앙(淨土信仰)은 통일신라 불교계의 대표적인 신앙으로 왕족부터 노비에 이르기까지 폭넓게 확산됐다. 지옥의 중생을 구제한다는 지장보살에 대한 신앙도 널리 퍼졌다.

## 신라 말 불교의 동향과 풍수지리

8세기 후반부터 귀족 세력의 권력 다툼으로 중앙 정치가 혼란스러워지고, 지배체제가 흔들리면서 자연재해도 장기간 거듭되며 경제 상황이 악화됐다. 이런 정치적·사회적 변동과 함께 불교계에도 변화가 일어났다. 이론 연구를 중시하는 유식학이 쇠퇴하는 대신 개인의 실천 수행을 강조하는 의상의 문도들이 영향력을 확대했다.

　　의상의 가르침을 이은 표훈(表訓)과 신림(神林) 등이 경주에 진출해 국왕과 귀족들의 후원을 받았고, 화엄학을 전문으로 하는 사찰들이 전국에 생겨났다. 유식학을 공부한 승려들 사이에서도 이론보다 실천신앙을 중시하는 경향이 나타났다. 진표(眞表)는 참회행(懺悔行)과 명상을 통해 미륵보살과 지장보살로부터 점찰법(占察法)을 전해받고 전국을 다니며 이를 퍼뜨렸다. 8세기 후반 이후 진표의 실천신앙을 따르는 것이 유식학파 내부의 주된 흐름으로 자리 잡았다.

　　신라 말 불교계에 중요한 변화를 가져온 것은 선종(禪宗)[6]이었다. 선종은 8세기 후반부터 수용되기 시작했으나 경전의 가치를 부정하는 점 때문에 때로는 '마귀의 가르침'이라고 비판받기도 했다. 그러나 830년대 이후 당에서 선종을 수학한 여러 승려들이 귀국해 활동하자 왕실과 귀족이 후원했다. 선종에 대한 이해가 넓어지고 배우는 사람이 늘어났으며, 중앙정부에 맞서 독립한 지방 세력들이 선종 사찰을 적극 지원했다. 그리하여 선종은 왕경에서 멀리 떨어진 지역을 중심으로 산문(山門)을 형성해 발전하게 됐다.

　　선종의 대두와 함께 풍수지리설도 발전했다. 수도를 정할 때 혹은 대형 건물을 지을 때 주변 산세와 하천의 방향을 고려하는 풍수적 관념은 이미 삼국시대 초기부터 보였다. 그러나 중국의 풍수지리 이론을 덧붙여서 풍수지리설이 체계적으로 확립되고 사회 전반에 널리 받아들여진 것은 선종이 본격적으로 수용되는 9세기 중반 이후부터였다.

　　신라의 풍수지리설은 선승 도선(道詵, 827~898)에 의해 체계화된 것으로 알려진다. 도선의 행적과 관련해 신비적인 이야기들이 적지 않지만, 풍수지리설의 확산에 선승들이 중요한 역할을 담당했다는 것은 당시 사회 분위기를 반영하고 있다. 도선은 풍수이론을 불교적으로 재구성해 '비보사탑(裨補寺塔)'[7]을 강조했다. 풍수지리설은 단순히 지형과 지리의 우열을 판정하는 것이 아니라 모든 국토의 균형적 이용을 가능하게 하는 이론으로서, 새로 등장한 지방 세력이 자신의 지역을 효율적으로 관리할 이론으로도 활용됐다.

---

6　　선종 언어에 의한 가르침의 한계를 지적하며 스스로 선정(禪定) 수행을 통해 부처의 마음을 체득할 것을 주장하는 가르침이다. 중국 남북조시대 후기에 출현해 8세기 이후 점차 영향력이 확대됐고, 8세기 중엽 이후 불교계의 주요 흐름이 됐다.

7　　비보사탑 지리적 결함을 사찰이나 탑을 세워 보완하는 것을 말한다.

**밀교, 신라 승려의 인도 유학**

통일신라기에는 밀교(密敎)를 수학한 승려들이 적지 않았다. 밀교는 초기밀교와 순수밀교로 나뉜다. 전자는 주로 주문이나 기도 같은 주술을 통해 재난 극복과 소원 성취를 추구하는 기복신앙의 성격이 강했다. 후자는 『대일경(大日經)』, 『금강정경(金剛頂經)』 등에 의거해 진언(眞言, 만트라)과 명상(冥想, 만다라) 수행 등으로 깨달음을 추구했다. 초기밀교는 불교와 함께 전래됐을 것으로 추정된다. 8세기 이후에 전해진 순수밀교를 수학한 신라 승려로는 『대일경』을 번역한 선무외(善無畏)의 제자인 현초와 의림, 불가사의와 『금강정경』을 번역한 금강지(金剛智)에게 배운 혜초가 있다. 8세기 말 이후 중국에 유학한 혜일, 오진, 균량 등도 밀교를 수학했다.

## 2  문학과 예술

### 문자생활의 발전

통일 이후 유학 교육이 발전하면서 한문 사용자가 확대되고 이해 수준도 높아졌다. 6세기 금석문에 보이던 이해하기 어려운 한문 문장들은 더 이상 나타나지 않고, 유교경전과 중국 고전에 기초한 세련된 문장을 짓는 사람들이 많아졌다. 비공식 문서나 행정 실무기록들에는 여전히 한문 문법과 다른 문장들이 사용되기도 했지만, 한문 문법과 용어들을 바탕에 깔고 어순을 우리말에 맞춘 것이었다.

중국 문헌을 읽는 사람들이 늘어나면서 한문 문장을 우리말로 읽고 이해하기 위해 한자 단어에 우리말의 조사와 어미 등을 붙이고, 어순을 조절하는 방법이 고안됐다. 조사와 어미는 우리말 발음에 일치하는 한자를 따다가 사용했고, 어순은 한자 숫자로 표시하는 구결(口訣)[8]이 생겨났다. 구결은 불경을 읽기 위해 처음 고안됐고, 이후 유교경전을 읽는 데에도 확대됐는데 설총 등에 의해 통일성을 갖췄다.

구결이 널리 사용되면서 한문 문장을 쓸 때도 구결의 조사와 어미를 붙여 적는 필기법인 이두(吏讀)가 나타났다. 구결과 이두가 널리 사용되면서 기초적 한문 지식이 있으면 문장을 읽고 작성할 수 있게 됐다. 이렇게 문자를 사용하고 문장을 작성해 뜻을 전달하는 사람이 더욱 늘어났으며, 높은 수준으로 철학적 사유를 표현하는 지식인도 많아졌다.

---

8  구결 한문 문장을 우리말로 읽기 위해 고안된 보조 기호들을 말한다.

문학과 역사

신라의 대표 문학작품으로는 향가를 들 수 있다. 향가는 위로는 국왕으로부터 아래로는 평민과 부녀자까지 각계각층의 사람들이 부른 우리말 노래로 진성왕 때에 각간 위홍과 승려 대구화상이 『삼대목』이라는 향가집을 편찬했다는데 현재는 전하지 않고 『삼국유사』에 수록된 14수만이 알려져 있다.

통일신라 시기의 대표적 향가로는 죽은 여동생을 그리워하며 부른 월명사의 「제망매가」, 낭도 득오가 화랑 죽지랑을 추모해 부른 「모죽지랑가」, 실명한 어린 아들의 눈을 뜨게 해달라고 분황사 관음보살에게 기원하며 부른 여인 희명의 「도천수대비가」, 정토신앙을 실천한 엄장(嚴壯)이 아미타 극락세계에의 왕생을 기원하며 부른 「원왕생가」, 역신을 물리치는 주술 노래로 불린 「처용가」 등이 있다. 향가는 한자의 뜻과 발음을 따서 우리말을 적는 향찰(鄕札)로 기록됐는데, 아직 완전히 해독되지는 못했다.

한문학으로는 설총이 신문왕에게 올린 「화왕계」가 유명하다. 「화왕계」의 내용은 꽃의 나라의 왕이 외모는 보잘것없지만 곧은 절개를 지닌 할미꽃과 아름다운 외모를 가진 장미꽃 중에 장미꽃을 선택하려 하자 할미꽃이 나무라는 내용의 우화로서, 어진 인재를 중시하라는 유교적 이념을 담고 있다. 8세기 초에 활동한 김대문은 당대의 대표 문인으로, 『계림잡전』·『화랑세기』·『고승전』·『한산기』·『악본』 등을 남겼지만 현재는 전하지 않고 있다. 그 밖에 승려와 문인들이 지은 시와 문장들이 중국과 국내의 문집에 다수 전하

---

**우리말식 한문과 이두 문장**

신라의 한문에서도 한문 문법과 우리말 어순이 뒤섞인 이두 문장이 많다. 두 청년이 유교 경전을 학습하고 그 가르침을 따르며 국가에 충성하리라 약속한 「임신서기석」(552 또는 612)에도 그런 문장이 보인다.

今自三年忠道執持過失無誓
지금부터 3년 동안 충성의 도를 지키고 잘못이 없기를 맹서한다.
若此事失天大罪得誓
만약 이 일〔맹서〕을 지키지 않으면 하늘의 큰 죄를 얻을 것을 맹서한다.

두 문장 모두 맹서한다[誓]는 말로 끝나고 있는데, 한문에서는 동사인 誓가 문장의 앞에 와야 하지만, 우리말 어순에 맞추어 제일 뒤에 놓았다. 또 한문 문장이라면 '忠道執持'를 執持忠道(동사+목적어), '此事失'을 失此事(동사+목적어)로 배열해야 한다. 그러나 우리말 어순에 따라 거꾸로 작성했다. 今自, 天大罪得도 마찬가지다.

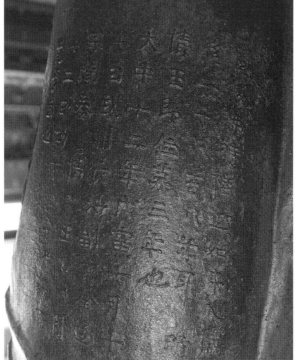

도판6, 7  보림사 철조비로자나불좌상

보림사는 신라 말 선종 9산문 중 가지산문의 대표사찰이다. 철불은 신라말에서 고려초에 걸쳐 널리 유행했는
데, 보림사 외에도 철원 도피안사 등에 남아 있다. 이 불상의 왼쪽 어깨 뒤편에는 858년(헌안왕 2) 무주 장사
현의 부관(副官)인 김수종이 시주해 만들었다는 새김글이 양각돼 있다.

고 있는데, 특히 최치원은 『계원필경』이라는 개인 문집을 남겼다.

### 건축과 미술

통일신라시기에도 월성은 국왕이 거주하는 궁성(宮城)으로 기능했다. 문무
왕대에 월성 동쪽으로 궁궐의 범위를 넓히면서 월지(月池)를 만들고 임해전
등의 여러 건물들을 지어 동궁(東宮)으로 경영했다. 임해전은 임금과 신하들
이 연회를 열거나 귀빈을 접대하는 곳으로 이용됐다. 월지는 동서 200미터,
남북 180미터에 둘레가 1,000미터인 인공 연못이다. 가장자리에 굴곡을 많이
만들어 어느 곳에서도 연못 전체가 한눈에 들어오지 않아 바다처럼 느끼게
설계됐다. 연못 가운데는 신선이 사는 삼신산(三神山)을 형상화한 인공섬 3
개를 만들었으며, 물을 끌어들이는 입수장치나 배수구시설도 정교하게 마련
했다. 경주 남산 서쪽 기슭의 포석정도 왕실의 연회지, 의례를 행하는 곳으로
이용됐다. 시냇물을 끌어들여 술잔이 물길을 따라 흐르다 중간중간에 맴돌
게 하는 길이 약 10미터의 유상곡수(流觴曲水)[9]를 위한 시설이 남아 있다.

　　삼국시대의 돌방무덤은 통일신라로 이어져서 주된 무덤 형태가 됐다.
통일 후에 만들어진 왕릉급 고분들은 봉토 하부에 석축을 두르거나 십이지
신상을 새긴 호석을 배치했다. 원성왕릉으로 추정되는 괘릉은 무덤 앞에 문
인상·무인상을 두고 사방에 돌사자 등을 배치했다. 나라를 지키는 호국용이
되겠다고 유언한 문무왕의 유해는 화장한 뒤 동해안 대왕암에 장사를 지냈
다. 왕실과 귀족 사이에 화장이 유행해 유골을 담은 뼈항아리들이 다수 발견
된다. 불교가 지속적으로 발전하면서 통일신라시기에는 전국에 100여 곳 넘
는 사찰이 창건됐는데, 그중 절반 가까이가 왕경인 경주 일원에 자리 잡았다.
이 시기 특징적인 사찰구조가 금당 앞에 2개의 탑을 배치한 쌍탑가람이다.
쌍탑가람은 나당전쟁 중에 창건된 사천왕사에서 처음 나타난 이래 망덕사·
감은사·불국사·실상사·보림사 등 주요 사찰들에서 보인다.

　　통일신라시기의 불탑은 삼층석탑이 일반적이었지만 경상북도 지역에
서는 다층전탑·모전석탑(模塼石塔)도 세워졌다. 구례 화엄사에는 기단부에
네 마리의 사자와 승려를 조각한 독특한 모양의 석탑도 만들어졌다. 9세기

---

9　유상곡수 삼짇날에 술잔을 물에 띄워 두고, 왕과 귀족들이 물길을 따라 앉아서 술잔이 돌아오기 전에
　시를 지으며 즐기는 놀이를 말한다.

후반 이후 출현한 선종 사찰들에는 산문을 개창한 승려의 유골을 봉안한 승탑(부도)과 해당 승려의 행적을 기록한 탑비들이 만들어졌다.

통일신라의 대표적 사찰 건축물로는 8세기 중반에 건축된 불국사와 석굴암이 있다. 불국사는 대웅전 구역과 극락전 구역 등 여러 공간으로 구성됐다. 쌍탑가람 형식의 대웅전 구역에는 서로 다른 모양의 다보탑과 석가탑을 세운 반면, 극락전 구역은 탑이 없는 배치로 설계했다. 불국사가 자리 잡은 토함산 정상부 부근에 위치한 석굴암은 인도와 중국의 석굴사원을 본뜬 인공 석굴사원이다. 네모난 전실과 돔형의 후실로 구성됐다. 전실에는 부처를 호위하는 팔부신중과 금강역사, 후실에는 본존불과 여러 보살, 부처님의 10대 제자, 전실과 후실을 연결하는 복도에는 사천왕을 배치해 부처의 세계를 종합적으로 표현했다. 불국사와 석굴암의 설계와 건축에는 고도의 기하학적 계산이 적용됐다.

대형 사찰에는 큰 범종을 만들어 걸었다. 725년(성덕왕 24)에 만들어진 오대산 상원사 범종이 현존하는 가장 오래된 신라 범종이다. 771년(혜공왕 7)에 완성된 성덕대왕신종은 높이 3.66미터, 직경 2.27미터, 무게 18.9톤에 달한다. 황룡사에도 구리 50만 근으로 만든 신라 최대의 종이 있었다고 알려지지만 현재 전하지 않는다. 신라 범종은 걸개 옆에 종의 내부와 통하는 음관을 설치해 깊은 소리를 낼 수 있게 했는데, 다른 나라 종들에는 보이지 않는 한국 종의 특징이다. 통일신라의 대표 불상으로는 석가모니의 깨달음의 순간을 형상화한 석굴암 본존불이 있다. 이 불상은 신라인이 생각하던 부처의 모습을 이상적으로 표현했는데, 이후 만들어진 신라 불상의 전범이 됐다. 이 밖에도 감산사의 아미타불과 미륵보살 입상, 백률사의 약사여래입상 등이 유명하다. 9세기 이후에는 왼손 검지를 오른손으로 감싸 쥔 지권인(智拳印) 형태의 비로자나불상이 유행했고, 9세기 후반 이후에는 지방의 선종 사찰을 중심으로 철로 만든 불상들이 다수 만들어졌다.

선덕여왕대와 문무왕대에 활동한 승려 양지(良志)는 소조(塑造) 조각가로 이름났다. 여러 사찰의 불상과 사천왕상, 그리고 전탑의 기와를 제작했는데, 특히 사천왕사 목탑의 기단부 주위에 배치한 신장상(神將像)은 빼어난 작품으로 평가받고 있다. 통일신라의 대표 화가로는 솔거(率居)가 유명하다. 그는 황룡사 벽화를 비롯해 분황사의 관음보살상, 진주 단속사의 유마거사상 등을 그렸다. 특히 그가 그린 황룡사 벽화의 소나무를 보고 새들이 앉으려다

도판8 감은사지 동탑 사리장엄구(내함, 외함)
1996년 감은사지 동탑을 해체해 수리할 때 3층 몸돌에서 나왔다. 외함에는 부조로 사천왕을 표현했고, 내함은 전각(殿閣) 모양을 정교하게 제작했다.

벽에 부딪쳐 떨어졌다는 이야기가 전한다. 또한 유명한 서예가로는 왕희지체에 뛰어났던 김생(金生, 711~?)과 구양순체에 뛰어났던 요극일(姚克一) 등이 있다.

### 과학기술

통일신라시기에도 천문과 기상에 대한 관심은 이전 시대만큼 높았다. 물시계인 누각(漏刻)을 만들고 누각박사(漏刻博士)를 두어 시간을 측정했고, 천문박사(天文博士)를 두어 천체의 운행을 관측하게 했다. 당에서 유학과 도교를 공부하고 돌아온 김암은 천문학에도 조예가 깊어 사천대(司天臺) 박사를 역임했다.

의학과 약학도 중시됐다. 의학박사를 두어 『본초』·『갑을경』·『소문경』·『침경』·『맥경』·『명당경』·『난경』 등의 책으로 학생들을 가르치게 했고, 약전을 두어 약에 관한 일을 담당하게 했다. 일본 고대의 의학서인 『의심방(醫心方)』에는 신라법사방(新羅法師方)·신라법사비밀방(新羅法師祕密方) 등의 신라 의약에 관한 내용이 인용되어 있다.

감은사지 동탑에서 출토된 사리장엄구는 정밀하고 수준 높은 금속 가공 기술을 보여준다. 경덕왕대에 기계와 자동운동 장치기술을 담은 만불산(萬佛山)을 만들어 당의 황제에게 선물했다. 한 길 정도의 모형 산에 만들어놓은 기암괴석과 동굴 등이 실제를 방불케 했고, 바람이 불면 벌과 나비·제비·참새 등이 춤을 췄다. 수많은 불상을 배치하고 절과 승려들의 모형을 만들었는데, 종을 치면 승려들이 땅에 엎드려 절을 하고 독경 소리가 은은하게 들렸다고 한다.

203

# 5. 발해의
지배구조와 문화

# 1   건국과 발전

### 대조영의 건국 과정

고구려 유민은 2차례에 걸쳐 당으로 대거 강제 이주당했다. 멸망 직후인 669년에 많은 주민이 당으로 끌려갔고, 이후 고구려 유민의 동요를 수습하라고 요동에 보낸 보장왕이 당의 의심을 사서 소환되던 671년에 대대적으로 강제 이주했다. 이들이 정착한 요서 지역의 영주(營州)에는 당에 예속된 거란족들이 주로 살았지만, 영주는 고구려 본토에서 당으로 갈 때의 경유지여서 고구려 유민과 말갈족도 일부가 잔류했다. 그런데 696년 당의 지배에 반발한 거란족이 영주에서 북중국까지 점령하는 한편 동쪽으로 안동도호부를 공격했다. 이때 고구려 유민을 이끄는 걸걸중상(乞乞仲象)·대조영(大祚榮, ?~719) 부자와 말갈추장 걸사비우(乞四比羽)가 동조했고, 이들은 거란족의 주축이 패한 뒤 요동 지역으로 옮겨 독자 세력을 구축했다. 돌궐의 도움으로 겨우 거란족을 진압한 당은 보장왕의 손자 고보원(高寶元)을 통해 요동 지역을 통치할 계획을 세웠다. 그래서 걸걸중상과 걸사비우에게 당의 관직을 내리며 회유하기도 했다.

이 무렵 걸걸중상이 사망하고 걸사비우는 당군에 패해 죽었다. 고구려 유민과 말갈족의 지도자가 된 대조영은 천문령(天門嶺)에서 당군을 대패시켰다. 그러나 당이 계속 군대를 파견하자 동쪽으로 쑹화강을 넘어 모란강 유역의 동모산에 정착해 698년 나라를 세우고 국호를 '진국(振國)'이라 했다. 대조영은 건국 직후 돌궐과 신라에 사신을 파견해 대외적 안정을 확보했다. 당은 안동도호부의 통제를 벗어나 독립한 진국을 인정하지 않고 미개하다는 의미가 담긴 '말갈'로 불렀다. 그렇지만 당은 동북 방면의 요충지인 영주를 거란으로부터 탈환하기 위해서는 거란 배후에 위치한 진국과 우호관계를 맺어야 했다. 이에 713년 대조영을 '좌효위대장군 홀한주도독 발해군왕(左驍衛大將軍 忽汗州都督 渤海郡王)'에 책봉했다.

이때부터 당은 대조영이 자칭한 진국 대신 '발해말갈', '발해'로 부르기 시작하면서, 발해를 국호로 사용했다.[1] 진국은 자신의 국호를 인정받지 못한 대신 당과의 대립관계를 끝냈다는 데 일단 만족하고 옛 고구려 지역으로 세

---

1   발해 국호 발해 문왕은 일본에 보낸 국서에서 '발해왕' 또는 '고려국왕'이라는 호칭을 사용했다.

도판9 동모산
동모산의 위치는 중국 지린성 둔화시의 성산자산성으로 추정한다.

력을 확대해나갔다.

### 영역 확장과 등주 공격

718년에 즉위한 무왕(武王) 대무예(大武藝, ?~737)는 아버지 대조영에게 고왕(高王)이라는 시호를 올리고 인안(仁安)이라는 연호를 사용했다. 무왕은 당의 책봉을 받았지만 독립적 자세를 유지하면서 동북쪽으로 영역을 확장했다. 주변의 불열(拂涅)·월희(越喜)·철리(鐵利) 말갈들이 발해에 복속했지만, 신라와 흑수말갈(黑水靺鞨)은 발해의 세력 확장을 경계하며 대비에 나섰다.

남쪽의 신라는 721년 지금의 함경남도 영흥 일대에 장성을 쌓아 소극적으로 대비한 반면, 동북쪽으로 쑹화강 하류에 자리 잡은 흑수말갈은 당과 제휴하며 발해를 적극 압박했다. 무왕은 일본과 국교를 맺고 신라를 견제하는 동시에 군사를 동원해 흑수말갈을 토벌하기로 했다. 무왕은 동생 대문예(大門藝)에게 원정을 명령했으나 그는 전쟁의 상대가 당까지 확대될 것을 우려하며 반대하다가 726년(무왕 8) 당으로 망명했다. 이처럼 당시 발해 지배층은 외교노선을 둘러싸고 반당파와 친당파로 분열되어 있었다.

무왕은 대일하(大壹夏)를 보내 흑수말갈을 토벌하고 당에 사신을 보내 대문예의 송환과 처벌을 요구했으나 거절당했다. 마침 728년(무왕 10) 당에서 숙위(宿衛)[2] 중이던 무왕의 아들이 사망하면서 양국 사이에 갈등이 고조됐다. 이 무렵 돌궐·거란이 당과 대립하는 상황을 이용해 발해는 732년(무왕

---

2  숙위 주변 국가에서 황제를 호위한다며 보낸 사람으로 외교 사절 역할도 했다. 신라·발해는 당의 국학에서 수학할 학생을 숙위를 명분으로 보내서 '숙위학생'이라고도 불렀다.

14)에 장문휴(張文休)가 이끄는 수군으로 당의 등주(登州, 산동성 봉래시)를 공격했다. 발해군은 등주자사를 살해하고 등주에 큰 피해를 입혔다.

　이에 대응해 당은 733년(무왕 15)에 대문예에게 군사를 주어 발해를 공격하도록 하는 동시에 신라에도 참전을 요구했다. 그러나 당군의 공격은 실패했고, 신라군도 폭설을 만나 피해를 입고 성과 없이 돌아왔다. 그럼에도 돌궐과 거란이 당에 항복하고 신라가 다시 발해를 공격할 계획이 있었기에, 발해도 735년(무왕 17)부터 당에 사신을 보내며 국교 재개에 나섰다.

　무왕은 727년 일본과 국교를 맺었다. 이때 보낸 국서에서 "발해는 고구려의 영역을 회복하고 부여의 풍속을 간직하고 있다."라고 해 고구려 계승의식을 적극 표방했다. 발해가 일본과 국교를 맺은 이유는 신라를 견제할 목적때문으로, 8세기 중반까지 무관을 사신으로 보내는 경우가 많았다.

### 천도와 지배체제의 정비

무력 충돌을 겪었던 발해와 당의 관계는 737년에 문왕 대흠무(大欽茂, ?~793)가 즉위하면서 호전됐다. 문왕이 당의 예법을 수용해 당 중심의 국제질서에 편입하겠다는 의사를 표명했기 때문이다. 유교적 이념에 입각한 당의 예법은 왕권 강화의 이념적 기반이 되기도 했다. 문왕은 무왕 말년에 숙청된 친당파를 사면해 왕권 강화의 지지 세력으로 삼고, 지배체제 정비에 나섰다

　처음 동모산에 건국한 발해는 무왕 때 현주(顯州)로 천도했는데, 문왕은 756년 무렵 상경(上京)으로 천도했다. 발해의 천도 방향이 동쪽인 것은 당과의 충돌을 피하고 동북쪽의 말갈부족들을 복속시킨 결과였다. 그리고 774년 연호도 대흥(大興)에서 보력(寶曆)으로 바꿨다. 문왕이 국세를 크게 일으킨다는 의미의 대흥에서 왕위를 의미하는 보력으로 연호를 바꾼 데에는 왕권을 중심으로 중앙집권체제를 수립하겠다는 의도가 깔려 있었다.

　문왕대에 3성 6부의 중앙정치제도와 경(京)-부(府)-주(州)의 지방통치제도의 기초가 마련됐다. 일본에 파견한 사신의 경우 무왕대와 달리 약홀주도독·현도주 자사 등의 지방관과 정당성 좌윤 등의 중앙 관료로 바뀌었다. 문왕 때 상경과 동경 등 5경제도도 갖췄으며, 발해 사신이 남해부에서 일본을 향해 출발한 기록으로 보아 경 아래에 부가 있었음을 알 수 있다. 다만 5경 아래 15부 62주가 완비된 것은 9세기 선왕대 이후였다.

　이처럼 발해는 동북쪽으로 영역을 확대하고 왕권 중심의 지배체제를 통

해 효율적으로 통치하면서 당 및 신라와도 우호관계를 맺었다. 당에서 안록산의 난이 일어나 요동 지역이 혼란에 빠졌지만 발해가 개입하지 않자, 762년에 당은 문왕을 발해군왕에서 발해국왕으로 칭호를 올려줬다. 한편 757년 신라가 동북쪽 끝의 정천군에 탄항관문을 설치했을 무렵에는 발해도 신라도(新羅道)를 개설해 신라와 교류했다.

한편 일본과의 사이에는 외교 갈등이 발생했는데, 이는 일본이 발해를 자국에 조공하는 나라로 간주하려 했기 때문이다. 반면 발해는 내부적으로 문왕을 대왕(大王)·황상(皇上)으로 높여 불렀고, 일본에 보낸 국서에서 천손(天孫)을 칭했다. 이렇게 상대국의 격을 따지는 가운데 일본이 발해 사신의 접견을 거부하기도 했고, 반대로 발해 사신이 접견을 거부하고 그대로 귀국하기도 했다.

### 해동성국의 양상

발해는 발전을 거듭하다가 785년(문왕 40) 무렵 동경으로 천도한 이후부터 나라에 분열 조짐이 나타났다. 이 무렵 연호가 예전의 대흥으로 복구된 것에서 나타났듯이, 문왕이 추진했던 왕권 강화에 대한 반발이 있었다. 793년(문왕 56) 문왕이 죽은 뒤 818년(선왕 1)에 선왕(宣王) 대인수(大仁秀, ?~830)가 즉위할 때까지 25년간 6명의 국왕이 교체되는 내분을 겪었다. 이 기간에 지방에 대한 통제력도 상실해 월희(越喜)·우루(虞婁)·흑수말갈은 독자적으로 당과 교섭했다.

고왕 대조영의 동생 대야발(大野勃)의 후손인 선왕 대인수는 내부적으로 왕권을 강화하면서 대외정복에 나섰다. 먼저 동북쪽으로 흥개호 일대의 말갈부족들을 정복하고 월희말갈 지역에 회원부와 안원부를 설치했다. 가장 멀리 떨어진 흑수말갈에 대해서는 부를 설치하지 않았지만 발해의 통제 아래 됐다. 또한 남쪽으로 신라와도 충돌했다. 그래서 신라는 동북쪽 방어선을 정천군(井泉郡, 원산)에서 삭정군(朔庭郡, 안변 부근)으로 후퇴시켰고, 서북쪽으로 826년(헌덕왕 17) 패강(대동강) 일대에 장성을 쌓았다.

내분기를 겪은 다음, 선왕과 다음 국왕 대이진(大彝震)[3]은 중앙집권체제의 강화에 나섰다. 특히 대이진은 당의 문물제도를 적극적으로 수용했다. 먼

---

3    대이진 이후 대이진 이후로 발해왕의 시호는 전하지 않는다.

저 그는 선왕들과 달리 연호를 즉위한 이듬해부터 헤아리는 유년칭원법(踰年稱元法)[4]을 채택했다. 그리고 당의 최고 교육기관인 국자감에 발해의 유학생을 파견했다.

발해의 중앙정치제도인 3성 6부와 지방통치제도인 5경 15부 62주는 이 무렵에 완비됐다. 또한 794년에 환도한 상경도 당의 장안성을 본떠 규모를 대폭 확대하고 궁성·황성·외성의 체제를 갖췄다. 발해가 9세기 들어 내분기를 극복하고 대내외적으로 중흥기를 맞이하자, 당에서는 동쪽에서 문물제도가 융성한 나라라는 의미로, 발해를 '해동성국(海東盛國)'이라고 불렀다.

9세기에는 일본과의 외교적 갈등이 사라지고, 양국관계가 경제적 목적의 교역으로 전환됐다. 발해 사신단은 100명 정도의 규모였으며, 담비·표범·곰 등의 가죽이나 인삼·꿀 같은 약재를 수출했고, 일본으로부터 각종 비단과 황금·수은 등을 수입했다. 일본 귀족들이 발해 물품 구입에 지나치게 몰두하는 바람에, 교역에 치중하는 발해 사신의 입국을 거부하자는 주장이 일본 내부에서 나올 정도였다.


## 2  발해의 멸망과 유민의 동향

### 발해의 멸망

9세기 후반부터 동아시아 각국은 동요하기 시작했다. 당과 신라가 지방 세력의 할거로 각각 5대 10국과 후삼국시대로 접어들며 쇠퇴할 무렵, 서요하의 상류인 시라무렌강 일대에서 유목생활을 하던 거란족을 야율아보기가 916년에 통일하고 요(遼)를 세웠다. 요는 북중국을 정복할 계획을 세우고, 그에 앞서 배후를 확보하기 위해 서쪽의 탕구트(黨項)와 동쪽의 발해부터 공격했다.

발해는 일찍부터 서북쪽의 부여부에 군사를 주둔시켜 거란을 방비하고 있었다. 그래서 요를 건국하기 전 909년부터 거란은 발해와 당 사이에 있는 요동으로 진출했다. 911년 해(奚)와 습(霤)이 요에 복속하자, 발해는 후량(後梁)과 신라 등에 사신을 파견해 외교적 해결을 모색했다. 그러나 919년부터

---

4    유년칭원법 앞에 왕이 죽고 다음 왕이 즉위할 때, 그해를 '즉위년'이라 부르고 이듬해부터 원년(1년)으로 계산하는 방식을 말한다. '즉위년칭원법'은 곧바로 1년으로 계산하는 방식이다.

요가 북중국의 주민을 요동으로 이주시키자, 사태의 심각성을 깨달은 발해도 924년에 요와 공방전을 벌였다.

발해의 저항에 주춤한 요는 서쪽의 탕구트를 정벌한 다음 925년 12월에 다시 발해 공격에 나섰다. 이때 요 태조는 요동 방면이 아닌 북쪽으로 방향을 선회해 부여부를 급습했다. 발해가 급히 보낸 3만의 구원병도 격파한 다음, 요는 곧장 진격해 상경을 포위했다. 더 이상 버틸 수 없었던 발해의 마지막 왕 대인선(大諲譔)은 926년 1월에 항복했다.

해동성국을 구가하던 발해가 요의 전략 변화와 기동력에 대처하지 못한 데에는 내부 요인도 있었다. 먼저 발해의 통제하에 있던 보로국(寶露國)[5]과 흑수(黑水), 달고(達姑)[6] 등이 독자적으로 후당이나 신라 및 고려와 교섭할 정도로 중앙의 통제력이 약화됐다. 나아가 멸망 직전인 925년 9월과 12월에는 발해의 지배층조차 백성을 이끌고 고려로 망명하기까지 했다. 발해 내부에 지배층의 내분이 일어났던 것이다.

그런데 발해는 요가 요동에 진출한 이래로 당사자인 요와는 한 차례밖에 교섭하지 않았다. 반면 후량 및 후당에는 9번이나 사신을 파견할 정도로 중국 왕조와 친선관계를 중시했다. 그러나 이들이 현실적으로 도움이 되지 않자 신라 등에 지원을 요청했으나 이조차 실패했다. 결국 발해는 중국 중심의 정세 파악에 치우쳐서 요의 등장에 따른 국제 정세의 변화에 능동적으로 대처하지 못했던 것이다.

### 발해 유민의 부흥운동과 고려 망명

상경성이 함락된 후, 요는 대인선을 비롯한 발해 지배층을 요의 수도로 끌고 가고, 옛 발해 지역에는 '동쪽 거란'이라는 뜻의 동란국(東丹國)을 세웠다. 그러나 곧바로 발해의 중경·남경·장령부 등 곳곳에서 요에 반대하는 움직임이 일어났다. 요는 928년에 동란국을 폐지하고 주민을 요동으로 강제 이주시켰다. 이 틈을 타고 상경성 일대의 발해 유민이 후발해(後渤海)를 세우고, 압록강 일대에서는 정안국(定安國)이 등장해 980년대까지 세력을 떨쳤다.

후발해와 정안국의 부흥운동이 쇠퇴한 뒤에는 요동으로 강제 이주된 발

---

5   보로국 한반도 동북부에 거주한 여진의 소국을 말한다.
6   달고 만주와 한반도 북부에 거주한 말갈의 한 갈래다.

도판10 상경성 내성 입구
당의 장안성을 본떠 전체 둘레 16km에 이르는 대규모 계획도시로 건설했다. 상경성 안의 궁궐로 들어가는 입구 모습이다.

해 유민들이 요의 지배를 거부하고 나섰다. 1029년에 대연림(大延琳)이 요의 동경(지금의 중국 요령성 요양)에서 흥료국(興遼國)을 세우고 고려에 지원을 요청했다. 요가 쇠퇴하던 1116년에는 고영창이 다시 요의 동경에서 대발해(大渤海)를 세우고 주변 50여 주를 차지했다. 그러나 요와 공방전을 벌이는 가운데 새로 등장한 여진족의 금(金)과 협상을 벌이다 금에 멸망당했다. 멸망 이후 동란국의 설치와 강제 이주, 발해 부흥운동의 격동 속에서 많은 발해 유민이 간헐적으로 수십에서 수천 명 단위로 남쪽의 고려로 망명했다. 만 명 이상이 망명한 934년(고려 태조 17)과 979년(경종 4)의 경우를 포함하면, 고려에는 10만 명 이상의 발해 유민이 망명했다.

고려는 고구려의 계승을 표방하며 고구려의 옛 수도 평양을 서경으로 승격시켰던 만큼, 발해 유민을 동족으로서 우대했다. 934년에 온 발해 세자 대광현(大光顯)은 고려 왕족에 편입된 한편, 배주(白州, 황해도 배천)에 거주하며 발해 왕실 제사를 이어가도록 배려받았다. 배주에 집단적으로 거주한 발해 유민은 이후 서북방 개척에 일익을 담당했다.

고려는 요가 발해와의 약속을 저버리고 멸망시켰다는 이유로 942년(태조 25)에 찾아온 요의 사신을 유배 보내고 선물인 낙타를 개경의 만부교 아래 묶어 굶겨 죽였다. 또한 후진(後晋)에 사신을 보내 고려와 발해가 혼인을 맺은 사이임을 밝히며 함께 요를 공격하자고 제의했다. 요 영토에 살던 발해 유민은 1세기가량 간헐적인 저항운동을 벌였으나, 고려로 옮겨온 사람들은 차츰 고려사회에 흡수됐다. 발해가 멸망한 뒤에 한민족의 활동 공간은 한반도로 국한됐다.

## 3 정치제도와 주민구성

### 중앙의 정치제도

698년 대조영이 진국을 세우고 713년에 당과 국교를 수립한 뒤에 국내를 다스리고 외국과 교섭하기 위해 다양한 정치제도를 마련했을 것이지만 기록이 남아 있지 않다. 고왕과 무왕대 당에 파견된 사신의 직함을 보면 왕자·왕제 등 왕족을 제외한 대부분은 지방의 유력자를 나타내는 수령·대수령이었지만, 무왕대에는 관료를 의미하는 신(臣)·대신(大臣)의 직함도 함께 보이기 시작한다.

문왕이 756년 무렵 상경으로 천도한 이후부터 구체적인 정치기구와 관직이 확인된다. 문왕 중반에 일본에 파견된 발해 사신의 직함이 행정당성좌윤(行政堂省左允, 762), 사빈소령(司賓少令, 776)이었다. 당시 정당성(政堂省)과 사빈시(司賓寺) 등의 중앙관청과 왕실기구가 존재했던 것이다.

발해의 정치제도는 이를 기반으로 선왕과 대이진 시기를 거치면서 9세기에 완비됐는데, 기본적으로 당의 제도를 모범으로 삼았다. 중앙의 정치기구는 크게 3성 6부 1대의 중앙관청과 7시 1원 1감 1국의 왕실기관으로 구분된다. 3성인 정당성·선조성·중대성은 당의 상서성·문하성·중서성을 본뜬 관청이지만, 왕권 중심의 중앙집권체제를 지향한 발해에서 3성의 위상은 당과 달랐다. 즉 당에서는 정책을 집행하는 상서성이 문하성과 중서성의 통제를 받은 반면, 발해에서는 정당성이 선조성과 중대성을 총괄했다. 그래서 정당성의 장관인 대내상(大內相)이 선조성과 중대성의 장관인 좌상과 우상 위에 자리 잡았다.

또한 정당성의 차관인 좌사정과 우사정은 비록 선조성과 중대성의 차관인 좌평장사와 우평장사보다 지위가 낮았지만, 행정 실무를 관장하는 6부의 장관인 경보다 높았다. 좌사정과 우사정은 6부 중 충·인·의부와 지·예·신부를 각각 관장했는데, 6부는 각각 국가의 인사·재무·의례와 군사·법률·건축 등의 업무를 담당했다. 한편 중정대는 관료를 감찰했다. 전중·종속·태상·사빈·대농·사장·사빈의 7시는 왕실 및 궁정의 각종 사무, 문적원은 왕실 도서, 주자감은 왕실 및 귀족 자제의 교육, 항백국은 궁정 잡무를 각각 담당했다. 수도를 방위하는 중앙의 군사조직으로 좌맹분위·우맹분위·좌웅위·우웅위·좌비위·우비위·남좌우위·북좌우위 등 8위가 있었다.

| | 발해(당의 해당 관청) | 소속 관직 | 직무 |
|---|---|---|---|
| 3성 | 정당성(상서성) | 대내상, 좌·우사정, 좌·우윤 | 정책 집행 |
| | 선조성(문하성) | 좌상, 좌평장사, 시중, 좌상시, 간의 | 정책 심의 |
| | 중대성(중서성) | 우상, 우평장사, 내사, 조고, 사인 | 정책 입안 |
| 6부 | 충부(이부) | 경, 낭중, 원외 | 인사 |
| | 인부(호부) | | 재무 |
| | 의부(예부) | | 의례 |
| | 지부(병부) | | 군사 |
| | 예부(형부) | | 법률 |
| | 신부(공부) | | 교통, 건축 |
| 1대 | 중정대(어사대) | 대중정, 소정 | 감찰 |
| 7시 | 전중시(전중성) | 대령, 소령 | 궁정생활 |
| | 종속시(종정시) | | 왕족 감독 |
| | 태상시(태상시) | 경, 소령 | 왕실 의례 |
| | 사빈시(홍려시) | | 외국 사신 접대 |
| | 대농시(사농시) | | 왕실 재정 |
| | 사장시(태부시) | 령, 승 | 왕실 창고 |
| | 사선시(광록시) | | 왕실 음식 |
| 1원 | 문적원(비서감) | 감, 소감 | 왕실 도서관 |
| 1감 | 주자감(국자감) | 감장 | 유학 교육 |
| 1국 | 항백국(내시성) | 상시 | 궁정 잡무 |

도표7 발해의 중앙정치기구

### 5경 15부 62주와 지방통치

8세기 초 무왕이 정복한 영역에 대해 문왕이 경-부-주의 지방통치제도의 기반을 마련했다. 내분기에 이탈한 말갈 부족을 9세기 초에 선왕이 다시 정복한 이후 지방통치제도는 5경 15부 62주로 완비됐다. 발해의 영역은 남쪽으로 신라와 접했고, 서쪽으로 거란과 이어지며 동쪽으로 연해주까지 미쳤고, 북쪽으로 동류 송화강 하류를 경계로 삼았다.

발해는 전반기에 동모산→현주(훗날의 중경)→상경→동경으로의 네 차례의 천도를 거쳐 794년 이후로는 줄곧 상경을 수도로 삼았다. 이 중 세 곳이 5경에 포함됐듯이, 5경은 수도인 상경을 중심으로 주요 거점에 설치됐다. 5경을 포함한 15부는 발해를 구성하는 각 종족의 거주지별로 설치됐다. 그중

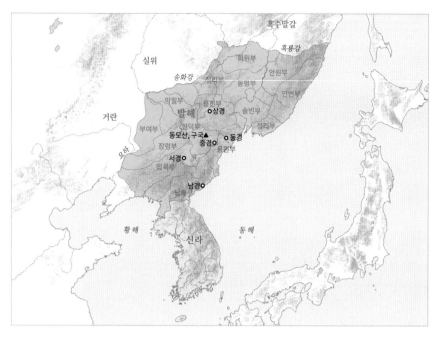

지도3 9세기 발해의 영역

발해는 동모산 건국→중경→상경→동경으로 거듭 천도했다가 794년에 북쪽의 상경으로 다시 옮겨 정착했다. 당과 신라로부터 멀리 떨어져 동북쪽 말갈을 복속시키는데 주력했던 것이다.

동경 용원부, 남경 남해부, 서경 압록부, 장령부, 부여부는 각각 일본, 신라, 당, 영주, 거란으로 가는 교통의 요충지 역할을 했다. 신라로 향하는 출발지에 해당하는 동경 용원부에서 신라 천정군 사이에는 39역을 뒀다. 15부(府) 아래에는 각각 2~9개의 주(州)가 설치됐고, 62주 아래에는 모두 200여 개 정도의 현(縣)을 뒀다. 현은 주로 5경이 설치된 부에 집중됐다. 반면 변방에 자리 잡은 동평부·철리부·회원부 등에는 주는 많은 반면 현이 적다. 불녈·철리·월희말갈의 독자적 세력권을 인정했기 때문이었다.

주의 명칭은 초기에는 약홀주나 현도주 같은 고구려 때의 명칭이 사용됐지만, 후기에는 모두 용주(龍州)·노주(盧州) 같이 중국식 명칭으로 바뀌었다. 부와 주의 장관인 도독과 자사도 초기에는 현지 유력자를 임명했지만, 지배체제가 정비되면서 점차 중앙에서 파견했다. 그렇지만 현 아래의 일반 촌락은 지방관이 파견되지 않고, 수령이라고 불리는 현지 유력자가 다스렸다.

### 주민구성과 경제생활

영주로 강제 이주됐던 고구려 유민 일부가 요동을 거쳐 모란강 유역에서 발

| 5경 | 15부 | 5대 교통로 | 62주 | 연고지 | 특산물 |
|---|---|---|---|---|---|
| 상경 | 용천부 | | 용주 등 3주 | 숙신 고지 | 용주의 비단 |
| 중경 | 현덕부 | | 노주 등 6주 | 숙신 고지 | 노성의 벼<br>현주의 베 |
| 동경 | 용원부(책성부) | 일본도 | 경주 등 4주 | 예맥 고지 | 책성의 된장 |
| 남경 | 남해부 | 신라도 | 옥주 등 3주 | 옥저 고지 | 옥주의 솜<br>남해의 다시마 |
| 서경 | 압록부 | 조공도 | 신주 등 4주 | 고구려 고지 | |
| | 장령부 | 영주도 | 하주 등 2주 | 고구려 고지 | |
| | 부여부 | 거란도 | 부주 등 2주 | 부여 고지 | 부여의 사슴 |
| | 막힐부 | | 막주 등 2주 | 부여 고지 | 막힐의 돼지 |
| | 정리부 | | 정주 등 2주 | 읍루 고지 | |
| | 안변부 | | 안주 등 2주 | 읍루 고지 | |
| | 솔빈부 | | 화주 등 3주 | 솔빈 고지 | 솔빈의 말 |
| | 동평부 | | 이주 등 5주 | 불녈 고지 | 미타호의 붕어 |
| | 철리부 | | 광주 등 6주 | 철리 고지 | |
| | 회원부 | | 달주 등 9주 | 월희 고지 | |
| | 안원부 | | 영주 등 4주 | 월희 고지 | |
| | 독주주 | | 속주 동 3주 | | |

도표8 발해의 5경 15부 62주

해를 건국한 다음 서쪽으로 압록강 일대의 옛 고구려 지역을 확보하고, 이후 주로 동북쪽으로 영역을 확장했다. 이 지역은 한냉대 습윤기후에 속해 삼림이 풍부한 반면 농경에는 적합하지 않았다. 발해의 중심지인 상경 용천부 일대가 옛 숙신 지역이었듯이, 이 지역에는 일찍부터 읍루·물길·말갈 등으로 불리던 종족이 국가를 이루지 못하고 부족 단위로 반농반렵생활을 했다.

발해 지배층의 성씨로는 왕족인 대(大)씨를 비롯해 고(高)·장(張)·양(楊)·하(賀)·오(烏)·이(李)씨 등이 있었다. 그중 대씨와 고씨 등 고구려 계통이 압도적으로 많고 오씨 등 말갈계는 적었다. 반면 5경을 비롯한 발해의 중심 지역에서 멀리 떨어진 지방일수록 말갈인이 많이 거주했으므로, 현 아래 일반 촌락을 다스리는 수령층은 말갈계가 다수를 차지했다.

발해는 지리적 조건 때문에 신라나 당과 같이 농업을 주요 생산 기반으로 하지 못했다. 농업도 벼농사보다는 보리·조·콩 등의 밭농사 위주였고, 목축·어업·수렵 등의 비중도 높았다. 발해의 특산물로 유명한 것들이 노성의 벼, 책성의 된장, 부여의 사슴, 막힐의 돼지, 솔빈의 말, 남해의 다시마 등이었다. 발해는 부족한 물자를 외국과의 교역을 통해 획득할 수밖에 없었다.

발해는 713년(고왕 15)에 당과 국교를 수립한 이래로 담비·호랑이·표범·곰 등의 가죽과 인삼·우황 등의 약재 등을 수출하고, 각종 비단과 금은 그릇 등을 수입했다. 727년(무왕 9) 일본과 국교를 수립한 이래로 역시 가죽과 약재 등을 수출하고 각종 비단 등을 수입했다. 한편 신라와 신라도를 통해 교역했지만 자세한 내역은 전하지 않는다.

## 4 사상과 문화

### 유학과 불교

발해도 당시의 동아시아 각국과 마찬가지로 유학을 통치이념으로 삼았다. 문왕이 즉위 초반에 유교적 이념에 입각한 당의 예법을 수용하고 지배체제를 마련했다. 당과 활발한 교류를 통해 수입한 유교경전은 왕실 도서관인 문적원(文籍院)에 보관됐고, 주자감에서는 이를 교재로 삼아 왕족과 귀족 자제에게 유학을 가르쳤다.

고왕(高王)·무왕(武王)·문왕(文王)·선왕(宣王) 등의 시호나 인안(仁安)·대흥(大興)·보력(寶曆)·건흥(建興) 등의 연호, 행정 실무를 담당하는 관청인 충(忠)·인(仁)·의(義)·지(智)·예(禮)·신(信) 등 6부의 명칭 등은 모두 유교적 통치이념에서 나온 것이었다. 특히 대이진 시기에는 유교적 이념에 투철해 즉위년칭원법에서 유년칭원법으로 전환했다. 이와 함께 주자감에서 유학 교육을 받은 귀족 자제가 다시 당의 국자감에 유학을 떠나는 사례가 급증했다. 귀국 후에 재상이 되는 유학생도 있었다. 그들의 학구열을 보여주는 일로 872년 발해 유학생 오소도(烏昭度)가 외국인 대상의 과거시험인 빈공과에서 신라 유학생을 제치고 수석을 차지한 것을 들 수 있다.

713년에 당과 국교를 수립한 직후 당에 간 사신은 시장에서 교역하고 불교 사원에서 예배할 것을 요청했다. 문왕은 국가 운영에서 유학과 함께 불교도 중요하다는 점을 인식하고 적극적으로 수용했다. 그의 존호인 '대흥보력효감금륜성법대왕(大興寶曆孝感金輪聖法大王)'에서 '금륜성법'은 불교의 전륜성왕 관념에서 비롯된 것이었다.

한편 불교신앙은 지역에 따라 차이를 보였다. 옛 고구려 지역이었던 서경 압록부와 동경 용원부 지역에서는 석가불과 다보불을 함께 조각한 이불병좌상이 많이 발견됐다. 이는 법화사상이 유행했음을 보여준다. 반면 초기 중심지인 동모산 일대와 수도인 상경 용천부 지역에서는 관음보살상이 많이 발견돼 관음사상이 널리 퍼졌음을 알 수 있다.

### 문학과 예술

발해는 당 및 일본과 활발하게 교류하며 동아시아의 보편적인 문자 표기 수단인 한자를 사용했다. 국서와 같은 공식적인 문서나 시와 편지 같은 사적인 문서를 작성하는 데는 유학적 소양을 바탕으로 한 문학적 능력이 요구됐다. 문왕의 딸들인 정혜공주(貞惠公主)와 정효공주(貞孝公主) 묘지명은 당시 유행했던 변려문(騈儷文)을 유감없이 발휘한 문장으로 유명하다.

발해 사신의 문학적 소양은 당과 일본에 널리 알려졌다. 당 후기의 대표적 시인인 온정균(溫庭筠, 812~870)은 830년대 중반 발해 왕자를 송별하며 지은 시에 "아름다운 시구를 중국에 남겼다"고 했다. 발해 왕자의 시는 전하지 않지만, 그가 뛰어난 시인이었음을 알려주는 기록이다. 일본에 파견된 발해 사신도 공식적인 외교 업무를 마친 뒤에는 개인적인 교류를 가졌는데, 이때 일본 관료들 사이에는 발해 사신과 한시를 주고받는 것이 유행했다. 882년에 파견된 배정(裴頲)은 일곱 걸음 만에 시를 짓는 뛰어난 재주를 가졌는데, 그를 접대하던 일본 관리 중에 실력이 부족한 사람은 중간에 퇴장했다고 한다.

발해의 그림으로는 정효공주(757~792) 무덤의 벽화가 유명하다. 무덤의 널길과 널방의 3면의 벽에 모두 12명의 인물이 그려져 있어 공주의 생활을 보여준다. 공주가 거주하는 저택의 문을 무사가 지키고, 철퇴와 칼을 든 호위병이 집을 지키며, 몸종들이 시중을 하고 악사들이 노래를 연주하며, 시종이 지팡이를 들고 양산을 받치고 있는 모습이다. 이들의 얼굴은 당의 화풍을 따라 대체로 통통하고 뺨이 둥글게 그려졌다.

조각으로는 정혜공주 무덤에서 발견된 돌사자와 흥륭사 석등이 대표적이다. 돌사자는 눈을 부릅뜨고 머리를 치켜들고 있으며 혀를 만 채 입을 벌리고 있다. 가슴을 앞으로 내밀어 강한 힘을 표현한 조각 수법이 돋보인다. 상경성 2호 절터에 위치한 석등은 상륜부 일부를 제외하고는 거의 완벽하게 남아 있다. 기둥돌 아래와 위에 새겨진 연꽃 무늬도 부조가 강하고 힘찬 느낌을

도표11 발해석등
상경성 2호 절터에 있다. 현무암으로 만들었고 높이가 6m에 이르는데, 상륜부 일부를 제외하고 온전한 모습으로 남아 있다.

준다.

발해의 음악은 일본에 널리 알려졌다. 740년 발해 사신이 일본 조정에서 '본국의 음악'을 연주한 이래로 '발해악'이 일본 궁중의 음악 중 하나로 포함됐다. 이외에도 명절에 모여 춤추고 노래하는 '답추(踏鎚)'가 유행했다.

### 고분과 도성

발해의 무덤에는 흙무덤·돌무덤·벽돌무덤 등이 있다. 흙무덤은 발해 건국 이전부터 유행하던 양식으로 말갈 계통의 무덤이다. 돌무덤은 다시 돌방무덤·돌덧널무덤·돌널무덤으로 구분되는데, 돌방무덤은 돌을 쌓아 장방형의 돌방을 만들고 그 위에 큰 판석을 덮어 천정을 만든 점에서 고구려 계통의 무덤이며, 발해 무덤의 주축을 이뤘다. 문왕의 둘째 딸인 정혜공주(738~777) 무덤, 문왕의 왕비 효의황후 무덤, 간왕(簡王, ?~818)의 왕비 순목황후(順穆皇后, ?~830) 무덤이 대표적이다.

벽돌무덤은 당의 영향을 받은 것으로 발해 중기 이후에 왕실에서 일부 받아들여졌지만, 그 숫자는 많지 않다. 대표적인 것은 문왕의 넷째 딸인 정효공주 무덤이다. 그런데 벽돌로 쌓은 이 무덤의 천정 양식은 사방을 평행고임한 뒤에 큰 판석을 덮는 고구려 양식을 취했다. 즉 고구려의 전통을 이어받으면서 당의 문화를 받아들인 것이다.

발해는 698년에 동모산에서 건국한 이래 732년 무렵 현주로, 756년경에 상경으로, 785년 무렵에 동경으로 천도했다가 794년 상경으로 환도했다. 4차례의 천도 과정에서 도성의 모습도 점차 변모했다. 지금의 중국 길림성 둔화시 성산자산성에 비정되는 동모산은 수도를 방어하는 산성이기 때문에, 별도로 평상시에는 주변의 평지성인 영승유적이 수도의 역할을 했다. 이처럼 산성과 평지성이 결합된 형태는 고구려식 방어체계를 계승한 것이었다.

그런데 이후의 도성인 현주(나중의 동경)와 동경은 모두 평지성으로 내성과 외성의 이중 구조로 이루어졌다. 현주와 동경의 규모는 동서 약 600m, 남북 약 700m로 서로 비슷하다. 756년 무렵의 상경의 규모도 이와 비슷했다. 그런데 794년에 환도한 이후의 상경은 동서 약 4.5km, 남북 약 3.4km로 이전에 비해 대폭 확대됐다. 내부구조도 국왕의 거주공간인 궁성과 행정관서가 배치된 황성, 그리고 귀족 관료와 인민이 거주하는 외성의 형태를 갖췄다. 궁성과 황성이 북쪽에 위치하고 외성이 중앙의 대로를 중심으로 좌우대칭인 도성구조는 당의 장안성과 동일하다.

# 제4편

제4편은

# 고려

**10세기 초 고려 건국부터
14세기 말 조선 건국 전까지를 다룬다.**

후삼국을 통일한 고려는 건국 초기부터 통합성과 공공성을 높이기 위한 정책을 폈다. 지방 세력을 포섭하는 한편 과거제도를 도입해 능력 중심으로 관인을 선발한다는 원칙을 세웠다. 높아진 민의 위상과 확대된 사회적 분업 상황을 고려해 수취제도와 신분·계층질서를 마련했다. 또한 초기에는 태봉의 제도를 보완해 쓰다가, 건국한 지 약 60년이 지난 후부터는 중앙의 3성 6부제도와 지방의 주현-속현제도 등 지배체제의 전형을 갖춰나갔다. 유교 정치이념에 따라 관료제를 강화하고 이를 뒷받침하는 전시과제도도 시행했다.

11세기 초 거란의 침략을 막은 후로는 내외 정세가 안정된 가운데 성장했다. 경제가 번영하면서 문화와 예술도 발전했다. 특히 유교·불교·풍수지리설 등이 서로 배제하지 않고 공존했다. 문화의 다원성을 인정해 외부의 선진문화를 수용하는 데도 개방적인 태도를 보이면서도 고유 문화에 대한 신뢰를 바탕으로 자기 정체성을 지켜갔다.

그러나 이러한 발전의 이면에는 지배층이 기득권을 지키려고 힘쓰면서 문벌이 강화되는 양상도 나타났다. 12세기 초부터 사회모순이 드러났고, 여진이 강성해져서 국제 정세도 불안정해졌다. 민의 유망이 심해졌으며 이자겸의 난, 묘청의 난 등이 이어지다가 1170년 무신정변이 일어났다. 이후 약 100년간 무신정권이 이어지면서 민의 항쟁이 격렬하게 벌어졌고, 몽골의 침략이 일어나자 이에 맞서 강화도로 천도하고 오랫동안 항전했다.

　13세기 중반부터 원의 간섭을 받은 이후로 외압도 더해졌다. 왕이 원 공주와 혼인하고 원 황제가 왕을 폐립했으며 정동행성이 설치됐다. 인사행정의 문란과 농장 확대 등의 폐단도 왕의 측근 세력과 부원 세력이 득세한 정치 상황과 맞물려 심화됐다. 폐단을 바로잡으려면 원의 간섭에서 벗어나 정치를 혁신할 수 있어야 했다. 공민왕대부터는 원이 약화되고 명이 건국해 국제 정세가 변하는 가운데 성리학을 공부한 신흥유신이 세력을 키워 개혁을 추진했다.

# 1. 고려 전기의 정치와 체제정비

# 1  고려의 건국과 왕권 확립

### 왕건의 즉위와 후삼국 통일

왕건은 송악(개성) 지역의 세력가 출신으로, 궁예(弓裔, ?~918)의 휘하에서 장수로 활동하며 큰 공을 세워 최고 관직까지 올랐다. 그러나 궁예가 독단적인 정치로 지지 기반을 상실하자, 왕건은 정변을 일으켜 궁예를 쫓아내고 918년 왕위에 올랐다. 태조(太祖, 877~943) 왕건은 국호를 '고려'[1]로 해서 고구려를 계승한다는 의미를 분명히 밝혔을 뿐 아니라 '천수(天授)'라는 독자 연호를 사용했다. 수도를 철원에서 송악으로 옮겨 '개경(開京)'이라 칭하고, 민생 안정과 새로운 정치도 표방했다.

태조는 지방 각지의 세력가를 예우하며 그들의 협조를 바탕으로 후백제와 경쟁했다. 과도한 수탈을 억제해 백성에게 민심을 얻었고, 측근 장수 및 지방 세력가들과 혼인을 맺어 정치적 결속을 다졌다. 신라를 적대시했던 궁예나 후백제와 달리, 신라 왕실에 우호적인 태도로 차별화된 관계를 맺었다. 고구려의 옛 수도인 평양을 서경으로 삼고 북방 개척을 추진해 서북 방면으로 청천강까지 영토를 확장했다.

태조는 신라의 수도를 공격한 후백제를 응징하기 위해 927년 공산(대구)에서 전투를 벌였으나 대패했다. 하지만 930년 고창(안동)전투에서 큰 승리를 거두면서 우세를 확보하게 됐다. 그 후 신라는 국력이 약화된 데다가 태조가 벌인 호의적인 정책으로 민심이 고려로 기울자, 경순왕이 고려에 귀순함으로써 935년 신라는 천 년의 역사를 마감했다. 같은 시기 후백제에서는 왕위 계승 분쟁이 벌어져 견훤(甄萱, 867~936)의 맏아들 신검(神劍)이 정변을 일으켜 왕위를 차지하는 일이 일어났다. 견훤은 금산사에 유폐당했다가 탈출해 고려에 항복했다. 태조는 대군을 이끌고 일리천(구미)전투에서 신검의 후백제군을 물리쳤고, 936년 마침내 고려가 후삼국 통일을 이뤘다.

### 태조의 정책과 정치이념

후삼국 시기에는 삼국을 하나로 통합해야 한다는 삼한일통의식[2]이 널리 퍼

---

1    고려 본래 고구려의 국호이자, 궁예가 처음 나라를 세웠을 때 채용한 국호다. 이후 궁예는 국호를 '마진', '태봉'으로 바꿨고 새로 즉위한 왕건이 국호를 '고려'로 복구했다.

져 있었다. 태조 역시 이를 당면 과제로 삼아, 후삼국 통일 후에는 삼한일통의식을 강조해 신라와 후백제를 하나로 아우르는 정책을 실시했다. 자신의 즉위를 도왔던 측근 장수와 후삼국 통일에 협조한 각지의 성주(城主)[3]를 망라해 삼한공신(三韓功臣)으로 책봉한 것이 대표 사례이며, 태조 자신도 삼한의 통일을 달성한 군주로 평가받았다.

태조는 사회통합을 위해 불교·유교·풍수지리설 등 다양한 사상과 종교를 적극 활용했다. 불교의 법력과 풍수지리설의 지력 등을 이용해 통일국가의 기업이 오래 이어지기를 기원하고, 삼한이 공동운명체라는 점을 부각해 사회통합을 강화했다. 유교의 실천을 강조하는 한편 유교사상에 따라 국가의 역할을 강조했다. 그럼에도 불교·유교·민간신앙 등이 모두 반영된 연등회·팔관회를 성대하게 치렀을 뿐 아니라 이를 국왕과 신하·백성이 함께 즐기는 국가 축제로 발전시켰다.

태조가 해결해야 했던 가장 큰 정치적 과제는 공신과 지방 세력가의 협조를 얻어 중앙집권을 이루는 일이었다. 이에 공신 책봉, 결혼정책 등으로 그들을 포섭하는 동시에 공신을 출신 지역의 사심[4]으로 삼아 지방을 통제했고, 지방 세력가의 자제를 개경에 거주시켜 이들을 견제하고 출신 지역의 일에 대해 자문을 맡기는 기인제(其人制)를 시행했다.

태조는 발해 유민을 수용하는 데도 적극적이었다. 거란의 공격으로 926년 발해가 멸망한 뒤, 많은 유민이 고려로 들어왔다. 태조는 발해의 세자로 알려진 대광현(大光顯)에게 선조의 제사를 받들게 했고, 유민을 서북방에 정착시켜 영토를 개척하고 국토를 지키는 데 활용했다. 그리고 발해를 멸망시켰다는 이유로 거란과의 외교관계를 끊었다. 이는 사회의 결속력을 높이는 효과가 있었지만, 후일 거란과 전쟁을 벌이는 배경이 되기도 했다.

---

2　삼한일통의식 삼국은 모두 삼한에서 출발해 역사적 동질성을 가지고 있으므로 이를 하나로 합쳐야 한다는 이념 혹은 이에 따라 삼국을 하나로 합쳤다는 의식을 말한다.

3　성주 신라 말 지방에서 새로 등장하는 세력가를 그동안 '호족'으로 불렀다. 이들을 '혈연집단(족단)의 우두머리'로 파악하고, 고려의 지방제도를 신분적 편성으로 보는 시각과도 연결된다. 하지만 사료에는 지방 세력가를 대체로 '성주'나 '장군'으로 부르며, 개인의 칭호일 뿐 집단적 기반을 전제하지 않는다. 이에 호족이라는 표현을 줄이고 지방 세력 또는 성주라는 표현을 사용했다. 성주라는 표현은 고려에 귀순한 세력가를 '향의귀순성주(向義歸順城主)'로 통칭했고, 장군은 정부에서 파견한 장수를 가리키기도 한다는 것을 고려했다.

4　사심관 출신 지역의 일을 자문하고 일정한 책임을 지는 중앙의 관리를 말한다. 935년(태조 18) 신라 경순왕이 귀부하자 경주의 사심으로 임명한 것이 시초다.

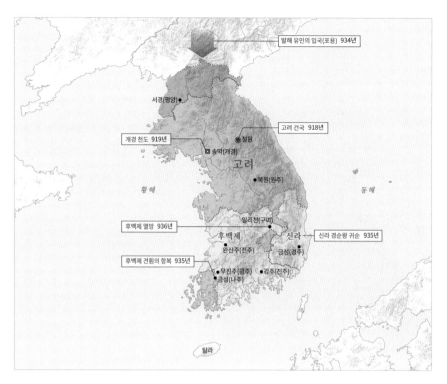

지도1 고려의 후삼국 통일 과정
공산전투 직후와 고창전투 사이인 928년의 영토 모습이다.

창업군주로서 태조는 고려의 정책방향을 제시하는 글들을 남기기도 했
다. 후삼국을 통일한 직후 안정적인 군신관계를 정착시키기 위해 신하들이
준수해야 할 훈계를 기록한 『정계』, 「계백료서(誡百寮書)」를 반포했다. 또한
임종을 앞두고 「훈요10조(訓要十條)」를 남겨 후대 왕들이 통치원리로 삼을
수 있도록 했다.

### 고려 초기 왕위 계승과 국왕의 국정 주도권 강화

태조는 측근 장수 및 지방 세력가의 딸 29명과 혼인해 34명의 자녀를 뒀다.
태조의 뒤를 이어 장남 혜종(惠宗, 912~945)이 즉위했으나, 혜종은 강력한 후
원 세력과 국정 주도권을 확보하지 못하고 일찍 세상을 떠났다. 이후 이복동
생인 정종(定宗, 923~949)과 광종(光宗, 925~975)이 뒤를 이었다. 정종은 외가
인 충주 유씨 세력과 왕족인 왕식렴(王式廉, ?~949) 등의 후원으로 왕위에 올
랐다. 즉위 후 거란의 침입에 대비해 광군(光軍)을 설치하고 서경 천도를 계
획했으나, 역시 일찍 사망했다.

도판1 태조 왕건의 동상

1992년 고려 태조 왕건릉의 확장 공사를 진행하던 중 봉분 서북쪽에서 발견됐다. 힘차고 풍채 좋은 장년의 왕건 모습이다. 고려시대에는 개경 봉은사에 모시고 숭배하다가 조선 초기에 왕건릉 옆에 묻었다. 나체상이지만 원래 옷을 입었으며, 금 장식의 옥대를 두르고 가죽신도 신었던 것으로 보인다. 불상으로 오해받을 정도로 불교의 관념을 빌려 왕건의 형상을 신성하게 표현했다. 높이는 135.8센티미터이다.

정종 다음으로 왕위에 오른 광종은 즉위 초부터 국정 주도권을 장악하기 위한 여러 정책을 추진했다. 주변의 반발에도 불구하고 노비안검법을 단행해 불법으로 노비가 된 사람을 양민으로 풀어줬고, 중국 후주에서 귀화한 쌍기(雙冀)의 건의를 받아들여 과거제를 시행하기도 했다. 과거제는 출신 가문보다 개인의 능력에 따라 관리를 선발하는 제도라는 점에서 중요한 의미를 지닌다. 또한 광종은 독자 연호를 사용하고 개경을 황도(皇都)라 칭하는 등 황제국의 제도를 채용해 국왕의 권위를 높이는 데도 관심을 기울였다. 동시에 후주나 송과 안정적인 외교관계를 맺으며, 그들의 문물과 제도를 적극 도입했다. 조세제도를 정비하고 공복제도를 마련하는 등 통치체제를 체계화하기 위한 노력도 기울였다. 아울러 태조 이래 진행됐던 북방 영토 개척을 꾸준히 추진해, 서북 방면으로 청천강을 넘어 압록강 방면으로 진출하는 기반도 마련했다.

광종대의 개혁은 국왕 중심의 통치 기반을 수립했다는 점에서 중요한 역사적 의미가 있지만, 정치 개혁을 급격히 추진하고 정책에 반대하는 인사들을 대대적으로 숙청했다는 점에서 비판도 받았다. 광종을 이어 경종(景宗, 955~981)이 즉위한 후에 숙청으로 피해 입은 사람들을 복권하고 해방됐던 노비를 주인에게 돌려주는 수습책이 시행된 것은 자연스러운 수순이었다. 그렇지만 국왕 중심의 중앙집권체제를 수립하려는 노력은 계속됐다. 특히 광종대에 제정했던 공복제도를 바탕으로 관리들에게 수조권을 나눠주는 전시과제도가 처음으로 시행되면서 모든 관리가 하나의 토지분급제로 편입됐다.

## 2 지배 세력과 국가체제의 정비

### 성종대의 유교정치이념 강조와 지배체제 정비

경종을 이은 성종(成宗, 960~997)은 즉위 직후 5품 이상의 관료에게 태조 이래의 정치를 평가하고, 개선안을 제안하는 글을 올리게 했다. 성종의 이러한 조치는 신료들의 동의를 바탕으로 통치체제를 정비하기 위함이었다. 최승로(崔承老, 927~989)는 이에 응해 시무책(時務策)을 올렸다. 그는 먼저 태조부터 경종까지 다섯 임금의 치적에 대한 잘잘못을 가려 교훈으로 삼도록 했다(오조치적평). 그리고 28개조의 시무책(시무 28조)에서 종교와 정치를 구분해 불교는 개인의 수양을 위한 종교로, 유교는 국가 운영을 위한 정치이념으로 삼아 과중한 불사로 국력을 낭비하지 말 것을 건의했다. 지방 지배를 강화할 수 있도록 거점 지역을 중심으로 지방관을 파견하고, 양인과 천인으로 나누는 신분법을 엄격히 지키자는 내용도 제시했다.

---

**태조의 「훈요10조」**

태조는 후대 국왕들이 나라를 운영할 때 지켜야 할 가르침을 10개 항목으로 정리해 물려줬다.

① 통일의 기반이 된 불교를 숭상할 것.

② 사찰을 함부로 짓지 말 것.

③ 큰아들이 못났으면 다음 아들이나 추대받은 동생 순으로 왕위를 계승할 것.

④ 중국의 풍습을 억지로 따를 필요가 없으며, 거란의 풍속은 받아들이지 말 것.

⑤ 서경(평양)을 중시하고 국왕이 정기적으로 행차할 것.

⑥ 연등회와 팔관회를 성대하게 치를 것.

⑦ 간언을 따르고 참소하는 말을 멀리하며 신민의 마음을 얻을 것.

⑧ 통합을 원망하는 차령산맥 이남과 금강 바깥쪽의 사람들은 등용하지 말 것.

⑨ 관리 인사를 바르게 하고 병사를 잘 보살필 것.

⑩ 유교경전과 역사서를 읽어 정치의 교훈으로 삼을 것.

성종은 최승로, 김심언(金審言, ?~1018) 등의 도움을 받아 유교에 바탕을 둔 정치를 추구하며, 연등회와 팔관회 등을 중단시키기도 했다. 중앙집권적 정치체제를 강화해 당의 제도를 참작한 3성 6부를 설치하고 송의 제도를 따라 중추원과 삼사를 설치했으며, 문무관의 위계제도인 문산계(文散階)를 도입해 관료제를 정비했다. 지방통치를 위해 전국 12곳의 주요 지역에 목(牧)을 설치하고 지방관을 파견한 것을 시작으로, 많은 지방관을 파견하고 체계화된 향리제도도 마련했다. 유학교육을 진흥하기 위해 중앙에 국자감(國子監)을 세우고, 지방에 경학박사와 의학박사를 파견했으며 과거제를 정비해 지방 출신의 인재들이 과거를 통해 중앙에 진출하도록 유도했다.

### 현종-문종대의 제도 보완과 개편

성종대에 정비된 고려의 통치체제는 현종(顯宗, 992~1031)과 문종(文宗, 1019~1083)을 거치면서 보완되고 개편됐다.

목종(穆宗, 980~1009)의 모후 천추태후(千秋太后, 964~1029)가 김치양(金致陽, ?~1009)과 함께 권력을 휘두르면서 국정 운영에서 많은 폐해가 생겼다. 이에 강조(康兆, ?~1010)가 정변을 일으켜 목종을 폐위하고 현종을 왕으로 세웠다. 현종은 즉위 과정에서 진통을 겪었고 즉위 초에는 거란과 제2차 전쟁을 치르면서 나주까지 피난 가는 시련을 겪었다. 이 과정에서 드러난 문제를 반영해 성종대 정비됐던 통치체제를 부분적으로 수정했다.

중앙제도의 경우, 고위 관료인 재신의 수를 늘려 권력을 분산시켰으며, 6부의 소속 관청을 줄이고 시·감·서·국으로 불리는 중하급 관청을 추가로 신설해 개별 관청의 업무를 세분화했다. 지방제도의 경우, 지방사회의 여건에 따라 지배방식과 규모 등을 달리하는 다원적 제도로 바꿨다. 이를 통해 지방사회가 스스로를 자율적으로 운영할 수 있도록 일정 부분 인정해주며 중앙정부의 부담을 덜었다.

거란의 침략을 물리친 이후로는 국내외의 정세가 안정되면서 경제와 문화가 발달했고, 문종대에 이르러서는 전성기를 맞았다. 이러한 사회발전에 대응해 여러 제도도 재정비했다. 관청의 명칭, 관원의 품계와 인원, 문산계 등이 보완됐으며, 전시과와 녹봉도 재정비했다. 이를 바탕으로 고려의 통치체제는 더욱 체계화됐다.

중앙통치조직

고려의 중앙통치조직은 성종대에 설치한 3성 6부를 중심으로 편성됐다. 고려는 당과 송의 제도를 받아들이면서도 고려의 실정에 맞게 조정했다. 중서성과 문하성을 합쳐 중서문하성(中書門下省)으로 운영하고, 그 장관인 문하시중이 국정을 총괄했다. 중서문하성의 관료들은 국정을 논의하는 재신(宰臣)과 간쟁을 담당하는 낭사(郎舍)로 구분됐다. 또한 상서성(尙書省)은 문서 전달을 맡은 도성과 일반 행정 업무를 6개 분야로 나눠 담당하는 6부(이부·병부·호부·형부·예부·공부)를 뒀다. 중추원(中樞院)은 재신과 함께 국정을 총괄하는 추밀(樞密)과 왕명 출납을 담당하는 승선(承宣)으로 나뉘었다. 삼사(三司)는 화폐와 곡식의 출납에 대한 회계를 담당했다. 어사대(御史臺)는 정치의 잘잘못을 논하고 관리의 비리를 탄핵하며 감찰하는 임무도 담당했다. 어사대의 관원은 중서문하성의 낭사와 함께 대간(臺諫)으로 불렸다.

　　각 중앙관청은 국왕에게 직접 보고하고, 국왕의 명령을 받아 행정을 맡았으며 이를 보완하기 위한 몇 가지 제도도 갖췄다. 우선 일부 관청에는 장관 위에 판사를 설치하고, 여기에 재추 등의 고위 관료를 임명해 운영에 참여하게 했다. 또한 여러 회의기구를 두어 국가의 중대사를 논의하도록 했는데, 도병마사(都兵馬使)는 국방과 관련된 문제를, 식목도감(式目都監)은 제도와 법을 제정하는 문제를 다뤘다. 그리고 새로운 안건이 생기면 도감을 설치해 처리하도록 했다.

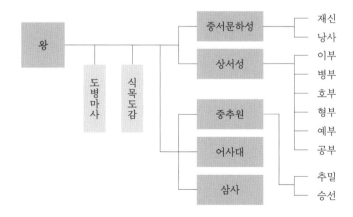

도표1　고려의 중앙통치조직

## 국정 운영과 권력구조

고려에서는 중앙행정 및 국정을 운영하는 데 있어 기본적으로 모든 관청이 국왕에게 직접 보고하고 명을 받아 처리했다. 지방행정도 왕명으로 임명·파견한 지방관이 책임졌다. 정치 세력 간의 이해관계가 대립할 때도 국왕이 이를 조정했다. 이렇게 고려의 국왕은 국정 운영의 최종 결정권자로서, 정치의 중심에 있었다. 그렇다고 국왕이 국정을 독단적으로 결정했던 것은 아니다. 국왕이 혼자 결정하기 어려운 사안은 재상을 비롯한 신료들의 의견을 구했다. 특히 재상은 국정 전반에 대해 회의해 국왕에게 건의하거나 국왕의 자문에 응함으로써 국왕의 최종 결정권을 보좌했다. 재상은 6부 판사를 겸직해 해당 관청의 운영에 관여하는 등 행정 면에서도 큰 영향력을 행사했다.

대간은 정책의 수립과 집행, 관료들의 기강을 점검하는 비판과 견제, 감찰 등의 역할을 맡았다. 이를 통해 국왕과 신료가 불법을 저지르거나 관행에서 벗어난 행위를 했을 때 이를 지적해 국정 운영을 견제하고, 균형을 유지할 수 있도록 했다. 고려의 국정은 전반적으로 국왕이 주체가 되면서도 신료와의 협조가 긴밀하게 작동하는 방식으로 운영됐기에 국왕과 신료 어느 한쪽이 독주하지 못하도록 상호 견제할 수 있는 권력구조를 갖추고 있었다.

## 과거제와 음서제

고려에는 능력 있는 인재를 관료로 선발하기 위한 과거·음서(蔭敍)·천거(薦擧) 등의 제도가 있었는데 그중 과거와 음서를 주로 활용했다. 과거는 958년(광종 9)에 처음 시행했다. 제술과·명경과·잡과로 나뉘어 제술과는 문학적 재능과 정책 등을, 명경과는 유교경전에 대한 이해 능력을 시험했다. 잡과는 법률·회계·지리 등 실용 기술학을 시험해 기술관을 선발했다. 무신을 뽑는 무과는 거의 시행되지 않다가, 1390년(공양왕 2)에 비로소 설치했다. 과거 중에서는 제술과와 명경과를 가장 중요하게 여겨 양대업이라고도 했는데, 그중 제술과가 우위에 있었다.

과거는 양인 이상의 신분이면 응시할 수 있었다. 제술과와 명경과에는 주로 관료와 향리의 자제가, 잡과에는 양인 이상이 응시했다. 제술과와 명경과 합격자들은 문한직, 중앙관청과 지방의 하급 관직 등에 배치됐으며, 이후 승진을 통해 재추와 같은 고위 관료로 성장했다. 잡과 합격자들은 의학·법률·지리학 등 응시 분야에 따라 기술직 또는 사천대, 태의감(太醫監) 등의 하급 관리로 임명됐다. 과거 시험관은 '지공거'와 '동지공거'로, 시험관과 합격자는 각각 '좌주'와 '문생'으로 불렸다. 이들은 부자(父子)와 같은 관계로 평생 이어졌을 뿐 아니라 학벌과 인맥으로 이어져 관직에 임명되고 승진될 때 출세 배경으로 작용했다.

음서는 조상의 음덕으로 자손이 관직에 나갈 수 있도록 한 제도였다. 종실과 공신의 자손 외에도 5품 이상 관료의 아들·손자·사위·동생·조카 등에게 혜택이 주어졌다. 음서는 매년 정기적으로 실시했으며, 국왕이 즉위하거나 왕비가 책봉될 경우, 공로가 있는 관료가 치사할 경우와 같이 특별한 때에도 시행했다. 고위 관료의 자제들은 아버지 외에 다른 친족들로부터도 음서를 받을 기회가 적지 않았기 때문에 비교적 손쉽게 관직에 진출할 수 있었다.

음서를 통해 관직에 진출할 수 있는 나이는 법적으로는 18세였다. 하지만 실제로는 그 규정이 잘 지켜지지 않아서 그보다 어린 사람이 음서로 관직을 받는 경우가 많았다. 음서로 받는 첫 관직은 서리직이나 하급 품관의 동정직(同正職)이었다. 동정직은 실직이 아니었으므로 녹봉을 받지 못했지만, 전시과를 지급받을 수 있었다. 또한 일정 시간이 지나면 실직을 받을 수도 있

---

**고려의 귀족제와 관료제 논쟁**

전근대에서 귀족제사회는 사회적으로 인정받는 최상층의 귀족 가문이 혈통을 통해 특권을 세습하며 사회를 이끌어가는 경우다. 관료제사회는 사회적 지위와 특권이 관료의 지위를 통해서 보장되는 사회를 말한다. 귀족제와 관료제가 한국사에서 본격적으로 논의된 것은 1970년대 고려사회에 대한 성격 논쟁이 시작되면서부터다.

귀족제론에서 고려의 귀족은 최상위 계층 또는 5품 이상의 관료를 3대 이상 배출한 가문으로 정의한다. 개인의 실력보다는 가문과 혈통에 의해 관료가 되는 음서로 특권을 세습한다고 여겼다. 관료제론은 광종대에 과거가 실시된 이후 과거에 급제한 사람들을 중심으로 관료제가 형성됐으며, 이때 능력 중심으로 관직을 부여받았다고 봤다. 실력에 따라 관료에 오르고 지배 세력이 된다는 것이다.

이 논쟁은 음서와 과거 중 어느 쪽이 고려시대에 더 중심이었느냐에 초점이 맞춰진다. 논쟁이 진행되는 동안 과거와 음서, 문벌귀족과 문벌의 개념, 최고 지배층의 범위와 가문 구성, 경제적 기반 등에 대한 연구가 폭넓게 진행되면서 고려에 대한 이해가 한층 더 깊어졌다. 그러다 1990년대에 들어서는 귀족제론 대신 문벌사회론이 제기됐다. 2010년대에는 고려의 최고 지배층을 귀족이 아니라 문벌로 보는 견해가 지지를 얻으면서, 2015교육과정에 기초한 고등학교 교과서에도 반영됐다.

었다.

음서를 통해 관직을 받았더라도, 본인이 5품 이상의 관료가 돼야 자손에게 음서의 혜택을 줄 수 있었다. 음서는 고위 관료의 자손에게 관직 진출의 기회를 제공하는 특권적 제도였지만, 관료 신분의 세습을 보장하지는 않았다. 과거에 합격하는 것이 고위 관료로 승진하기에 훨씬 더 유리했을 뿐 아니라 관료로서 자부심을 갖게 했다. 어렵게 과거를 치르지 않아도 관직에 나갈 수 있었기 때문에 지배층은 음서를 통해 입사하는 경우가 많았지만 이후 다시 과거를 보는 사람들이 적지 않았던 이유가 여기에 있다.

### 중앙 및 지방학교

고려는 태조대부터 인재 양성을 위해 서경에 학교를 세우며 교육에 큰 관심을 기울였고, 과거를 실시하면서 중앙과 지방을 아우르는 교육제도도 차츰 정비해갔다. 중앙에 국자감과 사학 12도, 지방에는 향교 등을 설치한 점이 바로 그것이다.

국자감은 지금의 국립대학에 해당하는 교육기관으로, 992년 성종대에 새로 건물을 세우고 명칭도 '국자감'으로 변경했다. 국자감은 크게 유학 학부와 잡학 학부로 나뉘었는데 유학 학부는 국자학·태학·사문학으로, 잡학 학부는 서학·산학·율학으로 구성됐다. 인종이 정비한 학식에 따르면, 입학 자격이 국자학은 문무 3품 이상의 자손, 태학은 문무 5품 이상의 자손, 사문학은 문무 7품 이상의 자, 잡학 학부는 문무 8품 이하의 자와 서인으로 분야에 따라 달랐다. 유학은 3~9년, 잡학은 3~6년간 수학했고 성과가 없으면 퇴학시켰다.

문종대에 들어 관학이 제 역할을 수행하지 못하고, 차별화된 양질의 교육을 받으려는 사람들이 늘어나면서 사립학교라 할 수 있는 사학이 등장했다. 사학을 처음 세운 사람은 최충(崔沖, 984~1068)으로, 그는 문헌공도(文憲公徒)를 설립하고 이를 낙성(樂聖)·대중(大中)·대빙(待聘) 등 9재로 나눠 각 전문 강좌를 개설해 교육했다(9재학당). 문헌공도가 전문 교육을 통해 큰 호응을 얻자 다른 문신들도 후학 양성을 목적으로 별도의 학당을 설립했다. 9재학당을 포함해 당시 큰 인기를 누렸던 사립 교육기관 12곳을 사학 12도[5]라

---

사학 12도 최충이 세운 문헌공도, 정배걸이 세운 홍문공도(弘文公徒), 노단이 세운 광헌공도(匡憲公

고 불렀다. 사학은 지공거를 지낸 고위 관료들이 주로 세웠기 때문에 과거 합격을 목표로 삼은 관료층의 자제들이 국자감 대신 사학으로 몰렸다.

사학 12도의 발달로 국자감이 위축되면서, 관학을 진흥하기 위한 정책들이 시행됐다. 예종대에는 국학에 7재[6]를 두어 과목별로 전문 교육을 실시했을 뿐 아니라 장학재단인 양현고(養賢庫)도 설치했다. 인종대에는 국자감 교육을 강화하는 한편 국자감과 과거의 연계성을 강화해 국자감에서 치른 시험 성적에 따라 과거의 중장 또는 종장에 곧바로 나갈 수 있도록 했다.

교육이 활발해지고 경학과 시문 등에 대한 관심이 높아지자 서적에 대한 수요가 늘어났다. 문종대에는 서적점을 설치해 활자 주조 및 서적 인쇄를 주관하게 했고, 비서각에 소장된 경전과 역사서, 문집 등을 인쇄해 여러 교육기관에 배포했다. 숙종대에는 출판을 담당하는 서적포를 설치했다.

지방의 교육기관으로는 향교가 있었다. 태조가 서경에 학교를 설치했고, 성종은 12목에 교수관인 경학박사와 의학학사를 한 명씩 파견한 것으로 보아, 고려 초기부터 향교가 존재했을 것이다. 이후 목종대에 지사군(知事郡) 이상에 교수를 파견했고, 예종대에는 지방관 중 과거 출신자가 교육도 겸해 관할하게 했다. 인종대에는 향교 설립을 크게 장려해 전국적으로 향교가 늘어났다. 향교에서는 교육과 더불어 공자와 같은 선현에 대한 제사도 수행했다. 그리하여 향교에는 명륜당과 문묘가 갖춰져 있었다. 향교에는 8품 이하 관료의 자와 서인이 입학할 수 있었고, 과거와 관련된 과목을 주로 교육했다.

### 지방통치조직과 향촌사회

940년(태조 23) 군현의 명칭을 개정해 군현제를 정비하고, 983년(성종 2) 12목에 지방관을 파견하면서 본격적으로 지방통치조직이 정비되기 시작했다. 995년(성종 14) 12목을 절도사로 개편하면서 도단련사·단련사·자사를 두는 등 지방관을 확대했고, 1012년(현종 3)에는 5도호·75도안무사를 뒀다. 또한 1018년(현종 9)에는 4도호 8목 56지주군사 28진장 20현령으로 개편해 지방

---

徒), 김상빈이 세운 남산도(南山徒), 김무체가 세운 서원도(西園徒), 은정이 세운 문충공도(文忠公徒), 김의진이 세운 양신공도(良愼公徒), 황영이 세운 정경공도(貞敬公徒), 유감이 세운 충평공도(忠平公徒), 문정이 세운 정헌공도(貞憲公徒), 서석이 세운 서시랑도(徐侍郎徒), 구산도(龜山徒)를 말한다.

6 7재 사학의 9재처럼 국학에 전문 강좌로 설치한 이택재(麗澤齋), 대빙재(待聘齋), 경덕재(經德齋), 구인재(求仁齋), 복응재(服膺齋), 양정재(養正齋), 강예재(講藝齋)를 말하며, 이 중 강예재는 무학(武學)을 강의해 '무학재'라고도 했다.

통치조직의 골격을 완성했다. 이후 중간기구로 5도 양계를 설치했다.

고려시대에는 전국을 5도와 양계, 경기로 나눴으며, 그 아래 경·도호부·목과 주·부·군·현·진 등을 설치했다. 도는 상설 행정기관이 없는 광역의 행정 단위로서, 안찰사가 파견되어 도내의 여러 고을을 순찰했다. 동계(동북면)와 북계(서북면)로 구성된 양계는 북방과 동해안의 국경 지대에 설치된 군사 행정구역으로서, 병마사가 파견됐다. 경기는 수도인 개경과 그 주변을 둘러싼 지역으로 구성됐다. 5도의 경우 상급 행정 단위로서 기능이 미약했다. 경·도호부·목 등 대읍의 수령이 계수관을 맡아 5도와는 별도로 중간 광역 행정 단위로서의 기능을 수행했다. 개경·서경·동경(경주)을 3경으로 칭했으나, 고려 중기에 남경(서울)이 설치된 이후에는 남경·서경·동경을 3경이라고 불렀다.

중앙에서 모든 군현에 수령을 파견했던 것은 아니다. 일반적으로 수령이 파견된 고을을 '주현(主縣)', 수령이 파견되지 않은 고을을 '속현(屬縣)'이라 부른다. 주현보다 속현이 월등히 많았으나, 고려 중기부터는 속현 지역에 파견되는 수령이 점차 늘어나면서 지방에 대한 중앙의 영향력이 강화됐다. 수령의 관할 범위는 주현뿐 아니라 속현과 향·소·부곡 등에 걸쳐 있었다. 주현과 속현을 막론하고 각 고을의 행정 실무는 향리가 수행했고, 수령은 주로 향리의 활동을 관리·감독했다. 수령의 업무를 보조하기 위해 수령 아래 판관과 사록참군사 등의 관직을 뒀다.

고려에는 일반 군현과 별도로 향·소·부곡 등으로 불리는 특수 행정구역

### 고려의 인사행정

문신은 이부가, 무신은 병부가 담당했다. 이부와 병부가 인사기록부인 정안(政案)을 기초 자료로 근무 기간, 고과 성적 등을 심사하고 후보자 명단을 작성해 국왕에게 보고했다. 이때 정안을 토대로 후보자 명단을 작성하는 것을 '주의(注擬)'라고 하며, 후보자 명단은 '비판(批判)'이라 했다.

국왕이 비판을 보고 관직에 적합한 관료를 결정해 반포하면, 임명장인 고신(告身)이 만들어졌다. 고신은 재상과 3품 이하, 참상과 참하의 관료를 구분해서 작성했다. 이후 대간이 고신을 바탕으로 관직을 받은 관료의 신분과 행실을 심사하고 승진 순서를 따랐는지 검토하는 서경(署經)을 했다. 서경에 통과하면, 중추원의 당후관(堂後官)이 이를 알리는 사첩(謝牒)을 발급했다. 고신과 사첩을 받은 관리는 감사의 표(表)를 올리면 관직에 부임할 수 있었다. 다만 4품 이상은 관직을 사양한다는 표를 올리고 국왕이 허락하지 않는다는 교서를 내렸다.

지도2 고려의 행정구역도

12세기 중반 고려의 행정구역도다. 안남 도호부는 현종 대 지방제도를 개편할 당시 전주에 있었으나, 중기 의종대인 1150년 수주(인천 부평)로 설정됐다. 수주의 안남 도호부는 1215년 계양 도호부로 바뀌면서 오래 지속되지 못했다. 안동 도호부의 위치는 시기에 따라 경주, 상주, 안동 등지로 바뀌었는데, 12세기 중반에는 설치되지 않았다.

이 존재했다. 향과 부곡의 주민은 주로 농업에 종사했지만, 소의 주민은 수공업이나 광업 등에 종사하며 특정 물품을 생산했다. 이들은 일반 군현보다 더 무거운 조세 부담에 시달렸고 사회적 차별도 받았다. 향리는 지방사회의 토착 지배층으로, 다양한 명칭으로 불리다가 983년(성종 2)에 그 명칭이 통일됐다. 호장·부호장·호정·병정·창정 등으로 구성됐고, 군현의 규모에 따라 배치된 인원이 달랐다. 향리는 지방관의 통제와 지휘 속에서 해당 지역의 조세와 공물의 징수, 노역 징발 등 행정 실무를 담당했다. 그들은 '읍사(邑司)'라고 불린 관청에서 업무를 보았다.

　　한편 고려에서는 각 행정구역별로 호구를 파악해 호적에 등록하고 본관제를 시행해, 특별한 사정이 없는 한 이주를 막아 본관과 거주지를 일치시키

**237**

도록 했다. 본관에 따라 주민의 신분이나 조세 부담에 차이가 있었는데, 특히 향·소·부곡 등 특수 행정구역이 본관인 사람은 사회적 차별을 받았다.

### 군사조직과 군인의 신분

군사조직은 중앙군과 5도 지역의 주현군(州縣軍), 양계 지역의 주진군(州鎭軍)으로 편제됐다. 중앙군은 수도인 개경에 설치된 부대로, '경군(京軍)'이라 불렀다. 경군은 태조가 후삼국을 통일하는 과정에서 통솔하던 군사를 바탕으로 제도가 정비되면서 2군 6위로 편성됐다. 2군은 국왕의 친위 부대인 응양군·용호군으로, 6위는 수도 경비와 출정(出征), 국경 방어를 담당하는 좌우위·신호위·흥위위·금오위·천우위·감문위로 구성됐다. 2군 6위는 각기 상장군·대장군을 비롯한 장교와 일반 군인으로 나뉘었다. 장교는 무신을 지칭하며, 그중 상장군과 대장군은 중방(重房)이라는 합좌기구에서 군사 업무를 총괄적으로 논의했다.

5도의 군현에 설치된 주현군은 병종에 따라 보승군·정용군·일품군·이품군·삼품군으로 구성됐다. 보승군과 정용군은 전투부대로서, 부병제설에 따르면 그들이 교대로 번상(番上)해 6위의 보승과 정용을 구성했고, 일품군은 노동부대로서 각종 노역에 동원됐다. 이들은 모두 중앙정부의 통제를 받았다. 이품군과 삼품군은 중앙정부로부터 직접 통제받지 않았으며, 지방사회에서 각종 노동에 동원됐다. 주현군은 군역을 담당할 수 있는 신체적 조건과 경제적 능력을 갖춘 농민 중에서 선발됐다.

양계의 주진에 설치된 주진군은 초군·좌군·우군·보창·신기·보반 등으로 부대가 구분됐다. 주진군은 국경 지대를 방어하는 병력이었기에 단위 군

---

**경군을 구성한 군인의 성격**

경군 소속의 일반 군인은 약 4만 5,000명이었다. 그들이 농민층으로 구성됐다는 설과 군반씨족으로 불리는 계층에서 충원됐다는 설이 있다. 전자는 당의 부병제처럼 농민 중 일부가 토지를 지급받고 일정 기간 수도에 올라와 군역을 졌다고 주장한다. 후자는 군역을 담당하는 전문 군인층이 별도로 존재했으며, 이들이 군역을 세습해 특정한 신분층, 즉 군반씨족을 형성했다고 한다. 전자는 부병제설(府兵制說), 후자는 군반제설(軍班制說)이다. 이와 관련해 최근에는 양자를 절충해 경군 중 일부는 군반씨족으로 구성됐지만, 나머지는 부병제의 원리에 따라 번상농민군으로 형성됐다는 이원적 구성론이 지지를 얻고 있다.

현당 군인 수가 주현군보다 많은 편이었고, 부대도 다양하게 나뉘었으며 조직적으로 관리됐다. 세부 구성은 동계와 북계 사이에 약간 차이가 있었으며, 양계 주진에 거주하는 성인 남성은 주진군으로 편제되어 평상시에는 교대로, 유사시에는 전면적으로 동원됐다.[7]

## 3 　숙종-인종대의 정치 변동

### 숙종의 즉위와 의천의 활동

문종대 외척으로 등장한 인주 이씨의 이자연(李子淵, 1003~1061) 가문은 순종(順宗, 1047~1083)과 선종(宣宗, 1049~1094)대에 왕비를 연달아 배출하며 위세를 크게 떨쳤다. 외척은 왕실을 보위하는 위치에 있었으나 유약했던 헌종(獻宗, 1084~1097)이 즉위하면서 종실과 마찰을 빚었다. 외척 이자의(李資義, ?~1095)가 헌종의 동생이자 자신의 조카인 한산후 왕윤(漢山侯 王昀)에게 왕위를 계승하게 하려고 하자, 선종의 동생인 숙종(肅宗, 1054~1105)이 그를 숙청하고 헌종으로부터 왕위를 넘겨받아 즉위했다.

　숙종은 외척과 처족을 배제하고 지지 세력을 구성해 국정의 주도권을 장악했다. 그리고 부국강병을 목표로 개혁을 추진했다. 가장 역점을 둔 것은 재정 부문이었다. 대각국사 의천(義天, 1055~1101)의 건의를 받아들여 법정 금속화폐 유통정책을 시행했다. 의천은 법정화폐를 쓰면, 물품화폐를 사용하던 기존의 질서에서 권세가나 지방 세력가들이 누렸던 이득을 줄일 수 있고 대신 그 혜택이 국가와 중하급 관료 및 민에게 돌아갈 수 있다고 주장했다. 그에 따라 화폐 제조를 담당하는 주전도감(鑄錢都監)을 설치해 해동통보(海東通寶)·삼한통보(三韓通寶) 등의 동전과 활구라고도 불린 은병(銀瓶)을 주조·발행했다. 그러나 소액 거래에서 여전히 쌀과 베 등을 이용하는 관행이 이어졌고, 화폐 유통정책이 오래 지속되지 못하면서 동전도 거의 사용하지 않게 됐다.

　이외에도 숙종은 상공업을 육성해 상세를 부과하려고 했으며, 각 군현마다 관둔전을 경작하게 하고 그 소출을 경비로 사용해 중앙의 재정 부담을

---

7 　방수군 경군과 주현군 중에서 양계로 와서 국경을 지키는 군대로 주진군과는 구별된다.

**의천의 「주전론」 중에서**

"무릇 돈이란 그 몸은 하나이면서 그 뜻은 네 가지를 함축하고 있습니다. 첫째, 돈의 바탕은 둥글고 구멍은 네모져 있으니 둥근 것은 하늘을, 모난 것은 땅을 덮은 것입니다. 이른바 덮고 실으며 돌고 도는 것이 끊어짐이 없다는 것입니다. 둘째, 천(泉)이라 한 것은 통행해 흘러 퍼지는 것이 샘물처럼 마르지 않는다는 뜻입니다. 셋째, 포(布)라 한 것은 백성들 사이에 퍼지고 상하 두루 보급되어 영원히 막히지 않는다는 것입니다. 넷째, 도(刀)라 한 것은 이것을 어떻게 이롭게 사용하느냐에 따라 가난하고 부유함이 생기며 날마다 써도 무디어지지 않는다는 의미입니다."

『대각국사문집』 권12

도판2 순천 선암사에 모셔져 있는 〈의천 진영〉

줄였다. 또한 숙종은 국력을 강화하려면 풍수지리설에 따라 현재의 서울 지역에 남경을 건설하고 왕이 순행해야 한다는 건의를 받아들였다. 서경이 태조대 이래 북방정책과 관련됐다면, 남경은 한강의 지리적 이점을 살리고 중부 지역을 개발하는 중심지 역할로 기대를 받았다.

의천은 숙종의 개혁정책을 지지하면서 불교계 통합을 추진했다. 그는 경전 공부와 함께 마음의 본모습을 찾는 관행(觀行)의 실천을 중시하며 교관겸수(敎觀兼修)를 주장했다. 그리고 교종과 선종의 대립을 극복하기 위해 새로 천태종(天台宗)을 개창하고, 여기에 선종 승려들을 참여시켜 불교 교단을 재편했다.

### 예종대의 정국과 동북 9성 개척

숙종의 부국강병정책은 군사력을 강화하고 나라 밖을 다스리는 일로 이어졌다. 쑹화강 유역에 있던 여진 완옌부가 그 무렵 세력을 키우면서 변경이 불안해지자 숙종은 무력 토벌에 나섰다가 실패한 일이 있었다. 이에 기병의 중요성을 강조한 윤관(尹瓘, ?~1111)의 건의를 받아들여 별무반(別武班)[8]을 편성하

---

8    별무반 별무반은 신기군·신보군·항마군 등 7개 부대로 조직됐다. 신기군에는 문무 산관과 서리부터 상인·노복·일반 주부군현민까지 말을 가진 사람이 배속됐다. 말이 없는 사람은 신보군과 특수병인 조

고, 다시 여진 정벌을 꾀했으나 뜻을 이루지 못했다.

숙종의 뜻을 계승한 예종(睿宗, 1079~1122)은 즉위 후 대대적인 여진 정벌에 나서서 동북 9성을 확보했다. 그러나 고려는 옛 땅을 되찾으려는 여진의 계속된 공격과 반환 요청, 방어의 어려움, 그리고 거란과의 외교 문제 등으로 2년 만에 동북 9성에서 철수하고 그 땅을 여진에게 돌려줬다.

### 인종대 초기의 정치와 이자겸의 난

숙종–예종 초기의 부국강병정책은 큰 성과를 거두지 못했다. 이에 예종은 여진정벌로 인한 상흔을 민생 구제와 문화 진흥정책을 통해 수습하고자 했다. 국학을 7재로 나누고 장학재단인 양현고를 세워서 관학을 키웠으며, 궁중 안에 문한기구인 청연각(淸讌閣)과 보문각(寶文閣)을 세웠다. 그리고 의료·구휼기관을 확충해 구제도감(救濟都監)과 혜민국(惠民局) 등을 설치했다.

예종에 이어 인종(仁宗, 1109~1146)이 14세의 어린 나이에 즉위했다. 그러자 인종의 외조부인 인주 이씨 이자겸(李資謙, ?~1126)이 국정을 주도했다. 이자겸은 인종의 어머니 외의 또 다른 두 딸을 인종의 왕비로 들이고, 동북 9성 개척 때 무공을 떨쳤던 척준경(拓俊京, ?~1144)을 자신의 군사적 지지세력으로 삼으면서 확고한 권력을 다졌다.

한편 당시 국제 정세는 1115년 여진이 세력을 키워 금을 건국하고 송과 연합해 거란의 요를 멸망시키는 등 큰 변동을 겪고 있었다. 금은 여세를 몰아 송까지 멸망시켰고, 1127년 송의 일부 왕족이 양쯔강 남쪽으로 내려가 남송을 다시 세웠다. 금은 고려에도 사대를 요구했다. 이에 대해 크게 반발하는 정계 인사들이 있었음에도 결국 요구를 받아들여 금과의 정면 대결을 피했다. 그런 와중에 인종이 장성해 정치의 전면에 나서면서 이자겸과 갈등이 벌어졌다. 1126년(인종 4) 왕의 측근들이 이자겸을 몰아내려고 시도했다가 오히려 반격을 받았다. 이자겸은 군사를 일으켜 궁궐을 불태우고 권력을 독점했다〔이자겸의 난〕. 결국 인종이 척준경을 설득해 이자겸 세력을 몰아내는 데 성공했으나, 척준경은 이자겸을 유배 보낸 후 권세를 부리다가 탄핵을 받아 정계에서 밀려났다.

---

탕군·발화군 등에, 승려는 항마군에 배치됐다. 별무반은 여진을 정벌하기 위해서 기병을 강화해 설치된 부대였기에, 주력 부대는 신기군이었다.

도판3 〈척경입비도〉

윤관이 동북 9성을 쌓고 고려의 영토를 넓힌 후 이를 기념하기 위해 비석을 세웠던 모습을 담고
있다. 상단 천막에 있는 인물이 윤관으로 추정되며, 세우고 있는 비석에는 고려의 국경이라는 뜻
의 '고려지경(高麗之境)'이 써 있다. 이 비석에 대한 관심은 조선으로까지 이어져 조선 초기에는
『세종실록』에("비석의 네 면은 고의적으로 깎여 나갔지만, 땅속에 있던 아랫부분에 '고려지경'
네 글자가 있었다."), 조선 후기에는 〈조선 여진 분계도〉에 비석이 세워졌다고 알려진 '선춘령(先
春嶺)'과 '고려경(高麗境)'이 같이 적혀 있는 것을 확인할 수 있다. 〈척경입비도〉는 고려 예종 대부
터 조선 선조 대까지 북관(함경도)에서 있었던 일을 8개의 화첩으로 그려 만든 책인 『북관유적
도첩』에 실려 있다.

### 서경천도운동과 묘청의 난

이자겸의 난으로 개경의 궁궐이 불타고 민심도 흔들리자, 인종은 새 정치를 표방해 이를 타개하고자 했다. 서경 출신 승려 묘청(妙淸, ?~1135)은 정지상(鄭知常, ?~1135), 백수한(白壽翰, ?~1135) 등과 함께 불교나 전통신앙을 바탕에 둔 각종 기복 행사를 추진했다. 또한 풍수지리설을 내세워 개경이 쇠약해졌으므로 기운이 왕성한 서경으로 천도해야 한다고 주장했다. 인종은 이에 따라 서경에 궁궐을 새로 짓고 여러 차례 순행했다. 묘청은 고려가 금에 사대하여 책봉을 받고 금의 연호를 사용하는 것에 반대했다. 그러면서 왕을 황제로 칭하고 독자 연호를 사용하자는 칭제건원(稱帝建元)을 제안하며, 이를 통해 확실한 황제국의 면모를 갖춰 금을 정벌하자고 주장했다. 서경으로 천도하면 땅의 기운에 힘 입어 이를 실현할 수 있다는 것도 덧붙였다.

그러나 천도나 금 정벌처럼 국력 소모와 위험 부담이 큰 정책을 시행하자는 주장에 크게 반발하는 관료들도 있었다. 그들은 풍수지리설이나 종교에 바탕을 둔 신비주의적인 정책보다 유교적 합리주의와 관료정치를 선호했으며, 금에 대적하기보다는 사대외교를 통해 평화를 지키자는 입장이었다.

결국 서경천도가 무산되자 1135년(인종 13)에 묘청은 서경에서 반란을 일으켰다. 이에 김부식이 이끄는 토벌군이 정지상 등 개경에 있던 서경 출신 인사들을 제거하고 무력 진압에 나섰다. 토벌군은 약 1년 동안 서경을 포위 공격한 끝에 반란을 진압했다.

---

**고려에서 서경의 의미**

평양은 고구려의 옛 도읍으로서 태조는 즉위 직후 이곳을 서경으로 삼았다. 서경은 북방 개척의 거점이자 고구려의 옛 사적이 남아 있는 곳이었다. 고려는 고구려 시조 동명왕의 사당과 무덤, 궁궐까지 만들어 이러한 의미를 새겼다. 태조는 「훈요십조」에서 서경이 나라의 근본이 되는 땅이라며 자주 행차하며 중시할 것을 당부했다.

이로 인해 서경은 개경에 버금가는 위상을 누렸다. 서경에는 개경과 비슷한 행정기구를 두고 있었기에 국왕이 행차하면 이곳이 도읍의 역할을 맡았다. 서희가 거란과 협상을 벌일 때 평양이 고려의 도읍이라고 한 것도 여기에 근거한다. 고려의 가장 성대한 행사였던 팔관회는 개경과 함께 서경에서도 개최됐다.

# 2.

# 고 려   후 기 의
# 정       치       와
# 체 제       변 동

# 1 무신정권의 형성과 민의 봉기

### 무신정변의 배경 및 의의

11세기 무렵부터 누대에 걸쳐 재상을 배출한 가문이 늘어나면서 문신 중심의 문벌화 경향이 나타났다. 과거나 군공 등을 통해 신진 관료가 될 수 있는 통로는 보장됐지만 중앙의 관료 가문, 특히 문벌은 교육, 과거와 음서 등의 관리 임용제도 등을 이용해 세력을 키우려고 했다. 문벌이 기득권을 유지·강화하려고 하자 지배층 사이에 갈등이 커지고 중앙정치가 사회 변화에 효과적으로 대응하기 어려워졌다.

이자겸의 난과 묘청의 난을 겪은 인종 다음으로 왕위에 오른 의종(毅宗, 1127~1173)은 실추된 왕권을 다시 강화하고자 측근을 중용했다. 의종이 견룡군과 같이 왕을 호종하며 궁궐을 지키던 국왕 친위대를 육성하고 내시[1]·환관 등을 측근 세력으로 키우자, 대간들은 이를 비판하며 대립했다. 여기에다 의종이 재위 후반부에는 토목공사를 크게 일으키고 측근 세력과 유흥을 즐기는 일을 자주 벌이면서 비난이 날로 거세졌다.

정치가 경색된 가운데 측근 세력에 속한 문·무신 사이에 권력 다툼이 생겼다. 결국 1170년(의종 24), 견룡군 장교들이 중심이 된 무신들은 왕이 보현원으로 행차하자 틈을 타 무신정변을 일으켰다. 이때 많은 문신이 살해되고 정변을 주도한 무신이 권력을 잡았다.

### 무신정권의 추이

무신정변 이후 1270년 왕권이 회복되기까지, 무신은 100년간 권력을 쥐었다. 보통 이 기간을 세 시기로 나눈다. 최씨 정권 시기(1196~1258)를 무신정권 확립기로, 그 전후를 각각 성립기와 붕괴기로 구분한다. 각 시기는 권력의 안정성 여부, 중심 권력기구, 무력 기반 등에서 차이를 지닌다.

정변을 주도한 무신은 의종을 폐위하고 그의 동생 명종(明宗, 1131~1202)을 왕으로 세웠다. 그리고 이의방(李義方, ?~1174), 정중부(鄭仲夫, 1106~1179), 경대승(慶大升, 1154~1183), 이의민(李義旼, ?~1196) 등이 차례로 권력을 장악

---

1    내시 내시원에 소속되어 왕의 측근에서 시종하고 왕명을 수행하던 문신 관료를 말한다. 고려 후기에 환관이 내시의 직능을 차지하기도 했지만, 고려의 내시는 조선시대의 환관내시와는 달랐다.

도판4 고려 제31대 공민왕의 능인 현릉 주변에 놓인 문인상과 무신상
고려시대는 최고위 관직인 재추뿐 아니라 군대의 최고 지휘 통제권도 문반이 가졌다. 귀주대첩으로 거란군을 물리친 강감찬, 여진 정벌을 이끌었던 윤관, 묘청의 서경반란 진압군을 지휘했던 김부식 등이 문신이었다. 그런 점에서는 문·무반 사이에 차별이 있었지만, 재추는 문·무반을 초월한 직책이고 음서와 국자감의 입학에도 문·무반을 차별하지는 않았다.

했다. 이의방은 정변을 주동했던 견룡군 장교로, 이의민을 시켜 경주에서 복위운동을 펼치고 있던 의종을 시해했다. 또한 중방을 강화하며 정국을 주도했고, 정변에 반대하는 세력을 과감히 진압했다. 하지만 이의방은 자신의 딸을 태자비로 들이는 등 권력 강화를 시도하다가 정중부 세력에 의해 암살당했다. 정중부는 무신정변의 주동자로서 일가 중심으로 세력을 확장하며 국정을 장악했으나 아들 정균(鄭筠, ?~1179)이 왕실과 혼인을 추진하다 실패하면서 이후 권력마저 빼앗겼다.

정중부를 제거하고 1179년에 집권한 경대승은 사병 조직인 도방(都房)[2]을 창설하고, 이를 자신의 권력 기반으로 삼아 중방을 견제했다. 경대승이 서른 살의 젊은 나이에 병으로 죽자, 경주의 천민 출신이었던 이의민이 집권했다. 그러나 이의민 자신은 물론 가족까지 남의 집과 토지를 뺏는 등 횡포를 부리다가 인심을 잃었으며, 도참에 기대 왕이 되려 한다는 의심도 받았다.

이의민을 제거하고 권력을 잡은 최충헌(崔忠獻, 1149~1219)은 무반 가문 출신이었다. 그는 명종을 폐위한 후 신종(神宗, 1144~1204)을 세우는 등 여러

---

2    도방 경대승이 집권하며 처음 조직해 신변을 보호하는 무력 기반으로 삼았다. 그러나 도방에 소속된 무사가 민가를 약탈하고 백성을 함부로 대하는 일이 잦았다.

| 무신정권 성립기 | | | | 무신정권 확립기 | | | | | 무신정권 붕괴기 | |
|---|---|---|---|---|---|---|---|---|---|---|
| 1170년 | 1174년 | 1179년 | 1183년 | 1196년 | 1219년 | 1249년 | 1257년 | 1258년 | 1268년 | 1270년 |
| 이의방 | 정중부 | 경대승 | 이의민 | 최충헌 | 최우 | 최항 | 최의 | 김준 | 임연 | 임유무 |
| 중방 | | | | 교정도감 | | 교정도감·정방·서방·삼별초 | | | | |

도표2 무신정권기 집권자와 지배기구

국왕의 폐위와 옹립을 독단적으로 결정하는 등 1인 권력체제를 구축했다. 최충헌 다음으로 최우(崔瑀, ?~1249), 최항(崔沆, ?~1257)을 거쳐 최의(崔竩, ?~1258)에 이르기까지 4대가 62년간 권력을 세습했다.

최씨 정권은 군사력과 인사권을 장악해 강력한 통치력을 발휘했다. 최씨 정권이 몽골에 맞서 장기간 항전할 수 있었던 배경에는 최씨 집권자를 중심으로 한 안정적인 국정 운영이 큰 역할을 했다. 그러나 최씨 정권은 최씨 가문의 노비 출신인 김준(金俊, ?~1268) 세력에 의해 무너졌다. 김준은 몽골과 화평을 유지하자는 문신의 주장을 받아들여 최의를 제거하고, 10년간 정권을 장악했다. 김준 정권은 중방을 다시 강화하고, 삼별초(三別抄)를 육성했다. 그러나 몽골이 요구한 6사[3]의 이행, 그리고 임시 수도였던 강화에서 개경으로 환도하는 것을 지연하고 거부하는 과정에서 원종(元宗, 1219~1274)의 측근 세력에 의해 암살당했다.

김준 사후 집권한 인물은 임연(林衍, ?~1270)이었다. 임연은 원종을 폐위하고 몽골에 다시 항전하려는 계획을 구상했으나, 몽골제국의 황제인 세조 쿠빌라이(Khubilai khan, 1215~1294)의 외압을 견디지 못해 원종을 복위시키고 곧 사망했다. 임연의 뒤를 이어 그의 아들 임유무(林惟茂, ?~1270)가 잠시 집권했으나, 개경 환도 세력에 의해 살해됐다. 이로써 100년에 걸친 고려의 무신정권이 막을 내렸다.

---

3    6사 몽골이 복속한 나라에 이행하도록 요구한 6가지 사항을 말한다. 인질 제공, 군사 지원, 군량 조달, 다루가치 설치, 호구 조사 결과 보고, 역참 설치 등이 포함됐다.

### 5부

## 무신정권의 지배기구

무신정권기에도 중서문하성과 추밀원을 비롯한 전통적인 정치기구가 유지됐다. 무신정권이 성립되던 시기에는 집권한 무신이 재상이 되어 정치를 이끌었으며, 중방의 정치적 역할과 위상도 크게 높아졌다. 중방은 군사문제뿐아니라 국정운영에 간여하기도 했다. 합의제로 운영한다는 점에서 집단지도체제와 비슷했지만 의사결정을 내리는 데 있어서는 무신 집권자의 의견을더 중시했다.

무신정권 확립기(최씨 집권기)에는 최씨 정권이 왕조의 전통적인 정치기구를 장악하는 동시에 독자적인 지배기구를 새로 만들어 관료들을 통제했다. 최충헌은 경대승 정권 때 운영했던 도방을 개편해 신변을 보호하는 무력기반으로 삼았다. 아울러 교정도감(敎定都監)[4]을 세워 반대 세력을 감시하거나 내쫓고, 권력 유지를 위한 재정 기반을 확충했다.

최우는 정방(政房)[5]과 서방(書房)을 두고 과거 급제자 중 문장과 행정 실무에 능한 이들을 소속시켰다. 치안을 유지하기 위해 야별초(夜別抄)를 창설했으며, 이후 야별초의 숫자를 늘려 좌별초(左別抄)와 우별초(右別抄)로 확대했다. 그리고 김준 등 노비 출신인 무인들에게 관직을 주고 가병을 지휘하도록 했다. 최우의 뒤를 이은 최항은 도방의 규모를 크게 확대하는 한편, 몽골의 침략에 효율적으로 항전하기 위해 군사제도도 개편했다. 신의군을 새롭게 편제하고 좌별초와 우별초를 합쳐 삼별초를 조직해 무신정권의 사병처럼활용했다.

## 국왕의 권위

무신의 지지를 받으며 왕위에 오른 명종은 당시 정권을 잡은 무신에게 순응하면서 오랫동안 왕위를 유지했다. 최충헌은 권력을 잡은 후 명종을 폐위하고 신종을 옹립했다. 신종의 뒤를 이어 즉위한 희종(熙宗, 1181~1237)대에는, 내시 왕준명(王濬明)이 최충헌을 암살하려다 실패했다. 이에 최충헌은 사건

---

4 교정도감 최충헌이 1209년 자신의 신변을 위협하는 자들을 수색하고 처벌하기 위해 만든 기구다. 그 이후에는 관리의 비리를 감찰하거나 조세 징수에 관여하는 등 최고 권력기구로 기능했다. 교정도감의 최고 우두머리인 '교정별감(敎定別監)'에는 무신 집권자가 임명됐다.

5 정방 관리의 인사 행정을 담당하던 기구로 무신 집권기에 최우가 처음 설치했다. 한때 폐지된 적도 있으나, 명칭을 바꿔가며 고려 말까지 유지됐다. 국왕이나 권력자가 인사와 관련된 규정이나 관례를 무시하고 인사권을 행사해 정치 질서를 문란하게 만드는 주요 원인이 되기도 했다.

의 배후에 희종이 있다고 의심해 그를 폐위하고 강화도로 내쫓았다. 이러한 국왕 폐립이 가능했던 것은 최씨 정권의 권력이 공고해져서 국정을 장악하고 있었고, 주요 문·무신이 최씨 정권의 일가·친척·측근으로 채워졌기 때문이다. 최씨 정권기에 국왕은 권력을 제대로 행사하기 어려웠다. 국왕의 권위는 존중됐으나, 무신 집권자의 눈치를 보며 이미 결정된 사안에 결재하는 역할을 하는 데 머무는 경우가 많았다. 내정뿐 아니라 금이나 몽골과의 외교문제에서도 마찬가지였다.

1258년(고종 45) 최씨 정권이 붕괴하고, 1259년 몽골과 강화가 체결된 이후 왕권은 일부분 회복됐다. 김준 정권이 건재했지만, 왕은 인사권·사법권을 어느 정도 발휘할 수 있었다. 그리고 1270년(원종 11) 개경으로 환도한 이후 왕권이 완전히 회복됐다.

### 문신과 무신

무신정변 이후 문신 중심으로 이뤄지던 전통적인 국정 운영은 큰 타격을 입었다. 그러나 문신 전체가 몰락한 것은 아니었다. 상당수가 살아남아 무신정권에 참여했고 일부는 무신정권의 정당성을 옹호했으며, 다른 일부는 낙향해 후진을 양성하는 부류도 있었다. 무신정권기에 무신은 문반 관직에 진출했고 재상에 올라 국정을 이끌어가기도 했다. 무신은 중방을 통해 국정에 간여하거나, 자신의 이익을 추구하며 문신보다 우세한 입장에 서서 문신이 권력을 잡지 못하도록 견제했다. 그러나 최우가 집권 후에 정방·서방 등을 통해 문장 능력을 갖춘 문신을 우대하자 문신의 영향력이 이전보다 커졌다. 최우가 시행한 문사 우대정책으로 문신이 주요 관직을 맡는 기회도 확대됐다. 특히 몽골침입기에는 문신의 역할과 위상이 높아졌다. 몽골에 사신을 파견해야 하거나, 외교문서를 작성해야 할 때 문신이 필요했기 때문이다. 이규보(李奎報, 1168~1241), 하천단(河千旦, ?~1259), 김구(金坵, 1211~1278) 등이 그 대표 인물이다.

무신정권 붕괴기에 이르면 문신은 대몽외교에 깊이 관여하면서 무신 집권자마저 견제하는 위치로 부상했다. 몽골과의 강화를 지지하는 문신(강화파)은 몽골이 요구하는 개경환도를 주장했다. 무신 집권자와 삼별초는 이를 거부했으나 결국 강화파의 주장이 관철돼 1270년 환도가 이뤄졌다. 하지만 삼별초가 이에 반발해 진도, 제주도로 근거지를 옮겨가며 1273년까지 대몽항쟁을 이어갔다.

## 무신정권기 농민과 천민의 봉기

무신정변으로 정권을 장악한 무신 집권자는 확고한 기반을 세우기 위해 다양한 방식을 시도했다. 토지와 노비를 늘려 경제력을 키웠으며, 사병을 길러 군사력을 강화했다. 국가의 법령을 무시하고 권력을 남용해 대민수탈을 일삼기도 했다. 통치질서가 이완되자, 관리의 수탈을 감시하는 중앙의 통제력도 약해졌다. 이러한 상황에 어려움을 겪던 하층민이 무신정권에 맞서 전국적으로 봉기를 일으켰다. 지방민에 대한 착취에 저항하고 무신정권을 반대하는 봉기부터 하층민의 신분 해방과 삼국의 부흥을 도모하는 봉기까지, 전국 각지에서 다양한 항쟁이 일어났다.

서경유수 조위총(趙位寵, ?~1176)은 1174년(명종 4) 무신정변에 맞서며 서북민을 모아 봉기했다. 서북면의 대부분 주·진에서 호응해 항쟁을 벌였으나, 1176년 개경 정부군에 의해 진압됐다. 1176년 공주 명학소에서는 망이(亡伊)와 망소이(亡所伊)가 국가의 과도한 수취에 항의하며 봉기를 일으켰다. 여기에는 명학소의 주민뿐만 아니라 주변의 일반 군현민도 참여했다. 이들이 공주를 함락하고 정부군을 격파하자 정중부 정권은 명학소를 충순현으로 승격시켜 봉기군을 달랬다. 그러나 이후 정중부 정권이 강경 진압책을 펼치려 하자, 이에 격분한 망이 등은 1177년 다시 봉기해 예산·진천·공주·아산 등 청주목 관아의 군현들을 점령하고 개경으로 진격할 뜻을 내비쳤다. 하지만 봉기군은 개경 정부군에 의해 평정됐다. 망이·망소이의 봉기는 실패했으나, 특수 행정구역에 대한 차별에 저항하는 항쟁이었다는 점에서 역사적 의미가 있다.

1193년(명종 23) 경상도 운문(청도)에서는 김사미(金沙彌, ?~1194)가, 초전(울산)에서는 효심(孝心)이 유망 농민과 천민을 모아 이의민 정권의 수탈에 항거하며 대규모 봉기를 일으켰다. 당시 최고 집권자였던 이의민의 아들 이지순(李至純, ?~1196)이 쉽게 공격하지 못할 정도로 봉기군의 규모가 커서 이의민과 봉기군이 내통하고 있다는 소문이 돌 정도였다. 그러나 정부에서 정예군을 보내 토벌하자, 1194년 김사미의 봉기는 진압됐다. 이후 초전의 봉기군도 와해되어 정부에 항복했고, 효심도 붙잡혀 봉기는 평정됐다.

1198년(신종 1)에는 개경의 사노비 만적(萬積, ?~1198)이 공·사노비를 불

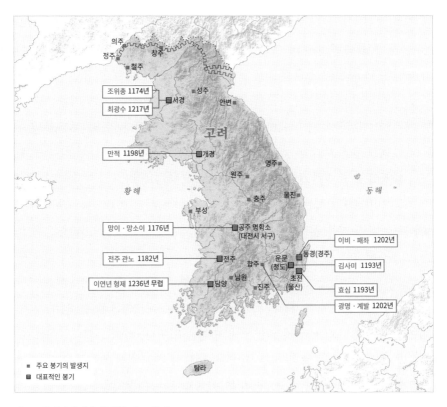

지도3 무신정권기에 발생한 대표 봉기
지도에 표기된 연도는 봉기가 시작된 때를 의미한다.

러 모아 봉기를 계획했다. 만적은 "무신난 이후 고관이 천한 노비에서 많이 나왔다. 어찌 왕후장상의 씨가 따로 있겠느냐. 때가 오면 누구나 할 수 있다"고 하면서 최충헌 등을 죽이고 노비문서를 불살라 노비가 사라질 수 있도록 하자고 선동했다. 계획은 사전에 탄로나 만적 등이 처형당했으나 신분 해방과 정권 탈취를 계획했다는 점에서 역사적 의의가 있다.

### 삼국부흥운동

하층민의 항쟁이 격화되는 가운데 13세기에는 삼국부흥운동[6]으로까지 발전했다. 김사미·효심의 봉기에서 신라부흥의 구호가 등장했으며, 1202년(신종

---

6    삼국부흥운동 최씨 정권기에 발생했던 신라부흥운동·고구려부흥운동·백제부흥운동을 일컫는다. 고려의 하층민이 무신정권에 항거하며 고려왕조의 통치질서를 부정하고 각 지역을 기반 삼아 삼국부흥을 명분으로 봉기를 일으켰다는 점에서 역사적 의미가 있다. 삼국부흥운동이 실패하면서 최씨 정권기 하층민의 봉기도 수그러들었다.

5) 동경(경주)에서는 신라부흥을 표방한 봉기가 일어났다. 이비(利備), 패좌(孛左) 등은 최충헌 정권의 수탈과 탄압에 항거해 신라부흥을 내세워 봉기했다. 경주도령 이비는 경주의 토호였으며, 초적 패좌는 유랑한 군인이자 농민이었다. 이비와 패좌의 봉기군은 운문과 초전에서 세력을 크게 떨쳤으나 기양(예천)에서 관군에게 패배하고, 1203년 결국 진압됐다. 이비·패좌의 봉기는 이의민의 근거지인 동경을 억압하려는 최충헌 정권의 탄압에 저항해, 지역의 토호와 농민이 항거했다는 특징을 지닌 사건이었다.

1217년(고종 4)에는 서경의 군인 최광수(崔光秀, ?~1217)가 무리를 조직해 서경에서 봉기를 일으키고 고구려부흥병마사를 자칭했다. 최광수는 서북면 여러 성에 격문을 돌려 대규모 봉기를 추진했으나, 별 성과를 거두지 못했을 뿐 아니라 살해당하고 말았다. 또한 1236년(고종 23) 무렵에는 전라도 담양에서 이연년(李延年, ?~1237) 형제가 무리를 모아 백적(백제)도원수라 자칭하고 해양(광주광역시) 등지를 점령해 세력을 떨쳤다. 이연년 형제는 전라도 지역의 하층민을 끌어모아 나주 일대에서 큰 세력을 형성했다. 그러나 전라도지휘사 김경손(金慶孫, ?~1251)이 이끄는 관군에 의해 평정됐다.

## 2 몽골(원)의 간섭과 고려의 정치

### 국왕의 위상 변화

1206년에 칭기즈칸(Chingiz Khan, 1167?~1227)이 건국한 몽골제국은 정복 전쟁을 벌이며 세계 정세를 뒤흔들었다. 고려는 최우가 집권하던 1231년 처음 몽골의 침공이 있은 후부터 1259년 강화가 이루어질 때까지 장기간 맞서 싸웠다. 몽골과의 전쟁이 끝난 뒤에 고려는 국가를 유지했으나 전쟁 전과 비

---

**고려와 부마국**

왕실 혼인을 통해 고려 국왕이 몽골 황실의 부마가 됐다는 의미에서 당시 고려를 '부마국'이라고 했지만 어디까지나 편의적인 표현이었다. 근래 고려 국왕의 지위를 몽골의 '부마국왕'으로 규정하고, 고려를 몽골의 부마에게 분봉(分封)된 영지로 볼 수 있다는 주장이 제기되면서 부마국의 의미를 다르게 받아들이는 계기가 됐다. 이에 따르면 고려는 몽골제국의 일부이며, 국가적 독립성은 인정되지 않는다. 부마국이라는 용어를 사용할 때는 이 점에 주의할 필요가 있다.

교했을 때 커다란 변화를 맞았다. 특히 국왕의 위상이 크게 변화하면서 국내 정치에 영향을 미쳤다.

몽골과의 전쟁이 장기화되자 문신 관료를 중심으로 왕권의 회복을 주장하는 강화론이 제기됐다. 몽골도 항전을 주도해온 무신정권을 견제하기 위해 고려 왕을 지원했다. 그러자 몽골의 도움을 받는 왕과 무신정권이 대립하는 상황이 초래됐다. 임연이 원종을 폐위했지만 몽골의 압박에 의해 복위시켜야 했다. 복위한 원종은 몽골에 친조한 후 몽골 군대를 앞세우고 돌아와 무신정권을 무너뜨리고 왕정을 회복했으며, 그에 반발하던 삼별초의 항쟁을 몽골군과 함께 진압했다. 이로써 무신정변 이후 100년 동안 존속했던 무신정권이 붕괴되면서 왕정이 복구되고 국왕권이 회복됐다. 동시에 몽골의 간섭이 시작되면서 고려의 국왕권이 몽골에 종속됐다.

삼별초 항쟁을 전후해서는 고려 왕실과 몽골 황실 사이에 혼인이 맺어졌다. 왕실 혼인은 충렬왕(忠烈王, 1236~1308)부터 공민왕(恭愍王, 1330~1374)까지 이어지면서 고려 국왕은 대대로 몽골 황실의 부마가 됐다. 그렇다고 고려가 단순히 몽골의 부마국(駙馬國)이었던 것은 아니었다. 강화가 성립됐을 때 양국은 책봉-조공 관계를 맺었으며, 이를 통해 고려 국왕의 지위뿐 아니라 독립 왕국으로서의 지위도 보장받았다. 다만 이때의 책봉은 고려의 왕위 계승을 추인하는 형식적 절차에 그치지 않고 고려 국왕을 직접 임명하고 퇴위시키는 등 실질적으로 행사됐다. 그 때문에 고려 국왕은 언제라도 몽골에 의해 퇴위당할 수 있는 처지였다.

실제로 원(元)은 1298년(충렬왕 24)에 처음으로 고려 왕을 퇴위시켰다. 당시 충렬왕이 건강에 이상이 있다는 이유를 들어 아들 충선왕(忠宣王, 1275~1325)에게 전위한다는 명목이었지만, 실제로는 원 조정의 정치 변화 속에서 충렬왕에 대한 부정적 인식이 높아졌기 때문이었다. 같은 해에 충선왕이 퇴위하고 충렬왕이 복위한 것도 역시 원의 결정에 따른 것이었다.『고려사』에

### 고려와 몽골의 강화

몽골에서 헌종이 사망하고 쿠빌라이와 아릭 부케(阿里不哥, 1219~1266)가 각자 제위에 올라 내전이 시작될 당시, 고려의 태자였던 원종이 강화를 위해 쿠빌라이를 만났다. 이때 고려는 쿠빌라이에게 도움을 주면서 교섭을 유리하게 이끌 수 있었다. 왕조체제 유지를 포함해 고려의 풍습을 바꾸지 않는다는(不改土風) 약속을 받고 몽골군과 다루가치 철수 등을 관철했다.

는 충렬왕의 복위를 명하는 원의 조서가 반포됐을 때 "〔사신이〕 온 지 10여 일이 지났지만, 고려 사람들은 그러한 조서가 있는지 알지 못했다"고 해 그 결정이 전적으로 원에 의한 것이었음을 밝히고 있다.

왕위 다툼으로 즉위·퇴위·복위를 거듭하는 것을 '중조(重祚)'라고 하는데, 중조는 충숙왕(忠肅王, 1294~1339)과 충혜왕(忠惠王, 1315~1344) 부자 사이에서도 재현됐다. 충숙왕은 국왕인을 빼앗긴 채 원에 압송되기도 하였고, 충혜왕은 유배당했다가 귀양길에 사망하고 말았다. 물론 중조는 원이 일방적으로 영향력을 행사한 결과로만 볼 수 없고 고려 내 정치 세력 간의 갈등도 원인이 됐다.

### 국왕 측근 세력 중심의 정치 운영

원 간섭기에 국왕은 사적으로 신임하는 사람들을 중심에 두고 국정을 운영했다. 이는 원에 의지해 국왕권을 회복하면서 국왕의 권위가 약화됐던 데에 1차 원인이 있다. 국왕이 원의 결정에 따라 언제든 퇴위당할 가능성이 존재하면서 자신과 정치적 운명을 함께할 권력집단이 필요했던 요인도 있다. 참고로 이 시기에는 지배층의 자제가 즉위하기 전 뚤루게(禿魯花)[7]라는 이름으로 원에서 숙위(宿衛)하는 관행이 있었고, 이를 마치면 국왕의 측근 세력이 됐다.

측근 세력을 본격적으로 육성하기 시작한 것은 충렬왕대다. 충렬왕은 즉위하기 전 원에서 자신을 시종했던 이들을 공신에 책봉하고, 관직과 토지를 지급해 정치·경제적 기반을 제공했다. 그리고 이들을 중심으로 정치를 운영하면서 원에 대한 공물 부담을 줄이고, 홍차구(洪茶丘, 1244~1291)처럼 원과 결탁해 고려왕조의 체제 유지까지 부정하는 친원 세력을 견제했다. 그 결과 충렬왕의 왕권은 빠르게 안정됐고, 측근 정치도 점점 강화됐다. 충렬왕의 측근 세력은 처음에는 세자 시절 호종했던 환관·내료(內僚)[8]와 몽골어 역관, 호위 무신, 그리고 충렬왕비 제국대장공주를 따라온 게링구(怯怜口)[9] 등으로

---

7  뚤루게 '인질'이라는 뜻이지만, 몽골에 가서 케식의 일원으로 숙위했다. 케식은 몽골 지배층과 평민의 자제 중 유능한 자들로 구성돼 칸을 비롯한 후비, 종왕, 부마, 공주 등 황실 구성원의 신변을 경호할 뿐 아니라 함께 생활하며 다양한 업무를 담당했다. 황실 구성원 및 지배층과 특별한 신속(臣屬)관계를 형성했다.

8  내료 궁중에서 국왕의 심부름이나 문지기, 청소 등을 담당하던 하급 관료를 말한다. 동반이나 서반에 들지 못하고 남반으로 분류됐다.

9  게링구 원 공주 출신인 왕비를 따라서 고려에 온 사람들로 고려 관직에 임명됐다. 충렬왕비 제국대장공

구성됐다. 측근 정치가 계속되면서 국왕의 총애를 받아 출세하려는 사람이 늘어났다. 그 가운데는 충렬왕의 기호에 맞춰 매를 길들여 사냥하는 기술로 총애를 받거나 왕에게 아첨하는 사람도 있었는데, 여기에는 천민부터 과거에 급제한 문신 관료까지 다양한 신분이 포함됐다.

충렬왕 이후에도 측근 정치가 이어지면서 국왕의 측근이 되려는 이들이 늘어났다. 특히 뚤루게로 원에서 숙위할 때 시종하려는 경쟁이 심했다. 측근 정치에서 국왕의 교체는 권력집단의 교체를 의미했기에 원 간섭기에는 국왕이 바뀔 때마다 전왕의 측근 세력에 대한 숙청이 진행되면서 정치적 혼란이 반복됐다. 게다가 국왕이 측근에게 관직을 주는 과정에서 법을 지키지 않거나 관례를 무시하는 일이 비일비재했고, 토지를 지급할 때는 전쟁 후 개간을 위해 운영한 사급전(賜給田)[10]제도를 남용했다. 이에 대해 대간들이 거듭 비판했으나, 오히려 국왕은 대간들을 처벌하고 측근 세력을 강화해갔다. 그 결과 관료조직의 견제 기능은 약화되고 국왕 및 측근 세력에 의한 권력 독점이 심화됐다.

### 권문세족의 출현과 민의 동향

강화 이후 원과의 관계가 안정되고 국왕을 중심으로 측근 정치가 진행되는 가운데 새로운 지배 세력이 출현했다. 여기에는 무신 집권기 이후 성장한 문무의 관료 가문과 원과의 관계에 편승해서 출세한 사람들, 그리고 고려 전기 이래의 문벌 가문 일부가 포함됐다. 고려 후기의 지배 세력을 '권문세족'이라고 부르는데, 국왕의 측근으로 권력을 행사하던 사람도 혼인 등을 통해 신분의 한계를 극복하고 권문세족으로 발돋움하는 모습이 나타났다.

권문세족과 국왕의 측근 세력은 대규모 농장을 경영했다. 그 과정에서 정당한 개간·매입 외에도 다른 사람의 토지를 함부로 빼앗는 등의 불법행위가 자행됐다. 경제적 기반이 취약했던 국왕 측근 세력은 사급전을 받아 토지를 늘렸을 뿐 아니라, 권력을 이용해 사급전을 지급받은 것처럼 꾸며 토지를 탈점했다. 또한 일반 양민을 억압해 노비로 만들기도 했다.

---

주의 게링구들은 모두 고위 관직에 올랐다.

10    사급전 몽골과의 전쟁이 끝난 뒤 황폐해진 토지를 개간하기 위해 유력자에게 지급한 토지를 말하며, '사패전(賜牌田)'이라고도 한다. 지급 규정이 명문화되어 있지 않아서 국왕이 측근 인물에게 자의적으로 지급할 수 있었고, 결국 대규모 농장이 만들어지는 빌미가 됐다.

원의 간섭과 측근 정치, 그리고 권문세족 및 국왕 측근 세력의 불법행위 아래서 일반 민의 생활은 매우 어려워졌다. 당시 고려 조정은 원에 대한 공물과 사신 파견 비용, 국왕이 원에 체류하는 데 필요한 비용 등으로 만성적인 재정 악화에 시달리는 상황이었다. 게다가 권세가의 농장에서는 제대로 조세를 납부하지 않았는데 그로 인한 재정 압박이 민에게 전가되어 과중한 수취로 이어졌다. 일반 민은 국왕 측근 세력을 비롯한 권세가에게 토지를 빼앗긴 채 농장의 소작인이 되거나 노비로 전락하는 경우도 많았다. 토지 탈점과 과중한 수탈에 견디지 못한 일반 민은 고향을 떠나 유망(流亡)하는 방법으로 저항했다. 유망은 사회경제적 모순이 심화됐던 12세기에도 빈발했지만, 원 간섭 아래 전국적으로 발생했다. 특히 이때는 요동 지방이나 쌍성총관부로 유망의 범위가 확대됐다. 민의 유망은 본관제를 바탕으로 한 고려의 대민 지배질서를 무너뜨리는 계기가 됐다.

### 개혁 정치

유망으로 표출된 민의 저항에 대응하기 위해 개혁 정치가 추진됐다. 1298년 충선왕의 즉위 교서와 1308년 충선왕 복위 교서, 1347년(충목왕 3) 정리도감장(整理都監狀), 1352년 공민왕의 즉위 교서 등이 지금까지 알려진 대표적 개혁안이다. 여기에는 당시의 정치·경제·사회 전 부분에 걸친 문제와 그 개혁 방안이 제시됐는데, 특히 민의 유망을 초래한 토지 탈점과 과중한 수취에 관심이 집중됐다.

토지문제에 대해서는 권세가가 빼앗은 토지를 본래 주인에게 돌려주고, 강제로 노비가 된 사람을 본래 신분으로 회복시키는 해결책이 제시됐다. 수취문제는 권세가가 조세를 납부하지 않는 행위를 처벌하고 지방관과 향리가 중간에서 불법으로 수탈하는 일을 막는 방식으로 민의 부담을 줄이고자 했다. 또한 충선왕대에는 전국의 토지를 조사하고 공부(貢賦)를 다시 정하며 관원 수를 줄이는 등 재정을 확충하려는 노력도 기울였다.

하지만 원 간섭기의 개혁 정치는 성공을 거두지 못했다. 권세가나 관리의 불법행위를 처벌하는 방식으로는 해결할 수 없었던 것이다. 그 때문에 비슷한 개혁이 여러 차례 반복됐으나 불법농장이나 토지 탈점의 수단으로 악용되던 사급전을 없애는 일과 같은 근본적인 대책은 마련하지 못했다. 개혁에 정치적인 목적이 자리한 것도 문제였다. 새 국왕이 즉위하면, 전왕의 측근 세력을 내쫓는 데 목적을 두고 개혁이 추진됐기에 궁극적으로는 권력집단만 교체됐을 뿐 불법행위는 사라지지 않았다. 원의 개입도 개혁을 방해한 요인이었다. 1298년 충선왕의 개혁은 원이 충선왕을 폐위함으로써 실패했다. 충목왕(忠穆王, 1337~1348)의 정치도감 개혁도 기황후의 일족을 처벌한 것이 발단이 되어 중단되고 말았다. 정치도감의 실패는 원의 간섭에서 벗어나지 않고는 개혁을 추진할 수 없다는 사실을 일깨우는 계기가 됐다.

### 친원 세력과 입성책동

고려가 몽골과 전쟁을 하는 동안 몽골의 앞잡이가 되어 몽골군을 인도했던 사람들이 있었다. 1231년 몽골의 제1차 침략 당시 항복한 홍대순(洪大純), 홍복원(洪福源, 1206~1258) 부자가 대표적이다. 이후 홍복원의 아들 홍차구는 몽골에서 고위 관직에 올랐고, 강화가 성립되자 고려의 정치에 개입했다. 강화 직후에는 원의 신임을 얻고 고려에 들어와 공물 납부 과정에서 작폐를 일삼는 사람들이 등장했는데, 이들을 '친원(親元) 세력'이라고 한다.

충렬왕은 적극적인 외교활동을 통해 홍차구를 비롯한 친원 세력이 권력을 함부로 쓰는 것을 막으려고 했다. 그러나 국왕의 중조가 거듭되는 등 왕권이 약화되자 친원 세력이 다시 대두했다. 홍복원의 후손은 원의 요양행성을 중심으로 세력을 유지했고, 고려의 권력 투쟁에서 패배한 사람들 중에는 원에 들어가 친원 세력이 되는 경우도 있었다. 이들은 원을 끌어들여 고려에서 권력을 장악하려고 했으며, 결국에는 고려를 없애고 원의 행성으로 만들려는 책동을 벌이기에 이르렀다. 이를 입성책동(立省策動)[11]이라고 한다.

친원 세력의 입성책동은 1302년(충렬왕 28)에 처음 일어났다. 홍차구의 아들인 홍중희(洪重喜)가 요양행성을 당시 고려에 설치돼 있던 정동행성과 병합하자고 주장했다. 이것이 실현된다면, 고려에 대한 원의 영향력이 크게 강화되고 고려왕조의 존속도 위태로워지는 상황이었다. 이후 1323년(충숙왕 10)에는 유청신(柳淸臣, ?~1329)과 오잠(吳潛, 1259~1336)에 의해 입성론이 제기됐다. 이들은 충선왕의 측근으로, 국내의 정쟁에서 패한 후 원에 들어

11 **입성책동** 친원 세력이 고려의 국가적 독립성을 부정하며 고려에 원의 지방행정 단위인 행성을 세우자고 주장한 것을 말한다. 일본 정벌을 위해 고려에 설치됐던 정동행성은 원정이 중단된 뒤에도 유지돼 고려를 간섭하는 역할을 했지만, 기구 구성과 운영상 원 내지의 행성과는 차이가 있었다. 입성 논의는 총 7차례에 걸쳐 제기됐다.

가 고려를 없애고 행성으로 만들자고 주장했다. 당시 원에서는 이를 받아들여 이름을 '삼한행성(三韓行省)'이라고 지었을 만큼 구체화되기도 했다. 이 외에도 기철(奇轍, ?~1356) 등 친원 세력에 의해 수차례 더 입성론이 거론됐다.

하지만 입성책동은 실현되지 않았다. 세조 쿠빌라이가 고려 국가를 유지하기로 약속했다는 점을 들어 강력히 반대한 결과였다. 당시 원에서는 쿠빌라이의 정치를 하나의 원칙으로 여겼고, 때때로 그것을 회복하는 것을 표방하기도 했다. 이러한 상황에서 고려에 대해서만 그 원칙을 어길 수 없다는 주장이 원에서 우세했던 것이다. 고려는 입성책동을 막고 국가를 유지함으로써 이후 반원(反元)운동을 통해 자주성을 회복할 기회를 얻을 수 있었다.

원의 간섭을 받으면서 고려의 정치제도도 크게 바뀌었다. 고려의 3성 6부가 원의 관청과 이름이 같다는 점을 문제 삼아 원에서 개편을 요구해왔기 때문이다. 그에 따라 1275년(충렬왕 1) 중서문하성과 상서성을 합쳐 첨의부로, 추밀원(중추원)은 밀직사로, 6부는 전리사·군부사·판도사·전법사 등 4사로, 어사대는 감찰사로 각각 고쳤다. 얼마 뒤 첨의부가 도첨의사사로 바뀌면서 고려의 상위 관청이 모두 '사(司)'[12]로 개칭됐다. 이는 정치제도 면에서 고려 전기의 황제국체제가 제후국체제로 낮아졌음을 의미했다.

원의 요구에 따라 왕실 용어도 격하됐다. 왕이 자신을 '짐'이 아닌 '고(孤)'라고 불러야 했고, 폐하는 '전하', 태자는 '세자', 황제의 명령을 뜻하는 조·칙 등은 '교(敎)'로 고쳐야 했다. 또한 원과 고려의 관계를 천자-제후의 명분을 강조하는 분위기 속에서 충선왕이 원에 국왕의 시호를 요청했고, 그로부터 고종(高宗, 1192~1259), 원종 등 '○종(宗)'이라 하던 국왕의 전통적인 묘호가 원에서 보내주는 시호인 충렬왕, 충선왕과 같이 '충○왕'의 형식으로 대체됐다.

뿐만 아니라 원의 제도가 대거 고려에 수용됐다. 왕실 숙위를 담당하는 코르치(忽赤), 매의 사육과 진상을 담당하는 응방(鷹坊), 서기를 뜻하는 비체치(必闍赤)를 비롯해 우달치(于達赤), 파오치(波吾赤), 아가치(阿可赤) 등의 관직이 설치됐다. 이것들은 모두 세조 쿠빌라이의 친위조직인 케식에 해당하

---

12 사 3성 6부 중 4~5품에 해당하는 관청이다. 중서문하성을 도첨의사사로 바꾼 것은 원의 중서성과 이름이 같은 것을 피하기 위함인 동시에 1품 관청인 성(省)을 4~5품 관청인 사로 격하했음을 의미한다.

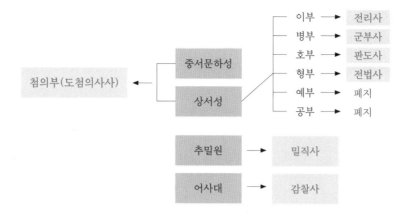

도표3 원의 간섭과 고려 정치제도의 변화

는데, 주로 국왕 측근을 임명해 측근 정치를 강화하는 수단이 됐다. 케식의 설치는 원의 강요에 의한 것이 아니라 왕권 강화의 필요에 따른 것으로, 국왕 이 원의 부마였기에 가능한 일이었다.

한편 고려 전기에 재추들이 모여 국방·군사에 관련된 일을 회의하던 도 병마사는 몽골과 전쟁 중 상설기관이 됐다가 충렬왕 때 도평의사사(도당)로 개편됐다. 재추가 계속 증가하면서 도당의 구성원도 늘어났지만, 실제로는 국왕의 측근 세력이 궁중에서 정책을 결정했다. 이를 '내재추(內宰樞)'라고 불 렀다. 국왕 측근 세력이 정방에서 관리의 인사도 담당하면서 정방은 국왕이 인사권을 장악하는 통로가 됐다.

## 3 개혁 정치와 고려의 몰락

### 공민왕의 반원운동과 개혁 정치

원 간섭기에는 고려 국왕의 중조가 거듭되고, 입성책동이 일어나는 등 국왕 의 지위가 불안정했다. 반면 친원 세력의 입지는 점차 강화됐다. 특히 14세기 중·후반에는 공녀 출신인 기씨가 원의 황후가 되면서 그를 중심으로 하는 친 원 세력의 권세가 국왕을 능가할 정도로 강성해졌다. 이들은 고려의 정치에 개입하고 사익을 추구했는데, 특히 충목왕 때 정치도감의 개혁 활동을 기황 후가 직접 개입해 좌절시키기도 했다.

정치도감의 활동이 실패한 뒤 고려의 개혁 세력은 친원 세력과 대립하기 시작했다. 이러한 가운데 즉위한 공민왕은 1356년(공민왕 5) 반원운동을 일으켜 원의 간섭에서 벗어나는 데 성공했다. 공민왕은 기철 등 대표적 친원 세력을 제거하고, 군대를 동원해 쌍성총관부 지역을 되찾았다. 그 과정에서 고려는 쌍성총관부가 설치되기 전보다 북쪽으로 영토를 더 넓게 확장했다. 당시 원에서는 한족 농민의 봉기가 전국에서 일어나는 등 왕조가 쇠퇴하는 기미가 뚜렷이 나타나고 있었다. 반원운동의 성공은 그러한 정세를 정확하게 파악한 결과였다.

공민왕은 원의 세력을 몰아낸 뒤 곧 개혁에 착수했다. 우선 원 간섭기 이전의 정치제도를 회복하고 정방을 폐지했으며, 권세가가 일으킨 토지와 노비문제를 해결하고자 했다. 하지만 개혁은 공민왕의 의도대로 추진되지 않았다. 공민왕에게도 즉위 전 원에서 시종했던 측근 세력이 있었는 데다 반원운동 이후 왕권이 회복되면서 측근 정치가 재현됐기 때문이었다. 정방이 재설치된 것이 단적인 예였다. 게다가 1359년부터는 홍건군[13]의 침입으로 수도가 함락되는 등 어려움을 겪으면서 개혁이 더 이상 추진되지 못했다.

공민왕의 개혁은 1365년(공민왕 14) 신돈(辛旽, ?~1371)을 등용하면서 다시 시작됐다. 신돈은 권세가가 빼앗은 토지를 본래 주인에게 돌려주고, 강제로 노비가 된 사람들의 신분을 회복시키는 정책을 과감하게 추진했다. 공민왕과 신돈의 강력한 의지에 힘 입어 개혁은 어느 정도 성공을 거뒀다. 하지만 반대 세력의 모함으로 신돈이 죽임을 당하고, 공민왕마저 시해되면서 개혁은 또다시 중단되고 말았다.

### 신진사대부의 성장

원 간섭기의 지배 세력은 권문세족이었지만 다른 한편에서 새로운 계층도 계속 관직에 진출했다. 지방의 향리 중 과거에 급제해 관리가 되는 사람들이 있었는데, 이들을 '신진사대부'라고 부른다. 신진사대부의 주요 특징은 성리학을 이해하며, 이를 바탕으로 현실문제에 관심을 기울이고 개혁 정치에 참

---

13   홍건군 14세기 중반, 중국 강남 지방의 농민을 중심으로 백련교를 내세운 반란군이 세력을 확장했다. 이들은 다양한 계통으로 구성되어 있었지만, 모두 붉은 두건과 옷을 입었기 때문에 홍건군으로 불렸다. 명을 건국한 주원장도 홍건군의 한 계열이었다.

여했다는 점이었다. 성리학은 원으로부터 들어온 것으로, 개인의 수양을 강조하고 사회문제에 책임을 다할 것을 강조했다.

성리학이 신진사대부의 전유물은 아니었다. 성리학은 과거의 시험 과목이었는데, 권문세족도 관직에 오르는 수단으로 과거를 중시하면서 성리학을 공부해 과거에 급제하는 사람들이 있었다. 좌주-문생 관계 속에서 성리학을 매개로 일부 신진사대부와 권문세족 사이에 유대감이 형성되기도 했다. 신진사대부와 권문세족 출신을 불문하고, 성리학자로서 과거에 급제한 문신 관료를 신흥유신(新興儒臣)이라고 부른다.

신흥유신이 처음 모습을 드러낸 것은 충목왕 때 이제현(李齊賢, 1287~1367) 등의 활동을 통해서였다. 이때 사서(四書)[14]를 처음으로 과거시험 과목에 포함시키면서 신흥유신이 성장하는 중요한 계기가 마련됐다. 이후 신흥유신은 공민왕의 개혁 정치에도 참여했다. 공민왕과 신돈은 신흥유신을 중심으로 개혁 추진 세력을 만들기 위해 성균관에서 이색(李穡, 1328~1396), 정몽주(鄭夢周, 1337~1392), 정도전(鄭道傳, 1342~1398) 등에게 성리학을 교육하도록 했다. 이로써 신흥유신이 점차 새로운 정치 세력을 이뤘다.

고려 후기에는 향리 출신의 신진사대부가 계속 늘어났지만, 이들은 고려 말까지 정치 세력을 이루지 못했다. 오히려 신진사대부는 혼인이나 좌주-문생 관계를 통해 권문세족으로 출세하려는 경향이 강했다. 그럼에도 출신 배경에 관계없이 성리학을 공부하고 과거에 급제한 신흥유신은 현실 인식을 공유하고 개혁에 참여했으며, 신흥유신의 활동은 신진사대부가 정치 세력으로 성장하는 데 큰 도움이 됐다.

### 위화도회군과 이성계의 집권

공민왕이 자제위 소속이었던 홍륜(洪倫, ?~1374)에게 죽임을 당한 뒤 이인임은 1374년 우왕(禑王, 1365~1389)을 즉위시키고 권력을 잡았다. 이인임은 공민왕대의 개혁 성과뿐 아니라 친명·반원정책을 부정하고 원과 외교를 재개하려 해, 신흥유신과 격렬하게 대립했다. 결국 수많은 신흥유신이 유배당하고 이인임의 권력이 강화됐다. 우왕대에는 이인임과 임견미(林堅味, ?~1388),

---

14  사서 유교경전 중 『대학』·『논어』·『맹자』·『중용』을 가리킨다. 주자가 그 중요성을 강조하고 주석을 달았으므로, 주자 성리학을 대표하는 경전으로 평가된다.

염흥방(廉興邦, ?~1388) 등 소수의 권신이 권력을 독점했다. 권력이 사유화되면서 인사 행정은 문란해졌으며, 토지 탈점 등 불법행위가 횡행했다. 이들의 전횡은 우왕이 최영(崔瑩, 1316~1388)과 이성계(李成桂, 1335~1408)를 끌어들여 이들을 제거할 때까지 14년 동안 계속됐다. 이 시기에 조준(趙浚, 1346~1405), 정도전 등이 이성계와 손을 잡고 새로운 개혁을 모색했다. 신흥유신과 신흥무장의 결합이었다.

이성계는 쌍성총관부에서 성장했으나 공민왕의 반원운동 이후 고려에 들어와 홍건군 및 왜구 격퇴에 공을 세우며 명성을 쌓았다. 고려 말에는 무장이 전공을 세우고 출세해 고위 관직에 오른 후 권세가로 행세했는데, 특히 이성계가 쌍성총관부 시절부터 거느리고 있던 사병집단을 바탕으로 두각을 보였다. 그리하여 같은 무장이면서 이인임에게 협력했던 최영과 대비돼 신흥유신의 주목을 받게 됐다.

그에 앞서 이인임 일파를 제거한 후 최영과 이성계는 요동 공격문제를 둘러싸고 사이가 틀어졌다. 당시 명이 철령 이북을 영토로 편입하려 하자 최영이 우왕을 움직여 요동 공격을 단행했다. 이에 반대하던 이성계는 압록강의 위화도에서 회군해 1388년 우왕을 폐위하고 권력을 잡았다. 이성계의 집권은 조준·정도전 등 신흥유신이 활발하게 활동할 수 있는 발판이 됐다.

### 전제 개혁

위화도회군 이후 신흥유신은 가장 먼저 토지문제를 해결하기 위해 개혁에 착수했다. 당시 신흥유신이 문제 삼은 것은 사전(私田)이었다. 관리들에게 수조권을 부여한 사전은 관직에서 물러나면 반납해야 했지만, 오랫동안 국가

---

**신진사대부와 신흥유신**

고려 후기 신진사대부에 대한 연구는 크게 두 방향에서 이뤄졌다. 하나는 지방의 중소 지주가 농업생산력의 발달에 힘 입어 중앙 관료로 진출했다는 것이고, 다른 하나는 신진사대부가 성리학을 수용했다는 것이다. 그러나 신진사대부뿐 아니라 권문세족 중에서도 성리학을 수용했으며, 출신 배경과 관계없이 성리학자로서 현실 인식을 공유하고 개혁에 참여했다. 이들과 신진사대부를 신흥유신이라고 부르는 것이다. 충목왕 때의 개혁에서 신흥유신의 존재가 확인되며, 그때부터 고려 말 전제 개혁 당시 신진사대부가 정치세력으로 등장하기 전까지 개혁을 주장하고 추진한 사람들을 신흥유신이라 할 수 있다.

에서 관리하지 않아 개인이 세습하고 있었다. 불법적인 사전이 늘어나면서 하나의 토지에 수조권이 중복되어 한 농민이 여러 사람에게 조세를 납부해야 하는 일도 생겼다. 또 사전 때문에 수조권을 지급할 토지가 부족해졌는데, 조준은 "재상이 되어 토지 300결을 받아야 할 사람이 송곳 꽂을 땅도 받지 못한다"고까지 표현했다. 관리에게 수조권을 제대로 지급하지 못하게 되자 지방의 향리였다가 중앙의 관리로 진출한 신진사대부는 불만이 커졌다. 조준 등은 사전 폐지를 주장했는데, 이는 신흥유신 내에서도 신진사대부의 입장을 대변하는 것이었다.

사전 폐지에 대한 반대도 만만치 않았다. 사전 폐지로 당장 피해 입을 권문세족은 사전이 오래된 관행이라는 점을 들어 반대했다. 그러나 이성계의 권력에 힘 입어 사전 폐지는 결국 실행됐고, 1391년에는 새로운 토지제도인 과전법(科田法)이 제정됐다. 신진사대부 출신 관리들이 수조권을 제대로 지급받게 됐으며, 수조권의 중복 문제도 해결돼 민생 개선에서도 효과를 거뒀다. 하지만 개혁이 수조권을 조정하는 데 머물렀기 때문에 토지를 갖지 못한 대다수 농민의 생활에는 도움이 되지 않았던 한계가 있었다.

한편 신흥유신 중에 조준·정도전 등은 사전 폐지를 주장한 반면 이색·권근(權近, 1352~1409) 등은 반대했다. 개혁을 거치면서 신흥유신 내부에서 분열이 발생한 것이다. 이로 인해 중소지주 출신의 신진사대부가 정치 세력으로 등장하기 시작했다.

### 조선 건국

개혁이 진행되는 동안 이성계는 권력을 더욱 강화했다. 창왕(昌王, 1380~1389)을 폐위하고 공양왕(恭讓王, 1345~1394)을 세웠으며, 대간을 앞세워 반대 세력을 공격했다. 그 때문에 공양왕 때는 근거 없는 고발로 많은 사람들이 처벌되는 사건이 여러 차례 발생했다. 그러다 점차 고려의 권문세족 전체를 겨냥하는 공격으로 이어지면서 이는 곧 왕조의 위기로 인식됐다.

공양왕은 이성계가 세력을 확대한 것에 대항하기 위해 권문세족을 결집해 왕실의 권위를 회복하고자 했다. 공양왕은 토지제도 개혁에도 협력하지 않았고 과전법이 제정된 것을 애석해했다. 이때부터 정몽주가 국왕에 대한 충성을 명분으로 이성계 세력 등과 대립했다. 정몽주는 공양왕 옹립까지 이성계, 정도전과 행동을 같이했으므로 이 대립은 개혁을 둘러싼 분열에 이은 신흥유신의 제2차 분열이라고 할 수 있다.

공양왕과 정몽주가 이성계 세력을 견제하고 있을 때 정도전 등이 불교 배척운동을 일으켰다. 이 운동은 표면적으로는 불교신자였던 공양왕을 비판하기 위함이었지만, 근본적으로는 불교 국가였던 고려의 구체제를 부정하고 성리학이 지배하는 새로운 사회를 건설하자는 주장을 담고 있었다. 이를 계기로 정도전이 이성계 세력의 중심 인물로 부각되기 시작했다. 한편 공양왕은 정몽주에게 인사권을 행사할 수 있는 권한을 줬고, 정몽주 일파로 채워진 대간이 조준·정도전 등을 공격했다. 이때부터 새로운 왕조를 개창하려는 움직임이 본격적으로 나타났다. 이성계 등은 정몽주를 죽이고 반대 세력을 제거한 다음 공양왕을 협박해 왕위에서 물러나도록 했다. 그리고 1392년 추대의 형식으로 이성계가 왕위에 올랐다.

고려를 멸망시킨 이성계와 신진사대부 세력은 자신들의 행위를 '천명을 바꾸는 것'이라는 의미에서 혁명(革命)[15]으로 정당화했다. 실제로 조선 건국은 신진사대부가 지배 세력이 되고 지배이념이 불교에서 유교로 바뀌었으며, 민을 위한 정치를 전면에 내세웠다는 점에서 단순한 왕조 교체가 아니라 사회 변화를 수반한 변혁이었다고 할 수 있다.

---

15    혁명 유교사상에서 혁명은 국왕이 가지고 있는 천명을 다른 사람으로 바꾸는[革] 일을 말하며 무도한 왕을 교체하는 것을 정당화하는 근거가 된다. 국왕을 다른 성씨로 바꾸면 역성혁명이라고 한다. 반면 '4.19혁명', '촛불혁명'의 혁명은 영어 'revolution'의 번역어다.

# 3. 고려의 국제관계와 전쟁, 교류

# 1  다원적 국제질서와 국제관계

## 다원적 국제질서

고려가 건국 후 후삼국을 통일한 10세기에는 동아시아 국제질서도 큰 변화를 겪고 있었다. 907년 당이 멸망한 후 960년 송이 건국해 979년 중국을 다시 통일하기까지, 중국은 여러 왕조와 지방 정권으로 분열했다. 화북 지역에는 정통 왕조라 할 수 있는 후량(907~923)·후당(923~937)·후진(936~947)·후한(947~951)·후주(951~960) 5개 왕조가 차례로 이어졌고, 화남 및 기타 지역에는 오·오월·남한·전촉·후촉 등 10개국이 동시다발적으로 흥망을 거듭했다. 이를 '5대 10국 시기'라 한다.

중국 북방 지역에서는 거란족이 여러 부족을 통일해 907년 나라를 세우고 국호를 '거란'이라 했으며, 916년에는 국호를 '요'로 고쳤다. 요는 후진의 석경당을 지원해준 대가로 연운 16주를 획득했고, 이후 송과 요는 연운 16주를 두고 분쟁을 거듭했다. 국경을 둘러싼 양국 간 전쟁은 1004년 전연의 맹약으로 일단락됐는데, 3차례에 걸친 거란의 고려 침입은 이러한 송과의 대결 상황과 밀접히 연관되어 있다.

12세기에는 여진족이 세력을 떨치면서 동아시아 정세에 다시 큰 변동이 생겼다. 여진족은 1115년 국호를 '금(金)'이라 하고 1125년에 요를 멸망시킨 후, 1127년 송의 수도인 개봉(開封)을 점령했다. 이 과정에서 금이 고려에도 압박을 가해, 고려는 기존의 요 대신 금을 사대의 대상으로 삼았다. 요와 함께 중국을 분할했던 시기의 송을 '북송', 금과 함께 분할했던 시기의 송을 '남송'이라 한다. 대체로 송은 요와 금에 비하면 세력 면에서 열세에 있었다. 하지만 고려 전기 동아시아 국제사회에는 어느 한 나라가 절대적인 영향력을 행사하지 못하는 다원적인 국제질서가 형성됐다.

---

**전연의 맹약**

1004년, 전연(澶淵)에서 요 성종(聖宗, 971~1031)과 송 진종(眞宗, 968~1022)이 체결한 강화조약이다. 요와 송이 형제관계를 맺고 송이 요에 매년 세폐(歲幣)를 보내며, 양국 국경을 현 상태로 유지한다는 내용을 포함했다. 그 결과 연운 16주는 요의 영토가 됐다. 16주는 북경(燕)·대동(雲)을 중심으로 장성(長城) 남쪽에 있는 탁(涿)·계(薊)·단(檀)·순(順)·영(瀛)·막(莫)·울(蔚)·삭(朔)·응(應)·신(新)·규(嬀)·유(儒)·무(武)·환(寰)·유(幽)·운(雲) 주(州)이다.

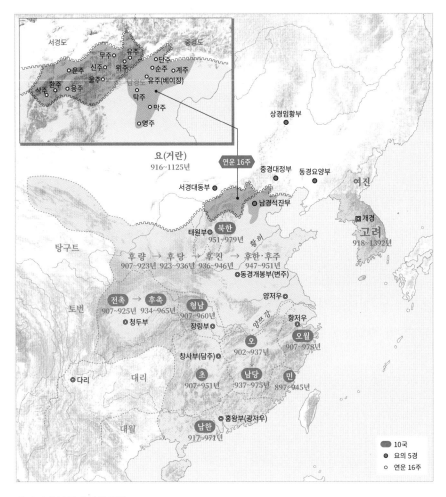

지도4  5대 10국과 연운 16주

5대 10국 시기 5개 중원왕조, 그리고 10국의 영역과 존속 기간을 표시한 지도다. 요(거란)와 송 사이의 분쟁 지역이었던 연운 16주의 위치를 확인할 수 있다.

　　동아시아 국제질서 속에서 중국의 황제는 주변 국가의 군주를 책봉했다. 책봉을 받은 군주는 황제에게 제후로서 공물을 바치는 조공을 했고, 황제는 조공품에 대한 답례로 회사품을 내렸다. 책봉과 조공은 춘추전국시대에 주의 왕실과 제후들이 맺은 군신관계에서 기원한 것으로, 차츰 국제질서의 힘의 논리에 따라 대국이 책봉하고, 소국이 조공을 바치는 방식으로 변해갔다. 고려는 제후국으로서 동아시아 국제질서 속에 포함되어 있었으며, 다만 송이나 요와 금 중 어느 왕조와 책봉–조공관계를 맺을 것인지가 중요한 외교 쟁점이 됐다.

　　게다가 고려를 비롯해 서하·안남·일본 등 당시 동아시아의 여러 왕조는 자신의 독자성을 기반으로 국내 정치와 국제관계를 전개해갔다. 이들 왕조는 자국의 군주를 천자 혹은 그에 준하는 존재로 인식하고 제도를 운용했으며, 국제관계 역시 각 왕조의 입장이 존중되는 가운데 다원적으로 작동했다. 고려 전기와 중기의 대외관계는 동아시아의 다원적인 국제질서에 맞춰 이뤄졌다. 제후국이었던 고려가 대내적으로 황제국의 제도를 사용할 수 있었던 것도 이러한 국제환경 속에서 가능했다.

### 북진정책

고려는 건국 초부터 고구려의 영토를 회복하려는 차원에서 북방으로 영토 확장을 추진했다. 그 결과 건국 초 대동강 유역에 이르렀던 고려의 서북쪽 경계는 태조 말년 청천강까지 확대됐고, 동북쪽으로는 지금의 함경남도 금야에 해당하는 화주까지 진출했다.

태조가 고구려의 도읍이었던 평양을 복구해 서경이라 하고 개경에 버금가는 도시로 성장시켰던 것도 고구려 계승의식과 연계된 북진정책의 맥락에서 이해할 수 있다. 고려와 마찬가지로 고구려 계승의식을 갖고 있었던 발해가 거란에 의해 멸망하자, 태조는 거란에 적대적인 감정을 드러내기도 했다. 아울러 태조는 발해의 유민을 적극적으로 받아들였다. 이러한 태조의 북진정책은 이후 왕대에도 이어졌다.

고려의 북방은 거란족과 여진족의 근거지와도 맞닿아 있었으므로, 고려의 북진정책은 거란이나 여진이 공격해올 것에 대한 선제적 방어 차원에서 이루어진 측면도 있다. 정종·광종·경종대에 걸쳐 이미 청천강 북쪽의 요충지에 성곽을 쌓았던 것도 이러한 이유에서다. 나아가 993년 거란의 제1차 침입을 계기로 서희(徐熙, 942~998)가 소손녕(蕭遜寧, 소항덕(蕭恒德))과 담판해 강동 6주 지역을 확보하자, 고려의 서북면 국경은 압록강 하류까지 확장됐다. 동북면의 경우, 12세기 초 여진의 세력이 확대되면서 윤관이 여진 부족을 토벌하고 9개 성을 축조했지만, 얼마 후 다시 여진에 반환했다.

### 5대 및 송과의 교류

고려는 후량에서 후주에 이르는 중국의 5대 왕조와 외교관계를 맺고 문물을 교류하는 등 우호관계를 유지했다. 태조는 933년과 939년, 후당과 후진으로부터 각기 책봉을 받았다. 특히 후당은 925년에 후백제의 견훤을 책봉한 이후 932년 신라의 책봉 요청을 거부한 바 있었다. 이렇게 볼 때, 후당이 태조를 책봉해준 것은 당시 후삼국 간 외교전에서 고려가 우위를 점했음을 의미한다. 이후 고려는 후한의 연호를 사용했고, 광종은 후주로부터 책봉을 받았다. 정치관계 외에도 광종은 후주와의 교섭을 통해 관리의 복식을 중국의 제도로 고쳤다. 5대 왕조와의 관계는 송과의 관계로 이어져, 광종·경종·성종은 송 황제의 책봉을 받았다. 그러나 연운 16주를 둘러싸고 거란(요)과 송의 분쟁이 격화되면서 변화의 계기를 맞았다. 986년, 송은 연운 16주를 되찾기 위해 거란을 공격했다. 이 과정에서 송은 고려에 협공을 제안했는데, 고려는 송의 책봉을 받고 있었으며 거란에 대해 부정적 인식을 가졌지만, 군대를 보내지는 않았다. 결국 이때의 전쟁은 송의 대패로 끝났다. 그 뒤 고려가 거란과 국교를 맺으면서 송과는 공식 외교관계가 한동안 끊어졌지만 민간 교역은 활발하게 이어갔다.

1071년, 고려는 송과 외교를 복구했다. 그러나 고려는 여전히 거란과 책봉–조공 관계에 있었고, 이에 송은 고려를 번국이라고 여기면서도 책봉하지 못했다. 12세기 초 여진족이 세운 금이 송을 압박하자 송은 고려에 함께 금을 공격하자고 제안했다. 당시 이미 금에 대한 사대를 결정했던 고려는 이를 거절했지만, 이번에도 송과의 교류는 지속했다. 고려가 이처럼 정치적으로 거란·금과 관계를 맺으면서도 송과 교류를 지속했던 이유는 선진문물에 대한 수요 때문이었다. 고려는 송으로부터 들여온 유교경전 및 서적 등을 국가제도 정비에 활용했고, 송의 불교경전 및 불상·불구(佛具) 등은 고려 불교에 큰 영향을 미쳤다. 이외에도 의학과 관련한 서적 및 의사와 약을 통해 송의 의술을 받아들였고, 대성악(大晟樂) 및 관련 악기를 들여왔다. 그림 등 왕실과 지배층의 수요를 충당하는 사치품도 다수 교역했다.

거란이 강성해지면서 고려와 송의 양국 간 공식 외교가 단절된 후에는 송의 상인들이 매개자 역할을 했다. 이들은 단순히 교역하는 것을 넘어 국가 간에 서신과 물품 등을 전달하는 등 외교적 역할을 대행하기도 했다. 또한 고려와 일본을 오가며 중개무역을 하기도 했다.

### 거란과의 관계

고려는 건국 초부터 거란(요)에 '발해를 멸망시킨 무도한 나라' 혹은 '금수의 나라'라고 칭하며 적대적 태도를 보였다. 942년 거란의 태종이 사신과 함께

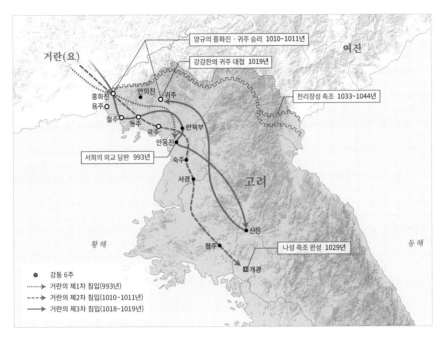

지도5 강동 6주와 거란의 침입 경로

거란의 군대가 고려를 침입해온 경로와 고려 측의 주요 대응 및 승전을 표시한 지도다. 제1차 침입 당시 확보한 강동 6주 및 전쟁 후 대응 차원에서 축조한 나성, 천리장성 등의 위치도 표시했다.

낙타 50필을 보내자, 고려 태조가 사신들을 해도로 유배하고 낙타는 만부교 아래에서 굶어 죽게 했다는 일화는 고려 초 거란에 대한 인식을 잘 보여준다. 거란 역시 내부적 안정을 이룬 성종대에 이르면 압록강 방면의 여진 및 정안국을 정벌하고 성을 수축해 고려에 위협을 가했다. 그리고 송과의 전쟁을 앞둔 993년, 거란은 소손녕을 앞세워 고려에 침입했다.

제1차 침입 당시 거란은 신라 땅에서 일어난 고려가 거란 소유의 고구려 땅을 침식했다고 주장하면서 자국을 두고 바다 건너 송과 외교관계를 맺고 있는 점도 문제 삼았다. 이에 서희는 고려가 고구려를 계승한 나라임을 내세우는 한편, 거란과 통교하지 못한 것을 압록강 안팎을 점유하고 있는 여진 탓으로 돌렸다. 그리고 여진을 쫓아내고 거란과 통교할 수 있도록 도와줄 것을 요청했다. 결국 고려가 거란에 사대하는 조건으로 강화가 이뤄지고, 대신 고려는 압록강 동쪽의 흥화진·용주·통주·철주·귀주·곽주에 성을 쌓아 새로운 영토를 확보했다. 이것이 강동 6주다.

제1차 침입 이후, 고려는 거란으로부터 책봉을 받고 조공했으나 송과의 교류도 지속했다. 이를 불만스럽게 여긴 거란은 1009년에 강조(康兆, ?~1010)

가 정변을 일으켜 목종을 시해하고 현종을 왕위에 올린 사건을 빌미로 1010년에 다시 고려를 침입했다(거란의 제2차 침입). 당시 고려의 순검사 양규(楊規, ?~1011)가 이끄는 군대가 홍화진·귀주 등에서 승리를 거두기는 했으나, 직접 40만 대군을 이끌고 온 거란의 성종은 고려군을 이끌던 강조를 잡아 처형하고 개경을 함락했다. 나주로 피난했던 현종은 거란의 조정에 입조하겠다는 조건으로 강화를 요청했고, 성종은 이를 받아들여 회군했다.

제2차 침입 이후, 거란은 현종의 친조와 강동 6주의 반환을 요구했으나 고려는 모두 거절했다. 그러자 1018년 거란은 소배압을 내세워 10만 대군을 거느리고 고려를 침입해왔다(거란의 제3차 침입). 그러나 거란의 대군은 고려군에 패전을 거듭했고, 퇴각 도중 귀주에서 강감찬이 이끄는 고려군에 대패하고 돌아갔다. 이것이 유명한 귀주대첩(1019)이다.

이후 고려와 거란은 사신을 주고받으며 국교를 회복했고, 비교적 안정적인 관계를 유지했다. 사신 왕래도 활발했으며, 문물 교류도 이뤄졌다. 특히 불교 교류가 활발해 거란의 불교 서적들은 의천이 교장(敎藏, 일명 속장경)을 간행하는 데 큰 영향을 미쳤고, 불교 자전인 『용감수경』도 고려에 유포되어 널리 사용됐다. 거란의 수공업자가 사신단과 함께 고려를 방문하거나 고려에 귀화해 고려 수공업 기술에 도움을 주기도 했다.

### 여진과의 관계

전쟁 이후 거란과 고려 양국 간 화의가 성립해 교류가 이루어지는 한편 고려에서는 북방으로부터의 침입에 대응할 수 있는 방어성의 필요성이 대두됐다. 우선 강감찬의 건의로 개성 전체를 둘러싸는 나성 축조 공사가 1009년에 시작됐다. 개성 나성은 1029년에 완성됐다. 이후 1033년에는 압록강 하구에서 동해에 이르는 지역에 장성을 축조하는 공사가 시작되어, 1044년에 완료됐다. 그 길이가 천여 리에 달한 천리장성이다.

여진족은 만주를 근거로 둔 종족으로, 고려 초에는 함경도와 평안북도 일대까지 흩어져 살았다. 이 중에는 거란에 복속한 부족도, 고려에 귀부한 부족도 있었다. 고려에 귀부한 여진족은 고려를 부모의 나라로 여기는 등 대체로 고려에 우호적이었다. 이들이 토산물을 바치면, 고려에서는 그들에게 생필품을 제공하고 추장들에게는 무산계나 향직 등의 벼슬을 내렸다. 또한 고려에 투항·귀화하는 여진인에게는 땅을 주어 살게 하거나 변방 군대에 편입시키기도 했다. 많은 여진 부락이 고려의 기미주(羈縻州)로 존재한 가운데, 문종대에는 자신의 거주지를 고려의 군현으로 편입시켜 주기를 요청하는 부류도 등장했다.

비교적 안정적이었던 고려와 여진의 관계는 11세기 말 여진 부족 가운데 하나인 완옌부의 세력이 커지면서 흔들리기 시작했다. 고려와 여진의 본격적인 충돌은 1104년에 발생했다. 완옌부의 군사가 경쟁관계에 있던 다른 부족을 추격해 고려 변경인 정주의 관문 바깥까지 이르자, 고려군이 대응해 공격한 것이다. 그러나 임간(林幹)·윤관 등이 거느린 고려군은 패전했다.

윤관은 패전의 원인을 보병 중심의 군대 구성에서 찾으며, 새로운 군사 조직을 편성하자고 숙종에게 제안했다. 이에 고려는 동원 가능한 사람들을 기병과 보병 등으로 조직하고, 승병을 포함한 대규모 특별 부대로서 별무반을 편성했다. 이를 바탕으로 윤관은 1107년에 17만 대군을 이끌고 여진 정벌에 나서서 승리했다. 윤관은 점령 지역에 성을 세우고 남쪽 지방에서 6만 9,000호의 인구를 이주시켰다. 윤관에 의해 새로 수축된 성을 일컬어 동북 9성이라 한다. 그런데 1108년 초부터 완옌부와 현지 여진족은 동북 9성 지역에 반격을 시도했다. 윤관 등이 다시 원정군을 이끌고 나갔으나 여진의 반격을 제대로 진압하지 못했다. 1109년 고려 조정은 여진에서 제안한 화의 조건을 받아들였다. 여진이 고려에 조공을 바치고 침범하지 않는 대신 동북 9성 지역을 반환한다는 내용이었다.

1115년 완옌부는 나라를 세워 국호를 '금'이라 하고, 1117년 고려에 사신을 보내 금 우위의 외교관계를 요구했다. 금 황제가 형이 되고, 고려 국왕은 동생이 되는 형제관계였다. 이어 1125년에 거란을 멸망시킨 후에는 고려에 군신관계를 요구했다. 고려에는 이를 받아들일 수 없다는 의견이 많았지만, 결국 고려는 국제 정세의 불가피성을 고려해 금의 요구를 받아들였다. 1126년 고려는 금에 스스로를 신하로 칭하고 표문을 올렸으며, 이후 양국관계는 안정적으로 유지됐다. 한편 금은 송을 공격해 멸망시켰으며, 송 왕족의 일부가 양쯔강 남쪽으로 내려가 1127년 남송을 세웠다. 금과 남송이 1141년에 화의를 맺음에 따라 몽골이 강성해지기 전까지 동아시아의 국제 정세도 안정됐다.

고려와 금의 교역은 고려와 거란의 경우와 마찬가지로 기본적으로는 사신단의 조공품과 회사품을 통해 이뤄졌다. 국경 지역에 양국 간 교역을 위해 각장을 설치하고, 활발하게 교류했다.

일본·아랍과 교류

고려는 건국 초인 태조대와 광종대에 2차례 일본에 사신을 파견했다. 이것이 정기적인 사신 왕래에 기초한 정식 외교관계 수립을 반영하는 것인지는 불분명하지만, 이후 양국 간에 교류가 있었던 흔적은 확인된다.

　　외교 면에서는 송환과 관련한 왕래가 있었다. 동여진 해적이 포로로 잡은 일본인을 고려 측에서 일본에 송환하거나, 일본으로 표류해간 고려인을 일본 측에서 고려로 송환한 것이 그 사례다. 교역은 주로 무역을 원하는 일본

**동북 9성**

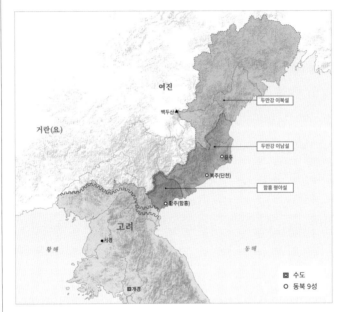

지도6　동북 9성의
영역 범위(추정)

조선 초기의 기록에는 여진 정벌 당시 윤관이 두만강 북쪽 700리 지점에 공험진을 설치하고 선춘령에 비석을 세워 경계를 표시했다고 전해진다. 그러나 조선 후기 실학자들은 이 기록이 현실성이 없다며 현재의 함경북도 길주를 윤관이 점령한 북쪽 경계였다고 보았다.

한편 일제 강점기 일본 학자들은 동북 9성이 함흥평야 일대에 있었다고 주장하기도 했다. 이후 한동안 함흥평야설이 정설로 여겨지다가 1970년대에 '두만강 북쪽 700리'라는 기록을 신뢰해야 한다는 주장이 대두했다. 2000년대 이후 중국이 동북공정을 추진하면서 일본 학자들의 함흥평야설을 그 근거로 내세울 때는 국내에서도 두만강 북쪽 700리설을 주장하면서 맞서기도 했다.

한편 근래의 연구에서 '두만강 북쪽 700리'라는 기록이 남겨진 것은 고려 말부터 조선 초까지 동북방 영토를 새롭게 개척하려고 했던 현실적 요구 때문이라고 보면서 동북 9성의 북방 경계는 길주 또는 경성 일대였다는 견해가 제기됐다.

의 정치 세력이 상인을 보내 고려에서 교역을 하고 돌아가는 식으로 진행됐다. 일본의 무역선은 벽란도(예성항)와 김주(김해) 두 곳의 항구를 이용했다. 벽란도를 이용하는 경우, 개경으로 가서 고려 국왕에게 물품을 바치고 회사품을 받아 돌아갔다. 벽란도는 송의 상인도 이용했기 때문에 송 상인과의 무역도 겸할 수 있었다. 일본과 가까웠던 김주를 이용하는 경우에는 주로 고려의 물산을 교역하는 비중이 높았다.

고려를 찾은 외국 상인 중에는 아랍 지역의 국가인 대식국의 상인도 있었다. 이들은 1024년·1025년·1040년 3번 고려에 왔다. 특히 앞의 2번은 100여 명에 달하는 상인이 방문했다고 한다. 상인들은 고려 국왕에게 토산물을 비롯한 여러 물품을 바쳤고, 고려는 금과 비단 등을 후하게 하사했다. 1040년 이후로는 대식국 상인이 고려를 찾은 기록이 확인되지 않는다. 그러나 아랍 지역 및 동남아의 물품은 송의 상인을 통해 고려에 전해졌다.

## 2 몽골과의 전쟁과 강화

### 몽골의 성장과 제1차 여몽전쟁

13세기 초반 몽골초원에서는 테무진(鐵木眞, 1162~1227)이 등장해 여러 부족을 통일하고 칭기즈칸(Chingiz Khan)으로 추대됐다. 그는 서하(西夏)[1]를 정복했고, 포선만노가 세운 동진국(東眞國)을 복속시켰다. 그다음 금을 공략해 만리장성 이북을 석권하고 금의 수도를 위협했다. 몽골이 금을 공격하면서 거란족은 금의 지배에서 벗어나 대요수국(大遼收國)을 세웠다. 그러나 몽골이 대요수국을 멸망시키자, 몽골군에 쫓긴 거란족의 남은 무리인 금산(金山)과 금시(金始) 왕자가 수만 명을 거느리고 고려 영토로 침입해왔다. 고려는 3년에 걸쳐 거란족과 싸워 서경(평양) 북동쪽에 위치한 강동성에 그들을 고립시켰다. 이때 몽골군은 동진군을 휘하에 두고 고려에 진입해 고려 측에 군사와 식량 지원을 요청했다.

최충헌 정권은 조충(趙冲, 1171~1220)·김취려(金就礪, 1172~1234)에게 몽

---

1    서하 티베트 계통의 탕구트족이 중국 오르도스 지방에 세운 나라로, 1227년(고종 14) 몽골에 멸망당했다. 본래 국명은 대하(大夏)다.

골군 지원을 허락했고, 몽골·동진·고려 연합군이 강동성을 포위 공격해 거란군을 격멸했다. 이후 고려와 몽골 사이에서 몽골이 형이 되고, 고려가 아우가 되는 형제맹약이 체결됐다. 이후 몽골은 매년 사신을 보내 막대한 공물을 요구했는데, 그 사신들의 무례함에 고려 측에서 불만이 쌓이던 중 1225년(고종 12) 몽골 사신 제구예(著古與, ?~1225)가 귀국하면서 압록강 근방에서 도적에게 살해되는 사건이 발생했다. 몽골은 이를 고려 측의 소행으로 의심해 관계를 단절했고, 몽골의 태종 우구데이(窩闊台, 1185~1241)는 1231년(고종 18) 살리타이(撒禮塔, ?~1232)에게 고려 침공을 명했다. 몽골의 제1차 침공이 시작된 것이다.

살리타이가 지휘하는 몽골군은 북계에 위치한 주요 성을 대거 함락시키면서 남진했다. 고려는 귀주·자주·서경에서 침공해온 몽골군을 공격했고, 1231년 11월에는 대규모로 방어군을 편성해 안북부에서 몽골군과 접전을 벌였으나 결과적으로 패배했다. 이후 몽골군 선봉대가 남진해 개경을 포위하자, 고려는 몽골군과 강화를 체결했다. 강화의 결과로 몽골군은 철수했지만 몽골은 북계와 서경 등지에 다루가치[2] 72인을 배치해 고려의 내정을 감시했다.

### 제2~6차 고려·몽골 전쟁과 정부의 대응·방어체계

최우 정권은 몽골이 재침입해올 것을 대비하고, 항전이 장기화될 것을 예상하며 1232년 6월에 전격적으로 강화 천도를 단행했다. 강화 천도는 몽골군이 수전에 약하다는 점을 충분히 활용하고, 지방민을 해도와 산성으로 입보하도록 유도하려는 대몽 방어 전략이었다. 몽골은 강화 천도를 적대 행위로 간주하고 1232년(고종 19) 8월 제2차 침공을 감행했다. 몽골군은 강화도를 공격하지는 않았으나, 대구 부인사에 소장된 초조대장경을 불사르는 등 전국 각지를 침략해 큰 피해를 입혔다. 같은 해 12월 몽골군이 처인성(용인 처인구)을 공격하다가, 원수 살리타이가 승려 김윤후(金允侯)에 의해 사살됐다. 이에 몽골군은 전의를 상실하고 철수했다.

1235년(고종 22) 몽골은 개경 환도와 국왕의 친조를 요구하면서, 탕꾸(唐古)를 원수로 삼아 고려를 세 번째로 침입했다. 1238년(고종 25)에는 경주의

---

　　2　　다루가치 몽골이 점령지의 정치·경제·군사와 관련한 사안을 관리·감독하기 위해 파견한 관리이다.

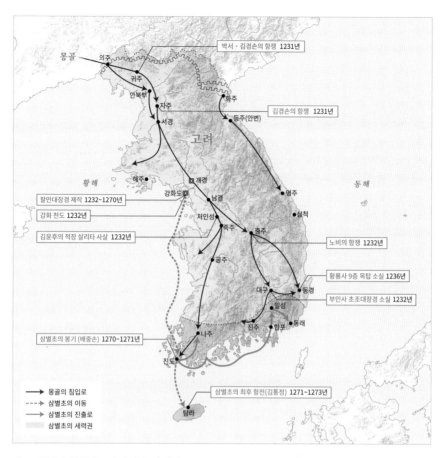

지도7 몽골의 침입과 고려의 대응 및 피해
몽골의 주요 침입 경로와 그에 대한 고려 측 주요 대응 및 피해 상황을 표시한 지도다.

황룡사 및 황룡사 9층 목탑이 불타는 등 5년에 걸쳐 고려는 엄청난 인적·물적 피해를 입었다. 고려는 영녕공 왕준(王綧, 1223~1283)[3]을 고종의 아들이라 위장해 몽골에 보내 화평을 이끌어냈다.

　이후 몽골의 아무간(阿母侃)이 1247년(고종 34)에 제4차 침공을 했고, 1253년(고종 40)에는 예쿠(也窟, ?~?)가 이끄는 군대가 고려를 쳐들어왔다. 이 제5차 침입 때에는 충주산성 방호별감(防護別監)[4] 김윤후와 입보민(入保民)이 분전해 몽골군을 격퇴했다. 몽골의 제6차 침공은 1254년(고종 41) 자랄

---

3　영녕공 왕준 고려 현종의 먼 후손으로, 청화후 왕경의 아들이며 삼별초 정부가 왕으로 받든 승화후 왕온의 동생이다. 왕자로 가장해 몽골에 볼모로 들어갔으며 만주 지역의 고려 유민을 지배했다.

4　방호별감 고려 후기 외적의 침입을 방어하기 위해 산성 등 요지에 임시로 파견된 관리를 말한다.

타이(車羅大)의 주도 아래 1259년까지 지속됐다. 1254년 한 해에만 몽골군에게 붙잡힌 포로가 20만 명이 넘었다는 기록이 있을 정도로, 당시 고려는 엄청난 인적 피해를 입었다.

고려는 몽골의 제1차 침공 당시 안북부 전투에서 몽골군에 패한 후로 대규모 방어전을 치르지 않았다. 그 대신 내륙의 험한 산과 바다 섬에 민을 피난시켜 몽골군의 예봉을 피하는 산성입보와 해도입보의 방어 전략을 세웠다. 아울러 별초군을 운용해 몽골군을 기습하는 유격전을 펼쳤다. 임시 수도인 강화에는 외성과 내성을 쌓고 중성을 축조해 3중 방어체제를 갖췄다. 중요한 산성과 섬에는 별초군을 파견해 입보민과 함께 대몽항쟁을 펼쳐나갔다.

### 민의 대몽항쟁

대몽항쟁은 최씨 정권이 지휘했으나, 지방민은 몽골군의 침입에 자위적 차원에서 항쟁을 벌여나갔다. 1231년 몽골 침입 때 관악산 초적이 고려의 정규군에 편성되어 활약했고, 1232년 1월 충주 전투에서는 지역 노비로 구성된 노군과 잡류로 구성된 별초군이 몽골군 선봉대를 물리치기도 했다.

1232년 12월 처인성에서는 김윤후와 처인 부곡민의 활약으로 몽골군 주력부대를 물리칠 수 있었다. 1253년 충주산성전투에서는 김윤후의 지휘 아래 산성에 입보하던 하층민이 치열한 공방전 끝에 예쿠가 이끄는 몽골군을 물리쳤다. 당시 김윤후는 노비문서를 불살라 하층민의 자발적 분전을 유도해 몽골군을 격퇴했다.

### 강화와 개경 환도

몽골과의 전쟁(1231~1259)으로 고려의 국토 대부분은 황폐해졌고, 고려는 막대한 인적·물적 손실을 입었다. 그리고 몽골은 집요하게 국왕의 친조와 개경 환도를 요구했다.

최우가 사망하고 최항이 권력을 승계했으나 최씨 정권 내부의 분열과 군사력의 한계, 강화론 대두 등으로 대몽항쟁을 더 이상 지속할 수 없는 상황에 봉착했다. 그런 가운데 1258년(고종 45) 최씨 정권의 가노 출신 김준과 강화론자를 대표했던 유경(柳璥, 1211~1289)이 협력해 삼별초를 동원해서 최의를 살해했다. 이때 왕권이 회복됐지만, 군사력을 장악한 김준이 새로운 권력자로 부상했다. 김준은 강화론을 수용했으며, 1259년에는 태자가 직접 길을 떠나 쿠빌라이와 강화를 맺었다. 이를 통해 장기간에 걸친 여몽전쟁은 종식됐다. 태자는 1260년(원종 1) 귀국했는데, 그가 바로 원종이다.

원종은 임연과 힘을 합쳐 1268년 김준을 제거했으나, 권력문제를 놓고 임연과 갈등이 불거졌다. 권력을 잡은 임연은 원종을 폐위하고 고종의 둘째 아들인 안경공(安慶公) 왕창(王淐)을 국왕으로 세웠다. 이에 당시 몽골에 있다가 귀국 중이던 세자는 다시 돌아가 세조 쿠빌라이에게 군대와 통혼을 요청해 부왕을 복위시키고자 했고, 몽골의 개입으로 원종은 복위됐다. 임연이 사망하고 그 아들 임유무가 정권을 계승했으나 오래가지 못했다. 1270년 임유무 정권이 붕괴하고, 원종을 중심으로 한 고려 조정은 개경 환도를 단행했다. 이는 곧 무신정권의 종말을 의미했다. 이후 고려의 정치는 몽골의 영향을 강하게 받았다.

한편 삼별초는 개경 환도와 삼별초 해산령에 반발해 1270년 6월 배중손(裵仲孫, ?~1271)을 중심으로 봉기를 일으켰다. 그리고 승화후 왕온(王溫,?~1271)을 국왕으로 추대하고 삼별초 정부를 수립했다. 삼별초 정부는 진도로 근거지를 옮겨, 서·남해안에서 세력을 떨쳤다. 그러나 1271년 여몽연합군의 공격에 진도가 함락되고 승화후 왕온도 죽임을 당했다. 이후 김통정(金通精, ?~1273)이 삼별초 세력을 이끌고 근거지를 제주도로 옮겨 항전했으나, 끝내 여몽연합군의 공격으로 진압됐다.

# 3 일원적 세계질서로 변동

### 여원관계의 성격

몽골제국은 세조 쿠빌라이 때 중국식 국명을 만들어 대원(大元), 즉 '원'이라 했다. 고려는 원과 관계를 맺기 이전에 송·거란(요)·여진(금) 등과 책봉-조공 관계 속에서 동아시아의 전통적인 외교 형식을 이어왔다. 원에게도 고려는 책봉을 받고 조공을 바쳤다. 다만 이전 시기에는 형식적이었던 황제의 책봉 권한이 실질적으로 작용하면서 황제국 제도가 혼용돼 있던 고려의 관제가 제후국 제도로 격하됐다. 이러한 변화 외에도 고려와 원의 관계에는 이전 시기 중국 및 북방 왕조와의 관계에서는 보이지 않던 요소가 더해졌다. 고려 왕실과 원 황실 간 통혼, 고려 종실의 원 황실 숙위 참여가 대표적이다.

1269년 고려 세자 왕심(충렬왕)은 원종을 복위시키기 위해 원에 도움을 요청하는 과정에서 황실의 딸과 통혼할 것을 요청해 허락받았다. 1274년 왕심은 세조 쿠빌라이의 딸 쿠틀룩케르미쉬(忽都魯揭里迷失, 1259~1297, 제국대장공주) 공주와 혼인했고, 이후 고려 왕실과 원 황실 간 통혼은 공민왕까지 거듭됐다. 또한 고려 국왕은 왕위에 오르기 전, 원 조정에 들어가 황실의 숙위, 즉 케식에 참여했다. 종실 구성원 중에도 케식에 참여하는 경우가 있었다. 지배가문 간의 통혼과 지배층 자제의 케식 참여는 유목사회에서 지배층 간에 유대관계를 공고히 유지하는 주요한 방식이었다. 즉, 고려와 원의 관계에는 동아시아의 전통적 외교 형식과 유목사회 정치 단위 간의 관계 형성 방식이 공존했다.

### 일본 원정과 정동행성

세조 쿠빌라이는 1266년부터 1268년까지, 3차례에 걸쳐 일본에 사신을 보내 외교관계를 맺고자 했다. 이 과정에서 고려는 몽골 측 사신을 일본까지 인도하는 역할을 요구받았다. 그러나 일본과의 외교 교섭에서 별다른 성과를 거두지 못하자, 세조 쿠빌라이는 1274년과 1281년 두 차례 일본 원정을 단행했다.

제1차 원정은 삼별초 진압을 위해 고려에 와 있었던 흔도(忻都, ?~?)·홍차구 등이 정동도원수부를 통해 주도했다. 고려 역시 군대를 보내고 군량을 지원하는 등 원정에 동원됐으나 일본 원정은 실패로 돌아갔다. 원은 제2차 원정을 준비했고, 1280년 이를 주관하는 기관으로 고려에 정동행성을 설치했다. 충렬왕은 정동행성 승상에 임명됐고, 제2차 일본 원정 준비를 주도했다. 그러나 1281년 단행된 제2차 원정 역시 실패했으며, 1294년 세조 쿠빌라이가 사망한 후에는 더 이상 원정이 추진되지 않았다.

원정은 중단됐으나 정동행성은 유지됐다. 원의 행성은 대개 군사적인 목적으로 설치됐다가, 정벌이 종료된 후에는 지방통치기구로 변화했다. 그러나 고려에 설치됐던 정동행성은 원 내지의 행성과 차이가 있었다. 우선, 고려 국왕이 행성 최고위직인 승상의 직책을 겸임했다. 또한 행성 업무를 총괄하는 고위직인 평장정사·우승·좌승·참지정사 등의 재상직에는 특별한 경우에만 관원이 임명됐다.

국왕을 중심에 둔 고려의 관료조직이 따로 있었으므로 정동행성은 일상적으로 고려의 실질적 행정기구로서 기능하지는 않았지만, 그 존재만으로도 고려 정치에 영향을 미칠 수밖에 없었다. 원에서 필요에 따라 정동행성에 재상을 두어 정치문제에 관여했으며, 고려에 정동행성이 설치되고 고려 국왕이 승상직을 겸한 상황은 이른바 입성책동이라 불리는 정쟁의 빌미가 되기도 했다.

### 쌍성총관부·동녕부·탐라총관부

원은 고려의 일부 지역에 관부를 두고 직접 통치했다. '쌍성총관부(雙城摠管府)'·'동녕부(東寧府)'·'탐라총관부(耽羅摠管府)'가 이에 해당한다. 쌍성총관부는 고려와 몽골 간 전쟁의 막바지인 1258년, 조휘(趙暉)와 탁청(卓靑)이 병마사 등을 살해하고 몽골에 귀부한 것을 계기로 설치됐다. 화주(금야)에 치소가 있었고, 철령을 경계로 정주(정평) 이남 지역을 관할했다. 몽골은 조휘를 총관으로, 탁청을 천호(千戶)로 삼아 이 지역을 다스리게 했으며, 그 후손이 총관직과 천호직을 세습했다.[5]

고려가 쌍성총관부 지역을 다시 회복한 것은 1356년 공민왕이 반원개혁을 추진할 때에 이르러서다. 당시 쌍성 지역 토착 세력 가운데 일부가 공민왕을 조력했는데, 그중 대표적인 인물이 이성계의 아버지 이자춘(李子春, 1315~1361)이다.

동녕부는 1270년 서경을 행정 중심지로 삼아 설치됐고, 자비령 이북 지역을 관할했다. 1269년 임연이 원종을 폐위하는 사건이 발생하자, 최탄(崔坦)·한신(韓愼, ?~1307) 등이 임연을 처치한다는 명분으로 반란을 일으켰다. 곧이어 원종이 복위했으나, 이들은 서경을 비롯한 북계 54성과 자비령 이북 서해도 6성을 가지고 원에 투항했고, 원에서는 최탄을 동녕부 총관으로 삼아 이 지역을 다스리게 했다. 이것이 동녕부를 세우는 계기가 됐다. 원종과 충렬왕은 수차례 동녕부를 반환해줄 것을 원에 요청했으나 받아들여지지 않았다. 1275년 오히려 동녕부는 '동녕로총관부'로 승격됐다. 1290년에 원은 동녕부 지역을 고려 소속으로 되돌렸으나, 동녕부 자체는 폐지되지 않았고 요동 지역에서 존속시켰다.

탐라총관부는 몽골군이 고려군과 함께 삼별초를 진압한 직후 1273년에

---

5    총관과 천호 '총관'은 원의 지방관청인 총관부의 장관이다. '천호'는 원의 군사조직인 만호부에 소속된 군관직이다. 만호(萬戶)·천호·백호(百戶) 등 십진법에 의한 몽골의 군대편제와 관련이 있다.

설치했던 탐라국초토사(耽羅國招討司)가 개편된 것이다. 얼마 후 '탐라국군민도다루가치총관부'로 개편했다가, 1284년 '탐라국안무사'로 바꿨다. 1294년에 고려에 돌려주었지만, 다시 1300년 '탐라군민총관부'를 설치했다가, 이듬해 '탐라만호부'로 바꾸고 관할권을 정동행성에 이양했다. 원은 탐라를 목마장으로 이용했다.

### 여원 교류

고려와 원 사이에서는 인적·물적 교류가 활발하게 이뤄졌다. 사신이나 행성관 등 관리의 왕래도 빈번했고, 많은 몽골인이 상당 기간 고려에 상주하기도 했다. 우선 고려 왕실과 혼인한 몽골 공주들을 수행하는 사속인(私屬人)[6]이 있다. 충렬왕비 제국대장공주의 사속인인 몽골인 홀라대(忽剌歹)와 회회인(回回人) 셍게(桑哥) 등은 인후, 장순룡 등으로 개명해 고려의 관직을 받아 정착했다. 고려가요 「쌍화점(雙花店)」은 이 시기 '회회(回回)아비', 즉 무슬림 상인이 고려에 와서 상주하며 상업에 종사했음을 보여준다.

원으로 간 고려인은 더 많았다. 먼저 케식에 참여했던 고려 세자 및 종실을 수행한 인원이 있다. 이들은 짧게는 수개월 길게는 수년에 걸쳐 원에 머물렀으며, 세자가 왕위에 올라 귀국할 때 함께 돌아와 국왕의 측근으로 활동했다. 원의 요구에 따라 보내진 공녀와 환관도 많았다. 상인이나 유학자, 승려 등과 같이 자신의 필요와 의지로 원에 간 사례도 적지 않았다. 상인은 해로와 육로를 통해 고려로부터 원 각지를 왕래하며 인삼·잣·말 등의 물품을 팔고 비단이나 서적 등을 구입해왔다. 유학자는 원 과거에 응시해 원에서 관직을 얻기도 했는데, 충선왕이 원의 대도에 설립한 만권당(萬卷堂)에서 고려와 원의 유학자들이 교유하기도 했다. 이 과정에서 성리학이 고려에 도입됐고, 승려들 역시 원 강남으로 유학해 임제종(臨濟宗)을 고려에 소개했다.

고려와 원 사이에 물적 교류도 활발했고 문화도 서로 받아들였다. 특히 이암(李嵒, 1297~1364)이 들여온 농서인 『농상집요(農桑輯要)』, 문익점(文益漸, 1329~1398)이 가져온 목화, 최무선(崔茂宣, 1325~1395)이 배운 화약 제조기술은 고려의 농업과 의생활 및 전쟁기술에 큰 영향을 미쳤다.

---

6    사속인 몽골어로 '게링구(ger-ün kö'ü)', 한문 사료에서는 '겁령구(怯怜口)'라 한다. 개인에 사적으로 소속된 일종의 가신(家臣)을 말한다.

고려에서는 몽골의 풍습과 생활방식인 몽골풍이 유행했다. 먼저 의생활 면에서, 고려에서는 관복을 원의 복식으로 바꾸고 머리 모양도 몽골인과 같이 변발을 했다. 고려의 후비 사이에서는 몽골식 관모인 고고(姑姑)가 유행했다. 식생활 면에서도 큰 영향을 받았는데, 그중 몽골에서 들어온 만두와 소주 등은 지금도 즐겨 먹는 음식이다. 티베트 불교의 건축양식은 고려 불탑에 영향을 줬는데, 경천사지 10층석탑과 마곡사 5층석탑 등이 대표 사례다. 지금도 사용되는 벼슬아치·장사치와 같이 직업을 의미하는 '치'가 들어간 단어들도 몽골어의 영향이다. 반면 고려 출신 공녀들을 통해 원 지배층 사이에서는 고려의 복식 등 고려 풍습, 즉 고려양이 유행하기도 했다. 고려의 불화나 나전칠기와 같은 공예품도 원에서 인기 있는 품목이었다.

여명 수교와 교류

원 말, 황제위를 둘러싼 정쟁이 빈발하고 권신들이 등장하는 등 원 중앙의 정치적 상황이 혼란해진 가운데, 원 각지에서 한인(漢人) 군웅들이 세력을 키우기 시작했다. 이러한 상황은 원 조정에도 부담이 됐는데, 그러한 한인 군웅 세력 중 한 명인 주원장(朱元璋, 1328~1398)은 1368년 국호를 '명'으로, 연호를

---

**「쌍화점」과 회회아비**

"쌍화점에 쌍화 사러 갔더니만/ 회회아비 내 손목을 쥐었어요./ 이 소문이 가게 밖에 나며 들며 하면/ 다로러거디러 조그마한 새끼 광대 네 말이라 하리라./ 더러둥셩 다리러디러 다리러디러 다로러거디러 다로러/ 그 잠자리에 나도 자러 가리라./ 위 위 다로러거디러 다로러/ 그 잔 데 같이 답답한 곳 없다."
「쌍화점」1절

「쌍화점」은 고려 충렬왕대에 지어진 고려가요 혹은 향악곡으로 알려져 있다. 남녀관계를 노골적으로 표현하고 있어 조선시대에는 이를 '남녀상열지사(男女相悅之詞)'라 하기도 했다. 『악장가사(樂章歌詞)』, 『대악후보(大樂後譜)』 등에 실려 있으며, 『고려사』의 악지(樂志)에는 '삼장(三藏)'이라는 제목으로 2절만 실려 있다.

「쌍화점」은 총 4절인데, 모두 구성은 같고 주인공이 방문하는 장소와 만나는 인물에만 차이가 있다. 위에 인용된 1절의 쌍화점은 쌍화(雙花), 즉 만두를 파는 가게라는 의미다. 만두는 원 간섭기 고려에 들어온 몽골식 음식이며, 이를 파는 쌍화점을 운영하고 있는 자는 회회아비, 즉 몽골에서 활동했던 아랍인, 위구르인 등의 색목인(色目人)이다. 2절에는 삼장사라는 사찰, 3절에는 두레 우물, 4절에는 주점이 등장하는데 모두 당시 사람들이 주변에서 쉽게 볼 수 있었고 자주 방문했던 장소다. 이러한 점은 1절에 등장하는 쌍화점이나 회회아비 또한 당시 고려에서는 흔히 접할 수 있는 대상이었음을 말해준다.

도판5, 6 〈이조년 초상〉(좌)과 〈이포 초상〉(우)

두 초상 모두 당시 몽골에서 사용하던 관모인, 둥글고 납작한 갓 발립(鉢笠)을 쓰고 있다. 이조년(李兆年, 1269~1343)은 고려 후기의 관리이자 문신이다. 이포(李褒, ?~1373) 역시 고려 후기의 관리이자 문신이며, 이인복과 이인임의 아버지이기도 하다. 이포의 초상은 공민왕이 그린 것으로 알려져 있다.

'홍무'로 하고 황제위에 오른 후 원 대도를 공격해 함락했다. 원의 순제(順帝, 1320~1370)는 북쪽으로 도망했고, 이 소식은 고려에도 전해졌다. 이에 공민왕은 주원장, 즉 명 태조에게 사신을 파견했다.

이에 앞서 1356년, 공민왕은 자신의 왕권을 제약하던 친원 세력을 내쫓고 국정의 폐단을 개혁했다. 그런데 이 개혁이 충분한 성과를 거두지 못한 상황에서 홍건군이 침입해왔다. 홍건군은 물리쳤으나, 이를 틈타 원은 공민왕의 폐위를 시도했고, 공민왕은 흥왕사에서 측근인 김용에 의한 시해 위협을 당하기도 했다. 이러한 가운데 명의 대도 함락은 원과의 관계를 끊기 위한 좋은 기회를 고려에 제공했다.

1369년 건국과 즉위 등을 알리는 명 황제의 친서가 고려에 전해졌다. 고려는 이를 계기로 더 이상 원의 지정(至正) 연호를 사용하지 않고, 명에 왕의 봉작을 요청했다. 1370년 공민왕의 책봉을 위한 명 사신이 도착했고, 고려가 명의 홍무(洪武) 연호를 사용하면서 양국 간에 국교가 성립됐다. 하지만 우호관계는 오래 지속되지 못하고, 명의 요동 진출과 함께 경색됐다. 1373년에 고려 사신을 통해 명 황제는 고려 사신이나 상인을 가장한 자들이 명에서 정찰하는 점, 고려가 요동 지역에 잔류한 원 세력과 교유하고 나하추(納哈出)와 공모해 군사행동을 벌인 점, 제주 지역의 말을 명의 요구 수량대로 바치지 않은 점 등을 강하게 힐책했다. 이와 더불어 명에서는 고려의 조공 횟수를 1년에 수차례에서 3년에 1차례로 줄였다. 고려는 사신을 보내 해명하고자 했으나, 명에서는 강경하게 대처했다. 이러한 상황에서 1374년 9월 공민왕이 시해됐고, 우왕이 즉위하면서 고려의 대외관계는 새로운 국면을 맞이하게 됐다.

### 우왕대 원·명과의 관계

공민왕이 시해된 후, 이인임 등의 주도로 우왕이 즉위했다. 고려는 1374년 11월 명에 사신을 보내 공민왕의 시호와 우왕 책봉을 요청했다. 고려 사신들은 당시 고려에 와 있던 명 사신들과 함께 명으로 향했는데, 도중에 호송관인 김의(金義)가 명 사신을 살해하고 원으로 도망가는 사건이 발생했다. 공민왕의 부고를 전하러 가던 고려 사신들은 중도에 귀국했다.

12월, 고려는 북쪽의 상도로 도읍을 옮긴 원에 공민왕의 부고를 전했고, 이듬해 정월에는 다시 명에 공민왕의 부고를 전하며 시호와 우왕의 책봉을 요청했다. 이에 대해 원에서는 공민왕이 원을 배반했으니 그를 죽인 것을 용

---

**『노걸대』와 『박통사』**

고려 후기에 쓰였다고 알려진 한어교재다. 초급용인 『노걸대(老乞大)』는 개경에서 출발한 상인을 화자로 삼아 무역활동에 대한 내용이, 중급용인 『박통사(朴通事)』는 원 수도인 대도에서 생활하는 데 필요한 내용이 담겼다. 이 교재들은 당시 고려인 사이에서 한어에 대한 수요가 많았음을 증거하는 동시에 고려 상인의 활동 단면을 보여준다.

도판7 『노걸대』의 표지
『노걸대』에 실린 중국 상인과 고려 상인의 대화 중 일부다.
중국 상인: 이보시오, 고려에서 어떤 물건을 가져왔소?
고려 상인: 말을 몇 마리 끌고 왔소이다.
중국 상인: 다른 것은 또 무엇이 있소?
고려 상인: 인삼과 모시와 삼베 천이 조금 있소이다. 지금 값은 어떻소?

서한다는 뜻을 전했다. 반면 명에서는 명 사신을 살해한 것과 명 황제의 책봉을 받은 공민왕을 시해한 것을 힐책하며 고려 사신들을 억류했다. 이때 정도전·정몽주 등 신흥유신은 원 사신을 맞이하는 일에 반대했으나, 이인임 등 집권 세력은 원 사신을 맞아들이고 원과의 관계를 재개했다. 1377년 원이 우왕을 책봉했고, 고려는 원의 선광 연호를 사용했다. 동시에 고려는 명과의 관계 재개를 위해서도 노력했다. 1378년 명에서 억류했던 고려 사신들을 돌려보내자, 고려는 다시 사신을 보내 사례하고 우왕의 책봉을 요청했다. 아울러 홍무 연호를 다시 사용해 명과의 관계 재개를 도모했다. 그러나 명은 고려가 원과 통교한다는 소식을 듣고 고려와의 관계 재개 요청을 받아들이지 않았다.

　　명은 우왕을 책봉해주는 조건으로 과다한 공물을 요구했고, 공물의 양이 요구한 수량에 조금이라도 미치지 못하면 받지 않았을뿐더러 고려 사신의 입국도 거부했다. 결국 고려가 명이 제시한 막대한 양의 공물 요구를 모두 수용했고, 1385년 명은 우왕을 책봉했다. 어렵게 고려와 명의 관계는 재개됐지만, 곧이어 명은 원 잔여 세력을 제압하고 요동 지역에 대한 지배를 강화하려는 움직임을 보이기 시작했다. 이는 고려에 위기감을 조성했고, 1388년 명의 철령위 설치 통보를 계기로 고려는 요동 정벌을 추진했다.

### 홍건군과 왜구의 침략

원 말기의 혼란한 정세는 고려에도 전쟁의 여파를 몰고왔다. 오랑캐를 몰아내고 중화를 회복한다는 기치를 내건 홍건군(紅巾軍)은 화북 지방을 공략했고, 관선생과 파두반 등이 이끈 한 지파가 1358년에 대도 공격을 감행했다. 이들은 이듬해 상도를 함락하고 요양으로 들어갔으나, 원 조정의 토벌군에게 밀려 1359년에 고려를 침입했다. 이것이 홍건군의 제1차 침입이다. 경복흥(慶復興, ?~1380), 안우(安祐, ?~1362) 등 공민왕의 측근이 이끄는 고려군은 이듬해 4월에 홍건군을 몰아냈다. 그러나 1361년 10월, 홍건군은 10만 대군을 거느리고 다시 고려를 침입했고, 한 달 만에 개경을 위협했다. 공민왕은 복주(안동)로 피난한 후, 정세운(鄭世雲, ?~1362)을 총병관으로 삼아 반격했다. 1362년 1월, 고려군은 개경을 수복하고 홍건군을 몰아냈다. 2차례에 걸친 홍건군의 침입은 고려 정국에 큰 여파를 남겼다. 군공을 세운 장수들과 공민왕 측근 간 갈등으로 삼원수사건[7]과 흥왕사의 난[8]이 연이어 발생했다. 원에서는 고려의 혼란을 틈타 공민왕을 폐위시키고 고려 종실인 덕흥군을 국왕으로 세우기 위해 군대를 파견했다.

한편 왜구는 장기간에 걸쳐 바다를 통해 고려를 침입했다. 왜구의 침략은 대몽항쟁기인 고종대부터 간간이 있어왔으나, 1350년부터 본격화됐고 우왕대에 극에 달했다. 주로 고려의 해안 지역을 침략하던 왜구는 점차 내륙까지 활동영역을 넓혀갔다. 왜구가 늘어난 데에는 당시 일본이 남조와 북조로 분열해 지방에 대한 통제력이 약해졌던 상황이 주요 배경이었다.

고려는 일본에 사신을 보내 왜구의 침략을 금지하도록 요청하는 등 외교적인 노력을 했다. 아울러 군사적 반격에도 나섰다. 1376년 최영이 주도한 홍산대첩, 1380년 나세(羅世, 1320~1397)와 최무선이 화포를 이용해 대승을 거둔 진포전투, 1381년 내륙으로 침입한 왜구를 이성계 등이 물리친 황산대첩 등은 왜구를 물리친 대표 전투다. 또한 고려는 왜구의 침략에 효율적으로 대비하기 위해 군사체제를 정비하고 군사력을 강화했다. 공민왕대에는 연해 지역을 방어하기 위해 진수군을 증설하고 군사시설을 설치했으며, 기선군(騎船軍)을 재건해 수군의 방어력을 길렀다. 화약과 화기 등을 개발하고 제조하려는 노력도 있었다. 최무선의 건의로 1377년에 화통도감(火筒都監)을 설치했고, 1378년에는 화약과 화기를 이용하는 전문 부대인 화통방사군(火㷸放射軍)을 편성했다.

왜구의 침략은 우왕 말년부터 줄어들었다. 고려 말 왜구가 걷잡을 수 없이 늘어났는데 이는 홍건군이 침략하는 계기가 된 동시에 무장 세력이 성장하는 발판이 됐다. 최영과 이성계 등은 왜구 토벌을 통해 신망을 얻은 대표적 무장이다.

---

7 삼원수사건 1361년 홍건군의 제2차 침입 당시 공을 세운 안우, 이방실(李芳實, ?~1362), 김득배(金得培, 1312~1362) 세 장수가 정세운을 살해한 후 살해당한 사건이다. 당시 세 장수는 공민왕의 측근인 김용이 공민왕의 뜻이라고 하며 보낸 밀지에 따라 정세운을 살해했다. 그러나 이 사건은 군중에서 일어난 반란이라고 인식됐고, 세 장수를 소환하려는 과정에서 결국 세 장수가 주살됐다. 사료에는 개경 수복에 공을 세운 정세운을 시기한 김용의 획책이라고 기록돼 있다.

8 흥왕사의 난 1361년 홍건군의 제2차 침입 당시 복주로 피란해 있다가 개경으로 돌아오던 중 흥왕사에서 머물고 있던 공민왕을 시해하고자 한 사건이다. 공민왕의 측근이었던 김용이 주도한 사건이다. 삼원수사건이 자신의 획책이었음이 드러날 것을 우려하던 김용이 원에서 공민왕을 폐위하고 덕흥군을 왕으로 세우겠다는 소식이 전해지자 그에 호응하기 위해 행한 사건으로 이해되고 있다. 당시 왕과 외모가 유사했던 환관 안도치(安都赤, ?~1363)가 공민왕으로 변장해 대신 사망했다. 최영의 군대가 난을 진압했다.

# 4. 고려의 경제구조와 생활

# 1 토지제도와 농장

## 역분전의 지급

신라 말과 후삼국 시기에는 독자적인 지방 세력이 대두하면서 토지제도가 정상적으로 운영되지 못했다. 태조는 즉위 후 이에 관심을 갖고, 조세 수취를 공정하게 하도록 지시했다. 그러나 건국 직후에는 제대로 된 제도를 갖추지 못했기에 삼국시대 이래로 시행됐던 식읍(食邑)과 녹읍(祿邑)[1]을 활용했다. 공로가 탁월한 관료나 고려에 귀부한 지방 세력가에게 식읍과 녹읍을 하사해 경제적 기반을 제공했던 것이다. 식읍의 지급 대상자는 경순왕이나 견훤과 같은 최고위의 귀부 인물이나 왕족 등으로 제한했던 반면, 녹읍의 지급 대상자는 귀부한 지방 세력가와 공신, 관료 등 상대적으로 범위가 넓었다.

식읍과 녹읍은 일정한 단위로 지역을 나눠, 해당 지역 내의 민에게 조세를 거둘 수 있도록 한 것이었다. 식읍이나 녹읍을 지급받으면 토지의 조세뿐만 아니라 공물의 수취와 역역(力役)이라 불린 노동력 징발까지 포함해, 지역에 거주하는 인정(人丁)을 지배할 수도 있었다. 이 때문에 가혹한 수취가 발생하기도 했다. 지급 대상자가 제한적이던 식읍과 달리, 녹읍은 집권체제가 강화되면서 소멸됐다.

940년(태조 23) 고려는 역분전(役分田)을 제정해 후삼국의 통일전쟁 과정에서 공훈을 세운 관료와 군사에게 차등을 매겨 토지를 분급했다. 지급 기준은 관직의 품계가 아닌 성품과 행실의 선악, 공로의 크기였다. 이는 다시 말해 고려에 대한 충성도나 통일전쟁에서 세운 공훈의 정도를 중시했음을 뜻한다. 역분전은 이후 시행된 토지분급제도인 전시과(田柴科)의 선구라는 점에서 중요한 의의를 지녔다. 그러나 분급의 기준이 모호하다는 점에서 관료제를 정비하는 데 맞추어 개정이 필요하다는 과제가 남았다.

---

1 　식읍과 녹읍 식읍은 중국 주(周)의 봉건제도에서 왕족과 공신에게 나눠주던 봉토(封土)로부터 유래했다. 삼국시대 이래 고려시대에도 식읍을 왕족과 공신에게 지급해 그들의 경제적 기반이 됐다. 고려 초기에 지급된 녹읍은 신라 때 실시한 녹읍제도에 기반을 둔다. 다만 신라의 녹읍은 모든 관료를 대상으로 삼았는데 반해 고려 초기의 녹읍은 주로 후삼국 통일 과정에서 왕건에 협력한 호족이나 왕족, 개국공신 등에게 지급됐다.

976년(경종 1)에 전시과가 제정돼 고려시대의 대표적인 토지제도로 자리 잡았다. 전시과는 문무 관료와 서리·군인 등 관직에 복무하거나 직역을 부담하는 사람들에게 수조권, 즉 일정 면적의 토지에서 조세를 거둘 수 있는 권리를 나눠주는 제도였다. 전시과에서 지급하는 토지는 농경지인 전지(田地)와 땔나무를 조달하는 시지(柴地)로 나뉘었다. 전시과는 여러 차례 개정됐다. 그중에서 976년(경종 1), 998년(목종 1), 1076년(문종 30)의 전시과를 각각 '시정전시과', '개정전시과', '경정전시과'라고 부른다.

시정전시과는 광종대~경종대 초에 전개된 정치 상황의 토대 위에서 신구 세력이 타협해 정국의 안정을 모색하는 가운데 성립됐다. 관품과 인품을 두루 고려해 토지를 지급했는데, 이는 관직을 기준으로 삼으면서도 왕조에 대한 충성도를 중요하게 여긴 결과였다. 관직이나 관품에 기반을 두고 정해진 자삼·단삼·비삼·녹삼의 사색 공복에 따라 네 개의 계층으로 구분하고, 각 계층마다 품계를 설정해 지급액을 정했다. 시정전시과는 당시의 지배층 전체를 대상으로 삼은 본격적인 보수 규정이었다는 점에서 의의가 있다. 실제 직무를 맡고 있던 실직(實職) 관리뿐만 아니라 직무가 없었던 산직(散職) 관리에게도 지급됐다. 그러나 지급 기준에 역분전과 마찬가지로 인품이라는 막연한 요소가 중요하게 작용한다는 한계가 있어서 정비가 필요했다.

성종대는 중앙집권적 관료체제가 정비된 시기였다. 그 뒤를 이은 목종 원년(998)에 전시과 제도를 개혁했다. 개정전시과에서는 수급자의 등급을 18과로 나눠 지급액을 정했다. 여전히 산직 관리가 지급 대상에 포함됐지만, 시정전시과에서 막연한 기준이었던 인품이 삭제되고 관직이라는 단일 기준을 따랐다. 또한 지급 대상에 문무 관료와 함께 군인이 새로 포함됐으며, 문무반 사이에 차등을 두어 무관보다 문관이 상대적으로 우대를 받았던 특징도 보였다.

이후 전시과는 1014년(현종 5)과 1034년(덕종 3) 2차례 개정을 거쳐, 1076년(문종 30)에 경정전시과로 정비됐다. 경정전시과는 개정전시과와 마찬가지로 지급 대상을 18과로 나눴으나, 달라진 점도 많았다. 우선, 전체적으로 지급 액수가 감소했고 지급 대상에서 산직 관리가 제외됐다. 이는 전시과의 지급 대상자가 늘어나, 실직 관리 위주로 지급됐음을 의미한다. 이전에 비해 무반에 대한 대우가 현저히 상승했다는 특징도 보인다. 거란과 전쟁을 치르면서 무반의 지위가 상대적으로 올라갔던 당시 사회상을 반영한 것이다. 아울러 하급의 이속과 군인도 이전보다 관직을 세분화해 지급했다.

이와 별도로 지급된 전시과도 존재했다. 예를 들어 무산계를 받은 사람에게 지급하는 무산계전시(武散階田柴), 지리업 종사자나 승려 등에게 지급하는 별사전시(別賜田柴)가 그것이다. 또한 공로를 세운 관료에게 지급하는 공음전시(功蔭田柴)와 6품 이하의 관직에 있다가 자손 없이 사망한 관료의 부인, 자손 없이 먼저 죽은 군인의 부인, 자손 없이 퇴역한 군인 등에게 지급하는 구분전(口分田) 제도가 있었다.

### 녹봉제

고려시대에는 관료에게 관직 수행의 대가로 전시과에 따른 수조권 외에 녹봉(祿俸)을 지급했다. 녹봉을 지급한 사례는 태조대부터 확인되며, 1076년(문종 30)에 제도가 크게 정비됐다. 녹봉 지급을 담당하던 관청은 좌창(광흥창)이었다. 녹봉 대상자는 문무 관료를 비롯해 후비·종실과 서리·공장(工匠) 등 여러 계층이었다. 산직 관리를 제외하고 현직·실직주의 원칙에 따라 지급했으며, 관직에서 물러난 고위 관료들을 위한 제도도 별도로 제정했다.

녹봉은 1년에 두 번, 정월과 7월에 지급하는 것이 원칙이었으며, 품목은 주로 쌀·좁쌀·보리였으나 경우에 따라 곡물 대신 비단을 지급하기도 했다. 녹봉으로 지급하는 곡식은 토지에서 거둬들이는 조세 수입으로 충당했다. 고려 말의 기록에 따르면, 녹봉을 위해 약 10만 결의 토지가 필요했다고 한다.

### 공전·사전·민전

고려시대에는 공전(公田)과 사전(私田)을 구분했다. 이에 대해서는 『고려사』 식화지의 상평의창조 1023년(현종 14) 기사에서 그 대강을 살펴볼 수 있다. 이에 따르면 공전은 1과·2과·3과로, 사전은 궁원전·사원전·양반전·군인호정·기인호정 등의 토지로 구분됐다. 1과 공전은 왕실의 내장전, 2과 공전은 관청의 경비를 조달하기 위한 공해전, 3과 공전은 일반 민전으로 보는 것이 일반적인 해석이다.

공전과 사전은 조세를 걷는 권리인 수조권이 누구에게 있었느냐에 따라 구분됐지만, 소유권의 귀속처에 따라 나누기도 했다. 수조권을 기준으로 하면 공전은 국가가, 사전은 개인이 조세를 거두는 토지였다. 소유권을 기준으로 하면, 국유지나 공유지는 공전이고 사유지인 민전은 사전에 해당한다. 민전은 관료나 향리, 군인은 물론 일반 농민이 소유한 토지로, 토지문서에 소유주가 명시됐고 사적 소유권이 보장됐다. 따라서 민전의 매매나 증여, 상속 등의 처분권은 원칙적으로 소유주에 달려 있었다. 국가나 개인 수조권자는 민전 소유자로부터 생산량의 10분의 1을 수조했으며, 추가로 조운에 따른 운반 비용이나 소모량을 산출해 거뒀다.

한편 토지 소유주가 소작인에게 토지를 빌려주고, 그 대가로 소작인에게서 지대를 받던 제도인 지주전호제(地主佃戶制) 경영에서는 병작반수(竝作半收)라 해 생산량의 2분의 1을 지대로 받았다. 국공유지에서는 4분의 1을 지대로 받았다.

### 녹과전의 신설

12세기 이래 전시과제도는 매매나 고리대, 특히 권력에 의한 탈취 등을 통해 많은 토지를 차지하는 이른바 겸병(兼幷) 현상이 확산되면서 원활하게 운영되지 못했다. 더구나 몽골과 장기간 전쟁을 치르는 동안 토지가 관리되지 못하고 인적 피해가 컸기에 토지제도와 수취제도가 제 기능을 하기 어려웠다. 이로 인해 민전에서 거둔 조세로 운영되던 녹봉도 제대로 지급되지 못하면서 기존 관료는 물론 신진 관료도 경제적 보상을 충분히 받지 못했다. 이에 부족한 녹봉을 보충해주기 위한 토지제도로 녹과전이 마련됐다.

1257년(고종 44)에 녹봉을 대신해 토지를 지급하자는 논의가 있었으나, 몽골과의 전쟁으로 강화도에 천도하고 있던 때여서 실행에 옮기지는 못했다. 이후 1271년(원종 12)에 도병마사의 건의로 경기 8현의 토지를 녹과전(祿科田)으로 지급하기로 결정했다. 지급 대상은 문무 관료였고, 지급 토지는 새로 개간한 땅으로 한정했다. 그러나 녹과전 역시 대토지 겸병과 농장 확대로 권세가들에게 침탈당하는 일이 잦았다. 그에 따라 다시 분급하는 조치를 고려 말까지 여러 차례 시행해야 했다.

### 농장의 형성과 발달

고려 후기에는 토지 겸병으로 농장이 증가하면서 사회경제적 폐단이 심각해졌다. 농장은 12세기 이래 등장해 무신정권기와 원 간섭기를 거치면서 늘어났다. 상당수 농민이 농장의 전호로 편입되고, 농장의 규모 또한 여러 고을에 걸칠 정도로 광대해지면서 국가 재정에도 부정적인 영향을 끼쳤다.

농장은 다양한 방식으로 형성·확대됐다. 사패(賜牌)[2]를 지급받아 개간하는 사패전(賜牌田)이 증가하면서 농장이 확산되는 데 큰 역할을 했다. 권력자가 다른 사람의 토지를 빼앗아 자신의 토지로 만드는 탈점 행위는 특히 심각한 사회문제를 일으켰다. 토지를 탈점한 자들은 권력을 가진 왕족이나 국왕의 측근, 권문세족, 불교 사원 등이 대부분이었다. 겸병과 탈점의 대상은 농민의 토지는 물론, 왕실 및 관청의 소유지나 수조지에 이르기까지 광범위했다. 한편, 권세가들은 농장의 경작자를 확보하기 위해 양민을 억압해 강제로 노비로 만들기도 했다. 농민이 생계를 유지하기 위해 스스로 농장에 투탁하는 일도 증가했다.

### 고려 말의 전제 개혁

농장의 확대는 여러 사회문제를 일으켰다. 우선 한 토지에 대해 여러 명이 조를 거두면서 토지 분쟁이 증가했다. 국가에 반환해야 할 수조지를 불법으로 세습하는 사전의 가산화(家産化)와 조업전화(祖業田化)가 늘어나 수조지가 부족해지고 토지제도를 정상적으로 운영하기 어려워졌다. 또한 민전의 탈점과 농민의 투탁 등으로 국가 재정이 감소했다. 이를 해결하고자 원종대 이래 전민변정사업(田民辨正事業)[3]을 여러 차례 실시했으나, 큰 효과를 얻지 못했다. 그러다 1388년(우왕 14) 위화도회군으로 개혁 성향의 신흥유신이 정권을 장악하면서, 전제 개혁은 실현 가능성이 높아졌다.

고려 말, 전제 개혁은 사전문제를 해결하는 데 초점을 두고 논의됐다. 그러나 정도전·조준 등 사전 개혁론자들은 기존의 사전을 혁파할 것을 주장한 반면, 이색·권근 등 사전 개선론자들은 종래의 토지제도를 인정한 채로 제도

---

2 **사패** 국왕이 공훈을 세운 신하에게 토지를 하사하거나 조세나 역을 면제해줄 때 발급하는 문서를 말한다. 사패를 통해 분급된 토지를 사패전이라고 한다. 사패전의 분급은 고려 전기에도 시행됐으나, 몽골과의 전쟁 이후 황폐화된 농경지를 개간하기 위해 분급됐다. 사패전은 주인이 없는 토지에 설정하는 것이 원칙이었다. 그러나 고려 후기에는 권세가에 의해 주인이 있고 토지대장(적(籍))에 등재된 토지에도 설정되는 등 불법이 자행됐다. 사패전의 분급은 불법적인 대토지 겸병의 수단으로 이용되면서 토지제도가 문란해지는 주요 원인으로 작용했다.

3 **전민변정사업** 권력가들에게 빼앗긴 토지를 본래의 주인에게 되돌려주고, 노비가 된 자들을 다시 양인으로 환원시켜서 민생의 안정과 재정 안정을 도모하려는 사업을 말한다. 고려 후기에 변정사업을 시행하기 위해 설치한 대표 기관이 전민변정도감(田民辨正都監)이다.

운영상의 문제점만 해결하자고 주장하면서 대립 양상을 보였다.

사전 개선론자들이 반대했음에도 이성계를 중심으로 결집한 조선 개창 세력이 실권을 장악하면서, 사전 개혁이 관철됐다. 준비 작업으로 실시한 전국적 양전사업을 마무리 짓고, 종래의 토지문서를 모두 소각했다. 그리고 1391년(공양왕 3)에 과전법을 공포해 경기에 한정해 새 기준으로 사전을 분급했다.

## 2 수취제도의 운영과 교통

### 고려 전기의 수취제도

국가의 안정적인 재정 운용을 위해서는 수취제도의 정비가 필수적이다. 고려는 토지대장인 양안을 작성해 최대한 많은 토지를 등록했을 뿐 아니라 호구 정보를 담은 자료인 호적도 작성했다. 양안과 호적에 근거해 국가에서는 군현을 단위로 전국 주민에게 기본 세목인 조세(조)·공물(포)·역을 부담하도록 했다.

조세는 토지에 부과됐다. 토지면적을 고정시키고 비옥도에 따라 상중하 3등급으로 구분해 조세액수를 차등 부과했다. 생산량의 10분의 1을 국가에 납부하는 것이 원칙이었다. 조세 수취의 실무는 수령의 책임 아래 군현의 향리가 담당했다. 조세로 거둬들인 곡물은 개경의 경창, 즉 좌창과 우창으로 운송됐다. 좌창의 조세는 관리들의 녹봉으로 지급했고, 우창의 조세는 중앙정부의 경비로 사용했다.

전국의 조세 전체가 경창으로 운송되어 국가 재정에 직접 쓰였던 것은 아니었다. 전시과에 따라 분급된 토지는 해당 토지의 수조권을 가진 개인이나 관청 등이 수취했으며, 양계의 토지에서 수취한 조세는 현지에서 군사 비용으로 충당됐다. 이처럼 중앙정부의 직접 재정에 포함되지 않는 조세의 비중이 높았던 점은 고려시대 국가 재정 운영에 있어 주요한 특징이다.

공물은 지역특산물을 호구에 부과해 거둬들인 현물세다. 공물은 베와 같은 직물류로 환산해서 거두는 경우가 많았고, 때로는 특정 물품을 생산하기 위해 주민들이 동원되기도 했다. 소금·자기(瓷器)·금·은·철 등 특정 지역에서만 생산되는 물품의 경우, 해당 지역을 소로 편성해 생산물의 일부를 국가에 납부하도록 했다. 소제도가 운영됐다는 점은 수취체제가 지방제도와 연동됐던 고려시대의 특징을 보여준다.

역은 16세부터 59세까지의 성인 남자에게 노동력을 강제로 거두기 위해 부과됐던 세목으로, 크게 군역과 요역으로 나뉜다. 그중 경군에 소속된 군인의 군역은 군반씨족(軍班氏族)이라고도 불렀던 정호(丁戶)층에서 세습해 담당했다. 그들은 군역을 담당하는 대가로 전시과의 토지 지급 대상에 포함됐다. 그렇지만 정호층만으로는 경군의 정원을 채울 수 없었으므로 부족한 인원은 백정(白丁)[4] 농민에서 차출해 일정 기간 수도에 올라와 군역을 수행하도록 했다. 반면 요역은 일반 평민이 국가나 지방 관청의 토목공사 및 특정 물품을 생산하고 운반할 때 노동력을 제공하는 것이다.

### 고려 후기의 수취제도

고려 후기에도 조세·공물·역으로 구성된 수취제도의 기본 틀에는 큰 변화가 없었다. 몽골과 왜구의 침략 등으로 농토가 황폐화되면서 농민은 안정적으로 농업을 경영하는 데 어려움을 겪었다. 그럼에도 농경지를 새로 개간해 경지 면적이 이전보다 넓어졌으며, 농업기술도 향상되고 연작 상경이 확산되면서 농업생산량도 늘어났다. 고려 후기부터 1결의 조세 액수를 고정시키고 토지의 품질에 따라 1결의 면적을 변동시키는 수등이척제가 실시된 것은 당시 농업생산력이 발전했던 점과 밀접한 연관이 있었다. 생산량의 10분의 1을 수취하는 조세제도는 고려 후기에도 그대로 유지됐다.

고려 후기 공물 납부의 변화와 관련해서는 소의 숫자가 전국적으로 감소하는 현상이 주목된다. 소는 특정 물품을 전문적으로 생산하는 특수 행정구역이었는데, 소가 줄어들면서 종래 소에서 생산하던 물품들은 일반 주민들을 동원해 생산·납부하는 방식으로 바뀌어갔다. 또한 공물을 포로 대납하는 현상 역시 확대됐는데, 공물 납부를 대행하면서 중간에서 이윤을 챙기는 방납업자가 등장하기도 했다. 고려 후기에는 직역을 담당한 정호와 일반 요

---

4  정호와 백정 고려시대에 '정호'는 국가의 직역(職役)을 수행하고 그 대가로 토지의 수조권을 받는 계층을 의미했다. 향리·서리·직업군인층 등이 여기에 속하며, 직역은 자손에게 세습되는 것이 원칙이었다. 정호는 신분적으로 중간 계층 혹은 하급 지배층에 속한다. 반면 정호와 대비되는 '백정'은 특정 직역이 없는 평민을 지칭한다. 전체 인구에서 가장 많은 비중을 차지했으며, 대부분 농업에 종사했다. 조세 납부를 담당하는 계층이었으므로, 국가로부터의 반대급부 없이 군역이나 잡역에 동원됐다. 고려시대의 백정은 도살업 등을 담당했던 조선시대의 백정과는 다른 개념이다.

역을 부담한 백정 사이의 구분이 점차 사라지면서 군반씨족제도를 유지하기 어려워졌다. 군인층을 조직하는 데 있어서 3정 1호와 같은 제도가 보편화됐으며, 평민층 전체가 군역 동원 대상으로 간주되기에 이르렀다.

12세기부터 농민항쟁과 전란이 일어나면서 유망, 농장 투탁, 새로운 경작지 개간 등으로 인한 인구 이동이 많이 발생했고, 이로 인해 본관과 거주지를 일치시키는 편제 방식은 느슨해질 수밖에 없었다. 주민들 역시 요역의 과중한 부담을 피하기 위한 방법을 강구했다. 요역을 담당할 인원에게 노동력 대신 현물로 요역을 납부하게 하는 경우가 늘어났고, 중앙정부나 지방관청에서는 부족한 노동력을 보충하기 위해 대가를 주고 사람을 고용하는 방식을 활용하기도 했다.

고려에서는 기본 세목 이외에 잡세를 부과했다. 잡세에는 직세·염세·선세·어량세·산세·마전세 등이 있었다. 직세는 관직 보유자에게 부과했고, 염세는 소금 생산, 선세는 선박 소유, 산세는 산간의 나무 재배, 어량세는 어업, 마전세는 마전(麻田, 삼밭) 경작 등과 관련해 부과했다. 대체로 고려 전기부터 있었던 세목으로 여겨지지만, 고려 후기에는 부족한 국가 재원을 확보하기 위해 더욱 많이 부과하는 경향이 나타났다. 또한 고려 후기에는 공물과 요역 이외에 상요와 잡공이라는 현물세를 추가로 수취했다. 상요와 잡공에 관해서는 여러 견해가 있으나, 대개 상요는 요역의 명목으로 부가한 추가세로, 잡공은 공물의 명목으로 부가한 추가세로 여겨진다. 한편 원과의 군사·외교관계를 유지하는 데 소요되는 비용을 마련하기 위해 관료층과 같이 경제적으로 여유 있는 계층에게 부정기적으로 과렴(科斂)을 부과했다.

### 조운제도

조운제도는 조세 등으로 거둔 곡식을 수운을 통해 개경의 경창으로 운송하기 위해 운영됐다. 지방에서 거둔 세곡은 거점 지역에 설치된 조창에 모은 후, 조운선에 실어 중앙으로 운송했다. 고려 초기에는 전국 60곳의 포구에 세곡을 집결시켜 중앙으로 운송했는데, 10세기 후반에서 11세기 전반 사이 12곳의 조창을 거점으로 삼는 조운제도가 성립됐고, 문종 연간(1046~1083)에 1곳이 더 추가돼 13조창제가 운영됐다. 조창에는 판관을 둬 세곡의 보관과 선박 탑재를 감독하도록 했다. 13곳의 조창은 서해안 8곳, 남해안 3곳, 한강 수계 2곳 등으로 구성됐으며, 개경 이북에는 서해도에 위치한 안란창 1곳이 운영됐다. 중앙정부는 조창별로 세곡을 집결시키는 영역 범위, 즉 수세 구역을 설정했다. 수세 구역은 대체로 해당 지방 계수관의 관할 범위와 유사한 분포를 보인다. 지역에서 거둔 조세는 조창에 집결시킨 다음, 조운체계를 통해 개경으로 운송하는 것이 원칙이었지만, 개경과 가깝거나 수운이 어려운 지역의 경우 육운을 이용했다.

고려 후기에는 13곳의 조창 외에도, 바다에 면한 몇몇 고을에 조세 수집을 위한 창고를 설치해 세곡을 운송하는 군현별 조운을 활성화했다. 지배층의 침탈과 주민의 유망, 지방제도의 변화, 잦은 외침 등이 있었기 때문이다. 왜구의 침략은 조운 대신 육운을 써야 할 정도로 조운체계에 큰 피해를 입혔다. 여말선초를 거치면서 새로운 조창의 설치로 조운제도가 복구됐지만, 조선 전기에는 일본과 가까운 남해안 지대에 조창이 운영되지 않았다.

---

### 태안 마도 앞바다에서 인양된 고려시대의 조운선

안흥량이라 불렸던 태안 마도 앞바다는 암초가 많아, 예로부터 연안을 따라 운항하는 선박들이 자주 난파했다. 2007년 민간 어선의 어로 작업 중 다량의 청자가 인양되자 마도 앞바다에서 본격적인 수중 유물 조사가 진행됐다. 2009~2011년 인양된 3척의 고선박이 각각 마도 1~3호선으로 명명됐고, 선박의 구조와 출수된 유물을 통해 고려 때의 선박이었음이 판명됐다.

마도 1~3호선은 개경의 관직자에게 전라도 지역의 물품을 운반하는 선박이었으므로, 조운선이거나 그와 비슷한 성격을 지닌 선박으로 이해된다. 이 선박들에서는 청자 등과 함께 다수의 목간 자료가 인양됐다. 목간에는 운반 물품의 종류와 배송처가 묵서로 기록되어 있어 이를 통해 선박의 침몰 시기를 파악할 수 있다. 운반 물품은 주로 곡물과 건어물, 젓갈 등이었으며, 청자 등 고급 자기가 물품을 담는 용기로 사용됐다.

마도 1~2호선은 최충헌 집권기에 침몰했다. 마도 1호선은 전라도 서남해안 지역, 마도 2호선은 오늘날 전라도 고창, 정읍 일대의 물품을 싣고 있었다. 마도 3호선은 전라도 여수 일대의 물품을 운반하던 선박이었으며, 13세기 중반 고려 원종 때 침몰됐다. 마도 3호선은 마도 1~2호선보다 형체가 잘 보존된 채로 인양됐다. 한편 2014년에는 마도 4호선이 인양됐다. 마도 4호선은 조선 초기 나주에서 한양 광흥창으로 물품을 운반하던 조선시대의 조운선이거나 그와 비슷한 기능을 수행했던 선박이다.

도판8 마도 2호선에서 발견된, 청자매병에 묶여 있던 목간(앞, 뒤)
앞에는 받는 사람을 칭하는 "중방 도장교 오문부(重房都將校吳文富)"가, 뒤에는 "댁에 올림, 좋은 꿀을 단지에 채우고 봉함[택상정밀성준봉(宅上精蜜盛樽封)]"이라는 명문이 적혀 있다.

## 역제의 운용과 원 시설

역제(驛制)는 역의 운용과 관련된, 전근대 시기를 대표하는 교통·통신제도다. 중앙정부에서는 개경을 중심으로 전국의 주요 도로상에 일정한 거리 간격으로 525개의 역을 설치하고, 22개의 역도로 나눠 관리했다. 역은 중앙과 지방을 오가는 공문서나 긴급한 군사 소식을 전달하고, 국내외를 왕래하는 사신 등 공적 여행자에 대한 숙식 제공과 접대, 그리고 국가에서 필요로 하는 물자의 운송 등을 담당했다. 역도를 단위로 파견된 관역사는 소속 역들을 관할하고 역로망 소통을 원활하게 하는 역할을 맡았다. 고려시대 역제의 주요 특징은 개경 및 북방 지역과의 교통과 연계가 중시됐다는 점이다. 북방 지역에는 역의 분포 밀도가 높았으며, 개경에서 북방으로 연결되는 역이 특히 중요했다. 조선시대에 평안도와 함경도 방면 역의 분포 밀도가 낮았던 것과 극명히 비교된다.

고려 후기 몽골의 침략과 원의 내정 개입은 역제 운영에 큰 영향을 끼쳤다. 원에서는 일본 원정 등과 같은 대규모 사업이 있을 때 고려 역로망의 운영에 개입하곤 했다. 몽골의 침입으로 개경 이북의 역 중 상당수는 폐허가 되어 신설된 경우가 많았다. 왜구의 침략으로 인해 경상도와 전라도 지역의 역들도 적지 않은 피해를 입었다. 고려 후기에는 관역사가 '정역별감(程驛別監)'으로 개칭됐다.

조창이나 역의 거주민들은 본관제적 질서에 따라 해당 지역에 세습적으로 거주하는 것이 원칙이었다. 그리고 역과 조창에는 별도의 향리가 배정돼 고유의 업무를 수행했다. 역을 이용할 수 없는 일반 여행자들의 편의를 위해 원(院) 시설이 운영됐다. 원 시설의 건립과 운영에는 불교 사원이 중심 역할을 했으며, 국가나 왕실, 지방 세력가들이 후원하기도 했다. 원 시설 중에는 사찰의 기능을 하는 곳이 많았다. 고려 후기부터는 국가에서 원 운영에 적극적으로 개입했다. 왜구의 침략으로 조운이 어려워지면서 조세의 육운 수송이 증가했기 때문이다. 국가가 원 시설의 운영을 주도하는 모습은 조선시대로 이어졌다.

## 3 농업생산력과 농업기술

### 농업생산력의 발달과 농업기술

고려시대의 주된 산업은 농업이었다. 농업생산물은 일반 민의 주된 식량이 었을 뿐 아니라 세금으로 납부되어 공상·국용·녹봉·군수와 같은 국가 재정 의 주요 기반이 됐다. 따라서 국가는 농민과 농업을 보호하고 농업생산을 늘 리기 위한 각종 정책을 실시했다.

국왕은 적전(籍田)을 경작하며 농사에 모범을 보였고, 재해로 피해를 입 을 경우, 중앙정부는 농민에게 조세를 감면해주거나 식량·곡식 종자·농기구 등을 지급했다. 의창(義倉)과 같은 구휼기관을 설치해 춘궁기에 농민에게 곡 식을 나눠줬다가 추수기에 상환하도록 하기도 했다. 지방관의 주요 업무로 농사를 권장하도록 규정했다. 농사철에는 지방관이 일체의 잡무 없이 농사 에 전념하도록 했으며, 각종 공사를 중단시키고 농사가 끝날 때까지 미루기 도 했다.

또한 국가는 토지를 개간하고 수리시설을 확충하도록 장려했다. 새롭게 농지를 조성하는 신전(新田) 개간뿐 아니라 버려진 채 오랫동안 경작되지 않 은 진전(陳田)의 개간도 장려했다. 토지 개간은 재정 수입과 연결되는 만큼 정부가 관심을 기울일 수밖에 없었다. 토지가 황폐화되면 해당 지방관을 문 책했고, 농경지 개간에 공적을 세우면 포상했다.

고려의 농업기술은 이전 시기보다 더욱 발전했다. 특히 경지이용방식, 수리시설, 토지개간, 신(新)종자 도입, 경종법 변화, 농학 발달 등에서 확인할

**역과 역참 그리고 원 시설**

역(驛)을 참(站)과 합쳐 '역참, 참역' 등으로도 불렀다. '참'은 몽골어로 역에 해당하는 잠치(站赤, jamchi)에서 기원한 용어이다. 우리 역사에서 참은 몽골 침입기 이후부터 조 선시대에 걸쳐 사용됐다.

한편 조선시대에는 국가가 원의 운영을 관리하고 지원하면서 원을 역과 함께 묶어 역 원(驛院)이라 부르기도 했다. 그러나 고려시대까지만 해도 국가가 원 시설의 운영을 적 극적으로 주도하지 않았다. 원 시설의 명칭 또한 원 이외에 '사(寺)'나 '당(堂)' 등으로도 불렸다. 따라서 고려시대에는 이러한 숙박시설을 '원'이라고 통칭하기보다는, '원 시설' 로 부르는 것이 합당하다. 한편, 원 시설 중 사찰의 기능을 하는 곳을 원관(阮館) 사찰이 라 부르기로 한다.

수 있다. 경지이용방식은 대체로 '휴경법→휴한법→상경법'[5]의 단계로 발전했다. 고려시대에는 해마다 같은 장소에서 농사를 짓는 상경법이 어느 정도 정착했던 것으로 여겨진다.

예로부터 우리나라에서 사용된 대표 수리시설인 제언(堤堰)을 고려도 주로 이용했다. 고려 전기에 제언을 수리한 경우로는 현종대에 벽골제(김제)를 보수한 사례와 문종대에 남대지(연안)를 보수한 사례 등 소수에 불과했다. 이에 반해 12세기 이후에는 지방관 주도로 제언을 보수하거나 축조한 사례가 크게 늘어났을 뿐만 아니라 소규모 제언이 다수 축조됐다. 1188년(명종 18)에는 중앙정부에서 제언을 수축하도록 명령을 내리기도 했다.

12세기 이후에는 하천이나 바닷물을 막는 시설인 하거·방천제·방조제 등이 새롭게 만들어졌다. 그만큼 연해안과 저습지가 개발돼 농경지가 확대됐다. 이는 고려 전기에 산전을 중심으로 토지개간이 이뤄진 것과는 차이가 있었다. 고려 말 기록에 비옥한 땅은 해안가에 있다고 써 있을 정도로 연해안 지역은 개발이 확대됐다.

또한 새로운 품종의 볍씨가 도입돼 벼 재배가 확산되는 데 기여했다. 12세기 이후 중국 강남 지역에서 들여온 새로운 볍씨 종자로는 점성도(占城稻)와 선명도(蟬鳴稻)가 있었다. 점성도는 한발과 저습에 강한 벼로, 연해안 저습지와 산간의 척박한 땅에서도 재배가 가능했다. 선명도는 일찍 파종하고 일찍 수확하는 올벼(조도(早稻)) 계통의 볍씨다. 수리시설이 확충되면서 벼 재배 기술에도 변화가 나타났다. 대체로 고려 전기까지는 마른 논에 씨를 뿌리는 건경직파법이 우세했다. 건경직파법은 봄 가뭄이 심한 우리나라의 환경에서 비롯된 농사법이었다. 그러나 수리시설이 확충되면서 물을 댄 논에 씨를 뿌리는 수경직파법이 확대됐다. 고려 말에는 일부 지역에서 모를 못자리에서 논으로 옮겨 심는 이앙법(移秧法)을 이용하기 시작했다.

농업의 변화는 농학에 대한 높은 관심과 함께 관련 서적이 간행되는 것으로 이어졌다. 12세기에는 중국의 양잠서인 『손씨잠경(孫氏蠶經)』이 이두(吏讀)로 번역됐다. 14세기에는 원의 농서인 『농상집요(農桑輯要)』가 전래됐

---

5    휴경법·휴한법·상경법 '상경법'이 해마다 같은 경지에서 농사를 짓는 방법이라면 '휴경법'과 '휴한법'은 지력(地力)을 유지하기 위해 해를 걸러가며 농사를 짓는 방법이다. 휴경법과 휴한법은 농작물을 재배하지 않고 땅을 쉬게 해둔다는 점에서는 같았다. 그러나 휴한법의 경우 비록 쉬는 경지더라도 잡초제거 등을 작업했다는 점에서 휴경법과 차이가 있었다.

도판9 이색의『농상집요후서(農桑輯要後序)』
고려 말에 중국 원의 농서인『농상집요』가 전래되어, 이를 토대로 고려에서『원조정본농상집요(元朝正本農桑輯要)』라는 이름으로 간행됐다. 목은 이색이 편찬경위를 적은『농상집요후서』를 지었다.

고, 이를 토대로『원조정본농상집요(元朝正本農桑輯要)』가 간행됐다. 이는 중국 농서를 단순히 도입한 것이 아니라 고려의 실정에 맞게 수용한 것이다. 이후 조선 초기에『농사직설』과 같은 우리나라만의 독자적 농서가 발간될 수 있었던 것도 고려 이래 농학에 대한 이해가 진전됐기에 가능한 일이었다.

### 전정과 결부제

고려시대에 토지면적을 뜻하는 용어로는 '정(丁), 전정(田丁), 결·부(結·負)' 등이 사용됐다. 정은 원래 장정을 의미했다.『고려사』식화지 호구조에 따르면, 정은 16세부터 59세까지 국역을 담당하는 연령층을 가리켰다고 한다. 또한 고려 말 과전법 제정 당시 토지를 천자문에 따라 '천자정(天字丁)', '지자정(地字丁)'과 같이 표기한 데에서 알 수 있듯이 정은 토지를 의미하는 단어로 쓰이기도 했다. 이처럼 정은 사람과 토지의 두 가지 의미로 사용됐기 때문에, 각각 '인정' 혹은 '전정'으로 구분해 표기하기도 했다.

정과 전정이 일정한 토지면적을 뜻하면서 전정은 토지분급이나 조세 수취의 단위로도 기능했다. 전정이 규정된 결수에 충족됐을 때는 족정(足丁)으로, 그것에 미달되거나 절반일 때는 반정(半丁)으로 불렸다. 고려 말 기록에 따르면 1족정은 17결이었다.

결부는 전정보다 작은 토지면적을 나타내는 단위였다. 파[줌], 속[묵], 부[짐], 결[먹]의 순으로 표시했는데, 1파는 곡식 한 줌을 생산하는 토지의 면적을, 1속은 10파, 1부는 10속, 1결은 100부를 의미했다. 고려 초기에는 결부제가 단순한 토지면적 단위로서, 1결은 대략 1,500평 내외였다고 추정된다. 고려 후기에 수등이척제를 시행하면서부터는 같은 1결이더라도 토지의 비옥도에 따라 면적에 차이가 생겼다. 고려 말 과전법을 실시할 때 1결은 조 30두를 수취할 수 있는 면적이었다.

## 4  상공업의 발달

### 수공업의 특징

고려시대에는 중앙정부에서 수공업 기술자를 해당 물품을 필요로 하는 관청에 소속시켜 일하도록 했다. 전문 기술을 가진 수공업자는 '공장(工匠)'이라 불렸으며, 관청에 소속돼 능력을 인정받은 부류는 관직을 받고 녹봉이나 토지 등의 경제적 혜택도 누렸다. 그러나 공장안(工匠案)이라는 명부에 등록되어 있어서 상급 신분으로 상승하는 일은 엄격히 제한됐다. 관청에서 직접 생산이 어려운 물품은 비용을 지급해 민간에서 조달했으며, 일반 주민 중 기술을 가진 자를 요역의 형태로 동원해 물품을 생산하도록 하기도 했다.

수공업과 관련해 고려의 특징을 가장 잘 보여주는 것은 소 수공업이다. 소의 주민은 중앙과 지방의 관청, 왕실이나 권력층 등에서 요구하는 자기·종이·먹·숯 등을 생산했는데, 일반 평민에 비해 업무도 고되고 사회적인 차별도 더 심하게 당했다. 그러나 고려 후기에는 민간 수공업과 유통 경제가 발달하는 한편 소의 주민이 수탈에 저항하면서 소 수공업의 비중이 점차 줄어들었다.

관영 기술자나 소 수공업자, 기타 민간 수공업자들은 왕실과 고위 관료층을 위한 사치품부터 불교 사원에 필요한 용품과 평민층의 일상 용품에 이르기까지 다양한 물품을 생산했다. 하지만 전업 공장들이 신분차별을 받고 수공업 생산이 국가의 조세체계와 긴밀히 연결되어 있었기 때문에, 국가와 지배층의 수요품 생산은 발달했지만 수공업이 발달하는 데는 한계가 있었다. 고려 후기에는 관청 수공업과 소제도가 쇠퇴하면서 제약에서 벗어나 독립한 공장들이 늘어났다. 그리고 민간 수요가 커지고 공물대납제가 행해지면서 민간 수공업이 조금씩 성장했다.

### 국내 상업과 대외무역

고려는 중앙정부나 지방 관청에서 필요한 물품을 기술자들이 직접 동원하는 방식을 채택했기에 상업이 성장할 수 있는 토대가 부족한 편이었다. 산지가 많아 육상을 통한 교역이 불편했던 지형적 불리함, 상인 계층의 독자적 성장을 지원하지 못했던 사회구조나 통치이념 등도 상업의 발전을 저해했던 주요 요소다.

그럼에도 인구가 밀집됐던 수도 개경이나 지방 대읍을 중심으로 상업적 기반이 형성됐다. 개경에서는 관에서 설치한 상설 시장인 시전이 운영됐다. 시전은 개경 중심부의 남대가에 자리 잡았다. 국가에서는 경시서(京市署)라는 관청을 두어 시전의 운영과 물가 등을 관리·감독했다. 시전은 주민들의 필요 물품을 판매하는 곳이었지만, 공물 대납 등 국가나 관청에서 요구하는 물품을 조달하는 기능도 담당했다. 서경 등 지방 대읍에서도 상설 시장이 운영됐을 것이며 지방 고을에서는 비상설적으로 소규모의 교역 장소가 형성됐을 것이다. 상인층의 활동 범위나 활동 방식 등에 대해서는 명확히 알려진 바가 없다.

대외무역의 경우, 고려 전기에는 송과의 교역이 주축을 이뤘다. 거란(요)의 침략 이후 송과의 외교관계는 단절됐으나 민간 중심으로 교역을 이어갔다. 개경과 인접한 예성강 하구의 벽란도는 송의 상인들이 드나들던 고려의 대표적 국제 무역항이자 교역 장소였으며, 일본과 동남아시아, 그리고 멀리는 아랍 상인들까지 교역을 위해 방문했던 곳으로 유명하다. 고려의 상인역시 외국을 드나들었다. 고려 상선이 가장 많이 찾은 곳은 송의 명주와 천주 등 양쯔강 남쪽의 항구들이다.

서북 변경에서는 거란과 교역이 이뤄졌다. 거란과는 사신의 왕래 때에 이뤄지는 사행 무역이 중심이었으나, 송과의 교역에 비하면 활발하지 않았다. 동북 국경 지역에서는 여진과의 교역이 확인된다. 여진 부족의 사신 일행이 고려의 경내에 들어올 때 주로 이뤄졌다. 금이 건국되어 거란을 대신한 후에는 사행 무역이 주가 됐다. 고려는 금과 별다른 군사적 긴장관계를 갖지 않았기 때문에, 거란에 비해 금과의 무역은 활발해졌다. 일본과의 교역은 주로 김주(김해)에 설치한 객관을 통해 이뤄졌지만 제한적이었다.

고려 후기 이후로는 여원 연합군의 일본 원정과 왜구의 침략 등으로 인해 일본과의 교역이 더욱 침체됐다. 반면 원과 가까워지면서 교역이 확대됐

도판10 신안선에서 인양된 유물들

길이 약 34m의 신안선은 14세기 초 원의 국제 무역선으로, 오늘날 중국 닝보(寧波)에서 일본 하카타(博多)로 가던 중 신안 앞바다에서 침몰했다. 1975년 전라남도 신안군 안좌도 갯벌 속에서 발견됐으며, 1976년부터 1984년까지 침몰된 선박의 선체와 함께 약 2만 4,000점의 유물이 인양됐다. 인양된 유물 중에는 중국의 여러 곳에서 생산된 수준 높은 도자기가 상당수였으며, 공예품이나 고급 가구를 만드는 자단목, 무게 28톤에 달하는 약 800만 개의 동전이 포함됐다. 또한 고려청자 7점도 발견됐다. 신안선은 복원 과정을 거쳐 현재 목포 국립 해양문화재연구소 해양유물전시관에 전시돼 있으며, 고려 후기 동아시아 지역에서 해상 무역이 활발하게 전개됐음을 증명해주고 있다.

다. 국왕이 원을 방문할 때나 양국의 사신이 왕래할 때 외에도, 다양한 형태의 사무역이 이루어졌다. 왕실을 비롯한 권력층은 원과의 무역에 적극적으로 뛰어들면서 많은 이득을 얻기도 했다. 벽란도(예성항)는 원의 상인들이 방문하는 무역항으로 여전히 번성했고, 고려의 상인들은 기존의 해로뿐만 아니라 육로를 통해서도 원의 상인들과 활발히 교역했다.

고려시대에는 국가적으로 상업과 대외무역을 특별히 억압하지 않아 막대한 부를 축적한 상인층이 등장할 수 있었다. 하지만 상인층이 국가체제와 분리돼 독자적인 이해관계를 얻는 계층으로 성장하지는 못했다. 결국 그들은 국가기관이나 권세가, 불교 사원 등에 종속되거나 기생하며 개인적인 성취에 만족할 수밖에 없었다.

### 화폐 유통

상업과 교역이 발달하면서 화폐의 역할과 중요성이 강조됐다. 일찍이 996년 (성종 15)에 철전을 주조해 사용하도록 한 바 있고, 그 이후에도 '동국(東國)' 과 '삼한(三韓)', '해동(海東)' 등의 이름이 들어간 동전을 발행했다. 숙종 연간 에는 화폐 유통을 활성화하는 정책을 적극 추진하기도 했다. 여기에는 상업 의 발달과 국가 재정의 확충, 주민들의 경제 여건 개선 등의 목적이 있었다. 그러나 화폐 유통 활성화 정책은 큰 성과를 거두지 못했다. 정부가 화폐 유통 에 소극적인 시기도 많았다. 오히려 동전보다 실질적인 가치를 지닌 쌀과 같 은 곡식, 베로 만든 포화(布貨) 등의 현물 화폐를 선호했다.

은은 대표적 고액 화폐이자 외국과 교역할 때 중요한 결제 수단이었다. 숙종 때 유통시켰던 은병, 충혜왕 때 주조했던 소은병이 대표적이다. 고려 후 기에는 은병을 쪼개어 만든 쇄은이 유통됐다. 하지만 국가의 엄단에도 불구 하고 은에 구리와 같은 이물질을 섞어 주조하는 일이 발생하기도 했다. 또한 고려 후기에는 보초(寶鈔)와 같은 원의 지폐가 다량으로 유입돼 유통됐다. 보 초는 휴대하기 편리하다는 장점이 있었지만, 실제 가치가 명목 가치를 따라 가지 못하는 지폐로서의 한계가 있었다. 결국 원이 쇠락한 이후에는 보초의 가치가 급격히 떨어졌다. 하지만 보초를 사용했던 경험은 후대에도 영향을 끼쳤다. 고려 말 닥나무 껍질로 만든 종이돈인 저화(楮貨)를 발행하자는 주장 이 나왔고, 조선 초 실제로 저화가 발행되기도 했다. 그러나 저화는 그다지 활발하게 유통되지 못했다.

### 차대와 보

차대(借代)는 다량의 자산을 보유한 기관이나 개인이 긴급한 도움이 필요한 사람들에게 곡식이나 포화를 대부하고 이자를 받는 행위다. 대개 곡식이나 포화를 빌려주는 쪽은 권력자이거나 자산가이고, 빌리는 쪽은 생계가 어려 운 하층민인 경우가 많았다. 심지어 왕실이나 권세가, 불교 사원 등은 물론 관영 창고까지도 차대 행위에 참여했는데, 그들 중에는 차대를 강요하거나 고리대를 요구해 폐단을 일으키는 일도 있었다.

보(寶)는 장학 등 공공사업이나 불사 등을 위해 설립한 일종의 공익재단 이다. 보는 밑천으로 모은 기본 자산을 필요한 사람들에게 빌려주고, 거기에 서 나오는 이자로 자산을 축적했다. 그러나 보 역시 표면적으로는 공익을 추

도판11, 12, 13  은병(좌)·삼한통보(중)·해동통보(우)
상업과 교육이 발달하면서 화폐의 유통도 활성화하기 위한 일환으로 제작됐으나, 쌀과 곡식 같은 현물 화폐가 더 많이 사용됐다.

구한다고 했지만 고리대와 같은 폐단을 일으키는 경우가 적지 않았다.

### 불교 사원의 경제활동

불교 사원은 고려시대의 상업과 수공업, 그리고 유통과 차대 등과 관련해 중요한 역할을 담당했다. 특히 개경 나성 안은 물론 지방 고을의 중심지에 위치한 불교 사원은 연등회와 같은 행사가 열릴 때 수백에서 수천 명까지 모이는 곳이기도 했다. 다수의 사람이 모이는 불교 사원은 물품 교역의 장소로도 기능했다. 또한 불교 사원은 상업 행위에도 적극적이었다. 불교 사원이 자체적으로 필요한 물품을 확보하기 위해 교역에 참여하기도 했지만, 보유한 토지에서 생산된 잉여 농산물을 판매하거나 대규모 불교 행사를 위해 필요한 물품을 구매하기도 했다. 뿐만 아니라 보를 설치해 영리를 취했고, 여행객의 안전을 돕는 원 시설을 운영했으며, 생계가 어려워진 평민층을 구호하는 활동을 펼치기도 했다.

불교 사원의 승려나 노비 중에는 수공업 기술자도 있었다. 불교 사원에서 생산한 수공업 제품은 주로 일반 평민층을 대상으로 판매됐으나, 고가품이나 사치품은 중앙정부와 고위 관료층에 팔고 외국으로도 수출됐다. 의천이 화폐 유통을 적극적으로 주장한 것은 당시 불교계가 광범위하게 경제활동에 참여한 것과 무관하지 않았다. 하지만 불교 사원은 자체 보유 토지를 경작하는 농민을 수탈하거나 필요 이상의 재화를 축적하고, 공물 대납, 고리대 운영 등 과도한 경제적 이득을 추구하면서 각종 폐단을 일으키기도 했다. 이와 같은 행위는 고려시대의 경제활동에서 불교계가 차지하는 비중이 그만큼 높았기에 가능했던 일이었다.

### 소금의 생산과 유통

한반도에서는 소금을 대부분 바다로부터 조달했다. 소금 생산은 제조법에 따라 바닷물을 길러다가 바로 소금가마솥에 넣고 끓여서 만드는 방법과 바닷물을 염전에 가두어두고 증발시켜 염분 농도를 높인 다음에 소금가마솥에 넣고 끓여서 만드는 방법이 있었다. 염전을 이용하는 방법은 조수 간만의 차이가 큰 서해안과 남해안에서, 바닷물을 바로 끓여서 소금을 만드는 방법은 모든 해안 지역에서 쓰였다. 소금의 주요 산지는 특수 행정구역인 소로 지정되어, 해당 주민들은 전업으로 소금을 생산했다. 염소의 주민들은 생산된 소금 중 일정량을 국가에 납부하고 나머지는 민간에 처분해 생계를 유지했다. 권세가나 불교 사원 중에는 소금 산지를 강제로 사유화하는 문제를 일으키는 경우도 있었다.

충선왕 때부터는 각염제(権鹽制), 즉 소금 전매제가 시행됐다. 이는 소금 산지에 대한 국가의 통제력을 강화하고, 만성적 재정 부족에 시달리던 중앙 정부의 세수를 확보하기 위해서였다. 또한 특수 행정구역이었던 염소가 일반 촌락으로 변화하는 시대적 상황과도 관련이 있었다. 국가는 연해안 지역에 소금 창고를 설치해, 염세를 납부한 주민들에게 소금을 지급하도록 했다. 소금 전매제는 고려 말까지 유지되다가, 조선 건국과 더불어 폐지됐다.

# 5. 고려의 사회구조와 변동

# 1 신분제의 운영과 동요

## 신분제의 운영

고려 신분제의 골격은 신분을 양인과 천인으로 구분하는 양천제였다. 신분에 따라 사회적 지위와 의무가 다르게 주어졌다. 양인은 지배층·중간층·피지배층으로 나뉘었다. 양인 지배층은 중앙 관리와 지방 상급 향리층으로 구성됐다. 중앙 관리 중 5품 이상은 음서제도를 이용해 자손이 관료가 될 수 있는 특권을 지녔다.

여러 대에 걸쳐 고위 관료를 배출한 가문 사람들은 왕실이나 그들끼리의 혼인을 선호했다. 그 결과 혈연과 혼인으로 얽혀 권세를 누리는 문벌 가문이 형성됐다. 문벌 가문에서는 재추와 같은 고위 관료가 다수 배출됐으며, 문벌 출신 인사들은 대체로 보수적인 정치를 지향했다.

무신정변으로 문벌 가문 일부가 도태됐으나, 무신 집권자와 가까웠던 문벌은 유지됐다. 무신들이 권력을 장악해 무신의 위상이 높아졌고, 최씨 정권기에는 문학과 행정 실무에 능한 문신들을 이용해 정권의 안정을 꾀하면서 이규보와 같은 신진 문신들이 등장했다. 원 간섭기에는 몽골어를 통역하며 원과 관계를 맺고 고위 관리가 된 부류도 등장했다. 이상의 세력들은 서로 통혼하거나 정치적으로 협력하면서 권문세족을 형성했다. 권문세족은 고위 관직에 임명되어 정치적 영향력을 강화하고, 농장을 확대해 경제적 이득을 취했다. 한쪽에서는 신진사대부가 성장해 정치경제적 개혁과 친명정책을 주창했다.

지방의 상급 향리층은 대개 나말여초 지방 세력가의 후예였다. 이들은 호장과 부호장 등과 같은 상급 향리직을 독점하며 지방 행정의 실무를 주도했고, 장교가 돼 지방군을 통솔하는 권한도 가졌다. 상급 향리층은 과거에 응시해 중앙 관리로 진출할 수도 있었는데 이는 고려 전 시기에 걸쳐 이어졌다.

중간층은 중앙관청에서 말단 행정을 담당하는 서리, 궁중 실무관리인 남반, 지방의 하급 향리, 하급 장교, 전업 군인 등으로 구성됐다. 이들은 토지의 수조권을 지급받았으며, 직역을 자손에게 물려줬다. 서리층도 고위 관리로 승진하는 것이 가능했지만, 부모 중 한쪽의 신분이 낮은 부류는 한품제(限品制)[1]가 적용돼 남반과 더불어 일정 품계 이상으로 승진할 수 없었다. 하급 향리층은 상급 향리의 지휘 아래 지방의 실무 행정에 종사했고, 과거 응시에도 제한을 받았다.

양인 신분의 피지배층은 군현의 양민이 다수를 차지했다. '백정'이라 불린 이들은 대부분 농업에 종사하며 국가에 조세와 역을 부담했다. 양민은 사는 지역에 따라 차별이 있었다. 향·소·부곡과 진·역에 거주하는 특수 지역민은 일반 군현의 양민에 비해 차별 대우를 받았다. 다른 지역으로 이동하는 것이 제한됐고, 원칙적으로 과거에 응시할 수도 없었다. 향리도 특수 지역 출신은 중앙 관리가 돼도 한품제에 따라 고위직으로 승진할 수 없었다. 특수 지역민은 일반 군현민에 비해 과중한 조세와 역을 부담했으며, 소 거주민의 경우에는 광물을 채굴하거나 수공업 제품을 생산해 국가에 바쳤다. 그러나 특수 지역민도 법제상으로 일반 군현민과 마찬가지로 양인 신분이었다.

천인은 노비가 대부분을 차지했다. 한 번 노비가 되면 후손도 대대로 노비였다. 노비는 중앙과 지방의 관청에 소속된 공노비와 개인이 소유한 사노비로 나뉘었다. 사노비는 스스로 몸을 팔아 노비가 되거나 부모 모두 노비이거나 양인과 노비 사이에서 출생한 자녀들로 구성됐다. 사노비는 주인집에서 직접 사역하는 솔거노비와 주인과 떨어져 살면서 농업이나 수공업에 종사하는 외거노비로 나뉘었다. 외거노비는 주인에게 곡식이나 베를 신공으로 바쳤으며, 주인의 토지를 경작하고 일정량의 소출을 받기도 했다. 공노비는 국가에 범죄를 저지른 사람들이나 그들이 소유한 사노비, 그리고 전쟁 포로 등으로 구성됐다. 공노비는 관청에 소속돼 잡무를 보거나 수공업품을 생산하고 급료를 받는 공역노비와 지방에 거주하며 농업에 종사하는 외거노비로 나뉘었다. 관청에 소속된 외거노비도 매년 일정량의 베나 곡식을 소속 관청에 신공으로 납부했다.

노비는 호적에 등재됐지만, 재산으로 취급해 상속되거나 매매됐다. 국가에 역을 부담할 의무가 없는 대신 권리가 제한돼 과거에 응시하거나 관리가 될 수 없었다. 그러나 집과 토지 등 재산뿐 아니라 노비를 소유하는 것이 가능했다. 부유한 노비는 주인에게 재물을 주고 양인이 될 수도 있었다.

노비 이외에 양수척(楊水尺)과 재인(才人)도 천인으로 취급됐다. 귀부한 북방 민족의 후예로 알려진 양수척은 무리 지어 떠돌아다니며 사냥과 도살

---

1    한품제 신분과 직종에 따라 승진할 수 있는 관품을 제한하는 제도다. 예를 들면 관직에 임용되더라도 잡류와 승려의 자손은 7품에 한품됐고, 향리는 5품에 한품됐다.

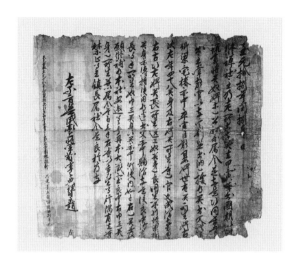

도판14 수선사 노비문서
1281년에 작성된 노비문서. 수선사 주지였던 원오국사 천영(天英, 1215~1286)이 아버지 양택춘에게 받은 노비와 그 자식을 수선사에 바쳤고, 국가에서 공인한다는 내용이 적혀 있다.

업을 하거나 버들고리를 만들어 팔았다. 이들은 호적에도 오르지 않았고 국가에 대한 의무도 지지 않았다. 조선시대에 이르면 이들이 호적에 등재돼 도살업에 종사하는 백정이 됐다고 알려져 있다. 재인은 떠돌아다니며 재주를 부리거나 연희를 펼치는 것으로 생업을 삼았으며, 일부는 관청에 소속돼 전문적인 기예를 공연했다.

신분 계승 원리와 신분제의 동요

고려는 부모 중 한쪽이 천하면 자녀도 천한 신분이 되는, 일천즉천(一賤則賤)의 원칙을 따랐다. 양인과 노비 사이의 소생은 노비가 됐고, 일반 군현민과 특수 지역민 사이의 자녀는 특수 지역에 소속됐다. 왕실에서도 국왕의 천첩 소생은 왕족 자격을 인정받지 못했다. 왕실에서 천첩 소생의 아들은 출가시켜 자녀를 갖지 못하게 했다. 천첩 소생의 딸과 혼인한 남성은 관직 승진에 제약이 있었으며, 그 후손에게도 동일하게 적용됐다.

이렇듯 신분 계승 원리는 폐쇄적이었지만 신분질서는 신라의 골품제보다 개방적이었다. 고려의 양인은 자유민으로 납세와 군역의 의무를 졌고 관직에 진출할 권리가 보장된 공민(公民)이었다. 신라에서는 양인과 천인은 물론이고 왕경인과 지방민 간에도 엄격한 차별이 존재했다. 반면 고려에서 지방 상급 향리는 과거 급제나 서리직을 통해 중앙 관리로 진출할 수 있었다. 잡과는 양인 이상의 전 계층에게 개방됐다. 하급 장교는 물론 일반 군인도 군공을 세우면 고위 무관직으로 오를 수 있었다. 실제로 지방 향리는 문벌이 권력을 장악했을 때뿐 아니라 무신 집권기와 원 간섭기에도 활발하게 중앙으로 진출해 새로운 정치 세력을 형성했다.

군공을 세운 사람이나 지방 향리가 중앙에 진출하는 것은 고려의 법과 제도가 용인한 일이었다. 그러나 무신 집권기에는 법과 제도의 틀을 벗어난 방식으로 고위 관리가 되는 사례가 발생해 심지어 이의민 등과 같은 천민 출신의 무신이 최고 집권자에 오르기도 했다. 최씨 정권에서는 공을 세운 가노(家奴)가 집권자의 비호로 관직을 받기도 했다. 최씨 집정자 중 최항과 최의는 각기 모친이 기생과 천인이었으므로, 고려의 신분질서에 따르면 둘은 원칙적으로 관리가 될 자격이 없었다.

무신 집권기의 신분제 동요는 원 간섭기에도 계속 이어졌다. 한품제가 적용됐던 부류는 물론, 천인 신분이 최고위 재상까지 승진하는 사례가 나타났다. 그중에는 후손이 영달해 권문세족이 되는 경우도 있었다. 이 시기에는 서얼의 관직 진출도 두드러졌는데 그중에는 과거에 합격해 합법적으로 관리가 된 사례도 확인된다. 원 간섭기 신분제가 흔들린 데는 원이 고려에 영향력을 강하게 행사한 형세적 측면에 근본적인 원인이 있다. 따라서 원의 영향력이 쇠퇴하자 이러한 현상은 사라졌고, 원의 간섭에서 벗어난 공민왕대 이후에는 천인 신분이 관직에 진출하는 경우가 급격히 줄었다. 다만 서얼은 과거를 통해 지속적으로 관직에 올라, 공민왕의 얼자 왕우가 세자로 책봉돼 국왕으로 즉위하기에 이르렀다. 이는 고려의 지배층이 서얼을 차별하지 않는 원의 사상과 문화를 수용함에 따라 고려의 전통질서도 변화한 것이다. 한편 원에서는 고려의 노비제를 수정하려고 했으나, 고려에서 강력히 항의해 '일천즉천' 원칙을 그대로 유지했다. 따라서 천인 출신이 관직에 진출하기 위해서는 원의 실력자나 고려 국왕의 비호에 기댈 수밖에 없었다.

이처럼 원 간섭기는 고려와 중국의 제도가 공존하는 가운데 신분제가 동요했다는 점에서 무신정권기 때와 다르다. 원 간섭기 신분제의 동요는 고려의 전통제도에서 볼 때는 비정상적인 것일 수 있지만, 중국의 제도에서 보면 반드시 고쳐져야 하는 것이었다. 그러나 고려는 원 간섭기에 공존했던 상반된 두 신분질서를 통합하지 못했으며, 두 제도를 조화시키고 새로운 신분질서를 구축하는 과제는 조선의 몫으로 넘어갔다.

## 2 가족제와 여성의 지위

### 혼인의 형태와 성격

고려에서는 국왕이나 최고 권력자를 제외하면 일부일처제가 보편적인 혼인 형태였다. 국왕 중에는 복수로 배우자를 맞이한 사례가 다수였으나, 배우자의 지위는 처첩의 구분 없이 동등했다. 배우자들이 받은 작호 사이에는 상하 서열이 있었지만 누구나 최고의 작위인 후(后)가 될 자격이 있었다. 이들이 낳은 자녀들 사이에도 신분·위계적 차이는 없었다. 모두 왕자와 공주로 불렸으며, 아들은 모두 왕위를 계승할 수 있었다. 그럼에도 평생 단 한 명의 배우자와 살았던 국왕도 있으며, 배우자와 사별한 뒤 재혼하지 않은 국왕도 있다. 무신 집권기에는 이러한 경향이 더욱 두드러져, 여섯 국왕 모두 사실상 배우자가 한 명뿐이었다. 한편 국왕의 총애를 받고 국왕의 자녀를 출산해도 배우자로 인정받지 못하는 궁인(宮人)이 있었다. 궁인은 국왕의 사랑을 받는 낮은 신분의 여성을 뜻했다. 당연히 궁인 소생의 자녀도 정식으로 인정받지 못했다.

이렇듯 고려 국왕의 혼인 형태는 제도로 규정되지 않았다. 높은 지위로 인해 다처가 가능했지만, 이에 대한 결정은 국왕 개인의 의지에 달린 일이었다. 중국의 처첩제도도 고려 국왕에게 적용되지 않았다. 공식적인 부부관계는 배우자가 지배층 출신일 때에만 유효했고, 생모가 궁인 신분이면 그 자녀는 왕자나 공주의 신분을 얻을 수 없었다.

원 간섭기를 제외하면 국왕 이외에 다처를 둔 사례는 최충헌이 유일하다고 알려져 있다. 당시 보통의 남성이 배우자를 여럿 두는 것은 현실적으로 매우 어려운 일이었다. 혼인은 보통 동일한 신분 간에 이뤄졌으며, 처가에서 혼인하는 서류부가혼과 처가의 연고지에서 거주하는 관행이 일반적이었기 때문이다. 또한 고려에서는 이혼과 재혼이 가능했다. 남편이 출세한 뒤 아내를 버리고 재혼하거나, 아내가 남편을 미워해 이혼한 사례도 있다. 이혼하면 남편이 아내와 자녀를 두고 처가에서 나오는 경우가 대부분이었다. 재혼도 흔했는데, 특히 배우자가 사망했을 경우 재혼은 당연하게 받아들여졌다. 고려에서 지배층 여성의 재혼을 규제하는 조치는 고려가 멸망하기 직전인 1389년(공양왕 1)에야 처음으로 거론됐다.

이혼과 재혼을 대하는 당시 분위기에서 짐작할 수 있듯이, 고려시대에는 남녀 모두 의무적으로 정조를 지키도록 강요받았던 것은 아니었다. 정조는 사회 규범이라기보다는 상호 신의의 원칙에 입각한 개념에 가까웠다. 이규보가 한 남성의 묘지명을 지어주면서 "혼인한 이후에 다른 여성과 관계한 일이 없다"는 망자의 말을 기록한 것을 보면, 오히려 정조를 지키는 경우가 많지 않았음을 짐작해볼 수 있다.

### 어머니의 비중이 높은 가족 구성과 자녀 양육

고려에서는 서류부가혼이 보편적인 관행이었지만 여성이 시댁이 될 곳에서 혼인하는 것도 가능했다. 물론 남편이 처가로 와서 결혼하는 경우가 훨씬 흔했고, 이에 여성을 중심에 둔 가족이 일반적이었으며 장인·장모의 위상이 높았다. 또한 혼인 후에 남편이 아내의 연고지로 이주하는 경우가 많았기 때문에, 남편과 사별하더라도 아내는 여전히 자신의 집에서 부모를 봉양하고 자녀를 양육할 수 있었다. 여성이 재혼할 경우 새 배우자 역시 처가로 들어왔다. 사별한 남편과의 사이에서 태어난 자녀와, 재혼한 남편과의 사이에서 출생한 자녀끼리도 형제자매로서의 우애가 형성됐다.

한편 아내가 사망한 후에 재혼을 희망하는 남성은 처가를 떠나야 했다. 또한 재혼한 남성은 전처와의 사이에서 낳은 자녀를 양육하기가 쉽지 않았다. 어머니를 여읜 아이들은 재혼한 아버지 대신 조모·외조모, 이모·고모 등 여성 혈족에게 보살핌을 받으며 성장하는 경우가 많았다. 그런 점에서 남성이 전처와의 사이에서 낳은 자녀와, 재혼 후 출생한 자녀 사이에는 형제자매로서의 우애를 맺을 수 있는 경우가 드물었다.

### 자녀 균분 상속

서류부가혼이나 여성 중심의 가족 구성은 모계사회의 특징과 유사한 부분이 있지만, 고려에서 남편과 아내, 아들과 딸 사이의 가족 내 권리는 원칙적으로 동등했다. 국가에서도 남녀의 동등한 권리를 제도적으로 인정했다. 상속은 균분 원칙에 의거해 시행됐다. 고려 때 작성됐던 분재(分財) 문서는 남아 있지 않지만, 역사 기록과 조선 초기의 분재 문서를 통해 확인할 수 있다. 부모가 자식에게 불균등하게 재산을 물려준 것을 심리해, 균등하게 고쳐준 사례가 『고려사』에 명판결로 기록돼 있기도 하다. 모친이 다른 자식보다 노비를 더 주려 하자, 사양하고 균분해 받은 인물을 칭찬한 기록도 확인된다.

도판15, 16 조반과 부인 이씨의 초상
고려 말부터 조선 초까지 활동했던 문인 조반(趙胖, 1341~1401)과 부인 계림 이씨(?~1433)의 모습이다. 두 점
모두 조선시대에 그려졌으나 고려시대 복식의 특징을 담고 있는 중요한 자료다. 또한 조반과 이씨의 자세가
흡사하고 그림의 크기도 동일하다는 점 등에서 당시 부부관계와 여성의 지위를 짐작해볼 수 있다.

15세기 분재 문서에서는 부모의 생전과 사후를 막론하고, 재산을 균분
해 나눠주지 않은 경우가 확인되지 않는다. 특히 부모 사후에는 형제자매가
집주(執籌), 즉 제비뽑기 방식을 통해 엄격하게 재산을 분배했다. 형제자매는
부모의 노비를 노(老)·장(壯)·약(弱)으로 삼등분하고, 노에 해당하는 노비를
형제자매가 태어난 순서대로 뽑았으며, 장과 약도 동일한 방식으로 뽑았다.
토지도 기름진 토지와 척박한 토지로 구분해놓고 차례대로 뽑았다. 이렇게
하여 늙은 노비, 젊은 노비, 어린 노비, 기름진 토지, 거친 토지를 골고루 나눠
물려받았다. 서로 협의하에 노비나 토지를 교환하기도 했다.

음서나 직전(職田), 직역 등 남성에게만 적용되던 공적 상속에 대해서는
국가가 적장(嫡長) 우선의 원칙을 정했다. 그러나 적장 우선이 부계 자손에
국한해 승계한다는 것을 뜻하지는 않았다. 직역이나 직전은 친자(親子)와 친
손(親孫)이 우선권을 지녔지만, 이들 다음으로 사위와 외손에게도 상속 권리
가 주어졌다. 음서도 아들에게 우선권이 있었지만 내외손, 내외증손으로 확
대됐다. 협칠녀(挾七女)[2]의 기록에서처럼, 기준인으로부터 여성의 계보로 여

---

2    협칠녀 기준인의 딸로부터 내리 7대까지 여성에서 여성으로 이어진 혈연 계통을 말한다.

러 번 이어진 후손도 음서를 받을 자격이 있었다. 기준인의 직역과 직전을 승계할 우선순위에 아들이 있기 때문에 적장 우선의 원칙이 천명됐지만, 1순위자가 없으면 딸과 결혼한 사위, 장성한 손자나 외손자가 다음 순위자가 되어 승계했다.

국가에서는 민간의 재산 상속에도 적장 우선의 원칙을 정했다. 이는 적장자 단독 상속과 전혀 다른 것으로, 자녀의 수로 나눠 떨어지지 않는 재산을 처리하는 규정이었다. 분재에서 적장은 성별과 무관하게 적용됐다. 15세기 분재 문서에 상속 내역과 서명을 형제자매의 나이순으로 기재한 것은 고려시대의 적장 우선의 원칙이 계승된 것이다.

### 양측적 혈연의식에 기반한 가족·친족구조

양측적 혈연의식은 남녀 모두 자신의 혈연을 중심에 두고 사고하는 것으로, 서류부가혼, 여성(어머니)의 비중이 높은 가족질서와 자녀 균분 상속 등의 기본 토대가 됐다. 남편과 아내는 각기 자신의 혈연을 중심에 두고 상대의 혈연 이익도 존중했다. 아들과 딸은 성별과 사회적 역할에서 차이가 있을 뿐, 가족 내에서는 동등한 지분을 지녔다. 조부모의 입장에서 보면 손자녀와 외손자녀는 모두 자신의 혈연이므로, 친족 내에서 손자녀와 외손자가 동등한 권리와 의무를 보유하고 행사하는 것은 당연했다.

고려시대에는 폐쇄적이고 영속적인 친족집단이 성립하기 어려웠다. 당시의 친족은 개인이 기준이 되는 혈연 및 혼인관계인 친속(親屬)을 뜻했다. 친족은 혈연인 본족과 인척인 처족(妻族), 부족(夫族)으로 구성됐으며, 그중에서도 본족이 친족의 핵심을 이뤘다. 본족은 다시 내족(內族)과 외족(外族)으로 구분됐다. 내족은 아버지 쪽 혈연이고, 외족은 어머니 쪽 혈연이었다. 그러나 부계나 모계만을 별도로 구분하는 의식은 없었다. 동일한 친족 용어가 부측과 모측에 적용됐다. 고모와 이모는 모두 '아자미'라 불렸고, 백숙부와 외삼촌이 모두 '아자비'라고 불렸다. 친할아버지와 외할아버지는 모두 '한아비'로 통칭됐다.

고려의 친족과 관련된 법제도 이러한 구조에 근거해 성립했다. 상피제(相避制)[3]에서 상피 대상은 가장 가까운 혈연과 인척으로부터 방사형으로 뻗

3 상피제 권력의 집중과 부정을 방지하기 위해 가까운 친족 사이에는 동일 또는 유관 기관에 재직하지 못

어나갔다. 1촌인 아버지와 아들, 2촌인 손자와 형제가 상피 대상이 됐고, 3촌 관계의 혈족과 인척에 이어 4촌관계인 친·외·고종·이종 사촌이 상피 대상이 됐다. 5촌부터는 상피제가 적용되지 않았다. 5촌은 기준인으로부터 혈연관계가 약해 친족의식이 옅어졌기 때문이다.

조선시대의 법전인 『경국대전(經國大典)』의 유산 상속 규정에도 고려의 양측적 혈연의식이 반영됐다. 남편과 아내 중 어느 한쪽이 다른 한쪽의 재산을 상속할 수 없었다. 자녀가 없는 남편과 아내의 재산은 각자의 친족에게 상속되는 것이 원칙이었다. 상속의 한계 역시 4촌이었다. 4촌 내에 친족이 없는 경우, 그 재산을 국가에 귀속시켰다. 이러한 규정은 양측적 혈연의식으로 인해 방사형으로 뻗어나가면서 4촌 범위에서 동심원을 그리는 친족의식을 반영한다.

남성과 여성 모두 자신의 혈연을 중심에 두고 권리와 의무를 행했지만 가정 내에서는 성 역할이 구분되면서 여성이 가사를 전담했다. 아내는 부모·자녀·조카 등 혈연에 대해 애정과 의무를 가졌으나, 남편의 혈연을 위해 수고하는 것을 당위로 여길 필요는 없었다. 이에 남편이 처가로 들어가는 혼인이 보편적인 관행으로 자리 잡았다. 처부모가 딸·사위와 동거하는 것이 시부모가 아들·며느리와 사는 것보다 생활하는 데 훨씬 안정적이었다.

혼인한 뒤 처가에 거주하고 같은 신분끼리 혼인한 관행, 그리고 양측적 혈연의식은 혼인관계에서 여성이 일방적으로 불리한 위치에 놓이지 않게 하는 효과가 있었다. 오늘날의 성 평등 논의에서도 언급되는 고려시대의 각종 관행과 제도의 배경에는 양측적 혈연의식이 자리 잡고 있었다.

## 3  사회정책과 율령제

### 사회정책과 사회시설

고려는 자연재해나 역병의 발생에 대비해 여러 진휼정책과 의료정책을 마련해 덕치와 민본의 유교정치이념을 실천했다. 진휼정책은 주로 재해의 정도에 따라 세금을 감면해주거나 물자를 나눠주는 방식으로 이뤄졌다. 수재·한

---

하도록 한 제도다. 고려시대의 상피제는 1092년(선종 9)에 제정됐다.

재·역병 등의 재해로 농지가 손상된 비율이 4할 이상이면 조(租)를, 6할 이상이면 조·포(布)를, 7할 이상이면 조·포·역(役)을 면제했다. 또 다음 해에 농사지을 수 있도록 종자를 나눠주거나 식량과 의복, 소금을 배포하기도 했다. 때로는 절이나 길가에 음식을 마련해 굶주린 사람들이 끼니를 해결할 수 있도록 했다. 구제활동 대상에는 재해를 입은 당사자뿐만 아니라, 사회적으로 어려운 처지에 있다고 판단되는 홀아비, 과부, 고아, 자녀 없는 노인, 큰 질병이나 장애를 가진 사람 등이 폭넓게 포함됐다.

한편 재해가 발생할 때마다 구제활동을 펼치는 동시에 상설기구를 마련해 백성들의 어려움을 보살폈다. 의창과 상평창(常平倉)은 일상적인 진휼정책을 담당한 기관이며, 동서대비원(東西大悲院)과 혜민국은 백성의 질병 치료를 도운 의료기구였다. 대표적 진휼관청인 의창은 태조가 설치한 흑창(黑倉)에서 기원했다. 굶주린 사람에게 곡식을 빌려줬다가 가을에 돌려받는 일을 담당했으며, 986년(성종 5) 흑창에서 의창으로 명칭이 바뀌었다. 성종은 기금을 늘리고 조직도 확장해 지방의 주(州)와 부(府)에도 의창을 설치하도록 했다. 의창은 흉년에 곡식을 빌려주고 가을에 돌려받는 진대(賑貸)뿐 아니라, 무상으로 곡식을 나눠주는 진급(賑給)도 담당했다. 993년(성종 12)에 개경과 서경 및 12목에 설치된 상평창은 쌀 6만 4,000석을 기금으로 곡물의 가격을 조절하는 역할을 했다. 곡물 가격이 떨어지면 시세보다 비싸게 곡물을 사서 창고에 비축했다가, 오르면 싼값에 되팔아 백성들의 생활 안정에 기여했다.

대비원은 개경의 동쪽과 서쪽에 설치돼 동서대비원으로 불렸다. 의료기관으로서 병자를 치료했을 뿐 아니라, 의지할 데 없는 빈민들을 돌보는 역할도 했다. 963년(광종 14)에 설치된 제위보(濟危寶)는 서민들에 대한 구호와 의료를 담당했다. 혜민국은 1112년(예종 7)에 설립돼 병자들에게 약을 제공하는 일을 주로 했다. 그런데 1325년(충숙왕 12)의 기록에는 이들 의료기관에 대해 "혜민국·제위보·동서대비원은 본래 사람을 구제했는데, 지금은 모두 폐허가 됐다"는 내용이 전해진다. 고려 후기에는 여러 관영 의료기관을 운영하는 데 어려움이 있었음을 짐작할 수 있다.

### 율령제도와 형벌체계

『고려사』에는 "고려 일대의 제도는 대체로 당의 것을 본받았는데, 형법에 이르기까지 역시 당률을 채택하고 그때그때의 사정도 참작해 사용했다"는 기록이 있다. 또한 고려가 독자적인 법전을 편찬했다는 분명한 증거는 없으며, 『고려사』에 남겨진 고려율 71조는 당률에 비해 너무 적은 숫자다. 고려는 당률을 기본으로 삼아 자체적으로 상황에 맞게 독자적인 율문을 제정하거나, 필요한 때 왕명을 내리는 방식으로 형정을 펼쳐나갔다. 제서나 교서 형태로 내려진 왕명이 하나의 판례가 되어 유사한 사건에 적용됐다. 고려 후기에 이르러 원의 법률인 『지정조격(至正條格)』과 『대원통제(大元通制)』가 고려율과 종종 충돌을 빚자, 판례에 의거해 판결하는 경우가 늘어났다. 이후 판례에 따라 형정을 운영하는 것에 문제가 제기되면서 고려 말에 정몽주가 『지정조격』과 『대명률(大明律)』에 고려의 독자적인 법률을 참작해 새로운 형서(刑書)를 편찬했다.

고려율의 복합성은 형벌체계에서 잘 드러난다. 고려 전기의 형벌체계는 당률의 오형을 기본으로 삼고, 송률의 절장법(折杖法), 그리고 고려의 독자적인 부가형인 귀향형(歸鄕刑)과 충상호형(充常戶刑)을 덧붙여 구성됐다. 그리고 고려 후기에는 원률과 명률의 영향으로 새로운 형벌이 추가됐다. 오형은 태·장·도·유·사(笞·杖·徒·流·死)의 형벌체계로 구성됐다. 태형과 장형은 죄질에 따라 각각 5등급으로 나눠 형장을 치는 신체형이다. 태형은 10·20·30·40·50대로 나뉘며, 태형보다 무거운 형벌인 장형은 형장이 크고 60·70·80·90·100대로 구분됐다. 도형은 죄수의 신체를 구금하고 동시에 강제 노역을 시키는 형벌로, 구속 기간은 5등급(1년·1년 반·2년·2년 반·3년)으로 나뉜다. 유형은 죄수를 변방이나 섬으로 보내 거주를 제한하고 노역을 부과하는 추방형으로, 2,000리·2,500리·3,000리 3종류가 있다. 도형과 유형은 인신의 자유를 구속하는 자유형이다. 사형은 죄수의 목숨을 앗아가는 생명형으로, 목을 매달아 죽이는 교형과 목을 베는 참형으로 나뉜다.

범죄의 구성 요건을 규정하는 형률(刑律)이나 죄질에 따라 형벌의 양을 규정하는 양형(量刑)은 당률과 같은 5형체계로 운용됐지만, 형벌을 집행하는 행형(行刑)에서는 송의 절장법이 사용되기도 했다. 절장법은 형벌을 집행할 때 태·장·도·유형으로 나뉜 신체형과 자유형에 대신해 장형을 가하는 행형체계다. 절장법은 당률의 5형을 법정형의 기본체계로 남겨두고, 양형된 5형을 근거로 환산된 절장수(折杖數)에 따라 형벌을 집행하는 보조체제였다.

고려 건국 초기에 절장법이 수용되면서, 5형이었던 형벌이 장형과 사형의 이원체계로 바뀌어 집행됐다. 이는 가혹한 형벌을 경감시키는 효과가 있었다. 태형 10대로 양형된 죄인이 절장법의 적용을 받으면 장형 7대로, 도형 1년이면 장형 13대로, 유형 2,500리이면 장형 18대에 1년간의 배역(配役), 즉 강제노역을 하는 것으로 형벌이 내려졌다.

고려의 전통적인 형벌인 귀향형과 충상호형은 5형의 법정형에 추가적으로 양형되는 부가형이다. 귀향형은 관리, 관리의 가족, 승려, 군인 등이 특정 범죄를 저질렀을 때 본관지로 추방하고 그들이 지배층으로서 누리던 특권을 빼앗는 형벌이다. 귀향형보다 한 단계 높은 형벌인 충상호형은 서인으로 강등할 뿐만 아니라 사면될 가능성까지 차단해 다시는 관직에 임용될 수 없게 하는 형벌이다. 지배층에 속한 사람들은 형벌 적용에서 상당한 특혜를 누렸다. 관인의 경우 관직으로 형벌을 대신하는 관당(官當)이 가능했으며, 재물을 내고 형벌을 면하는 속동(贖銅)의 특혜를 누리기도 했다. 나이가 많거나 병이 있는 일반인도 속동을 받을 수 있었으나, 기본적으로 속동의 주요 대상은 지배층이었다.

## 형정체제

유교정치사상에서는 억울한 형벌이 자연의 조화로운 기운을 해쳐 재해를 초래한다고 여겼다. 고려시대 형정의 기본 방침도 억울한 죄수가 나오는 것을 최대한 방지하는 데 있었다. "죄가 의심스러우면 가벼운 쪽을 따른다"거나 "죄 없는 사람을 죽이기보다는 차라리 법을 어기는 실수를 하라"는 역대 국왕의 말은 그것을 잘 보여준다.

실제로 신중하게 형벌을 집행하기 위한 여러 제도도 마련됐다. 형법을 기계적으로 적용하기보다 범죄의 동기와 사정 등을 헤아려 심리·판결하도록 했다. 재판이 지연돼 관련자들이 피해를 입지 않도록, 사건의 규모에 따라 판결 기간도 정해졌다. 문종은 죄수를 심문·국문할 때 반드시 관원 3인 이상이 배석하도록 정했고, 예종은 죄수를 심문할 때 증거가 명확하면 고문하지 말도록 했다. 사형은 생명이 걸린 문제여서 특히 신중했다. 사형 판결에 대해서는 소재지 관리가 중앙에 보고해 중앙에서 다시 심리했고, 이후 국왕에게 아뢰어 재가를 얻은 뒤에야 집행할 수 있었다. 여기서 그치지 않고 국왕으로부터 사형 판결의 재가를 받기 위해서는 세 번, 심지어는 다섯 번까지 반복 아뢰게 해 억울하게 사형당하는 일이 없도록 노력했다.

# 6. 고려의 사상과 문화

# 1 불교계의 동향과 불교문화

## 고려 건국과 불교

고려는 건국부터 멸망까지 불교를 공식적으로 신앙했던 나라였다. 태조 왕건 이래 국왕과 지배층의 불교에 대한 우호적인 입장은 고려 말까지 큰 변화가 없었다. 태조 왕건은 919년 개경을 도읍으로 삼으면서 궁궐·성곽과 함께 10개의 사찰을 창건했는데, 사찰이 도성을 구성하는 주요 시설로 정해졌음을 알 수 있다.

진전(眞殿)사원은 국가와 왕실의 불교신앙에서 주목되는 요소다. 광종 때 창건된 봉은사에 태조의 상(像)을 봉안한 진전이 설치된 이후 고려에서는 역대 국왕의 어진인 진영(眞影)이나 상을 봉안하고 제사를 지내는 진전사원을 운영했다. 국왕의 불교신앙을 비판하는 신료도 있었으나 불교 자체를 부정하지는 않았다. 또한 고려에서는 국왕과 나라가 불교를 위해 공덕을 쌓으면 부처와 천신들이 국가를 보호해주리라는 믿음이 있었고, 이는 대장경을 조성하는 것으로 이어졌다. 그러나 한편으로는 과도한 사찰 건립과 불교 행사를 경계하고 승정(僧政)을 통해 불교 교단을 국가가 관리·통제했다.

지배층의 경우 유학자라도 불교를 신앙하는 경우가 많았다. 관료가 죽으면 절에서 장례를 치르고 화장했고, 망자를 위한 천도재를 지냈다. 지방의 중심지에는 사찰이 건립되어 신앙과 일상의 구심점 역할을 했으며, 향도(香徒)가 조직되어 지방민이 함께 절이나 탑을 건립하거나 보수했다. 불교는 개인의 일상뿐만 아니라 국가 운영에서도 중요한 역할을 하면서, 유교와 함께 핵심적인 사상 기반을 제공했다.

## 교학불교의 발전

신라 하대에 선종이 널리 유행하면서 교종의 영향력은 크게 위축됐다. 왕건이 후삼국을 통일할 당시 화엄종은 남악파와 북악파로 나뉘어 대립했다. 광종은 국정 주도권을 강화하면서 균여(均如, 923~973)를 발탁해 화엄교학(華嚴敎學)을 정비했다. 균여는 통일신라 이래 화엄학의 주류가 된 의상(義湘, 625~702)의 이론을 바탕으로 당의 지엄(智儼)과 법장(法藏)의 저술을 주석하고 강의했다. 균여의 노력으로 화엄학의 수준은 한 단계 높아졌으며, 균여의 이론은 승과(僧科)의 평가 기준이 됐다.

도판17 개태사와 〈석조삼
존불입상〉

개태사는 태조 왕건이 후백
제의 항복을 받고 후삼국을
통일한 것을 기념해 창건한
절이다. 태조는 사찰 낙성 법
회 때 「개태사화엄법회소」
를 직접 작성했다. 그 후 개
태사는 태조의 진영을 모신
진전사원으로 기능했다. 〈석
조삼존불입상〉은 개태사 건
립 당시 만든 것으로 알려져
있다.

이러한 성과에 힘 입어 화엄종은 교학불교를 대표하며 불교 교단에서
위상을 회복했다. 왕실에서는 화엄종에 관심을 표하며 원찰이나 진전사원을
화엄종 사찰로 지정했고, 왕자들을 화엄종에 출가시키자 문벌 자제가 화엄
종으로 출가하기도 했다. 문종의 넷째아들로 화엄종에 출가한 의천은 균여
에 이어 고려 화엄학의 발전을 이끌었다. 그는 의상과 원효(元曉, 617~686)를
고려 화엄종의 종조로 강조했다. 또한 교학과 실천을 함께 닦는 교관겸수(敎
觀兼修)를 주장하면서 천태종을 창립했다.

신라말 고려초 이후 쇠퇴했던 교학불교인 법상종도 화엄종과 함께 고려
전기 불교의 중심 역할을 했다. 현종이 즉위하기 전 핍박받고 있을 때 법상종
사찰에서 도움을 받았던 인연으로, 현종의 후원을 받아 크게 융성했다. 법상
종 교단에도 왕자와 문벌의 자제들이 출가했다. 특히 법상종은 외척 이자연
가문과 밀접하게 연결됐는데, 이자연의 아들 소현(韶顯, 1038~1096)은 법상종
교학의 확립과 법상종의 성세를 보여주는 상징적 인물이다. 고려 전기에 화
엄종과 법상종은 왕실 및 문벌과 밀접히 연결되어, 서로 협조하거나 경쟁하
며 교학불교를 이끌었다. 그러나 정치 세력 간의 갈등에 승려나 사찰이 휘말
리기도 했다.

교학의 발전과 종파의 안정은 자기 종파의 주요 문헌을 간행하고, 역대
조사를 밝히면서 사상적 전통을 세우려는 노력으로 이어졌다. 의천은 대장
경에 대한 각종 주석서를 모은 교장(敎藏)을 간행했고, 소현도 유식학 관련

주석서인 장소(章疏)들을 간행했다. 당시 동아시아의 교장을 집대성하는 작업은 고려 불교에서 처음 이뤄낸 업적으로, 특히 의천의 교장은 송·거란·일본 등에 전해져 동아시아 불교 교학의 발전에 기여했다. 교장의 판목은 소실되고 현재는 목록집인 『신편제종교장총록(新編諸宗敎藏總錄)』만 전해진다.

화엄종에서는 의천이 홍원사에 구조당(九祖堂)을 세워 인도 이래 화엄종 조사 9명을 봉안했다. 법상종에서도 소현이 현화사 법당 안에 석가와 함께 중국의 법상종 조사인 현장, 규기 및 해동의 법상종 조사 6명을 봉안해 종파의 법통을 세우고 사상적 계보를 확인했다.

### 고려 전기 산문의 성립과 법안종의 도입

선종은 신라 하대에 중국에서 유학하고 돌아온 승려들을 통해 들어와 유행했다. 명망 있는 선사가 중심이 되어 각기 산문[선문]을 형성했는데, 이 시기 선승들은 유력한 지방 세력의 후원을 받으며 그들과 긴밀한 관계를 맺었다. 그리하여 선종 세력은 영향력을 확대해 불교계를 주도하는 위치에 올라섰다. 고려 건국 이후에도 선종사원과 선승들은 왕실과 지배층의 후원 아래 안정된 기반을 마련했고, 유력한 산문도 등장하기 시작했다. 나말여초 산문의 구분은 수행 기풍의 차이에서 비롯된 것이라기보다는 인적 계승에 따른 것이었다.

한편 광종은 중국 법안종 승려 영명연수(永明延壽, 904~975)의 사상에 감명을 받아서 30여 명의 승려를 보내 법안종을 배워 오도록 했다. 법안종을 중심으로 선종을 재편하려는 의도였다. 영명연수의 사상은 교학과 선 사상을 융합하는 경향도 있었다. 광종은 법안종을 배우고 돌아온 지종(智宗, 930~1018)과 혜거(慧炬, ?~974)를 왕사와 국사에 봉하고, 법안종을 전폭적으

**후삼국 시기 화엄종의 분열과 광종대 화엄종 정비**

후삼국 시기 화엄종의 중심 사찰이었던 해인사에서는 승려들이 화엄교학에 대한 이해와 정치적 입장에 따라 남악파와 북악파로 나뉘었다. 관혜(觀惠)가 중심이 된 남악파는 화엄사계 화엄학을 계승했고, 정치적으로는 후백제의 견훤을 지지했다. 희랑(希朗)이 중심이 된 북악파는 고려의 왕건을 지지했다. 부석사 계통의 화엄학을 계승했고, 이러한 화엄교단 내부의 갈등을 봉합하기 위한 노력은 광종대에 이뤄졌다. 이는 불교교단 정비의 일환이었는데, 광종에 의해 발탁된 균여는 북악파를 중심으로 남악과 북악의 화엄사상을 통합해 고려 전기 화엄교학이 발달하는 토대를 닦았다.

로 후원했다. 그러나 얼마 지나지 않아 광종이 죽자 법안종을 중심으로 선종을 통합하고 교학과 선 사상을 융합하려던 시도는 중단됐다. 이후 법안종은 종파를 이루지는 못했지만, 고려 중기 천태종 개창의 기반이 됐다.

### 고려 중기 의천의 천태종 개창과 선종의 동향

숙종대 천태종의 개창은 화엄종·법상종·선종을 중심으로 전개되던 불교 교단에 새로운 종파가 등장해 변화를 가져온 사건이었다. 고려에 천태학이 없었던 것은 아니지만, 의천 이전까지는 종파를 이루지 못한 상황이었다. 중국 유학을 마치고 귀국한 의천은 형 숙종과 어머니 인예태후의 후원을 받아 천태종을 개창했다. 국청사 창건과 천태종 승과 실시는 천태종의 등장을 알리는 사건이었다. 의천은 교학을 멀리하는 선종의 태도를 비판하면서 천태종을 수립해 이를 개혁하고자 했다. 이에 새로 개창된 천태종에는 선종 승려만 참여했고, 교단체제에서도 천태종은 선종으로 분류됐다. 또한 천태종에 참여한 승려의 상당수가 법안종 계통으로 확인돼, 광종대에 법안종을 수용한 것이 이후 천태종의 개창으로 연결됐음을 알 수 있다.

선종은 천태종 개창으로 타격을 입었지만, 교단을 정비하며 다시 영향력을 발휘했다. 예종과 인종대 왕사와 국사가 선종에서도 배출됐고, 선종사원이 진전사원으로 지정되기도 했다. 그 무렵 선종에서는 북송의 임제종이나 운문종의 영향을 받아 『능엄경(楞嚴經)』과 같은 경전이나 조사들의 어록을 중시하기 시작했다. 이러한 새로운 흐름은 고려 후기에 간화선(看話禪), 즉 화두에 몰입해 단박에 깨달음을 얻는 선 수행법이 수용되는 토대가 됐다.

한편 고려 중기 불교의 특징으로 거사(居士) 불교를 꼽을 수 있다. 유학을 공부한 관료들이 불교 경전을 공부하고 선을 수행해 상당한 경지에 이르기도 했는데, 이들은 스스로를 거사라 했다. 거사 중에는 이자현(李資玄, 1061 ~1125)처럼 선승에게 사상적인 영향을 끼친 이도 있었다.

### 결사불교의 전개

무신정권의 등장과 대몽항쟁기의 강화 천도로 불교계는 큰 변화에 직면했다. 기존 문벌 세력과 밀접하게 관련됐던 개경 중심의 사원은 타격을 받았고, 보수적인 불교계에 대한 비판운동이 결사불교의 형태로 전개되면서 불교계의 중심이 개경에서 지방 사찰로 옮겨졌다.

도판18 〈진락공청평산문수원기비(眞樂公淸平山文殊院記碑)〉
청평산 문수원은 인주 이씨 문벌 출신의 이자현이 선수행을 하며 은거한 곳으로, 오늘날의 춘천 청평사다. 사진의 비석은 1914년 무렵까지 청평사에 있었으나, 이후 소실돼 현재는 비석의 잔편만 일부 남아 있으며 청평사에는 복원비가 세워져 있다. 비석 앞면에는 이자현이 중창한 문수원의 내력이, 뒷면에는 이자현에 대한 제문(祭文)이 새겨져 있었다. 비문의 글씨는 명필로 이름난 탄연(坦然, 1070~1159)이 썼다. 탄연은 고려 중기의 대표 선승으로, 이자현의 승려 문인(門人) 중 한 명이었다. 고려 중기 거사불교의 동향뿐만 당시 선종의 수행과 사상을 이해하는 데 도움이 되는 자료다.

　　기존 불교계에 대한 반성과 비판에서 시작된 결사는 여러 종파에서 전개됐으나 이후 불교사 전개에 큰 영향을 준 것은 선종 승려인 보조국사 지눌(知訥, 1158~1210)의 정혜결사(定慧結社, 수선사)와 천태종 승려인 원묘국사 요세(了世, 1163~1245)의 백련결사(白蓮結社, 백련사)이다. 정혜결사와 백련결사는 결사를 개창하고 주도한 이들이 대부분 지방사회의 향리층이나 독서층이었다는 점과, 수선사의 진각국사 혜심(慧諶, 1178~1234)이나 백련사의 진정국사 천책(天頙)처럼 유학자가 결사로 출가해 결사 운영에 중심 역할을 수행했다는 점에서 공통점이 있다. 아울러 점차 최씨 정권과 중앙 관료들이 후원자가 되면서 집권자와 긴밀한 관계를 유지하게 되는 점도 유사했다.

　　수선사의 사상전통을 수립한 지눌은 정혜쌍수와 선교통합을 강조했다. 지눌은 깨달음에 이르는 실천 방법으로 성적등지문(惺寂等持門)·원돈신해문(圓頓信解門)·간화경절문(看話勁截門)[1]의 삼문을 제시했다. 또한 깨달음 이후에도 수행해야 함을 강조하는 돈오점수(頓悟漸修)를 주장했다. 지눌의 사상

---

1　성적등지문·원돈신해문·간화경절문 '성적등지문'은 참선할 때 맑게 깨어 있음과 고요함을 함께 수행하는 정혜쌍수를 의미하며, '원돈신해문'은 화엄교학과 선이 근본에서는 둘이 아님을 밝혀서 화엄사상을 선법에 받아들인 것이다. '간화경절문'은 화두를 참구해 단박에 깨달음을 얻는 간화선 수행법이다.

도판19 〈회암사(檜巖寺)〉
경기도 양주시 천보산에 있던 절이다. 공민
왕대 왕사 나옹혜근이 대대적으로 중창했
다. 조선 초 태상왕이 된 태조의 행궁으로도
사용됐고, 여말선초뿐 아니라 조선 전기 동
안 왕실과 관련된 대표 사찰로 높은 위상을
지녔다. 그러나 임진왜란 때 불탄 뒤 조선
후기 폐사됐다가 1997년 발굴을 통해 다시
세상에 알려졌다. 최근까지 계속된 발굴조
사를 통해 이색이 지은 「천보산회암사수조
기」에 서술된 나옹혜근 중창 당시의 사찰배
치를 거의 온전히 유지됐음이 확인됐다. 청
규에 따른 선종사원의 배치를 잘 보여주며,
절터 위쪽에 조성된 지공-나옹-무학의 승
탑과 탑비는 절터와 함께 여말선초 불교사
를 이해하는 데 중요한 자료다.

은 당시 선종과 교종에 대한 비판에서 비롯된 것이었다.

천태종 결사인 백련사는 송대 이래의 천태종 수행에 입각한 법화수행과
참회를 중시했고, 정토신앙을 인정하지 않았던 지눌의 수선사와는 달리 정
토신앙을 적극 수용한 것이 특징이다. 정토신앙은 누구든지 발원해 염불하
면 정토에 왕생할 수 있다는 타력신앙이다. 백련사에서 정토신앙을 수용했
다는 점은 일반 중생에게까지 결사의 외연을 넓혔다는 의의가 있다.

### 원 간섭기 불교의 새로운 동향

원 간섭기에 고려 불교는 원의 영향을 받았다. 사찰에서 열리는 법회에서는
국왕과 왕실에 축원하기 앞서 원 황제와 황실의 안녕을 기원했다. 원 황실이
나 지배층의 원찰이 되어 정치적 보호와 경제적 후원을 받는 사찰도 있었다.
또한 충렬왕과 제국대장공주의 원찰로 세워지고 백련사와 관계가 깊었던 묘
련사 사례에서 볼 수 있듯이 결사불교의 성격도 변질됐다. 원의 요청에 따라
불경을 필사하는 사경승을 원에 파견했던 법상종 교단은 대몽항쟁기에 위축
됐던 영향력을 상당 수준으로 회복했다. 선종에서는 가지산문이 부상했는데
특히 『삼국유사(三國遺事)』를 편찬한 일연(一然, 1206~1289)의 활동이 주목된
다. 그는 선을 중심으로 여러 불서를 편찬했다.

원과의 불교 교류는 두 가지 측면에서 살펴볼 수 있다. 하나는 티베트 불교의 영향이고, 다른 하나는 간화선의 성행이다. 고려의 왕비가 된 원의 공주를 비롯해 고려에 들어온 원나라 사람들을 통해 티베트 불교가 도입됐다. 티베트 불교는 고려 불교에 사상적으로 큰 영향을 주지는 못했으나, 의례·불상·불구 등은 의례나 미술에 적지 않은 영향을 미쳤다. 한편 원의 수도에 모여 살던 고려인을 통해 고려 불교가 원에 소개되기도 했는데, 충선왕의 불교 후원은 원의 불교에 큰 영향을 미쳤다.

중국 임제종 승려와 고려 선승들 사이에 교류가 활발해지면서 간화선법은 고려 선종의 대표 수행법이 됐다. 승려들 사이에는 원의 강남 지역으로 가서 임제종 승려로부터 깨달음을 증명받고 돌아오는 것이 유행했다. 고려 말의 대표 선승인 태고 보우(太古 普愚, 1301~1382), 나옹 혜근(懶翁 惠勤, 1320~1376), 백운 경한(白雲 景閑, 1299~1374) 등은 원에서 유학한 후 인가를 받고 돌아왔다. 특히 나옹은 10여년간 원에서 유학하면서 간화선을 도입했을 뿐 아니라 인도 출신으로 알려진 지공(指空, ?~1363)의 불교도 계승했다. 나옹은 귀국 후 공민왕에게 후원받았으며, 그의 문도들은 여말선초 불교의 주류를 형성했다.

### 고려 말의 불교개혁론과 배불론

고려 불교는 원에서 들여온 간화선풍을 통해 불교계를 개혁하기 위한 자정 노력을 기울였으나 큰 효과를 거두지 못했다. 이에 더해 각 종단 간에 사원이나 토지를 둘러싼 분쟁이 발생하는 등 불교가 사회경제적 폐해를 일으키면서 성리학자들에게 비판을 받았다. 이는 당시 당면한 현실문제에 대한 비판인 동시에 불교개혁론이기도 했다.

고려 때는 건국 초기부터 불교가 나라를 이롭게 한다는 믿음이 있었기 때문에, 위정자들은 불교의 문제점을 바로잡아 불교 본래의 기능을 잘 수행하면 된다고 생각했다. 태조의 「훈요10조」나 최승로의 시무책, 공민왕의 즉위 교서, 이색의 상서 등에서 확인되는 불교에 관한 입장이 그것이다. 공통적으로 사찰의 신설을 통제하고 출가를 제한하며, 승려의 자격과 자질을 관리하는 등 국가가 제도적으로 교단을 이끌면 불교가 본래의 기능을 잘 수행할 수 있다고 생각했다.

그러나 정도전과 같은 급진개혁파는 불교사상 자체를 부정하는 배불론

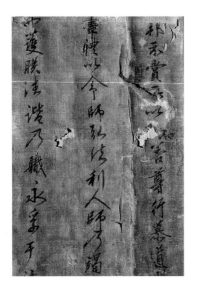

도판20 혜심 고신제서

1216년(고종 3) 수선사 제2세 혜심에게 대선사를 제수하며 내린 고신의 일부분이다. 혜심은 유학을 공부해 사마시에 합격했으나, 어머니의 죽음 이후 지눌의 정혜결사로 출가해 지눌의 뒤를 이어 수선사를 이끌었다. 현재 남아 있는 고려시대 고신 중 가장 오래된 것으로, 훼손된 부분이 많지만 문서의 발급과정을 담고 있는 중요한 자료다. 문서 말미에는 문서작성에 관여했던 최홍윤(崔洪胤, ?~1229) 등 관리들의 관직과 성이 열거되어 있으며 수결(手決)도 보인다. 이 자료는 고려의 승정체제나 무신정권기 불교 교단뿐만 아니라 국가행정체제, 고려시대 고문서 등을 이해하는 데도 도움이 된다. 능화문이 있는 홍색, 황색, 백색 등의 비단 7장을 이어 만든 두루마리에 글을 썼으며, 크기는 가로 약 3.6m, 세로 약 33㎝다.

의 입장을 취했다. 이들은 당면한 정치·사회·경제적 문제를 근본적으로 해결하기 위해서도 불교를 배척해야 한다고 주장했다. 고려 말 배불론의 등장은 국가와 백성에 대한 불교의 긍정적 기능을 인정하지 않는다는 의미였다. 아울러 불교가 국가 지배질서를 구성하는 일부라는, 고려의 전통적인 국가 운영의 기본 전제를 부정하는 것이었다.

### 승과와 승정

불교를 신앙했던 고려의 지배층은 국가제도를 통해 불교 교단을 관리하는 방식을 채택했다. 승정(僧政)은 이를 위한 것으로, 세속의 권력이 참여하는 제도였다는 점에서 신라의 승정과 차별된다. 광종대에 시행했던 승과는 고려 승정의 본격 시작이었다. 종파별로 시행되는 승과에 합격하면, 승계와 승직을 받았다. 승직으로는 승록사의 승관이나 사찰의 주지 등이 있었다. 승계는 대덕에서 시작해 교종은 승통, 선종은 대선사까지 올라갈 수 있었다. 승정은 일반 관료제도에 준해 운영됐다. 승계나 승직을 받을 때는 관료의 임명 절차에 따라 고신(告身, 임명장)이 하사됐고, 승계를 지닌 이들에게는 별사전(別賜田)도 지급됐다.

국가에서는 승정을 통해 불교 교단을 억압하지는 않았다. 승정은 국가가 교단을 관리해 불교가 비대해지면서 발생하는 문제를 사전에 막고, 출가자 수와 자질을 감독하기 위한 것이었다. 이를 위해 국가에서는 출가자의 승적(僧籍)을 작성했고, 정식 승려가 되기 위해서는 구족계를 관단사원(官壇寺院)[2]에서 받도록 했다.

한편 고승을 우대하는 국사·왕사제도를 운영했다. 국사·왕사는 승계와는 구분되는 것으로, 명망 있는 고승을 국왕의 스승으로 임명했다. 국사가 왕사보다 높다고 인식됐고, 국사·왕사를 각각 1명씩 두는 것이 일반적이었다. 또한 각기 다른 종단에서 임명해 종단 간 균형을 유지하게 했으나, 고려 말이 되면 국사·왕사는 거의 선종에서 임명됐다. 고승이 입적하면 국사를 추증했던 것처럼 국사·왕사는 명예직 성격이 강했으나 고려 말에는 승정에 직접 관여하기도 했다. 국사나 왕사에 임명되면 특정 사찰이 하산소(下山所)로 지정됐으며, 대개 하산소에서 말년을 보내다 입적했다. 입적 후에는 왕명으로 승탑과 탑비가 하산소에 조성됐고, 하산소는 그들의 문도들이 주지직을 계승할 수 있도록 배려했다.

승려를 국왕의 스승으로 두는 것은 불법(佛法)의 권위가 세속의 권력보다 우위에 있다는 불교적 관념에 따른 것이다. 국왕은 국사·왕사를 스승의 예로 모셨으나 이들에 대한 임면권은 국왕에게 있었다. 국왕은 승정제도의 정점에서 교단체제를 통해 사원과 승려를 관리했고, 승려는 출가에서부터 입적 후 추숭까지도 세속 권력의 통제를 받았다.

### 불교행사와 연등회·팔관회

고려에서는 불교가 정치와 분리돼야 한다고 생각했다. 그러나 왕권을 높이고 국민을 통합하는 데 있어서 불교의 기능을 간과할 수 없었다. 특히 불교의례는 이러한 점에서 중요했다. 의례를 통한 공덕은 부처와 천신들이 고려를 보호해줄 것이라는 믿음과 연관됐다. 정기적으로 개최되는 불교의례로는 『인왕경(仁王經)』에 의거한 호국법회인 인왕도량(仁王道場), 왕과 왕비의 기일에 명복을 비는 휘신도량(諱辰道場) 등이 있었고, 국왕의 보살계 수계도 연례적으로 거행됐다. 또한 전쟁이나 재난이 있을 때 소재도량(消災道場)을 개최해 불교의 힘으로 어려움을 극복하기를 기원했다. 불교의례는 개경뿐만 아니라 지방에서도 개최됐다.

---

2    관단사원 비구가 되기 위해 받는 구족계 수계를 행하는 장소인 계단(戒壇)을 국가가 공식적으로 지정, 설치한 사찰을 말한다.

한편 고려의 중요 국가의례인 연등회와 팔관회는 불교에서 기원했으나 불교 신앙뿐 아니라 토속적인 신앙이 복합됐고, 또한 태조 신앙이나 국왕권과 관련된 의미도 강했다. 연등회와 팔관회는 태조가 「훈요10조」에서 반드시 행할 것을 당부했으므로, 정기적인 국가의례로 열렸다. 연등회는 주로 음력 2월 14일부터 15일까지 이틀 동안 열렸다. 연등회에서는 국왕이 태자와 문무백관을 거느리고 봉은사의 태조 진전에 행차해 태조에게 재를 올리고 돌아오는 조진배알의식이 가장 중요하게 진행됐다. 상원연등회는 삼한일통의 위업을 달성한 태조를 기리는 행사이기도 했기 때문이다. 이에 비해 음력 11월 14일부터 15일(서경에서는 음력 10월)까지 이틀 동안 열리는 팔관회는 토속신앙을 포용하면서 천자국으로서 고려의 위상을 확인하는 의미가 있었다. 팔관회에서는 신하들이 축하 내용을 담은 글인 하표를 올리는 대회일의 연회가 가장 중요한 의례였다.

연등회와 팔관회에서의 연회는 왕과 신하 간의 위계질서를 확인하고, 서로의 우호를 다지는 행사인 동시에 관민이 어우러져 함께 즐기는 축제의 성격도 있었다. 이는 「훈요10조」에서 당부한 것처럼 군주와 신민이 함께 즐기는[군신동락(君臣同樂)] 행사였던 것이다. 국왕이 개최하는 연등회와 달리, 4월 초파일에 열린 연등회는 순수한 불교행사로서 무신정권기 이후에 풍속으로 성행했다.

### 사원경제의 발달

고려 사원경제를 이루는 주요 요소로 '토지와 노비', '상업과 수공업', '보' 등을 들 수 있다. 그중에서 토지, 즉 사원전은 사원경제를 유지하는 데 기초가 됐다. 사원전은 대개 국가로부터 분급받거나 신도로부터 시납받았으며, 사원이 자체적으로 개간하거나 매입해 마련하기도 했다. 사원전은 면세 특혜를 받는 경우가 많았다.

불교의 경제관은 상업활동을 통해 이윤을 얻는 데 긍정적이어서 고려 사원은 상업활동과 수공업에도 적극적으로 관여했다. 보의 운영은 사원경제에서 큰 부분을 차지했다. 특정 목적을 위해 운영되던 보는 원금 그대로 둔 채 대부 이자를 통해 발생하는 수입으로 운영했다. 이러한 영리활동은 사원의 고리대업으로 이어졌다. 사원이 보유한 재산은 사원의 경영과 유지뿐 아니라 여행자를 위한 숙박시설인 원 시설을 운영하는 데에도 활용됐다. 사원이 경제적으로 넉넉했기에 사찰이나 승려들은 구휼활동에 적극적으로 참여할 수 있었다.

한편 고려 후기 사원의 농장 경영이나 고리대 운영 등은 국가 재정과 민생을 위협하는 수준에까지 이르러 비판을 받았다. 고려 말까지도 사원에서의 상행위나 고리대는 완전히 금지되지 않았을 뿐만 아니라, 사원이 소유한 농장이나 노비가 전면적으로 정리되지도 않았다.

### 대장경과 대장도감

고려는 2차례에 걸친 국가 사업으로 대장경을 제작했다. 첫 번째는 1011년(현종 2) 거란의 침입을 불력(佛力)으로 물리치고자 시작됐다. 송의 대장경을 모델로 삼아 현종대에 1차 완성한 뒤, 1063년(문종 17)부터 1087년(선종 4)까지 거란에서 새로 수입한 대장경과 송에서 추가된 경전, 그리고 고려에서 발견된 경전을 더해 대장경 판각을 마무리 짓고 흥왕사 대장전에 경판을 봉안했다. 이것이 소위 '초조대장경'이라 불리는 고려 전기에 새긴 대장경이다. 이후 대장경판은 팔공산 부인사로 옮겨 보관되다가 1231년(고종 19) 시작된 몽골과의 전쟁에서 몽골군의 방화로 소실됐다.

강화로 천도한 고려 조정은 대장경을 다시 제작했다. 나라의 큰 보물로 간주됐던 대장경을 새로 만드는 일은 당연하게 여겨졌으며, 한편으로 대장경의 재제작은 공덕을 쌓아 부처의 도움으로 몽골을 물리치기 위한 간절한 소망을 담은 것이기도 했다. 대장도감이 설치되고 1237년(고종 24) 대장경 제작이 시작됐다. 대장도감은 강화도의 본사(本司)와 경남 남해의 분사(分司)로 구성됐다. 본사에서는 대장경 판각을 위한 계획을 세웠고, 제작과 관련된 제반 사항을 관리했다. 본사에서도 경판을 판각했으나 대부분은 분사에서 판각작업을 맡았다. 대장경판은 모두 8만 여 장 넘게 제작됐다. 1251년(고종 38) 대장경이 완성되자 강화도에 마련된 대장경 판당에 경판을 봉안했다가 조선 건국 후 해인사로 옮겨 지금까지 전하고 있다.

대장도감에서 제작된 '재조대장경'은 초조대장경 인쇄본을 저본으로 삼아 송과 거란의 대장경과 고려에 전하는 여러 판본을 서로 대조하는 교감작업과 꼼꼼한 교정작업을 거쳐 판각됐다. 그런 까닭에 동아시아 각지에서 제작된 대장경 가운데 가장 정확하다는 평을 받는다. 당시 작업을 주도했던 화엄종 승려 수기(守其)는 교정 내용을 모아 『고려국신조대장교정별록(高麗國

### 제2부

新雕大藏校正別錄)』을 편집했다.

재조대장경은 정확성과 함께 경판이 온전히 전하는 대장경이라는 점에서 가치가 높다. 또한『법원주림(法苑珠林)』이나『일체경음의(一切徑音義)』처럼 고려대장경에만 전하는 불서들도 있어 주목된다. 대장경 제작은 많은 시간과 비용이 필요할 뿐만 아니라 불교 교학의 발전이라는 조건이 충족돼야 가능했다. 이렇듯 대장경 간행은 고려의 문화적 역량이 집결된 사업이었다.


## 2   유교사상의 전개와 유교의례

### 유교사상의 수용과 발전

통일신라 시기 유교경전에 대한 이해는 국학의 운영과 독서삼품과의 시행, 지방학교의 설립, 도당 유학생의 활동 등을 통해 심화됐다. 일련의 과정을 거쳐 체제를 갖춘 유교사상은 중세사회의 정치이념으로 기능했다. 천명과 애민, 덕(德)과 인(仁), 예제 정비 등을 바탕으로 한 왕도정치(王道政治)[3]사상은 치국의 핵심으로 인식되기 시작했다.

고려에서도 유교는 이미 태조대부터 정치이념으로 자리 잡았다. 당시 고려에서는 유교경전에 대한 깊은 이해를 갖춘 인물로서, 도당 유학생 출신인 최언위(崔彦撝, 868~944), 지방 지식인 출신인 최응(崔凝, 898~932) 및 최지몽(崔知夢, 907~987), 그리고 신라 국학 출신의 여러 지식인이 활동하고 있었다. 최응은 태조에게 문덕(文德)을 닦아 인심을 얻어야 함을 강조했다. 최언위는 태자의 사부가 되어 문한을 맡고 궁궐 전각 이름을 지었다. 후삼국이 세워질 때부터 태조는 통일과 치국을 위한 기본 요소로서 유학자의 역할을 주목하고 유교정치를 구현하고자 했다.

태조는 즉위하면서 연호를 '천수(天授)'라 했다. 철원에서 개경으로 천도하면서 정한 궁궐의 정전 명칭은 '천덕전(天德殿)'이었다. 덕이 있는 자가 하늘의 명을 받을 수 있으며 하늘을 대신해 나라를 다스린다는 천명사상이 반영된 이름이었다. 이는 신민의 마음을 얻는 것이 덕치라는 이해와 통했고, 왕

---

3    왕도정치 유교정치사상의 가장 중요한 개념으로, 왕이 된 자인 성군(聖君)이 덕(德)으로서 인정(仁政)을 실현하는 정치를 뜻한다.

도정치사상을 추구한다는 것을 뜻했다. 군주의 올바른 정치 자세에 대해서도 「훈요10조」를 통해 상벌을 공평히 하고, 인재를 등용해 관리로서 직분을 다하게 하며, 백성의 노고와 어려움을 알고 근면하도록 한 『서경』 무일편을 실천하라고 했다. 이후 국왕들은 『서경』·『예기』 등 유교경전을 공부해 천명의 이해와 왕도정치 실현에 힘쓰고자 했다. 또한 백성을 위한 정치로서 민본과 중농을 강조했다. 성종대부터는 월령사상(月令思想)[4]을 중시해 자연의 이상 현상인 재이(災異)를 해석하고 대응할 때나 권농정책과 사법행정을 시행할 때 적용하는 등 국가 운영의 중요 기준으로 삼았다.

다음으로는 양로의 중요성을 강조했다. 태조는 견훤, 선필(善弼)과 같은 원로를 후대해 그들에게 상보(尙父)[5]라는 명예지위를 부여하는 등 자신이 양로를 잘하는 유덕자임을 보여줬다. 성종은 80세 이상 노인에게 선물을 사여하고, 70세 이상 고위 관직자에 대한 치사제도(致仕制度)[6]를 마련해 양로정책을 정비했다. 동시에 효사상에 따라 효우에 뛰어난 이들을 북돋으면서 풍속교화의 바탕으로 삼았다.

천인감응론(天人感應論)[7]을 토대로 삼은 재이사상도 등장했다. 천명사상을 수용한 고려에서는 재이와 상서를 정치와 연결시켜 해석했다. 태조는 암탉이 수탉으로 변하고, 큰 바람이 불어 관아가 무너져 내리는 사건을 하늘이 내리는 견책이라 여기면서 민심을 살피고 정치에 대한 반성과 덕치를 내세워 해결하고자 했다. 이후 고려 국왕은 때때로 수신의 차원에서 정전을 피해 바깥에서 정치를 듣고, 반찬 수를 줄이며 음악을 멀리하기도 했다. 국왕 자신의 부덕과 박덕을 성찰하는 한편 억울한 죄수에게 감면 조치를 내리고, 환과고독(鰥寡孤獨)과 노인들에게 진휼 등을 시행해 덕정을 베푸는 군주의 이미지를 부각했다.

---

4  월령사상 유교정치사상 중에서 계절의 순환과 같은 천시(天時)에 맞춰 군주가 제사·농상·공역·군사·일상 등 각 계절에 맞는 정령(政令)을 행해 하늘의 뜻을 따르는 것을 말한다. 천시에 어긋나는 정령을 행할 경우 하늘은 재앙으로 경고한다고 여겼다.

5  상보 덕이 있는 군주가 천하의 명망 높은 원로를 우대해 스승이나 아비로서 존중하려는 것으로 천하와 나라를 다스리는 방법 중 하나였다.

6  치사제도 70세가 되는 관원을 정년퇴직하게 하고, 원로로 대우하는 제도다.

7  천인감응론 중국 한 무제 때 동중서가 하늘과 인간사회 사이에는 상관관계가 있으므로 군주는 하늘의 뜻을 받들어 백성을 다스려야 한다고 했던 유교정치사상 중 하나다. 그렇지 않을 경우 가뭄이나 홍수 등 재이가 나타나 군주에게 큰 경고를 한다고 여겼다.

고려는 유교적 인재 양성을 위한 교육기관과 관료 선발을 위한 과거제를 운영했는데, 그 덕분에 유교가 건국 초기부터 발전했다. 태조는 서경에 학교를 설치하는 등 인재 양성에 관심을 기울였고, 광종은 유교경전에 대한 이해를 묻는 과거제를 시행했다. 성종대 초기에 최승로가 유교정치사상을 바탕으로 국왕 중심의 정치와 풍속교화, 예제 정비 등의 기준을 제시했다. 성종은 유학을 장려하기 위해 개경에 국자감을 세우고 12목에 경학박사를 파견했다. 이후로도 고려는 국자감 교육을 강화하고 지방학교를 늘리려고 꾸준히 노력했다.

관료로 진출하기 위한 방도로써 과거제가 중시되자 과거 합격을 목표로 하는 사립학교가 세워졌다. 특히 문종대 활약한 문신 관료이자 유학자인 최충은 '해동공자(海東孔子)'로 칭해졌으며, 문하에 많은 학도가 모여들었다. 최충을 비롯해 지공거를 역임한 저명한 유학자들은 각기 사학을 열어 사학 12도가 명성을 얻었다. 사학을 통해 과거 급제자가 많이 배출되자 관학은 상대적으로 쇠퇴했다. 이에 관학 진흥 노력이 전개됐고 예종과 인종대에는 국자감을 중심으로 관학교육이 활성화됐다. 예종은 사학의 9재처럼 국학에 집중 강좌인 7재를 뒀고, 인종은 국자감의 교육제도를 국자학·태학·사문학·율학·서학·산학의 경사6학(京師六學) 체제로 정비했다.

국왕이 주재한 경학 강론도 궁중 도서관에 해당하는 청연각에서 자주 열렸다. 『서경』, 『예기』, 『시경』, 『역경』 등이 경학 강론의 대상이 됐다. 강론이 열리는 자리에는 국왕과 관료, 여러 학생이 참여했다. 궁궐 내의 청연각 이외에도 보문각을 설치해 경전 강론 및 사서 교감 등의 기능을 하도록 했다. 강론에서 다뤘던 내용과 과정을 살펴보면, 당시 고려에서도 송의 신유학[8]적 흐름을 다루고 있었음을 확인할 수 있다.

더불어 송에 유학생을 파견해 송의 국자감에서 학문 연구에 정진하도록 했다. 다양하고 귀중한 학술서를 꾸준히 수집해, 나중에는 오히려 송 측에서 희귀한 서적을 고려로부터 구하러 오기도 했다. 유학에 대한 이해가 깊어지

---

8    신유학 중국 송 이후 유행한 유학 중 하나로 천성(天性)과 천명(天命)인 성명(性命)을 밝히고 이것과 이기(理氣)와의 관계를 살피고자 한 것인데, 이를 성리학이라고도 한다. 고려의 경전 강론 중에는 성리학의 대표 사서인 『대학』, 『중용』, 『논어』 등에 대한 이해를 볼 수 있어 고려 스스로 성리학에 대한 이해를 시도한 것으로 보기도 한다.

도판21, 22　유지성 묘지명과『선화
봉사고려도경』동문편
고려의 유교교육, 의례 및 제도 정비,
문장, 도량형, 의복 등은 고려 스스로
군자의 나라라 자신하는 기반이 됐다.
이에 동의했던 송의 인물 중 유지성
(劉志誠, 972~1039)과 임완(林完)이
귀화해 고려에서 관인생활을 하기도
했다. 고려 인종대에 사신으로 왔던
서긍(徐兢)은 보고서에 해당하는『선
화봉사고려도경』에서 동문(同文)편
을 지어 고려와 송의 문물의 같고 다
름을 기록했다.

면서 고려 학자들은 직접 경전에 주해를 달고, 사서 교감 및 사서 편찬까지
담당하기도 했다. 윤언이(尹彦頤, ?~1149)는『역해(易解)』를, 김인존(金仁存,
?~1127)은『논어신의(論語新義)』를 저술해 경학 이해의 높은 수준을 보여줬
으며,『한서(漢書)』·『진서(晋書)』·『당서(唐書)』등 역사서의 교감 인쇄도 이
뤄졌다. 김부식(金富軾, 1075~1151) 등은 왕명에 따라『삼국사기(三國史記)』를
편찬했다. 유학의 발달은 예제를 정리하는 직업으로까지 이어져 최윤의(崔允
儀, 1102~1162)가『상정고금예문(詳定古今禮文)』을 짓기도 했으며,『효경』과
『논어』는 민간의 아이들까지 읽는 필독서가 될 정도였다. 하지만 경학을 존
중하는 풍토 이면에는 시문을 중시하는 사장풍이 있었고, 지나친 문풍이 무
신 멸시 풍조를 야기하기도 했다.

### 유교의례의 시행

고려는 정치와 사회질서 유지를 위해 예제를 정비했다. 태조는 즉위 후 지방
세력에게 대우를 잘하고 자신을 낮추는 방식으로 은혜를 베풀며, 화합의 정
치를 펴겠다고 선언했다. 태조는 상주 지방 세력인 아자개(阿玆蓋)의 귀부
를 환영하는 의례를 연습하는 자리에서, 사양은 예의 으뜸이고 공경은 덕의
근본이라는 유교 원칙을 밝혔다. 예와 덕으로 나라를 다스리겠다는 의지를
보여준 것이었다. 또한 후삼국 통일 후에는『정계』1권과『계백료서』8편을
스스로 지어 전국에 반포했다.

　　과거제 시행 이후 유교경전에 대한 이해가 깊어지고, 송의 문물을 수입
하면서 성종은 예제 정비를 시도했다. 의종(毅宗, 1127~1173) 때 최윤의는『상

도판23 〈안향 초상〉
고려 전기에는 최충이 고려 유학의 진흥을 꾀했으며, 원 간섭기에는 안향이 그 역할을 했다. 그는 국학(國學)의 재정이 부족한 부분을 왕과 문무관이 자금 보조를 위해 내던 돈인 섬학전(贍學錢)으로 해결했다. 또한 원에서 서적과 초상을 구해오도록 하고 12도의 생도들에게 배움의 길을 열어줬다. 만년에는 주희의 초상을 걸어두고 흠모했으며, 주희의 호인 회암(晦庵)에서 한 자를 따와 자호를 회헌(晦軒)이라 했다. 64세에 세상을 떠났으며, 1319년(충숙왕 6)에 문묘에 배향됐다.

정고금례』를 저술해 고려의 국가의례를 정리했다. 『고려사』 예지에 수록된 고려시대의 유교의례는 크게 길례(吉禮)·흉례(凶禮)·군례(軍禮)·빈례(賓禮)·가례(嘉禮)로 구성됐다. 이외에 산천신 및 도교신에 대한 제사는 길례 잡사(雜祀)로, 왕실 및 불교 관련 행사인 연등회·팔관회 의례는 가례 잡의(雜儀)로 분류됐다.

고려는 하늘에 지내는 제사로 원구의를 시행했고, 적전(籍田)을 친히 갈면서 풍년을 기원하는 친경적전의를 실시했다. 또한 태묘를 세워 선대 왕에게 제사를 올렸다. 현종대에는 공자의 사당인 문묘에 신라의 유학자 최치원(崔致遠, 857~?)과 설총(薛聰, 655~?)을 함께 모시고 제향을 올리기 시작했다. 하늘과 땅, 조상 등에 제사를 드려 국태민안과 풍년을 기원하는 길례가 정비된 것이다. 국왕과 태후 등이 세상을 떠났을 때는 흉례에 따라 국장과 상복, 왕릉 조성, 태묘에의 부묘 등이 진행됐다. 주변국 군주가 세상을 떠나면 고려에서도 사신을 보내 애도했다. 대신의 죽음에는 부의와 관작 추증, 시호 등의 조치가 내려졌다. 상중에는 오복제에 따라 상복을 입었으며, 백관의 부모나 조부모, 처부모, 외조부모 기일에는 휴가가 주어졌다.

고려에서는 전쟁·일식·월식 등을 국가 위기로 여겨 군사 행위가 있을 때 행하는 의례로 군례를 갖췄다. 거란이나 여진 등 주변국과의 전쟁이 잦았기 때문에 군대의 출정과 승리 및 개선에 행하는 군례가 중시됐다. 일식이나 월식을 멎게 하는 의식, 12월 계동에 재앙과 역병 등을 일으키는 귀신을 쫓는 계동대나의(季冬大儺儀) 등도 중요하게 행했다.

외국에서 온 사신을 후하게 접대했으며, 귀국 시 선물을 답례로 보내고, 필요에 따라 보답을 위한 사신을 함께 보내기도 했다. 또한 국가와 왕실의 경사가 있을 때 국왕을 중심으로 축하의 예를 행하는 가례가 치러졌다. 태후나 왕비 및 왕태자 책봉, 원자 탄생, 왕태자 관례, 왕태자 납비, 원정·동지·절일을 경축하는 의례 등을 바탕으로 그에 따른 축하와 선물이 내려졌다. 또한 80세 이상 노인에게는 양로연인 노인사설의(老人賜設儀)를 베풀었다.

### 성리학의 전래와 수용

성리학은 이(理)와 기(氣)의 개념으로 사물의 이치와 우주의 원리, 인간의 심성과 사회관계 등을 밝히는 학문이다. 북송 때 정호(程顥, 1032~1085)·정이(程頤, 1033~1107) 등이 우주와 인간의 근원을 탐구하는 새로운 유학사상을 일으키고, 남송에서 주희(朱熹, 1130~1200)가 이를 체계화했다(주자성리학). 성리학은『대학』·『논어』·『맹자』·『중용』을 기반으로 개인의 수양, 가족 공동체 질서, 국가 사회 공동체 규범을 세우고자 했다.

고려는 성리학이 전래되기 전부터 성리학을 이해할 수 있는 지적 기반을 갖고 있었다. 최충의 9재학당의 이름 가운데 솔성(率性)·성명(誠明)·대중(大中)은『중용』에서 중요하게 다뤄진 개념이었다. 청연각에서 진행했던 경전 강론이『대학』·『중용』을 강조한 것이나 김인존이『논어신의(論語新義)』를 펴낸 것도 우연이 아니었다.

주자성리학은 충렬왕 때 안향(安珦, 1243~1306)에 의해 전래됐다. 그의 문하에서 백이정(白頤正, 1247~1323), 권부(權溥, 1262~1346), 우탁(禹倬, 1262~1342) 등이 수학했다. 백이정은 충선왕 때 원에 머물면서 정주학을 배우고 관련 서적을 구해 돌아왔고, 권부는 주희의 사서집주(四書集注)를 간행해 널리 보급했다. 이제현(李齊賢, 1287~1367)은 백이정에게 배우고 원의 학자들과 교유하면서 성리학에 대한 이해를 넓혔다. 이제현의 성리학은 원의 과거제도인 제과에 급제한 이곡(李穀, 1298~1351)과 이색에게 전해졌다. 이색은 원의 국자감에서 3년간 수학했고, 공민왕대에는 정몽주나 이숭인(李崇仁, 1347

~1392) 등에게 성리학과 관련한 강론을 맡기며 성리학 진흥에 기여했다. 정도전과 권근은 이색의 문하로서 그에게 성리학을 배웠다. 정몽주는 '동방 이학의 조종'이라는 칭호를 들을 정도로 성리학 이해를 심화했다.

성리학을 수용하고 공부한 사람들은 경(敬) 공부를 중요시하면서 개인 수양과 가족 공동체의 질서에 관심을 기울였다. 주자의 제자 등이 지은『소학』과『주자가례』,『근사록』을 수용해 유교적 수양과 생활을 강조했고,『주자가례』에 따라 삼년상을 치르고 가묘(家廟)를 만들어 제사를 올리자고 했다.『근사록』을 학습하며 사대부는 현인·성인·하늘과 같이 되기를 바랐다. 유교적 정치체제를 정비하는 데 관심을 기울였던 성리학자들은 주요 유교경전 중 하나였던『주례』를 연구하기도 했다.

나아가 국왕으로 하여금 성학(聖學) 공부와 군주 수신에 매진할 것을 강조했다. 이제현은 충목왕에게『효경』과 함께 사서를 익혀 격물·치지·성의·정심의 도를 이뤄야 한다고 요청했다. 군주의 수신과 수학은 성리학자들의 주관심사가 됐다. 군주가 왕도를 실천하고 마음을 바르게 해 인욕(人慾)을 막으며, 공심(公心)을 갖도록 했다. 이제현을 비롯해 신흥유신은 성리학을 개혁사상이자 사회윤리로 받아들였다. 덕이 부족해 실정을 범하는 군주를 폐위하고 천명에 따라 새로이 유덕자를 찾아 나라를 다스려야 한다는 점도 성리학을 통해 정당화됐다. 이후 성리학이 역성혁명(易姓革命)과 조선 건국의 이념 기반이 된 것도 이러한 과정이다.

### 유교와 불교의 관계

태조는「훈요10조」를 통해 국가 대업의 유지를 위한 기복적 차원에서 불교를 강조하고, 나라를 다스리는 도를 유교에서 구했다. 태조 본인은 물론 후대 왕도 보살계를 받고 경전을 강설하는 강경회를 여는 등 불교적 수양과 실천에 힘썼다. 최승로는 불교는 수신을 위한 도로, 유교는 나라를 다스리는 근본으로 이해했다. 고려에서는 유불병존[9]의 원칙을 통해 유교의례를 갖추면서도 불교를 비롯한 다른 종교·사상과 직간접적으로 관련된 연등회·팔관회를

---

9 　유불병존 고려에는 사회운영을 위한 다양한 원리가 있었다. 종교·사상적으로는 유교·불교뿐 아니라 도교·음양풍수·토속신앙 등의 역할을 인정하고 국가의례에도 활용했다. 이러한 점 때문에 고려를 다원사회라고 할 수 있다.

국가적 행사로 중요시했다. 최승로를 비롯해 유교정치사상에 충실한 관료들이 국가가 기복을 위한 불교행사를 대규모로 거행하는 데 따른 폐단이나 승려의 정치 개입과 문란한 행동 등을 비판하기도 했지만 불교의 종교적 순기능을 인정했다.

고려 말에는 상황이 달라졌다. 수기치인에 힘쓸 것을 강조한 성리학자들이 불교의 폐단을 집중적으로 비판했다. 그들의 주장은 개선론과 배불론으로 나뉘었다. 먼저 개선론은 태조 이래 역대 국왕 모두 불교를 중시했으며, 수신과 호국, 기복 등에 기여했다며 불교의 긍정적인 면을 인정했다. 유불병존 혹은 유불동도(儒佛同道)의 입장에서 불교의 폐단을 개선하는 게 가능하다고 믿고 불교의 호국·구복 기능을 복원하려 했다. 이와 반대로 배불론의 입장에 있던 정도전 등은 불교를 이단으로 여기며 배척했다. 불교의 인과응보론·윤회·영혼 불멸설 등을 비판하고, 불교의 효험이 강조됐던 종교사회적 기능 역시 허망한 것이라고 여겼다. 불교의 윤리도덕은 개인의 해탈과 성불에 있어 군신이나 부자, 장유 등 삼강오륜을 저버리는 것이라고 주장했다.

이에 따라 태조의 유불 인식에 대한 논쟁이 격화되어 잇따른 배불상소가 올려졌다. 상소에서는 태조가 민심을 수습하는 차원에서 불교를 받아들였을 뿐이고 실제는 유교의 성군(聖君)을 본받고자 한다는 내용이 담겼다. 태조가 불교보다는 유교를 숭상한 것이 본심이라고 이해한 것이다. 이는 그동안 태조의 뜻에 기초해 유불병존 혹은 유불동도의 정치이념으로서 불교가 가졌던 순기능을 부정한 것이었다. 나아가 이들은 유교 외에 불교나 무속적 의례를 음사(淫祀)로 여기며 배격했다. 배불론은 문수회(文殊會)[10]나 불사를 위한 사원 건립과 불탑 조성, 불교 도량과 강경회 등이 허황되고 무용하다는 논리를 내세우는 것으로 이어졌다. 불교의 경제적 기반을 완전히 몰수하고 불교계에 대한 지원을 금지하자는 주장까지 제기됐다. 결국 배불론에 선 신흥유신이 권력을 장악하고 조선을 건국하면서 고려의 불교적 기반은 부정됐고, 성리학은 정학(正學)이자 지배이념으로서 사회윤리 강령이 됐다.

---

10    문수회 재해와 병란 등을 극복하겠다는 목적으로 문수보살을 신앙하는 법회다. 고려 말 문수회가 성행하면서 공민왕대에 신돈이 많이 개최했다. 우왕대에는 나옹이 대규모로 문수회를 개최했다가 비난받기도 했다.

# 3 도교·풍수지리설·토속신앙

### 도교

고려시대의 도교는 국가의례로서 공적인 성격을 지니는 한편, 지배층의 사유와 문화에도 영향을 줬다. 도교는 유교·불교·풍수지리설과 함께 고려의 사상과 문화를 구성하는 중요한 요소였다. 924년(태조 7) 태조가 개경에 절을 세우면서 함께 조성한 구요당(九曜堂)은 현전하는 자료에서 확인되는 최초의 도교시설, 즉 도관(道觀)이었다.

도교의 제사인 초재(醮齋)는 국초부터 국가제사로 개최됐다. 도교의례 역시 유교 및 불교의례와 함께 국가의례를 구성했던 것이다. 초재의 주관자는 국왕이었다. 초재는 도교의 삼원(三元)에 맞춰 상원(上元, 음력 정월 15일), 중원(中元, 음력 7월 15일), 하원(下元, 음력 10월 15일), 그리고 국왕의 생일에 궁궐의 구정(毬庭)이나 전각 또는 복원궁(福源宮)과 같은 도관에서 정기적으로 개최했다. 북두칠성이나 태일(太一)과 같은 성수(星宿), 상제(上帝)나 천제(天帝)와 같은 도교의 신에게 나라와 왕실의 안녕을 기원했다. 또한 가뭄이나 외침과 같은 내우외환이 일어났을 때도 비정기적으로 초재를 지냈다. 초재는 도교의 의례절차인 과의(科儀)에 따라 개최됐고, 초재에서 사용하는 축원문인 청사(請詞)는 조정의 문인 관료들이 왕명을 받들어 작성했다. 아울러 중국을 통해 도교경전도 유입됐다.

예종대는 고려 도교가 전개되는 데 중요한 변화가 있었던 시기였다. 예종은 도교에 큰 관심이 있었으며, 이중약(李仲若, ?~1122)이나 곽여(郭輿, 1058~1130) 등 도교에 심취한 인물들이 태자 시절부터 예종을 보좌했다. 이중약은 송에 건너가 도교를 배우고 귀국한 뒤 예종에게 건의해 복원궁을 건립했다. 복원궁에서는 도사 10여 명을 득도시키는 조치를 비롯해 도교 교단을 정비했다. 아울러 복원궁은 도교의 신앙에 따라 신상을 갖춘 공간으로 고려의 대표 도관이 됐다. 신격전(神格殿)이나 대초색(大醮色)과 같은 도교기관도 마련됐다.

고려 도교는 왕실과 국가의례를 중심으로 전개됐고, 도사들도 종교집단을 형성하지 않았다. 사회 전반에 도교신앙이 널리 유행했다고 보기도 어렵다. 그러나 도관이 증가하고 도교사상과 신앙이 지속적으로 전개되면서 도교의 신선사상이나 수경신(守庚申)[11] 같은 풍습이 확산됐다. 도교에서 신체를

도판24 청자 도교인물형 주전자
사람 모형으로 만든 청자 주전자로 높이는 약 28cm다. 보관을 머리에 쓰고, 장식이 있는 도포를 입은 채 커다란 복숭아를 얹은 쟁반을 들고 구름 위에 앉아 있는 모습으로 표현했다. 손에 복숭아를 들고 있어서 곤륜산에 살며 신선세계를 주관한다는 전설 속의 여신인 서왕모(西王母)로 보기도 하지만, 머리에 쓴 관과 도포의 모습에서 도교 성직자인 도사(道士)를 형상화한 것으로 보기도 한다. 고려 도교의 모습을 엿볼 수 있다.

이해하는 방식이나 장생술 등은 의술에도 영향을 줬다. 고려의 지식인은 유교·불교와 함께 도교적 소양을 갖추는 것이 일반적이었는데, 고려 중기에는 세상을 피해 현학(玄學)과 청담(淸談)[12]을 추구하는 도가적 분위기가 문인들 사이에 유행하기도 했다. 이외에 장례문화에서도 도교의 영향을 찾을 수 있다. 고려시대의 석관에는 해, 달 또는 북두칠성과 같은 별자리나 사신(四神)인 주작·현무·청룡·백호를 새기기도 했고, 무덤을 조성할 때는 매지권(買地券)을 같이 묻기도 했다.

### 풍수지리설
풍수지리설은 땅의 기운과 형세가 인간이나 나라의 길흉화복과 흥망성쇠에

---

11 수경신 경신일(庚申日)에 잠을 자지 않고 밤을 새우는 도교 습속이다. 도교에서는 경신일이 되면 사람이 잠든 사이에 인체에 기생하는 삼시충(三尸蟲)이 하늘로 올라가 그 사람의 죄를 보고해 악행을 한 사람의 경우 수명이 짧아진다고 여겼다. 이에 삼시충의 보고로 수명이 줄어드는 것을 막기 위해 경신일 밤에 잠을 자지 않는 습속이 생겼다.

12 현학과 청담 '현학'은 3현(玄), 즉 『노자』·『장자』·『주역』의 연구에 기초를 둔 철학사상이다. 중국 위진시대에 특히 성행했으며, 명분과 형식의 속박에서 벗어나 정신적 자유를 추구하는 경향을 보였다. '청담'은 세속을 떠난 맑은 담화라는 뜻이다. 현학과 함께 위진시대에 등장해 유행한 풍조로서, 노장사상에 바탕을 두고 세속의 명예와 이익을 초월한 철학적 사유와 예술적 논의를 중시했다.

영향을 준다고 생각하는 사상이다. 고대부터 있던 풍수사상은 나말여초 선종 승려인 도선(道詵, 827~898)에 의해 체계화되어 고려가 개경을 도읍으로 삼는 데 영향을 줬다. 아울러 산천의 순역(順逆)에 따라 국토를 운영하는 원리로 비보(裨補) 개념이 성립됐다. 지기(地氣)가 좋지 않은 곳에 절이나 탑을 지으면 좋지 않은 땅도 명당이 될 수 있다는 산천비보사상은 고려 풍수의 특징이다.

국가적으로 풍수를 중시했던 점은 태조의 「훈요10조」를 통해서도 확인된다. 고려의 풍수는 도읍지·집터·사찰의 자리를 정하는 것과 관계 있는 양택풍수였다. 풍수지리설과 관련된 지리서가 다수 간행됐으며, 과거에서 잡업으로 지리업을 실시하기도 했다. 특히 천도문제나 삼경(三京)의 운영은 풍수지리설과 깊은 관련이 있었다. 지기쇠왕설(地氣衰旺說)에 따라 왕기가 약해진 개경을 떠나 다른 곳을 도읍으로 삼으면 왕업을 연장할 수 있다는 연기(延基)의 논리가 천도의 근거로 작용했다. 국초 이래로 서경을 중시해 왕이 자주 행차했고, 인종대는 서경천도론이 제기되기도 했다. 문종대는 양주를 명당이라 해서 남경으로 승격했으며, 숙종대는 국왕이 남경에 순행하면 국운이 길어진다는 주장과 함께 남경이 중시됐다. 고려 말에 논의됐던 천도 역시 풍수의 지기쇠왕설과 관련이 있었다.

도참은 신비주의적인 예언의 일종으로, 어떤 징조를 통해 인간의 길흉화복과 왕조의 흥망성쇠를 가늠했다. 흔히 정치와 사회가 혼란할 때 미래에 대한 소문이나 유언으로 등장했다. 이자겸의 난 때 유포됐던 십팔자(十八子)가 왕이 된다는 도참이 대표 사례다. 도참은 때로 풍수와 결합해 묘청이 주도한 서경 반란과 같은 큰 사건을 일으키기도 했다.

### 토속신앙

민간에서는 불교와 도교 외에도 하늘·산악·성황·용 등을 신앙의 대상으로 삼았다. 민간에서 믿던 여러 신들은 개인과 지방사회에서 제사를 지내는 대상을 넘어 중앙에서도 관심을 가져 나라에서는 이들을 대상으로 국가제사를 행했다. 팔관회처럼 재래의 산천제사를 국가제사의 체제 안에 편제했고, 산신이나 성황신에게 존호(尊號)나 작호(爵號) 등을 수여했다. 그러나 한편에서는 토속신앙의 대상에게 제사 지내는 것을 둘러싸고 중앙과 지방 간에 갈등이 생기기도 했다.

전통적인 민간신앙은 불교나 도교와 혼합되는 양상도 보였다. 팔관회가 불교와 혼합된 경우라면, 묘청이 서경에 만들었던 팔성당(八聖堂)은 산악신앙이 불교 및 도교와 혼합된 경우다. 산신이나 성황신을 모시는 산신사(山神祠)나 성황사(城隍祠)에서는 주로 무격, 즉 무당이 활동했다. 무격은 일반 민과 가장 가까운 종교 행위자로 치병과 점복에 종사했고, 상장례에 관여하기도 했다. 고려시대 사람들은 집에 신당을 갖추기도 했으며, 근처의 무당을 찾아가 굿을 하거나 산천이나 동네에 마련된 산신사나 성황사 또는 신당에서 기도를 드리고 굿을 하기도 했다.

조정에서도 무당을 통한 제사와 점복 및 치병 행위가 이뤄졌다. 가뭄이 심하게 들면 무당을 동원해 기우제를 지냈고, 왕이 병들었을 때는 무당에게 점을 치게 하기도 했다. 그러나 한편으로는 무격은 음사(淫祀)로 여겨져 무당을 도성 안에 살지 못하게 하는 금령이 여러 차례 내려졌고, 지방관이 무당을 탄압하는 일도 있었다.


## 4  과학과 문화의 발달

### 과학

계절과 기후의 변화를 예측하고 측정하는 일은 농업에서 필수적이다. 고려에서도 이를 연구하는 천문학과 역법을 매우 중시했다. 천문을 담당하는 기관인 사천대(司天臺)와 태사국(太史局)은 고려 초기에 설치되어 일식이나 월식 등을 관측하고 체계적으로 기록하는 역할을 했다. 또한 개성에는 첨성대를 설치했다. 역법의 경우 고려 초기에는 신라와 마찬가지로 선명력을 사용했다. 고려 후기에는 최성지(崔誠之, 1265~1330)가 원의 수시력을 들여왔으며, 명의 대통력도 받아들였다. 역법의 수입은 고려의 천문학 및 역법 발전에 큰 영향을 끼쳤다. 이후 조선 세종대에 편찬한 『칠정산내편(七政算內篇)』은 이러한 발전의 결과라고 할 수 있다.

지리학에서는 전국 영토를 그린 〈고려도〉, 행정도인 〈고려오도양계도(高麗五道兩界圖)〉 등이 제작됐다. 원 간섭기에 원으로부터 세계 여러 지역의 지리 정보와 세계지도가 전래됐고 이를 참조해 고려도 독자적으로 세계지도를 제작했다. 나흥유(羅興儒)의 중국 지도, 윤보(尹珤, ?~1329)의 인도와 중앙아시아 지도가 대표 사례다. 지도 제작 전통은 조선 초 〈혼일강리역대국도지도(混一疆理歷代國都之圖)〉를 제작하는 데 밑바탕이 됐다.

문화가 발전하고 학문을 중시하면서 인쇄술도 크게 발달했다. 다양한 인쇄물이 목판으로 간행됐는데, 특히 거란의 침입을 물리치기 위해 제작된 초조대장경과 몽골의 침입을 물리치기 위해 제작된 재조대장경은 대표적인 목판인쇄물이다. 유네스코 세계기록유산으로 지정된 재조대장경은 그 방대한 양과 정확도, 글씨의 아름다움 등으로 지금까지도 세계에서 가장 우수한 대장경으로 평가받고 있다. 인쇄술의 발전에서 획기적인 사건은 금속활자의 발명이다. 독서층이 늘어나고 인쇄물에 대한 수요도 늘어나자 이에 효과적으로 대응하기 위해 많은 종류의 책을 찍을 수 있는 방법으로 고안된 것이 금속활자를 이용한 활판 인쇄다. 1234년(고종 21)에 『상정고금예문(詳定古今禮文)』을 금속활자로 인쇄했는데, 이는 서양 최초의 금속활자 인쇄보다 200여 년이나 앞선 것이었다. 하지만 이는 현재 남아 있지 않다. 현전하는 금속활자 인쇄물 중 1377년(우왕 3)에 간행된 『불조직지심체요절(佛祖直指心體要節)』이 세계에서 가장 오래된 것이다. 우수한 종이의 제작과 더불어 인쇄술의 발전은 고려의 문화와 학문이 발전하는 데 크게 공헌했다.

의약학 분야도 변화가 있었다. 태의감과 상약국(尙藥局)의 설치로 중앙 의료 관서가 체계화되고 의학교육과 의관 선발도 확대됐으며, 지방에도 의학박사가 파견되고 의사와 약점사가 배치됐다. 의술과 약학술도 크게 성장해 당·송의 의학을 수용하는 것을 넘어 향약이라고 불리는 고려의 독자적인 의약학으로 발전했다. 이에 따라 고려의 풍토와 고려 사람의 체질에 맞는 독자적인 처방이 가능해졌으며, 그에 맞는 많은 약재가 국산화됐다. 1236년(고종 23) 편찬된 『향약구급방(鄕藥救急方)』은 우리나라에서 현존하는 가장 오래된 의서로 고려만의 처방과 약재에 관한 내용이 담겨 있다.

국가를 지키기 위한 방편 중 하나인 병기 제조에도 관심을 기울였다. 실제로 끊임없는 외적의 침입으로부터 국가를 지켜낼 수 있었던 것은 우수한 병기 덕택이기도 했다. 중앙관청에 군기감(軍器監)을 두어 전문적으로 병기를 제작했다. 거대한 철불이나 동종을 제작할 수 있는 금속 기술은 우수한 병기를 제작할 수 있는 밑바탕이었다. 고려 말에는 신무기인 화약과 화포도 자체적으로 만들었다. 최무선(崔茂宣, 1325~1395)은 원의 이원(李元)에게 도움을 받아 화약의 주원료인 염초를 제조하는 데 성공했고, 1377년(우왕 3)에는 화통도감을 두어 본격적으로 화약과 화포를 제조했다. 화약과 화포는 왜구를 격퇴하는 데 결정적인 역할을 했다.

### 문화

고려는 역사 서술을 중시해 건국 초부터 많은 역사책을 편찬했다. 건국 초에는 삼국시대의 역사를 정리한『삼국사(三國史)』가 편찬됐다. 이어 삼국부터 고려 초까지의 역사를 정리한『편년통재(編年通載)』와 이를 보완한『편년통재속편(編年通載續編)』, 의종대에 김관의(金寬毅)가 태조 왕건의 가계를 정리한『편년통록(編年通錄)』이 편찬됐다.

유학의 발달은 유교적인 역사관을 정착시켜 그에 따른 서술체계에 의거한 역사책이 등장할 수 있는 기반을 마련했다. 국초부터 왕조실록이 편찬됐으며, 거란의 침입으로 초기의 실록이 불에 타자 태조부터 목종대까지의 역사를 정리한 7대실록이 현종대에 편찬됐다. 이후에도 실록이 편찬됐으나, 현재는 모두 전하지 않는다.

1145년(인종 23)에 김부식은 유교적인 합리주의 역사관에 근거한『삼국사기』를 편찬했다. 기전체 서술 방식을 채택한『삼국사기』는 신라 계승의식을 반영하고 있다.

고려에서는 무신 정권기를 지나고, 몽골과 전쟁을 겪으면서 자주적인 전통을 강조하는 역사 서술이 이뤄졌다. 승려 각훈(覺訓)은 우리나라 고승들의 전기를 정리한『해동고승전(海東高僧傳)』을 편찬했으며, 이규보(李奎報, 1168~1241)는 고구려의 시조 동명왕의 업적을 서사시로 표현한『동명왕편(東明王篇)』을 저술해 고구려 계승의식을 강조했다. 충렬왕대에는 단군조선을 우리 역사의 시작으로 내세운 일연의『삼국유사』와 이승휴(李承休, 1224~1300)의『제왕운기(帝王韻紀)』가 편찬됐다. 이후 성리학이 전래되면서 성리학적인 대의명분론과 정통론에 근거한 역사 서술이 등장했다. 이제현의 사략(史略)이 대표적인데, 이러한 성리학적인 역사관 및 역사 서술은 조선으로 계승됐다.

고려시대에는 한자를 이용해 글을 짓는 한문학이 관료가 갖춰야 할 필수 소양이었다. 국가 차원에서 국자감을 비롯한 여러 교육기관을 설치해 한문학을 가르쳤으며, 시를 짓고 중국의 경서들을 읽으며 해석하는 것을 과거에 합격하기 위한 기본 능력으로 요구했다. 관료가 된 이후에도 문신들이 한

달에 한 번 시를 지어 국왕에게 바치는 제도가 시행될 정도였다.

　이러한 토대에서 한시와 한문학에 뛰어난 대가가 많이 배출됐다. 박인량(朴寅亮, ?~1096)과 김근(金覲)은 그들의 시를 모은 『소화집(小華集)』이 송에서 간행됐다. 김황원(金黃元, 1045~1117)은 시에서 해동 제일이라는 칭호를 들었으며, 정지상(鄭知常, ?~1135)도 「송우인(送友人)」, 「신설(新雪)」을 비롯해 여러 뛰어난 작품을 남겼다. 한문학의 경우, 고려 중기에는 『삼국사기』를 편찬한 김부식, 무신 정권기에는 이규보, 고려 후기에는 『목은집(牧隱集)』의 저자 이색을 비롯해 이곡, 이제현, 정몽주, 이숭인 등 뛰어난 한문학자들이 배출됐다. 한편 무신 정권기 이후에는 설화문학과 패관문학도 발전했다. 설화문학의 대표 작품으로는 『국순전(麴醇傳)』이나 『국선생전(麴先生傳)』을 들 수 있으며, 이규보의 『백운소설(白雲小說)』과 이제현의 『역옹패설(櫟翁稗說)』은 민간에서 전해오는 이야기를 한문으로 기록한 패관문학의 대표적 문집이다.

　신라시대부터 제작되던 향가도 고려에 계승됐다. 균여는 고려 전기의 대표적인 향가 작가다. 그는 일반인도 쉽게 불교 교리를 이해할 수 있도록 향가로 지은 「보현십원가(普賢十願歌)」를 남겼다. 이후에도 예종이 지은 「도이장가(悼二將歌)」나 의종대 정서(鄭敍)가 지은 「정과정곡(鄭瓜亭曲)」 등이 있으나, 정통 한문학이 유행하면서 향가문학은 점차 쇠퇴했다. 고려 후기에는 향가의 양식을 계승한 경기체가(景幾體歌)라는 새로운 시가문학이 나타났다. 경기체가의 대표작으로는 「한림별곡(翰林別曲)」과 「관동별곡(關東別曲)」 등이 있다. 한편 민간에서는 일반 민의 생활상이나 감정을 꾸밈없이 드러낸 고려가요(속요)가 유행했다. 고려가요의 주제는 다양했는데, 특히 「가시리」나 「쌍화점」 등과 같이 남녀 간의 애정을 주제로 삼은 것이 많다. 「쌍화점」은 충렬왕대에 쓰인 것으로 여겨지지만 다른 고려가요들은 제작 시기를 알 수 없다.

　고려 음악은 고유의 향악과 중국에서 도입한 아악으로 나뉜다. 향악으로는 「동경(東京)」, 「내원성(來遠城)」, 「무등산(無等山)」처럼 삼국시대부터 꾸준히 불려온 악곡도 있고, 「동동(動動)」, 「예성강(禮成江)」처럼 고려에서 만든 고려악도 있었다. 향악은 대체로 일반 민의 생활상을 노래한 것으로 민간에서 널리 퍼졌지만, 일부 작품은 궁중에서도 불려졌다. 당악은 대부분 송의 음악이었고, 아악은 송으로부터 전해진 대성악이 궁중 음악으로 발전한 것

도판25, 26  요고(위)와 장구(아래)
『고려사』에는 채를 사용해 연주하는 북이라는 뜻의 '장고(장구)'라는 명칭이 처음으로 등장한다. 장구는 원래 '요고(腰鼓)' 또는 '세요고'라 불리던 타악기에서 변형된 것으로, 고려시대에는 장구가 널리 사용되면서 요고를 대체했다.
이후 장구는 형태를 변화하면서 오늘에까지 이른다. 특히 고려시대의 장구인 청자장구는 오른쪽 채편의 울림통이 불록하고, 지름도 왼쪽 북편에 비해 작은 것이 특징이다.

이었다. 고려에는 가야금을 비롯한 우리의 전통 악기와 중국에서 전래된 악기가 있었다. 음악 관련 관청인 태악서(太樂署)·아악서(雅樂署)·관현방(管絃房) 등에서 음악과 관련된 행정을 주관했고, 악사와 악공 등을 거느리며 여러 행사를 담당했다.

고려 미술은 화려한 요소와 불교적인 요소가 특징이다. 회화 분야에서는 그림을 관장하는 관청으로 도화원(圖畵院)을 뒀는데, 도화원 소속의 직업 화가가 많이 배출됐다. 인종대에 이영(李泳)이 그린 〈예성강도(禮成江圖)〉는 송의 휘종(徽宗, 1082~1135)이 뛰어난 솜씨에 감탄했을 정도라고 한다. 이영의 아들 이광필(李光弼)도 명성을 떨친 화가였다. 한편 문인과 승려도 그림을 즐겨 그리고 감상했다. 문인 화가로는 안치민(安置民)·정홍진(丁鴻進) 등이, 승려 화가로는 노영(魯英) 등이 유명했다. 고려 전기의 작품은 현재 남아 있지 않으나, 고려 자기에 그려진 문양들을 통해 당시 그림의 실체를 짐작해볼 수 있다. 고려 후기의 작품에는 이제현의 〈기마도강도(騎馬渡江圖)〉, 공민왕이 그렸다고 전하는 〈천산대렵도(天山大獵圖)〉, 작자 미상의 〈안향 초상〉 등이 있다.

현재 남아 있는 회화 중 대부분은 불화다. 혜허(慧虛)의 〈수월관음도(水月觀音圖)〉를 비롯해 많은 불화가 전해지는데, 고려 불화는 종교 미술로는 당

도판27 〈지장보살도〉

상단에는 두건을 쓰고 반가좌로 앉아 오른손에 보주를 든 지장보살을, 하단에는 범천과 제석천, 도명존자와 무독귀왕, 사천왕 등의 권속을 그렸다. 14세기 작품이다. 현재 전하는 고려 불화는 대부분 13세기 말~14세기 후반에 제작됐으며, 현재 전 세계에 160여 점 정도 남아 있다는데, 〈지장보살도(地藏菩薩畵)〉뿐 아니라 〈아미타불도(阿彌陀佛圖)〉, 〈관음보살도(觀音菩薩圖)〉, 〈오백나한도(五百羅漢圖)〉 등의 고려 불화를 통해 당시 유행했던 불교신앙의 모습을 짐작해볼 수 있다.

도판28, 29 〈청자 모란덩굴무늬 표주박모양 주자〉(좌)와 〈청자 국화무늬 꽃모양 잔과 받침〉(우)
주자는 몸체의 아름다운 곡선과 역상감 기법으로 넣은 모란덩굴무늬가 돋보인다. 잔과 받침이 한 벌을 이루며 비례와 장식이 아름답다. 주자는 차를 마시기 위해 물을 담아 따르는 도구로 쓰였고, 잔과 받침 역시 찻그릇이다. 고려시대에는 차를 의례에서 썼을 뿐 아니라 일상생활에서도 즐겨 마셨다. 왕실에서 사용하는 차를 주관하던 다방이 있었고, 개경에 차를 사서 마실 수 있는 다점도 있었다. 차문화가 발달하면서 다양한 다구(茶具)의 수요가 많았고, 이로 인해 청자로도 제작됐다.

대 최고 수준으로 평가받고 있다. 더불어 부석사 조사당에 그려진 보살상과 사천왕상 등 몇 점의 벽화가 전해진다. 조각의 대다수도 불상과 불탑 또는 승탑이다. 다수의 금동불상을 비롯해 관촉사의 석조미륵보살입상과 같은 대형 석불, 하남의 하사창동 철조석가여래좌상이나 보원사지에서 출토된 철불 좌상, 영주 부석사의 흙으로 빚은 소조여래좌상 등 다양한 재료를 사용한 불상이 제작됐다. 초기에는 주로 대형 철불이 많이 제작됐으며, 대형 석불은 지역적 특색이 반영된 경우가 많다. 불상 이외의 조각으로는 태조 왕건의 동상이 유명하다.

불탑 역시 많이 제작됐는데, 현재 남아 있는 것은 모두 석탑이다. 월정사의 8각 9층석탑처럼 다각 다층 석탑이 주를 이뤘다. 고려 후기에는 경천사의 10층석탑과 같이 원의 영향을 받은 탑도 제작됐다. 승탑은 신라의 양식을 계승한 팔각원당형이 가장 기본 형태다. 서산 보원사의 법인국사탑과 여주의 고달사지 승탑 등이 대표적이다. 이외에 금산사의 석종과 같은 석종형과 사각형의 원주 법천사의 지광국사탑 등이 있다. 고려 말 이후에는 석종형 승탑이 많이 세워졌다.

청자는 고려 공예의 대표작이다. 청자 외에도 백자·흑자 등 다양한 자기가 만들어졌지만, 양과 질 모든 면에서 청자가 가장 뛰어났다. 그런 까닭에 고려자기는 곧 고려청자를 의미했다. 고려청자는 신라와 발해의 도예 전통과 중국에서 도입된 기술을 접목해 독자적인 경지를 개척했다. 특히 고려청자의 푸른빛은 독자성을 가지면서 당대 최고 수준의 기술력이 낳은 결과물로, 당시 중국인은 고려청자의 푸른빛을 '비색(翡色)'이라고 불렀다. 고려청자는 다양한 문양과 여러 형태, 제작 기법을 골고루 표현해 지배층 문화의 화려함과 아름다움을 동시에 보여준다.

12세기에는 상감청자가 새롭게 등장했다. 상감청자는 표면에 여러 가지 색의 문양을 그려 넣을 수 있는 상감기법(象嵌技法)을 청자 제작에 응용한 것으로 고려만의 독창성을 담고 있다. 하지만 원 간섭기 이후 제조기술은 쇠퇴했고, 이후 점차 분청사기가 주를 이뤘다. 목칠공예에서의 나전칠기, 입사(入絲)수법[13]에 의해 문양이나 글씨가 새겨진 범종이나 향로 등의 금속공예에서도 고려는 탁월한 작품을 남겼다.

---

13    입사수법 입사는 금속기의 표면에 홈을 파고 거기에 금과 은 등의 다른 금속을 끼워 박아 장식하는 기법이다. 입사수법은 자기(瓷器)의 상감기법이나 목공예에서 나전칠기를 만드는 기법과 비슷하다.

# 제5편

제5편은

# 조선

조선이 건국된 14세기 말부터
근대 국가가 성립되기 전인
19세기 후반까지를 다룬다.

고려 말의 혼란을 수습한 신흥 세력은 조선왕조를 개창하고 국가체제 전반을 개편했다. 중앙집권체제의 강화, 관료제적 지배의 확대, 성리학 질서의 확산이 그 방향이었다. 이를 통해 조선왕조는 장기간 안정을 유지할 수 있었다. 집권 세력의 한 축으로 훈구와 갈등을 겪었던 사림은 16세기 이후 정계를 장악했다. 사림 세력은 내부 분화와 붕당 대립을 거듭하면서 임진왜란과 병자호란이라는 두 차례의 큰 전쟁을 가까스로 수습했다. 격화된 붕당 대립은 18세기 왕권 강화와 탕평책으로 완화됐으나 19세기에 세도정권이 출현하면서 지배질서는 많은 폐단을 노정했다.

조선의 농업 경제는 고려의 수조권적 지배를 축소·폐지하면서 소유권에 기반을 둔 지주전호제로 전환됐다. 이앙법과 시비법이 발달하면서 농업 생산성이 늘어났으나 조선 후기 인구 증가와 개간의 제약 등으로 토지 소유 규모는 전반적으로 영세화했다. 관청에 예속된 상업과 수공업은 민간 영역이 발달하자 점차 활기를 띠었으며 일부는 국제무역과 연계되어 발전했다.

조선은 양반 중심의 관료제와 신분제를 구축하고 비양반층에 대한 지배를 강화했다. 하지만 양반 내부의 대립으로 관료제가 점차 서울과 노론 중심으로 축소 운영되어가면서 지방 양반 다수의 위상이 하락했다. 반면 경제적으로 성장한 비양반층은 양반과 격차를 줄여나갔다. 그 과정에서 중인들은 통청운동을 벌였고, 일부 평민은 유학으로 성장했으며, 노비제는 해체 국면에 접어들었다. 사상계에서는 다양한 학문적 논쟁을 통해 성리학에 대한 이해가 심화됐고, 주자가례와 종법이 보급되면서 확립된 부계 가족, 친족 질서는 하층민에게까지 영향을 줬다. 일부 지식인은 사회 개혁과 실학 연구에 관심을 가졌고, 정감록·미륵신앙·동학을 중심으로 민중사상이 전파되면서 민중들은 다양한 저항운동을 일으켰다. 조선왕조의 지배질서가 탄력을 잃어가는 가운데 새로운 사회 변화의 흐름이 곳곳에서 싹트고 있었다.

# 1.

## 조선왕조의 성립과 체제

# 1  조선왕조의 성립

## 14세기 후반의 동아시아

14세기 후반, 동아시아 국제정세는 매우 큰 변화에 휩싸여 있었다. 원(元)나라는 홍건군의 난을 계기로 급격하게 무너져갔다. 일본은 남북조로 분열해 싸움이 끊이질 않아 중앙권력이 통제력을 상실한 가운데, 곳곳에서 발생한 왜구가 고려와 중국까지 진출해 약탈을 일삼았다. 1368년 중국에서는 명(明)나라가 건국됐으며, 이후 명이 원을 북쪽으로 몰아내고 중원을 장악하면서 새로운 국제질서가 만들어졌다. 다음 해인 1369년 명은 고려로 사신을 파견해 건국 사실을 알렸고, 이에 반원정책을 추진해왔던 공민왕은 즉각 원과의 외교관계를 끊고 명에 사신을 보내 책봉을 요청했다. 적극적인 고려의 태도에 명은 공민왕을 고려 왕으로 책봉하고, 금인(金印)·고문(誥文)·역법(曆法) 등을 전했다. 고려가 원의 연호 대신 명의 홍무(洪武) 연호를 씀으로써 고려와 명은 조공-책봉 관계를 맺게 됐다.

그러나 이후 원의 장수 나하추(納哈出, ?~1388)가 명과 충돌했으며, 공민왕이 암살되고 명의 사신이 고려 관리에게 살해되는 사건이 일어나면서 고려와 명은 갈등했다. 결국 명은 고려에 철령 이북 지역을 요구하기에 이르렀다. 철령은 원 간섭기에 원이 고려에게서 강탈해 쌍성총관부를 설치했던 곳인데, 공민왕은 반원정책을 통해 그곳을 되찾았다. 명은 철령 일대가 원래 원의 영토였다는 이유를 들며, 원을 계승한 자신들이 이곳에 철령위를 설치하겠다고 주장했다. 이에 고려는 강력하게 반발했고, 우왕과 최영이 요동정벌을 시도했다. 그러나 이성계가 압록강의 위화도에서 회군함으로써 1388년 요동정벌은 좌절됐다. 이후 고려는 명에 대한 적대적인 입장을 거두고, 홍무 연호도 다시 썼다. 이에 명도 평화적인 관계를 유지하는 쪽으로 자세를 바꿔갔다.

이성계는 위화도회군을 계기로 정치적 실권을 장악해 우왕과 창왕을 폐위하고, 공양왕을 세웠다. 그리고 1392년 마침내 역성혁명(易姓革命)을 일으켰다. 중국 대륙에서 역사상 가장 강력한 제국을 형성했던 원이 멸망한 이후 대륙에서는 명이, 한반도에서는 조선(朝鮮)이 등장한 것이다.

## 새 왕조의 개창

이성계는 1392년 7월 17일, 신하 50여 명의 추대를 받아 왕위에 올랐다. 조선의 건국은 고려 말부터 이어진 개혁의 최종 결과로 성립했다는 점에서 왕조 교체 이상의 의미가 있었다. 태조(太祖, 1335~1408) 이성계는 왕위에 오른 후 작성한 「즉위교서(卽位敎書)」에서 "나라 이름은 그대로 고려라 하고, 의장(儀章)과 법제(法制)는 고려의 고사(故事)를 따른다"고 했다. 하지만 이것은 일시적인 수사에 가까웠다. 이미 개혁을 어느 정도 완수한 다음, 새로운 왕조의 등장에 따른 불안을 잠재우려는 의도였던 것이다.

조선을 건국한 주체 세력은 왕도정치를 표방하며 국가의 공적인 성격을 강화하려고 노력했다. 중앙집권적 관료제를 지향해 행정체계를 정비하고, 향리와 재지품관 등 향촌 유력자들을 통제했다. 또한 전제 개혁을 통해 토지 겸병을 억제하고 자영농을 육성하려 했다. 신분적으로는 고려시대의 특수행정구역 및 정호와 백정의 구분이 해체된 것을 바탕으로, 초기부터 양인과 천인으로 구분되는 양천제(良賤制)를 법적으로 시행했다.

사상 면에서는 더욱 극심한 변화가 있었다. 고려는 불교를 정신적 지주로 삼은 나라였다. 반면 조선은 고려 말에 도입된 성리학을 중심에 뒀다. 유학은 이미 고려뿐 아니라 삼국시대에도 있었지만 신유학(新儒學)이었던 성리학은 이제 가장 중심 사상으로서 새로운 사회변화의 근거가 됐다. 불교에서 성리학으로 사회의 주도사상이 교체됐음을 상징적으로 보여주는 사례는 당시 최고 지배자였던 국왕을 이끄는 스승이 변화한 데에서 찾을 수 있다. 고려에서는 정신적 스승에 해당했던 국사(國師)나 왕사(王師)를 승려가 담당했다. 이들은 국가에 중요한 일이 발생했을 때 자문에 응하거나, 국왕에게 정신적인 도움을 주고, 때로는 정치적인 조언을 하며 당시 시대 이념의 최고 담당자로서의 지위에 있었다.

그러나 조선에서는 초기에 국사 또는 왕사가 존재했지만 세종(世宗, 1397~1450)대에 이르러 사라졌다. 대신 왕에게 학문을 가르쳤던 경연관(經筵官)과 세자에게 학문을 가르쳤던 서연관(書筵官)이 그 역할을 했다. 이들은 성리학에 정통한 학자 겸 관료였다.

### 국호와 수도

새 왕조를 세우게 되면서 나라 이름도 필요했고, 수도도 정해야 했다. '조선'이라는 이름은 명에 '조선'과 '화령(和寧)'을 제시한 후, 조선으로 재가(裁可)를 받아 1393년(태조 2) 2월에 결정됐다. 조선은 (고)조선에서 온 이름이고 화령은 이성계의 고향을 의미했는데, 화령은 원의 수도였던 카라코룸(Khara-korum)의 한자 이름과 같았기에 조선을 택할 수밖에 없었던 것이다.

(고)조선이 단군조선을 의미하는지, 아니면 기자조선을 의미하는지는 불분명하다. 그러나 "조선이라는 호칭이 아름답고, 또 이것이 전래한 지 오래 됐다."라고 밝힌 점으로 볼 때 명에서는 기자조선을 중시한 것으로 여겨진다. 정도전 역시 명의 천자가 국호로 조선을 지지한 점을 주 무왕이 기자를 조선 후로 봉한 것에 비견했다. 명의 재가를 받은 것임에도 기자의 홍범과 8조교 시행을 연관시켜 유교적인 이상국가 실현을 국호에 연결한 것이다. 물론 조선이라는 이름의 배경에는 고려 말 이래 대외항쟁 속에서 부각돼온 단군조선에 대한 인식도 자리했다.

태조는 1394년 9월, 새 도읍지를 한양으로 결정하고 10월 25일 수도를 이전했다. 고려의 구신(舊臣)과 기득권 세력의 근거지인 개경을 벗어나 새로운 환경에서 출발하려는 의도였다. 게다가 한양은 산이 도성을 감싸고 있는 지세를 하고 있으며, 국토의 한가운데에 위치했다. 이는 도읍으로 이어지는, 육로와 한강을 끼고 있는 편리한 수로를 활용할 수 있는 조건을 갖춘 것이었다.

그러나 한양으로 천도한 지 5년 만에 정종(定宗, 1357~1419)은 개경으로 환도를 결정했다. 태조의 후계 자리를 두고 벌어진 난(제1차 왕자의 난)이 한양의 기운이 좋지 않아 일어났다고 여겼기 때문이다. 이후 태종(太宗, 1367~1422)은 이성계의 뜻을 받들어서 1404년 한양으로 다시 천도했다. 건국 직후 천도 과정에서 한양뿐 아니라 계룡산, 무악 등의 후보지를 놓고 격론을 벌였지만 결국 한양으로 귀결됐다. 한양이 최종 수도로 정해진 것은 "산하의 형세가 빼어나고, 사방으로부터의 거리가 고르며, 배와 수레의 통행에 편하다"는 이유에서였다. 정치적인 이유로 천도와 재천도의 과정을 겪었지만, 마침내 한양이 수도로 정해졌다.

## 2 새로운 국가체제의 정비

### 정치적 격동

조선왕조를 건국하는 데 크게 기여한 신진사대부의 주축은 정도전을 비롯한 공신 세력이었다. 특히 정도전은 국가 운영에서 국왕보다는 신료를 중심에 두는 방안을 모색했다. 주자성리학이 제시한 정치사상을 좇아서 재상 중심의 정치체제를 추구했던 것이다. 그에 반해 이방원(李芳遠: 태종)을 중심으로 한 왕실세력은 국왕이 국가 경영의 주도권을 행사하는 체제를 선호했다.

이러한 두 세력이 정치권력을 두고 경쟁한 결과 1398년(태조 7), 제1차 왕자의 난이 발생했다. 태조의 다섯째 아들인 이방원 측이 정도전 등을 비롯한 공신 세력을 제거하고 주도권을 장악했다. 결국 정종에 이어 국왕에 즉위한 태종은 국왕 중심의 정치질서를 구축하고자 의정부서사제(議政府署事制)를 폐지하고 1414년 육조직계제(六曹直啓制)[1]를 시행했다. 육조에서 직접 공문서를 국왕에게 올리자 국왕은 실무를 장악하게 됐고, 왕권의 국정 장악력도 강해졌다.

태종 다음으로 집권한 세종은 이전에 만들어진 안정된 정치기반 위에서 국정을 운영했기에, 국초에 필요한 제도와 예제(禮制)의 정비, 문화 발전 등을 이룰 수 있었다. 특히 직접 집현전(集賢殿)을 세운 후 이를 기반으로 성리학으로 무장한 친위 관료들을 양성했고, 국정이 안정된 후에는 자신이 양성한 관료들을 중요한 동반자로 삼아 의정부서사제로 다시 체제를 바꿨다.

그러나 세종대 이후 문종(文宗, 1414~1452)과 단종(端宗, 1441~1457)을 지나면서 국왕이 국정 운영의 주도권을 행사하지 못하는 상황이 오자, 자연스럽게 고위 관료들이 주도권을 갖기 시작했다. 이에 불만을 품은 수양대군(首陽大君: 세조)은 1453년 왕위를 찬탈하고 정국 운영의 주도권을 장악했다(계유정난(癸酉靖難)). 세조(世祖, 1417~1468)가 육조직계제를 다시 시행한 것은 곧 이 제도가 왕권 중심의 운영체제였음을 의미한다.

### 중앙집권체제의 완성

세조의 왕위 찬탈은 유교의 통치이념에서 벗어난 것으로 많은 유신의 반발을 사며 갈등을 낳았다. 그 과정에서 사육신(死六臣) 등은 단종 복위를 꾀하다가 처형되기도 했다. 세조는 종친들을 정치에 참여시키기도 했고, 진관체제(鎭管體制)를 실시해 변방 중심이었던 방어체제를 전국 중심으로 바꿨다.

---

1 직계제 육조에서 논의한 내용이 의정부를 거치지 않고 국왕에게 직접 전달되도록 하는 정치체제다. 논의 내용이 의정부를 거쳐 국왕에게 전달되는 서사제(署事制)와 대립된다. 1414년 태종대 국왕의 권력을 강화하면서 의정부 중심의 훈신 세력을 약화시키고, 양반 관료층 중심으로 국정을 운영하려는 목적으로 실시됐다.

또 국가 재정을 안정시킨다는 명분으로 퇴직 관료에게 지급하던 과전(科田)을 없애고, 현직 관료에게만 지급하는 직전법(職田法)을 시행했다.

세조는 왕권을 전제화(專制化)해 강화했으며 부국강병을 추구했다. 고조선과 고구려의 영광을 조명하기 위해『동국통감(東國通鑑)』의 편찬을 주도했으나 신하들의 협조를 구하지 못해 완성하지는 못했다.『경국대전(經國大典)』도 편찬을 시작해「호전(戶典)」과「형전(刑典)」을 완성했다. 세조의 집권으로 왕실의 위상은 부분적으로 높아졌고, 부국강병도 어느 정도 이뤘지만 관료와 지주층에 대한 압박은 심해졌으며, 이는 민생을 위협하는 쪽으로 이어졌다.

세조를 이은 예종(睿宗, 1450~1469)이 재위 1년 만에 타계하고 성종(成宗, 1457~1494)이 즉위했다. 성종은 먼저 세조대에 굴절됐던 유교정치를 바로잡기 위해 젊은 문인들을 중용했다. 경상도 선산 출신인 김종직(金宗直, 1431~1492)을 중심으로 사림(士林)은 언론과 문한직에 포진해 대신들을 견제하며 왕권을 지지했다. 성종은 기성의 훈구 세력과 새로 등장한 사림 세력을 조화시키면서 국초부터 이어졌던 제도와 문물의 정비를 완성했다. 세조 대부터 시작된『경국대전』편찬을 마무리 지어 반포했고, 통사인『동국통감』, 전국의 지리지인『동국여지승람(東國輿地勝覽)』, 역대 문장의 정수를 모은『동문선(東文選)』을 편찬했다. '성종(成宗)'이라는 묘호(廟號)는 그가 이룬 것들이 당대에 이미 인정받았다는 의미를 담고 있다. 물론 국왕뿐 아니라 훈신, 사림 등 각 정치 세력이 서로 균형을 이뤄 조선 전기의 체제를 완성했다고 할 수 있다.

### 『경국대전』과『국조오례의』

조선 전기의 주목할 만한 특징 중 하나는 성문법전(成文法典)이 출현했다는 점이다. 이것은 고려뿐 아니라 그 이전에도 볼 수 없던 현상이다. 고려는 71개조의 고려율(高麗律)이 전부였고, 성문법으로는 당률(唐律)을 모방한 것이었다. 고려는 국가 운영을 수시의 법령이나 판례법, 관습법으로 일관해왔다고 할 수 있다.

조선의 성문법전은 원에서 수입된 성리학의 영향을 받았다고 추정된다. 몽골은 원 건국 이후 제국의 운영을 위해 법전을 편찬하려고 했고, 그 결과 1321년 무렵『대원성정국조전장(大元聖政國朝典章)』과 원 최대 법전인『경세대전(經世大典)』을 완성했다. 이 법전들은 고려에 영향을 미쳤을 뿐 아니라 조선 건국 세력에도 본보기가 됐을 것이다.

성문법전의 출현은 고려 말 이래로 혼란스러웠던 질서를 극복하려는 노력에서 기인한 것이기도 하다. 조선은 고려와 달리 더 강력한 중앙정부를 확립해 문제를 해결하려 했는데, 이것이 가능했던 데에 원의 법전이 있었다. 정도전의 『조선경국전(朝鮮經國典)』은 원의 법전에서 영향을 받아 조선의 현실을 뒷받침하는 6전체제를 갖추고, 성리학적인 국왕상을 결합한 형태로 제시됐다. 이는 국가가 강력한 중앙집권체제를 실천했음을 암시한다. 조선 전기에 국왕 중심의 관료제가 전개됐던 것도 이러한 맥락에서 가능했던 것이다.

조선은 유교를 통치이념으로 삼았기에 어떤 경우에는 법보다 예를 상위에 있는 것으로 여겼다. 이를 보여주는 대표 사례가 국가전례에 해당하는 오례(五禮)를 담은 『국조오례의』다. 국가의례서는 법전과 거의 같은 시기에 편찬됐기에 사실상 의례(儀禮) 역시 법전과 같은 구속력이 있었다. 심지어 세조대에 「오례의」를 『경국대전』의 「예전」에 부속시키려고 했으나 실패했다는 점은 예와 법의 관계를 극명하게 드러낸다고 할 수 있다.

### 양반 관료제

조선은 중앙집권적 양반 관료 형태로 운영됐다. 중앙집권은 지방분권과 대비되는 통치방식으로, 정치·군사·사회의 모든 권력을 중앙에 집중시킨다. 태종 이후에 본격적으로 중앙집권 통치구조가 정비되기 시작해 성종대에 반포된 『경국대전』으로 일단락됐다.

양반 관료제는 신분제와 긴밀히 연결해 시행됐다. 조선은 초기부터 양천제가 법적으로 적용·지속됐다. 양인은 교육받을 수 있고, 과거 시험을 치를 수 있는 권리를 가진 대신 국가에 조세·공납·군역·요역 등의 의무를 졌다. 노비가 대부분인 천인은 권리가 없는 대신 국역에서 면제됐고, 주인에 봉사할 의무만 졌다. 노비의 주인이 국가나 관청인 경우 공노비가, 개인인 경우 사노비가 됐다. 이렇듯 양인과 천인 사이에는 넘을 수 없는 신분의 벽이 있었다.

양천제는 조선 초기 국역(國役)체제를 설명하는 데는 적절하지만, 실질적인 지배층을 설명하는 데는 한계가 있다. 조선의 지배층은 흔히 사대부 또는 양반이라고 불리는 계층이었다. 양반은 고려시대에는 문반(文班)과 무반(武班)의 현직 관료를 지칭했으나 점차 관직에 나아갈 수 있는 자격을 보장받은 자들을 가리키는 것으로 의미가 바뀌었다.

모든 관료들은 관품(官品)체계 속에 편입됐으며, 관품은 관직과 분리돼 그 자체로 하나의 기준이 됐다. 관품은 기본적으로 18품 30계로, 1~9품이 각각 정(正)·종(從)으로 나뉘어 18품을 이루고, 종6품 이상은 다시 상하로 구분해 총 30계로 나뉘었다. 관직은 정3품 통정대부 이상을 당상관(堂上官), 그 아래를 당하관(堂下官)으로 나눴고, 종6품을 기준으로 그 이상을 참상관(參上官), 그 아래를 참하관(參下官)으로 나눴다. 양반은 관직이 없어도 관품을 통해 관료제의 일원이 됐으며, 이는 중앙과 지방에 모두 공통으로 적용해 관직보다 많았던 관료들을 효율적으로 편제할 수 있게 했다.


## 3   중앙과 지방의 행정조직

### 의정부와 6조·언론기관·학술기관

조선은 중앙의 정치제도와 지방의 통치제도를 정비해 왕조의 기틀을 굳건하게 다졌다. 국왕을 보좌하는 국정의 최고 기관은 의정부(議政府)였고, 이조·호조·예조·병조·형조·공조로 구성된 육조가 국정을 나누어 담당했다. 명에서 재상제를 폐지한 것과 달리 조선에서는 육조직계제를 시행할 때에도 의정부는 폐지하지 않고 존속시켰다.

의정부에는 정1품의 정승인 영의정·좌의정·우의정 외에도 종1품의 좌우 찬성(贊成), 정2품의 좌우 참찬(參贊) 등의 구성원이 주요 정책을 결정하거나 국왕에게 보고하는 일을 맡았다. 육조에는 장관인 정2품의 판서(判書)와 차관격인 종2품의 참판(參判), 정3품의 참의(參議) 등 관원이 있었다. 이외에 각종 특수 분야를 맡아 수행하는 관청도 부속의 아문(衙門)으로 설치됐다.

의정부와 육조가 통치와 관련해 실질적인 권한을 행사하는 기관이었다면, 정책을 비판하고 견제하는 기관도 있었다. 조선 초기에 설치되어 국왕에 대한 간언(諫言)을 주로 담당한 사간원(司諫院)과 관리의 비행을 감찰하는 사헌부(司憲府) 등이 그것이다. 여기에 성종대에 본격적으로 기능하기 시작한 홍문관(弘文館)은 사간원, 사헌부와 함께 삼사(三司)[2]로 불렸다. 원래 홍문관은 국왕의 학문이나 자문을 담당했지만 경연을 맡고 있었으므로 자연스럽게 언론기관이 됐다. 삼사의 관원은 언관(言官)으로 불렸는데, 벼슬의 등급은 높

도표1 조선의 중앙정치기구

지 않았지만 학문이 뛰어나고 강직한 젊은 관료들이 반드시 거쳐야 하는 청
요직(淸要職)으로 인식됐다.

이외에도 반역죄처럼 나라에 큰 죄를 지은 죄인을 다스리는 의금부는
종1품 관청으로서 의정부 다음으로 위상이 높았다. 임금의 말이나 명인 사명
(辭命)을 작성하는 예문관(藝文館)도 중요한 기관이었다. 예문관의 고위 관원
은 임금의 교지(敎旨)를 작성하고, 하위 관원은 사관으로 회의에 참여해 회의
록인 사초(史草)를 작성했다. 또 역사를 편찬하는 춘추관(春秋館)에서 실록을
만드는 데 자료가 되는 시정기(時政記)를 편찬했다. 외교문서의 작성을 담당
하는 승문원(承文院)과 왕명의 출납을 담당했던 비서기관에 해당하는 승정원
(承政院)도 있었다.

학술기관으로는 집현전이 대표적이다. 조선은 국가 운영 원리를 유교,
곧 성리학에서 구했기에 이를 연구하고 적용할 기관이 필요했다. 태종 초에
는 이를 의정부, 예조, 이조, 병조, 승정원 등에서 수행하다가 1410년부터 의
례상정소라는 전담기구에서 담당했다. 이후 세종이 집현전을 설치해 이곳에
서 『치평요람(治平要覽)』, 『동국정운(東國正韻)』, 『사서언해(四書諺解)』 등을
짓고, 각종 서적도 편찬했다. 집현전의 관리는 20명 정원이었으나 최대 32명
까지 늘어난 적도 있다. 이들이 대개 20년씩 근속했다는 점에서 미뤄보아 당
시 집현전의 위상이 높았음을 짐작할 수 있다.

---

2    삼사 사간원·사헌부·홍문관을 일컫는다. 사간원과 사헌부는 국왕에게 간쟁하거나 관리들을 감찰하
는 역할을 했다. 두 기관의 유사성과 협동성으로 인해 조선 초기부터 양사(兩司)라고 불리며, 언론기관
으로 기능했다. 홍문관은 성종대에 새롭게 정비된 기구로, 세종대의 집현전을 잇는 역할을 했다. 홍문
관이 언론기관으로서 역할을 더했던 이유는 국왕에게 학문을 가르쳤던 경연(經筵)의 기능을 담당했기
때문이다. 경연은 국왕과 오랫동안 경서(經書)와 사서를 공부하며 현안을 논의하던 공론의 장으로, 경
연을 통해 국왕과 자주 많은 시간을 공유한다는 점이 중요하게 작용했다.

### 지방제도 정비

조선의 지방 제도는 태종 때에 본격적으로 정비됐다. 지방을 8도체제(함경 도·평안도·황해도·경기도·강원도·충청도·전라도·경상도)로 운영하는 한편, 속현과 향소부곡 등의 정리, 규모가 작은 현의 병합, 군현의 명칭 개정 등의 개혁을 단행했다. 각 도의 장관으로 파견된 관찰사(觀察使)는 감사(監司)라고도 했는데, 한 도의 행정·사법·군사의 정사를 통할하고 관하의 주와 현의 수령을 감독하는 권한을 가졌다. 고려 말 도관찰출척사가 병권을 소유하지 못했던 것과 달리 관찰사는 병마절도사(병사)를 감독했고, 이어 병사와 수군절도사(수사)를 겸했다.

정무는 대체로 중앙의 육조로부터 각 도의 감영(관찰사)에게, 다시 감영으로부터 각읍(수령)으로 연결되는 일관된 행정체계에 따라 전달되고 집행됐다. 도 아래 설치된 군이나 현에는 외관으로 수령이 파견됐다. 고을의 등급은 대체로 고을의 면적과 인구 수에 따라 결정됐다. 종2품의 부윤부터 종6품의 현감에 이르기까지, 수령들 사이에도 관품은 크게 차이를 보였다. 하지만 이들 모두 맡은 구역의 행정 업무를 장악했다는 점에서 공통점을 지니고 있었다.

수령은 이른바 수령7사[3]라 하는 행정·사법·군사 등의 해당 지방에 관련된 전반 업무를 모두 맡아서 수행했다. 수령이 파견된 군현에는 면(面)·리(里)·통(統)을 두어 다섯 집을 1통으로 만들고, 지방민 가운데 권농관(勸農官)·이정(里正)·통주(統主)를 선임해 수령의 명령을 집행하게 했다. 수령을 보좌하는 향리는 지방행정의 실무를 처리했으며, 중앙의 6부에 대응하는 6방으로 업무를 나눠 맡았다.

중앙에서 지방을 통제했지만 동시에 지방 민에게 어느 정도 자치를 허용하기도 했다. 각 군현에 유향소(留鄕所)를 설치해 이곳을 중심으로 유향품관들이 수령을 협조하거나 견제했다. 유향품관들은 자율적으로 규약을 만들고 수시로 향회(鄕會)를 소집해 여론을 수렴했으며, 백성을 교화하고 수령의 비행을 관찰사에게 보고하기도 했다.

조선 초 태종대에는 전국 300여 군현 모두에 지방관이 파견됐다. 그리고

---

3    수령7사 수령이 수행하는 대표적인 7가지 임무를 말한다. 농업 발전, 인구 증가, 교육 진흥, 군정(軍政) 정비, 부세의 균등 수취, 소송의 간명화, 간사하고 교활한 풍속의 방지 등의 7가지다.

500여 개에 달하던 고려의 군현을 대폭 통폐합해 조선에서는 향촌사회가 중앙의 통치체제의 한 부분으로 온전하게 편입됐다. 지방은 중앙의 정책과 제도가 변화하면 함께 큰 영향을 받을 수밖에 없었다는 점에서 조선왕조가 내세운 민본을 실현할 수 있는 구체적인 통로였던 셈이다. 백성들 역시 중앙 통치체제의 그물망에서 벗어날 수 없었으며, 지방사회의 유력자들도 중앙과 긴밀한 연결고리가 절대적으로 필요했던 것이다.

## 4 대외관계와 군사조직

### 군사조직

조선은 고려 말에 외적이 끊임없이 침략했던 일을 교훈 삼아 국방력을 강화하는 데 힘을 기울였다. 고려 말 도평의사사체제에서 가장 중요했던 시위패(侍衞牌)[4]가 개국공신들에게 나뉘어 사병처럼 부려지는 상황이었기에 태종은 사병을 혁파하는 과정에서 시위패를 해체하는 데 중점을 뒀다. 결국 이들은 지방의 기선군, 영진군으로 흡수됐다. 그러나 기존 군대만으로는 인원이 부족했기에 양인을 모집해 이들에게 군역을 지게 하는 양인개병제(良人皆兵制)를 시행했다. 양인개병제에 의해 16세 이상 60세 이하의 양인 남자는 군병(軍兵)이 되거나 군병이 군역을 지는 동안 필요한 식량이나 의복 등의 경비를 부담하는 보조원인 봉족(奉足)이 됐다. 조선 정부는 호적조사사업을 지속적으로 실시해 양인을 공민화하는 정책을 폈다. 그 결과 세종대에는 70만 명, 세조대에는 80~100만 명으로 군역을 지는 사람의 수가 늘었다.

평민들은 중앙의 정병(正兵), 지방의 요충지를 지키던 유방군(留防軍) 또는 수군(水軍)에 편입됐다. 고급 직업군인인 갑사(甲士), 별시위(別侍衞), 내금위(內禁衞) 등에는 시험을 거쳐 들어온 무재(武才)를 지닌 사람들이 속했다. 이들은 정식 무반으로 품계와 녹봉을 받았으며, 왕궁과 서울의 수비를 맡거나 지방의 하급 지휘관이 되기도 했다.

---

4    시위패 고려 말, 조선 초에 있던 중앙군 중 하나로 '시위군'이라고도 했다. 고려 말 각 도의 절제사를 겸임하고 있던 조정 중신들이 자기 휘하의 사병을 상경시켜서 시위하게 한, 사병의 성격을 띤 군인을 말한다.

군대를 통솔하던 중심기관은 오위도총부(五衛都摠府)였다. 5개 군단으로 구성된 이곳이 중앙군을 구성했고, 최고 책임은 문관이 맡았다. 또 군인의 훈련과 무과시험을 관장하는 훈련원(訓鍊院), 무관의 최고기관인 중추부(中樞府)도 있었다. 지방의 육군은 세조대 이후 진관체제로 정비했다. 각 도에 관찰사와 병마절도사가 주둔하는 곳을 주진(主鎭: 감영, 병영, 수영), 그 주변 지역의 고을을 제진(諸鎭: 군, 현)으로 분류해 상하관계로 묶어 지역 단위의 방어체계를 만든 것이다. 중앙군과 지방군을 유기적으로 통합하기 위해 지방군의 일부를 교대로 서울에서 복무하게 했는데, 이를 번상병(番上兵)이라고 했다.

수군은 육군과 비슷한 체제로 편성됐다. 수영(水營)을 두고 수군절도사를 파견해 관할 구역의 수군을 이끌게 했다. 수영 아래에는 포진(浦鎭)과 포(浦)를 두고 첨절제사(僉節制使)와 만호(萬戶)를 각각 파견해 수군을 통할하게 했다. 이 밖에도 조선 초기에는 일종의 예비군인 잡색군(雜色軍)이 있어서 평시에는 생업에 종사하다가 일정 기간 훈련을 받고 유사시를 대비했다. 서리나 잡색인, 신량역천인(身良役賤人) 등이 여기에 소속됐다.

국방의 필요와 행정적인 수요에 부응하기 위해 봉수제(烽燧制)와 역참제(驛站制)도 운영했다. 봉수제는 국경에 군사적인 긴급사태 발생 시 밤에는 산꼭대기에 봉화를 올리고, 낮에는 연기를 피워 서울에 알리게 한 제도다. 또한 역참제는 전시뿐만 아니라 평시에도 통신과 물자의 수송을 담당하게 한 제도다. 사신 영접 등 외교 면에서도 중요한 역할을 수행했으며, 중앙과 지방 사이 또는 지방 간에 상품 교환이나 소통을 매개하는 역할을 했다.

### 4군과 6진의 개척

조선은 건국 직후부터 영토 확장정책을 추진했다. 조선 초기의 지식인들은 우리나라가 본래 만주를 포함한 '만리의 대국'이라고 여겨 실제로 우리 국토를 담은 지리지나 지도에 만주를 포함시키기도 했다. 중국과 조공–책봉 관계를 바탕에 둔 외교질서를 유지하면서도 조선을 중국과 다른 독자적인 세계로 인식하는 소중화의식도 갖고 있었던 것이다. 위화도회군으로 좌절됐던 요동정벌을 태조대에 다시 추진한 것도 이러한 자의식과 관련이 있다. 개국 직후에는 정도전, 남은(南誾, 1354~1398) 등을 중심으로 군사 훈련을 강화했다. 그러나 비밀리에 추진된 이 계획을 감지한 명이 태조의 즉위를 인정하는

도판1 〈야연사준도〉
두만강 일대에 흩어져 살던 야인들을 김종서가 몰아내고 동북면에 6진을 개척한 뒤의 일화를 그린 것이다. 연회 중에 갑자기 화살이 큰 술병에 꽂혔음에도 김종서는 다른 장수들과 달리 침착하게 연회를 진행했다는 내용이다.

인신(印信, 도장)을 주지 않고, 요동정벌운동의 주모자인 정도전을 압송하라고 압력을 가했다.

게다가 요동정벌운동으로 사병 혁파 상황을 맞은 이방원이 왕자의 난을 일으켜 반격에 성공하면서 이는 중단될 수밖에 없었다. 태종은 요동 수복을 포기하는 대신 충청도·전라도·경상도의 부유한 주민들을 북방으로 이주시켜서 압록강 이남 지역을 개발하고자 사민정책(徙民政策)을 펼쳤다. 이것이 성종대까지 이어지면서 함경도·평안도·황해도 지방이 개발되고, 남북 간 인구 비율도 어느 정도 균형이 잡혔다.

특히 압록강과 두만강 유역에 대한 개발정책은 세종대에 적극적으로 추진됐다. 세종은 최윤덕(崔潤德, 1376~1445)을 압록강변으로 보내 여진족을 토벌하고, 김종서(金宗瑞, 1383~1453)를 두만강 유역으로 보내 여진족을 몰아내게 했다. 그리고 함경도 북부인 두만강변에 6진(鎭)을, 평안도 북부인 압록강변에 4군(郡)을 설치해 우리 영토로 편입했다.

### 대명관계

요동정벌 운동이 좌절된 후에 조선과 명의 외교관계는 다시 정상화됐다. 명은 이전의 어느 왕조보다도 강경한 대외정책을 고수해, 주변국들을 조공을 바치는 제후국으로 묶어두려고 했다. 조선은 명과 천자-제후의 관계를 맺고,

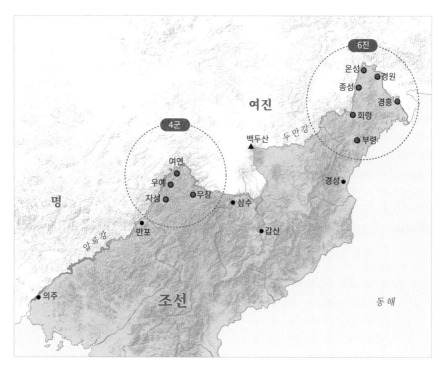

지도1 4군 6진
4군은 세조대에 철폐되어 한동안 폐사군이 되기도 했으나 이는 군사적인 방어선의 후퇴와 다름없었다. 조선 후기 군사적 필요성에 따라 다시 진보(鎭堡)가 설치되기도 했다. 4군과 6진은 국경선으로 여긴 것은 아니었고, 수복된 지역에는 토착민을 토관(土官)으로 삼아 자치를 허용했다.

새로운 국왕이 즉위할 때마다 천자의 승인을 얻는 절차를 거쳐 인신과 고명(顧命, 임명장)을 받았다. 또한 명에서 받은 달력을 사용했다.

한편 1년에 3번으로 규정된 사행(使行)을 통해 조공을 바치고, 반대급부로서 회사(回賜)하는 물품을 받아와서 경제·문화적 실리를 취했다. 조공으로 바쳤던 물품은 종이·붓·화문석·금·은·인삼·도자기 등 대부분 토산품이었고, 회사를 통해 받은 물품은 비단·약재·책·문방구 등이었다. 이러한 무역관계는 실질적으로 공무역에 해당했다.

조선은 명과 사대관계를 맺었지만, 명의 직접 통치 안에 있는 제후와는 구별됐다. 명이 조선에 '의례는 조선의 습속을 따름(의종본속(儀從本俗))'과 '백성을 교화하는 교육에서의 자유(성교자유(聲敎自由))'를 허용하면서 조선은 고유의 풍속과 정치적 자유를 인정받았던 것이다. 명은 다른 나라가 조공을 바칠 때는 입국 확인서인 감합(勘合)을 요구했지만 조선의 경우 국왕의 표문(表文)만으로 허락할 정도로 조선을 인정했다.

## 대여진정책과 대일관계

조선은 여진, 일본 등과는 회유와 응징을 적절히 사용하며 교린관계를 유지했다. 당시 여진족은 압록강과 두만강 일대에 흩어져 살면서 세력을 한쪽으로 모으지 못하고 있었다. 또 명, 조선과는 이중적인 종속관계를 맺고 있었다. 이에 여진족의 생활을 돕기 위해 국경 지역에서 무역할 수 있도록 함경도 경성과 경원에 무역소를 설치해 교역하게 했다. 여진족은 모피·약재 등을 가져왔고, 조선은 쌀·옷감·소금·농기구 등의 물품을 보냈다. 조선 정부는 여진 추장의 조공과 귀화를 적극적으로 권장하기도 했고, 입조한 추장들에게는 관직까지 주었다. 그렇지만 여진족은 조공으로 충족되지 않은 물품을 구하기 위해 변경을 침입해 노략질하기도 했다.

이 무렵 일본은 남북조시대의 혼란기를 거치면서 60여 년간 전쟁을 치르느라 국내가 통제되지 않는 상황이었다. 고려 말에는 왜구의 침입도 크게 늘어 조선은 건국 초부터 어려운 문제를 안고 있었다. 다행히 조선 건국 이후 국력이 증대하면서 상대적으로 왜구의 침입이 줄었고, 이에 해안 지역을 다시 개발하기 시작했다. 일본 역시 평화로운 무역관계를 요청해오면서 조선은 부산과 창원을 개항해 제한된 범위에서 무역을 승인했다. 그러나 일본 상인 중에는 조선의 통제무역에 불만을 품고 밀무역을 하거나 해적으로 돌변하는 일도 있었다. 이에 세종 원년에 왜구의 소굴인 대마도를 소탕하고자 227척의 함선과 1만 7,000여 명의 원정군을 파견했다.

결국 조선은 대마도주로부터 항복을 받고 실질적인 위협을 제거한 후에야 대마도주의 요구를 받아들여 세종 8년(1426) 남해안의 3개 항구, 삼포(三浦, 부산포(동래)·제포(진해)·염포(울산))를 열고 무역을 허용했다. 1443년(세종 25)에는 계해약조(癸亥約條)를 맺어 1년에 50척으로 무역선을 제한했다. 조선에서는 식량·의복·옷감·서적 등을 주고, 왜인에게서 무기 원료·기호품 등을 받았다. 대마도나 왜구와 달리 일본 조정과는 서로 사신을 보내 대등한 선린 외교를 이어갔다. 일본 조정에서 『대장경(大藏經)』을 끊임없이 요구해 여러 차례 보내주기도 했다.

이 밖에도 조선과 교류한 나라들로는 유구(琉球; 오키나와), 섬라(暹羅; 태국), 자바(인도네시아) 등이 있었다. 이들은 조선 정부에 조공 혹은 진상(進上)의 형식으로 토산품을 바치고 의복 재료·문방구·서적·불종·불상 등을 회사품으로 받아갔다.

# 5 관료 선발과 교육제도

## 관료를 뽑는 법

조선은 출신 배경보다는 개인의 자질과 실력을 중시했다. 개국 직후부터 과거를 실시해 각 분야의 전문 관료를, 취재를 통해 각 분야의 실무 담당자인 일반 관리를 선발했다. 이외에 천거(薦擧)라는 추천제도를 두어 학문이나 덕행이 뛰어난 사람을 임용했다.

전문관료를 선발하는 과거에는 문과·무과·잡과가 있었다. 문과와 잡과는 고려에도 있었지만 무과는 조선에 들어와 비로소 제도화됐다. 조선은 유교 국가로서 문치주의를 우선하면서도 국가 운영과 인재 선발에서는 문무의 균형을 모색했다. 문과는 학술·교육·문한(文翰)·간쟁 등을 담당하는 문관을 선발하는 시험이었다. 업무의 성격에 따라 조금씩 달랐지만 주로 학술적인 소양과 문장 제술 능력을 평가했다. 문과 출신은 국가의 핵심 요직을 담당하며 국가 운영을 주도했다. 무과는 군사 분야를 담당하는 전문가인 무관을 선발하는 시험으로, 병서에 대한 이해 정도와 활쏘기, 창 던지기 등 무예 실력을 평가했다. 무관은 문관과 달리 국가의 고위직에 진출이 어려웠다.

관리 선발제도의 양대 축이었던 문과와 무과는 과거 때마다 항상 함께 시행했다. 시험 종류로는 식년시·증광시·별시·정시·알성시 등이 있었다. 식년시는 3년에 한 번씩 정기적으로 시행하던 시험이다. 초시·복시·전시 등 3단계를 거쳐 문과에서는 33명, 무과에서는 28명을 선발했다. 초시는 각 지역의 인재를 고르게 선발한다는 취지 아래 도별로 선발인원을 정해두고 전국에서 동시에 진행했다.

알성시는 국왕이 성균관에 행차해 제사 지낼 때 시행하던 시험이다. 이외에 증광시·별시·정시 등은 국가에 경사가 있을 때 백성과 기쁨을 함께 나눈다는 취지로 시행했다. 각각 시험 절차와 형식이 달랐는데, 모두 식년시보다는 절차와 과목이 간단했다. 특별시험을 치를 때도 항상 문과와 무과를 함께 실시했는데, 선발 인원은 그때그때 달랐다.

문과와 무과에는 원칙적으로 양인 이상이면 누구나 응시할 수 있었다. 조선 전기에는 서얼의 경우 응시를 금지하기도 했으나 임진왜란 이전부터 그 규제가 점점 완화돼 숙종대부터는 서얼도 과거에 응시할 수 있었다. 하지만 충분한 교육을 받아야 응시할 수 있었기 때문에 실제 응시자는 대부분 양

도판2 새벽의 과거 시험장 풍경
유건(儒巾)을 쓴 응시자들이 큰 일산 아래에 옹기종기 모여
시험을 준비하고 있다.

반층이었다.

유교적 교양과 글짓기 능력을 평가하는 시험인 생원·진사시도 있었다. 생원·진사시는 감시(監試)라고 일컬었는데, 대과(大科)인 문과와 대비해 소과(小科)라고도 불렀다. 합격자는 생원·진사라는 칭호와 함께 성균관에 입학할 수 있는 자격이 주어졌다. 이들은 관료는 아니었지만, 국가적으로나 사회적으로 관료에 준하는 예우를 받았다.

잡과는 외국어 통역, 의학, 천문·풍수·점복, 형률 관련 전문 관리를 선발하던 시험이다. 각각 역과(譯科), 의과(醫科), 음양과(陰陽科), 율과(律科)라고 불렀다. 해당 분야에 대한 전문지식을 평가했으며, 합격자는 해당 부서의 전문 관료로 근무했다. 잡과 출신은 문무관과는 엄격하게 구분되어, 다른 관서로 이동하거나 고위직으로 승진하는 데 제한을 받았다.

잡과는 3년마다 한 번씩 정기적으로 식년시를 시행할 때 문무과와 함께 시행했다. 이외에 국가의 큰 경사가 있을 때 시행하는 증광시 때도 잡과를 시행했다. 그러나 문과와 무과에 비하면 시험 종류뿐 아니라 시행 횟수도 적었다. 잡과도 원칙적으로는 천인이 아니면 누구나 응시할 수 있었으나, 실제로는 해당 관청에 소속된 7품 이하의 기술관과 잡학생도, 서얼 등이 주로 응시했다. 잡과는 기술직 관료 중에서 고위 관리직을 선발하는 성격이 강했다.

취재는 실무 담당 관리를 선발하는 시험으로 여러 종류가 있었다. 그중 일반 관리를 선발하는 취재(取才)를 음자제(蔭子弟) 취재라고 했다.[5] 고위 관료나 주요 관직 담당자들의 아들 등을 시험해 등용하는 제도였다. 음자제 취재는 고려시대 음서로부터 이어져온 것이지만, 임용 범위가 그보다 좁고 매년 시험으로 선발했다는 점에서 차이가 있었다.

한편 고위 관료나 지방관이 학문이나 덕행이 뛰어난 사람을 추천해 관리에 임용하는 천거제도도 있었다. 조선 초기에는 음자제 취재의 비중이 절대적으로 높았지만, 성리학 이념이 확산되면서 인물의 덕행을 기준으로 삼은 천거가 더 중시됐다. 그 결과 음자제 취재는 폐지되고, 추천에 의한 임용이 일반화됐다. 문과나 무과를 거치지 않고 관리가 된 사람들을 음관 또는 남행(南行)이라고 불렀다.

군사는 군역제도에 따라 충원했지만, 정예군에 속하는 내금위나 금군, 별시위, 갑사 등 특수 병종의 군사는 취재를 통해 선발했다. 이들에게는 정해진 관직을 수여했고, 복무 기간 중에는 급료도 지급했다. 취재나 천거를 통해 관직에 진출한 경우 근무할 수 있는 관서와 고위직으로 승진할 수 있는 기회가 제한됐다. 따라서 하급 관직에 있으면서 다시 과거에 응시하는 것이 일반적이었다. 문무과에는 관료라도 정3품 통훈대부 이하의 당하관이면 누구나 응시할 수 있었다.

### 조선의 최고교육기관, 성균관

조선은 개국 직후부터 교육제도를 정비하는 한편 학교 수도 늘려갔다. 서울에는 고등교육기관인 성균관과 함께 행정 단위인 부별로 학당이 있었다. 지방 군현에는 고을마다 향교를 설치했다. 4부학당과 향교의 설립으로 전국 어디에서나 학교교육을 받을 수 있는 여건이 만들어졌다. 국가에서 세운 이 학교들은 관학(官學)으로 불렸으며, 교육하는 데 필요한 모든 비용은 국가가 부담했다.

---

5  음자제 취재의 응시 허용 범위 공신과 2품 이상 관료의 아들·손자·사위·동생까지, 3품직 담당 관료의 아들·손자, 이외에 이조·병조·도총부·사헌부·사간원·홍문관·부장·선전관 역임자의 아들이 응시할 수 있었다.

성균관은 조선의 최고교육기관이다. 조선 전기에는 200명 정원으로, 생원시와 진사시에 합격한 생원·진사들이 입학했다. 정원이 다 차지 않은 경우 특별 시험을 통해 생원·진사가 아닌 유생에게도 입학을 허용했는데, 이들은 하재생(下齋生) 또는 기재생(寄齋生)이라 불렸다. 성균관에는 정3품인 대사성을 비롯해 좨주·사성·사예·사업·직강·전적·박사 등 여러 관직이 있었다. 이들은 관리인 동시에 교사로 유생의 교육을 담당했다. 정부에서는 성균관 교육을 중시해 성균관 관리는 모두 문과에 급제한 문관으로 충원했다.

성균관 유생은 동재(東齋)와 서재(西齋)로 불린 기숙사에서 생활했다. 교육과정은 사서오경(四書五經) 등 유교경전의 독서와 과거 준비를 위한 제술 시험으로 구성됐다. 조선 초기에 발표된 성균관의 교칙인 「학령(學令)」에 따르면, 유생은 매일 경서를 공부하는 일강(日講)에 참여하고, 순제(旬製)라는 이름으로 열흘에 한 번씩 정해진 문체에 따라 글을 지어 평가받아야 했다.

성균관교육은 문과를 준비하는 성격이 강했고, 실제로 성균관에서 수학한 유생은 문과에 응시할 때 여러 가지 특혜를 받았다. 가령 성균관에서 일정 기간 이상 수학한 경우 문과 초시에 응시할 때 성균관에서 시행하는 관시(館試)에 응시할 수 있었다. 관시는 지역별로 시행하는 한성시나 향시에 비해 선발 인원은 많고 응시자는 적었기 때문에 합격에 유리했다. 또 성균관에서 시행하는 각종 시험에서 우수한 성적을 받으면 문과의 초시를 면제받거나 문과 초시 때 가산점이 있었다. 유생에게 각종 특혜를 준 것은 성균관 수학과 학업을 장려하기 위함이었다.

### 지역교육기관인 사부학당과 향교

서울의 사부학당과 지방의 향교는 행정구역별로 설치된 중등교육기관에 해당된다. 16세 이상의 남성이 입학해 유교경전과 작문을 공부하며 유생으로서의 소양을 익히고 과거를 준비했다.

서울에 설치된 4부학당은 동부학당·중부학당·서부학당·남부학당 등 4개로, 흔히 '사학(四學)'이라고 불렀다. 학당별로 정원은 100명이었다. 지방 각 고을에 설치된 향교에는 고을의 크기에 따라 90명에서 30명으로 정원에 차등을 뒀다. 사학과 향교에는 국가에서 교수나 훈도라고 불리던 교사를 파견했다. 사학과 향교의 유생도 매년 정기적으로 시험을 치러 성적이 우수한 경우 생원·진사시에 응시할 때 초시를 면제받는 혜택을 받았다. 이 역시 유

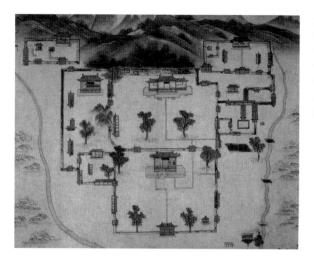

도판3 성균관의 모습
경내의 중앙 앞쪽에는 공자 이하 성현들의 위패를 모신 대성전이 있고, 뒤쪽에는 유생들의 강학 장소인 명륜당이 있다. 명륜당 앞뜰의 좌우로 유생들이 기거하는 동재와 서재가 있다.

생의 학업을 장려하기 위해서였다.

### 무예와 잡학

조선에서는 무과를 실시했지만 무예교육을 전담하는 학교를 따로 설치하지는 않았다. 그러나 모든 성인 남성이 군역의 의무를 지고 교대로 군대에서 근무했기에 소속된 부대에서 군사 훈련을 받았다. 또한 매년 봄가을 서울과 전국 각 도에서 각종 군사(軍士)와 3품 이하의 관원, 한량 중 자원자를 대상으로 무예 시험인 도시(都試)를 실시하고 우수자를 임용·시상해 무예를 장려했다. 군사들은 내금위, 별시위, 친군위 등에서 실시하는 각종 취재에도 응시할 수 있었다. 무과 외에도 다양한 시험을 통해 우수자를 시상하는 방식을 마련해 무예를 연마하도록 장려했다.

　잡학교육은 사역원·전의감·혜민서·관상감·형조·도화서 등 해당 관청에서 실시했다. 지방에서도 고을별로 의학과 율학을 가르쳤고, 변경 지역에서는 지역의 특성에 맞춰 한학·여진학·왜학 등 외국어 통역관교육을 실시했다. 학생인 생도(生徒)는 추천과 심사를 거쳐 선발했으며, 역시 정기적으로 시험을 실시하고 성적에 따라 시상해 학업을 장려했다.

# 2.

조 선    전 기 의
경 제    운 영 과
사    회    구    조

# 1 과전법의 운영과 수취체제의 변화

### 왕조 교체의 상징, 과전법

1388년(우왕 14) 5월 위화도회군 이후 개경에서 실권을 장악한 이성계와 신진사대부들은 토지제도 개혁에 박차를 가했다. 당시 고려사회는 권문세족과 이들의 후원을 받는 사찰이 대규모로 토지를 겸병하면서 백성들의 생활은 피폐해지고 국가의 부세 수입도 크게 줄어든 상태였다. 위화도회군 이후 조준(趙浚, 1346~1405)은 사전을 개혁하라는 창왕의 교지를 받들어 창왕 즉위년인 1388년의 7월부터 이듬해인 1389년 8월(창왕 1) 그리고 12월(공양왕 1) 3차례에 걸쳐 토지제도 개혁에 관한 상소를 올렸다. 이후 사전 개혁 과정에서 양전[己巳量田: 1388~1389]을 시행해 6도에 실제 경작할 수 있는 토지 결수를 62만 3,097결로 확보했으며, 이를 상중하로 나누고 수령과 타 지역 위관(委官)이 매년 답험해 논 1결에 최대 30두를 거두는 방식으로 수취제도를 개선해갔다. 이러한 작업이 마무리된 후 1390년(공양왕 2) 9월 무렵에는 문제되는 토지대장을 수도 시가에 모아서 모두 불태웠다.

1391년(공양왕 3) 5월에 반포된 과전법은 이러한 고려 말 사전 개혁을 기반으로 성립된 토지제도라 할 수 있다. 과전법은 왕실과 관료군을 18과로 나누고 경기 지역의 토지에 한해 150결부터 15결까지 과전을 차등 지급하는 대신 그 외의 토지는 대부분 국가 수조지로 전환시키는 내용을 골자로 한다. 고려 말 사회문제로 부각된 토지 겸병의 문제를 해소하고, 왕실과 경외 관원에게 토지를 차등 분급하는 개혁 조치는, 기득권층의 경제 기반을 무너뜨리고 신진사대부 세력의 개혁적 가치를 드높이는 계기가 됐다.

그러나 건국 이후 전현직 관료 모두에게 과전을 지급하는 한편, 수신전(守信田)·휼양전(恤養田)[1] 등의 형태로 과전 세습을 용인해줌으로써 새로 지급할 과전이 다시 부족해졌다. 이로 인해 세조 12년(1466) 현직 관료에게만 과전을 지급하고 수신전과 휼양전 역시 폐지하도록 하는 직전법(職田法)이 시행됐다. 그러나 직전법 시행 이후에도 전주(田主)들이 수조지를 답험해 수

---

1    수신전·휼양전 '수신전'은 과전을 분급받은 관료가 죽은 후, 그의 부인이 재혼하지 않는 경우 과전을 그대로 승계해 수조할 수 있도록 한 토지이다. '휼양전'은 부모가 모두 죽고 어린 자손만 남았을 경우, 이들을 부양할 수 있도록 부친이 분급받았던 과전을 승계해 수조할 수 있도록 한 토지를 일컫는다.

확보다 많은 양의 전조(田租)를 전객(佃客)으로 하여금 바치게 하는 문제가 지속됐다. 이에 1470년(성종 1)에는 국가가 경작자에게서 직전세를 거둬 해당 전주에게 지급하는 관수관급제(官收官給制)가 시행됐다. 그럼에도 불구하고 직전의 부족현상은 해소되지 않았고, 결국 1555년(명종 10)에는 더이상 직전을 분급하지 못하게 됐다.

직전법 폐지 이후 조선 왕조는 더 이상 토지제도를 공포하지 않았다. 직전법 폐지는 고려 말에 확립된 과전법체제의 해체를 뜻할 뿐 아니라 신분을 토지에 결합시켜 관리하던 중세적 토지지배 방식의 전면 중단을 뜻한다. 이후 조선 왕조는 수조권의 분급과 회수를 통한 토지의 직접 지배 방식에서 벗어나, 수취제도의 정비와 재편을 통한 재정 확보의 방향으로 정책 노선을 선회했다. 이에 중앙정부는 개간과 매득으로 토지 소유를 확대해가는 양반 지주층과 다수의 소규모 자영농들로부터 부세를 안정적으로 수취하기 위해 부단한 노력을 경주해야 했다.

### 공법과 국용전제의 실현

12세기 이래 수리시설의 발달로 연해안 저습지가 개간됐으며, 산간 지역에서도 잘 자라는 벼종이 국내에 도입되어 농업생산력이 향상됐다. 또 휴경지가 줄고 매년 경작할 수 있는 땅이 늘어나면서 국가에서 수세할 수 있는 토지역시 늘어났다. 과전법은 이러한 생산력의 변화를 기초로 새 왕조의 재정 기반을 마련하기 위해 기획된 토지 개혁안이었다. 조선 건국 이후 1405년(태종 5) 을유양전(乙酉量田)을 통해 전국의 토지 결수는 약 96만 결로 증가했고, 1432년(세종 14)에는 6도의 토지 결수만 118만 6,070결로 파악됐다. 이에 중앙정부는 고려 말에 정비한 토지의 품질과 세율을 새롭게 조정해야 하는 문제에 직면했다.

세종 초부터 논의를 시작해 1444년(세종 26)에 최종 완성된 공법(貢法)

---

**공전과 사전이란?**

'공전'은 전시과체제하에 정부에서 국가에서 토지세를 거두는 대다수의 민전(民田)을, '사전'은 수조권을 부여받은 개인 혹은 관부에서 세를 거두는 토지를 의미한다. 조준의 사전 개혁은 권문세가와 사찰이 소유한 수조지의 적법성을 검토해 사전을 공전으로 전환시킨 조치를 일컫는다.

은 농업생산력의 발전과 경작 면적의 증가에 발맞춘 조선의 첫 번째 전세 개혁안이었다. 공법의 핵심은 답험손실(踏驗損實)[2]로 인한 세액의 불안정성을 타개하고, 정액세를 수취해 일정한 부세 수입을 확보하는 것이었다. 그러나 공법의 최종안은 토지의 비옥도에 따라 전품(田品)을 기존의 3등급에서 6등급으로 세분화하는 한편, 매해 풍흉을 고려해 세율을 9등급으로 나눠 수취하는 방식으로 정리됐다. 이에 1결당 최대 400두를 수확한다는 전제하에 최대 20두에서 최소 4두를 거두는 과세 원칙이 정해졌다. 문제는 공법이 정률세의 성격을 띠면서, 정액세로의 개편을 통해 중앙세입을 안정적으로 확보하고자 한 취지가 무색해졌다는 점이다.

조선 전기에는 왕실 및 중앙각사, 지방관청의 경비를 충당할 수 있도록 각각에 토지를 분급하고, 각종 향리 및 특수 역을 지는 이들에게도 토지를 나눠줬다. 이를 위전(位田)이라 하는데, 위전 중 가장 비중이 컸던 것이 각사위전(各司位田)이었다. 그런데 답험손실법에 따라 위전에서 세를 거두게 되자, 매년 세입이 달라져 경비 확보에 문제가 생겼다. 이를 개선하기 위해 공법을 도입했지만, 논의 과정에서 풍흉을 고려한 정률세로 정리됐기에 세수의 불안정성이 크게 해소되지 못했다. 이에 1445년(세종 27) 중앙정부는 각사의 위전을 국용전으로 통합하고, 호조에서 일괄적으로 세를 거둬 각사의 필요 경비를 지급하는 방식으로 전환했다. 또한 위전에서 거두던 제사용 경비는 국고에서 지출하고, 특수역 종사자를 위한 위전은 폐지하는 한편, 역과 관아 경비로 쓰이던 아록전 등 일부 위전은 규모를 조정했다. 이같은 조치를 국용전제(國用田制)라 한다.

국용전제는 답험손실의 맹점을 보완해 중앙 각사에서 경비를 일정하게 확보하는 데 일조했다. 다만, 지방 향리나 특수역을 지던 자들에게 분급됐던 위전을 폐지함으로써, 토지를 매개로 직역을 부과하던 전통적인 토지지배 방식은 점차 축소되어갔다.

### 공물과 역의 수취

조선은 당(唐)의 조세체계인 조용조(租庸調)를 조선의 현실에 맞게 변형한 부

---

2    답험손실 수령과 위관이 당해 작황을 조사해 전세를 일정한 비율로 줄여주던 방식을 일컫는다. 1분의 실(實)에 대해 1분의 조(租)를 징수하고, 1분의 손(損)에 대해 1분의 조를 감하는 것을 원칙으로 했다.

세제도를 운영했다. 이에 토지에서 나는 곡식을 전세로 거두고[租], 그 외 각 지방의 토산물을 공물로 수취했으며[調], 16세에서 60세의 성인 남자를 기준으로 군역과 요역[庸]을 정기적으로 징발했다. 이중 중앙재정에서 가장 큰 비중을 차지한 것은 공물(貢物)이었다.

조선왕조는 왕실 유지와 중앙 각사 행정에 필요한 각종 물품을 지방 군현에서 조달해 쓰는 현물공납제(現物貢納制)를 운영했다. 각 군현에서는 공안에 기재된 일정량의 공물을 매년 중앙 관서에 바쳐야 했으며, 이때 바치는 공물은 지방에서 나는 토산물을 원칙으로 했다. 이를 '임토작공(任土作貢)'이라 한다. 한편 각 도 관찰사나 병사·수사의 책임 하에 왕실 부양과 제향을 위해 바치는 현물 진상(進上)이 있었다.

공물이 각 군현에서 1년에 1번 중앙 각사에 바치는 세공(歲貢)이라면, 진상은 제후가 천자(天子)에게 바치는 조공처럼 각 도의 관찰사가 국왕에게 매달 정기적으로 바치는 예헌적(禮獻的) 선물에 가까웠다. 조선 전기 공납제는 바로 이 공물과 진상을 기초로 한다. 현물로 부과되는 공물과 진상은 왕실을 부양하고 각사를 운영하는 데 실질적 경비로 사용됐다. 그렇기에 조선 초부터 중앙정부는 공부상정도감을 설치해 각 도와 군현의 토산현물을 철저히 파악했으며, 공물의 품목과 수량을 기록한 공안의 개정을 통해 중앙에서 필요로 하는 현물을 확보해나갔다. 진상제 역시 조선 전기에 물종과 상납 방식이 정비됐다.

한편 역은 군역과 요역으로 나뉘어 운영됐다. 요역은 국가에서 필요로 하는 노동력을 징발하는 제도로서, 전세미와 공물, 진상 등을 중앙에 조달하는 정기적인 부역 외에 국가의 토목공사나 사신 접대와 같은 비정기적 동원도 포함됐다. 1428년(세종 10)부터 호당 토지면적을 고려해 역인을 차출하는 계전법을 시행하다가 1471년(성종 2)에 역민식(役民式)을 제정해 전팔결출일부(田八結出一夫: 토지 8결마다 역부 1명을 징발함)의 원칙을 확립했다. 백성들은 1년에 6일을 넘지 않는 선에서 역을 졌다. 그러나 역민식이 채택된 후에도 대토지를 소유한 지주층은 역에서 벗어나고 소농민이 요역을 전담하는 경우가 많았으며, 중앙과 지방의 필요에 따라 호역의 형태로 요역 동원이 수시로 자행됐다.

군역은 실제 역을 지는 호수 1인과 호수를 경제적으로 지원해주는 봉족(奉足) 2인이 3정(丁) 1호(戶)로 편제해 운영했다. 1464년(세조 10) 보법(保法)

이 시행되면서 봉족 2인을 1보(保)로 편성해 호수(정군)를 지원하는 방식으로 전환됐다. 보법의 시행을 계기로 군역에 포함되지 않던 양인 장정이 군적에 기재되어 군액(軍額)이 크게 늘었다. 처음에는 호수가 봉족에게 직접 봉족가를 수취했으며, 봉족가는 1개월에 면포 1필을 넘지 못하도록 했다. 그러나 호수가 봉족을 노비처럼 부리거나 규정 이상의 봉족가를 요구해 봉족이 달아나는 문제가 야기됐다. 호수 역시 중앙 혹은 각 진관에 직접 가서 군역을 져야 했기 때문에 역에 대한 부담이 적지 않았다. 이로 인해 사람을 대신 사서 군역을 지우는 대립제(代立制)가 성행했다. 군역자가 포를 납부하면 병조에서 이를 가지고 대립군을 세우는 군적수포법(軍籍收布法)이 시행됐다. 이러한 납포군화 경향은 조선 후기에 확대되어 병조뿐아니라 신설 군문의 운영에도 영향을 미쳤다.

현물과 노동력을 직접 징수해 운용하는 조선 전기의 수취 방식은 국가의 다각적인 노력을 통해 점차 정비되어 갔지만, 여전히 운영상에 많은 문제점을 안고 있었다. 이것은 임진왜란을 치른 뒤 후속 세대에게 고스란히 숙제로 남겨졌다.

## 2 농업 경영과 생산력의 발달

### 농법의 개량과 『농사직설』의 간행

조선 왕조의 기간산업은 농업이었으며, 왕조 운영에 필요한 재원 역시 농민이 세금으로 바치는 농산·임산물에 기초해 있었다. 지배층은 조선 초부터 가뭄으로 인한 재앙에 대비해 제언(堤堰), 천방(川防)을 수축하고 수차(水車)를 도입하는 등 적극적인 권농정책을 펼쳤다. 16세기 전반 삼남 지방에 축조된 제언은 2,200여 개로 확인되며, 향촌에서 산간의 시내와 하천을 활용한 천방(川防: 냇둑)도 활발하게 개발됐다. 그럼에도 조선 전기에 조성된 제언은 전체 논의 약 20%만을 위한 것이어서 대부분의 논은 천수답(天水畓: 빗물에 의지해 경작하는 논)의 성격을 벗어나지 못했다. 천방의 경우도 산곡의 시내를 활용하는 수준이었기 때문에 저지대까지 확대되지 못했다. 수차의 경우 중국에서 들여온 당수차와 일본에서 들여온 왜수차를 바탕으로 조선 실정에 맞는 수차 개발을 시도했으나 민간에까지 널리 보급되지는 못했다.

한편 중앙정부는 토질과 품종의 성격에 맞는 농법을 개량하기 위해 농서의 간행과 보급에 박차를 가했다. 태종대에는 중국의 농서인 『농상집요(農桑輯要)』에서 조선의 현실에 맞는 농법을 발췌, 번역한 『농서집요(農書輯要)』를 편찬했다. 세종대에는 조선의 기후와 풍토에 맞는 농법을 정리한 『농사직설(農事直說)』을 간행했다. 『농사직설』은 세종 11년(1429) 정초(鄭招, ?~1434)와 변효문(卞孝文, 1396~?) 등이 전국 각지의 경험 있는 농민들에게서 수집한 정보를 바탕으로 편찬한 관찬 농서로, 조선 전기의 농업 환경과 생산력의 수준을 엿볼 수 있는 자료다.

봄 가뭄과 여름 장마, 겨울 추위를 특징으로 하는 기후 여건 속에서 올벼[早稻]·늦벼[晚稻]의 논 작물과 기장·콩·보리·피 등의 밭작물이 조선시대 내내 주곡으로 경작됐다. 그렇기에 벼종을 비롯한 다양한 밭작물의 파종과 제초, 시비 등의 정보를 자세히 담고 있는 『농사직설』은 당대의 농업 환경과 농법의 실제를 파악할 수 있게 해주는 실용적인 농서로 평가받는다.

『농사직설』에 실린 조선 전기의 농업 실태를 살펴보면, 우선 벼 심기 방식을 무삶이[水耕]·건삶이[乾耕]·이앙[苗種]의 세 가지 형태로 소개하고 있다. 밭작물에 있어서도 곡종에 따라 여름철 우기를 지나는 곡물은 이랑에 씨를 뿌리는 농종법으로, 그렇지 않은 곡물은 고랑에 씨를 뿌리는 견종법으로 파종하도록 권고했다. 시비법에서는 객토(客土), 생나무 잎으로 만든 거름[綠肥], 풀로 만든 거름[草木肥] 등 자연 재료 외에 풀을 태운 재[草灰]와 인분, 오줌재[尿灰] 등을 시비로 제시했다. 주로 파종기에 시비하되 비료가 충분치 않은 점을 고려해 종자에 분을 섞어 시비하는 방식[糞種]을 권장했다. 한편 한

---

**『농사직설』의 편찬 배경에 대한 두 가지 설**

『농사직설』의 편찬 배경을 둘러싸고 조선 전기의 농업생산력에 관한 2가지 주장이 있다. 첫 번째는 조선 전기 농법은 중국의 화북 지방과 유사한 한지(旱地)농법으로서, 농우와 쟁기에 의존한 조방적인 대농법(大農法)이 지배적이었다는 견해이다. 실제로 조선 전기 한전 비율이 전체 농경지의 약 70%에 달했고 『농사직설』에 수록된 내용도 다종의 밭작물 재배 정보를 수록하고 있기에, 조선 전기 지배적인 농업 방식은 한전이었을 것이라는 주장이다. 두 번째는 『농사직설』에 기술된 시비법이 중국 강남농법과 유사하고, 일부 지역이기는 하지만 이앙법이 도입되고 있는 점에 주목해 조선 전기 농업 발달을 중국 강남농법의 도입에서 찾고, 저지대 개간을 통해 집약적 수전농업이 확대된 것으로 평가하는 견해이다.

전의 경우 사이짓기와 그루갈이의 윤작 방식도 소개됐다. 밭에서 하나의 작물을 재배하는 동안 고랑에 다른 작물을 파종하는 방식[間種法: 사이짓기]과 하나의 밭작물을 수확하고 곧이어 다른 밭작물을 심는 형태[根耕法: 그루갈이]가 그것이다.

『농사직설』이 간행됐던 15세기 조선의 수전농업은 모내기를 하지 않고 논에 직접 씨를 뿌리는 수경직파법이 일반적이었으며, 이앙법은 경상도와 강원도 일부 지역에서만 행해졌다. 한전의 경우 15세기에는 1년 1작의 연작법이 일반적이었으나 16세기부터는 비옥한 밭의 경우 그루갈이, 사이짓기를 통한 1년 2작, 2년 3작의 윤작이 행해졌다. 또한 종자에 인분과 회를 섞어 시비하는 분종법이 행해짐으로써 농업생산력에 있어 커다란 진전을 보였다.

### 토지를 둘러싼 농민층의 분화

과전법의 폐지 후 수조권을 매개로 한 전주와 전객의 관계는 사라졌다. 대신 지주(地主)와 이들의 토지를 경작하는 예속인, 소규모 자영농으로 향촌사회가 재편되어갔다. 관료들은 정부의 과전 분급을 기대할 수 없기에 향촌의 개간지를 경작하고 토지를 매입하는 형태로 경제력을 확대해갔다. 전객이 토지를 함부로 팔거나 증여할 수 없도록 한 규정 역시 1424년(세종 6) 부득이한 사유가 있을 경우 토지매매를 허용하는 방향으로 조정됐다. 민간의 토지 매매가 사실상 허용된 것이다. 한편 농민들 간 토지 수확량과 담세력에 차이가 나면서 영세 소농 중에는 토지에서 이탈해 지주층인 주호(主戶)에 의존해 사는 협호(夾戶)나 노비로 전락하는 계층이 생겼다.

지주들은 수리시설을 활용해 개간사업에 뛰어듦으로써 15세기 이후 대규모 농장을 경영했으며, 늘어난 토지를 경작하기 위해 노비를 적극 활용했다. 지주가(地主家) 근처의 농지는 노비들을 직접 부려 경작했지만, 다소 거리가 있는 토지는 노비에게 책임지워 경작시키고 수확물을 바치도록 했다. 대신 노비 가족에게는 사경지(私耕地)를 대여해주고 거둬들인 수확물로 생계를 잇도록 했다. 이처럼 노비에게 작개지와 사경지를 분급하던 토지 경영 방식을 '작개제(作介制)'라 한다.

조선 전기 지주의 농장은 대부분 작개제로 운영되고 있었다. 그러나 수확을 모두 지주에게 바쳐야 하는 노비들로서는 작개지의 생산량을 애써 늘릴 필요가 없었으므로 작개지에 투입되는 노비 노동의 강도는 낮을 수밖에 없었다. 또한 노비들 중에는 작개지의 수확물을 은닉하는 경우도 있었다. 농장주들은 작개지의 수확량을 늘리기 위해 노비에게 상벌을 내리기도 했으나, 노비가 얻는 수입이 지주보다 훨씬 적어지자 16세기 이후 작개제에 대한 노비들의 저항이 발생했다. 이에 작인(作人) 혹은 전호로 불리는 소농층에 토지를 빌려줘 경작케하고, 수확량의 절반 혹은 일정량을 지대로 받는 병작(並作) 방식이 확대됐다. 이에 과전법하의 전주-전객의 관계는 병작제하의 지주-전호의 관계로 재편됐다.

한편 과전법 해체 이후 이렇다 할 토지 수입이 사라진 왕실 구성원들 역시 절수(折受)[3]의 방식으로 농장을 확대해갔으며, 신설 군문과 중앙 아문에서도 자체적으로 둔전을 경영하는 사례가 나타났다. 절수지의 증가와 둔전의 확대는 중앙정부에서 확보할 전세 수입이 줄어드는 문제를 야기했기에, 17세기 이후 이를 단속하기 위한 조치가 이어졌다.


## 3 국가적 상업 통제와 관영 수공업체제의 형성

### 무본억말 이념과 상업의 통제

조선왕조의 건국 세력 중에는 원대 성리학의 영향을 받은 신진사대부가 다수 포함되어 있었다. 이들은 유교적 민본주의 이념하에 농업을 장려하고 상업을 통제하는 무본억말(務本抑末)의 이념을 표방했다. 그렇다고 상업을 말 그대로 억제했던 것은 아니다. 중앙정부는 국가 운영에 필요한 경비물자를 조달하기 위해 도성에 시전을 설치했으며, 지방에서 활동하는 행상(行商)에게는 통행증의 일종인 노인(路引)을 발급해주고 세를 거둬 상업활동을 통제했다.

시전은 국가 운영에 필요한 제반 물품을 공급받기 위해 설립된 관영 상업기구다. 전근대 왕조국가는 도성 내 상업시설을 두고 왕조의 살림과 주변국과의 외교에 필요한 다양한 물품을 조달했다. 고려 역시 개경에 시전을 두고 이들의 상업활동을 허용했으며, 조선왕조가 개창된 후에도 이러한 전통은 계속됐다. 1394년(태조 3)부터 한양 천도가 단행됐지만, 시전이 설립된 것

3 절수 정부가 토지·노비 등의 재산과 수조권을 궁방이나 개인에게 떼어주던 일을 말한다.

은 개경에서 한양으로 재천도가 이루어진 후인 1412년(태종 12) 2월부터 1414년(태종 14) 말이며, 종루를 중심으로 혜정교에서 창덕궁 동구까지 2,027칸에 달했다. 시전 상인들은 정부로부터 특정 물품을 독점적으로 판매할 수 있는 권리를 인정받는 대신 정부에 상업세(坐賈稅·公廊稅)를 정기적으로 납부했으며, 궁궐의 수리와 도배를 비롯해 외국 사신을 접대하거나 무역에 필요한 물자를 공급하고, 왕실의례에 따른 노동력을 그때그때 제공하는 역을 졌다. 시전 상인이 상업적으로 누렸던 특권은 국역에 따른 반대급부였다.

정부는 평시서(平市署)를 두어 시전의 상업활동을 관리, 감독하는 한편 형조·한성부·사헌부 등을 통해 난전(亂廛) 등의 불법행위를 단속했다. 그러나 정부의 상업 통제정책은 농업생산력이 향상되고 대외무역이 발달하면서 새로운 국면을 맞이했다. 15세기 말부터는 도성 내에 인구 유입이 증가하고, 대명 조공무역은 물론 일본·여진과의 교역이 활발해지면서 정부의 통제에서 벗어난 부상대고(富商大賈)의 활동이 두드러졌다. 이들은 중국과 일본의 상품을 중개무역해 수익을 얻었으며, 왕실이나 중앙의 고위 관료와 결탁해 공물을 방납(防納)하기도 했다.

한편 지방에서도 15세기 말 전라도를 중심으로 장시(場市)가 형성되고 국정 화폐인 저화 대신 시중에서 구하기 쉬운 면포가 통용되면서 유통경제가 활성화됐다. 이에 건국 초 무본억말의 상업 통제정책을 고수했던 중앙정부는 기존의 억말정책을 전면 수정해야 하는 숙제를 안게 됐다.

### 장시의 출현과 선물 수증의 관행

15세기 말부터 국가의 상업 통제에 반기를 드는 농촌 장시가 조용하고 빠르게 확산됐다. 성종 초 전라도 일대에서 처음 등장한 장시는 정부의 금단 조치에도 불구하고 16세기 들어 전국으로 확대됐다. 처음 출현했을 당시 장시는 흉년을 극복하기 위한 민간의 자구책으로 기능했다. 정부 역시 장시가 민간의 진휼 기능을 담당하는 점을 인정하고, 점진적으로 개설을 허용해줬다.

한편 농업에 기반을 둔 향촌민들은 잉여 농산물과 가내수공업품을 현물로 주고받는 선물 수증의 관행을 이어갔다. 지주층에 해당하는 양반사족의 경우, 중앙과 지방의 정치적인 연망(緣網)을 통해 가계 살림에 필요한 물품을 주고받았다. 특히 지방관을 통해 해당 지역에 사는 가족과 지인의 물품을 부탁하는 관행이 있었는데, 이를 '칭념(稱念)'이라 한다.

16세기 호남 사림을 대표하는 유희춘(柳希春, 1513~1577)의 『미암일기(眉巖日記)』에는 유희춘이 해남과 담양·순천 등지를 오가며 친족과 유생, 관인층에게 받은 다양한 선물 내역이 적혀 있다. 주목할 점은 지방 수령들이 보낸 선물이 높은 비중을 차지한다는 것이다. 물론 유희춘이 선물을 받기만 한 것은 아니었다. 전라도 관찰사로 부임한 후에는 호남 각 군현을 순회하면서 친족과 사족들에게 물품을 자주 보냈다. 유희춘은 지방 수령들에게 해당 고을에 사는 친족들의 경제적 지원을 부탁하는 칭념을 행하기도 하고, 중앙에 상납하는 진상물의 일부를 친족들과 지방관에게 나눠주기도 했다. 이러한 선물 교환의 전통은 조선 후기 장시의 수가 1,000개에 이를 만큼 상업유통 경제가 활성화되는 가운데에서도 19세기까지 면면히 유지됐다.

### 관영 수공업체제의 형성과 발달

새 왕조가 개창된 이후 조선의 건국세력들은 특수구역인 '소' 중심의 수공업체제를 극복하고, 경공장과 외공장에 기반을 둔 관영수공업체제를 확립했다. 조선 전기에 수공업을 관장했던 관서는 공조를 비롯해 상의원·군기시·교서관·사옹원·선공감·제용감·전함사·조지서·와서·귀후서 등 30곳에 달했다. 각 관서에서는 공장[京工匠]을 두고, 순번을 나눠 입역시킴으로써 필요한 수공품을 자체 제작했으며, 입역하지 않는 장인에 대해서는 장세(匠稅)를 거뒀다. 조선 전기 중앙관서에 소속된 경공장 수는 2,841명으로 집계되며, 이들은 129종에 이르는 분업화된 역을 졌다. 무기를 제조하는 군기시 소속 장인이 644명으로 가장 많았으며, 이들은 칠장·마조장·궁현장·유칠장·주장·생피장·갑장·궁인·시인·쟁장·목장·야장·연장·아교장·고장·연사장 등 16종의 직역군으로 분류됐다. 관서에서는 수공업품 제작에 필요한 원자재를 지방 군현에 공물로 설정해 수취했으며, 소속 장인을 통해 해당 물품을 제조했다.

---

**장시의 출현을 어떻게 볼 것인가?**

기존 연구에서는 장시의 출현 배경을 두고 지주전호제의 발달로 지주가 경작지의 잉여 농산물을 내다 팖으로써 농촌 장시가 활성화된 것으로 보았다. 그러나 초기 장시는 흉년으로 인해 부족한 식량을 확보하기 위한 목적에서 출현했다. 조선 후기 장시의 증가 역시 상업유통 경제의 발달에 힘입은 바가 크지만, 장시의 기본 목적은 여전히 상품 교환을 통한 농민의 생활 안정에 있었다고 보아야 할 것이다.

한편 지방 군현에도 외공장을 두어 행정에 필요한 물품을 공급했다. 조선 전기 8도에 속한 장인은 총 3,652명이었으며, 이 중 경상도의 외공장수가 1,138명으로 가장 많았다. 지방 관아에 외공장을 두는 제도는 고려에는 없던 것으로, 조선 전기 관청 수공업의 발달상을 보여준다.

조선 전기 관영수공업체제하에 직조업·금속가공업·도기업·기와요업·인쇄 및 제지수공업이 발달했다. 그러나 수공업에 필요한 원료 자재를 조달하는 것은 그리 쉬운 일이 아니었다. 중앙정부는 수공업의 원재료를 각 군현에서 공물로 조달해 썼으며, 특히 수공업의 가장 중요한 원료인 철과 기타 금속류를 확보하기 위해 여러 조치를 취했다.

국가에서 필요로 하는 철물은 각 도의 농민들에게서 공물로 거두거나, 철산지에 야관(冶官)과 철호(鐵戶)[4]를 두어 직접 채굴했는데, 전자를 '염철법(鹽鐵法)'이라 하고 후자를 '철장제(鐵場制)'라 한다. 염철법은 농민의 경작 면적에 따라 공철을 분정하는 방식이었기에, 철산지에 살지 않는 농민들에게는 부담이 컸다. 한편 병영과 진에 무기 제조용 철물을 바치기 위해 마련된 철장제는 철장관(鐵場官)을 별도로 파견해 취련군(吹鍊軍)을 관리해야 했다. 이러한 문제를 해소하기 위해 1407년(태종 7) 무렵부터는 염철법과 철장제를 폐지하고 농한기의 20~30일만 농민들을 철장에 동원해 공철을 채굴하게 하는 철장도회제(鐵匠都會制)를 시행했다.

정부는 철장이 소재한 읍을 도회로 정하고 본읍과 인근 읍의 농민들이 공동으로 철을 채굴해 바치도록 했다. 철장도회제의 시행으로 철광 생산이 활발히 이루어져 여진에 수철(水鐵)을, 일본에 정철(正鐵)을 수출하기도 했다. 그러나 도성 건설이 마무리되고 대외정세가 안정되면서 매년 많은 양의 철물을 생산할 필요가 없어졌고, 철장도회로 이동해 철광역을 져야 하는 농민들의 저항으로, 철장도회제는 철폐 논의를 거듭하다가 결국 성종대 폐지됐다. 대신 철광을 보유한 읍에만 공철을 바치도록 하는 각읍채납제가 시행됐다. 16세기 들어 이러한 각읍채납제도 무너지고 철광에서 채굴을 전문으로 했던 철장(鐵匠)들의 대납(代納) 관행이 확대됐다.

한편 각사와 지방 관아에 속한 공장(工匠)들 역시 전문적인 기술을 지닌 자들은 소수에 불과했고 각 군현에서 무상으로 차출한 자들이 다수였기 때

---

문에 관리가 부실해졌다. 여기에 조선 후기 각 군문이 신설되고, 대동법의 시행으로 각종 국역에 역가가 지급되면서 공장(工匠) 중에는 군문과 시전에 투속해 이익을 추구하는 자들이 나타났다. 결국 조선 전기에 수립한 국가 주도의 관영 수공업체제는 16세기 이후 한계를 맞이했으며, 대동법 시행 이후 시장 조달에 상당 부분 의존하게 됐다.

## 4  신분제의 구조와 운영

### 양인과 천인

조선에서는 법제적으로 양인과 천인을 구분했다. 양인은 국가의 공민으로서 보편적인 권리를 인정받는 한편 국가에서 부과하는 신역(身役)을 부담할 의무가 있었다. 이에 비해 천인은 국가나 개인에게 예속된 노비로, 주인에게 노동력이나 그 대가를 제공해야 했다. 천인은 양인과 달리 과거에 응시하거나 관리가 될 수 없었으며, 같은 죄를 짓더라도 양인보다 무거운 처벌을 받았다.

조선은 양인층을 국가 운영의 기초로 삼았다. 그리하여 고려 말 혼란기에 과도하게 늘어난 노비를 줄여 양인을 늘리고 사회적 차별도 완화시켰다. 개국 초에는 노비변정도감을 설치해 새로 노비 명부를 만들고, 노비가 분명한 경우가 아니면 모두 양인으로 인정했다. 또 고려에서 특수 지역으로 차별을 받았던 향·소·부곡을 폐지하고 그 주민에게도 양인의 자격을 주었다. 이 결과 늘어난 양인에게 국역을 부과해 국가를 운영하는 기반으로 삼았다.

### 국역 편성과 직역

양인들은 국역체제에 편성되어 공민으로서 의무를 부담했다. 원칙적으로 16세에서 60세까지의 양인 남성은 모두 군역을 부담해야 했으나, 군역이 면제되는 경우도 있었다. 우선 국가 관료가 되거나 생원·진사시에 합격하면 군역 대상에서 제외됐다. 사학이나 향교와 같은 관학(官學)의 학생도 재학 기간 중에는 군역이 면제됐다. 또 서리나 향리와 같이 다른 종류의 역에 종사해 군역을 대신하는 경우도 있었다. 이들은 군역을 담당하지는 않더라도 모두 국역체제라는 틀 속에서 국가가 인정하는 역할을 수행했다. 국가에서 공인한 일은 '직역(職役)'이라고 부른다. 국가에서는 3년마다 한 번씩 호적을 작성하면서 직역도 함께 파악했다. 영의정·생원·정병·보인·향리·역졸·봉수군 등이 그 예다.

국역이 면제된 노비도 호적에는 직역을 함께 기재했다. 개인에게 예속된 사노비는 주인의 이름과 함께 사노(私奴)·사비(私婢)·반노(班奴)·반비(班婢) 등으로 기록해 사노비임을 밝혔다. 공노비는 관노(官奴)·내수사노·군기시비 등과 같은 형식으로 소속된 관서를 밝혔다. 이러한 기록을 통해 신분뿐아니라 그 주인도 확인할 수 있었다.

직역은 국가에서 부여하거나 인정한 공적인 역할로 그 사람의 신원을 파악하는 징표 중 하나였다. 직역은 신분증인 호패에도 새겼을 뿐 아니라 과거시험의 답안지에도 기입했다. 토지매매문서, 재산상속문서인 분재기 등 법적으로 효력을 지닌 문서를 작성할 때도 성명과 함께 직역을 기재했다.

### 관료에 대한 우대

양인은 법제상 다시 사족(士族)과 서인(庶人)으로 구분됐다. 사족은 국가의 관료, 서인은 그 외 국가의 역을 지는 사람을 가리킨다. 즉, 관료와 관료가 아닌 사람을 구분한 것이다. 관료는 국왕을 도와 국가 운영에 참여하고 그 보상으로 여러 가지 특혜를 받았다.

관료들은 우선 과전과 함께 급여에 해당하는 녹봉을 받았다. 이에 비해 서인들은 군역 등 다른 역을 지더라도 그에 해당하는 급여를 받지 못했다. 또한 관료들은 제도적으로 형벌의 집행이나 일상생활에서도 우대를 받았다. 예를 들어 관료들은 중죄가 아니면 신체형인 태(笞)와 장(杖)을 벌금인 속(贖)으로 대신할 수 있었다. 옷차림도 관료와 서인에게 허용되는 범위가 달랐다. 가령 갓은 관료만 말총갓을 쓸 수 있었고, 같은 초립이더라도 관료는 50죽, 서인은 30죽으로 질에 차이를 뒀다. 무엇보다도 3품 이상 고위 관리와 청요직 관리의 아들, 손자 등은 '유음자손(有蔭子孫)'·'음자제(蔭子弟)' 등으로 불리며, 간단하고 쉬운 취재시험을 통해 벼슬에 나갈 수 있는 특혜를 받았다. 이처럼 관료들에게는 서인과 구분되는 각종 권력과 혜택·명예가 주어졌다.

### 양반층의 등장

양인들은 개인의 선택과 자질에 따라 각자 원하는 직역을 얻을 기회가 있었다. 누구나 과거에 응시해 문무 관료나 생원·진사가 될 수 있었다. 군역을 지

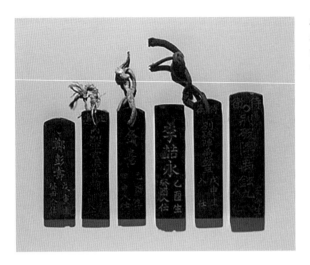

더라도 무예 실력을 쌓아 내금위나 별시위 등의 취재에 응시해 국가의 급료를 받는 특수군이 될 수도 있었다. 양인이라는 공통의 기반 위에서 스스로 자질을 쌓아 보다 상급의 지위에 이르는 게 가능했던 것이다.

그러나 이 기회가 공평했던 것은 아니었다. 과거에 응시하기 위해서는 그에 걸맞은 유학과 문예 교육을 받아야 했는데, 경제적으로 취약한 대다수의 양인들은 온 가족이 생업에 뛰어들어야 하기에 자제들의 교육에 힘을 쏟을 여력이 없었다. 그러다 보니 시간이 흐르면서 경제적으로 여유 있는 지주층이 관료가 되고, 그 자손들이 다시 관료가 되는 양상이 전개됐다.

여기에 더해 관료의 가족들이 누리는 특혜도 점점 확대됐다. 원칙적으로는 관료의 자손도 양인의 한 사람으로 군역을 부담해야 했다. 그러나 3품 이상 고위 관료나 청요직 관료의 아들, 손자, 사위, 조카 등 이른바 음자제들은 충순위(忠順衛)라는 특수 병종에 배속돼 품계와 직위를 받았다. 음자제들은 과거에 급제하지 못해도 취재시험을 통해 벼슬에 나갈 수도 있었다.

중종대에 이르면 주요 관직 역임자의 자손은 죄인의 가족을 북방으로 강제 이주시키는 전가사변율의 적용 대상에서 제외되기도 했다. 그 부형이 관료로서 국가 운영에 기여한 것에 대한 보상으로 자손들에게도 특혜를 부여한 것이다.

관료의 자손들은 자신이 관료가 되지 못하더라도 국가적으로 예우를 받는 특권층이 됐다. 이들을 '양반' 또는 '사족'이라고 불렀다. 양반, 사족은 원래 관료를 가리키는 말이었으나 점점 그 후손들을 아우르는 사회계층을 가리키

도판5 〈반상도(班常圖)〉
김득신(1754-1822)의 작품이
다. 길에서 양반의 행차를 마주
친 상민이 머리가 땅에 닿을 듯
이 허리를 숙여 절을 하고 있다.
상민의 모습을 통해 양반의 위
세와 신분 차별을 엿볼 수 있다.

는 말이 됐다. 양반들은 상대적으로 많은 토지와 노비를 소유한 지주이자 관료 예비군으로 자신들을 다른 계층과 차별화하려고 했다.

### 중인층의 형성

조선은 양인들에게 동등한 권리와 의무를 부여했으나, 점차 담당하는 직역과 국가에서 부여하는 지위에 따라 사회계층이 분화됐다. 양반이 계층의 꼭대기에 있었고, 그 아래에는 양반은 아니지만 국가의 업무를 담당하는 기술직 관료와 여러 관서의 서리, 각 고을의 향리 등이 자리했다. 다시 그 아래에는 생산에 종사하며 군역을 담당하는 상민들과 천인인 노비가 있었다.

기술직 관료도 문무 관료와 마찬가지로 과거와 취재라는 시험을 통해 충원됐다. 하지만 의학·천문학·율학·음양학 등 잡학(雜學)에 종사하는 기술직 관료는 문무 관료에 비해 지위가 낮고, 승진에도 제한이 있었다. 그리하여 양반의 자제들보다는 상대적으로 사회적 지위가 낮은 서얼·양인 자제들이 주로 종사했다. 그 가운데 대대로 같은 직종에 종사하는 가계도 등장했다. 이들이 중앙 관서에 근무하는 서리인 경아전이나 지방 관아에서 근무하는 향리 등과 함께 중인층을 이뤘다.

양반의 첩에서 태어난 서얼이라는 특수 계층도 있었다. 서얼은 조선 초기에는 문무과와 생원·진사시에 응시할 수 없었으며, 주로 전문 기술관을 뽑는 잡과에 응시했다. 16세기 후반 명종 때부터 서얼이 과거에 응시할 수 있는 기회는 점차 확대됐다. 그러나 관직에 진출하더라도 승진에는 제한이 있었다. 이들도 중인층의 한 축을 차지했다.

### 상민

상민은 생업에 종사하며 군역을 비롯한 각종 국역을 담당하던 계층이다. 법제적으로는 양인으로서 교육을 받고 과거를 통해 관료가 될 수 있었으나, 상민 대다수는 경제적으로 불안정해 생계를 유지하는 것만도 쉬운 일이 아니었다. 교육을 받고 인문적인 소양을 갖춰 관료가 되는 일은 그들의 현실과 거리가 멀었다.

상민들은 대개 농업에 종사하며 일정 기간 동안 돌아가며 군역을 졌다. 근무하는 간격과 기간은 담당하는 군역의 종류에 따라 달랐다. 예를 들어 상경해 근무하는 병조(兵曹) 정병(正兵)은 8개의 번(番)으로 나눠 두 달씩 교대로 근무했다. 즉, 16개월에 두 달씩 돌아가며 근무하는 방식이었다. 군역 대신 장인(匠人)이나 역졸(驛卒) 등으로 일하는 사람들도 있었는데, 이들의 처지는 더 열악했다. 또 신분은 양인이지만 천인의 역을 담당하는 사람들도 있었다. 이들이 양인의 최하층에 있었다.

상민은 군역이나 정해진 역 외에도 토지와 노동력을 단위로 부과되는 전세·공물·요역 등 각종 세금을 부담했다. 상민만 세금을 부담한 것은 아니지만, 경제력이 취약한 상민에게는 세금이 더 큰 부담이 됐다. 게다가 양반들이 특혜를 누리면서 상민이 그 부담을 떠안는 경우도 많았다. 즉 상민은 조선시대 민의 근간을 이루면서도 상대적으로 경제적 처지가 열악한 계층이었다.

### 노비

사회의 최하층에는 노비가 있었다. 관청에 소속된 노비는 공노비, 개인에게 예속된 노비는 사노비라고 불렀다. 노비들은 국가의 역이 면제된 대신 소속된 관청이나 주인을 위해 일했다. 직접 일을 하지 않는 경우에는 매년 그 보상을 지불해야만 했다.

노비는 경제적인 재산으로 파악됐기에 매매, 상속, 증여의 대상이 됐다. 사회적으로 천시받으며 신분이 세습됐을 뿐 아니라 양인과 결혼하더라도 그 자식은 모두 노비가 됐다. 이를 악용해 자신의 노비를 양인과 결혼시켜 노비를 늘리는 양반들이 많았기 때문에 노비의 수는 계속 늘어났다.

노비는 관청이나 주인에게 예속됐지만 독자적으로 가족을 꾸리고 경제 활동에도 참여했다. 노비들도 토지는 물론 노비도 소유할 수 있어서 경제력을 갖춘 후에는 노비 신분에서 벗어나는 경우도 있었다. 그러나 대다수는 경제적으로 매우 취약했고, 주인의 속박을 받았기에 많은 제약이 따랐다.

# 3. 조선 전기 학문과 문화의 발달

# 1 성리학의 수용과 보급

## 성리학의 수용과 흐름

고려 말 성리학 보급에 큰 족적을 남긴 안향(安珦, 1243~1306)에 이어, 그다음 세대인 이제현(李齊賢, 1287~1367) 등은 충선왕이 북경에 세운 만권당에서 원의 저명한 학자들과 교류했다. 1315년 원에서 과거제를 실시하자 고려의 이곡(李穀, 1298~1351), 이인복(李仁復, 1308~1374), 이색(李穡, 1328~1396) 등이 응시해 급제하기도 했다. 고려에서도 1344년 성리학 서적인 사서를 과거의 시험과목에 포함시키면서 성리학이 확산됐다. 1367년(공민왕 16) 성균관을 중창하며, 이색이 대사성을 맡고 정몽주, 정도전, 김구용 등 젊은 유신들이 교관을 겸했는데, 이는 신진을 양성하고 결집하는 중요한 계기가 됐다.

고려 말 지식인층은 국가의 당면 과제를 해결하는 데 성리학이 큰 역할을 할 수 있을 것이라 기대했다. 정치철학으로서 성리학은 몇 가지 특징이 있다. 첫째, 지식인들의 정치참여를 강조했다. 둘째, 피지배층 개개인의 도덕적 교화를 중시했을 뿐만 아니라 지배층의 도덕적 자기 수양이 정치의 근본임을 강조했다. 셋째, 농업을 근간으로 하는 자급자족적 산업구조와 이를 실현하는 가족, 문중, 지역 공동체와 같은 소규모 단위들을 긴밀하게 연계시키려고 했다. 마지막으로 불교를 위시한 기타 신앙을 이단으로 규정하고 일원화된 가치 기준으로 사회를 재편하려고 했다. 이는 이후 이들이 추진한 여러 정책에 반영됐다.

원간섭기에 성리학을 받아들이고 과거에 급제한 문신관료들을 신흥유신이라고 한다. 사회 경제적으로는 권문세족 출신도 있었으며, 대부분 과거의 좌주-문생 관계를 통해 서로 유대감을 갖고 있었다. 이들은 성리학자로서 현실문제를 개혁하는 데 적극적으로 참여했다.

조선 건국을 주도한 신진사대부는 성리학을 바탕으로 건국의 이념적 기초를 세웠다. 그들은 이단을 배척하고 이를 정치구조와 운영방식에 반영하려고 했다. 정도전은 『불씨잡변(佛氏雜辨)』과 『심문천답(心問天答)』을 통해 성리학적 관점에서 불교와 도교 등을 비판했고, 『조선경국전(朝鮮經國典)』에서 성리학 이념에 바탕을 둔 국가체제 구상을 드러냈다. 한편 성리학에 대한 해설 작업도 이뤄졌는데, 권근(權近, 1352~1409)의 저작이 대표적이다. 권근은 『입학도설(入學圖說)』에서 성리학의 기본 개념을 그림과 함께 소개했고,

주요 경전에 주석을 달아 정리한 『오경천견록(五經淺見錄)』도 집필했다.

이처럼 국가와 지식인층이 공식적으로 성리학을 중시하고 사회 곳곳에 전하려고 노력했음에도 개인의 심성이나 일상에까지 성리학이 자리를 잡는 데에는 한계가 있었다. 인간의 탄생과 죽음이나 자연의 원리에 대한 성리학적 설명은 일반인이 쉽게 받아들이기 어려웠다. 일상에서는 여전히 불교나 토속신앙이 강한 영향력을 지니고 있어서 『주자가례(朱子家禮)』같은 의례가 사회에 수용되기도 어려웠다. 정치 운영이나 사회구조에도 기존의 관습이 많이 남아 있었으며, 성리학을 가깝게 접할 수 있던 가장 상위층부터도 벗어나지 못하고 있었다. 가령 제왕학의 교재조차 예전의 영향이 짙게 남아 있었다. 성리학에서는 중국 고대의 이상시대인 삼대의 군주를 모범으로 삼으면서 『대학연의(大學衍義)』를 중시했으나, 여전히 국왕은 당 태종을 전범으로 삼는 『정관정요(貞觀政要)』도 곁에 두고 읽었다.

그럼에도 당시 주변국에 비하면 조선은 국가 전반에 성리학 이념을 실현한 편이었다. 같은 시기 명이나 베트남, 일본 등과 달리 조선은 성리학을 수용한 지식인층이 건국과 이후의 국가 운영을 주도했기에 가능했을 것이다. 이는 조선이 건국 초부터 국가적으로 성리학적 개혁에 집중적으로 매진한 이유이기도 하며, 이후 사회 전반이 성리학적으로 변화가 가속화하는 바탕이 됐다.

### 성리학의 보급

조선 건국을 주도한 신진사대부는 성리학이념을 전파하기 위해 노력했다. 풍속의 교화가 왕도정치의 이념과 직결되기 때문이었다. 우선 각 지방 단위마다 향교를 설치하여 교관을 파견하고 책을 보급하는 데 노력했으며, 서울에는 사학을 설치하고 성균관을 강화했다. 사서와 오경을 과거의 시험과목으로 삼고 각급 교육기관에서도 이를 가르쳤다. 또한 경연을 강화하며, 제왕의 수양과 통치를 배우기 위한 학습서로 『대학연의』를 중시했다.

한편 문자 해독 능력이 부족한 계층을 위해 대민 교화서를 제작·반포했다. 교화서 대부분은 유교의 기본 윤리강령인 삼강오륜(三綱五倫)에 관한 것이었는데, 가장 대표적인 서적이 세종대에 간행된 『삼강행실도(三綱行實道)』다. 이는 중국과 우리나라의 역사 속에서 충·효·열 삼강을 잘 실천한 사례들을 뽑아서 간추린, 일종의 사례집이다. 앞면에는 그림을, 뒷면에 글을 실어

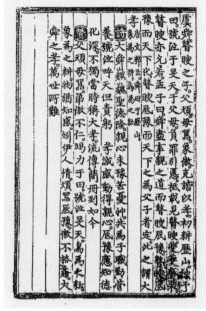

도판6 『삼강행실도』효자도 중 순제대효

부모에게 학대받았음에도 효를 다해 그들을 감화시킨 중국 순제의 이야기다. 그림의 아랫부분에는 가족들에게 공경을 다하는 순제의 모습을, 윗부분에는 순제가 하늘을 향해 울자 코끼리가 나타나 밭을 갈아주는 모습을 담았다. 『삼강행실도』는 1장마다 한 주제가 소개되는데, 앞면에는 그림이, 뒷면에는 산문과 시 등이 실려 있다. 성종대에는 그림의 윗쪽 여백에 한글 표기를 덧붙인 언해본이 나왔다.

지식인이 글을 모르는 이들에게 그림을 보여주며 설명하는 형식으로 구성됐다. 충·효·열의 덕목을 지닌 인물들을 표창한 것은 고려시기에도 익히 해온 전통이었다. 그러나 이처럼 모범이 되는 행실을 모아서 그림과 산문, 시를 결합한 형식으로 기록한 것은 조선에서 시작했다.

성종대에는 『삼강행실도』 언해본이, 중종대에는 『속삼강행실도(續三綱行實圖)』와 『이륜행실도(二倫行實圖)』가 간행됐다. 『속삼강행실도』는 『삼강행실도』 이후에 등장한 사례들을 모은 것이고, 『이륜행실도』는 삼강에서 제외된 오륜의 나머지 윤리덕목인 장유(長幼)와 붕우(朋友)를 권장하는 내용이다.

『삼강행실도』 형식의 교화서 간행 전통은 그 이후로도 지속됐다. 광해군대에는 우리나라의 사례를 모은 『동국신속삼강행실도(東國新續三綱行實圖)』를, 정조대에는 『삼강행실도』와 『이륜행실도』를 합친 『오륜행실도(五倫行實圖)』를 간행했다.

조선은 건국 직후부터 성리학이념에 맞춰 국가의례를 정비하는 것을 중시했다. 이에 고려의례 중 불교적이며 민간신앙적인 요소들을 제거하기 시작했다. 고려의 양대 의례 중 팔관회를 먼저 혁파했고, 연등회는 세종대 무렵까지 거행했지만 이전과 같은 성대한 규모로 진행하지는 못했다. 국가적으로 크게 중시했던 기타 각종 불교 도량도 점차 폐지했으며, 도교 제례를 행하던 장소들도 논란 끝에 폐쇄했다. 중종대까지 남아 있다가 조광조 등이 주장해 혁파한 소격서(昭格署)가 대표적이다. 또한 제후의 의례에 걸맞지 않다고 본 의례도 폐지하거나 격식을 조정했다. 하늘에 제사를 드리던 곳인 원구단은 여러 차례 설치와 폐지를 거듭한 끝에 최종적으로 폐지했다. 종묘도 제후 5묘의 원칙에 맞춰 건설했으며, 사직단의 크기도 제후국의 것은 천자국의 규모를 반감한다는 원칙에 따라 반으로 줄였다.

그러나 성리학이념을 강조하고 체계화하면서도 일부는 현실에 맞춰 변형시켰다. 원구단은 논란 끝에 폐지했으나 원래 원구단에서 행해지던 기우제인 우사(雩祀)는 살아남았다. 농경사회에서 하늘에 대한 기우의 열망을 외면하기 힘들었기 때문이다. 종묘는 계속 세실(世室)[1]이 추가되면서 5묘의 원칙을 따르지 않았으며, 사직단은 주척(周尺, 1척=약 20cm)보다 큰 자인 영조척(營造尺, 1척=약 30cm)을 활용해 실제로는 훨씬 더 크게 제작했다. 이와 함께 제후국의 사직단에는 자신의 지역에서 나온 흙만 사용하도록 경전에 나와 있었음에도 사방을 뜻하는 오방색 흙을 깔았다.

경전에 써 있지 않은 내용을 창안해 구성한 부분도 있었다. 길례의 여러 제단과 의례는 대·중·소사로 등급을 나눠 체계화했는데, 이는 경전이나 중국의 예서에서 그 원형을 찾기 어렵다. 조선에서 나름의 논리로 새롭게 구성한 것으로서, 조선의 예제가 단순히 고제(古制)를 복제하거나 명의 예제를 따른 것이 아님을 잘 보여준다.

조선의 국가의례는 태종대 후반에 대체로 그 틀을 완성했으며, 이를 바탕으로 세종대 수정·보완하고 뒤에『세종실록오례』로 편찬되었다. 여기서 '오례'는 길례(종묘, 능침, 단묘 등에 대한 의례), 가례(사대례, 조하, 왕실 혼례 및 각종 책봉의례 등), 빈례(사신 접대), 군례(군대 관련 의례), 흉례(상장례)를 의미

---

1   세실 나라에서 지내는 제사의 위패를 모시던 종묘의 신실(神室)을 말한다.

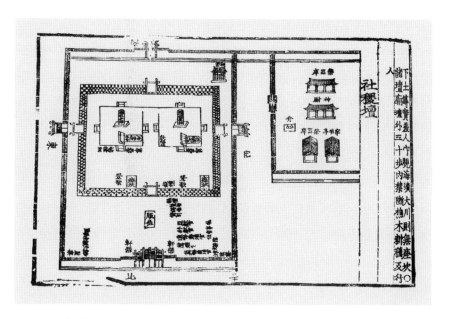

도판7 조선 전기의 사직단 도판
사직단은 토지의 신을 모시는 '사단'과 곡식의 신을 모시는 '직단'으로 구성되어 있었다. 조선에서는 수도인 한
성과 지방 읍치에 모두 사직단을 설치하고 의례를 행했다. 한성의 사직단은 길례 중 가장 등급이 높은 대사에
편제됐는데 이는 당시 조선이 농경을 국가의 근본으로 한다는 지향을 드러낸다.

한다. 성종대에는 『세종실록오례』를 다시 수정·보완해 『국조오례의』를 편찬
했으며, 이는 조선 후기까지 국가의례의 기본 지침서로 중시했다.

### 역사서와 실록의 편찬

조선은 건국과 함께 이전 왕조인 고려의 역사를 정리했다. 건국 직후인 태조
대부터 정도전, 정총(鄭摠, 1358~1397) 등이 주도해 『고려국사(高麗國史)』를
완성했으나 여러 문제점이 지적돼 세종대에 몇 차례 수정을 거쳐 문종대에
기전체 형식으로 편찬했다. 여러 차례 수정한 이유는 국왕과 신하의 역할에
대한 서술의 비중, 서술의 객관성과 직서(直書) 여부 등을 두고 논란이 있었
기 때문이다. 『고려사』편찬 직후 다시 기전체의 단점 등이 문제시되어 편년
체로 『고려사절요(高麗史節要)』를 편찬했다. 전대 왕조의 역사만이 아니라 통
사도 등장했다. 『동국통감』이 대표적인 사서로, 단군조선을 역사의 시작으
로 잡고 삼국을 대등한 국가로 서술했다. 이 책은 성리학적 사관을 담은 사론
을 통해 사건과 인물에 대한 평가를 적극적으로 담았다는 특징이 있다.

한편 조선에서는 현재의 역사를 기록하기 위한 체제도 정비했다. 유학

에서는 정치의 공공성을 확보하고 권력을 제어할 수 있는 중요한 방법으로서 역사 기록을 중시했는데, 조선은 이러한 이념에 따라 사관제도를 정비하고 사관의 위상을 강화했다. 『경국대전』의 관련 규정에 따르면, 예문관의 참하직 8인이 날마다 돌아가며 국왕을 수행하며 역사적 사실을 기록하는 일을 전담했다. 이들 외에도 의정부·육조·승정원 등 70여 명에 달하는 관직자가 춘추관직을 겸임해 관련 사안들을 기록했다. 예문관의 참하직과 겸임사관이 매일매일 작성한 것이 사초이며, 이 사초와 각 관청의 기록을 묶은 것이 시정기다. 시정기와 함께 왕명의 수납을 담당한 승정원에서 작성한 『승정원일기(承政院日記)』 등은 국왕 사망 후 실록을 편찬하는 데 중요한 자료가 됐다.

실록은 고려에서도 편찬했으나, 조선에 들어서면서 그 편찬 시기와 방법, 기록의 엄정성 등이 확연하게 정비됐다. 실록은 전 국왕이 승하한 후 새 임금이 정치를 시작하는 기점에 실록청을 설치하고 도청과 3~6개의 방을 두면서 편찬을 시작했다. 초록을 작성하고 이후 몇 단계를 거쳐 완성, 인쇄된 실록은 한성의 춘추관과 전국의 사고에 나눠 봉안했다. 임진왜란 이전에는 지방의 사고들을 전주·성주·충주에 뒀으나, 전란으로 전주 사고본을 제외하고는 모두 소실됐다. 임진왜란 이후 전주 사고본 1질, 이를 바탕으로 다시 인쇄한 3질, 교정본 1질 등 총 5질을 마련해, 춘추관과 함께 강화·묘향산·태백산·오대산에 5사고를 마련했다.

조선의 실록은 기록의 방대함, 엄정함과 공정성을 유지하려는 태도, 후대의 판단을 기다리는 진지함 등에서 문치(文治)를 지향한 조선의 국가적 성격이 잘 드러나는 유산이다.

## 2 과학기술의 발달

### 농학과 농서

조선은 농업을 국가의 기반으로 삼았기 때문에 농업기술을 발전시키기 위해 국가적으로 많은 노력을 기울였다. 이암(李嵒, 1297~1364)이 원에서 편찬된 『농상집요(農桑輯要)』를 들여와 고려 말부터 활용했으나, 조선은 원과 풍토가 달라 한계가 있었다. 이를 극복하기 위해 세종대 편찬한 도서가 『농사직설(農事直說)』(1429)이다. 이 책은 중국 농서들의 내용에 조선 각 지역의 경험 많은 농부들의 경험을 더한 것으로 당대의 농사 방식을 담고 있다. 벼 재배법에서는 땅을 놀리며 짓는 것이 아닌 연작을 전제로 하며, 씨앗을 직접 농지에 파종해 재배하는 농법인 직파법(直播法)이 중심을 이뤘다.

한편 성종대에 강희맹은 금양(시흥과 금천) 지역으로 은퇴한 후 자신의 농사 경험과 주변 농부들과 나눈 대화를 바탕으로 『금양잡록(衿陽雜綠)』을 저술했다. 이 책은 15세기 말 경기 지방의 농업 현황을 잘 보여주며, 이두와 한글로 곡물 이름을 표기했다는 점에서 국어사 자료로도 의의가 있다.

농법에 대한 책 외에도 누에를 기르는 양잠에 관한 서적과 언해본도 여러 차례 편찬됐는데, 그중 16세기 초 김안국(金安國, 1478~1543)이 언해한 『잠서언해(蠶書諺解)』가 현재까지 전해진다. 강희맹의 형 강희안은 각종 꽃과 나무를 재배하는 법을 다룬 『양화소록(養花小錄)』을 저술했다. 이 책은 중국뿐만 아니라 조선의 화훼 품종이나 재배법이 담겨 있어서, 15세기 당시 조선의 원예기술을 집성했다는 평가를 받는다.

### 금속활자

1403년(태종 3) 조선 건국 후 첫 금속활자를 주조했다. 태종은 주자소를 설치하고 수십만 개의 동활자를 만들었는데, 계미년에 제작했다고 하여 이를 '계미자'라 부른다. 조선 최초라는 의의는 있으나 계미자는 자형이 큰 데다 들쭉날쭉하고 주조가 거칠어서 1420년(세종 2) 이를 보완한 경자자를 만들었다. 그러나 경자자 역시 여러 단점이 있어 다시 한 번 개량한 활자가 1434년(세종 16) 제작된 갑인자다. 갑인자는 활자를 밀랍으로 고정하지 않고 죽목으로 빈틈을 메우는 방식으로 조립해 인쇄 능률과 품질을 향상시켰으며, 글꼴이 아름다워 후대까지 여러 차례 다시 주조했다. 세종대에는 한글활자도 주조했는데, 『석보상절(釋譜詳節)』과 『월인천강지곡(月印千江之曲)』이 이 활자로 인쇄됐다.

금속활자는 목판보다 다양한 책을 조금씩 인쇄하는 데 유리했기에 건국 초기 다양한 도서를 편찬하려던 수요를 충족시키는 데 적합했다. 『경국대전』에 따르면 주자소 소속 공장이 100여 명에 달했는데, 이를 통해 활자의 제작과 인쇄에 대한 국가의 관심이 높았음을 알 수 있다.

### 천문학

기후 관측은 농업에서 필수적이다. 더구나 천명을 받아 통치한다는 관념이 있었던 시대에 천문은 통치의 정당성과도 직결되는 문제였다. 태조대에는 사라진 고구려의 천문도 탁본이 발견됐는데, 이는 조선의 건국이 천명을 받아 이루어진 것임을 증명하는 자료로 여겨졌다. 조선에서는 1395년 이를 돌에 새겨 왕조 창업의 정당성을 널리 알리고자 했다.

천문 측량을 위한 기구들은 세종대에 본격적으로 개발됐다. 경복궁 경회루 북쪽에 간의대를 설치하고 간의를 두어 천문을 관측했다. 또한 정확한 시각을 알릴 수 있는 다양한 시계들을 개발했다. 해시계인 앙부일구(仰釜日晷), 낮뿐만 아니라 밤에도 시각을 측정할 수 있는 일성정시의(日星定時儀), 물시계인 자격루(自擊漏) 등이 여기에 해당한다. 이 시계들은 궁중과 서울의 여러 곳, 함길도(함경도)와 평안도 등에 설치했다.

세종대에는 독자적인 역법도 개발했다. 이전까지 우리나라는 중국의 역대 왕조에서 내려준 역법을 따랐다. 고려 전기에는 당의 선명력, 후기에는 원의 수시력 등을, 고려 말부터 조선 초에는 명의 대통력을 받아 사용했다. 세종대에는 원의 수시력 계산법과 한양의 일출·일몰을 기준으로 우리 풍토에 맞게 역법을 교정했는데, 이것이 바로 『칠정산』 내편이다. '칠정'은 해·달·수성·화성·금성·목성·토성의 일곱 천체를 의미하며, 『칠정산』은 항성 사이를 움직이는 칠정의 위치를 계산하는 방법과 데이터를 기록한 것으로 내편과 외편으로 구성됐다. 내편에서는 원의 수시력을 해설하면서 한양을 기준으로 삼은 일출·일몰 시각과 밤낮의 길이 변화를 설명해 우리 실정에 맞췄다. 외편은 일식·월식을 예측하는 데 뛰어나다고 알려져 있던 아라비아의 회회력을 해설한 것이다.

### 의학

고려 후기에는 우리나라에서 생산되는 약재(향약)를 활용해 병을 치료하는 내용을 담은 도서가 여러 종 편찬됐다. 조선 건국 후에도 이러한 흐름이 이어졌는데, 세종대에 편찬된 『향약집성방(鄕藥集成方)』(89권)이 대표적이다. 이 책은 정종대에 편찬된 『향약제생집성방(鄕藥齊生集成方)』을 기본으로 삼고 관련 자료를 추가로 모아 집대성한 것이다. 여기에는 자기 풍토에 맞고 주변에서 쉽게 구할 수 있는 약재로 민간에서도 질병을 쉽게 치료할 수 있게 하겠다는 기획 의도가 있었다. 먼저 향약과 당약의 약효를 비교·검토했으며, 전국의 향약 분포 실태를 조사했다. 이 과정에서 향약의 채취 시기 등을 담은 『향약채취월령』을 먼저 간행했다.

『향약집성방』 완성 후에는 의학 백과사전이라 할 수 있는『의방유취(醫方類聚)』(266권)를 편찬했다. 당대까지 전해지던 총 160여 종에 달하는 서적과 이론을 집대성했는데, 일부는 현재 중국에서도 찾기 어려운 서적이라는 점에서 사료적 가치가 높다. 이 책은 워낙 거질이라 간행 부수가 적었으나 일부가 일본으로 넘어가 19세기 일본에서 재간행되었다.

## 3  문화의 발달

### 훈민정음 창제

한글은 1443년(세종 25) 반포했으며, 3년 후인 1446년「훈민정음해례(訓民正音解例)」를 작성했다. 이에 따르면 훈민정음은 세종이 주도해 창작했으며, 해례는 정인지(鄭麟趾, 1396~1478), 신숙주 등 집현전 학자들이 작성했다. 훈민정음은 사람의 발음기관에서 본 딴 기본 자음과 천지인(天地人) 삼재(三才)를 상징하는 모음 등 총 28자로 구성됐다. 자모의 구성, 조합과 자형 등은 음양오행의 이치에 따랐다고 설명했다. 한글의 창제 목적은 "나랏말이 중국과 달라 어리석은 백성이 말하고자 하는 바가 있어도 마침내 제 뜻을 담아 펴지 못한다"는 서문에 응축되어 있다. 언어와 문자가 일치하지 않아 백성이 생각을 표현하고 이해하는 데 큰 어려움이 있다는 의미였다.

훈민정음 창제 이전에는 향찰·이두 등 차자(借字)를 이용한 표기법으로 한자·한문 사용의 어려움을 해결하려 했으나, 그 한계가 분명했다. 차자 표기법이 표준화되지 않다 보니 시간이 흐르면서 이전 시기의 표기법에 대한 이해도가 떨어졌다. 이 때문에 노랫말처럼 차자 표기법으로만 전달이 가능했던 지식이 단절될 위험성도 컸다.

훈민정음은 국가정책을 실현하는 데 있어서도 중요했다. 국가정책을 이해시키고 백성을 바람직한 성리학적 주체로 교화하는 데 필요했기 때문이다. 또한 훈민정음은 한자에 기반한 지식을 정확하게 전달하는 데도 큰 의의가 있었다. 산문이나 한시 창작 등의 한문 능력을 심화하고 경전의 뜻을 정확히 이해하려면 한자음을 확정하는 것이 필요했다. "백성을 가르치는 바른 소리"라는 '훈민정음'의 뜻은 이러한 양 측면을 잘 반영하고 있다.

훈민정음 창제 후 이를 활용해 다양한 서적을 편찬했다. 세종대의 도서로는 운서인 『동국정운(東國正韻)』, 악장 『용비어천가(龍飛御天歌)』, 불교서 『석보상절』 등이 있다. 특히, 한문 서적을 훈민정음으로 풀이한 언해본이 많이 만들어졌는데, 천자문은 물론 사서와 행실도, 불교경전 및 두보(杜甫, 712~770)의 한시도 언해됐다. 16세기까지 국가 차원에서 다방면의 서적들을 언해하는 작업이 이뤄졌으나 17세기 이후에는 적극적으로 시행되지 않았다. 이에 훈민정음이 '언문'이나 '암클'이라 불리며 비하됐고, 실제로는 많이 사용되지 않았다고 인식되기도 한다. 그러나 문자를 사용하던 계층에게 훈민정음이 상당히 중요한 위치를 점했다는 점은 분명하다. 한자와 한문을 배우는 수단으로, 일상에서 편지를 쓰고, 소설, 노래 등을 창작하고 소통하는 데 활발하게 활용됐기 때문이다. 이는 근대에 접어들며 쉽게 국한문 혼용책을 선택할 수 있는 바탕이 됐다.

### 지도와 지리서

지도와 지리서는 세계를 이해하고 통치체제를 구축하는 일과 긴밀한 관련이 있다. 조선 초에 제작된 세계지도 중 가장 주목할 만한 자료는 〈혼일강리역대국도지도(混一疆理歷代國都之圖)〉다. 이는 1402년(태종 2) 의정부에서 주도해 제작된 것으로서, 현재 원본은 남아 있지 않고 후대의 모사본 몇 종만이 일본에 전한다.

〈혼일강리역대국도지도〉가 저본으로 삼은 두 종의 중국 지도는 몽골제국 시기의 확대된 세계를 담고 있어서 서쪽으로 아프리카와 유럽까지 포괄하고 있었다. 조선은 여기에 요동과 우리나라 부분을 보완하고 중국 지도에는 없던 일본을 넣었다. 이로써 〈혼일강리역대국도지도〉는 당시 알려져 있었던 구대륙 거의 전부를 포괄해 세계지도의 역사에서도 매우 중요한 위치를 점했다.

16세기에도 세계지도가 몇 종 제작됐으나 이는 〈혼일강리역대국도지도〉와 달리 중국 서쪽 세계는 다루지 않은 것이 특징이다. 이 지도들이 명에서 편찬한 세계지도에 바탕을 두고 조선 부분을 편집해서 추가했기 때문이다. 명에서는 자국 중심으로 세계지도를 편찬했던 만큼, 이 지도들은 〈혼일

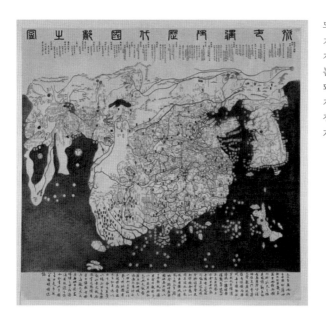

도판8 〈혼일강리역대국도
지도〉모사본
지도 상단에는 제목이 하단에
는 권근이 지은 서문이 기록
돼 있다. 〈혼일강리역대국도
지도〉의 모사본 중에서도 가
장 원형에 가까운 것으로 평
가받는다.

강리역대국도지도〉에 비해 세계의 범위를 명과 그 주변국으로 제한했다.

한편 국초부터 여러 차례의 양전과 전국 주현의 개정(태종대), 4군 6진의
개척(세종대) 등을 바탕으로 통치체제를 갖추면서 전국지리지를 제작할 필
요성이 높아졌다. 이에 고을별로 일정한 항목에 따라 일률적으로 정리한 전
국지리지 『세종실록지리지』를 편찬했다. 15세기 후반 성종대에는 전국지리
지로서 『동국여지승람(東國輿地勝覽)』을 편찬했고, 이후 몇 차례 증보해 중종
대 『신증동국여지승람(新增東國輿地勝覽)』을 완성했다. 이는 『세종실록지리
지』에 기본 토대를 두되, 각 지역의 시문들을 망라해 인문지리적 내용을 강
화한 것이었다.

이 시기에는 북방 지역에 대한 개별 지도와 도별도·군현도 등과 같은 지
역별 지도뿐 아니라 전국지도도 제작했다. 이 중에서는 세조대 양성지(梁誠
之, 1415~1482), 정척(鄭陟, 1390~1475) 등이 만든 〈동국지도〉가 유명하나, 지
도 원본은 현전하지 않는다. 〈동국지도〉는 후대까지도 유행한 하나의 전형
이 됐다는 점에서 의미가 있다. 이를 '〈동국지도〉형 지도'라고 칭하는데, 압록
강이 거의 평평하게 표현되고 북방 지역이 압축된 것이 특징이다. 가장 대표
적인 것이 〈조선방역지도(朝鮮方域之圖)〉다.

15세기 성종대에는 국가 주도로 이전 시기에 발표된 한문학 작품들을 집대성한 『동문선(東文選)』(130권)을 편찬했다. 이는 문장을 통해 시대를 읽을 수 있으며, 동방의 문장이 중국에 뒤지지 않는다는 자부심에서 기획된 것이었다. 16세기 중종대에는 『동문선』이후에 발표된 글을 모아 『속동문선(續東文選)』(23권)을 편찬했다.

　　조선 전기의 개인 창작물 중에는 잡기 혹은 패설류가 많다는 점이 특징이다. 이 작품들은 대개 일정한 형식 없이 사적인 경험이나 떠도는 이야기들을 기록했다. 대표작으로 서거정(徐居正, 1420~1488)의 『필원잡기(筆苑雜記)』, 성현(成俔, 1439~1504)의 『용재총화(慵齋叢話)』, 남효온(南孝溫, 1454~1492)의 『추강냉화(秋江冷話)』 등이 있다. 각계각층의 생활풍속을 비교적 가감 없이 다룬다는 점에서 당대 여러 생활상을 이해할 수 있는 좋은 자료다. 이외에도 전기체 소설의 효시로 꼽히는 김시습(金時習, 1435~1493)의 『금오신화(金鰲新話)』역시 이 시기의 대표적 문학작품이다.

　　문학이 시대의 성쇠를 보여주는 장르라면 유교정치에서 백성의 교화 수단으로 중시한 것이 음악이었다. 세종대의 문인이자 음률가였던 박연(朴堧, 1378~1458) 등은 60여 종의 악기를 개량하고, 고대 주나라의 음악을 지향하는 아악을 만들었다. 세종은 지금까지도 전해지는 종묘제례악과 〈여민락(與民樂)〉 등의 여러 악곡을 직접 만들었으며, 정간보(井間譜)도 창안했다. 정간보는 음의 높이와 길이를 함께 담은 동아시아 최초의 유량악보(有量樂譜)로 꼽힌다. 음악 이론에 관한 책도 편찬됐는데, 성종대 편찬된 『악학궤범(樂學軌範)』이 대표적이다. 이 책에는 음악의 원리와 역사를 담았을 뿐 아니라 아악·당악·향악을 구분하고, 악기 편성법과 악기 만드는 법 등도 수록했다. 또한 음악과 춤이 함께하는 경우 그 절차와 쓰이는 의상·도구를 설명했으며, 몇몇 노랫말은 한글로 수록하기도 했다.

　　조선 전기의 그림 중 현재까지 전해지는 것은 그다지 많지 않다. 15세기 인물인 안견(安堅)은 도화서 화원이었는데, 그가 세종의 아들인 안평대군의 꿈 내용을 그린 「몽유도원도(夢遊桃源圖)」(1447)는 이 시기 최고 걸작으로 꼽힌다. 안평대군은 당대 유명한 서화 소장가이자 많은 문인, 화가와 교류한 사람으로 알려져 있으며 신숙주(申叔舟, 1417~1475)는 그가 소장한 송원대 그림을 소개하는 글을 쓰기도 했다. 신숙주의 글은 현전하는 소장품이 거의 없는

도판9 분청사기 상준
종묘나 문묘 등의 제례 때 사용된 코끼리 형상의 제기. 금속으로 만드는 것이 원칙이나 15세기에는 분청사기로 만든 제기가 사용되기도 했다. 『국조오례의』 서례 등에 수록된 그림과 일치한다.

상황에서 당대의 그림을 이해하는 데 도움을 준다. 강희안(姜希顔, 1418~1464), 강희맹(姜希孟, 1424~1483) 형제는 사대부 중 그림을 잘 그리기로 유명했다. 한편 16세기 작품으로는 이상좌의 「송하보월도(松下步月圖)」가 유명하다.

　도자기는 조선 전기까지 동아시아에서 중국과 우리나라만 생산할 수 있었다. 14세기 후반 왜구의 침입으로 서남부 연해 지역이 큰 피해를 입으면서 고려시기에 주요 자기 생산지였던 부안과 강진에 살던 장인들이 내륙으로 흩어지게 됐다. 이에 자기의 질은 떨어졌으나 생산지와 사용층이 넓어지는 결과를 가져왔다. 15~16세기에 걸쳐 약 150년간 활발하게 제작된 분청사기는 그릇 표면에 흰색 화장토(化粧土)를 입히고 다양한 방식으로 무늬를 넣은 것이다. 15세기 후반에 설치된 경기도 광주의 사용원 소속 분원에서는 왕실과 중앙관청용 최고급 백자를 생산했다. 이러한 관요체계는 임진왜란 전까지 유지됐다.

# 4. 조 선 중 기 사 림 의 성 장 과 붕 당

# 1 사림의 성장

## 훈구와 사림

조선왕조 개창 초기의 어수선함과 각종 제도를 정비하는 과정은 성종대 『경국대전』이 반포되면서 일단락됐다. 안정기에 들어서자 정치 세력이 크게 훈구와 사림으로 나뉘어 대립하기 시작했다.

훈구는 1453년(단종 1) 계유정난부터 세조 즉위 과정에서 세조를 도와 조정의 실권을 장악한 관료학자들로 한명회(韓明澮, 1415~1487), 정인지(鄭麟趾, 1396~1478), 신숙주, 권람(權擥, 1416~1465), 서거정(徐居正, 1420~1488) 등이 해당된다. 훈구 중 일부는 왕실과 혼인해 권력을 공고히 했으며, 일부는 몇 차례 공신에 책봉되기도 했다. 한명회는 성종 초까지 정난공신·좌익공신·익대공신·좌리공신에 책봉됐고, 신숙주도 마찬가지였다. 또한 이들의 형제나 아들도 공신에 함께 선정되기도 하면서 강력한 정치 기반을 마련할 수 있었다.

훈구는 학문적으로 국가 운영에 필요한 공문서나 외교문서를 작성하는 데 주로 필요한 사장(詞章)을 중시했다. 이를 바탕으로 고위 관직에 있으면서 세조대에 진행된 국가적 편찬 사업을 주도했다. 이들은 대규모 농장을 보유하기도 했는데 훈구의 농장 확대는 당시 사회경제적 변화 속에서 가능했다. 공신에 책봉되면 국가로부터 토지를 지급받을 뿐만 아니라 간척사업과 토지 매입 등을 통해 농장을 늘려갈 수 있었기 때문이다. 나아가 대외무역에도 참여해 이익을 독점했고, 공물의 방납을 통한 경제적 이익도 얻었다. 훈구는 당시 정치·사회·경제 모든 면에서 특권을 누렸다.

사림은 15세기 후반부터 서서히 중앙정치에 참여한 세력이었다. 이들의 전신은 조선이 건국되는 과정에서 지방에 낙향해 재지사족으로 자리 잡은 세력이었다. 향촌에 은거해 생활하면서 유학을 공부하고 문인을 양성했는데, 초기에는 대부분 영남 지방에서 활동하던 이들이었다. 성종대 이후 김종직(金宗直, 1431~1492)이 중앙에 진출하면서 사림의 정신적 지주가 됐고, 정여창(鄭汝昌, 1450~1504), 김굉필(金宏弼, 1454~1504), 김일손(金馹孫, 1464~1498), 유호인(兪好仁, 1445~1494), 남효온(南孝溫, 1454~1492) 등 많은 제자를 배출했다. 이들은 학문을 연마하는 동시에 중앙정치에 참여했는데 이때 서울과 경기·충청 지역의 지식인으로까지 세력 범위가 확대됐다. 이 시기 확대된 사림의 정치 참여는 국왕인 성종의 정치적 필요에 의한 측면도 있었다. 성종은 즉위 이후 한명회 등 훈구의 견제로 왕권이 제약되자 사림을 등용해 상황을 극복하고자 했다.

　당시 사상의 변화도 정치사상적 공동체로서 사림의 등장을 뒷받침했다. 이전까지 조선의 성리학은 고려 후기 원을 통해 간접적으로 수용된 것이었는데, 16세기 이후 성리학을 이해하는 데 필수 서적인『주자어류(朱子語類)』,『주자대전(朱子大全)』 등이 간행되면서 학문에 대한 이해가 깊어졌다.『소학(小學)』을 중시한 점도 특징이다. 사림은 도학(道學)을 강조하면서 도학정치론을 주장했고, 강상(綱常) 윤리를 실현하기 위해 향촌질서의 사회적 역할을 강조한 향약의 시행을 주장했다.

### 사화의 전개

성종대를 전후해서 중앙정치의 무대에 진출하기 시작한 사림은 훈구의 정치경제적 비리를 규탄하면서 점차 영향력을 키웠다. 성종은 훈구와 사림을 상호 견제하게 하며 자신의 왕권을 강화했으나, 기득권이었던 훈구 세력의 불만은 커져갔다. 그러다 성종의 뒤를 이어 연산군(燕山君, 1476~1506)이 즉위하면서 훈구의 불만이 폭발했다. 연산군이 부왕의 장례 문제로 사림과 한 차례 충돌하며 국정 운영을 둘러싼 이견을 보인 것이 계기였다. 연산군은 부왕의 국장을 불교식으로 치르고자 했으나 성리학으로 무장된 사림은 이를 받아들이지 않았다. 이 과정에서 사림과 연산군을 지지하는 훈구 사이에 갈등의 골이 깊어졌고, 결국 무오사화(戊午士禍)로 이어졌다.

　무오사화는 1498년(연산군 4) 이극돈(李克墩, 1435~1503) 등 훈구 세력이 김일손(金馹孫, 1464~1498)이 제출한 사초를 문제 삼아 일으킨 사건이라는 점에서, 사화(史禍)라고도 쓴다. 이극돈 등은 사초에 수록된 김일손의 스승 김

**16세기의 훈구와 사림**
16세기 훈구와 사림을 다르게 이해하는 내용이 있어 소개한다. 일부에서는 훈구와 사림을 이분법적 시각으로 보는 것이 옳지 않다고 주장한다. 여기에는 고려에서 조선으로 왕조가 교체됐지만 지배 세력이 급격히 교체한 것은 아니라는 견해가 자리한다. 또한 일부에서는 훈구와 사림은 재생산이 되지 않는 정치 세력이므로 이들을 대립적으로 설명하는 것은 타당하지 않다고 본다. 두 세력의 갈등은 권력구조의 변화, 즉 대간을 비롯한 청요직의 정치적 비중이 확대되는 변화와 관련된다고 여긴다.

종직의 저술인 조의제문(弔義帝文)에 문제가 있다고 봤다. 조의제문은 항우에게 시해된 의제를 애도하는 글로, 조카인 단종을 몰아내고 왕위에 오른 세조의 즉위를 비난하려는 목적으로 쓰였다고 주장했다. 결국 이 주장에 따라 대대적인 탄압이 가해져 김일손을 비롯한 상당수의 사림이 화를 당했다. 무오사화를 계기로 성종대 이후 중앙에 진출해 점차 정치적 입지를 확장하던 사림은 크게 위축됐다.

한편 훈구 내부에서도 갈등이 발생했는데, 1504년(연산군 10) 연산군의 생모 윤씨의 폐비사사(廢妃賜死) 사건을 둘러싸고 대립하면서 갑자사화(甲子士禍)가 발생했다. 갑자사화는 훈구 내 갈등에서 비롯된 것이었으나 이를 계기로 일부 남아 있던 사림도 화를 당했다.

연산군이 재위 12년 만에 반정에 의해 축출되고 중종(中宗, 1488~1544)이 즉위했다. 중종은 자신을 둘러싸고 있던 공신 세력을 견제하고 정치를 혁신하기 위해 사림을 대거 중앙으로 불러들였다. 이때 왕의 절대적 신임을 받았던 인물이 조광조(趙光祖, 1482~1519)다. 조광조를 중심으로 사림은 훈구의 비리를 비판했다. 유교적 도학정치를 구현하기 위해 도교 주관 관서인 소격서를 혁파하고, 당시 폐단이 자주 거론된 과거제를 보완한 현량과[1]를 설치했으며, 지방에 향약을 실시하려고 했다.

개혁 정치를 추진하는 과정에서 사림 세력은 성장한 반면 공신 세력의 정치적 입지는 점차 약화됐다. 공신 세력은 이를 타개하기 위한 일대 반격을 준비했는데, 그 계기가 됐던 게 조광조 등 사림이 1519년에 제기한 위훈삭제(僞勳削除) 사건이었다. 위훈삭제는 중종반정 후 공신을 책봉하는 과정에서 거짓이 있으니, 이를 삭제하자는 내용이었다. 이는 공신 세력에게 자신의 존재를 부정하는 의미로 받아들여졌을 뿐 아니라 큰 위협으로 느끼게 했다. 이에 남곤(南袞, 1471~1527) 등의 주도하에 1519년 조광조 등을 역모로 몰아 사림세력을 축출한 사건이 벌어졌는데, 이것이 기묘사화(己卯士禍)다.

명종 즉위년에도 한 차례의 사화가 있었다. 중종의 이복왕자를 둘러싸고 외척 간에 대립하는 과정에서 일부 사림이 화를 당한 을사사화(乙巳士禍,

---

1   현량과 기존의 과거와 달리 먼저 중앙과 지방에서 재주와 행실이 뛰어난 사람을 천거하고, 천거된 사람을 대상으로 국왕이 친림해 책문(策問)을 시험한 후에 인재를 선발하는 제도다. 과거가 향시, 회시, 전시 등의 시험 단계를 거치는 것과는 달랐다. 이때 현량과로 모두 28명이 선발됐는데, 대개는 조광조 계열의 인사들이었다. 기묘사화 직후 현량과를 통해 선발된 인재들은 합격이 취소됐다.

도판10, 11 조광조 영정과 〈적려유허비〉
화순 능주에 있는 적려유허비의 비문은 송시열이 짓고 글씨는 송준길이 썼다.

1545)다. 이는 소윤(小尹)과 대윤(大尹)이 대립해 발생한 사건이기도 했다. 소윤은 명종의 외가인 윤원형(尹元衡, ?~1565)을 중심으로 한 세력을, 대윤은 인종(仁宗, 1515~1545)의 외가인 윤임(尹任, 1487~1545)을 중심으로 한 세력을 말한다. 외척 간 대립은 중종을 이어 인종이 즉위하면서 대윤의 승리로 마무리되는 듯했다. 그러나 인종이 재위 1년도 못 채우고 세상을 떠난 후 명종(明宗, 1534~1567)이 왕에 오르자 소윤이 대윤에게 대대적인 보복을 가하며 옥사가 발생했다. 이때 사림 일부가 화를 입었다고 해서 이를 사화로 부른다.

### 서원과 향약

네 차례의 사화를 통해 많은 사림들이 피해를 당했다. 그러나 이는 사림이 역사적으로 성장하며 발생한 사건이기에, 이 과정을 거치며 사림은 점차 역사의 주도 세력으로 자리 잡아갔다. 즉 사림은 피해를 입었지만 지방의 서원(書院)이나 향약을 기반으로 지지 기반을 확산하는 등 계속 성장했던 것이다. 명종 말 선조(宣祖, 1552~1608) 초에 이르면 중앙정치의 주도권을 장악하며 정치를 주도했다.

서원은 조선시대에 선현의 봉사(奉祀)와 후진 양성을 위해 설치된 교육 기관이다. 서원은 중국의 경우 당 때부터 그 명칭을 찾을 수 있고, 송대에 활성화됐다. 우리나라에는 16세기 사림에 의해 서원이 건립되면서 본격화됐다. 조선 최초의 서원은 1543년(중종 38) 주세붕(周世鵬, 1495~1554)이 세운 백운동서원(白雲洞書院)으로 안향을 배향했다. 백운동서원은 이후 이황의 건의에 따라 국가로부터 소수서원(紹修書院)이라는 편액과 노비 및 서적을 하사받아 국가가 공인하는 사액서원이 됐다. 16세기 이후 서원은 전국 곳곳에 세워졌다.

서원의 주요 역할은 선현을 제사하며 성리학을 연구하고 학습해 후학을 양성하는 일이었다. 서원은 학덕이 있고 충절이 뛰어난 인물을 배향하며 향촌 사림 간 결속을 강화하는 공간으로 활용됐다. 각종 서책들을 보관해 향촌 사회의 도서관으로서 기능했으며, 선현들의 문집을 직접 출판해 교육과 문화를 보급하기도 했다. 또한 서원은 정계에서 물러난 인사들이 재기를 다지는 정치적 후방 기지의 기능도 했다. 조선 후기에 이르면 서원은 사림의 공론(公論)을 주도해 그 규모와 문인 수가 정치·학문적 역량을 가늠하는 주요한 잣대가 됐다.

서원과 함께 사림이 중점을 두고 추진한 것은 향약의 시행이었다. 조선에서는 건국 초기부터 향촌의 사족들이 유향소(留鄕所)나 동약(洞約) 등을 운영하면서 향촌 내 현안을 주도적으로 해결했다. 사림이 진출하면서 이를 향약으로 대체하려는 시도도 등장했다. 향약은 중국 송의 남전현(藍田縣)의 여씨 형제가 만든 『여씨향약(呂氏鄕約)』에서 시작되는데, 우리나라에서는 고려말 성리학이 도입될 때 주희에 의해 증손(增損)된 『주자증손여씨향약(朱子增損呂氏鄕約)』이 함께 들어왔다.

16세기 중반 조광조 등 사림이 주도한 향약보급운동은 주자의 논리를 그대로 적용해 자신들이 주도하는 향촌사회의 지배질서를 구축하고 하층민

---

**『예안향약』과 『서원향약』**

『예안향약』은 1556년(명종 11) 이황이 예안의 향촌 교화를 위해 작성한 규약이다. 사족들의 생활 규범 확립과 하층민에 대한 무단 행위 규제 등을 담고 있다. 『서원향약』은 1571년(선조 4) 이이가 청주 목사로 부임해 시행한 향약이다. 양반과 평민, 천민을 모두 참여시키고 있는 점이 특징으로, 선을 권장하고 악을 징계하는 세칙을 규정했다.

도판12 소수서원 조감 사진
우리나라 최초의 서원인 백운동 서원으로, 1550년 명종이 직접 '소수서원'이라고 편액을 써주고 유교경전 및 노비 등을 내려줬다. 경상북도 영주시 순흥면에 위치한다. 서원의 핵심구조는 '강학공간'과 '제향공간'이다. 강학공간은 유생들이 공부하는 공간으로, 동재·서재라는 기숙사와 강당이 중심을 이룬다. 제향공간은 특정 인물을 모시는 사당이 중심이다.

을 향약의 틀 속에 묶어두려는 방법 중 하나였다. 초기 사림이 향약을 보급하려는 시도는 실패했다. 시행을 주도한 세력이 기묘사화로 실각했으며, 향촌사회의 실정을 도외시한 채 위로부터 교화하려고 했기 때문이다. 사림이 정권을 장악한 선조대에 와서야 향약은 각 지방의 여건에 따라 자연촌, 즉 이(里)를 단위로 시행됐다. 이 시기에 이황(李滉, 1501~1570), 이이(李珥, 1536~1584) 등에 의해 중국『여씨향약』의 강령인, 좋은 일은 서로 권하고, 잘못은 서로 바로잡아주며, 예의를 지켜 서로 사귀고, 어려운 일이 있으면 서로 도와준다는 취지를 살려 조선의 실정에 맞는 향약이 마련됐다.

## 2 붕당의 발생

### 권력을 장악한 사림

명종이 12세에 즉위하면서 문정왕후가 정사를 대신 돌봤고(수렴청정), 이를 배경으로 문정왕후의 동생인 윤원형의 주도하에 척신 정치가 전개되었다. 문정왕후는 불교를 신봉해 보우(普雨)를 봉은사 주지로 삼고 선·교 양종을 다시 부활시켰다. 그 결과 불교가 중흥했으나, 이는 사림의 비난을 불러왔다. 1553년(명종 8) 명종이 20세가 되면서 문정왕후가 수렴청정을 거두고 명종의 친정(親政)이 시작됐다. 그러나 그동안 구축된 문정왕후와 윤원형 척신 세력이 정치를 주도했다. 명종은 이량(李樑, 1519~1563)을 발탁해 윤원형 등을 견제하도록 했으나, 이량 역시 척신 세력 중 한 명이어서 성공을 거두지 못했다.

외척의 전횡으로 정치가 어지러운 가운데 계속되는 흉년과 관리의 부패까지 더해져 민심이 흉흉해지고 도적이 들끓었다. 대표적인 도적이 경기 양주의 백정 출신인 임꺽정(林巨正)이다. 임꺽정을 중심으로 도적들은 황해도와 그 주변 지역에서 관청을 습격하고 창고를 털었다. 결국 1562년 황해도 구월산에서 붙잡힌 임꺽정은 한양으로 압송되어 처형됐다.

척신 정치로 인한 정치사회적 모순이 커지는 가운데 중앙에 진출한 사림을 중심으로 이를 해결하기 위한 움직임도 등장했다. 계속된 사화로 사림의 기세가 위축되기는 했으나 이미 전국적으로 확산된 사림이 중앙으로 진출하는 것을 막을 수 없었다. 명종대에는 조식(曺植, 1501~1572), 성수침(成守琛, 1493~1564) 등과 같은 명망 높은 사림 학자가 재야에 은거해 벼슬을 포기하기도 했지만 이황, 이항, 기대승, 김인후(金麟厚, 1510~1560) 등 일부 사림은 중앙에 진출했다. 여기에 명종의 외척인 심의겸(沈義謙, 1535~1587) 등을 중심으로 한 세력이 사림에 우호적인 분위기를 조성했다. 이후 선조가 즉위하면서 이전의 척신 세력을 몰아내고 사림이 정치를 주도하는 시대가 열렸다.

### 붕당의 발생

선조 즉위 이후 정치를 주도하게 된 사림은 척신 세력의 독주를 비판하면서 척신을 축출하는 한편, 사화로 화를 당한 사림을 신원(伸冤)했다. 기묘사화 때 화를 당한 조광조의 신원과 추숭(追崇) 작업이 진행됐고, 을사사화 피해자에 대한 신원도 추진됐다. 이 과정에서 신구 사림 사이에 척신체제의 청산을 둘러싸고 갈등과 대립이 표면화됐다. 신구 사림의 구성은 시기적으로 차이가 있으나, 중종대 후반부터 인종과 명종대를 거치며 출사했던 구세력과 선조 즉위 이후에 출사한 신세력으로 나뉘었다.

신구 사림의 대립은 사림이 정치를 주도하게 된 상황에서 정국을 어떻게 운영할 것이냐의 문제와 관련됐다. 우선 을사사화 때 피해 입은 사림의 신원이나 공신의 삭훈 등을 둘러싸고 논란이 있었다. 1575년(선조 8)경 김효원(金孝元, 1542~1590)과 심의겸 사이에 이조 전랑[2] 자리를 놓고 갈등이 발생하

---

2  이조 전랑 이조의 5품 정랑과 6품 좌랑을 통칭한다. 16세기 이후 이조 전랑은 자신의 후임을 추천할 수 있는 권한이 있었다. 1575년경 심의겸이 전랑으로 있던 김효원에게 동생 심충겸을 추천했으나, 김효원이 이를 거부했다. 그리고 이를 계기로 양측에 갈등의 골이 깊어지면서 양측은 대립했고, 양인을 둘러싸고 지지 세력이 결집했다.

면서 붕당 형성의 조짐이 표면화됐다. 사림 세력의 갈등이 격화되자 이이는 중재자의 입장에서 양측의 갈등을 봉합하려고 했다. 그러나 이이의 노력에도 갈등은 해소되지 못했고, 결국 1583년(선조 16)경 이이가 서인으로 당색을 정하면서 동인과 서인의 붕당이 분명해졌다.

이후 조선의 붕당은 몇 가지 특성을 띤다. 먼저 학연이 붕당의 분화에 중요하게 영향을 미쳤다. 학문적으로 동인에는 이황과 조식, 서경덕(徐敬德, 1489~1546)의 문인이, 서인에는 이이와 성혼(成渾, 1535~1598)의 문인이 다수 포함됐다. 동인이 남인과 북인으로 나뉘면서 남인에는 이황의 문인이, 북인에는 조식과 서경덕의 문인이 포함됐다. 또한 서인이 노론과 소론으로 나뉘면서 노론에 송시열(宋時烈, 1607~1689) 문인이, 소론에는 윤증(尹拯, 1629~1714)과 박세채(朴世采, 1631~1695) 문인이 포진했다.

또한 강한 지연도 드러났다. 동인의 주축은 영남과 호남 등 지방 출신이 다수를 차지했다. 서인은 서울과 경기도 일원에 기반을 두고 대대로 벼슬해 온 집안 출신이 많았다. 동인이 남인과 북인으로 나뉘면서 남인에는 주로 경상 좌도 일대의 인물이, 북인에는 경상 우도 지역의 인물들이 다수 포진됐다. 서인이 노론과 소론으로 분당되면서 노론에는 주로 충청도와 서울 지역 인사들이, 소론에는 주로 서울 지역 인사들이 포진했다. 이 밖에도 조선의 붕당은 아버지에서 아들로, 아들에서 손자로 이어지는 세습성이 강했다는 특징도 있다.

### 붕당정치의 전개

붕당 형성 이후 사림은 공론을 앞세우며 상호 간 의리와 명분 논쟁을 중심으로 정치를 운영했다. 붕당 형성 초기에는 동인이 우세했으나 1589년 정여립(鄭汝立, 1546~1589)의 옥사가 발생하자 서인은 이를 반전의 기회로 삼았다. 그러나 세자 책봉을 둘러싼 건저의(建儲議)[3] 문제가 발생해 정철(鄭澈, 1536~1593)을 중심으로 한 서인의 처벌을 둘러싸고 동인 내부에서 갈등이 표면화됐다. 동인은 임진왜란 이후 류성룡(柳成龍, 1542~1607)에 대한 주화오국(主和

---

3    건저의 건저란 세자를 세운다는 의미다. 왕세자가 정해지지 않은 당시 삼정승이었던 이산해, 류성룡, 정철이 국왕에게 건저를 건의하기로 합의했다. 그러나 건의하기로 한 당일 이산해는 참석하지 않고 류성룡, 정철만이 발언했다. 국왕은 이를 거부하는 것은 물론이고 정철이 주도한 것이라며 그를 유배 보냈다.

誤國)[4]문제를 놓고 격화돼 남인과 북인으로 나뉘었다. 남인은 서인과 류성룡의 처벌에 대해 온건한 입장인 반면 북인은 강경한 입장을 보였다.

임진왜란 이후에는 북인이 정국을 주도했다. 전쟁 동안 북인이 활발하게 의병 활동을 한 것이 중요한 배경이었다. 이후 북인은 내부에서 분열이 일어나 대북과 소북으로 분립됐다. 광해군(光海君, 1575~1641)의 즉위를 계기로 대북 정권이 수립됐는데, 정권을 장악한 대북 측에서 자신의 학문적 정통성을 확립하기 위해 조식을 높이고 이언적과 이황을 폄하한 회퇴변척(晦退辨斥)을 제기했다. 또한 왕권 안정을 위해 광해군의 형인 임해군(臨海君, 1574~1609)과 동생이지만 적자였던 영창대군(永昌大君, 1606~1614)을 제거하고, 인목대비를 서궁에 유폐시키는 등 이른바 폐모살제(廢母殺弟)를 단행했다. 이는 성리학의 강상 윤리에 위배되는 것이었다. 여기에 더해 명에 대한 사대(事大) 의리를 저버리는 외교정책을 구사했다. 이는 결국 인조반정의 명분이 됐다.

1623년 인조반정이 성공한 이후 정국은 반정에서 결정적 역할을 했던 서인이 주도하고 일부 남인이 참여하는 양상이 됐다. 인조(仁祖, 1595~1649) 말년 무렵에는 정국을 주도하던 서인 내에서 한당(漢黨)과 산당(山黨) 등이 분화했다. 한당은 서울과 경기 지역 출신이 중심이었고, 산당은 김집(金集, 1574~1656), 송시열 등 충청 지역 출신이 중심 세력이었다. 효종(孝宗, 1619~1659)이 즉위한 후에는 한당 중심으로 정국을 운영하다가 효종대 후반 산당계 인사인 송시열과 송준길(宋浚吉, 1606~1672) 등이 정계에 복귀하면서 이후 정국은 산당이 주도했다. 현종(顯宗, 1641~1674)대에는 서인과 꾸준히 성장한 남인 사이에서 1659년(현종 즉위년)과 1674년 두 차례의 예송(禮訟)이 벌어졌다. 효종과 효종비 인선왕후의 국상 때 인조의 계비인 장렬왕후가 어떠한 상복을 입어야 하는가의 문제였다. 예송은 국가 차원에서 예법을 어떻게 적용할 것인가를 둘러싸고 벌어진 논쟁이었다.

붕당 간에 갈등이 존재하는 가운데, 사림정치 시기에는 공론이 중시되면서 정국은 재상권과 언관권이 상호 비판하고 견제하며 운영됐다. 재상권

---

4    주화오국 화의를 주장해 나라를 그릇된 방향으로 이끌었다는 비난 여론의 주요 내용이다. 1597년 명과 일본이 교섭을 통해 화약을 맺기로 하고, 조선에 동의할 것을 강요했다. 외교와 군사정책을 총괄하던 류성룡은 이에 동의할 수밖에 없었다. 그러나 1598년부터 이를 비난하는 여론이 등장했고, 류성룡은 실각했다.

은 비변사와 6조를 중심으로 한 당상관들이 국가의 정책 결정과 집행을 주도했다. 언관권은 사헌부·사간원·홍문관을 통칭하는 삼사(三司)를 중심으로 유생과 산림[5] 등이 주도했다. 양측은 공론의 지지를 도출하면서 상호 비판과 견제를 통해 정치를 운영했다.

## 3  성리학의 심화

### 심성논쟁

16세기에는 국가의 제도가 어느 정도 정비되고 국제 정세도 안정됐으며, 향교, 도서 출판 등의 기반을 통해 여러 학자들이 배출됐다. 이 당시 학자들 사이에 인간의 심성에 대한 해석을 놓고 논쟁이 벌어졌는데, 이를 사단칠정(四端七情)[6] 논쟁이라 한다. 이황과 기대승에서 시작해 이이와 성혼까지 이어졌고, 이기(理氣)의 범주와 인심(人心)·도심(道心)의 문제로 논의가 확장됐다. 이는 조선시대 성리학에서 인성론을 발전시키는 데 중요한 계기를 마련했다.

사단칠정 논쟁은 정지운(鄭之雲, 1509~1561)이 지은 『천명도설(天命圖說)』[7]의 문구를 이황이 개작한 것에 대해 기대승이 의문을 제기하면서 시작했다. 이황은 "사단은 이(理)가 발현한 것이요, 칠정은 기(氣)가 발현한 것이다[四端理之發 七情氣之發]."라고 했는데, 이를 이기호발설(理氣互發說)이라고 한다. 기대승은 사단은 칠정 가운데 선한 정을 의미하므로 칠정 밖에 사단이 따로 있지 않다고 반박했고, 이황은 논쟁 이후 자신의 입장을 약간 수정했다. 이황은 본성의 선함을 추구하는 것을 강조하는 도덕론적 입장이 강했다.

이황과 기대승 간의 논쟁은 이후 이이와 성혼의 문답을 통해 또 한 차례 이어졌다. 이황이 사단을 이의 발현으로 파악한 데 대해, 이이는 이(理) 역시

---

5    산림 16세기 후반 이후 등장했다. 과거를 거치지 않았으나 학문과 덕망을 겸비해 국가로부터 부름을 받았다. 국정 운영의 방향성과 자파 붕당의 이론을 제시했다.

6    사단칠정 '사단'은 측은지심(惻隱之心)·수오지심(羞惡之心)·사양지심(辭讓之心)·시비지심(是非之心)으로, 각각 인(仁)·의(義)·예(禮)·지(智)의 착한 본성에서 나오는 감정이다. '칠정'은 희(喜)·노(怒)·애(哀)·구(懼)·애(愛)·오(惡)·욕(欲)의 일곱 가지 감정을 뜻한다. 인간이 외부 사물과 접하면서 여러 가지 감정이 표현되는 심리 현상을 말한다.

7    『천명도설』 천명(天命)과 인성(人性)의 관계를 그림으로 표현하고 해설을 붙인 책이다. 주희의 인물지성(人物之性)에 대한 설뿐 아니라 여러 설을 참고해 작성했다. 1553년 이황에게 검토받고 다른 도설을 절충해 이듬해 신도(新圖)를 완성했다.

작용이라는 입장에서 기로 파악해, 이는 스스로 작용할 수 없으며 사단과 칠정 모두 기가 발하고 이가 올라타는 것이라고[氣發理乘一途說] 보았다. 그는 존재와 도덕을 일괄해 이기의 관계를 서술한 것이었다. 이러한 차이 때문에 이황은 '이기이원론자', 이이는 '이기일원론자'로 구분하기도 한다.

이황과 이이의 입장 차이는 양자가 처한 시대적 분위기와 현실 인식과도 밀접한 관련이 있다. 이황은 연이은 사화와 외척의 발호로 현실 정치에서 여러모로 환멸을 느끼는 시대를 살았다. 그에 비해 이이는 선조대에 접어들어 신진들이 진출하며 새로운 정치를 시작할 수 있다고 여겼던 시대를 살았다. 이에 이황은 어지러운 세상에서 도덕 원리를 지켜야 한다는 이상주의적 사고가 강해졌고, 이이는 현실 참여적인 인식을 갖게 된 것이다.

인간 본성에 대한 이해, 도덕론과 존재론 등에 대한 심도 있는 논쟁은 조선시대 성리학의 인성론을 발전시키는 중요한 계기를 마련했다. 또한 이후 여러 정파가 갈라지게 된 학문적 차이의 바탕이 되기도 했다.

### 학파 형성

16세기에는 서경덕, 조식, 이황, 이이 등 걸출한 학자들이 배출됐는데, 성리학을 이해하는 데 있어 견해차를 보이면서 이들을 중심으로 학파가 형성되기 시작했다.

개성 출신의 서경덕은 특별한 스승 없이 독학했고, 벼슬자리에 나가지 않은 채 고향에서 연구와 교육에 집중했다. 그는 우주 만물이 태허(太虛)에서 나온 기로 이루어졌다고 보았다. 그에게 이는 기 밖에 대립하여 있는 것이 아니라 기 안에 있으면서 기의 작용을 주재하는 법칙에 지나지 않는 것이었다. 즉 우주 만물의 근원은 기이며, 이가 기에 선행할 수 없다는 것이다. 서경덕의 이론은 기를 중시하는 철학으로서, '기일원론'이라고 평가받는다. 또한 그의 학문에 대해서는 독창적이라는 긍정적인 반응과 기를 이로 착각했다고 비판이 공존한다. 그는 한성과 개성 인근의 학자들에게 많은 영향을 줬는데, 박순(朴淳, 1523~1589), 허엽(許曄, 1517~1580) 등이 그의 휘하에서 배출됐다. 이들은 이후 북인을 형성했다.

기를 중시했던 서경덕과 달리 이황은 이가 만물의 근본이며 기를 이끈다고 주장했다. 그는 성균관에서 공부해 과거에 급제했으며 30대 중반까지 관직생활을 했다. 을사사화 후에는 안동에 정착해 벼슬에 나서는 것을 자제하며 학문과 교육에 힘썼다. 기대승과 벌였던 사단칠정 논쟁에서 드러나듯이 이황은 이를 중시했을 뿐 아니라 도덕 원칙과 명분을 강조하는 도덕주의적 입장을 가지고 있었다. 그는 천리와 인욕, 인심과 도심, 사단과 칠정 등을 대립적으로 강조하면서 도덕 원칙의 순수성을 강화하고자 했다. 이황의 학문은 류성룡(柳成龍, 1542~1607), 김성일(金誠一, 1538~1593), 정구(鄭逑, 1543~1620), 장현광(張顯光, 1554~1637) 등 영남 지역의 학자 및 관료들에 의해 계승되어 남인의 이념적 기초가 됐다.

이황이 형이상학적 원리를 강조했다면, 동년배인 조식은 실천을 강조했다. 그는 젊은 시절 아버지와 숙부를 따라 한성과 지방 부임지 등에서 생활했으나, 기묘사화로 숙부가 화를 입은 후 지리산 인근으로 낙향했다. 이후 평생 벼슬길에 나가지 않고 고향에서 학문과 제자 양성에 힘썼다. 그는 평소 허리춤 한쪽에는 방울을 달고, 다른 한쪽에는 칼을 찼다고 전한다. 이는 평소에는 방울처럼 경건하고도 깨어 있는 의식을 유지하고, 불의를 보면 칼처럼 과감히 결단을 내리겠다는 의지를 담고 있었다. 그의 실천적 학풍은 제자들에게 이어져 임진왜란 시에는 그의 제자 중에서 의병장이 여럿 배출되기도 했다. 조식의 제자들은 주로 북인을 형성했는데, 대표적 인물이 광해군대 산림이었던 정인홍(鄭仁弘, 1536~1623)이다. 북인은 광해군대 정국을 주도했으나 인조반정 이후 몰락했다.

이이는 강릉의 외가와 파주의 친가에서 생활하며, 파주에 거주했던 백인걸(白仁傑, 1497~1579)에게 배웠다. 이때 평생의 친구였던 성혼과 깊게 교류했으며, 서경덕과 이황을 찾아가 가르침을 받기도 했다. 그는 명종대 말~선조대에 여러 관직을 거치면서 여러 개혁안을 제기했다. 공물 수납문제를 해결하기 위해 공안 개정을 논의하기도 했고, 국방체계의 재정비를 위한 개혁책을 내놓았으며, 당시 심각해지던 동서분당 국면을 완화시키기 위해 노력했다.

이기를 이원적으로 파악한 이황과 달리 이이는 이기를 통합적으로 보았다. 보편적 원리가 사물 각각을 관통하고 있으나, 개별 사물과 사실들을 떠나서는 보편적 원리를 추구할 수 없다는 논리였다. 그의 학문적 경향은 김장생(金長生, 1548~1631), 정엽 등으로 대표되는 기호 지방의 학자들에게 계승됐으며, 이후 서인의 학문적 기반이 됐다.

### 문묘 종사

문묘는 공자와 그 제자, 유교의 여러 선현을 모시고 제사를 지내는 장소를 의미하며, 성균관의 대성전 일곽이 여기에 해당한다. 문묘 종사는 이곳에 신주를 봉안하고 제례의 대상이 된다는 의미로서, 그 사람의 학문 및 절의의 공로나 정당성을 국가적으로 인정하는 상징적 행위였다. 특히 중국 남송대 주희 이후로는 문묘에 종사되는 것이 도통(道統), 즉 공자 이래의 도의 정통을 계승했다고 인정받는 의미로 해석됐다.

고려시기 중국 선현 이외에 문묘에 종사된 우리나라 인물은 설총(薛聰, 655~?)과 최치원(崔致遠, 857~?) 2명이었다가 고려 후기에 문묘 부흥의 공을 인정받은 안향이 추가됐다. 조선 초에는 중국 선현의 학문과 절의에 대한 평가가 바뀌면서, 몇몇 인물들이 출향됐고 배향체제가 조정됐다. 세종대에는 본국의 인물 중 고려시기 종사된 세 사람 외에 이제현·이색·권근 등을 종사하자는 논의가 있었으나 실현되지 않았다.

추가 종사에 대한 본격 논의는 중종대에 시작됐다. 조광조는 절의를 지킨 인물로서 정몽주와 자신의 스승인 김굉필을 종사하자고 청했다. 정몽주는 고려 말 절의를 지킨 충신으로서 태종대부터 국가적으로 추숭되어 왔는데 조광조는 여기에 더해 정몽주의 학맥이 길재-김종직-김굉필로 이어졌다는 계보를 근거로 삼아 김굉필의 종사를 청한 것이다. 그러나 결국 정몽주만 문묘에 종사됐다.

이후 절의뿐 아니라 도학, 즉 학문을 평가해 도통의 계보에 올려야 한다는 주장이 제기되면서 이황은 이언적(李彦迪, 1491~1553)을 종사할 것을 청했다. 이는 선조 초 오현(김굉필, 정여창, 조광조, 이언적, 이황)을 종사하자는 요청으로 이어졌고, 1610년(광해군 2)에 비로소 실현됐다. 문묘 종사는 이전의 잘못된 정치에 대한 비판의식 속에서 전대에 화를 입은 대표적인 인물들을 절의를 지킨 인물로 추숭하면서 가능해진 것이었다. 또한 학문적 성취나 훌륭한 저술로 인정받은 인물을 추숭한 경우도 있었다.

이후 정파와 학맥이 긴밀히 연결된 붕당정치가 전개되면서 문묘 종사는 논란의 핵심이 됐다. 국가에서 어느 붕당에 정통의 권위를 부여하는가를 결정하는 중요한 지표가 됐기 때문이다. 이에 따라 특정 인물에 대한 종사나 출향 관련 논란이 당쟁의 흐름과 긴밀하게 연동됐다. 광해군대에 정인홍이 제기했던 회퇴변척(晦退辨斥)[8]이나 숙종(肅宗, 1661~1720) 대 환국에 따라 이이와 성혼의 종사와 출향이 반복된 것이 대표 사례였다.

### 의례의 변화와 『주자가례』

조선은 건국 후 국가적으로 가정의 상장례나 혼례 방식 등을 『주자가례』에 따라 개혁하려고 했다. 당시에는 미신적 금기에 따라 장례가 늦춰지는 경우가 있었는데 이를 개선하기 위해 장례 시 서민은 3일장, 왕실은 5월장을 지내도록 규정했다. 상례의 경우 조선 초까지만 해도 이전 관습에 따라 관료들이나 왕실은 역월제(易月制)로 27개월을 27일로 단축해 지내는 것이 일반적이었다. 그러나 『주자가례』에 의거해 3년상을 치르는 것을 장려했고, 조선 후기에는 대체로 이 방식이 보편화됐다.

제례의 경우 적장자의 집에 가묘를 설치해 신주를 모시고 주기적으로 제례 지내는 것을 장려했다. 그러나 16세기경까지도 아들과 딸, 외손과 친손을 가리지 않고 돌아가며 지내거나 제사를 나눠 지내는 경우가 많았다. 제사를 드리는 대상의 경우 『경국대전』에서는 관품에 따라 그 범위를 달리했으나, 조선 후기에 이르면 관료들은 대개 4대까지 제사 지내는 것이 관행이 됐다.

혼인제도에서도 고려의 관습을 없애려고 노력했다. 근친혼은 고려시기를 거치며 점차 그 제한 범주가 넓어져 조선에 이르면 부계 동성동본의 혼인이 아예 금지됐다. 또한 처가에서 결혼하고 그곳에 계속 머물러 지내는 혼인 방식(서류부가혼(壻留婦家婚))을 바꾸기 위해 왕실에서부터 친영(親迎)[9]을 시도하기도 했다. 그러나 16세기까지도 서류부가혼의 전통이 여전해 신부의 집에 신랑이 거주하고 자녀도 외가에서 성장하는 일이 많았다. 친영도 쉽게 정착하지 못해 이전 방식과 절충한 반친영이 자리 잡았다. 혼인 및 거주 방식은 17세기 무렵에 변화하기 시작했다.

한편 고려 말 조선 초에는 중혼이 유행해, 혼인한 여성의 지위가 불안정해지고 자손 간 재산 분쟁이 일어나는 문제가 발생했다. 이를 해결하기 위해

---

8  회퇴변척 1611년(광해군 3) 정인홍이 회재 이언적과 퇴계 이황이 을사사화 때 관직에 있으면서 사화를 막지 못한 책임이 있다고 비판하며 이들을 문묘에서 출향하자고 했던 일을 말한다. 정인홍은 조식의 제자였는데, 문묘에 종사되지 못한 스승을 변호하기 위해 이들을 비판한 것이었다. 그러나 이러한 비판은 역풍을 불러와 도리어 정인홍이 유림에서 배척되는 결과를 가져왔다.

9  친영 유교식 혼인 방식으로 신랑이 신부를 맞이해 와서 신랑의 집에서 예식을 올리고 거주하는 예를 말한다. 왕실에서는 국왕이나 세자, 왕자 등의 가례 때 친영례를 솔선함으로써 사대부가에 이를 보급시키고자 했으나 그다지 성공을 거두지는 못했다.

국가에서 적처와 첩의 구분을 엄격히 하고 이혼을 억제했다. 성종대까지만 해도 여성이 3번 이상 결혼하면 법적으로 불이익을 당했다. 여성이 두 번 결혼하는 재가까지는 어쩔 수 없는 것으로 인식했는데, 성종이 강력히 주장해 『경국대전』을 수정하면서 여성의 재가에도 불이익을 주도록 했다. 처와 첩, 과부의 재가 등과 관련한 법적 조처들은 주로 그 자녀가 과거를 응시하거나 관직에 진출할 때 제한하는 방식이었다. 첩의 자손은 과거 응시나 관직 진출 등에 제한을 받았으며 재산 상속 시에도 차별받았다. 재가녀의 자손 역시 과거 응시나 관직 진출에 제한이 있었다. 이러한 법적 불이익은 과거와 관직 진출을 원하는 양반가에 유효한 것이었다.

이러한 조처들을 통해 국가는 혼인관계 등에도 이전보다 훨씬 깊게 개입했다. 이를 통해 혼인제도 자체는 안정화되어, 제도에 포섭된 사대부 여성들은 안정적인 지위를 보장받을 수 있었다. 다만 제도상의 여러 가지 제약과 엄격한 가치 기준이 주로 여성에게만 적용됐다는 점도 간과해서는 안 된다.

### 『소학』의 보급

『소학』은 남송대 주희가 여러 고대 원전에서 발췌해 만든 책이다. 『대학』이 성인의 수신부터 치국평천하까지 이르는 추상적 지침을 담고 있다면, 『소학』은 일상에서 실천해야 하는 도덕적 행실에 대한 지침을 담고 있다. 일상에서 도덕적 행위를 꾸준히 실천해 자연스럽게 내면화하자는 취지로 편찬한 책이었다.

『소학』은 성리학을 수용한 고려 말부터 전래돼 조선 초에는 과거 시험 과목이 되기도 했다. 그러나 『소학』이 사회정치적으로 중요한 의미를 부여받

---

**『소학』**

『소학』의 한 구절을 보면 다음과 같다.

> "(부모에게) 세수물을 올릴 때에는 어린이는 세수 대야를 받들고 어른은 물을 부어 세수하시기를 청하고 세수를 마치면 수건을 드린다. 드시고자 하는 것을 여쭈어 공손히 원하시는 것을 올리되 낯빛을 부드럽게 함으로써 그분들의 마음을 따뜻하게 하며, 부모나 시부모가 맛보신 뒤에야 물러간다."
>
> 『소학』 제2, 명륜

이처럼 『소학』의 내용을 통해 일상에서 부모님을 챙기는 세세한 예절을 실천하게 함으로써 개개인이 효의 덕목을 내면화할 수 있게 하고자 했다.

으며 새롭게 받아들여지기 시작한 것은 15세기 말 사림 세력이 등장하면서 부터였다. 이들은『소학』이 성리학의 가치를 일상에서도 그대로 실천해 몸에 익힐 수 있게 도와주는 내용을 담고 있다고 여겨 적극적으로 보급했다. 조광조를 중심으로 한 기묘사림은『소학』을 강력히 보급해 반대세력이 이들을 '소학의 무리'라고 지칭할 정도였고, 조광조가 실각한 후에는 한때『소학』이 금서가 되기도 했다.

16세기에『소학』은 성리학을 일상에서 실천하는 근거로 특별히 주목받았을 뿐 아니라 이를 추종하는 유무가 정치 세력의 이념적 지표로 인식됐다. 이는 정치의 공공성을 확대하고 군주권을 제약하는 등의 거시적인 정치 개혁이 개개인의 일상에서 도덕적 실천을 하는 것과 깊이 관련되어 있다는 인식에서 기인한 것이다.

# 5.  두 차례의 전쟁과
## 전 후 복 구

# 1 임진왜란과 대일관계

## 일본 정세와 조선

조선과 일본의 관계는 교류의 측면에서는 매우 비대칭적이었다. 조선은 일본과의 교류에 소극적인 태도를 취한 반면, 일본은 적극적으로 사신을 파견했다. 이는 조선에서 매년 3회 이상 명에 사신을 보냈던 것과 비교하면 매우 큰 차이였다. 일본 측 사신의 대부분은 대마도에서 보냈는데, 대체로 무역을 목적으로 했다. 따라서 무역의 통제 등은 곧장 갈등으로 비화됐다. 조선에서 왜인에게 주던 혜택과 무역량을 줄이자 대마도주의 지원을 받은 왜인이 폭동을 일으키거나(삼포왜란(1510)), 일본 국내의 혼란으로 통제가 느슨한 틈을 타 왜구가 조선의 해안을 약탈하는 사건(사량진왜변(1544), 을묘왜변(1555))이 발생했다. 이를 계기로 일본에 사신을 파견하는 일은 사실상 단절됐다. 이후 조선과 일본의 대외관계는 대마도주를 통한 간접 방식으로만 이뤄지면서 조선 사신이 직접 일본 본국을 방문해 정세를 파악할 수 있는 기회가 차단됐다.

한편 일본에서는 14세기 말 무로마치(室町)막부가 후계자를 둘러싸고 극한의 대립을 반복한 끝에 정치적 권위와 실질적 지배력을 모두 상실했다. 이후 100여 년간 센고쿠(戰國)시대가 이어졌다. 전쟁이 빈번하게 발생하는 상황 속에서 지방을 통치하던 다이묘(大名)들은 자신의 세력을 유지·성장시키기 위해 다양한 수단을 강구했고 이로 인해 농업·상업·군사 부분에서 상당한 발전을 이룩했다. 특히 서양 무역상 및 선교사를 통해 무역을 확대하고 조총과 같은 새로운 문물을 수입하기도 했다.

센고쿠시대는 1574년 오다 노부나가(織田信長, 1534~1582)에 의해 무로마치의 15대 쇼군이 쫓겨나면서 사실상 정리됐다. 1582년 오다가 살해당하자 후계자 다툼에서 승리한 도요토미 히데요시(豊臣秀吉, 1537~1598)는 도쿠가와 이에야스(德川家康, 1543~1616)와 휴전을 맺는 한편 1585년 국정을 총괄하는 관백(關白)이 됐다. 1587년 규슈(九州)를 정벌하고 1590년 호조 가문의 반란을 진압하면서 국내 통일을 마무리 지었다.

도요토미가 어떠한 의도로 조선을 침략했는가에 대해서는 지금까지도 여러 의견이 대립한다. 다만 1587년(선조 20) 전국 통일을 마무리하는 시점에 도요토미 스스로 중국을 점령하겠다고 언급했고, 같은 해 포르투갈 상인에게 군함 2,000여 척을 주문했다는 기록을 고려하면 해당 시점을 즈음해서 전쟁을 구상했다고 볼 수 있다.

1588년(선조 21) 도요토미는 대마도를 통치하고 있던 소씨 부자를 불러 명을 침략할 계획을 이야기하고 조선 국왕에게 직접 일본으로 들어오라는 내용[入朝]을 전하게 했다. 대마도는 조선과 일본 사이에서 중개 무역을 통해 생존을 유지하던 곳이었기에, 도요토미의 요구를 전할 수 없다고 판단해 통신사 파견 요청으로 조작하고 대마도 사신을 일본 국왕 사신으로 사칭해 조선 조정에 파견했다.

대마도주가 파견한 사신이 부산에 도착했지만, 외교문서에 명을 공격하기 위해 길을 빌려달라는 내용을 본 조정은 격론에 휩싸였으며, 결국 통신사 파견을 거부했다. 그럼에도 대마도주는 1589년(선조 22) 다시 사신 파견을 요청했고, 조선에서는 대마도주의 지속적인 교섭과 일본 정세를 파악해야 하는 필요에 따라 1443년(세종 25) 이후 140여 년 만인 1590년(선조 23)에 통신사를 파견했다. 당시 사신단의 최고 책임자인 정사(正使)에는 황윤길(黃允吉, 1536~?)을, 부사(副使)에는 김성일(金誠一, 1538~1593)을 선발했는데 귀국 후 일본이 전쟁을 일으킬 가능성에 대해 서로 보고한 내용이 달라 방어책을 둘러싸고 논쟁이 일어났다.

조선 조정에서는 통신사 일행의 귀국 보고가 상반됨에도 일본의 침공 가능성을 염두에 두고 1591년(선조 24)부터 전쟁을 대비하기 시작했다. 인재 선발, 무기 점검, 성곽 수축에 중점을 뒀으며 경상도와 전라도의 주요 군사거점의 성곽 및 해자 보수, 군사 훈련 등을 시행했다. 그러나 이러한 대비책들은 많은 물자와 노동력이 필요했던 만큼 전쟁 위기가 현실화되지 않은 상황에서는 계층을 막론한 불만이 제기될 수밖에 없었고, 이로 인해 전쟁 준비는 애초에 계획한 대로 진행하기 어려웠다.

### 왜란의 전개

도요토미는 1591년 전국에 걸쳐 출전 군사를 배정하고 나고야(名護屋: 가라쓰 지역)에 지휘부를 설치해 조선 침략을 준비했다. 동원 예정 병력은 침공군 약 15만 명, 예비군 및 일본 내 잔류 부대 약 11만 명, 기타 수군 등 총 30만 명에 이르는 대규모였다. 1592년 5월 23일(이하 양력) 고니시 유키나가(小西行長, 1558?~1600)가 이끄는 제1부대가 상륙한 뒤 부산성과 동래성을 모두 함락했다. 고니시에 이어 가토 기요마사(加藤淸正, 1562~1611)가 이끄는 제2부대를 비

도판13, 14 〈부산진 순절도〉(좌)와 〈동래부 순절도〉(우)
임진왜란 당시 전투를 묘사한 그림이다. 〈부산진 순절도〉는 부산진에서 일본군과 맞서 싸운 전투를, 〈동래부 순절도〉에는 동래부에서 부사 송상현(宋象賢, 1551~1592) 등 관군과 백성이 일본군에 맞서 싸우는 모습을 담았다. 〈동래부 순절도〉 좌측 상단에는 도망을 가는 경상좌병사(慶尚左兵使) 이각(李珏) 등이 그려져 있다.

롯해 5월까지 약 20만 명의 일본군이 조선에 상륙했다. 이들은 과거 일본 사신이 한양으로 오갔던 도로를 중심에 두고 세 방향으로 북상하기 시작했다.

조선 조정에서는 같은 해 5월 27일, 일본군이 침공했고 경상도 지역에서 패배했다는 소식을 전해 듣고 긴급히 대책을 마련했다. 일본군의 진격 저지선을 조령으로 잡고 방어전을 펼쳤지만 이일(李鎰, 1538~1601)이 상주에서 패한 데 이어, 신립(申砬, 1546~1592) 또한 충주 탄금대에서 고니시 부대에게 패배했다. 신립이 이끄는 기병은 당시 조선 관군의 주력이었던 만큼 패배의 충격이 매우 심각했다. 연이은 패전 소식에 선조는 5월 말 서둘러 광해군을 세자로 책봉한 후 서울을 빠져나가 평양으로 향했다. 그러나 일본군의 진격 속도가 예상보다 빨랐고, 임진강 전투에서 조선군이 패전하면서 선조는 결국 의주로 피난길에 올랐다.

조선이 연이어 구원을 요청했음에도 명 조정은 전쟁 초기 관망하는 자세를 취했다. 조선이 일본을 안내해서 명을 공격할 것이라는 잘못된 정보가 입수된 데다, 조선의 수도가 너무 빨리 함락된 점에 의구심을 품었기 때문이

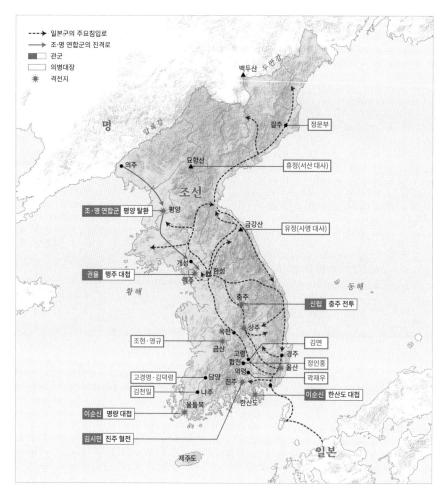

지도2 임진왜란의 진공로 및 주요 격전지
임진왜란 발발 당시 일본군은 부산에 상륙 후 신속히 진격해 서울을 점령하고, 가토 키요마사의 부대는 함경
도까지 진출하였다. 이후 명군의 참전으로 전세가 크게 전환됐고, 조선의 수군과 의병 활동으로 일본군의 전
력을 약화시켰다.

다. 그런데 전선이 점차 북쪽으로 확대되고 조선에서 지속적으로 구원을 요
청하자 명은 참전을 결정했다. 1592년 8월 요양부총병(遼陽副總兵) 조승훈(祖
承訓)이 5,000명의 병사를 이끌고 평양성을 공격했는데, 일본군의 기습을 받
아 대패했다. 사태를 심각하게 판단한 명은 송응창(宋應昌, 1536~1606), 이여
송(李如松, ?~1598) 등에게 4만 명의 군사를 이끌고 조선을 돕도록 했다. 결국
1593년 2월 조명 연합군은 평양을 되찾았다. 그러나 평양을 탈환한 명군은
전세를 낙관한 채 일본에게서 서울을 되찾으려고 시도하다가 벽제관에서 패
배했다.

일본군의 경우 서울 방어전에는 승리했지만 전투와 기아, 질병 등으로 전력의 30~40%를 상실한 상태였다. 더구나 행주산성 전투에서의 패배, 의병(義兵)의 후방 교란, 조선 수군의 보급선 차단 등으로 인해 더 이상 서울을 지키는 것이 어려워지자 철군을 결정하고 명과 협상을 시작했다. 명군 지도부는 조선이 반대했음에도 일본군의 서울 철수를 인정하고 강화 논의를 진행했다.

도요토미는 강화 조건으로 첫째 명나라의 황녀를 일본 천황의 후비(後妃)로 보낼 것, 둘째 명과 일본의 무역을 복구할 것, 셋째 조선 8도 중 4도를 일본에 할양할 것 등을 요구하며 포로로 잡은 조선의 두 왕자를 송환했다. 이는 명에서 도저히 받아들일 수 없는 요구였기에 명의 교섭 담당자와 군사 지휘부는 명 조정에 일본군의 요구사항을 거짓으로 보고하고 협상을 지속했다.

명과 일본의 강화가 결국 결렬되면서, 1597년 도요토미는 총 14만 명을 동원해 대대적인 재침공을 단행했다(정유재란). 이에 앞서 조선에서는 일본군의 재침을 우려해 산성과 해전을 중심으로 방어전을 준비했다. 정유재란이 발발하자 조선은 명에 지원군을 다시금 요청했고, 명군 5만 5,000명이 조선으로 건너왔다. 그러나 이순신(李舜臣, 1545~1598)[1]을 대신해 원균(元均, 1540~1597)이 지휘한 수군이 칠천량전투에서 대패하면서 호남 방어선이 일시적으로 흔들렸다. 이후 이순신이 복귀해 명량에서 대승을 거둠으로써 일본 수군이 서해로 진출하려는 것을 막았다.

1598년 9월 도요토미가 사망하면서 조선에서 철군할 것을 유언으로 남겼다. 이에 따라 일본군은 차례로 회군하기 시작했다. 그러는 중에 조명 연합군이 고니시 부대의 철군을 돕기 위해 파견된 일본 수군을 노량에서 격파했고, 고니시가 일본으로 빠져나감으로써 7년간 지속된 전쟁이 종결됐다.

임진왜란은 조선사회에 막대한 영향을 끼쳤다. 행정체계 붕괴, 경작지 감소, 인구 급감, 약 10만에 달하는 포로 발생 등은 지배체제의 근간을 흔들었고, 변화된 민의 상황에 맞는 새로운 통치체제의 필요성을 불러일으켰다.

---

1    이순신 임진왜란 발발하자 당시 전라좌도 수군절도사였던 이순신은 옥포·당포·한산도·부산포·명량·노량 등의 주요 해전에서 모두 승리해 일본군의 병력 및 군량 수송에 막대한 피해를 입혔다. 1643년 '충무(忠武)' 시호를 받았고 1707년 아산에 있는 이순신 사당에 '현충(顯忠)' 호가 내려졌으며, 1793년 영의정으로 추증됐다.

## 전후 조·일관계와 통신사

임진왜란으로 인해 조선과 일본의 관계는 파탄에 이르렀다. 소선에서 일본을 불구대천의 원수로 여기면서 국교의 재개는 기대하기 어려워졌다. 이에 가장 큰 타격을 받은 곳은 조선과 일본 사이에서 중개 무역을 통해 기반을 유지하던 대마도였다. 더구나 대마도는 임진왜란 중 일본군의 길 안내를 맡은 전력이 있어 조선의 군사적 보복도 걱정해야 하는 처지였다. 전쟁 직후 대마도주 소 요시토시(宗義智, 1568~1615)는 당시 일본 정권의 실력자였던 도쿠가와 이에야스(德川家康, 1542~1616)로부터 조선과의 교섭권을 위임받아 1599년(선조 32) 사신을 보내 강화와 교섭을 요청했다. 도쿠가와 또한 1600년(선조 33) 세키가하라전투에서 승리하며 실권을 장악한 뒤, 조선과 통교하려는 다이묘들의 욕구를 채워주고 자신의 외교 역량을 과시하기 위해 통신사 파견에 적극적으로 임했다.

그러나 조선은 대마도의 요구를 거부했다. 다만 전쟁 중 일본군에게 끌려간 조선인 포로들을 송환해야 한다는 현실적 문제가 존재했다. 결국 대마도주가 적극적으로 교섭을 요청하고 일본에서 새롭게 권력을 잡은 도쿠가와가 조선인 포로 3,000명을 송환하면서 협상 분위기가 만들어졌다. 1607년(선조 40) 조선에서는 일본의 요청에 대한 회답과 조선인 포로의 송환을 명분으로 정식 사신인 회답겸쇄환사(回答兼刷還使)를 파견했고 이는 1617년과 1624년 두 차례 더 이어졌다. 1609년(광해군 1) 광해군은 기유약조(己酉約條)를 통해 일본과의 교류를 제도적으로 정비했는데, 이는 대마도를 통한 교섭체제 및 대마도 사신의 상경(上京) 금지를 골자로 한 것으로 조선 후기 대일 외교의 기본 틀이 됐다.

조선은 회답겸쇄환사를 시작점 삼아 1811년(순조 11)까지 일본에 총 12회 사신을 파견했고, 1636년부터는 통신사라는 호칭을 사용했다. 조선이 침략을 감행한 일본을 다시 교린의 대상으로 인정한 배경에는 포로의 송환문제 이외에도 북방 지역에서 급격히 성장하던 여진 세력에 대한 경계심이 자리 잡고 있었다. 북로남왜(北虜南倭)의 상황은 강경한 대일정책을 추진하기 어려웠다. 조선과 일본은 17세기 내내 서로의 내정을 탐색하고 자국의 정치적 필요에 통신사를 이용하고자 했다. 이후 조선은 일본과 평화를 유지하면서 후계자의 탄생이나 새로운 쇼군의 즉위를 축하하기 위해 통신사를 파견했다.

도판15 〈국서누선도〉
국서를 지닌 조선 통신사 일행이 에도막부가 제공한 하천용 누선을 타고 오사카의 요도가와 강을 거슬러 올라가는 장면이다.

통신사는 보통 정사와 부사를 수반으로 하고, 항해에 필요한 선원을 포함한 400~500명의 규모로 구성됐다. 통신사의 이동로는 부산에서 오사카를 거쳐 에도에 이르렀으며, 통신사가 지나가는 곳에 있던 다이묘들은 막대한 비용과 인원을 동원해 접대했다. 통신사는 양국 간의 교류뿐 아니라 국가를 넘어선 문인 교류의 창구 역할을 하기도 했다. 양국 지식인은 필담과 시문(詩文)을 통해 지식을 교류했으며 다양한 형태의 미술작품도 교환했다.

통신사는 일본의 요청으로 조선이 일방적으로 파견한 것이었다. 그런데 18세기 이후 일본에서는 통신사의 정치적 필요성이 줄어들고, 접대비용의 부담 등도 문제가 됐다. 이로 인해 1811년 일본 본토가 아닌 대마도에서 국서(國書)를 교환하는 역지통신(易地通信)을 시행했고, 이를 마지막으로 통신사는 끊어졌다. 통신사 파견이 중지된 이후 조선과 일본 양국은 서로에 대한 정보를 얻지 못하면서 자국 중심적 사상을 확장해갔고, 마지막 통신사가 파견된 이후부터 60여 년 뒤 개항이라는 새로운 환경에서 교섭을 재개하게 됐다.

## 2 병자호란과 대청관계

### 명청 교체와 조선

16세기 말, 명의 지방 통제력이 약화되고 한반도에서 임진왜란이라는 초유의 사태가 발생하는 상황 속에서, 요동 지역에서는 누르하치(愛新覺羅 努爾哈赤, 1559~1626)를 중심으로 하는 새로운 정치 세력이 두각을 나타내기 시작했다. 당시 명은 요동 지역을 직접 지배하지 못하고, 그 지역에 거주하는 여진의 유력 부족에게 관직과 무역 권리를 주는 방식으로 통치하고 있었다.

누르하치는 요동을 총괄하는 명 관원에게 적극적으로 협조하면서 세력을 확장해갔다. 1589년 여진의 다섯 부족을 통일했고, 1593년에는 해서여진 주축의 연합세력과 전쟁을 벌여 승리했다. 이후 임진왜란으로 명이 요동에 주의를 기울이지 못하는 상황을 이용해 1599년 해서여진의 하다[哈達]를 시작으로 1616년까지 대부분의 여진을 복속시켰다.

1616년 누르하치는 스스로 칸[汗]의 지위에 올라 금을 계승한다는 의미에서 국호를 '금(金, 후금)'으로 정하고 여진이라는 호칭도 '만주(滿洲)'로 바꾸며 본격적으로 국가의 틀을 다져나갔다. 누르하치의 성장에 위협을 느낀 명은 누르하치와 갈등관계에 있었던 여허[葉赫]를 지원해 기세를 누르고자 했다. 1618년 누르하치는 명에 선전포고를 하면서 전격적으로 요동 지역의 주요 도시였던 무순(撫順)과 청하(淸河)를 공격해 점령했다. 결국 누르하치와의 전면전을 피할 수 없는 상황에서 1619년 명은 요동 지역의 병력을 대대적으로 동원하는 동시에 조선과 여허 등으로부터 지원을 받아 전면적 공세를 가했다. 그러나 명은 병력이 우세했음에도 누르하치의 각개 격파 전략으로 인해 병력의 절반을 잃는 대패를 당했다(사르후전투). 이 전투를 계기로 요동 지역의 주도권은 후금으로 넘어갔다.

한편 조선은 명과 후금의 갈등이 심각해지는 상황에서 명으로부터 지속적으로 군사 지원을 요청받았다. 조선의 입장에서는 임진왜란의 피해가 채 아물지 않았기에 현실적으로 수용하기 어려운 요구였다. 그러나 명 중심의 국제관계와 임진왜란 당시 지원받았던 점을 외면할 수 없어 조선은 강홍립(姜弘立, 1560~1627)을 총사령관으로 삼아 1만 3,000여 명의 군사를 파견했다. 조선군은 명의 동로(東路)군에 합류해 참전했지만, 후금의 수도 근교인 부차(富車)에서 한 차례의 전투 끝에 7,000명이 전사하고 4,000명이 포로로 잡히는 등 전군이 괴멸되다시피 했다. 사르후전투에서의 패배는 조선군의 전력을 급격하게 약화시키는 요인이 됐고, 광해군은 이후 명의 군사 지원 요청에 일체 응하지 않았다.

사르후전투로 기세가 오른 후금군은 곧이어 요동 지역의 최대 도시인 요양(遼陽)과 심양(瀋陽)을 연이어 함락한 후, 요양을 거쳐 심양으로 도읍을 옮겼다. 1626년 영원성전투에서 입은 부상으로 누르하치가 사망하면서 후금의 기세가 주춤해졌다. 그러나 이후 새로운 칸이 된 홍타이지(皇太極, 1592~1643, 태종)가 관료제도를 정비하고 팔기(八旗)제도를 확장한 후 1636년에는 국호를 대청(大淸)으로 바꾸고 황제에 올랐다. 홍타이지는 황제국체제를 대내외적으로 완성하고 명과 조선의 연합을 막고자 즉위 직후 조선을 상대로 전쟁을 일으켰다. 청은 전쟁에서 승리해 조선 국왕으로부터 명백한 항복을 받은 후 조공-책봉 관계를 맺음으로써 조선과 명의 관계를 차단하고, 조선에게 군사 지원을 강제했다. 이에 조선은 명 장수 모문룡(毛文龍, 1576~1629)이 머물렀던 가도(椵島) 및 명의 본토에 속했던 금주(錦州)에서 벌인 전투에 병력과 군량을 지원했다.

1644년 이자성(李自成, 1606~1645)이 이끄는 농민 반란군이 북경을 점령하자 숭정제(崇禎帝, 1611~1644)가 자금성 후원에서 목을 맸다. 이자성은 스스로 황제가 된 후 명의 전력이 남아 있던 산해관(山海關)을 공격했으나, 산해관을 지키던 오삼계(吳三桂, 1612~1678)는 오히려 청군과 손을 잡고 이자성을 패퇴시켰다. 청은 오삼계를 앞세워 북경을 점령한 후 수도를 북경으로 옮겨 자신이 중국의 새로운 지배자임을 공표했다. 이후 명 황실의 후손을 자처하며 몇몇 반청(反淸)세력이 등장했으나 얼마 지나지 않아 모두 소멸됐다. 이로써 약 300년간 중국을 지배했던 한족(漢族) 왕조가 멸망하고 동북의 여진족이 다스리는 청 왕조의 시대가 열렸다.

### 정묘호란과 병자호란

1627년 후금은 3만여 명의 병력을 이끌고 조선을 침략했다(정묘호란(丁卯胡亂)). 본국의 부족한 물자를 확보하고, 조선이 명나라 장수 모문룡에게 보내던 지원을 끊는 것이 그 목적이었다. 인조는 강화도로 피신한 후 후금과 형제의 맹약을 맺고 해마다 물자를 보내기로 약속함으로써 후금군을 철군시킬 수 있었다. 그러나 조선과 명의 우호적 관계가 지속되는 한 조선과 후금의 평화는 오래갈 수 없었다.

1636년 3월 후금의 사신은 후금의 한(汗), 즉 홍타이지를 황제로 추대하자는 내용의 문서를 가져왔다. 명이 엄연히 존재하는 속에서 조선은 후금의 요구를 받아들일 수 없었고 문서접수를 거부했다. 그럼에도 조선은 양국의 관계를 유지하고자 했지만 조선의 바람과 관계없이 홍타이지는 전쟁을 일으켰다.

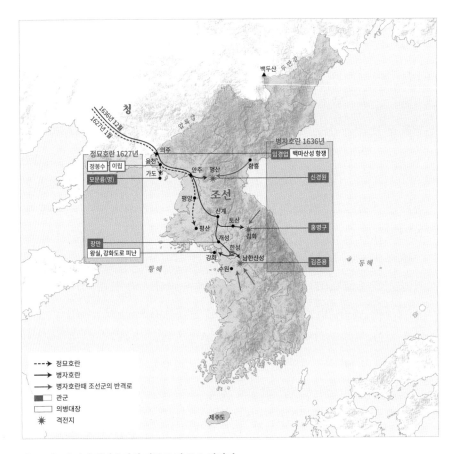

지도3 정묘호란과 병자호란의 진공로 및 주요 격전지

정묘호란 때 조선은 산성 중심의 방어전을 치르면서 강화도로 피난을 가 후금과 형제맹약을 맺었다. 그러나 병자호란 때는 청이 산성을 무시하고 곧장 서울로 향하는 바람에 남한산성에서 농성하게 됐고, 결국 청 태종에게 항복했다. 정묘호란은 후금군이 압록강을 넘은 인조 5년 1월 13일을 기준으로, 병자호란은 청군이 압록강을 넘은 인조 14년 12월 8일을 기준으로 했다.

  병자호란 직전 조선은 정묘호란 때와 마찬가지로 산성을 중심으로 지구전을 펼치면서 유사시에 강화도로 천도할 것을 계획했다. 그렇지만 청은 산성을 무시하고 곧바로 한양으로 진격했다. 인조는 강화도로 피난하려고 했으나 신속한 청군의 진격에 길이 막히자 남한산성으로 들어갔다. 인조 정권은 각 지역 관군의 활약을 기대했지만, 강원도의 근왕병은 검단산전투에서 패배했고 나머지 전력들은 정보를 공유하지 못한 채 고립됐다. 홍타이지가 남한산성을 포위하는 동시에 1637년 1월 강화도를 공격해 점령에 성공하자 인조 정권은 항복 여부를 둘러싸고 격렬한 논쟁을 벌인 끝에 결국 항복을 결정했다.

병자호란에서 조선이 패배한 원인은 이괄의 난[2]으로 인한 서북 지역 방어력의 약화, 대응 전략 미숙, 청군의 신속한 공격 등 때문이었다. 그 결과 조선은 명과 관계를 끊고 청나라에 정기적으로 공물을 보내야 했을 뿐 아니라 군사 지원까지 강요받았다. 이에 명군이 주둔하던 가도 및 금주를 공격할 때 청을 도울 수밖에 없었고 청에 군량을 조달하기 위해 남부 지역의 쌀까지 동원해야 했다.

청에 끌려갔다 도망온 조선인들을 청으로 다시 돌려보내는 문제도 주요 현안이었다. 도망민들의 송환에 조선이 소극적인 태도를 보이자 청에서는 사신을 파견해 국왕과 대신들을 엄중히 경고했다. 또한 청은 조선의 왕세자와 대군을 인질로 끌고갔으며 명백히 청을 적대시한 조선 신료들을 구금·살해하는 등 조선과의 갈등은 심각한 지경에 놓였다. 1644년 청이 산해관을 넘어 북경을 점령한 후에는 조선에 대한 압박이 많이 줄어들었지만, 중국 남부 지역에 명의 후계를 자처한 정권이 존재하는 상황에서 조선과 완전히 유화적 관계로 전환될 수는 없었다. 청은 조선의 재무장을 엄격히 금지했고 청 사신들은 조선에 올 때마다 이를 확인했다. 또한 청을 적대시한 인물의 등용을 엄격히 금지했기 때문에 청 사신이 조선에 올 때마다 일부 관료들은 관직을 그만두고 고향으로 내려가기도 했다.

병자호란 직후만큼은 아니었지만, 군사 지원 요청도 있었다. 청은 러시아와의 국경 분쟁 과정에서 조선의 조총수를 요청했고 조선에서는 두 차례 군대를 파견했다(나선정벌). 한편 17세기까지 청은 사신을 빈번히 파견했는데, 청 사신은 황제를 대신했던 만큼 의례 문제나 접대비용에서 조선은 늘 부담을 가질 수밖에 없었다.

병자호란은 임진왜란에 비하면 극히 짧은 기간에 마무리됐음에도 오랑캐로 간주하던 여진에게 패배하고 조공국이 됐다는 사실로 인해 정치적으로나 사상적으로 파장이 매우 컸다. 아울러 항복의 책임을 둘러싸고 정치적 갈등이 잠재됐다.

---

2   이괄의 난 이괄은 인조반정을 성공시킨 데 중요한 공을 세웠지만 2등 공신으로 밀려났다. 곧이어 평안도 병마절도사로서 변경에 파견되고, 모반사건에 연루되자 반란을 일으켰다. 이괄의 군대는 곧 진압됐지만, 인조가 서울을 떠나 피난을 갔으며 평안도 지역의 병력이 소모되어 이후 국내외적으로 정세가 불안해지는 원인이 됐다.

전후 조·청관계와 연행사

18세기를 기점으로 청이 조선에 가하던 압력은 점차 약해졌다. 청 사신을 맞이하는 과정에서 일정 기간 갈등이 있었지만 대체로 명 사신에게 시행했던 전례를 준수했다. 이는 베트남 후레왕조가 청이 요구한 의례에 대해 백여 년간 문제를 제기한 상황과 사뭇 달랐다. 이에 청에서는 점차 조선을 우호적으로 평가하기 시작했고, 조선의 적극적인 호응과 청의 패권 확립이 맞물려 양국은 안정적인 관계를 형성했다.

우선 조선에게 정치적으로 매우 큰 부담이었던 청 사신의 파견이 급격히 줄어들었다. 청 사신은 황제의 권한을 대행했기에, 조선 국왕은 황제를 대하듯이 무릎을 꿇거나 머리를 조아리는 행위를 할 수밖에 없었고, 이는 조선 국왕으로서 권위가 손상되는 일이었다. 사신 파견은 병자호란 직후 연 2회에서 18세기 이후 연 1회 미만으로 급격히 감소했다. 아울러 조선이 청에게 해마다 내야 하는 세폐(歲幣)도 점차 줄어들어 18세기 후반에 이르면 병자호란 직후에 비해 4분의 1 수준으로 감소했다. 또한 북경에서 조선사신단의 이동을 제한하던 문금(門禁)제도가 완화되면서 활발한 교류를 통해 청의 문물이 점차 조선으로 유입됐다. 이러한 흐름 속에서 청 황제를 '오랑캐의 주인(호주(胡主))' 또는 '청나라의 주인(청주(淸主))' 등으로 멸시하며 부르던 경향도 사라지기 시작했다.

조선과 청의 관계는 정조의 즉위 이후 극히 우호적으로 접어들었다. 특히 1780년 건륭제의 70세를 기념하는 행사가 계기였다. 건륭제는 황제의 위상을 높이기 위해 황제가 주관하는 각종 의례와 연회에 조선을 포함한 외국 사신을 참여시키기 시작했는데, 그 정점에는 1780년 열하(熱河)에서 개최된 자신의 칠순 생일 기념식이 있었다.

1780년 정조는 대청(對淸)관계의 안정을 목적으로 전례 없던 사신 파견을 단행했다. 기존에는 청의 경사(慶事)에 대해 조서(詔書)를 받은 이후 축하

---

**조선의 사신 파견**

조선이 중국과 맺은 조공-책봉 관계의 핵심은 중국에서 정한 특정일에 사신을 통해 외교문서와 예물을 보내는 것이었다. 조선 전기 명에게는 동지, 황제 및 황태자의 생일 등에 정기적으로 사신을 파견했다. 한편 청이 북경을 점령한 이후에는 정조(正朝, 음력 1월 1일)에 동지, 황제 생일에 보낼 사신을 통합하도록 했다. 이로써 1645년 이후에 중국으로 가는 정기 사행은 1년 1회로 줄어들었다.

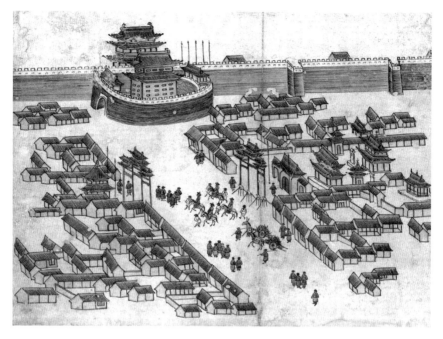

도판16 〈연행도〉 중 조양문
18세기 후반에 들어서 조선과 청 지식의 교류가 활발히 이뤄졌고, 이와 같은 흐름은 19세에 더욱 확장됐다.

사절을 파견했으나, 정조는 약 150년간 유지됐던 전통을 깨고 조서를 받기 이전에 독자적으로 사신을 보냄으로써 건륭제로부터 긍정적 반응을 이끌어냈다. 이를 통해 조청관계를 안정적으로 운영하며 세자 책봉을 수월하게 받아낼 수 있었다. 이러한 조치는 하나의 관례로 자리 잡아 19세기에도 지속됐다.

이렇듯 병자호란 직후 상당 기간 유지됐던 청에 대한 적대감은 18세기에 들어서면서 점차 약화되기 시작했다. 반면 중국의 지식을 수용하려는 욕구는 증대됐다. 1765년 홍대용(洪大容, 1731~1783)의 연행은 청 지식인과 획기적인 교류의 장을 마련했다. 이후 홍대용을 포함해 사신 수행원이었던 박지원(朴趾源, 1737~1805), 박제가(朴齊家, 1750~1805) 등 이른바 '북학파'³를 중심으로 청에 대한 객관적 평가, 문인 교류, 서적 수입 등이 활발해졌다.

19세기를 전후해서는 정식 관원인 정사·부사·서장관의 삼사신(三使臣)

---

3   북학파 청이 강대국이라는 현실을 인정하고 조선의 발전을 위해 청의 기술과 제도를 수입해야 한다고 주장한 일군의 학자들을 가리킨다. 홍대용, 박지원 등을 중심으로 네트워크가 형성됐다. 당시 조선에서는 청을 오랑캐로 비하하는 관념이 주를 이뤘기에 북학파의 주장은 정계와 학계에 많은 논란을 야기했다.

도 문인 교류에 적극적으로 참여하기 시작했다. 19세기 중반에는 개별 문인과의 교류를 넘어 청 문인 집단과 연속적으로 교류했고, 그 결과 청 지식인과의 광범위한 인적 교류망이 형성됐다.

연행사는 조선과 청이 교류하는 데 핵심 역할을 했다. 연행을 통해 조선과 청의 지식인들이 교류했다는 것은 청에 대한 적대적 감정이 주류였던 시대가 변화됐음을 의미한다. 한문을 매개로 했던 이들 교류는 개항 이후 시기까지 지속됐다.

## 3 전후 국가체제 정비

### 국가 재정비의 필요성

임진왜란과 병자호란으로 발생한 피해는 조선 역사상 전례없을 정도로 막대한 것이었다. 국왕이 수도를 버리고 피난을 떠나 중국으로 망명을 고려할 정도로 왕조의 위상도 실추됐다. 이러한 상황 속에서 정상적인 통치체제를 유지하는 것은 불가능했다. 게다가 전란과 함께 기근·전염병이 발생하면서 인구는 급감하고 대규모의 유민이 생겼다.

당시 인구를 정확히 확인할 수는 없지만 임진왜란 7년간의 전쟁 동안 백만 단위의 사망자가 발생했던 것으로 추정된다. 일본으로 끌려간 포로의 숫자는 최소 수만 명 이상으로 알려졌는데, 이 중 전쟁 이후 교섭을 통해 조선으로 돌아올 수 있었던 사람은 1만 명도 채 되지 않았다. 국가 재정의 근간이 되는 경작지의 경우 170만 결(『증보문헌비고』에 의거)에 이르던 것이 전쟁 직후인 1601년(선조 34)에는 30만여 결로 줄어들었다. 세금을 걸을 수 있는 토지가 전쟁 전 수준으로 회복되기까지는 무려 100여 년의 시간이 필요했다.

병자호란은 두 달이 채 안 되는 짧은 기간 동안 진행됐기 때문에 임진왜란과 비교했을 때 피해의 규모는 작았다. 그러나 청군은 부족한 노동력을 확보하기 위해 정묘호란 때와 마찬가지로 조선인을 포로로 끌고 갔다. 당시 기록에 따르면 조선인 포로 수는 수만에 이르는 것으로 추정된다. 임진왜란 이후 불과 30년 만에 이뤄진 이러한 대규모의 인구 유출은 인구 감소를 넘어서 사회의 기반을 흔드는 사건이었다. 이후 조선인 포로 송환을 둘러싼 조선과 청의 마찰, 청으로부터 돌아온 여인들[환향녀(還鄕女)]의 정착문제 등 정치사회문제가 속출했다.

전란으로 피폐해진 상황에서 우선적으로 실시한 대책은 기민(饑民) 구제정책이었다. 조정에서는 진휼청(賑恤廳)·상평청(常平廳)을 통해 재해가 발생하지 않은 지역의 곡식을 운반해 나눠주고 유민을 본적으로 돌려보냈다. 다만 이와 같은 조치는 임시방편적이었다. 전란 이후 붕괴하다시피 한 통치체제의 복구, 생업에서 유리된 민들의 안정적인 정착을 위해서는 보다 근본적인 대책이 필요했다.

이에 크게 두 가지 방안을 추진했다. 첫째, 대민(對民) 통치체제를 회복하기 위해 징세와 역(役)의 근간이 되는 민을 정확히 파악하고 민의 유리(流離)를 방지하며 이들을 본적지에 안착시키는 일이었다. 이는 곧 호구(戶口) 또는 이에 기반한 호적(戶籍) 제도의 정비와 연결됐다. 오가작통제(五家作統制)와 호패법(號牌法)을 지속적으로 시행해 치폐를 반복했음에도 상당 부분 안착시켰다.

둘째, 전란으로 황폐해진 경작지를 파악하고 국가가 개간사업을 주도하고 지원하는 일이었다. 전쟁을 겪으면서 경작자가 사망하거나 재해를 입어 황폐해진 땅이 크게 늘어났다. 이를 경작지로 전환하기 위해 개간에 필요한 물자를 지방관이 지원하게 하거나 개간지에 대해 일정 기간 면세 조치를 취했다. 경작지와 진전을 파악하기 위한 조사 사업, 즉 양전에도 많은 노력을 기울였다.

조선 군신들은 전란 복구의 방식을 둘러싸고 상당 기간 논의를 거듭했다. 이는 '국가를 다시 만들어야 한다'라고 언급될 정도로, 제도의 수정 내용과 폭이 매우 컸기 때문이다. 조선왕조의 지배 이념인 성리학은 기본적으로 새로운 변화보다는 전통을 중요시했다. 그럼에도 제도 변화가 강력히 필요하다는 입장에 따라 논의 방향이 점차 제도 개혁 쪽으로 기울어졌고, 대민통치를 복구하기 위한 다양한 조치들이 시행됐다.

### 오가작통제와 호패법

왕조를 유지하기 위한 핵심 기반 중 하나는 인구 파악에 있다. 인구는 세금 납부와 군대 자원 차출을 위해 기본적으로 필요한 정보이기에 조선왕조는 건국 직후부터 파악한 인구, 즉 호구를 『경국대전』에 수록할 정도로 중요하게 여겼다. 호구에 편입된다는 것(호적)은 곧 세금과 군역의 부담을 떠안게 된다는 것과 동일했다. 따라서 일반 민의 상당수는 호적으로부터 빠져나가기 위해 다양한 방법을 강구했다. 호구제도의 성공은 호적으로부터의 도피(누구(漏口))를 얼마나 방지할 수 있는가에 달렸다. 임진왜란과 병자호란을 겪은 이후 전쟁으로 인한 전사자, 포로, 전염병에 의한 병사, 유민의 발생으로 인해 기존의 호적은 상당수 유명무실해졌다. 이러한 문제를 해결하기 위해 조선 왕조에서 선택한 방안이 '오가작통제'와 '호패법'이었다.

오가작통제는 향촌 통제를 위해 민간인을 활용하는 인보제(隣保制) 중 하나로 다섯 가구를 하나의 통(統)으로 묶고, 통주(統主)를 뽑아 이들을 통해 행정 업무의 일부를 분담시키는 것이었다. 통주는 호적 작성, 환곡의 배분, 노동력의 징발 과정에서 가장 기초적인 업무를 담당했다. 『경국대전』의 호전에 오가작통제에 관한 규정이 수록됐던 만큼 조선왕조에서는 호구제도를 실효화할 수 있는 수단으로 판단했다. 다만 조선 전기 동안 오가작통제가 지속적으로 건의된 점이나 호적대장, 호구단자 등에서 각 가호들이 오가작통으로 구성되지 않았던 점을 고려하면 전면적으로 시행되지는 않았던 것으로 보인다.

1625년(인조 3) 호패법이 시행되자 호패법의 효과를 높이기 위해 오가작통의 활용이 건의됐다. 그렇지만 1627년 정묘호란을 거치면서 호패법이 중단되고, 오가작통제의 실행 논의도 중단됐다. 효종과 현종대에도 각각 오가작통제를 시행하기 위한 규정들이 만들어졌지만, 흉년 등의 문제로 미뤄졌다. 그러다 1675년(숙종 1) 호구를 철저하게 파악하기 위한 목적으로 「오가작통사목(五家作統事目)」을 제정해 전국 대상으로 실시했다.

호패법 역시 오가작통제와 마찬가지로 호구제도의 중요한 축이었다. 호패의 착용을 의무화하고 이를 어겼을 때 처벌이 뒤따라야만 호적 편입을 강제할 수 있기 때문이다. 그러나 엄격히 시행하면 국역의 부담을 피하기 위해 양인이 천인의 호적으로 편입하거나 거주지를 이탈하는 일이 발생해 조선 전기 호패법은 시행과 폐지를 반복했다.

임진왜란과 같은 국가적 비상상황에서는 군역의 신속한 파악이 필요했다. 전쟁 중이던 1593년(선조 26) 선조는 호패의 발급을 명령했다. 1598년(선조 31) 비변사에서도 호패 시행을 건의했으나 실행되지는 못했다. 광해군대에는 후금의 위협이 가중되는 상황에서 군적(軍籍)을 정리하기 위한 목적으로 사목(事目)까지 마련했으나 양인들이 회피해 결국 폐지됐다.

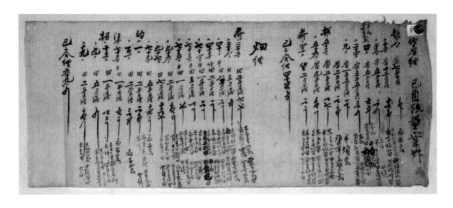

도판17 기유년의 기유개량안초(己酉改量案草)
양안의 한 사례다. 지번(地番) 순서, 토지종류, 결수, 토지방향, 소유자 등을 상세히 기록했음을 보여준다.

1625년(인조 3) 호패법을 다시 시행했는데, 정묘호란이 발발하면서 3년 밖에 지속되지 못했지만 이를 통해 226만 명의 남정(男丁)을 파악하고 이 중 15만을 군역으로 확보할 수 있었다. 효종과 현종대에는 민정(民丁)의 확보와 아울러 사족(士族)의 군포징수문제가 호패법과 함께 논의됐다. 1675년(숙종 1)에는 이전 실패를 거울삼아 호패법에 앞서 오가작통제를 제정·시행해 호 패의 대상이 되는 호구 파악을 근간으로 삼고, 호패보다 제작과 휴대가 간편 한 지패(紙牌)를 실시한 다음 점차 호패를 확대하는 방식을 택했다.

오가작통제와 호패법은 모두 통치를 위한 호적제도를 뒷받침하는 장치 였다. 조선 전기에 이 제도들은 민이 저항하면서 관철하기가 매우 어려웠다. 그러다 조선 후기에 이르면 전쟁으로 인해 호구 파악에 대한 필요성이 크게 증대되면서 오가작통제와 호패법을 현실에 맞게 변용해 시행하고자 했다.

### 양전

전근대 시기에 토지는 국가의 세금을 부과하는 중요한 기준으로, 체계적인 세금 수취를 위해서는 토지의 작황, 경작, 재해 등을 파악하는 일이 우선시됐 다. 이를 위해 일정 기간마다 토지 상태를 측정하는 양전(量田)은 왕조의 필 수정책이었다. 양전은 전국의 토지를 대상으로 하는 만큼 막대한 비용과 시 간이 소요됐다. 15세기까지는 대체로 30년에 1회 정도 시행됐는데, 16세기에 는 새로운 개간지가 줄어들면서 더 이상 시행되지 않았다.

임진왜란 이후 양전의 필요성이 크게 대두했다. 전쟁 전 150~170만 결

**445**

**조선의 세금과 대동법**

전근대 시대에는 세금을 토지세, 노동력, 특산물 세 종류로 납부했다. 각각 전세(田稅), 요역(徭役), 공물로 불렸다. 이 중 공물은 지역에서 생산되지 않거나 중간 수수료가 지나치게 높았기 때문에 백성에게 큰 부담이 됐다. 이를 해결하기 위한 정책으로 대동법을 시행했다. 대동법은 마련하기 어려운 특산물 대신 쉽게 확보할 수 있는 쌀로 내게 했을 뿐 아니라 세금의 액수도 특산물 가격에 비해 저렴해 부담을 크게 줄여줄 수 있었다.

에 이르던 수세지(收稅地)가 전쟁 이후 약 30만 결에 불과했기 때문이다. 전쟁 직후 1600년에 양전이 실시됐지만, 이때의 양전은 임시방편적인 성격을 띠었다. 전쟁 이후 첫 대규모 양전은 1601~1604년에 걸쳐 실시된 계묘양전(癸卯量田)이었다. 이를 통해 수세지가 약 54만 결로 늘어났다. 다만 황폐해진 토지는 제대로 파악되지 않았다.

1608년 광해군이 즉위한 직후 현물로 납부하던 공물을 쌀로 전환하는 논의가 진행되면서 양전의 필요성이 커졌다. 이에 1634년(인조 12) 삼남 지방을 대상으로 대규모의 양전을 시행했고[갑술양전(甲戌量田)], 그 결과 계묘양전보다 약 18만 결의 경작지를 추가로 파악할 수 있었다. 이후 효종과 현종대에 경기도·함경도·충청도에 대해 각각 양전을 실시했고, 황해도·강원도에서도 개별 읍을 대상으로 부분 시행했다.

전국적으로 두 차례에 걸쳐 양전을 진행했음에도 경작지로 등록되지 않은 토지가 다수 존재했는데, 이는 대부분 양반 지주층이 소유하고 있었다. 세금 확보를 위해서는 이 토지들에 대한 파악이 필요했다. 또한 18세기 전후에는 안민(安民)정책의 필요성과 신분제의 변동, 국역(國役)체제의 혼란 등으로 인해 대동법 확대, 군제 개편, 비총제(比摠制)[4] 등 다양한 세금정책이 논의됐다. 이 정책들은 모두 기존의 세금을 토지세로 전환하는 성격을 갖고 있었기 때문에 경작지의 현황을 파악하는 일이 더욱 중요해졌다. 이에 1719~1720년(숙종 45~46) 전국 규모의 양전이 다시 시행됐고[경자양전(庚子量田)], 139만여 결의 토지를 파악해 임진왜란 이전과 가까운 수세지를 확보했다.

양전은 조선시대에 세금을 징수하는 데 있어 핵심 기반이었다. 두 차례

---

4    비총제 경작지에서 수확 전에 세금을 미리 정한 뒤에 촌락 단위로 공동 납부하도록 하는 세금제도를 말한다. 매해 생산량의 변화를 파악하기 위해 필요한 행정비용을 절약할 수 있다는 장점이 있었다.

의 전쟁 이후 국가 재정을 확보하고 공정한 세금 수취를 위해 정확한 양전 사업의 필요성이 대두됐고, 전국 단위의 양전은 18세기 초반 이후 시행되지 않았지만 지역 단위의 양전은 19세기까지 지속됐다.

## 4   재지사족과 지방사회

### 지방사회의 복구

16세기 양반층은 성리학을 깊게 이해해가며 사대부로서의 정체성을 강화했다. 양반은 주자향약의 이념에 기초한 사회윤리를 제시하며 주거지를 중심으로 친족계인 족계나 마을 단위 향약인 동계를 만들어 공동체를 안정화시키려고 했다. 고을 단위에서는 고을 양반의 명부인 향안을 만들고 향약을 실시해 양반 상호 간의 결속을 다지며, 향촌 운영에 참여했다. 이를 토대로 고을 내 다른 신분층인 향리, 상민, 노비도 통제하고자 했다. 또한 성리학을 매개로 학파를 결성하고, 서원을 세워 교육과 사회활동의 구심으로 삼았다. 16세기 후반에 이르면 조선에서는 양반이 고을 운영과 교육, 사회 활동에 조직적으로 참여하면서 양반층을 중심으로 새로운 향촌질서가 만들어졌다.

임진왜란이 일어난 후 관군이 방어선을 지키지 못하고 패퇴를 거듭하면서 향촌은 일본군에게 유린됐다. 이에 향촌에 생활기반을 둔 양반은 고을 단위로 의병을 조직해 고을을 지켰고, 여러 고을의 의병이 연합부대를 결성해 관군과 함께 일본군에 대적했다. 양반이 지도부가 되고 상민과 노비가 군사로 활약했던 의병은 전란의 위기를 극복하는 데 원동력이 됐다. 양반층은 의병활동을 통해 지역사회에서 지도력을 발휘하며 영향력을 보다 확대할 수 있었다.

양반층은 전쟁이 끝난 후 사회질서를 회복하는 데도 앞장섰다. 양반은 향촌에 거주하며 노비와 양인의 노동력에 의지해 농업을 경영했다. 향촌사회의 질서를 되찾는 것은 양반의 생활기반을 확보하기 위해 무엇보다 시급한 일이기도 했다.

양반은 향약을 다시 시행하며 향리, 상민, 노비 등 다른 계층도 참여시켰다. 전 계층에 유교적 사회윤리를 실천하게 하면서 사회 안정을 꾀한 것이다. 이를 통해 고을에 거주하는 다양한 계층이 양반의 통제 아래 서로 결속됐고,

양반의 지배력도 한층 강화됐다.

### 유향소와 향안

양반이 향촌사회를 운영하는 데 근간이 된 조직으로는 유향소가 있었다. 유향소는 성종 때 수령의 행정을 보좌하고 향리를 통제할 목적으로 설치한 것으로, 양반이 고을의 행정에 참여할 수 있도록 국가가 제도화한 기구였다. 유향소의 임원인 좌수와 별감에는 해당 고을에 거주하는 양반을 임명했다. 조선 후기에는 유향소를 흔히 향소(鄕所), 향청(鄕廳)이라고 불렀다. 유향소는 수령을 도와 고을 안의 부세 운영과 향리의 감독, 고을의 풍속 유지 등을 담당하며, 고을 민의 의견을 수렴해 행정에 반영했다.

대대로 한 고을에 거주하는 양반들은 향안을 만들어 향촌 운영에 참여했다. 향안은 유력 양반의 명단으로, 여기에 이름이 올라야 유향소의 좌수나 별감이 될 수 있었다. 고을에 중요한 일이 있을 때는 고을 전체 회의인 향회를 개최했는데, 여기에도 향안에 오른 사람만 참가할 수 있었다. 양반들은 향안을 매개로 결속해 고을 운영에 주도권을 행사했다.

향안을 작성할 때는 한 사람씩 엄격하게 자격을 심사했다. 향안에 들어가기 위해서는 우선 누구나 인정하는 양반이어야만 했다. 다음으로 아버지, 외할아버지, 장인이 해당 고을 출신이기를 요구했다. 이를 삼향(三鄕)이라고 불렀다. 실제로 양반은 다른 고을의 양반과 혼인하는 경우가 많았기 때문에 이 조건을 충족하기 어려웠다. 다른 고을 출신일 경우 그곳에서 향안에 올랐다면 자격을 인정받았다.

자격을 갖춘 사람들은 추천을 받은 후 다시 개인 행실을 심사해 가부를 결정했다. 대체로 회의 참석자 80~90% 이상의 동의를 얻어야만 향안에 오를 수 있었다. 향안은 대대로 그 고을에 거주한 유력 양반들을 중심으로 작성됐기에, 지역적으로나 계층적으로나 매우 폐쇄적인 성격을 지니고 있었다.

### 향약과 향도·촌계

양반은 향안을 토대로 향약을 실시했다. 향약은 구성원 간의 상호 협조와 윤리적인 규제를 통해 삶의 터전인 향촌을 안정시키는 것이 목적이었다. 화재·수재와 같은 재난이나 상을 당했을 때는 노동력과 필요한 물품을 내어 서로 돕고, 윤리에 반하거나 향촌사회의 질서를 해치는 행위는 처벌로 규제했다.

도판18 밀양의 신향천(新鄉薦)
1613년 경상도 밀양에서 향안에 참여할 사람을 투표한 기록이다. 맨 위에 추천자의 이름, 그 아래에 피추천인의 이름, 찬성표[可]와 반대표[否]의 숫자가 기재돼 있다. 18명이 한 사람씩 추천한 후 피추천인 18명에 대해 각각 가부를 투표했다. 18명 중 반대표가 1표 이하인 4명만 향안 참여[入參]가 허락됐다.

또 수령·유향소·향리가 부세 운영 등 민생과 관련된 행정을 일방적으로 처리하는 것도 견제했다.

조선 전기의 향약에는 양반만 참여했지만 임진왜란 후에는 양반과 함께 양인과 노비도 향약의 일원이 됐다. 전란 후 사회질서를 회복하기 위해서는 주민 다수를 차지하는 양인과 노비의 협조가 절대적으로 필요했기 때문이다. 양반은 이들에게 상호부조를 지원하는 한편 양반 중심의 향촌질서와 신분질서를 따르도록 요구했다. 그러나 향약 안에서 양반과 양인·노비 사이에 엄격한 차별이 존재했다. 마을을 중심으로 시행된 향약인 동계도 마찬가지였다. 양반과 하층민이 함께 참여한 향약은 임진왜란 후 향촌사회에서 사족 지배체제가 구현되는 데 중요한 한 축이 됐다.

상천민도 향도나 촌계를 조직해 상호 협력하고 규약(規約)을 만들었다. 양반 중심의 향약과 동계가 신분 간의 위계를 강조한 것과 달리, 향도와 촌계는 상호 수평적인 관계로 이루어져 있었다. 향도와 촌계는 양반이 지배를 강화하는 과정에서 향약과 동계에 흡수되거나 양반의 통제를 받았다. 그러나 상천민의 상호부조조직으로서 면면히 그 기능을 유지했다.

향약은 전쟁과 그 후유증으로 인한 사회적 동요를 완화하는 데 큰 역할을 담당했다. 그러나 이를 통해 양반의 지배력이 강화되면서 향촌사회에서 양반층과 상천민 사이의 신분차별도 한층 공고화됐다.

향교와 서원

학교인 향교와 서원·사우도 향촌의 주요한 사회조직이었다. 향교는 국가가, 서원은 민간에서 세웠으나, 조선 후기에 이르면 두 곳 모두 양반이 운영했다.

향교는 국가에서 각 고을에 설립한 교육기관인 동시에 유교의례와 교화를 실천하는 사회교화기구였다. 교생을 뽑아 사서오경 등의 유교경전과 인문 교양을 가르쳤으며, 공자를 비롯한 역대 유학자들의 위패를 모시고 정기적으로 제사도 지냈다.

조선 전기에는 국가에서 교사인 교수나 훈도도 파견했지만 조선후기에는 고을의 양반들이 임원을 맡아 자율적으로 운영했다. 교생 수는 고을의 크기에 따라 법으로 정해져 있었다. 하지만 조선 후기에는 교생 수가 크게 늘어났다. 교생이 되면 군역을 면제받을 수 있었기 때문에 양반은 물론 서얼과 상민도 교생이 되고자 했기 때문이다. 양반은 필요에 따라 서얼이나 양인도 교생으로 받아들였으나 같은 교생이더라도 신분적 위계를 엄격하게 유지하려고 했다.

서원은 민간에서 설립한 교육기관이다. 중종대 백운동서원 이래로 전국 각지에서 서원이 건립됐다. 국가에서 여러 서원에 편액을 하사하고 토지·노비·서적 등을 지원하는 경우도 있었는데, 국가의 지원을 받는 서원을 '사액서원'이라고 했다. 서원 역시 향교와 마찬가지로 교육과 제사를 담당했으며, 교육여건이 여의치 않은 경우 제사만 지내는 사우(祠宇)를 세우기도 했다. 서원은 주로 해당 고을 출신이나 고을과 인연이 있는 인물을 모시고 제사를 지냈기 때문에 양반은 향교보다 자신과 혈연이나 학연으로 연결된 서원을 더 중시했다.

향교는 양반이 아니어도 입학할 수 있었지만 서원에는 양반만 들어갈 수 있었다. 게다가 서원의 원생은 향안을 만들 때처럼 엄격한 심사를 통해 뽑았다. 그리하여 향교 교생보다 서원 원생이 사회적으로 우대를 받았다. 이 때문에 양반들은 더욱더 많은 서원과 사우를 건립했다. 여기에 더해 집안의 위세를 드러내기 위해 조상을 모시는 문중서원이나 문중사우를 세우는 일도 흔했다.

조선 후기에는 양반이더라도 과거에 합격하거나 관료가 될 수 있는 길이 매우 좁았다. 대부분의 양반은 아무런 직함도 갖지 못한 채 고향에서 일생을 보냈다. 하지만 향교 교생이나 서원 원생이 되어 군역을 면제받으며, 양반의 지위를 유지할 수 있었다. 향교와 서원은 학교인 동시에 향촌사회에서 양반층을 재생산하는 사회기구였다고 할 수 있다. 따라서 신분 상승을 꿈꾸거나 신분차별을 거부했던 서얼과 상민도 향교와 서원에 들어가고자 했다.

# 6.

# 조 선 후 기 의
# 정 치 변 동

# 1 정치질서의 재편

### 비변사의 부상

조선 후기 정치의 중심에는 비변사가 있었다. 비변사는 북쪽 변방의 야인과 왜구의 침입에 대비하기 위한 임시 기관이었다가 1554년(명종 9) 정식 기관으로 설치됐다. 변방과 관련된 사무를 총괄하던 비변사는 임진왜란이 발발하면서 전쟁 수행을 위한 최고 기관으로 그 기능이 확대되어 군사를 중심으로 국정 전반을 주도했다. 전쟁 이후에도 비변사의 역할은 강화돼 외교적 사안이나 의례, 인사권과 국가의 재정을 장악해갔다.

비변사는 형식적으로 제조(提調)·부제조(副提調)·낭청(郎廳)으로 구성됐고, 실제로 운영될 때는 도제조(都提調)에 해당하는 대신과 제조·부제조의 당상(堂上)과 낭청으로 세분됐다. 당상급에는 시대별로 차이는 있으나 공조(工曹)를 제외한 5조(曹)의 판서와 훈련대장·어영대장 등 5군영의 대장, 강화·개성·광주(廣州)·수원의 유수 등 많은 수의 재상급 관직자가 참여했다. 비변사는 다수의 당상이 참여하는 합좌(合坐) 형식을 통해 국가의 각종 정책을 결정하고 추진했다. 또한 현안에 대해 주무관청과 협조하며 국정을 운영했다.

영조(英祖, 1694~1776)대부터 본격화한 탕평정치하에서 제조와 당상 수가 증가했다. 이는 형식적으로 여러 당색의 의견을 합좌의 장소인 비변사에 모으려 했던 정치적 의도와 관계가 깊다. 특히 이전부터 정착돼 시행하던, 비변사의 관원을 자체적으로 선임하는 제도인 자천제 등으로 정치권력이 집중됐고, 권한 역시 막강해졌다. 대부분의 요직은 벌열 세력(閥閱勢力)이 독점했을 뿐만 아니라 인사나 정무에 따른 논의나 의결권도 장악했다. 아울러 각 관청의 업무 중 상당 부분도 비변사를 거치도록 해 행정 통제력을 강화했다.

### 군제 개편

조선 전기의 중앙군사조직이었던 5위(五衛)는 임진왜란을 계기로 유명무실해져 군사적 기능을 수행하지 못하는 상황이었다. 전술적 변화의 모색이 필요해짐에 따라 1593년(선조 26) 훈련도감(訓鍊都監)이 설치됐다. 훈련도감은 척계광(戚繼光, 1528~1587)의 『기효신서(紀效新書)』에 나오는 절강병법(浙江兵法)[1]에 의거해 설치된 군영이다. 포수(砲手)·사수(射手)·살수(殺水)의 삼수병(三手兵)으로 구성됐으며, 다른 군영과 달리 상비군으로서 급료를 받았다. 창설 당시의 병력은 1,000여 명이었던 것으로 추정되나 병자호란 직전에는 5,000명이 넘었다.

　　1623년 인조가 즉위한 후 후금에 대한 정벌을 계획하면서 국왕의 경호를 위해 개성유수 이귀(李貴, 1557~1633)를 어융사(御戎使)에 임명하고, 화포군(火砲軍) 260여 명을 선발해 훈련시켰다. 후금 정벌은 실행되지 않았으나 이때 모은 군사를 1624년(인조 2) 어영군(御營軍)이라 하고, 이귀를 어영사(御營使)에 임명해 국왕의 호위를 담당케 했는데 이것이 어영청(御營廳)의 출발이다. 같은 해 이괄의 난으로 인조가 공주로 피신하자 국왕의 호위를 강화하기 위해 포수를 선발해 어영군의 규모를 600여 명으로 확대했다. 환도 후에는 어영군을 총융청(摠戎廳)에 예속시켰다가 1628년(인조 6) 복설하고 어영사를 어영대장(御營大將)이라 했다.

　　조선은 인조반정 이후 후금과 관계가 악화됐는데 이괄의 난 때 반군이 수도 외곽인 경기도의 방어망을 쉽게 뚫고 서울을 점령하는 상황이 벌어졌다. 이에 수도 외곽 방어를 강화하고 후금의 침공에 대비할 목적으로 총융청을 설치했다. 1626년(인조 4)에는 남한산성을 개축하고, 이어 수어청을 설치해 광주(廣州) 등의 진(鎭)을 통제했다. 수어청은 설치 초기에는 경기병마절도사 겸 총융사의 관할이었다. 1632년(인조 10)경부터 수어사(守禦使)를 임명했으나 계속 총융사의 지휘를 받다가 1634년(인조 12)부터 수어사를 중심으로 모든 군사행정업무를 담당했다.

　　임진왜란 직후 훈련도감을 시작으로 하나둘 생겨난 군영은 당시 정치를 주도하던 붕당의 군사적 기반이 됐다. 그리하여 군영을 두고 국가의 공병(公兵)이기보다는 각 군영 대장의 사병이라는 비판이 나오기 시작했다. 이에 1682년(숙종 8) 숙종은 훈련도감의 군사를 줄여 국가 재정에 기여하고, 도성의 경비를 강화한다는 취지하에 훈련도감 소속의 일부 군사와 병조 소속의 일부를 차출해 금위영(禁衛營)을 설치했다. 금위영은 국왕을 호위하고 수도를 방어하는 역할을 맡았는데, 금위영 창설로 비로소 5군영체제가 완성됐다.

---

1　절강병법 중국 남방을 괴롭히던 왜구의 기습적인 침략에 대비하기 위해 척계광이 개발한 병법으로, 임진왜란 때 파병된 명의 군사들에 의해 전해졌다. 보병 중심으로 편제했고, 경량 화기와 근접전에 유효한 단병기를 중심으로 편제했다.

| | 지역 | 시기 | 특징 |
|---|---|---|---|
| **훈련도감** | 수도 | 선조 | 수도방위 핵심 부대, 삼수병(포수·살수·사수), 삼수미 |
| **어영청** | 수도 | 인조 | 도성 수비 |
| **총융청** | 경기도 | 인조 | 북한산성 수비 |
| **수어청** | 광주 | 인조 | 남한산성 수비 |
| **금위영** | 수도 | 숙종 | 도성 수비 |

도표2 조선 후기의 5군영체제

훈련도감을 중심으로 어영청과 금위영을 좌우 날개로 하는 편제를 갖춰 수어청은 남한산성의 방비를, 총융청은 경기 북부 지역의 방위를 관장하도록 했던 것이다.

조선 후기 5군영은 일관된 계획을 갖고 설치됐다기보다는 그때그때 필요에 따른 것이었기에 각 편제나 조직, 그리고 운영 방법 등이 제각각이었다. 이에 1704년(숙종 30) 「양역변통절목(良役變通節目)」을 반포해 군역 운영상의 어려움을 개선하고 5군영의 편제를 재정비했다. 5군영은 이후 도성과 경기 지역을 방어하는 기간 병력으로 활동했다. 정조(正祖, 1752~1800)대인 1793년(정조 17) 장용영(壯勇營)이 설치되면서는 그 기능과 역할이 잠시 약화되기도 했으나, 정조 사후 다시 강화됐다.

과거제의 변화

조선 후기에도 이전에 시행되던 문과·무과·잡과 등의 과거제도가 이어졌다. 다만 일부 변화도 나타났다. 문과의 경우, 3년마다 시행하던 식년시보다 부정기적으로 시행하는 별시가 잦았다. 별시는 식년시에 비해 서울과 경기 지역 유생이 지방 유생보다 유리했는데, 지방에서는 시험 일정이나 시험과목 등에 대한 정보를 얻는 것이 어려웠기 때문이다. 그 결과 과거 급제자가 점차 서울과 경기 지역에 편중되는 양상이 나타났다.

무과에도 서북 지방민을 위로하고 야인을 회유한다는 목적으로 조선 전기부터 별시가 시행됐다. 이후 군사 충당, 군사 재정의 확보 등을 위해 무과 급제자를 늘리는 양상이 심화됐다. 무과 급제자들에게 쌀이나 포 등을 받기 위해서였다. 그리하여 외방 별시에서는 수천 명씩 뽑는 경우가 생겼는데, 이를 '만과(萬科)'라고도 했다. 만과 출신은 장수가 부족한 변방에 파견됐다. 한편 변방이 안정화된 이후에는 변방으로 보내는 대신 포(布)를 받아 재정에 충당했다.

조선 후기에는 전기와 비교했을 때 과거 응시자가 증가해 경쟁률이 높아지면서 여러 가지 부정행위가 발생했다. 특히 다른 사람이 대신 시험 답안을 작성하는 차술(借述)이나 대작(代作)을 비롯해 시험장에 책을 가지고 들어가는 과장협책(科場挾冊) 등이 심해졌다.

## 2 탕평정치의 실시

### 숙종대의 환국과 탕평

숙종 재위 전반기에 세 차례 환국(換局)이 발생했다. 환국이란 정국 주도 집단 및 견제 집단이 급격하게 바뀌면서 정국이 전환하는 현상으로, 남인과 서인이 서로 정국의 주도권을 장악했다. 경신환국(庚申換局), 기사환국(己巳換局), 갑술환국(甲戌換局)이 그것이다.

1680년(숙종 6) 경신환국 당시 남인 측 일부가 병권을 장악하고 역모를 꾸몄다는 고변이 제출되자 숙종이 남인을 축출하고 서인을 다시 불러들였다. 1689년(숙종 15) 기사환국은 다시 서인이 축출되고 남인이 집권했는데, 여기에는 희빈 장씨의 소생인 왕자를 원자로 책봉해 국왕의 후계자로 삼는 문제가 관련이 있었다. 남인이 집권하면서 희빈 장씨가 왕비로 승격되고 인현왕후는 폐서인이 됐다. 이로부터 5년 뒤인 1694년(숙종 20) 갑술환국이 발생했으며, 정국을 주도하던 남인 세력이 실각하고 서인이 재집권했다. 이를 계기로 폐서인됐던 인현왕후가 다시 복위되고 희빈 장씨는 후궁으로 강등됐으며, 일부 남인이 축출·처형됐다.

몇 차례의 환국을 거치고, 숙종은 이후 영정조대에 본격화되는 탕평을 일시적으로 추진했다. 일부 탕평을 지지하는 관료들을 발탁했고, 노론과 소론을 중심으로 인사에 탕평을 적용했다. 그러나 1709년(숙종 35) 노론 측에서 소론을 대표하는 최석정의 저서 『예기유편(禮記類編)』[2]을 이단으로 간주해

---

2　예기유편 1693년(숙종 19) 최석정이 『예기(禮記)』를 분류하고 주석을 달아 진행한 책이다. 1709년 1월 노론 측 이관명(李觀命, 1661~1733)이 『예기유편』의 주석이 주자의 주석과 다르다는 점을 들어 공격

논란이 일자 정국에 혼란이 가중됐다.

### 영조의 탕평책

탕평책(蕩平策)은 당쟁의 폐단을 해소하기 위한 정책으로, 국왕이 정국 운영을 주도하면서 결과적으로 붕당을 혁파하려는 데 목적이 있었다. 숙종대 박세채(朴世采, 1631~1695)가 주장해 정국에 적용됐으나, 본격적으로 추진된 것은 영정조대였다.

숙종을 이어 경종이 즉위한 뒤 노론과 소론 사이에 정치적 대립이 극심해졌다. 노론에서는 병약한 경종을 대신해 연잉군(후일의 영조)의 왕세제 책봉과 대리청정을 요구했다. 세제 책봉은 성사됐으나, 소론에서 노론이 세자 시절부터 경종을 위협했다는 고변이 제출되며 노론 다수가 화를 당했다. 이 과정에서 왕대비와 왕세제의 연루설이 제기돼 연잉군도 곤경을 겪었다.

살육이 자행되는 당쟁을 경험하고 1724년 왕위에 오른 영조는 붕당의 폐해를 거론하며, 탕평 시행에 강력한 의지를 보였다. 그러나 즉위 초에는 노론과 소론을 번갈아 등용해 각 붕당에서 상대방을 처벌해달라는 요구가 잇따라 정국은 항상 불안한 상태였다. 그러다 1728년(영조 4) 이인좌(李麟左, ?~1728) 등을 중심으로 한 무신난(戊申亂)[3]이 발생했다. 무신난이 진압된 후 영조는 특정 당파를 등용하는 것은 정국 안정에 도움이 되지 않는다고 판단해 자신을 도와 탕평책을 함께 추진할 세력을 양성했다. 주로 노론과 소론 내에서 자파 붕당의 입장을 강경하게 주장하기보다는 온건한 입장을 내세우는 인물을 중심으로 구성됐다.

영조의 탕평책은 정치적 시비를 절충할 때나 인사에 적용됐다. 노론과 소론에게는 모두 틀린 부분과 맞는 부분이 있다며 절충을 취했다. 인사에서는 노론에 하나의 관직을 제수하면 반드시 그에 상당하는 관직을 소론에게도 제수하는 식으로 적용됐다. 이는 실제적인 행정 업무를 담당하던 관직보다는 정치적으로 중요한 관직을 임명할 때 해당됐다.

이렇게 영조가 즉위 초부터 지속적으로 탕평책을 추진한 결과 1740년

---

했다. 1710년 3월 『예기유편』의 판본을 없애도록 했고, 출간된 책도 불태우는 것으로 결정했다.

3  무신난 난을 주도했던 인물의 이름을 붙여 '이인좌의 난'이라고도 한다. 1728년 소론과 남인 일부 세력이 연합해 영조를 축출하고 밀풍군(密豊君) 이탄(李坦, 1698?~1729)을 추대하기 위해 일으킨 반란이다. 청주를 비롯해 영남과 호남 지역에서 일어났다.

(영조 16) 경신처분(庚申處分)을 시작으로 1741년 신유대훈(辛酉大訓) 등의 조치를 거치며 영조는 경종과 관련한 자신의 정치적 혐의를 일차적으로 벗고 정국이 안정화됐다. 영조는 이를 바탕으로 탕평 세력을 육성하면서 탕평 정국을 지속적으로 유지했다. 1749년(영조 25)부터는 세자가 대리청정을 했으나, 1762년(영조 38) 죽음을 당했고(임오화변(壬午禍變)), 사건 뒤 영조는 세자의 광병(狂病)과 과실을 그 원인으로 규정했다. 이후 세자를 신원하는 한편 세손, 즉 후일의 정조를 후사로 삼았다.

### 정조의 탕평책

정조는 즉위 후 선왕인 영조의 탕평책을 계승하겠다고 천명했다. 영조가 정국의 안정을 위해 명분과 의리의 절충을 시도했다면, 정조는 진정한 의리에 바탕을 둔 탕평을 표방했다는 차이가 있다. 즉 정조가 추진한 탕평은 충(忠)과 역(逆)을 명확하게 구분하되, 붕당을 구별하지 않고 오로지 충성스러운 자만을 등용한다는 것이었다. 여기서 충은 왕에게 충성하는 자만을 등용한다는 의미다. 아울러 의리를 밝히고 정사를 이끄는 이는 신하가 아니라 왕이고, 신하는 이에 따라야만 충이며 군자라는 입장을 가졌다.

그러나 정조의 탕평책은 정국을 장악하고 있던 노론의 반발에 부딪쳤다. 정조는 노론 우위의 정국 속에서 집권 초반을 보냈다. 이 점은 정조가 결과적으로 영조가 만들어놓은 사도세자와 관련된 의리, 즉 임오의리(壬午義理)를 수정하지 못한 점에서 확인된다. 그럼에도 정조는 평생에 걸쳐 임오의리를 수정해 사도세자의 명예를 높이고자 했다. 왕권이 안정되자 정조는 노론의 반대를 무릅쓰고 남인 인사를 등용했다. 이 과정에서 조정은 시파와 벽파로 나뉘었다. 노론과 소론, 남인 중에서 정조의 정책에 동조하는 인사들은

---

**경신처분과 신유대훈**

경신처분은 경종대에 노론 다수가 화를 당한 임인옥사(壬寅獄事)를 소론 측의 무고로 판정한 처분이다. 임인옥사는 1722년(경종 2) 노론 측에서 세 가지 방법을 이용해 경종을 시해하려고 했다는 목호룡(睦虎龍, 1684~1724)의 고변을 계기로 일어난 사건으로, 노론 측 상당수가 화를 당했고 당시의 왕세제, 즉 후일의 영조와 관련이 있다고 거론되기도 했다. 1740년에는 경신처분을 통해 임인옥사가 소론 측에 의한 무고임을 천명했다. 그리고 뒤이어 신유대훈을 발표해 영조는 일단 임인옥사와 관련한 혐의에서 벗어나게 됐다.

시파, 동조하지 않는 인사들은 벽파가 됐던 것이다. 1788년(정조 12) 영의정에 노론 김치인(金致仁, 1716~1790), 좌의정에 소론 이성원(李性源, 1725~1790), 우의정에 남인 채제공(蔡濟恭, 1720~1799)이 각각 임명됐다. 이는 붕당의 실세를 전면에 배치해 논쟁하고 소통하게 할 의도로 단행한 파격적인 인사였다.

이후 정국의 주도권은 채제공의 지휘 아래 시파에게 넘어갔으며 벽파는 점차 약화됐다. 그리고 좌의정으로 승진한 채제공은 1791년(정조 15) 영의정과 우의정이 없는 독상(獨相)으로서 정조의 개혁정책을 함께 추진했다. 한편 정조는 생부 사도세자의 신원을 꾀했고, 1792년(정조 16) 영남 유생 1만여 명이 연명해 사도세자의 신원과 책임자들의 처벌을 요청하는 상소를 올렸다.

### 제도 개혁과 편찬 사업

영정조대에 추진된 탕평책으로 정국이 안정되고 각종 제도도 개혁됐다. 영조는 붕당의 뿌리를 뽑기 위해 의리의 주인이자 공론의 주인이라 자임하던 산림의 정치적 입지를 약화시켰으며, 지방 사림의 근거지인 서원을 정리했다. 또한 이조 전랑의 권한을 대폭 축소시켰다(1741). 이조 전랑 스스로 후임을 천거하던 자대제(自代制)를 폐지하고, 그 대신 홍문록(弘文錄)[4]에 등재되면 순서대로 이조 전랑이 되도록 했다. 또한 홍문관을 비롯한 3사 관원들을 추천하던 이조 전랑의 통청권(通淸權)을 혁파했다.

조선 전기의 『경국대전』을 이은 『속대전(續大典)』(1746)이 편찬됐고, 국가의례의 기준이 되는 『국조오례의』를 수정·보완한 『국조속오례의(國朝續五禮儀)』도 간행했다. 또한 『여지도서(輿地圖書)』와 『동국문헌비고(東國文獻備考)』 등을 편찬하면서 새롭게 문물제도를 정비해갔다. 이 밖에도 수도 한성의 생활환경을 개선하기 위한 청계천 준천 사업이 추진되기도 했다. 준설을 통해 청계천의 흐름을 원활히 해 홍수를 예방하려는 의도였다. 양역 부담을 줄이기 위한 균역법도 제정됐다.

정조는 자신이 추구하는 탕평을 위해 지지 기반을 확보하는 게 급선무임을 인식했다. 그동안 정치에서 소외됐던 남인을 등용하는 동시에 전국에 걸쳐 과거 시험을 시행해 지방 사림을 자신의 지지 세력으로 포섭하고자 했

---

4  홍문록 홍문관 관원이 후임자가 될 수 있는 후보자를 선발하는 일 또는 관련해 작성한 문서를 말한다.

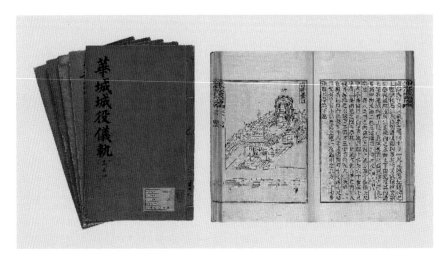

도판19 『화성성역의궤』
1796년 화성 축성을 마무리한 뒤, 그 과정을 자세하게 기록으로 남기기 위해 편찬했다. 축성 순서와 들어간 비용, 동원된 기술자와 공장(工匠) 등을 수록했다.

다. 뿐만 아니라 규장각(奎章閣)을 설치해 자신의 개혁 정치를 담당해줄 정치세력을 양성했다. 규장각에서 교육받은 인재는 지방과 중앙의 관직을 오가며 실무를 익히도록 했고, 검서관 직제를 마련해 그동안 정치에서 소외됐던 서얼 가운데 학문이 뛰어난 자를 등용했다.

정조는 『대학』을 새롭게 탐구해 제왕학(帝王學)을 정립했다. 제왕학에서는 군주가 정국을 주도해 운영하고, 군주는 모든 신민(臣民)을 동포로 여기는 일원성을 강조했다. 또한 유생과 학자들이 패관문학, 서학을 숭상해 정학(正學)에서 벗어났다고 비판하면서 문체반정(文體反正)[5]을 시도했다. 영조를 이어 법전인 『대전통편(大典通編)』과 의례서인 『춘관통고』를 편찬하기도 했다. 군사적으로는 친위부대인 장용영(壯勇營)을 설치했다.

한편 생부 사도세자의 무덤을 수원으로 옮긴 후에는 화성(華城)을 축조했다. 정조는 화성을 자신의 정치적 이상을 실현하는 도시로 건설하고자 했다. 그리하여 이곳에 정치·군사적 역할을 부여함은 물론, 화성 주위에 여러 개의 저수지와 대규모 둔전을 설치해 농업경영 방식을 시험해보기도 했다.

---

5  문체반정 문체를 바로 잡자는 취지에서 정조가 주도해 시도한 것이다. 당시 유생과 학자들 사이에 패관문학이 성행하고, 서학을 숭상하며 기이한 것을 수장하는 등 풍조가 조성됐다. 정조가 이를 순정한 고문(古文)으로 돌려야 한다며 건국 초의 문체나 육경·사서·주자의 문장 등을 모범으로 제시했다.

그리고 상공인을 유치해 자급자족할 수 있도록 하려고 했다. 그러나 정조가 승하함으로써 이 시도는 결실을 맺지 못했다.

## 3 세도정치의 등장과 폐해

### 외척의 성장

정조의 갑작스러운 죽음으로 그가 추진했던 각종 개혁정책이 좌절됐다. 대신 종래 정치에서 경계했던 외척 세력이 어린 국왕을 보호한다는 명분하에 정치를 주도했다. 소수 문벌의 권력 독점 현상이 나타난 것이다.

정치에서 외척의 비중이 확대된 것은 숙종 대부터였다. 숙종의 외척인 청풍 김씨, 광산 김씨, 여흥 민씨 등이 환국에서 주도적인 역할을 수행하거나 군사권을 장악하면서 왕권의 지지 세력이 됐다. 이후에도 외척의 정치적 영향력은 계속됐다. 영조는 탕평책을 추진하면서 왕자나 공주의 혼인을 통해 특정인을 외척으로 삼았다. 정치적 목적이 작용했던 것이다. 영조대 중반에는 국왕과 세자(사도세자) 사이에 갈등이 표면화되는 가운데 영조의 계비인 정순왕후의 가문 경주 김씨와 세자빈 가문 풍산 홍씨를 중심으로 갈등이 증폭됐고, 사도세자가 죽음에 이른 임오화변으로 이어졌다.

정조 즉위 이후 외척은 각종 변란에 연루되면서 국왕으로부터 견제의 대상이 됐다. 대신 정조는 강경한 정치 의리를 강조했던 사림과 함께 정치를 운영했다. 동시에 새롭게 성장하는 일부 부농이나 부상층에 정치적 욕망을 실현시킬 기회를 제공했다. 그들은 자신이 경제적으로 성장한 만큼 정치사회적 발언권을 요구했는데, 정조가 이를 받아들였던 것이다. 그러나 정조는 재위 후반으로 가면서 점차 외척의 정치 참여를 유도했고, 사망 직전에는 안동 김씨 김조순(金祖淳, 1765~1832)에게 적극적인 정치 개입을 요구하기도 했다. 이러한 분위기 속에서 정조 사후에 외척을 중심으로 한 소수 가문의 권력 독점을 통한 세도정치가 등장했다.

### 세도정치의 전개

영정조대에 탕평책이 추진되면서 국정은 왕권 중심으로 운영됐다. 그러나 정조 사후에는 국왕이 역할을 제대로 수행하지 못해 정치 세력 간에 균형이

깨지고, 몇몇 유력 가문이 주도권을 잡았다. 이를 '세도정치'라 부른다.

세도정치는 처음에 세도정치(世道政治)라 했는데, 이때의 '세도'란 이상적 정치인 왕도(王道)를 지칭하는 것으로 인격과 덕망을 갖춘 학자(사림)가 국왕의 신임을 얻고 통치권을 위임받아 나라를 다스린다는 의미였다. 그러나 정조의 사망으로 탕평책이 무너진 이후인 1800년(순조 즉위년)에서 1863년(철종 14) 사이에는 특권 문벌이 정치를 주도했다. 그래서 이때의 '세도'를 정치권력을 독점 행사했다 하여 '세도(勢道)'라고 한다. 세도정치는 정조 즉위년인 1776년에서 1779년까지 홍국영(洪國榮, 1748~1781)에 의한 세도가 그 효시라고도 얘기된다. 홍국영은 정조가 왕위를 계승하는 데 결정적인 공로를 한 것을 세워 누이동생을 원빈(元嬪)으로 들여보내는 한편, 정국 운영의 전권을 위임받아 마음대로 권력을 휘둘렀다.

세도정치는 1800년(순조 즉위년) 정조가 죽고 순조(純祖, 1790~1834)가 12세의 어린 나이로 즉위하자, 김조순이 정조의 유훈을 받들고 자신의 딸을 왕비(순원왕후(純元王后))로 들이면서 비롯됐다. 그 뒤 김조순은 정순왕후의 수렴청정 종식을 계기로 1804년 정조의 측근인 시파계 인물들을 결집해 정순왕후의 지원을 받은 벽파 정권을 뒤집었다. 1812년 이후 임금의 생모 집안인 반남 박씨 세력을 약화시키면서부터 안동 김씨를 중심으로 하는 척신의 세도정권이 본격적으로 시작됐다.

그 뒤 효명세자(孝明世子, 익종(翼宗))의 빈으로 조만영(趙萬永, 1776~1846)의 딸이 간택되고 그 소생인 헌종이 8세의 나이로 등극하자, 헌종 연간에는 헌종의 외척인 조인영(趙寅永, 1782~1850)을 비롯한 풍양 조씨가 세도정권을 주도했다. 그러나 헌종이 후사 없이 죽고 철종(哲宗, 1831~1864)이 즉위하자 김문근(金汶根, 1801~1863)의 딸이 왕비로 간택되면서 다시 안동 김씨가 주도하는 세도정권이 지속됐다. 철종 연간은 주요 관직을 안동 김씨 일족이 독점해 세도를 과시하는 방식으로 권력을 유지해갔다.

소수의 척신 가문은 당시 국가의 최고 권력기관이었던 비변사를 장악해 국가의 군사·재정·외교뿐만 아니라 주요 관직의 인사와 지방행정 등 모든 부분에 개입했다. 이들은 중앙군영도 장악해 권력의 물리적 기반으로 활용했다. 이 같은 상황에서 언관은 크게 위축되어 권력을 견제하지 못했다.

## 세도정치 시기 정치의 성격과 삼정문란

세도정치하에서는 과거제가 문란해졌을 뿐 아니라 매관매직까지 등장했다. 세도 가문이 과거 감독관을 장악해 시험문제를 미리 빼내거나 대리 응시를 하고 시험지를 바꿔치기하는 등 부정행위가 만연했다. 과거가 가문의 세력을 확장하고 재물을 모으는 데 이용되면서 학식이 뛰어나지만 세도 가문과 연결되어 있지 않으면 합격하지 못하는 일이 발생한 것이다. 다만 이런 양상만으로 이 시기 정치의 성격을 규정할 수는 없다. 앞서 정조가 구축한 국정 운영체계를 그대로 계승하려는 노력도 이어졌기 때문이다. 순조나 헌종(憲宗, 1827~1849) 등 국왕은 왕권 회복을 위한 노력을 기울였다. 순조는 규장각을 통해 자신의 지지 기반을 구축했고, 『만기요람(萬機要覽)』을 편찬해 국정 운영에 대한 의지를 드러내기도 했다. 헌종은 총융청을 총위영으로 바꿔 군사력을 확보하려고 했다.

한편 세도정치 시기를 부정적으로 보게 하는 데 결정적인 역할을 한 것이 이른바 삼정문란이다. 전정·군정·환정(환곡)의 문란이 심각해지면서 죽은 자에게도 징수하는 백골징포(白骨徵布)나 어린아이에게 징수하는 황구첨정(黃口簽丁), 친족과 이웃에게 부과하는 족징(族徵)과 인징(隣徵) 등의 폐단이 생겼고, 이로 인해 농민의 부담이 크게 가중됐다. 1862년 진주 등지에서 발생한 민란은 이러한 모순을 극복하려는 시도였다. 또한 여기에는 외척이 권력을 잡게 되면서 농민의 생활도 더욱 곤란해졌다는 인식이 전제되어 있었다.

그러나 세도정치 시기의 삼정문란은 이 시기 국가 재정을 운영하는 방식이 변화하는 과정에서 지방재정 운영의 자율성이 확대된 것과 관계가 있다. 군정의 폐단인 백골징포나 황구첨정 등은 비단 19세기만의 문제는 아니었다. 이미 17세기부터 발생했고 이를 해결하기 위해 숙종대부터 이정청이 설치됐고, 영조대에는 균역법이 정책으로 시행됐다. 그럼에도 19세기까지 완전히 해결되지 못한 채 이어진 상황이었다.

한편 조선 후기 국가 재정 운영은 중앙집권화 방향으로 추진됐고, 토지 징수로 일원화됐다. 18세기 농민들이 중앙으로 상납하는 정규 세금에는 전세·대동·삼수량·균역법 등이 포함되어 25두에 가까웠다. 여기에 더해 지방에서는 수송비 등의 명목으로 15두 정도를 비정규적으로 징수했다. 중앙에서 지방의 비정규적 세액 일부를 공식화해서 통제했음에도 지방의 향리나 지방관이 유용하는 일이 발생했다. 이를 '포흠(逋欠)'이라고 하는데, 주로 환곡에서 가장 빈번했다.

환곡은 춘궁기에 정부 미곡을 대여해줬다가 추수기에 곡식이 축날 것을 감안해 모곡(耗穀)의 명분으로 10분의 1의 이자를 붙여 징수하는 진휼책이었다. 환곡의 모곡 비율을 늘리거나 환곡의 원액을 늘리는 방법을 통해 환곡에서 수입을 확대할 수 있었다. 국가에서는 환곡에 징수를 늘리는 것을 통제했다. 그런데 지방이 재정을 자율적으로 운영하면서 지역마다 독자적이고 다양한 방법으로 운영됐다. 대개 지방관과 향리 및 지방사회의 합의를 통해 결정해야 했으나 자의적으로 운영되는 경우가 발생했다. 19세기 중반 민란은 이 같은 모순적인 상황에서 일어난 것이었다.

# 7.

조 선 후 기
경 제 발 달 과
사 회 변 동

# 1 부세제도의 개편

## 영정법의 시행과 비총제로의 전환

15세기 말부터 전세는 풍흉에 관계없이 연분이 하지중(下之中) 내지 하지하(下之下)로 강등되고, 4~20두에 이르던 세율 역시 4~6두로 고정됐다. 공법 시행 당시 1결당 토지생산력을 과하게 책정했던 데다가, 양전을 행하면서 지방유력자의 토지를 누락시키거나, 정전(正田)과 속전(續田)[1]을 정확히 기재하지 않는 등 연분과 전분을 제대로 적용할 수 없는 문제상황을 초래했기 때문이다. 더욱이 명종대에 직전법이 폐지되고, 지주전호제가 발달하면서 조세 수취에 대한 지주층의 반발 또한 거세졌다. 이러한 이유로 1635년(인조 13) 민간의 관행을 수용하여 전세를 1결당 4~6두로 고정하는 영정법(永定法)이 시행됐다.

한편 임진왜란 이후 농지가 황폐해져 전세를 거둘 토지가 크게 줄어들자 정부는 다시 양전사업에 착수했다. 임진왜란 직후 정부에서 파악한 토지 결수는 30만 결에 불과했고, 1603년(선조 36) 계묘양전을 통해 확보한 전국의 토지 결수도 54만 결 수준이었다. 그러나 이후 1634년(인조 12)에 시행한 갑술양전(甲戌量田)을 계기로 삼남의 토지 결수만 89만 5,491결을 확보하게 됐으며, 1720년(숙종 46) 경자양전(庚子量田)을 시행한 후로는 전국의 토지 결수가 139만 5,333결 수준으로 회복됐다. 그러나 이것이 곧바로 전세 수입의 증대로 이어지지는 않았다. 정부는 양전 시행 후에도 왕실·군문에 속한 면세지와 각읍의 진황전(陳荒田)[2]을 용인해주고, 이를 제외한 시기결(時起結)에서 전세를 거뒀으며, 이 중 매년 재해 입은 토지에 대해서도 조세를 면제해줬기 때문이다.

수취방식에서도 문제가 있기는 마찬가지였다. 갑술양전 이후 수령과 감사, 경차관[3]이 차례로 풍흉을 조사하고 재해의 정도를 보고하는 답험(踏驗)의 방식을 통해 전세 수취액을 결정했는데, 이를 '경차관답험제(敬差官踏驗制)'라 한다. 그러나 절차가 형식적이었던데다가 부민(富民)의 뇌물을 받고 재해

---

1 　속전 토질이 비옥하지 못해 매년 경작하지 못하고, 때때로 묵혀 두었던 토지를 말한다. 경작한 해에만 세금을 거두었다.

2 　진황전 경작하지 않고 묵혀 두어 황폐해진 땅을 말한다.

3 　경차관 특별한 임무를 띠고 지방에 파견된 임시 관원이다. 주로는 답험을 위해 파견되었다.

의 피해와 작황의 정도를 허위로 보고하는 등 문제가 지속됐다. 이에 18세기부터 호조에서 그해 풍흉과 2~3년 전의 전세 수취 상황을 고려하여 각 도별로 전세를 거둘 토지[實摠]와 면세할 토지[災摠]를 할당하는, 이른바 비총제(比摠制)를 시행하기에 이르렀다.

중앙정부는 각도 감사의 보고에 따라 매년 재해 입은 토지에 급재(給災)를 내려주는 대신, 수세할 토지를 일정량 확보함으로써 행정상의 번거로움을 줄이고 일정 액수의 경비를 확보하게 됐다. 이후 중앙정부는 대동세와 군역, 노비신공(奴婢身貢) 등 각종 부세와 환곡에도 총액제 방식을 적용해갔다. 이에 각 도와 군현에서는 할당된 부세에 대응하기 위해 민고(民庫)를 설치하거나 각종 계를 운영해 공동납(共同納)으로 대응해갔다.

### 공납제의 모순과 대동법의 시행

대동법은 각 군현에서 현물로 상납하는 공물을 토지세로 전환한 제도이다. 중앙정부는 선초 이래 현물공납제의 원칙을 천명했지만, 백성들의 부담을 줄여주기 위해 세종대에 일부 대납(代納)을 허용해주는 한편, 세조대에는 각종 국역에 동원되는 불교계를 후원하기 위해 승려들의 대납을 공인했다. 예종대부터는 다시 승려들의 대납을 금지시키고, 각 군현의 토산현물에 기초해 국가 재정을 확충하고자 공안 개정에 착수했다. 그러나 공물의 추가 징수와 점퇴(點退)[4], 방납(防納)[5]의 문제가 지속적으로 조정에 보고됨에 따라 공납제를 개선하기 위한 변통 논의가 재개됐다.

명종 말기부터는 몇몇 고을에서 수령이 자체적으로 쌀을 거둬 공물을 대납하는 이른바 사대동(私大同)이 행해졌다. 임진왜란기에는 공물을 일제히 쌀로 거두는 대공수미법(代貢收米法)이 일시적으로 시행됐다. 이처럼 현물공납제를 존속시키기 어려운 대내외적 요인이 중첩되면서 광해군 즉위년(1608) 5월 경기선혜법(京畿宣惠法)이 반포됐다. 경기선혜법은 현물공납제의 폐단을 일차적으로 개선하는 데 근본적인 목적이 있었지만, 전란 후 잦은 명사신 접대와 산릉(山陵) 역에 동원되는 경기민의 부담을 줄여주기 위한 차원에서 고려된 조치이기도 했다.

---

4 　점퇴 지방에서 바친 공물을 관리가 퇴짜 놓는 것을 말한다.

5 　방납 그 지방에서 생산되지 않는 공물을 대신 바치고 백성들에게 이자를 붙여 받는 행위다.

경기선혜법은 그 효과가 매우 컸으나, 곧바로 전국에 확대 시행되지는 못했다. 인조반정 직후 강원도·충청도·전라도에 삼도대동법이 시행됐으나, 시행 당시 가뭄으로 인해 대동미 수취에 어려움을 겪자 결국 강원도만 유지시켰다. 충청도와 전라도에 대동법을 시행할 무렵에는 지주층의 반발로 조정에서 찬반 논의가 이어졌다. 이에 인조대 강원도(1623), 효종대 충청도(1651)와 전라도 해안 지역(1658), 현종대 전라도 내륙 지역(1662), 숙종대 경상도(1678), 황해도(1708)로 조금씩 시행 범위를 확대해갔다. 그리하여 경기선혜법이 시행된 후 1708년(숙종 34) 황해도에 상정법(詳定法)이 시행되기까지 100년이라는 시간이 소요됐다.

상정법은 강원도·함경도·황해도와 같이 토지가 상대적으로 척박한 지역에 고을별로 고려해 토산현물 대신 쌀과 포목 등을 차등있게 거두던 제도다. 1666년(현종 7) 함경도에, 1754년(영조 30) 강원도에도 상정법이 시행됐다. 1764년(영조 40)에는 함경도의 상정세를 상평청에 일괄 납부하는 개정안이 만들어졌다. 상정법이 추가 시행되고 개정안이 마련되기까지의 과정을 고려하면 공물의 토지세화는 18세기 중반까지 지속됐다고 할 수 있다.

대동법의 수취율은 시행 초에는 도마다 차이를 보였지만, 대동법이 확대 시행되면서 점차 토지 1결당 12두로 고정됐다. 또한 내륙 산간 지역에서는 포목으로 대납하도록 했으며, 1678년(숙종 4) 상평통보가 보급된 후로는 동전납도 허용했다. 농민 입장에서는 토지 1결당 12두의 대동세를 내면 그만이었기 때문에, 현물을 직접 구해서 바치거나 방납업자에게 비싼 대금을 치러야 하는 부담에서 벗어날 수 있었다. 정부 입장에서도 전세뿐 아니라 공납을 토지세로 일괄 수취함으로써 국가 세입 전반을 미리 예측할 수 있는 여건이 마련됐다.

대동법이 전국으로 확산된 18세기 이후 정부는 한 해에 수취할 수 있는 세입의 규모를 대략적으로 파악해, 중앙재정과 지방재정의 회계장부를 작성하고 관리하게 됐다. 현물 대신 선혜청에 상납되는 대동세는 25~30만 석에 달했으며, 이 중 상당량을 공인들에게 공물가로 지급해 왕실과 중앙 각사의 현물 조달에 사용했다. 지방에서도 대동세의 절반 이상을 감영과 각 고을에 유치하여 관아의 경상비로 사용했으며, 이중 여미(餘米)를 별도로 책정하여 불시의 경비에 대응했다. 그러나 추가 징수의 관행을 없애고 한정된 대동세입으로 왕실공상(王室供上)과 각사 경비, 국가 행사와 왕실의례 비용을 충당해야 하는 상황이 장기화되면서 재정 부족 문제가 야기됐다. 더욱이 각사의 경비물자를 기록한 공안을 추가로 개정하지 않은 상태에서, 전례(前例)와 등록(謄錄)을 참고해 관행적으로 지출하는 경비가 늘어나고 있었다.

영조는 중앙 경비의 과도한 지출을 해소하기 위해 재위 25년부터 약 4년(1749~1752)에 걸쳐 『탁지정례(度支定例)』라는 거질의 지출례를 간행했다. 이 과정에서 영조는 호조판서 박문수를 통해 왕실에 소요되는 물품을 일일이 점검하며 왕실 경비를 솔선해 줄이는 조치를 취했다. 이에 정례 제정 당시 정부 지출이 10만 냥가량 줄었다는 평가가 나올 정도로 정례의 파급효과는 컸다. 그러나 『탁지정례』는 왕실과 정부각사에 조달되는 물품을 정액화한 지출례였기 때문에 각종 국가행사와 왕실의례에 동원되는 역인들의 급료를 통제하지는 못했다. 대동법 시행 이후 정부는 각종 국역에 역인들을 고립해 쓰고 이들에게 역가(役價)를 지급했는데 이를 급가고립제(給價雇立制)라 한다. 이러한 역가 지급이 경비지출에 큰 비중을 차지했기 때문에, 정례가 19세기까지 중앙경비의 지출 준거로 활용됐음에도 정조대 이후 19세기까지 중앙재정은 지속적인 적자 상태에 놓였다. 이에 중앙정부는 부족한 경비를 충당하기 위해 지방에 할애된 대동유치미를 상납해 올리게 하거나 환곡을 증설하여 이자곡 수입을 늘리는 방식으로 대처했다.

### 양역변통론의 전개와 균역법의 시행

15세기 말부터 대가를 받고 군역을 대신 지는 대립군이 출현했으며, 중종대에는 대립가를 포로 납부케 하는 군적수포제가 시행되면서 군역의 납포화가 진행됐다. 한편 양란 이후 훈련도감을 비롯한 어영청(御營廳)·총융청(摠戎廳)·수어청(守禦廳)·금위영(禁衛營) 등의 군영이 신설되면서, 각 군영에서는 군안(軍案)을 마련해 군역자를 경쟁적으로 확보하고자 했다. 그러나 양란 이후 양인 장정 수가 줄어든 데다가 17세기 말 경신대기근과 을병대기근으로 인구가 줄면서 군인 수를 채우기가 어려웠다. 이에 한 명의 양인 장정에게 군역이 중첩되는가 하면, 죽은 자(백골징포)나 어린아이(황구첨정)에게 군포를 징수하거나 , 친족·이웃(족징·인징)에게 상번 혹은 납포를 책임지우는 편법이 자행됐다.

정부에서는 각 군영에서 무분별하게 군인을 확충하는 것을 제한하기 위해 17세기 후반부터 군영의 군안을 조사해 군인 수와 역종을 줄이는 조치를 취했다. 이러한 양역사정(良役査正)의 조치는 1748년(영조 24) 각 군영의 군액과 역종에 맞춰 6도 각 고을의 군역자 수를 정액화해놓은『양역실총(良役實摠)』의 간행으로 일단락됐다. 그러나 군인 수를 줄인다고 해서 양역의 문제를 근본적으로 해결할 수는 없었다.

이에 17세기 후반부터 양인 장정에게 군역을 부과하는 제도 자체를 개선하자는 논의가 전개됐는데, 이를 양역변통론(良役變通論)이라 한다. 소위 '양역사조(良役四條)'라 불리는 유포(遊布), 호포(戶布), 구포(口布), 결포(結布)는 균역법이 시행되기 전 마지막 논의 선상에 올랐던 양역변통론이다. 유포론은 군역을 지지 않는 교생(校生)·군관(軍官)·한량(閑良) 등의 한유자층에게도 군포를 거두는 안이며, 구포는 신분과 관계없이 성인 남녀에게 포목 혹은 동전(구전)을 수취하는 안이다. 유포론은 한유자층을 조사해 군안에 포함시키는 과정에서 폐단이 야기되고 새로 확보되는 양역자 수도 많지 않을 것으로 예견됐다. 구포론 역시 양반, 부녀자층의 강한 반발이 예상됐기 때문에 실현 가능성이 낮았다. 결국 가호의 크기에 따라 포 혹은 동전을 거두는 호포(호전)론과 양인에게 1필의 군포를 거두되 부족분은 토지에 부과하는 결포론이 살아남았다. 경종대 이건명(李健命, 1663~1722)이 제시한 후자의 방안은 영조대 홍계희(洪啓禧, 1703~1771), 조현명(趙顯命, 1690~1752)으로 이어졌고 결국 균역법의 기본 모델이 됐다. 영조는 처음에는 박문수가 제안한 호포론을 염두에 뒀으며, 포 대신 돈을 거두는 호전론 시행에 힘을 실었다. 그러나 호적상에 양역자 수가 제대로 파악되지 못하는 상황이었던 데다가, 기존의 군포 수입을 고려하면 호당 납부해야 하는 돈이 1냥을 걷는다 해도 부족했다. 이에 1750년(영조 26) 군포를 2필에서 1필로 줄이고, 군영과 정부 각사의 군포 수입을 보전해주기 위한 급대 방안을 강구했다. 우선 급대를 담당하는 균역청을 신설하고, 궁방에 속한 어염선세와 각 고을의 은여결(隱餘結)을 균역청에 귀속시켰으며, 한유자층에게 선무군관포를 거두었다. 또 6도에 토지 1결당 쌀 2말 혹은 돈 5전을 부과하고 선혜청의 재원도 일부 옮겨 왔다.

균역법의 시행으로 백성들의 군포 부담은 크게 줄었지만, 중앙 군영과 정부 각사, 왕실은 재정에 타격을 입었다. 중앙정부는 균역청을 설립하고 균역사목과 추사목을 반포함으로써 군영과 각사, 왕실의 줄어든 군포 수입을 일부 급대해주는 동시에 불필요한 경비를 삭감시켰다. 그러나 지방 군현의 경우 경상비로 쓰던 은여결을 일방적으로 균역청에 뺏김으로써 향후 재정 부족에 직면했다. 더욱이 양역변통론이 감필로 인한 재정 결손을 채우는 감필급대(減疋給代)를 골자로 하는 균역법으로 귀결됨에 따라 신분에 관계없이 군포를 수취하는 보다 근본적인 변통안은 고종대 초반 호포법(戶布法)이 시행되기까지 다시 한 세기를 기다려야 했다.

### 진휼곡의 운영과 환곡의 부세화

농업 국가에서 곡식은 농민의 생계수단이자 국가 재정의 기초가 된다. 조선왕조는 농민들의 수확 일부를 조세로 수취하고, 농한기를 고려해 농민을 동원하는 역제(役制)를 운영했다. 국왕은 봄이 되면 농사를 권장하는 친경례를 행하는 한편, 자연재해로 농사의 작황이 좋지 않을 때는 기우제, 기청제를 지내 풍년을 기원했다. 이와 더불어 의창(義倉)·환곡(還穀)과 같은 진휼제도를 운영함으로써 백성들이 재생산 기반을 마련할 수 있도록 했다.

의창은 곡식을 춘궁기에 대여하고 추수기에 돌려받는 진휼창고로, 고려와 조선 전기에 주로 활용됐다. 그러나 의창곡은 기본적으로 원곡에 대한 이자가 없기에 봄에 대여한 곡식을 돌려받을 때 자연감손분이 발생했을 뿐 아니라 흉년으로 상환을 받지 못하는 곡식으로 인해 원곡 손실분이 발생했다. 세종대 군자감에 비축했던 곡식을 이전해 의창곡 100만 석이 확보됐으나, 계속되는 원곡의 손실로 의창의 기능은 점차 축소됐다.

이에 16세기부터는 대여곡을 회수할 때 손실분을 감안해 원곡의 10%를 추가로 거뒀는데, 이를 '모곡(耗穀)'이라 한다. 1섬당 1두 5승을 모곡으로 거두었으며, 지방관이 고을 경비로 사용했다. 그런데 정부는 이후 모곡의 일부를 호조의 장부[會案]에 기록해 쓰기 시작했는데 이를 회록법(會錄法)이라 한다. 1554년(명종 9) 모곡의 10%를 호조에 귀속시켜 중앙재정에 활용하는 일분모회록법(一分耗會錄法)을 처음 시행했다. 양란 이후 국가 재정에 타격을 입자 인조대부터는 모곡 수입의 30%를 원곡으로 전환시키는 삼분모회록법(三分耗會錄法)을 시행했으며, 1650년(효종 1)에는 호조의 모곡 수입 중 30%를 상평청에 귀속시켜 사신접대비용으로 활용했다. 환곡의 모곡을 일정 비율로 회안(會案)에 기록해 재정에 활용하는 회록법은 이후 중앙관청은 물론 지방관아의 재정 보용에 폭넓게 활용됐다.

물론 무상 진휼의 전통이 없었던 것은 아니다. 임진왜란 이후 유리걸식하는 이들을 향촌에 정착시키기 위해 무상으로 죽과 양곡을 지급해주는 진휼정책이 시행됐다. 또한 싼값에 관아의 비축곡을 민간에 판매하는 발매(發賣) 조치도 취해졌다. 이러한 정책은 현종대와 숙종대에 차례로 발생한 대기근의 여파로 인구가 급감하면서 번번히 시행됐다. 그러나 간헐적이고 일시적인 무상 진휼은 조선 전기와 마찬가지로 원곡의 지속적인 감소를 초래했기 때문에 정부로서는 비축곡을 안정적으로 확보하는 것이 무엇보다 중요했다. 이에 중앙에서는 공명첩을 발행해 곡식을 비축하고, 지방 수령이나 사족이 자체적으로 진휼곡[自備穀]을 조성하도록 장려했다.

영조대 이후로는 전라도 나리포창, 경상도 포항창, 함경도 교제창, 삼남 각 지역의 제민창 등 거점 지역에 대규모 진휼창을 설치하여 지역 간 곡물 이전과 무역의 방식으로, 곡물 부족 현상과 기근에 대비했다. 문제는 회록법의 시행으로 환곡의 이자 수익이 재정을 보충하는 데 널리 활용되면서 호조를 비롯한 중앙관청은 물론 지방 관아에서 여러 명목의 환곡을 설치해 운영했다는 점이다. 이에 토지와 호구를 고려해 환곡을 일방적으로 분급하고 이자곡을 수취하는 환곡의 부세화가 야기됐다. 여기에 하급 관리의 중간 착복과 부실한 회계 관리로 19세기에 들어서면서 환곡 중 상당량이 장부상에만 존재하는 허류곡(虛留穀)으로 전락하게 됐다.

18세기 이후 대외정세가 안정되고 농업생산력이 증대되는 사회 분위기 속에서, 진휼과 재정이라는 두 마리 토끼를 좇던 정부는 환곡 운영상 불거진 문제점을 목도하면서도 수익으로 돌아오는 재원을 포기할 수 없었다. 지방 관아의 하리들 역시 지역 간, 계절 간 곡물가 변동을 활용해 중간 차익을 꾀하는 불법적인 수탈구조를 만들어내고 있었다.

　　19세기 초 1,000만 석에 이르는 환곡은 더 이상 농민들에게 재분배의 혜택을 제공해주는 것이 아니라 또 다른 과세 부담으로 작용해 농민항쟁의 불씨를 지폈다. 1862년 농민항쟁의 후속 조치로 파환귀결(罷還歸結)이 거론됐으나 실현되지 못했으며, 고종 초반 환곡의 운영을 면리에 위임하는 사창제(社倉制)가 시행되어 환정이 어느 정도 개선됐다. 그러나 환곡의 부세 기능이 사라진 것은 1895년 사환조례(社還條例)가 반포되면서부터였다. 사환조례를 통해 지방에 환곡을 대신하는 낮은 이율의 사환미가 조성됨으로써 빈민을 진휼하는 제도가 회복됐으나, 1910년 한일병합으로 왕조의 진휼곡은 완전히 폐지됐다.

## 2　농업 발달과 지주제의 변동

### 집약적 농법의 발달과 상품작물 재배의 확대

조선 후기 수전농업에서 발견되는 커다란 변화는 이앙법의 확대 보급이다. '이앙법'은 묘판(苗板)에 종자(씨앗)의 싹을 틔워 기른 후 수전(水田)에 옮겨 심는 파종 방식을 일컫는다. 조선 전기에는 경상도와 강원도 일부 지역에서만 이앙법이 시행됐고, 대부분의 지역에서는 물이 채워진 논에 씨앗을 직접 뿌리는 수경직파법(水耕直播法)이 행해졌다. 그러다 16세기 후반 경상도 북부지역에 시행되고, 17세기 후반부터는 하삼도에까지 일반화됐다.

　　이앙법은 씨를 직접 뿌리는 직파법에 비해 제초 노동 시간을 줄일 수 있고, 묘판에 종자를 키워 논에 옮겨심기 때문에, 수경직파법보다 농업용수가 적게 들었다. 또 추수를 마친 논에 보리농사를 지으면 다음 해 봄 묘판에서 모종이 자라는 동안 보리 재배를 할 수 있어 농가의 수확량을 크게 늘릴 수 있었다.

　　조선 전기 이래 제언, 천방 등 수리시설의 확충과 이앙법의 확대 보급으로 면적당 농업생산력이 높아지고, 벼농사 지대도 조선 전기에 비해 늘어났다.

　　한전(旱田) 농업에서는 견종법(畎種法)이 확대됐으며, 목화를 비롯한 상품작물의 재배가 활성화됐다. 견종법은 고랑에 씨를 뿌리는 방식을 일컫는다. 고랑에 심은 작물은 이랑 사이에서 바람을 피하고, 흙에 습기를 유지할 수 있어 이랑에 심은 작물보다 가뭄과 추위를 견디기 유리했다. 이에 가을에 파종하여 겨울을 나야 하는 보리와 밀 등의 재배에 견종법이 활용됐으며, 농우를 통해 고랑을 깊게 파는 밭갈이가 확대됐다.

견종법이 발달하면서 이랑에는 건조작물을, 고랑에는 습윤작물을 재배하는 사이짓기와 섞어짓기가 가능해져 '보리-콩의 1년 2작'과 '조-보리의 2년 3작'과 같은 윤작법이 지역별로 유행했다. 이는 이앙법의 확대 보급으로 벼농사에서 줄어든 노동력을 밭농사에 쓸 수 있게 된 효과이기도 했다. 시비법에 있어서는 우마의 외양간에 볏짚을 넣어 분뇨를 섞고 일정 기간 숙성시켜 경지에 뿌리는 분전법(糞田法)이 발달했으며, 작물이 자라는 중에도 비료를 뿌리는 추비(追肥)가 권장됐다. 생산력 증대를 위해 시비법이 강조되면서 가축의 분뇨나 인분을 확보하려는 노력이 민가에서 일상화됐다.

다음으로 조선 후기 한전농업에서 나타나는 중요한 변화는 목화·담배·채소 등 상품작물 재배가 확대된 점을 들 수 있다. 목화는 목화송이에서 씨를 뺀 솜을 고치로 만들어 실을 뽑고 베틀에서 짜면 무명을 얻을 수 있었는데, 무명은 보온효과가 뛰어나 의복과 이불 등을 만드는 데 쓰였을 뿐 아니라 정부에 부세로 납부할 만큼 활용도가 높았다. 한편 임진왜란 직후 일본을 통해 국내에 들어온 것으로 알려진 담배는 17세기 중반에 이미 어린아이와 여성들까지 피울 정도로 민간에 빠르게 확산됐다. 이에 국내에 담배를 경작하는 밭이 늘어났으며, 도성 밖 성저십리와 경기 일대에서는 상품작물로서 무·배추·미나리 등의 밭작물이 재배되어 서울시장에 유통됐다.

### 토지 소유의 변화와 지주층의 동향

조선 전기의 과전법이 해체되자 수조지(收租地)를 분급하는 토지지배 방식이 유명무실해졌으며, 1424년(세종6)부터는 민간에서 토지를 매매하고 상속하는 것이 공인돼 토지 거래가 활발해졌다.

왕실궁방에서도 직전법 폐지 후 수조지를 분급받지 못하게 되자 정부로부터 허가를 받아 무주지나 진황지를 개간하여 수세했는데, 이러한 토지를 '절수지(折受地)'라 한다. 그러나 점차 개간할 토지가 줄어들자 농민이 경작하는 민전(民田)을 침탈하여 세를 요구하는 문제가 야기됐다. 궁방의 절수지에는 면세·면역의 혜택이 주어졌기 때문에, 농민들 중에는 궁방에 투탁해 정부에 내는 조세 부담에서 벗어나고자 하는 이들도 있었다. 여기에 17세기 이후 신설 군문을 비롯한 영·아문에서도 경비 확보를 위해 자체적으로 둔전(屯田)을 확대해갔다.

1695년(숙종 21)에 제정된 을해정식(乙亥定式)은 이러한 궁방과 아문의 절수지를 제한함으로써 국가 재정을 안정화하기 위한 조치였다. 을해정식을 통해 중앙정부는 기존 궁방의 절수지를 일정 규모로 제한하고, 신생 궁방에 있어서는 절수를 금지시켰다. 대신 궁방에 토지 매득 비용을 지원해주는 한편, 고을 수령이 민전에서 세를 따로 거둬 궁방에 지급해주는 무토면세(無土免稅) 제도를 병행했다. 궁방이나 아문에서 소유한 토지에 대해서는 결당 벼 200두를 지대로 수취하고, 민전에 설정된 궁방전이나 아문 둔전은 결당 쌀 23두를 조세로 수취하도록 정했다. 아문의 둔전에 대해서도 불법으로 절수한 토지를 조사하여 국가 수세지로 회복시켰다. 조선 정부는 조선 후기 내내 궁방전과 아문 둔전과 같은 면세지가 늘어나지 않도록 단속적으로 조사해 삭감하는 조치를 취했다. 반면 지주가 소유한 민전에 대해서는 양전을 통해 수세 대상으로 적극 파악하고자 했다.

조선 전기 양반, 사족층은 다양한 방법으로 토지 소유를 확대했다. 초기에 분급받은 수조지나 국왕에게 하사받은 토지를 자손에게 상속하는 한편, 개간과 매매를 통해 경작지를 늘려갔다. 그러나 조선 전기에는 토지를 자녀에게 균분 상속하는 관행이 일반적이었던 데다가, 조선 후기로 갈수록 개간할 수 있는 토지의 절대 면적이 줄어들었다. 일부 지방에서는 간척사업과 고리대를 통해 토지를 늘려간 대지주층이 있기는 했지만, 다수는 소규모 토지를 경영하는 중소지주층에 머물렀다.

병작반수제하에서는 지주층이 거두는 지대 역시 조선 후기로 갈수록 감소하는 경향을 보였다. 지대 수취는 가을 추수기에 지주와 작인이 수확의 절반을 나누어 갖는 타조(打租)의 방식이 일반적이었다. 농사에 필요한 종자곡과 비료, 농기구를 비롯해 관에 납부할 조세는 처음에는 지주가 부담했으나 점차 작인에게 책임이 지워졌다. 19세기 이후로는 지역별 여건에 따라 지주와 작인이 수확 전에 미리 작황을 조사하여 지대액을 협의 조정하는 집조(執租)와 풍흉에 관계 없이 추수기의 평균적인 지대량을 감안해 지대를 정액으로 거두는 도조(賭租)의 방식이 선호됐다.

농가의 지대량은 조선 후기 농업생산력의 추이를 가늠하는 기준이 되어 농가의 추수기와 일기자료를 통해 지대량 추이를 분석한 연구들이 진행됐다. 이를 살펴보면 19세기로 갈수록 두락당 지대량이 감소하다가 20세기 초에 회복되는 U자곡 추세를 보이는 것으로 확인된다.

조선 후기 지대량과 토지 가격의 전반적인 하락세는 농업의 집약화 노력에도 불구하고 조선 후기 지주층이 점차 영세화됐음을 반증한다. 일부 광작(廣作)을 통해 부농화된 사례가 언급되기도 하지만 대부분의 농민은 중소지주 혹은 소농으로서 토지에서 거두는 한정된 수입을 바탕으로 가내수공업과 장시 교환을 통해 생계를 유지해갔다. 이들은 한편 향촌사회에서 동계, 족계와 같은 상호부조의 안전망을 구축하고 중앙의 부세에 공동으로 대응하기 위한 다양한 형태의 민고(民庫)를 운영했다.


## 3 상공업의 성장과 무역의 발달

### 대청·대일무역의 전개와 상인층의 성장

명 건국 이후 조선은 중국 황실에 공물을 바치고 답례품을 받아오는 조공무역를 행했다. 이는 중국과 주변국의 상하질서를 명확히 하는 전통적인 교역 방식이었다. 조선 정부는 중국 사행(使行)에 동참하는 역관에게 은화를 지급해 여비와 교역 자금에 사용하도록 했으나, 세종대에 명이 금·은 세공(歲貢)을 면제하자 은 대신 중국에서 약용으로 인기가 높은 인삼을 지급했다.

인조대 건주여진이 성장하면서 명으로 가는 사행로가 불안해지자 한 사람당 10근씩 제공하던 삼을 80근으로 늘려 지급했는데, 사행원에게 삼을 열 근씩 8포로 싸줬기 때문에 이후 사행무역을 팔포무역(八包貿易)이라 불렀다. 당시 인삼 한 근당 값이 은 25냥이었던 점을 감안하면 1인당 은 2,000냥에 달하는 인삼을 제공한 셈이 된다.

병자호란 이후 조선은 명을 대신해 청에 조공을 바치는 사행무역을 재개했다. 조선은 명에 바치던 방물뿐 아니라 병자호란의 책임을 묻는 세폐(歲幣)를 함께 바쳐야 했는데, 이는 중앙의 큰 재정부담이었다. 이와 더불어 변경 지역에서 일정 기간 조선 상인과 청국인들이 교역할 수 있는 개시, 후시무역이 열렸다. 개시무역이 열린 회령과 경원에서는 말·모피를 수입하는 대신 소금·농기구를 수출했으며, 중강의 개시·후시와 책문의 후시에서는 비단·약재·문방구 등을 수입하는 대신 인삼·은·종이류를 수출했다. 17세기 후반에는 특히 북경과 심양, 책문에서의 사행무역이 활기를 띠었는데, 정부 지원 하에 역관을 비롯한 무역별장과 의주, 개성 등지의 사상층이 대거 참여했다. 사행 무역과 개시·후시무역을 통해 들어온 물품은 국내에 유통되는 것은 물 론 일본에도 수출됐다.

한편 임진왜란 이후 조선은 일본과 국교를 재개하면서 교린외교를 이어 갔다. 왜관을 통해 대마도에 공작미를 지급해주었으며, 중국산 비단과 인삼 등을 수출하는 대신 은·구리·수우각·유황을 주로 수입했다. 구리는 동전의 주원료로 쓰였으며, 수우각은 활, 유황은 화약을 만드는 데 쓰였다. 일본은 청과의 국교가 단절돼 있었기에 조선의 왜관을 통해 중국산 수입품과 국내 산 인삼·쌀 등을 구매해갔다. 이때 일본은 결제대금으로 왜은을 조선에 지불 했는데, 이로써 조선의 대외무역수지가 증가했다. 1730년대 일본의 나가사 키에서 청의 남경에 이르는 교역항로가 개설되면서 조선의 중개무역은 큰 타격을 입었다. 그러나 의주상인과 개성상인은 후시무역과 밀무역을 통해 지속적으로 이익을 창출하면서 대청무역을 주도했으며, 동래상인 역시 왜관 을 중심으로 일본과의 무역에서 상당한 이익을 누렸다.

반면 중앙정부는 왜은의 국내 유입이 감소하면서, 공용은 마련을 위한 대책을 모색해야 했다. 1758년(영조 34) 역관에게 관은(官銀)을 대출해주고 중국산 방한용 모자를 수입해 시중에 판매한 후 대출원금과 이자를 은으로 수취하는 이른바 관모제(官帽制)를 시행했다. 그러나 상인들에게 관은을 상 환받는 일이 쉽지 않았고, 정부가 직접 무역에 참여한다는 비판이 제기되면 서 1774년(영조 50)에 폐지됐다. 이후 외교 경비를 마련하기 위해 서울의 시 전상인과 의주상인이 직접 자금을 마련해 국내에 모자를 판매토록 하는 대 신 이들에게 은을 거두는 세모법(稅帽法)이 시행됐으나, 시간이 지나면서 이 마저도 사행경비로 쓰기에는 부족해졌다.

이에 1797년(정조 21)에는 사행관원이 팔포 외에 홍삼을 가져가 무역할 수 있도록 하고, 이들에게 세를 부과하는 포삼제(包蔘制)를 시행했다. 이때 홍삼을 제조하고 사행무역에서 직접 판매·교역을 행한 이들은 서울과 의주, 개성에서 활동하는 상인들이었다. 19세기 포삼무역이 확대되어 최대 4만 근 까지 무역량이 확대됐으며, 이들에게서 거두는 무삼세도 20만 냥에 달했다. 이들은 대청무역에서 얻은 이익을 인삼 재배와 홍삼 가공업에 쓰는 것은 물 론 광산 경영에도 투자해 거상으로 성장해갔다.

## 서울시장의 발달과 포구·장시의 성장

조선 전기 서울은 왕실과 중앙각사로 이뤄진 행정도시였으나, 양란 이후 훈련도감·어영청·금위영과 같은 군문이 들어서고, 대동법 시행 이후 서울시장에 다양한 상인층이 참여하면서 군사·상업도시로 그 성격이 변화됐다. 이에 도성 인구의 상당수가 공인(貢人) 아니면 시전상인이라는 말이 생겨날 정도였다. 또한 대동법이 시행되고 난 이후에는 왕실과 정부 각사에서 필요로 하는 물품이 공인과 시전상인을 통해 조달됐으며, 각종 국역에 필요한 역인들도 공인들로 채워졌다. 여기에 18세기부터는 공물 조달과 국역을 전문적으로 수행하는 각종 공계인층이 형성되어 기존 공인·시전상인들과 함께 국역 체제를 대신해갔다.

군문 소속 군인·장인들 역시 물품을 제작해 시전에 팔거나 스스로 난전을 벌이는 등 상인층화됐다. 승호제로 가족들과 서울에서 생활하던 훈련도감군의 경우, 급료만으로 가족 부양이 어려웠기에 작은 수공품의 제작, 판매를 허용해주었다. 이러한 조치는 금난전권(禁亂廛權)을 행사해온 시전상인들의 거센 반발을 야기했으나 정부는 도감군의 상업활동을 일부 허용해주는 방침을 유지했다.

애초에 서울 상업은 평시서의 시안(市案)에 등록해 국역을 지는 시전상인에게만 허용된 특권이었다. 그러나 임진왜란과 병자호란을 겪으면서 사행과 사신접대, 왕실의례에 소비되는 물품을 시전인들에게 조달하면서 새로이 시안에 등록된 상인들이 많아졌다. 여기에 도성 방어를 책임지는 군인들의 생계를 고려하지 않을 수 없기에 이들의 상업활동 역시 허용해주는 조치가 취해진 것이다. 한편 마포·용산·서강 등 한강 일대에는 곡식·어물·땔감을 실은 선상(船商)이 모여들고, 물류를 하역·운송·보관·위탁해주는 여객주인(旅客主人)·선주인(船主人)·창주인(倉主人) 등이 형성됐다. 여객주인은 서울로 올라오는 대량의 물품을 보관, 위탁판매해주는 대가로, 고세(庫稅)·구전(口錢)을 받던 상인층을 일컫는다. 선주인·창주인 역시 한강변에서 곡식의 하역, 운송을 맡아 이익을 꾀하던 상인층이다. 한강 주변에 집하된 물류는 경강변에 형성된 시장과 도성 안 시전을 통해 유통됐으며 이 과정에서 도성 안 팎의 시전들 사이에 갈등과 분쟁이 야기되기도 했다. 그럼에도 18세기 도성 안팎의 상업 발달로 숭례·돈의·소의문 밖으로 난전이 들어서고, 종루·칠패·이현에는 삼대시(三大市)가 형성됐다. 또한 양주의 누원점, 송파의 삼전도와 같이 도성과 연결된 경기 지역의 주요 유통기지 역시 도고 상인의 활동 무대가 됐다.

정부는 도성의 소상인들을 보호하기 위해 통공정책을 추진하여 육의전을 제외한 시전상인들의 금난전권을 철폐했으나 도고상인의 매집 행위를 근절하기는 쉽지 않았다. 19세기 서울시장은 이러한 모순을 노정한 상태에서 개항기 외국 상인의 침투까지 대응해야 하는 현실에 직면했다.

한편 서울시장의 발달은 지방의 포구상업과 내륙의 장시망 확대에도 영향을 끼쳤다. 조선 전기에는 정부가 조운제도를 활용해 중앙의 세곡을 비롯한 각종 물화들을 조달했지만, 대동법 시행을 계기로 서울로 유입되는 물화의 양이 늘면서, 경강은 물론 중간 거점이 되는 조창과 포구 일대의 상업이 크게 성장했다. 18세기 들어서는 규모가 작은 군현의 지토선(地土船) 대신 경강상인들의 선박을 이용해 지방의 세곡을 수송하는 사선임운업이 발달했다. 정부 역시 상업을 일방적으로 통제하기보다 물화의 재분배와 재정수입의 확보 차원에서 국내 상업활동을 용인했다. 숙종 4년(1678) 정부는 상평통보를 주조하고, 행전사목(行錢事目)을 반포하여 화폐유통을 촉진했으며, 대동세 역시 쌀 이외에 포목과 동전을 일정 비율로 함께 거뒀다. 이러한 노력으로 지방에서도 동전의 유통이 점차 확대됐다. 한편 지방에서는 16세기 이래 보부상들이 상단을 조직해 내륙의 장시를 돌아다니며 상업활동을 전개했다. 이로써 조선 후기 농촌에는 5일마다 정기시가 열렸으며, 이중에는 상설시장이 개설되는 곳도 생겨났다. 이렇게 전국화된 장시는 19세기 초 1,000여 개로 확대되어 개항기를 거쳐 식민지기에 이르기까지 향촌 농민들의 생활 기반이 됐다.

## 4 서울과 지방사회의 변화

### 한양의 인구 증가와 도시 공간 확대

한양은 유교이념에 기초해 건설된 계획도시로 그 내부에 종묘·사직·문묘·궁궐·시전을 갖춘 한 나라의 수도이자 정치·행정의 중심 도시로 기능했다. 조선 후기에는 이에 더해 상업이 발달하고 인구가 빠르게 증가하면서 복합적인 성격의 도시로 거듭났다.

조선 후기에는 다양한 요인에 의해 한양 인구가 증가했다. 우선 5군영을

도판21  18세기 후반, 정조대의 〈도성도〉
조선 후기에 한양은 상업이 발달하고 인구가 빠르게 증가하면서 복합적인 성격의 도시로 거듭났다.

골간으로 하는 수도 방어체제가 구축되면서 한양에 상주하는 군인의 수가 늘어났다. 서울에 상업이 발달하자 지방에서 삶의 기반을 잃어버린 유이민도 생업을 찾아 한양으로 몰려들었다. 인구가 늘어나자 일상용품을 판매하는 시장이 형성됐고, 이는 다시 새로운 인구의 유입을 촉진했다. 정치권력이 한양에 집중되면서 벼슬자리를 구하거나 과거 준비를 위해 일시적으로 한양에 체류하는 유동 인구도 늘어났다. 조선 초기 한양을 건설할 때는 인구 10만 명을 예상했으나, 17세기 말 이래로 국가에서 파악한 한양 인구는 19만 명 정도였는데, 실제 인구는 이보다 훨씬 많았던 것으로 추산된다.

한양의 행정 단위인 한성부는 원래 도성 안과 도성 밖 10리를 경계로 삼았다. 그러나 17세기 후반부터 상업이 발달하고 인구가 증가하면서 도성 안팎으로 도시 공간이 팽창했다. 도성 내에서는 종로의 시전을 벗어나 성 안팎에 칠패시장·배오개시장·소의문밖시장 등 상업 공간이 확대됐다. 도성 밖에서는 살곶이벌의 신촌 중리와 서강의 신수철리 등과 같은 새로운 마을이 탄생했다. 아울러 도성의 외곽에서도 송파나 누원점과 같은 상업 중심지가 성장했다.

한양 주민구성의 변화

인구 증가는 주민구성에도 변화를 가져왔다. 한양은 정치·행정의 중심도시로 주민은 왕실·관료·관공서에서 일하는 서리와 하인, 시전상인, 중앙군영의 군인 등으로 구성됐다. 조선 후기에도 그 구성은 유사했다. 그러나 수적인 면에서 보면, 상업 인구가 크게 증가하고 다양화됐다는 차이가 있었다.

조선 전기의 상인은 시전상인을 가리킨다. 그러나 대동법의 시행으로 공인층이 형성됐을 뿐 아니라 생활물자를 공급하기 위해 시전이 확대되고 난전이 성행하면서 상업에 종사하는 인구가 크게 증가했다. 이와 함께 시전에서 물건을 떼어다가 동네를 돌아다니면서 판매하는 행상이나 포구에서 하역 작업에 종사하거나 각종 물품을 운송하는 하역 운수 노동자, 각종 잡역 노동자 등도 크게 늘어났다. 조선 후기에는 사람도 물자도 한양으로 몰려들었고, 늘어난 인구에 비례해 주민구성도 다양해졌다.

경화사족의 형성

조선시대 한양 주민 중에서 핵심 집단은 관료와 그 가족이었다. 대다수의 관료는 지방에 근거지를 두고 관료가 되면 상경했다가 은퇴하면 낙향했지만 대대로 벼슬살이를 하며 한양에 세거(世居)하는 경우도 있었다. 조선 후기에 대대로 한양과 그 인근에 살면서 한양을 중심으로 활동하던 사족층을 경화사족(京華士族)·경화세족(京華世族)이라 부른다.

경화사족의 중심에는 혈연·혼인·학맥·당색 등으로 연결된 경화벌열(京華閥閱)이 있었다. 경화벌열은 대대로 고위직을 역임하며 각 붕당의 중심 세력으로 활동했고, 탕평정치기에는 국왕의 측근으로 정치권력의 핵심에 포진했다.

경화사족은 한양을 중심으로 형성된 인맥을 바탕으로 수준 높은 교육을 받고 고급문화를 향유했다. 과거에 급제하지 못하더라도 문벌을 배경으로 관직에 진출하고 관직과 권력을 매개로 부를 축적할 수 있었다. 경화사족은 지방사족과는 다른 정치경제적 배경과 자의식을 갖고 있었다. 조선 후기에 경화사족이 하나의 계층으로 등장한 것도 이러한 이유 때문이다.

경화사족은 한양의 도회적인 분위기와 풍요 속에서 성장해 사상·문화적으로 유연한 태도를 지녔다. 이들은 사행을 통해 유입된 새로운 사상과 문물을 적극적으로 수용해 박학풍의 새로운 지식세계와 북학·고증학·서학 등을 주창했다. 또한 자유로운 필치로 일상생활의 감상을 적는 소품문(小品文)으로 대표되는 새로운 문풍을 선도했다. 이에 따라 새로운 사조에 고취된 한양과 전통문화를 고수하는 지방 사이에 사상·문화적 분기가 발생했다.

### 지방사족층의 계층 분화

지방사족층도 관직과 과거를 매개로 재생산됐다. 그러나 지방사족이 관직에 진출할 수 있는 길은 점점 좁아졌다. 먼저 응시자가 갈수록 늘어나면서 과거에 합격할 가능성도 갈수록 낮아졌다. 과거에 합격하더라도 중앙정치를 장악한 경화사족에게 밀려 고위직으로 진출하지 못한 채 하위직을 전전하다 벼슬을 그만두기 일쑤였다. 주변에 고관이 줄어들면서 그들의 지원을 받아 음관으로 진출할 수 있는 길도 좁아졌다.

지방사족층은 부모에게 물려받은 토지와 노비를 경제적 기반으로 삼았다. 조선 전기에는 자녀들이 부모의 재산을 균등하게 상속하는 것이 관행이었다. 그러나 조선 후기에는 가문의 위세를 유지하기 위하여 아들, 특히 장남에게 상속을 집중하는 경향이 나타났다. 이에 따라 자녀들의 경제력에도 격차가 발생하였다. 그리고 차등상속이 여러 세대에 걸쳐 되풀이되면서 사족들 사이에서도 경제적 격차가 점점 커져갔다.

또 노비종모법의 시행으로 양인 여성의 자녀는 아버지가 노비더라도 양인으로 인정받게 되면서 노비가 줄어들었고, 이에 부릴 수 있는 노동력도 줄어들었다. 일부 양반은 여전히 대지주로서 부와 위세를 이어갔지만, 다른 한편의 양반은 남의 토지를 빌려 경작하는 작인(作人)이 되어 생계를 이어갔다. 이렇듯 지방사족 사이에서도 사회적 위상과 경제력을 매개로 끊임없이 계층 분화가 진행됐다.

사족층이 분화하면서 그 내부에서도 이해관계에 따라 향론이 분열됐다. 조선 후기에는 향안의 작성을 둘러싼 갈등도 빈발해 18세기 중반을 거치며

---

**노비종모법(奴婢從母法)**

노비 자녀의 신분을 어머니의 신분에 따라 결정하도록 한 법이다. 고려와 조선 전기에는 아버지나 어머니 중 한쪽이 노비이면 모두 노비로 인정했다. 양반들은 이 법을 이용하여 자신의 노비를 양인과 결혼시켜 노비의 수를 늘려 갔다. 그 결과 노비가 늘어나고 양인 수는 감소하였다. 조선 후기에는 양인의 수를 늘리기 위하여 아버지가 노비더라도 어머니가 양인인 경우 양인으로 인정하여 노비의 수가 빠르게 줄어들었다.

대부분의 지역에서 향안의 작성이 중단됐다. 또한 사족은 명망 있는 조상의 권위에 의탁해 동성 간의 결속을 강화하며 기득권을 유지하고자 했다. 이러한 태도는 문중 간의 경쟁을 유발해 새로운 갈등을 낳았다.

### 향촌사회 권력구조의 변동

조선은 개국 직후 지방제도를 개편하고 전국 고을에 지방관인 수령을 파견해 지방을 통치했다. 그러나 한편에서는 관직을 매개로 성장한 사족층이 형성되어 사족 중심의 향촌질서가 구축됐다. 사족은 유향소의 임원으로 지방 행정에 참여하며, 향안과 향약을 토대로 공론을 형성해 수령권을 견제했다. 조선의 지방통치는 국가에서 파견한 수령과 토착 세력인 사족층의 협력과 상호 견제 속에서 전개됐다. 그러나 이 관계에도 점진적으로 균열이 발생했다.

정치권력이 한양의 경화사족에 집중되면서 지방사족층은 권력의 주변부로 밀려났다. 그 가운데 농업 경영을 통해 경제적인 부를 축적한 부농층과 서얼층은 기존의 신분 제약을 벗어나 향촌사회에서 영향력을 키워갔다. 신흥 계층은 기성 양반이 독점하고 있던 유향소, 향교, 서원에 참가해 양반으로서의 자격을 획득하고자 했다. 이에 기득권을 주장하는 양반층과 신흥 계층 사이에 첨예한 갈등이 발생했다.

임진왜란 후에는 사족층과 상민층이 함께 참여하는 동계가 유행했다. 동계는 통제와 보호라는 이중 장치를 통해 사회구조를 재생산하는 안전망이 됐다. 하지만 사족층의 사회적 위세와 경제력, 노동력이 약화되면서 동계 내에서 상민층의 부담이 가중됐다. 상민층은 사족 중심의 동계에서 이탈하며 사족층의 통제에서 빠져나갔다.

정부에서는 관권(官權)을 강화해 지방통치를 안정시키고자 했다. 이에 지방제도를 정비해 면리제를 전면적으로 실시하고, 이를 공동납의 기초 단위로 삼아 부세 수취의 안정을 도모했다. 또 신흥 계층을 수령과 보좌역으로 끌어들여 수령 중심의 통치질서를 강화했다. 그 결과 향촌사회에서 양반층의 영향력은 더욱 축소됐다. 대신 수령을 중심으로 신흥 세력과 향리가 결탁한 관권이 절대적인 통치력을 행사했다.

## 5    신분제와 가족·친족제의 변화

### 신분제의 변화

조선 후기 신분제는 양반의 분화, 중인과 평민의 성장, 노비의 급감이라는 변화를 겪었다. 경화사족이 서울을 중심으로 정치권력을 장악하자, 지방에 거주하던 다수의 양반은 과거에 급제하기조차 어려웠다. 양반의 경제 기반이었던 노비가 도망가는 경우가 잦았고, 지속된 분할 상속으로 경제력은 갈수록 약해졌다. 결국 많은 양반이 세력 없는 지방 양반인 향반(鄕班)에 머물렀으며, 일부는 몰락한 잔반(殘班)이 되어 소작이나 수공업으로 생계를 유지해야 했다.

반면 평민층 중 일부는 지주제의 변화와 상공업의 발전을 계기로 부를 축적해 양반의 권위에 도전하거나 양반의 생활문화를 모방하기도 했다. 이들은 납속책(納粟策)과 공명첩의 발행을 활용해 사회적 지위를 높이고 유학(幼學), 즉 벼슬하지 않은 유생이라고 하거나 족보를 매입해 양반에 가까워지려고 했다. 양반이 보편적으로 수용했던 종법에 기반을 둔 부계가족질서도 모방 대상이었다. 그 결과 성장하는 평민과 권력에서 소외되고 경제적으로 영세해진 다수 양반의 간극은 점차 좁아졌다.

이러한 변화는 양반 중심이었던 신분질서에 균열을 가져왔다. 양반은 조상의 권위에 기대거나 문중 활동을 강화하는 등 그들 간에 결속을 이어가면서 사회 변화에 맞섰다. 따라서 성장한 평민이 실제 양반과 동등한 대우를 받기는 쉽지 않았다. 양반은 법적 규정이나 물적 조건에 의해 형성된 신분이 아니라 사회적 관념의 산물이었기 때문이다. 그럼에도 조선 후기 사회 변화가 신분제에 일정 부분 동요를 일으켰다는 점은 분명하다.

### 중인층의 성장

양반의 서자, 기술직 관료, 향리 등을 포함하는 중인층도 자신의 사회적 지위를 높이기 위해 노력했다. 명종대에는 양반 적자에 의해 차별받던 서자가 문과 응시를 할 수 있도록 허용했고, 숙종대에는 유학 직역의 사용도 인정받았다. 서자는 여기에 만족하지 않고 집단으로 통청운동을 벌여 영조와 정조대에는 관직 진출이 확대됐다. 서자의 청요직 진출이 완전하게 보장된 것은 1851년(철종 2) 신해허통(申亥許通)[6]에 의해서였다.

의관·역관·율관·화원 등 기술직 중인도 청요직 진출을 시도했다. 기술 관직은 점차 특정 가문에 의해 세습되는 경향을 보였으며, 문무과에 응시하는 것도 가능했다. 다만 청요직 진출은 어려워 철종대 서자와 마찬가지로 통청운동을 벌였으나, 조직력과 결속력의 미비로 실패했다. 그럼에도 역관들은 한때 대청·대일 무역의 주체로 막대한 부를 축적했으며, 새로운 문화를 수용하는 역할을 담당하기도 했다. 또한 서울의 경제력 있는 중인은 시를 짓고 즐기는 시사(詩社)를 곳곳에 조직해 양반들과 교류하며 사회적 위상을 높여갔다.

지방의 향리도 향촌사회에서 양반의 지배력이 갈수록 축소되고 수령의 권한이 강화되면서 영향력을 확대했다. 향리직을 얻기 위한 내부 경쟁이 치열해지는 가운데 서울의 기술직 중인과 마찬가지로 특정 가문이 향리 사회를 주도하는 현상도 나타났다. 18세기 후반에 간행된 『연조귀감(掾曹龜鑑)』에서는 양반과 향리가 같은 집단에서 분화됐음을 강조하는 내용이 담겨 있는데, 실제로 향리들은 자신뿐 아니라 후손의 사회적 지위를 향상시키기 위해 노력했다.

### 노비제의 해체

노비 중에는 전란을 거치며 도망가거나 사망한 경우도 많았다. 노비의 도망은 양반의 물적 기반을 흔드는 불법행위였으므로 도망간 노비에게는 추쇄가 뒤따랐다. 하지만 신분제의 예속에서 벗어나기 위한 노비의 도망이 워낙 광범위하게 발생해 추쇄가 쉽지 않았다. 결국 조선 후기의 호적에는 도망 노비로 영구히 남는 이들이 갈수록 늘어났다. 더구나 균역법 실시 이후에는 공노비의 신공은 노가 1필, 비가 반 필로 줄었다가 비의 신공은 폐지됐다. 공노비의 신공 양과 양인의 군역 부담이 동일해지면서 공노비를 유지하는 것이 현실적인 실익이 없었던 것이다. 1801년(순조 1) 내시노비(內寺奴婢)[7]의 혁파는

---

6    신해허통 19세기에도 서자들의 통청운동은 지속되었다. 1823년(순조 23) 만여 명의 집단 상소를 계기로 계미절목(癸未節目)을 제정해 서자의 한품이 상향되었다. 1851년(철종 2)에는 신해허통으로 양반 사족만이 들어갈 수 있었던 승문원(承文院)과 선천(宣薦) 등에 허통되어 서자들은 청요직 진출을 보장받았다.

7    내시노비 내시노비는 내노비와 시노비를 합쳐서 부르는 말이다. 내노비는 내수사와 각 궁 소속의 노비, 시노비는 중앙관청 소속의 노비이다. 1801년에 3만 6974명의 내노비와 2만 9093명의 시노비 등 약 6만 6000여 명의 공노비가 혁파됐다.

## 유학(幼學)의 증가

조선 후기 신분 변동론의 핵심은 노비의 해방과 양반층의 증가에 있다. 양반층의 증가는 주로 호적대장상의 직역 변동을 근거로 삼는다. 경상도 단성현 도산면 호적대장을 보면 1678년 40%가 넘었던 노비호는 18세기 후반 급감한 뒤 19세기에는 명맥만 유지했다. 반면 10%대의 상층 양반호는 갈수록 늘어 19세기 후반 70%대에 육박했다. 이러한 현상은 다소의 차이는 있지만 많은 지역에서 비슷하게 나타났다. 노비의 급감과 양반의 급증은 조선 후기 신분 변동을 보여주는 중요한 지표다. 그런데 여기에는 몇 가지 고려해야 할 요소가 있다. 우선 호적대장에는 다수의 하천민 호구가 빠져 있다. 따라서 누락된 이들을 포함하면 상층 양반의 비중은 줄어들게 된다. 또한 급증했던 상층 양반의 절대 다수는 비관직자인 유학(幼學)이었다. 양반의 증가는 사실 호적대장상의 유학 급증을 의미하는 것이다. 유학의 급증은 양반으로의 신분 상승을 도모했던 비양반층의 노력에도 영향을 받았지만 부세의 총액제와 공동납 확산에 따라 개개인의 직역을 갈수록 엄밀하게 파악하지 않았던 것에 기인한 측면도 컸다. 따라서 호적대장에서 급증한 유학이 실제 향촌사회에서 양반 대우를 받았다고 보기는 어렵다. 호적대장에 나타나는 유학의 증가를 양반 신분층의 증가로 바로 해석하기는 어려운 것이다. 조선 후기에는 분명히 신분 변동이 있었지만, 이에 대해 양반이 급증했다거나 누구나 노력에 따라 양반이 될 수 있었다고는 볼 수 없다.

이러한 배경에서 이루어졌다.

노비 해방과 양인의 확대는 종모법(從母法)을 통해서도 촉진됐다. 부모 가운데 한 사람이라도 노비면 그 자녀는 모두 노비가 되는 일천즉천(一賤則賤)의 가혹한 노비세전법은 1669년(현종 10) 양인의 증대 방침에 따라 종모법으로 전환됐다. 시행과 폐지를 거듭하던 종모법은 1731년(영조 7)에 확정돼 노비와 양인 여성 사이에 태어난 자녀에게 신분 해방을 가져다줬다.

경제력을 가진 노비는 합법적인 방식으로 신분 상승을 도모하기도 했다. 가령 기근이 들었을 때 국가에 곡식을 바치거나 주인에게 속가를 내고 노비 신분에서 벗어날 수 있었다. 내시노비의 혁파와 사노비의 지속적인 감소는 노비제의 해체로 이어졌다. 법적으로는 1886년(고종 23) 노비 세습제가 폐지되고 1894년 신분제가 폐지되면서 노비제 역시 막을 내렸다.

### 가족·친족제의 변화

부계 중심의 가족·친족 질서를 확립하려는 지배층의 노력은 부와 모 양측의 친족을 모두 존중하는 질서와 충돌하다가 17세기 이후에야 본격적으로 성과를 거두기 시작했다. 남귀여가혼(男歸女家婚)으로 불린 처가살이 전통은 혼인 후 처가에서 머무는 기간이 점차 단축되면서 중국식 친영(親迎)에 가까운 시집살이 방식으로 바뀌었다.

여성이 혼인 후 친정을 떠나 시가에 머물면서 상속 방식에도 변화가 생겼다. 아들딸을 차별하지 않는 자녀 균분 상속은 딸에 대한 차별과 배제를 거쳐 아들 간의 차별, 즉 장자 우대 상속으로 전환했다. 상속과 직결된 제례 방식은 아들과 딸 사이의 윤회봉사(輪回奉祀)에서 아들 간의 윤회로, 다시 장자 단독 봉사로 바뀌었다. 장자 우대 상속은 부계가족질서의 확산과 연관돼 있지만 양반의 경제력이 약화된 점도 주요한 배경이었다.

혼인과 상속 방식이 변화하면서 아버지에서 아들, 손자로 이어지는 부계의 수직적 영속을 바라는 관념도 확대됐다. 이는 종가뿐만 아니라 지손에게도 영향을 주어 아들이 없는 경우 조카 항렬의 부계 친족 구성원을 양자로 들이는 입후(立後)가 크게 늘어났다. 또한 부계 친족 구성원이 같은 마을에 서서히 집거하는 경향을 보이며 곳곳에서 동성촌락이 형성됐다. 이들은 친족 간 결속을 강화하며 문중을 형성·발전시켜 나갔다. 문중은 부계 가족·친족질서 확립의 결과물이지만 양반들의 영향력 약화와 관권의 확대, 일반민의 성장에 대한 대응물이기도 했다. 일반민도 양반의 부계질서에 영향을 받아 19세기 이후 이를 본격 모방했으며 동성촌락도 형성해갔다. 이에 따라 부계적 질서는 근대사회 이후로도 계속 확산·강화됐다.

## 6  민중 저항의 양상

### 사회 모순의 심화

17세기 후반 이후 조선은 이앙법 보급으로 농업생산력이 증대하고 상공업이 발달하면서 경제적으로 안정되어 갔다. 그러나 이와 동시에 부를 독점하려는 경쟁도 치열해졌다. 결과적으로 왕실의 궁방이나 중앙의 권세가, 이들과 결탁한 특권 상인, 지방 수령, 토호 등이 부를 독점하고, 특정인에게 토지 소유가 집중되는 현상이 나타났다. 여기에 더해 지주의 권리가 강화되면서 토지를 소유하지 못한 농민은 경제적으로 한층 열악해졌다.

당시 정부는 양전을 시행해 세원을 확대하는 한편 군현 단위로 납부해야 할 전세, 군역세, 환곡 등의 총액을 할당하는 총액제를 운영하며 부세 수입을 안정적으로 확보하고자 했다. 그 결과 군현의 부세 운영에서 수령이 개입할 수 있는 여지가 확대됐다. 반면 수령을 견제해온 지방의 사족층은 경화사족과의 경쟁에서 밀려나 향반화되었고, 관이 주도해 향촌을 통제하는 정책이 강화되면서 향촌에 대한 지배권도 약화됐다. 그 사이 수령과 향리·향임층이 결탁해 관권을 매개로 부세를 자의적으로 운영하는 폐단이 나타났다. 이러한 양상은 소수 벌열이 권력을 독점한 세도정권기에 이르러 더욱 극으로 치달았다. 그 결과 각지에서 민란이 거세게 일어났다. 그 칼끝은 부세 수탈을 자행하는 수령과 향리층, 그리고 이를 방조한 세도정권을 향하고 있었다.

### 일상에서의 저항

시기를 막론하고 사회적인 모순과 부세 압박이 강해질수록 민의 분노도 증폭된다. 특히 흉년이 들어 끼니도 잇기 어려운 상황에서 관이 부세 징수를 지속하면 민의 분노는 극에 달했다. 그러나 사회적 약자인 민이 수령과 중앙권력이 자행하는 비리와 수탈을 저지할 수 있는 길은 그리 많지 않았다. 민의 저항은 일차적으로 소극적인 양상으로 출발했다.

일상적으로 부세 압박에 몰린 민은 먼저 납세 거부로 저항했다. 민들이 제때에 세금을 바치지 않는 일은 만연해 있었다. 그러나 면리 단위의 공동납 체제하에서 지속적으로 납세를 거부하기란 쉽지 않았다. 세금 부담에서 벗어나려는 민은 결국 도망이라는 방법으로 생활의 근거지를 떠나 유리민이 됐다. 숙종대 이후 유망(流亡)이 사회문제로 부각되었는데, 유리민들은 한양 등 도시로 흘러들어 일용노동자가 되기도 하였으나 장길산처럼 도적집단에 들어가기도 하였다.

관에 대한 불만을 직접 표출할 수 없던 민은 익명으로 수령에게 도전했다. 수령의 비리에 대한 소문을 퍼트리거나 익명으로 투서를 하고, 거리에 익명서를 붙이는 식이었다. 또한 몰래 산에 올라가 소리를 질러 수령의 비리를 고발하기도 했다. 객사에 보관된, 국왕을 상징하는 전패(殿牌)를 훔쳐 수령이 문책을 당하도록 유도하는 적극적인 저항도 있었다. 여기에는 여론을 조성해 수령을 파직시키거나 명예에 손상을 가하려는 의도가 있었다.

관에 대한 불만이 집단화됐을 때는 향회(鄕會)나 민회(民會)를 열어 여론을 결집해 시정을 요구했다. 대표적인 방식이 연명으로 관에 소장(訴狀)을 올리는 등소(等訴)였다. 등소는 정부를 통해 민원을 해결하는 방법으로, 처음에는 수령에게 올리지만 요구가 받아들여지지 않을 경우 상급기관인 감사나 비변사 등에 알려 해결을 도모했다. 또한 집단으로 관문에 몰려가 호소하는 방법도 있었다. 등소를 통해 사회적인 모순과 문제가 해결됐던 것은 아니다. 그러나 개인적으로 도망하거나 익명으로 벌이는 활동과 달리 등소는 민들이 연대해 사회문제를 해결하려는 시도였다는 점에서 중요한 의의가 있다.

### 홍경래의 난

조선 전기까지만 해도 평안도는 변방에 위치한 후진 지역으로 여겨졌다. 그러나 조선 후기에 이르러 평안도는 대청무역의 요지로 성장하고 상업과 은광, 금광 등의 광업이 크게 발달하면서 경제적인 성장을 이뤘다. 이를 토대로 교육과 문화 수준도 함께 높아져 과거 급제자가 다수 배출되기도 했다.

그러나 평안도에 대한 정부의 인식과 대우는 크게 변하지 않았다. 심지어 평안도인은 문과에 급제해도 정부의 요직에 진출할 수 없었다. 세도정권은 서울 특권 상인의 이권을 지켜주기 위해 평안도인의 상공업 활동을 제한하기도 했다. 그러면서도 중앙정부의 재정이 부족하다는 이유로 평안도의 재정을 끌어오거나 평안도에 강제로 환곡을 나눠주고 막대한 이자를 거둬들이기도 했다. 결국 평안도는 상공업 위축과 재정 악화에 직면했고, 이에 따라 민심도 날로 흉흉해져갔다.

이러한 분위기를 타고 평안도에 대한 차별 철폐와 세도정권의 타도를 주장하는 홍경래의 난이 일어났다. 우군칙(禹君則, 1776~1812), 김사용(金士用, ?~1812), 곽산의 진사 김창시(金昌始, ?~1812), 부유한 상공업자 이희저(李禧著, ?~1812) 등과 무예를 갖춘 장사(壯士), 경제력이 있는 부상(富商)이 규합한 데서 출발했다. 그러나 전개 과정에서 각 고을의 토호나 관속·농민도 대거 참여했고, 관군이 무자비한 학살과 약탈을 자행하면서 홍경래군을 따른 민도 많았다.

홍경래군 천여 명은 1811년 12월 18일 가산군 다복동에서 봉기해 남진군과 북진군으로 나뉘어 남북으로 진격했다. 이들은 관군의 별다른 저항도 받지 않고 10여 일 만에 가산과 정주, 박천, 곽산, 선천, 태천, 철산, 용천 등 주변 고을을 장악했다. 이에 정부는 급히 토벌군을 파견했다. 홍경래군은 박천 송림, 곽산 사송평 등지에서 전투에 패한 후 정주성으로 퇴각해 농성에 들어

도판22 〈홍경래진도(洪景來陣圖)〉
홍경래군이 정주성에 들어간 후 관군이 성을 포위하고 있던 상황을 그린 기록화다. 순무영군진도(巡撫營軍陣圖), 정주성공격도(定州城攻擊圖)라고도 한다. 정주성 동북부의 상황을 그린 것으로, 목책 안에 위치한 지도부를 중심으로 관군의 배치를 보여준다.

갔다가 결국 1812년 4월 19일 관군이 성벽을 폭파시키면서 진압됐다. 기록에 따르면 2,983명이 체포됐고 여자와 아이를 제외한 1,917명이 참수됐다.

홍경래군은 『정감록』과 같은 예언설의 영향을 받아 이씨 왕조를 무너뜨리고 새로운 세계를 펼칠 정진인(鄭眞人)의 명에 따라 기병했다고 주장했다. 이 이야기가 얼마나 호응을 얻었는지는 미지수다. 그러나 평안도인에 대한 차별과 세도정권의 권력 농단으로 인한 민들의 고통에는 누구나 공감했다. 이로 인해 홍경래군은 빠르게 세를 확장할 수 있었다.

홍경래는 정주성에서 전사했다. 그러나 민간에서는 그가 죽지 않았다는 이야기가 신화처럼 퍼져나갔다. 실제로 제주도에서는 홍경래의 난에 고무되어 반란이 일어났고, 홍경래와 같은 영웅이 다시 나타나 민을 구원해주기를 바라는 염원이 전국 각지로 퍼져가기도 했다. 홍경래의 난은 평안도의 특수한 상황에 의해 촉발됐지만 당시의 보편적인 사회 모순을 타파하려는 시도였다. 그리하여 보다 넓은 지역에서 공감을 얻고 사회 변혁에 대한 영감을 제공했다.

## 1862년 농민항쟁

19세기 민의 삶을 어렵게 만든 가장 직접적인 문제는 세금제도에 있었다. 삼정(三政), 곧 전세·군역·환곡제도의 문란과 이를 이용한 수령과 향리의 농간이 민의 부담과 고통을 더욱 크게 만들었다. 1861년 겨울 경상도 단성에서 향리들이 포흠(逋欠)[8]한 환곡 2만 7,000섬을 회수한 일이 있었다. 그런데 모두 솔가지나 짚·풀·겨 등을 섞은 부실한 곡식으로 밝혀졌다. 당시 단성의 고을 민은 관아로 몰려가 항의했으나 오히려 관속에게 구타를 당하고 쫓겨났다. 이에 격분한 민들은 향리의 집에 몰려가 불을 지르고 장터에 모여 진을 치며 시정을 요구했다. 이 사태는 수령이 파직되면서 종결됐다. 같은 시기 단성에 이웃한 진주에서는 포흠된 토지세와 환곡을 민가에 할당해 강제로 징수하려고 했다. 진주민은 여러 차례 논의한 끝에 장터를 중심으로 세력을 결집해 1862년 2월 18일 읍내로 몰려가 진주 관아와 병영을 공격했다. 결국 진주목사와 경상우병영의 우병사로부터 시정을 약속하는 문서를 받아 내고 자진 해산했다. 당시 정부에서는 안핵사와 어사를 파견해 사태를 조사했다.

두 지역에서 일어난 민의 항쟁은 짧은 기간에 마무리됐다. 그러나 비슷한 문제에 직면해 있던 다른 지역에서 민의 항쟁이 연이어 일어났다. 항쟁은 3월 경상도, 4월 전라도, 5월 충청도로 확산되어 결국 전국 70여 개의 고을로 이어졌다. 민이 항쟁을 일으키게 된 구체적인 계기는 지역마다 달랐다. 그러나 세금의 부당한 부과와 징수를 개선할 것을 요구한 점에서는 동일했다. 군현 단위에서 제기된 주장에는 각자의 사정이 담겨 있었지만, 조선 전체가 안고 있던 부세 운영의 문제를 시정하라는 요구가 공통적으로 포함됐다.

## 정부의 대응과 「삼정이정절목」

민의 요구에 대응하기 위해 정부는 안핵사(按覈使)·선무사(宣撫使)·암행어사(暗行御史) 등의 어사를 파견해 사태 파악에 나섰다. 초반에는 수령을 파직하고 주모자를 처벌하는 선에서 마무리 지으려고 했으나, 항쟁이 전국으로 확산되고 지방에 파견됐던 관리들의 보고가 올라오면서 사태의 심각성을 인지했다. 그리하여 1862년 5월 삼정 문제를 개혁하기 위한 삼정이정청(三政釐整廳)을 설치했으며, 삼정의 개혁방안을 묻는 책문(策問)을 내려 전현직 관료

---

8    포흠 세금을 내지 않거나 중간에서 횡령하는 등의 일로 재정상에 손실이 발생하는 것을 말한다.

와 유생들의 의견을 수합하기도 했다. 그 결과 8월 19일에 개혁안을 담은「삼정이정절목(三政釐整節目)」을 반포했다.

「삼정이정절목」은 전정·군정·환정의 개혁을 목표로 하였다. 그러나 전정과 군정에 대해서는 사안이 복잡하다는 이유로 근본적인 개혁안을 만들지 못했다. 제도의 운영을 개선하고 가혹한 징수나 부정행위를 엄단해 폐단을 제거하는 데 초점을 맞췄다. 대신 가장 폐단이 심했던 환곡은 아예 그 명목을 혁파하고, 부족해진 재정을 보충하기 위해 토지 1결당 2냥씩을 걷는 대안을 마련했다. 그러나 이 절목 역시 짧은 기간에 마련된 탓에 시행을 위한 기반이 충분히 갖춰지지 못했다. 그래서 시행하는 동안 이해 당사자들의 반발이 속출했을 뿐 아니라, 민란도 여러 지역에서 계속 발생했다. 결국 겨우 두 달여가 지난 10월 29일 정부는 삼정이정책 실시를 포기하고 이전의 제도를 복구한다는 결정을 내렸다. 다만 환곡에 대해서는 지역 상황에 맞게 탕감을 지시하고 이를 보충할 방안을 제시해 그 개선을 시도했다.

민란으로 촉발됐던 부세제도의 개혁 시도는 좌절됐다. 그러나 이를 계기로 당시 조선사회가 직면한 여러 모순이 공론화됐고, 사회 각층에서 여러 방면의 개혁 방안을 모색하게 됐다.

**삼정이정절목**

삼정이정절목은 전정·군정·환정 순으로 개혁안을 담았다. 전정의 개혁안에는 토지에 부과하는 기본세인 전세, 대동세, 삼수미(三手米) 이외의 부가세를 혁파하는 등의 13개 조항이 실려 있다. 군정의 개혁안에는 군역의 부담이 편중되거나 과도하게 징수하는 문제를 시정하기 위한 5개 조항이 실려 있다. 전정과 군정의 개혁안은 제도의 개혁보다는 주로 비법적인 관행이나 과도한 징수를 막는 데 주안점을 뒀다. 당시 가장 큰 문제가 됐던 환정의 개혁안은 모두 25개 조항으로 그 수가 가장 많다. 그 핵심은 민간에 강제로 환곡을 배분하고 이자를 걷어 재정을 충당하던 관행을 혁파하는 대신 토지에서 결당 2두의 세금을 걷어 재정을 충당한다는 것이었다. 이 방식은 제도 운영에 초점을 맞춘 전정이나 군정의 개혁안과 달리 제도 자체를 혁파하여 근본적인 대책을 마련한 것이었다.

# 8. 조선 후기 사상과 문화의 새로운 흐름

# 1 화이론과 성리학

### 중화의식의 전개

임진왜란과 병자호란을 거쳐 명청교체에 이르는 50여 년은 명을 중심에 둔 동아시아 중화질서가 붕괴되는 역사적 과정을 고스란히 담고 있다. 두 세기 넘게 지속됐던 질서가 무너졌기 때문에 동아시아 각국은 각자의 조건에서 새로운 존재 방식을 모색할 수밖에 없었고, 이는 17세기 중엽 이후 동아시아에 새로운 역사를 전개시켰다.

중원의 한족은 청의 지배를 받게 되자 전통적인 화이관에 입각해 그들이 직면한 상황을 "하늘이 무너지고 땅이 갈라진" 상태로 여기며 명을 회복하기 위한 정치운동을 벌이기도 했다. 하지만 끝내 청의 지배에서 벗어날 수 있는 수단을 찾지 못하면서 청의 지배를 받아들여갔다. 심지어 청의 지배가 안정되면서는 청이 이룩한 성세를 찬양하는 대열에 동참하기도 했다.

16세기 중엽 이래 조공무역의 중단과 임진왜란을 겪으며 이미 동아시아 중화질서에서 일정 부분 벗어났던 일본은 바다를 사이에 두고 대륙과 떨어져 있다는 지리적 조건과 '신국(神國)사상'의 역사적 유산을 바탕으로 '일본형 화이질서'라는 자기중심적인 국제질서를 새롭게 설정했다. 이는 동아시아 중화질서의 붕괴라는 역사적 변화가 일본에 미칠 영향력을 가능한 막아보려는 노력의 소산이기도 했다.

17세기 중엽 이래 조선은 한족과 일본이 처했던 상황을 절반씩 걸치고 있었다고 할 수 있다. 조선은 중화질서의 정치적 안정성을 경험한 바 있고, '소중화'라는 자기 규정에서 드러나듯 중화의 가치를 명에 버금가게 구비했다고 자부해온 전통도 강력했다. 게다가 임진왜란 시기에 명의 군사적인 도움을 받은 사실에 대한 보은의 마음이 더해지면서 명청교체는 조선의 지배층에게도 "하늘과 땅이 뒤집힌" 참담한 사건으로 다가왔다.

하지만 이미 병자호란 때 청에게 군사적으로 굴복했던 조선이 공식적으로 반청의식을 드러내거나 청에 저항하는 것은 현실적으로 가능하지 않았다. 다만 직접 통치받지 않았다는 점을 이용해 조선 지배층은 청을 중심으로 한 새로운 동아시아 질서를 받아들이면서도 전통적 화이관에 입각한 명 중심의 동아시아 중화질서를 관념상 포기하지 않는 이중적 자세를 취할 수 있었다.

　　따라서 한동안은 명의 회복을 기대하면서 그들이 처한 모순적 상황을 설명하려고 노력했고, 명의 회복이 불가능하다는 사실이 점점 명확해지는 17세기 말 이후에는 명을 대신해 자신을 중화질서의 중심에 놓는 관념상의 방식을 고안해냈다. 일본이 고유한 고대 유산에 입각해 독자적 위상을 수립하는 의식을 창출했다면, 조선은 보편적 유교의 측면에서 자신을 중화의 유일한 계승자로 규정하는 의식을 창출했다. 이 의식은 당색과 학파, 지역을 막론하고 조선 후기 지배층에게 광범위하게 공유되면서 조선 후기 사상과 문화에 큰 영향을 가져왔다.

### 성리학의 경직화

조선왕조의 체제 교학이 성리학이라고 할 때, 그 의미는 주로 주희 계열의 성리학을 의미한다고 할 수 있다. 그러나 성리학이 수용되는 과정에서 가장 중요한 역할을 한 서적은 『성리대전(性理大全)』이었고, 주희의 학설조차 『성리대전』을 통해 접하는 것이 일반적이었다. 즉 주희의 학설이 중요하게 받아들여졌지만, 그것이 성리학의 전부라고 여겼던 것은 아니었다.

　　다만 16세기 이후 사림이 성장하고 『주자대전(朱子大全)』과 『주자어류(朱子語類)』가 조선에서 간행되면서, 무엇보다 이황과 이이가 학문적인 성취를 이루면서 주희의 학설이 갖는 의미가 더욱 커져갔다. 그 사이 이황이 강하게 비판했던 양명학은 조선에 뿌리내리기가 힘들어졌다. 그러나 이 변화가 급작스럽거나 단절적이었던 것은 아니어서 이언적(李彦迪, 1491~1553)은 주희의 『대학장구(大學章句)』를 부분 개정한 『대학장구보유(大學章句補遺)』를 저술하기도 했다.

　　주희의 학설이 갖는 중요성이 점점 커지는 흐름 위에서 17세기 중엽 명청교체가 초래한 동아시아 중화질서의 붕괴는 조선의 성리학에 주희의 학설이 절대적이라는 믿음을 갖게 했다. 문물과 제도, 그리고 가치의 표준인 중화의 역할을 담당하던 명이 사라진 현실 속에서 조선이 계승자의 역할을 해야 한다고 했을 때, 그 근거를 조선만의 특징에서 찾아야 했기 때문이다.

　　주희 학설의 절대화를 주도한 인물은 송시열(宋時烈, 1607~1689)이었다. 송시열이 『주자대전』에서 난해한 구절을 뽑아 주석을 붙인 『주자대전차의(朱子大全箚疑)』 등을 통해 주희의 문헌을 체계적으로 정리하고 그 학설의 절대화를 주장했던 데는 문명적 차원의 자각과 책임감이 깔려 있었다. 하지만

도판23, 24 〈송시열 초상〉(좌)과 〈박세당 초상〉(우)
송시열은 삼전도 비문을 굴욕적으로 지었다며, 궤장까지 하사받은 이경석을 기롱하는 문자를 남긴 바가 있었
다. 삼전도 비문 작성은 이경석의 뜻과는 상관없는 일이었다. 훗날 박세당은 이경석의 신도비명을 지을 때 이
일을 염두에 두고 이경석을 봉황으로, 송시열을 올빼미로 비유했다. 노론이 박세당을 사문난적이라고 공격하
면서 그가 지은 비문과 『사변록』을 소각하라고 청한 것은 이것 때문이었다.

주희 학설의 절대화는 무엇을 주희의 정론으로 볼 것이냐라는 문제에 자의
성이 개입될 수 있다는 점에서, 정적을 공격하는 논리로 악용될 가능성이 있
었다.

　여기에다 조선의 문명적 책임을 이끈다는 명분으로 송시열의 학문·정
치적 위상이 독존적으로 높아지면서 정치적 후폭풍이 몰려왔다. 주희의 주
석에 의문을 품고 다른 의견을 낸 것은 마찬가지였음에도 조익(趙翼, 1579~
1655)은 송시열에게 별다른 비판을 받지 않은 반면 윤휴(尹鑴, 1617~1680)는
사문난적이라며 공격받았던 것이나, 박세당(朴世堂, 1629-1703)이 『사변록(思
辨錄)』을 저술한 시점이 아니라 송시열을 비난하는 글을 작성한 시점에서야
사문난적으로 공격받은 일이 그 사례다. 예송 과정에서 서인과 남인이 대립
한 것이나, 서인이 노론과 소론으로 분열하며 대립을 이어간 데는 여러 요인
이 복합적으로 작용했지만, 송시열과 그의 계승자들이 조선 후기에 차지한
절대적 위상에 대한 반발도 간과할 수 없다.

### 예학의 심화와 호락논쟁

광해군대의 북인 정권을 몰아내고 출범한 인조 정권은 서인과 남인에 의해 주도됐기 때문에 이황과 이이의 학문을 중시했다. 비록 두 붕당은 학문과 정치적 입장에서 차이가 있었지만, 병자호란과 명청교체를 겪으며 국가적이고 문명적인 차원의 어려운 과제를 풀어가야 하는 현실에서 치열하게 대립할 수 있는 조건은 성립되기 어려웠다.

이에 서인과 남인은 일정하게 공존하면서 각자의 학문적 유산을 이용해 예학에 몰두하는 모습을 보이기도 했다. 이 경향은 임진왜란 이후부터 이미 나타나기 시작했는데 현실에서 맞닥뜨린 사상적 충격에 대응하려던 하나의 학문적 모색이었다고 할 수 있다. 또한 올바른 예를 실천한다는 것은 중화계승자로서의 자기 정체성을 보여주는 강력한 상징이 될 수 있었다. 서인은 『가례집람(家禮輯覽)』을 저술한 김장생(金長生, 1548~1631)의 예학을 모범으로 받아들이면서 심화시켜갔고, 남인은 『오선생예설분류(五先生禮說分類)』를 저술한 정구(鄭逑, 1543~1620)나 정경세(鄭經世, 1563~1633)의 예학을 중심으로 심화되는 경향이 나타났다. 그렇지만 17세기 중엽까지는 예학과 관련해 붕당과 학문적인 입장이 항상 일치했던 것은 아니었으므로 서인과 남인 사이에는 공존할 수 있는 분위기가 남아 있었다.

예송은 이런 정치적 환경을 바꿨다. 1659년 인조의 계비(繼妃)였던 자의대비가 효종을 위해 어떤 복상을 해야 할지를 두고 논쟁이 시작된 기해예송(己亥禮訟)은 1674년 자의대비가 효종비 인선왕후를 위해 어떤 복상을 해야

---

**『가례집람』과 『오선생예설분류』**

『가례집람』은 이이의 제자인 김장생이 주희의 『가례』 본문에 고례(古禮)와 여러 학자들의 학설을 주석으로 붙인 것이다. 조선 학자들의 예설과 『국조오례의』, 『경국대전』 등도 인용됐는데, 이는 본서가 『가례』에 관한 여러 설들을 하나로 수렴하는 동시에 조선 현실에 적합한 예론을 정립하려는 의도에서 저술됐음을 보여준다. 이황의 예설도 많이 인용했지만 대부분 비판적으로 수용한 것이다. 모두 10권 6책이며 통례(通禮), 관례, 혼례, 상례, 제례의 순서로 구성됐다.

『오선생예설분류』는 이황의 문인인 정구가 정호, 정이, 사마광, 장재, 주희의 예설을 분류해 엮은 것이다. 천자·제후와 관련된 관·혼·상·제·잡(雜)례를 다룬 전집 8권과 사대부·서인(庶人)과 관련된 관·혼·상·제·잡례를 다룬 후집 12권으로 구성됐다. 주희의 예설과 『가례』 중심이었던 조선 예학의 시야를 넓혔으며, 국가전례와 민간의례를 동일한 체계로 정리해 통합하려고 시도한 점에서 기호 서인의 예학과 차별된다.

하는가를 두고 논쟁을 벌인 갑인예송(甲寅禮訟)으로까지 이어지면서, 학문적 이견이 점차 붕당 간의 정치 대립으로 번져갔다. 『의례』의 구절에 대한 해석의 차이에서 시작된 학술적 논쟁이 효종의 정통성과 연결되고 충역론으로 확산되면서 붕당 간 대립구도가 명확해진 것이다. 숙종대 환국 과정에서 반복적으로 가해졌던 정치 보복도 이러한 배경에서 비롯한 결과 중 하나였다.

이기심성론 역시 예학과 함께 학문적 깊이를 더해갔다. 남인은 주로 이황의 학설을 계승하면서 이이의 주장을 비판했기에 이발(理發)의 의미를 밝히는 데 집중했지만, 갑술환국(甲戌換局, 1694) 이후 정치적으로 수세에 몰리면서 학문적 영향력도 감소했다. 반면 서인은 이이의 학설을 계승하면서 이통기국(理通氣局), 기발일도(氣發一途)의 명제를 확립했고, 서인 중심의 정국이 조성되는 것과 맞물려 학문적 영향력도 커져갔다.

노론과 소론의 분기 이후에는 송시열을 계승한 노론이 명 신종(神宗)의 은혜를 기린다는 명분으로 대보단(大報壇) 건립을 추진하는 등 대명의리론을 주도하게 되면서 학문적 주도권까지 장악했다. 그러나 다시 노론 내부에서 이른바 호락논쟁이 일어나 서울·경기 지역의 노론과 호서 지역의 노론이 학문적으로 대립하기 시작했다. 발단은 1709년 권상하(權尙夏, 1641~1721)의 문인인 이간(李柬, 1677~1727)과 한원진(韓元震, 1682~1751) 사이에서 벌어진 인물성 논쟁이었는데 여기에 서울·경기 지역과 호서 지역의 인물이 참여해 각각 이간과 한원진을 지지하면서 확대됐다.

호락논쟁의 주요 쟁점은 몇 가지로 정리된다. 인간과 물(物)의 본성이 같은지 다른지, 발하지 않은 마음의 본체는 순선한지 선악이 있는지, 성인과 보통 사람의 마음은 같은지 다른지의 문제가 그 핵심이었다. 낙론은 이통(理通)

---

**이통기국과 기발일도**

이이는 이와 기가 원래 서로 분리되지 않아 하나의 존재로 보일 수 있다며 무형과 유형의 관점에서 이는 두루 통하고 기는 국한된다는 설을 주장했다. 즉 이는 기의 주재로서 모든 존재에 있으므로 공통되나, 기는 형태와 작용에서 차이가 있어 존재마다 개체성을 띤다는 것이다.

이황이 사단과 칠정을 구별해 이와 기의 호발을 주장한 것에 대해서 이이는 이런 설명이 이와 기가 서로 분리되지 않는다는 이기론의 근본 명제와 어긋난다고 생각하고는, 이는 작위도 운동도 없는 반면 스스로 작용할 수 있는 기만이 발한다고 주장했다. 결국 이이에 따르면 사단과 칠정은 모두 기가 발한 것일 뿐이었다.

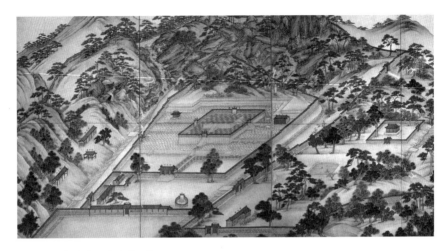

도판25 〈동궐도〉에 묘사된 대보단

대보단은 명나라가 멸망한 지 60년이 되는 1704년에 숙종의 명으로 창덕궁 후원에 설립된 제단이다. 처음에는 임진왜란 때 원군을 보내준 신종만을 제사 대상으로 삼았는데, 영조 때 대보단을 증수하면서 명을 건국한 태조와 마지막 황제인 의종이 추가됐다. 조선 국왕이 명의 황제에게 제사하는 행위는 명이 사라진 세상에서 조선을 중화의 유일한 계승자로 여긴 관념을 상징적으로 표출한 것이었다. 국보 249호다.

을 강조하며 전자의 입장을, 호론은 기국(氣局)을 강조하며 후자의 입장을 견지했다. 이는 노론 내에서 학문적 이견이나 강조점의 차이에 따른 결과이기도 했지만 남인 내에서도 유사한 쟁점이 논의됐음을 감안하면 조선 학계의 심성론적 문제의식이 전개되면서 등장한 하나의 철학적 귀결이기도 했다.

## 2　실학의 전개와 역사 연구

### 근기 남인 경세론의 전개

조선 후기에는 송시열을 중심으로 한 서인 노론계의 학풍이 학계를 주도했지만, 주희 학설의 절대화라는 지향이 현실에서 단일한 모습으로 구현된 것은 아니었다. 게다가 조선 전기 이래 전해진 다양한 성리학적 학풍의 유산까지 모두 사라져버린 것도 아니었다. 그 결과 조선 후기를 주도했던 서인 내에는 다양한 학풍이 혼재하면서 노론과 소론의 분기, 낙론과 호론의 대립을 일으키는 역사적 배경이 형성됐다.

　　남인의 경우도 마찬가지였다. 이황을 통해 주희의 학문을 지향한다는 점에서는 공통적이었지만 남인 내부에도 다양한 학풍이 혼재했다. 영남 남인이 이황의 성리설에 몰두하며 그 논리를 정교화하는 데 주력했다면, 근기 남인은 경세론에 관심을 갖거나 고학(古學)에 경도되는 경향을 보였다. 여기에는 인조반정 이후 북인 일부가 남인으로 돌아서면서 끼친 영향을 고려할 필요가 있다.

서경덕과 조식의 학풍을 주로 계승했던 북인은 부국강병 정책을 지향하거나 다양한 국가제도 개혁론을 제시하는 등 개성을 지녔다. 이것이 기존 남인의 학풍과 결합되는 한편, 임진왜란 이후 수십 년간 이어진 국가와 문명 차원의 위기를 극복해야 한다는 문제의식이 더해지면서 근기 남인의 경세론이 탄생했다고 할 수 있다.

근기 남인의 경세론을 개창한 인물은 유형원(柳馨遠, 1622~1673)이다. 허목(許穆, 1595~1682)과 윤휴 같은 그의 선배들이 체계적인 국가제도 개혁론을 제시하지 못한 것에 비해 유형원은 『반계수록(磻溪隨錄)』을 저술해 토지와 재정문제를 시작으로 정치·국방·교육에 이르는 전 사회적인 개혁론을 수립했다. 이 과정에서 유형원은 특히 노비 세습제 폐지를 지지했으며, 토지 국유화를 통해 모든 백성에게 토지를 분배해야 한다고 주장했다.

유형원 스스로는 자신의 작업이 이이와 조헌(趙憲, 1544~1592)을 계승한다고 생각했지만, 이익(李瀷, 1681~1763)의 지적대로 이이의 주장이 대부분 실현 가능했다면 유형원의 주장은 근본을 논한 것이기에 실현 가능성이 낮았다. 그는 실현 가능성에 집착하기보다는 이상적인 국가제도 개혁론을 수립하는 데 몰두했던 것으로 보인다. 또한 멸망한 명의 유민이기를 자처하거나 중국어 교육을 강화해 중화의 풍속으로 변화해야 한다고 주장하는 등 강한 중화의식을 갖고 있었다는 점에서 그는 엄연한 17세기 인물이었다.

이익은 유형원의 경세론을 계승하면서도 자신의 문제의식을 더해 독창적인 학문을 수립했고, 많은 제자를 양성했다. 토지 국유화를 주장한 유형원의 주장이 비현실적이라고 여겨 영업전(永業田)을 고안했지만, 국가가 강제하지 않아도 시간이 흐르면 균등한 토지 소유가 가능할 거라고 기대했던 점에서 역시 실현 가능성은 높지 않았다. 또한 유형원과 마찬가지로 자신을 은(殷)의 유민이라고 여기는 중화의식의 소유자였고, 정약용(丁若鏞, 1762~1836)의 평가에 따르면 한평생 주희를 존신(尊信)했다.

근기 남인 경세론을 집대성한 인물은 정약용이었다. 그는 근기 남인 경세론의 전통 위에 북학론과 서학으로부터 받은 영향까지 더해 자신의 학문을 수립했다. 『경세유표(經世遺表)』에서는 국가제도 개혁론을, 『목민심서(牧民心書)』에서는 지방 수령의 행정 지침을, 『흠흠신서(欽欽新書)』에서는 지방 수령이 숙지해야 할 형정 관련 내용을 빠짐없이 담아냈다. 또한 『논어고금주(論語古今註)』, 『상례사전(喪禮四箋)』에서 보이듯 경학과 예학에서도 괄목할 업적을 이뤘다. 그는 자신의 학문을 정립하는 과정에서 당대의 학문 경향을 비판하거나 몇몇 철학적 문제에 있어서 주희와 다른 의견을 피력했다. 그렇지만 주희를 향한 존경심은 한평생 흔들린 적이 없으며, 성인의 정치와 학문이 조선으로 옮겨왔다고 자부했다. 한편 그가 주장한 여전법(閭田法)도 그저 구상일 뿐이었다.

### 노론 낙론계 학풍과 북학론

18세기 초 호락논쟁을 계기로 노론 내 낙론과 호론의 학문적 차이가 명확하게 드러났다. 그러나 그 역사적 기원은 17세기 이래 서인의 구성과 관련이 있다. 한당(漢黨)과 산당(山黨)의 정치적 대립에서도 볼 수 있듯이 이이와 성혼의 서인 학맥은 크게 서울·경기 지역의 서인과 호서 지역의 서인으로 구분할 수 있다. 이 가운데 서울·경기 지역 서인은 인조반정 후 서인으로 돌아선 일부 북인계의 학풍에 영향을 받으면서 호서 지역의 서인과는 학문적 차별성을 지니기 시작했다.

그중에서도 신흠(申欽, 1566~1628)의 학문은 제자인 최명길(崔鳴吉, 1586~1647), 장유(張維, 1587~1638) 등에게 이어졌고, 사돈인 김육(金堉, 1580~1658) 집안에도 영향을 줬다. 또한 서울·경기 지역의 서인 중에는 이정귀(李廷龜, 1564~1635)와 김상헌처럼 스승인 윤근수(尹根壽, 1537~1616)를 통해 이황에게까지 연결되는 경우도 있었다. 노론과 소론의 분기도 이런 배경과 무관치 않다. 특히 이단상(李端相, 1628~1669)과 조성기(趙聖期, 1638~1689)는 바로 서울·경기 지역 서인에게 전수된 이 같은 다양한 학풍의 세례를 받으면서 자신의 학문을 정립했고 그것을 낙론을 대표하는 김창협(金昌協, 1651~1708)·김창흡(金昌翕, 1653~1722) 형제에게 전달했다.

그 결과 김창협 형제는 이이의 이기론이 이를 하찮은 사물로 격하시켜 버릴 것을 염려한 조성기의 입장을 계승해 이의 보편성을 강조했으며, 그런 이유로 호론을 대표하는 한원진에게 비판받기도 했다. 낙론의 주요한 입장 중 하나인 인물성동론은 이런 바탕 위에서 전개되고 있었다.

　　김창협·김창흡 형제의 제자 중 대표 인물로는 어유봉(魚有鳳, 1672~1744), 이재(李縡, 1680~1746), 박필주(朴弼周, 1680~1748)를 들 수 있으며, 그 다음 세대로는 18세기 후반 낙론의 종장이 된 김원행(金元行, 1702~1772)을 꼽을 수 있다. 북학파의 선구로 불리는 홍대용(洪大容, 1731~1783)이 바로 김원행의 문인이었으며, 하늘의 입장에서 사람과 사물을 균등하게 보는 「의산문답(毉山問答)」의 관점은 홍대용과 낙론 사유구조의 유사성을 보여준다. 이 점에서 북학론을 낙론, 서학의 영향, 연행의 경험이 결합된 결과로 이해할 수 있는 여지가 생긴다.

　　여기에 청이 백 년이 넘도록 번영하는 현실을 설명하기 위해 청과 청문물을 분리하자는 논리가 등장하면서, 북학론이 탄생했다. 청문물을 중화의 남은 문물로 바꿔 이해하게 되면 청의 장구한 번영을 청이 훔쳐서 지니고 있는 중화문물에서 기인한 것으로 설명할 수 있는 동시에, 그것을 도입할 필요성까지 발생하기 때문이다. 박지원(朴趾源, 1737~1805)의 『열하일기(熱河日記)』와 박제가(朴齊家, 1750~1805)의 『북학의(北學議)』는 이런 북학론의 특징을 잘 보여주는 대표 저술로서 수레와 벽돌의 사용, 소비의 진작, 둔전 설치, 대외무역의 장려, 서양인 초빙 등에 대한 주장을 담고 있다.

　　북학론은 청의 장구한 번영을 경험한 18세기 후반의 지식인이 일궈낸 중요한 지적 대응 중 하나였다. 특히 홍대용이 「임하경륜(林下經綸)」에서 주장한 개혁론이나 박지원이 「한민명전의(限民名田議)」에서 주장한 한전제는 근기 남인의 경세론에 비해 소략하며, 독창성이 뛰어난 것도 아니기 때문에 이들이 지닌 학풍의 성격을 상징적으로 보여주는 것은 북학론이라고 할 수 있다. 그러나 북학론은 박제가가 중국어를 사용하자고 주장한 점에서 확인되듯 모화(慕華)적 성격을 지니고 있었고 서양의 기술은 배우고 기독교만 막자는 박제가의 말에서 보이듯 기술 도입에 관한 구체적인 방법론도 미비했다. 무엇보다 벽돌·수레의 사용이나 농기구 개량 등의 주장은 조선 실정에 대한 정확한 이해에 입각한 것이 아니었다.

　　19세기 이후로도 북학론의 학문 유산 일부가 서유구(徐有榘, 1764~1845) 등 후속세대에게 전해졌지만 이론적 체계를 지닌 경세론으로 발전하지 못한 것은 이런 한계에서 기인한 것으로 보인다. 다만 중화계승의식, 대명의리론, 북벌론이 상호표리를 이루면서 일체화되었던 사상적 경향에 균열이 생겨, 중화계승의식과 대명의리론으로부터 북벌론이 분리되어 가는 과정에서 중요한 역할을 하였다고 볼 수 있으며 19세기 말 개화파와도 인적 계보로 연결되었다.

### 역사와 지리 연구

조선은 건국의 정당성을 높이고 통치의 효율성을 위해 『동국통감』과 『동국여지승람』을 편찬했다. 두 서적 모두 단군부터 시작해 자국사를 기술했지만, 고대사의 공간은 한반도에 국한됐다. 이는 새 왕조의 역사적 기원을 더 멀리 소급하면서도 새 왕조가 회복하지 못한 옛 영토가 남아 있지 않다는 점을 강조해 건국의 정당성을 높이기 위함이었다. 발해를 자국사의 범주에서 제외한 것도 이와 관련된 것으로 이해된다.

그러나 임진왜란부터 명청교체에 이르는 50여 년은 북방 고대사에 관한 새로운 관심과 이해를 불러일으키는 중요한 계기였다. 가령 한백겸(韓百謙, 1552~1615)은 17세기 초 조선이 외침에 계속 시달렸던 이유가 삼국통일 당시 고구려 영토를 온전히 수복하지 못했던 점에서 기인한다는 생각에서 『동국지리지(東國地理誌)』를 편찬했다. 그는 자국사를 고조선에서 고구려로 이어지는 북방적 흐름과 삼한에서 신라, 백제, 가야로 이어지는 남방적 흐름으로 나눴는데, 북방 고대사 강역을 만주 지역으로 일부 확대한 반면 삼한을 고구려와 무관한 한반도 남부 지역에 국한했다. 한백겸의 새로운 지리 고증과 삼한의 위치 비정은 조선 후기 역사지리 인식에 지대한 영향을 끼쳤다.

조선 후기 역사지리 인식에 큰 영향을 준 또 하나의 요소는 17세기 후반에 강화된 정통론이었다. 주희가 『자치통감강목(資治通鑑綱目)』에서 적용한 명분 중심의 정통론은 청의 중원 지배를 관념상으로는 거부하면서 스스로 중화의 계승자로 여기고 있었던 조선 지배층에게 청의 지배가 정당하지 않다는 논리를 제공할 수 있었기 때문이다. 『자치통감강목』의 축약본 성격을 지닌 『자치통감절요(資治通鑑節要)』가 널리 보급된 것이나, 조선만이 중국사를 편찬할 자격이 있다는 인식하에 『명사강목(明史綱目)』, 『송사전(宋史筌)』 등이 편찬된 것도 이런 맥락에서 가능했다.

정통론이 강화되면서 이에 입각해 자국사를 서술하는 움직임이 나타나기도 했는데, 이 과정에서 가장 중시된 존재가 기자(箕子)였다. 기자는 중화의 계승자라는 정체성을 좀 더 오랜 과거로 소급해 조선의 자존적 위상을 강화할 수 있는 좋은 소재였기 때문이다. 이에 위만 대신 기자의 후손인 기준

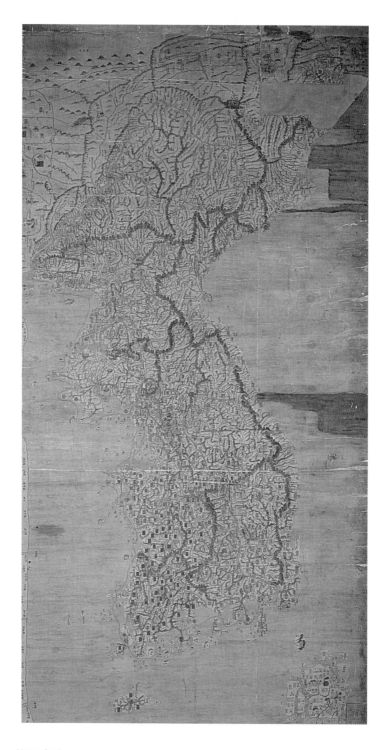

도판26 〈동국지도〉

정상기의 〈동국지도〉는 대전도(大全圖)와 팔도분도(八道分圖)로 구분되는데 열람과 휴대에
간편한 팔도분도 사본이 많이 전한다. 보물 1538호는 정상기의 원본에 가까운 사본으로
평가받는다.

(箕準)이 세운 마한을 정통으로 간주하는 마한정통론이 출현하기도 했다.

한백겸의 역사지리 인식과 정통론의 강화라는 두 가지 요소는 각각 심화되는 동시에 상호 관련되면서 조선 후기 역사 인식의 특징을 만들어냈다. 한백겸의 역사지리 인식은 고조선, 한사군, 고구려의 정확한 위치를 찾기 위한 탐구로 이어져 남구만(南九萬, 1629~1711), 이세구(李世龜, 1646~1700), 신경준(申景濬, 1712~1781) 등이 고조선, 고구려의 영토를 만주 지역으로 확대하며 지리 고증에 몰두하는 결과로 이어졌다. 고조선, 고구려의 영토가 만주 지역으로 확대되면 고조선, 고구려, 발해가 영토적 계승관계를 갖게 되므로 발해가 자국사의 범주에 들어올 수 있는 논리가 생길 수 있었다. 여기에 기자의 문명적 위상을 강조하는 정통론이 결합하면서 기자조선의 영토와 문명이 고구려, 발해에 계승됐다는 북방 중심의 역사인식이 도출됐다. 18세기 후반 이종휘(李鍾徽, 1731~1797)의 『동사(東史)』와 유득공(柳得恭, 1748~ 1807)의 『발해고(渤海考)』가 이를 대표한다.

기자에서 마한으로 이어지는 마한정통론을 중심으로 자국사를 파악하는 인식은 17세기 후반 홍여하(洪汝河, 1620~1674)의 『동국통감제강(東國通鑑提綱)』에서 구체화된 후에, 18세기 초 홍만종(洪萬宗, 1643~1725)의 『동국역대총목(東國歷代總目)』과 이익의 「삼한정통론(三韓正統論)」을 거쳐 18세기 후반 안정복(安鼎福, 1712~1791)의 『동사강목(東史綱目)』으로 이어졌다. 이들은 발해를 자국사에 포함하지는 않는 등 상대적으로 남방 중심의 역사인식을 드러냈지만 고조선, 고구려의 영역을 만주 지역까지 확장하는 지리인식은 수용했다. 정약용이 『아방강역고(我邦疆域考)』에서 북방 고대사의 지리적 중심을 압록강과 두만강 이남으로 이해하면서도 만주 지역을 고조선, 고구려의 영역과 관련해 파악한 것은 이런 맥락에서 가능했다. 한편 한치윤(韓致奫, 1765~1814)은 고증적 방법으로 중국과 일본의 자료 수백 종을 섭렵해 『해동역사(海東繹史)』를 저술했다.

조선 전기의 주요 지도로는 세조대 양성지와 정척이 만든 〈동국지도〉와 그것을 계승한 명종대의 〈조선방역지도〉를 들 수 있으나, 축척의 개념이 뚜렷하지 않아서 왜곡이 있었다. 정상기(鄭尙驥, 1678~1752)는 이 한계를 극복하기 위해 평지는 100리를 1척으로, 산간 지역은 120~130리를 1척으로 계산해 전국을 일정한 비율의 축척으로 표현했다. 이것이 〈동국지도(東國地圖)〉인데 이를 통해 실제와 가깝게 거리를 계산할 수 있게 됐고, 이후 등장한 지도도 대부분 이 방식에 따라 제작됐다. 19세기에 김정호(金正浩)의 〈대동여지도(大東興地圖)〉가 제작된 것 역시 이러한 바탕 위에서 가능했다.

## 3 천주교와 민중사상의 등장

### 서학과 천주교

명말청초에 걸쳐 중국에서 활동하던 예수회 선교사들은 자신이 한문으로 저술하거나 번역한 서양 관련 서적에서 서양에 관한 학문을 서학이라고 소개했다. 같은 시기에 서양을 학문적으로 이해하려고 애썼던 중국 지식인도 이 용어를 받아들였다. 따라서 이 시기에 서학은 스콜라 철학에 입각한 가톨릭 교학과 중세 이래의 과학기술을 가리키는 말이었다. 이는 이지조(李之藻, 1565~1630)가 편집한 한문서학서 전집 『천학초함(天學初函)』에서 서학을 이편(理篇), 즉 천주교 및 서양의 학술론과 기편(器篇), 즉 과학기술로 나눠 서술한 점에서도 잘 드러난다.

조선은 정기적으로 중국을 왕래한 사행을 통해서 서학을 접하기 시작했다. 1603년에 이광정(李光庭, 1552~1629)이 마테오 리치(Matteo Ricci, 1552~1610)의 〈곤여만국전도(坤輿萬國全圖)〉를 도입한 일이나 1631년에 정두원(鄭斗源, 1581~?)이 천문·지리학 관련 서적 및 서양 기기를 가지고 입국한 일이 대표적이다. 조선에서는 서학의 천문학에 관심이 많았는데, 이는 천문학이 지닌 제왕학으로서의 정치적 속성 때문이었다. 특히 역법(曆法)은 농사와도 관련이 있었지만 무엇보다 중국과의 정치·외교적 문제와 직결됐다. 중국에서 시헌력을 사용하게 되면 조선도 따를 수밖에 없었다.

김육은 선교사들이 주도해 만든 시헌력을 도입하는 데 중요한 역할을 맡았고, 1654년부터는 조선에서도 시헌력을 사용하게 됐다. 그러나 시헌력을 완벽하게 이해해서 적용하는 데에는 좀 더 많은 시간이 필요했기 때문에 청을 왕래하며 천문학 관련 서적을 구입하거나 흠천감의 관리에게 자문을 구하는 일이 18세기까지 꾸준히 지속됐다.

서학 서적이 지속적으로 유입되면서 18세기 후반 조선에도 서학으로 유명해진 인물이 등장했다. 근기 남인 이벽(李檗, 1754~1785), 노론 낙론 홍대용, 소론 서명응(徐命膺, 1716~1787)·서호수(徐浩修, 1736~1799) 등이 대표적

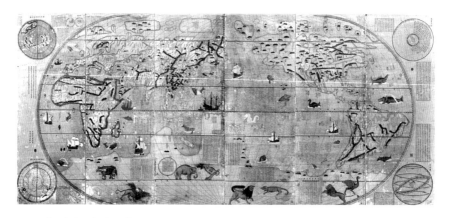

도판27 〈곤여만국전도〉 복원도

마테오 리치는 이지조와 함께 1602년 〈곤여만국전도〉를 완성했다. 리치는 그가 아는 세계를 보여줌으로써 중국인의 세계관을 교정하고 싶었지만, 유럽을 중심에 놓던 유럽 지도의 배치와 달리 중국을 지도 중심 근처에 배치함으로써 중국인을 배려했다. 이는 그가 '적응주의'라는 예수회 전교 방침을 견지했기 때문이다. 그럼에도 불구하고 중국 지식인들은 대개 냉담하게 반응하거나, 리치의 구도를 전통 세계관에 접합시킴으로써 중국 중심의 지리적 표상을 뒷받침하는 자원으로 활용했다. 조선 지식인들도 마찬가지였다.

이며 이외에도 지도에 뛰어났던 정철조(鄭喆祚, 1730~1781), 정후조(鄭厚祚, 1758~1793) 형제와 이가환(李家煥, 1742~1801), 황윤석(黃胤錫, 1729~1791) 등을 꼽을 수 있다. 이들은 최신의 서학 서적을 매개로 활발히 교류하면서 서학의 지식을 확산시키는 데 기여했다. 이런 분위기는 18세기 말 근기 남인 일부가 천주교를 받아들이고, 그에 대항한 척사론이 강력하게 등장하면서 다소 변화했지만 이규경(李圭景, 1788~1856), 최한기(崔漢綺, 1803~1877) 등을 중심으로 19세기에도 서양 과학기술에 대한 관심은 계속됐다.

한편 서학이 수용되는 과정에서 마테오 리치가 저술한 『천주실의(天主實義)』등 천주교 서적도 함께 들어왔으나 조선 지배층은 대개 천주교를 불교와 비슷하게 여기면서 큰 관심을 기울이지 않았다. 근기 남인의 학문적 스승이었던 이익도 마찬가지였는데 그의 제자 중 권철신(權哲身, 1736~1801)을 비롯한 일부가 18세기 말 보유론(補儒論)의 입장에서 천주교를 수용하기 시작했다. 1784년경을 기점으로 본격화된 천주교신앙은 천주교 교리서의 유입과 그것을 이해하기 위한 활발한 학술토론으로 이어지기도 했다. 하지만 1791년 진산사건[1]을 계기로 천주교의 교리가 성리학과 공존할 수 없다는 사실이

---

1  진산사건 전라도 진산에 거주하던 천주교 신자 윤지충(尹持忠, 1759~1791)이 어머니의 제사를 폐한 일이 조정에 알려지면서 천주교를 배격하는 척사론을 비등하게 만든 사건이다. 여기에는 윤지충이 정

확인되자, 성리학을 보완해줄 수 있으리라는 기대에서 천주교를 받아들였던 사대부층은 대부분 천주교를 떠났다. 이는 조선의 천주교가 민중 중심으로 발전하는 계기가 됐다.

19세기 천주교는 국내의 정치·사회적 상황 및 이양선 출몰 등과 맞물리면서 조선 정부의 심한 탄압을 받았다. 그렇지만 12명의 프랑스 선교사가 순교하는 등의 헌신을 통해 꾸준히 교세를 확장하면서 19세기 조선 민중의 중요한 의지처가 됐다.

### 동학의 발생과 성장

19세기 세도정치와 삼정의 문란은 조선 민중에게 많은 어려움과 고통을 가져왔다. 여기에 대응하는 방식에는 민란과 같은 적극적인 저항뿐 아니라 더 나은 세상을 전망하려는 치열한 사상적 모색도 존재했다. 동학은 이런 역사적 배경에서 19세기 중엽에 출현해 19세기 말 가장 뚜렷한 발자취를 남긴 사상운동이라고 할 수 있다.

동학의 창시자는 경주 출신의 최제우(崔濟愚, 1824~1864)다. 그는 유학자의 아들로 태어났지만 재가녀의 소생이라는 한계와 화재로 전 재산을 잃는 고통을 겪은 후 21세부터 장삿길에 나가 전국을 떠도는 신세가 됐다. 10년간 지속된 떠돌이 생활이 최제우에게는 민중의 삶을 직접 체험할 수 있는 계기였다고 추정된다. 그러다가 1855년 아내의 고향인 울산에서 첫 번째로 신비한 체험을 했고, 1860년 고향인 경주에서 결정적인 종교 체험을 했다.

1년여 동안 자기 성찰의 시간을 보낸 최제우는 1861년부터 포교를 시작했다. 자신의 체험과 성찰을 바탕으로 동학의 정체성을 담은 시천주(侍天主) 사상을 정립했다. 시천주는 모든 사람 속에 한울님이 모셔져 있기에 모든 사람은 거룩한 존재라는 의미로 동학의 사상적 정체성을 잘 보여준다. 시천주 사상과 더불어 동학의 핵심 내용을 이루는 것은 개벽(開闢)사상이다. 최제우는 '다시 개벽'의 시기가 도래했다는 선언을 통해 큰 변혁과 함께 새로운 세상이 도래한다는 메시지를 전했다. 동학이 조선 민중에게 급속도로 전파될

약용의 사촌이라는 점을 이용해서 채제공을 비롯한 정계의 남인을 공격하려는 정치적인 의도가 개입돼 있었으나, 정조의 의지로 사건이 크게 확대되지 않았다. 하지만 이승훈, 정약전, 홍낙민 등 천주교회의 초기 지도자들은 공식적으로 배교하거나 교회와 거리를 두게 됐다.

수 있었던 가장 큰 요인이 바로 이 개벽사상에 있었다고 할 수 있다. 민중에게 개벽은 곧 좋은 시절이 도래한다는 의미로 받아들여졌기 때문이다.

최제우는 접(接)이라는 교단조직을 통해 교세를 확장·관리했는데, 교세가 늘어날수록 지배층의 탄압과 핍박도 심해졌다. 결국 최제우는 1864년 대구에서 참수됐고, 최시형(崔時亨, 1827~1898)이 뒤를 이어 동학을 이끌었다. 그는 경상북도와 강원도의 산간 지역을 중심으로 활동하면서 최제우 사후에 몰락한 교단을 완벽히 복구했다. 또한 시천주사상을 발전시켜 한울님은 사람뿐만 아니라 사물에도 내재하므로, 사물 역시 공경해야 한다고 주장했다. 그의 천지부모(天地父母)사상은 이렇게 만들어진 것이었다. 특히 그는 최제우가 남긴 경전인 『동경대전(東經大全)』과 포교가사집 『용담유사(龍潭遺詞)』를 1880년대에 간행해 보급함으로써 동학을 명실상부한 민중의 종교로 성장시킨 장본인이기도 했다.

1880년대 중반 무렵부터 동학은 경상북도와 강원도의 산간 지방을 벗어나 충청도와 전라도의 평야 지대로 진출하면서 교세가 급속히 확장됐다. 이 시기는 청과 일본의 침탈로 인해 모순이 가중되면서 민중의 삶은 더욱 피폐해지고 있었기 때문이다. 변화를 바라던 민중은 동학조직에 대거 참여하기 시작했다. 1894년에 일어난 대규모 농민전쟁은 이렇게 준비되고 있었다.

### 정감록과 미륵신앙

조선 지배층이 성리학을 통해 세상을 이해하고 삶을 영위했다면, 민중은 체계적인 형이상학이나 명확한 수행론을 지니지는 못했지만, 그들 나름의 비체계적이고 자유로운 사유 속에서 세상을 이해하고 삶을 영위했다. 천주교와 동학도 민중의 중심에 자리했으나, 나름의 체계적인 형이상학과 수행론, 교단조직을 지니고 있었기에 엄밀히 말해 민중사상과는 구별됐다.

조선 후기에 유행한 민중사상 중에는 비기(秘記)와 미륵신앙을 대표적으로 꼽을 수 있다. 비기는 특정 왕조의 운수가 천명에 따라 결정된다고 여기면서 새 지배자에 대한 예언을 담고 있다는 이유로 조선 정부에서 엄격히 금해왔다. 하지만 16세기 말 정여립 등이 이를 이용해 변혁을 모색하며 민간에도 널리 전파됐다. 이 과정에서 정씨 진인(眞人)이 등장해 새로운 세상을 열것이라는 정씨 왕조설이 대두하기도 했다. 비기는 임진왜란 이후에 늘어나기 시작해 18세기 초에는 『정감록(鄭鑑錄)』이라는 책으로 정리돼 전파됐다.

도판28 고창 선운사 도솔암 미륵마애불
선운사 도솔암 미륵마애불은 도솔암 부근 암벽에 새겨진 불상으로 연화대좌 위에 결가부좌한 모습이며 가슴 한가운데에 배꼽과 같은 돌출부가 있다. 전설에 따르면 이 돌출부에 비기가 들어 있는데 이 비기를 꺼내면 새로운 세상이 열린다고 했고, 그래서 1892년에 손화중이 비기를 꺼냈다는 소문은 그의 세력이 불어나는 계기가 됐다. 이 일화는 손화중과 그의 세력이 정치적 목적을 위해서 전설을 이용한 것으로 해석되지만, 동시에 손화중에 대한 민중의 큰 기대도 보여준다.

민중의 입장에서는 삶이 어렵고 힘들수록 체제 변혁적인 이야기에 의지하려는 경향이 짙어질 수밖에 없었다. 정부가 엄격히 금지했음에도 『정감록』은 영향력이 커서 정치적 사건과 관련되기도 했다. 1728년 발생했던 무신란에서 이인좌 등은 『정감록』을 이용해 민심을 자신의 편으로 유도했으며, 1785년 하동의 문양해(文洋海, ?~1785)는 이를 이용해서 역모를 꾸미다가 발각됐다. 1811년 홍경래(洪景來, ?~1812)도 마찬가지로 『정감록』을 활용했고, 1826년 홍경래가 아직 살아 있으며 조선은 곧 멸망할 것이라는 내용이 담긴

### 여환의 계획과 선운사 미륵마애불 참언

"1673년 7월 15일에 여환·황회·정원태가 (…) 도성에 몰래 들어가서 비 오기를 기다렸다가 대궐을 침범하기로 약속했는데, 그날 끝내 비가 오지 않았다. 우러러 하늘빛을 보며 '공부가 부족해서 하늘이 아직 응해주지 않는다'라고 탄식하고는 드디어 삼각산에 올라가 경(經)을 외고 하늘에 빌며 큰일 이루기를 기원했다."

『숙종실록』 권19 14년 8월 1일

"앞선 임진년(1892) 8월의 일이다. 전라도 무장현 선운사 도솔암 남쪽으로 수십 보쯤 되는 곳에 오십여 장(丈)이나 되는 층암절벽이 있고, 그 절벽바위 전면에는 큰 불상 하나가 새겨져 있었다. 전설에 의하면 (…) 그 석불의 배꼽 속에는 신기한 비결(秘訣)이 들어 있다고 하며, 그 비결이 나오는 날은 한양이 다 된다는 말이 자자했다."

오지영, 『동학사』 영창서관, 1940

괘서가 청주성과 청주목 관아에 걸려 청주목이 서원현으로 강등된 일도 있었다.

미륵신앙도 민중 사이에서 유행했다. 본래 미륵신앙은 상생신앙과 하생신앙의 구도를 갖췄다. 상생신앙은 미륵보살을 신앙의 대상으로 삼아 부지런히 덕을 닦으면, 사후에 도솔천에 태어나서 미륵보살을 만난다는 내용이다. 하생신앙은 석가모니 입적 후 56억 7천만 년이 지나 미륵보살이 하생해 미륵불로 성불할 때 미륵불의 법회에 참석해 깨달음을 얻게 된다는 내용이다. 특히 하생신앙은 신라 말 궁예에게 확인되듯 왕조 말기의 새로운 정치세력이 이용하기도 했는데, 이는 상생신앙에 몰두했던 지배층과 달리 민중은 대개 하생신앙 쪽으로 경도되는 경향을 보였기 때문이다.

조선에서도 미륵신앙이 하생신앙을 중심으로 전개되면서 정치적 사건과 연루되는 일이 있었다. 대표적으로 1688년 승려 여환(呂還, 1664~1688) 등이 미륵이 출현했다면서 양주를 중심으로 무리를 모아 대궐에 침입하려다가 발각된 일을 들 수 있다. 고창 선운사 도솔암의 미륵마애불 배꼽 속에 든 비기가 꺼내지는 날 조선이 망하리라는 참언이 유행하기도 했다. 정씨 진인과 미륵 같은 구원자를 기대하면서 체제 변혁을 기대하는 모습은 환상적이고 비현실적인 측면이 강했다. 그렇지만 이런 소망은 새로운 세상을 꿈꾸는 민중에게 정신적 의지처였으며, 체제 변혁을 꿈꾸는 세력에게는 민중을 동원할 수 있는 좋은 수단이 됐다.


## 4  문화의 새로운 흐름

### 과학기술의 발전

16세기 말 이래 동아시아에 전해진 서양의 과학기술은 조선에도 많은 영향을 미쳤다. 특히 천문학은 효종대에 시헌력이 도입된 것에서 보이듯 일찍부터 높이 평가받으면서 수용됐다. 다만 도입 초기에는 시헌력을 제대로 사용할 수 없었고, 연월일의 날짜만 계산해 역서를 발행했을 뿐이었다. 1708년 처음으로 일월식과 다섯 행성의 위치를 계산하는 데『서양신법역서(西洋新法曆書)』를 적용할 수 있었지만, 청이 1726년 오차를 수정한『역상고성(曆象考成)』의 체제로 전환하자 조선도 이에 따라 일월식과 다섯 행성의 위치를 계

도판29 『성경』에 보이는 적도의
남병길은 고위 관료이자 19세기를 대표하는 천문학자 겸
수학자였다. 그는 천문학 분야에서 『시헌기요』, 『추보첩례』
등 많은 서적을 편찬해 시헌력에 도입된 천문 지식을 정리
하였을 뿐 아니라 역서를 작성하고 일월식을 예측하는 데
필요한 각종 계산법까지 망라했다. 역시 그가 편찬한 『성
경』은 1,449개 항성들의 위치를 정리한 성표(星表)인데 서
양 천문학의 성과를 수용했으며, 천문관측기기인 적도의의
그림도 수록했다. 천문학 분야에서 이룩한 많은 업적은 그
가 관상감 제조를 역임했다는 사실과 깊은 관련이 있다.

산할 수밖에 없었다. 다시 청이 1742년 케플러와 카시니의 최신 성과를 반영
한 『역상고성후편(曆象考成後編)』의 체제로 전환함으로써 이 내용을 습득하
고 적용하기 위한 조선의 노력은 18세기 후반까지 이어졌다. 그 결과 정조대
에 이르면 계산법을 완전히 습득해 청에서 보내온 역서에 적혀 있는 일출입
시각(日出入時刻)과 절기시각을 그대로 따르지 않을 정도의 기술력을 보유하
게 됐다. 비록 제한적이기는 했지만, 조선의 천문학자가 계산한 결과가 중국
의 것과 차이가 날 경우 역서에 독자적인 시각을 기재하기도 했다.

그런 의미에서 김영(金泳, 1749~1817), 성주덕(成周悳, 1759~?) 등이 엮은
『국조역상고(國朝曆象考)』에서 조선 각 지역의 해가 뜨고 지는 시각 및 밤낮
의 길이를 산정할 수 있게 됐다고 강조한 점은 정조대에 이룬 천문학적 성취
에 대한 자부심을 드러낸 것이라고 할 수 있다. 서양 천문학의 원리를 이용한
신법지평일구(新法地平日晷)[2]나 적도경위의(赤道經緯儀)[3]가 제작되기도 했다.
그러나 역서의 간행과 보급은 정치·외교적인 문제와 관련됐기 때문에 결국
청의 역서를 따르는 쪽으로 귀결될 수밖에 없었다.

천문학이 발달하면서 서양 수학에 대한 학문적 관심과 수용이 뒤따랐는

2  신법지평일구 서양 역법인 시헌력에 의거해 만든 평면 해시계로 1789년 김영의 주도로 제작됐다. 실물
은 전하지 않으나 보물 제840호 해시계(국립고궁박물관 소장)에 신법지평일구라는 명문이 남아 있어
형태를 추정할 수 있다.
3  적도경위의 혼천의를 간략하게 만든 간의와 간의를 소형화한 소간의의 전통을 이으면서도 서양 적도
경위의에 영향을 받아 제작된 천문관측기기로 1789년 김영과 이덕성(李德星, 1720~1794) 등에 의해
제작됐다. 실물은 전하지 않으나 『성경』에 보이는 적도의와 유사한 형태였을 것으로 추정된다.

데 그중 마테오 리치와 서광계(徐光啓, 1562~1633)가 편찬한『기하원본(幾何原本)』과 강희제 때 편찬된『수리정온(數理精蘊)』이 중시됐다. 특히『수리정온』은 조선의 관상감 실무자에게 필수 서적으로 인정받으면서 정조대에는『역상고성』과 함께 천문학 담당 관리를 선발하는 취재의 기본 교재가 됐다. 최석정(崔錫鼎, 1646~1715)의『구수략(九數略)』, 홍대용의『주해수용(籌解需用)』과 같은 전문 수학서가 저술된 것도 이런 분위기와 무관치 않았다고 보인다. 19세기에도 남병철(南秉哲, 1817~1863)·남병길(南秉吉, 1820~1869) 형제 및 홍길주(洪吉周, 1786~1841) 등을 통해 천문학과 수학이 꾸준히 발전했다. 그 외에도 서양 과학기술은 정약용의 거중기와『마과회통(麻科會通)』에 영향을 주기도 했다. 정약전(丁若銓, 1758~1816)의『자산어보(玆山魚譜)』는 기존의 단편적인 어류 관련 저술과 달리 해양생물의 범주를 나눠 체계적인 분류를 시도했다는 점에서 19세기 조선 해양박물학이 일군 성취를 보여준다.

　　정부의 주도로 서양 과학이 도입되면서 그 안에 담긴 세계관과 담론도 함께 조선에 전해졌다. 특히 중국 중심 세계관을 교정하기 위해 선교사들이 초기부터 강조하던 지구설(地球說)이 조선에도 들어와 김석문(金錫文, 1658~1735), 이익, 홍대용 등에게 수용됐다. 하지만『중용』에 이미 언급된 지구설을 서양인이 재발견했다고 이해한 이익에게서 확인되듯 지구설의 수용이 곧장 전통적인 세계관의 탈피로 이어진 것은 아니었다. 지구설과 달리 선교사들이 중시하지 않았던 지전설(地轉說)도 일부 전래됐는데, 몇몇 학자가 지전설을 전통적인 자연철학과 결합해 독자적인 형태로 발전시켰다. 즉 김석문은 주역의 세계관 속에서 태극의 원리를 바탕으로 지전설을 주장했고, 홍대용은 북송 장재의 기론적 우주론을 활용해서 지구가 움직인다고 주장했다.

　　아이작 뉴턴(Isaac Newton, 1642~1727)의 역학을 비롯한 최신 과학의 성취를 접하게 된 19세기에도 이런 경향은 지속됐는데, 최한기는 기륜설(氣輪說)이라는 전통적 이론체계를 수립한 후 그것에 근거해 뉴턴 역학과 천문학을 이해했다. 즉 조선의 지식인은 대개 전통적인 세계관을 견지하면서도 서양 과학의 성과를 포섭할 수 있는 방법을 모색하려고 했다.

### 서민문화

양반 사대부의 전유물이었던 문단에 17세기를 지나면서 중인 이하 계층의 인물이 등장하기 시작했다. 이들은 시사(詩社)를 결성하거나 공동 문집을 발행하는 등 양반 사대부만 누리던 문화생활을 모방하는 모습을 보였다. 이들의 문학을 위항(委巷)문학이라고 하는데, 중인·서얼·서리 등의 중서(中庶)계층을 통칭해 '위항인'으로 불렀기 때문이다.

가장 대표적인 시사로는 18세기 말 천수경(千壽慶, ?~1818)을 중심으로 활동했던 옥계시사(玉溪詩社, '송석원시사'로 개칭)를 들 수 있다. 주로 인왕산 부근에 살던 이 시사의 구성원은 돌아가면서 시 짓는 모임을 열거나, 위항인 수백 명을 모아 시 경연대회를 개최하기도 했다. 19세기에도 시사의 활동은 활발하게 계속됐다. 위항인의 공동 문집으로는 『육가잡영(六家雜詠)』, 『해동유주(海東遺珠)』, 『소대풍요(昭代風謠)』가 유명하다.

위항문학을 대표하는 인물로는 홍세태(洪世泰, 1653~1725)와 조수삼(趙秀三, 1762~1849)을 들 수 있다. 홍세태는 뛰어난 문학적 재능이 일찍부터 알려져서 당대 권력자였던 김석주(金錫胄, 1634~1684)의 후원을 받았고 김창협, 김창흡과 같은 당대 최고의 문인과도 교류했다. 그는 『해동유주』의 편집을 맡았는데 이것도 김창협의 권유 때문이었다. 송석원시사의 핵심 구성원이었던 조수삼도 19세기 세도가인 조만영(趙萬永, 1776~1846), 조인영(趙寅永, 1782~1850)의 후원을 받으면서, 문신이자 서화가인 김정희(金正喜, 1786~1856)와 교류했다. 도시 하층민들의 삶을 산문과 시로 표현한 그의 저술 『추재기이(秋齋紀異)』는 중요한 가치를 지닌다. 위항인은 개인의 능력을 바탕으로 사대부에 못지않은 문학·예술적 성취를 이루면서 조선 후기의 새로운 문화 현상을 보여줬지만 기본적으로 사대부의 후원과 인정에 의지할 수밖에 없었고 사대부를 닮으려는 자세를 견지하고 있었다.

위항인 중에 김천택(金天澤)과 김수장(金壽長, 1690~?)은 한문학 대신 한글 시가인 시조를 자기표현의 문학으로 여기면서 가단(歌壇)활동을 전개했

---

**홍세태의 「어린 대나무」와 조수삼의 「북행백절-풍전역」**

겨우 몇 척의 어린 대나무/구름을 넘어설 뜻 이미 품었네/몸을 올려 용이 되고자/평지에는 누우려 하지 않네

홍세태, 『유하집』 권3, 「어린 대나무」

보리는 누렇게 시들었고/밀은 푸른 채로 말랐구나/흉년으로 수심이 눈에 가득한데/어느 곳이 풍전이란 말인가

조수삼, 『추재집』 권3, 「북행백절-풍전역」 **515**

고, 시조를 수집하고 정리하는 데도 노력했다. 김천택의『청구영언(靑丘永言)』, 김수장의『해동가요(海東歌謠)』는 이런 노력의 결과물이었다. 중인층 가객을 중심으로 한 가단활동은 1876년 박효관과 안민영이 시조 856수를 정리한『가곡원류(歌曲原流)』를 편찬한 것에서 확인되듯 19세기 말까지 지속됐다. 이들은 감정을 진실하게 전달하는 데 있어 시조가 한시보다 낫다는 인식을 지니기도 했다. 또한 이들은 18~19세기에 본격적으로 향유된 사설시조 창작의 주역이기도 했는데, 사설시조를 통해 자유로운 형식과 직설적인 풍자를 구사하며 서민의 자연스런 감정과 삶의 역동성을 드러내기도 했다.

이 시기 서민문화를 언급할 때 빼놓을 수 없는 분야가 판소리다. 광대라고 불린 하층계급의 예능인에 의해 주로 행해졌던 판소리는 영조대 인물인 유진한(柳振漢, 1711~1791)의『만화집(晩華集)』에 춘향가 사설이 기록된 것으로 보아 그 기원을 최소한 18세기까지 소급할 수 있다. 전승된 이야기에 음악적 요소를 결합하는 방식이었으며, 서민층을 중심으로 발전하면서 그들의 감정과 의식을 표출하는 수단이 됐지만 양반 사대부도 함께 향유했기에 결국 유교적 가치와 관련된 작품만 살아남을 수 있었다. 19세기를 전후한 시기에 성립된 판소리 열두 마당 중 충효, 정절, 우애 등을 주제로 삼은「춘향가」,「수궁가」,「심청가」,「적벽가」,「흥보가」의 다섯 마당만 전하는 것은 그 때문이다.

### 문학과 예술의 전개

조선 후기 문학의 가장 주목할 점은 한문학과 한글문학에서 모두 소설류가 성행했다는 점이다. 한시 중심으로 발전해왔던 한문학에는 17세기 이후 소설적 성격을 띤 작품이 등장했다. 특히 박지원, 이옥(李鈺, 1760~1815), 김려(金鑢, 1766~1821)는 사실에 근거한 이야기에 허구를 가미하고, 패관소품체 문장을 쓰면서 문학의 새로운 경향을 대표했다.『사씨남정기(謝氏南征記)』와『창선감의록(彰善感義錄)』의 한문본이 양반 사대부층에게 읽히면서 그 교화적 가치를 인정받은 것도 소설에 대한 새로운 인식을 반영한다. 하지만 소설이 한시와 대등한 위상을 인정받은 것은 아니었다.

한글문학을 대표하는 것 역시 한글소설이다. 영웅소설·군담소설·애정소설이 가장 유행한 장르로, 작품을 통해 민중의 상상력이나 욕구 등을 표출하거나 유교적 가치를 드러내기도 했다. 주로 사대부 가문의 부녀자와 서민

도판30 강세황, 〈개성시가〉

조선 후기 문인 화가를 대표하는 강세황은 1757년 개성유수 오수채의 초청으로 개성을 유람하고 주변 명승지 여러 곳을 그림으로 남겼다. 〈개성시가〉도 바로 그때 그린 작품이다. 개성의 남대문에서 멀리 송악산을 바라보며 그 사이에 펼쳐진 시가를 간략하게 처리한 이 작품에서는 서양 투시도법을 사용한 것 같은 조망 시점이 눈길을 끈다. 그는 김덕성의 〈풍우신도(風雨神圖)〉를 서양화법이라고 평할 정도로 서양화법에 대한 이해가 있었기 때문에 이 그림에서 보이는 원근감은 의도적인 시도일 가능성이 있다.

층을 중심으로 향유됐는데 김만중(金萬重, 1637~1692)이 의도적으로 『사씨남정기』를 한글로 지은 것에서 확인되듯이 17세기 후반에 이미 많은 독자를 확보했던 것으로 보이며, 18~19세기에 걸쳐 크게 유행했다. 특히 세책가(貰冊家)와 방각본(坊刻本)은 한글소설의 성행을 가능케 한 상업적 수단이었다.

조선 후기 미술에서는 상상 속 풍경을 그린 관념산수화 대신 현지답사를 바탕으로 명산승경을 그린 이른바 진경산수화와 사람들의 일상을 표현한 풍속화가 발달했다. 서양화법의 영향을 받은 작품도 등장했다. 진경산수화의 발달은 내부적으로 실재 풍경을 그리던 고려시대 이래의 전통 및 기행문학의 유행, 외부적으로는 17세기 이후 동아시아 화단에서 유행한 남종화풍의 도입과 관련이 있다. 사물을 작가의 마음에 담아 수묵과 담채로 간략히 그리는 남종화풍이 본격적으로 활용된 것은 숙종대 이후로 파악되며 윤두서(尹斗緒, 1668~1715)가 선구자였고, 뒤이어 정선(鄭敾, 1676~1759), 조영석(趙榮祐, 1686~1761), 심사정(沈師正, 1707~1769)이 발전시켰다.

조선 후기 진경산수화를 대표하는 인물로 평가받는 정선은 답사를 통한 현장감과 자신의 해석을 개성적인 화법으로 담아냈다. 다음 세대인 강세황

(姜世晃, 1713~1791)은 서양화법을 일부 수용해 정선과는 또 다른 진경산수화풍을 구현했다. 한편 조영석은 진경산수화를 거의 그리지 않은 대신 다양한 삶의 모습에 집중하면서 조선 후기 풍속화를 개척했고, 그 뒤를 이어서 김홍도(金弘道, 1745~?), 김득신(金得臣, 1754~1822), 신윤복(申潤福, 1758~?) 등도 풍속화가로서 크게 활약했다.

서예에서는 기존에 유행하던 조맹부체나 석봉체를 대신해 왕희지체(王羲之體)를 모범으로 삼은 후 역대의 서법을 가미한 서체가 등장했다. 이 경향은 이서(李溆, 1662~1723)에게서 시작돼 윤두서, 윤순(尹淳, 1680~1741)을 거쳐 이광사(李匡師, 1705~1777)에게 이어졌다. 한의 예서를 지향했던 김정희는 19세기에 추사체(秋史體)라는 독특한 필체를 창안했다.

도자기의 경우 17세기에는 정치적인 이유로 청화 안료를 수입하기가 어려웠기 때문에 청화백자를 대신해 산화철을 이용한 철화백자가 유행했다. 18세기에 들어 청과 무역하며 다시 청화 안료를 얻는 것이 용이해지자 자연스럽게 청화백자가 유행했고, 문양에 산수문도 등장했다.

하지만 왕실에서는 검소함을 숭상한다는 차원에서 청화 안료의 사용을 제한했다. 장식이나 기교가 없는 단순한 형태지만 조선의 도자미를 대표한다는 백자호(白磁壺), 이른바 '달항아리'는 17세기 후반에 등장해 18세기 중엽까지 제작됐다. 19세기에는 문방구류에 대한 수요가 급격히 증가하고, 청

문물을 애호하는 이들이 늘어나면서 중국풍의 화려하고 장식적인 연적, 필통, 필세(筆洗), 필가(筆架) 등이 유행했다.

# 시각자료 소장처 및 출처

이 책에 실린 시각자료 중 저작권자를 확인하지 못한 경우가 있습니다.
추후 정보가 확인되는 대로 적법한 절차를 밟겠습니다.

제1편 ── 선사시대

도판1    국립중앙박물관.
도판2    국립공주박물관.
도판3    오산리선사유적박물관.
도판4    국립중앙박물관.

제2편 ── 고대

도판1    국립광주박물관.
도판2    경남대학교박물관·밀양대학교박물관.
도판4    충북대학교 고고미술사학과.
도판6    하문식.
도판7    하문식.
도판9    이승호.
도판17   하일식.
도판18   국립부여박물관.
도판19   국립경주박물관.
도판20   국립중앙박물관.
도판21   문화재청.
도판22   문화재청.
도판23   하일식.
도판24   하일식.
도판25   하일식.
도판26   문화재청.
도판27   서울대학교 박물관, 『한국유역의 고구려 요새』, 2000.
도판28   국립경주박물관.
도판29   국립공주박물관.

**523**

532

## 인명

## 작품명

『시민의 한국사』 편찬위원회

## 제1권(전근대편)

### ― 기획
권내현(고려대), 김종복(안동대), 박재우(성균관대), 여호규(한국외대), 이익주(서울시립대)
오종록(전 성신여대), 하일식(연세대, 위원장)

### ― 교열, 감수
고영진(광주대), 권내현(고려대), 김창석(강원대), 박재우(성균관대), 박진훈(명지대), 여호규(한국외대), 임기환(서울교대), 정동준(성균관대), 정연식(전 서울여대), 정요근(서울대), 정재훈(경북대), 채웅석(가톨릭대), 하일식(연세대)

### ― 집필
강재광(한국학중앙연구원), 강호선(성신여대), 권내현(고려대), 김재홍(국민대), 김종복(안동대), 김창석(강원대), 김창수(전남대), 박진훈(명지대), 박현순(서울대), 송호정(한국교원대), 여호규(한국외대), 오영찬(이화여대), 윤경진(경상대), 이근호(충남대), 이명미(경상대), 이승호(동국대), 이익주(서울시립대), 이정란(충남대), 이정호(목원대), 이정훈(서울과기대), 이종서(울산대), 임기환(서울교대), 장지연(대전대), 전덕재(단국대), 정동준(성균관대), 정요근(서울대), 정재훈(경북대), 채웅석(가톨릭대), 최연식(동국대), 최주희(덕성여대), 하일식(연세대), 한정수(건국대), 허태용(충북대)

### ― 편찬간사
장병진(연세대)

\* 가나다 순서(교수, 강사, 연구원 구분 없이 소속만 표시)